2024年に100周年を迎えます

次の100年に向けて
山手大改革！

JN061844

6年間のステップ
進路満足度100%の未来に向けて、段階的に学びます。

中学校では2つのコースで学力の基礎を固め、高校での発展的な学習につなげます。
高校は2023年4月に新設されたグローバル選抜探究コースを含め3コースを開設。
併設大学との連携教育などを通して、自らの未来を見つけて学べる環境を用意します。

中学校
- グローバル選抜探究コース
- 未来探究コース

高等学校
- グローバル選抜探究コース
- 選抜コース
- 未来探究コース

中学校オープンスクール
10：00～
第1回　7月23日（日）
第2回　9月23日（土・祝）

14：00～
第3回 11月　3日（金・祝）

中学校プレテスト
9：30～／13：30～
第1回 10月14日（土）
第2回 11月18日（土）

プレテスト返却・解説会
10：00～
第1回 10月21日（土）
第2回 11月25日（土）

中学校入試説明会
10：00～
第1回 10月　7日（土）
第2回 11月18日（土）
第3回 11月25日（土）
第4回 12月　2日（土）

中学校プレミアム説明会
10：00～
第1回　9月13日（水）
※グローバル選抜探究コース対象
第2回 10月11日（水）
※両コース対象
第3回 11月　8日（水）
※グローバル選抜探究コース対象
第4回 12月　6日（水）
※両コース対象

個別相談会
10：00～
第1回 12月16日（土）
第2回 12月17日（日）

文化祭
10：00～
9月30日（土）

体育大会
9：00～
10月　9日（月・祝）

各イベントの詳細、お申し込みについては本校ホームページでお知らせいたします。
さまざまな事情により、イベント内容の変更、中止の可能性があります。必ず事前に
本校ホームページでご確認ください。

ほぼ
毎日更新！

平井校長自ら学校の今とこれからを発信します。
〈校長ブログ〉で、神戸山手の魅力を知ってください！

Instagram
@kobeyamategirls_official

Twitter
@yamategirls

Facebook
神戸山手女子中・高

YouTube
公式チャンネル
神戸山手女子中学校高等学校

学校法人 濱名山手学院
神戸山手女子中学校高等学校

〒650-0006　神戸市中央区諏訪山町6番1号　TEL：078-341-2133　FAX：078-341-1882　https://www.kobeyamate.ed.jp/

神戸山手　検索

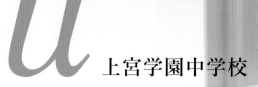

上宮学園中学校

入試説明会　対象│児童・保護者

| 第1回 | 9/2 土 14:00～15:30 | 第2回 | 10/7 土 14:00～15:30 |
| 第3回 | 11/3 金 文化の日 10:00～11:30 | 第4回 | 11/23 木 勤労感謝の日 10:00～11:30 |

校内見学会　対象│児童・保護者

| 第1回 | 6/17 土 前半の部 10:40～11:30 後半の部 11:40～12:30 | 第2回 | 9/16 土 前半の部 10:40～11:30 後半の部 11:40～12:30 |

プレテスト　対象│小学校6年生

| 第1回 | 11/3 金 文化の日 9:00～12:00 | 第2回 | 11/23 木 勤労感謝の日 9:00～12:00 |

UENOMIYA

上宮高等学校

入試説明会　対象│生徒・保護者

| 第1回 | 9/30 土 14:30～16:30 | 第2回 | 10/21 土 14:30～16:30 |
| 第3回 | 11/18 土 14:30～16:30 | 第4回 | 12/2 土 14:30～16:30 |

※すべてのイベントにおいて事前の予約が必要です。
　予約の詳細につきましてはホームページをご覧ください。
※本校に駐車場はございません。ご来校の際は公共交通機関を
　ご利用ください。

学校法人 上宮学園
上宮学園中学校・上宮高等学校

〒543-0037　大阪市天王寺区上之宮町9番36号
TEL:06-6771-5701(代表)　FAX:06-6771-4678
https://www.uenomiya.ed.jp/

大阪学芸高等学校附属中学校
OSAKA GAKUGEI JUNIOR HIGH SCHOOL

部活や習い事にも打ち込める学校です！

夢中、熱中、学芸中。

しっかり勉強。

学芸中入試はさらにパワーアップします

保護者・児童対象

入試関連イベント 年間スケジュール

要WEB予約

■ 入試説明会
■ プレテスト
■ 個別相談会

プレテストは小6対象

10/1 日　11/3 金祝　11/26 日　12/16 土

大阪学芸 附属中　検索

最新情報は
ホームページでご確認ください。

〒558-0003
大阪市住吉区長居1-4-15
TEL：06-6693-6301
FAX：06-6693-5173

2024 TO BE HUMAN

あなたが創る
われらを拓く
～Develop～

101名の
新1年生の
笑顔です。

TO BE HUMAN

人と成る

大谷
中学校

2023

6 / 3 土	学校説明会Ⅰ
7 / 8 土	オープンキャンパスⅠ
8 / 19 土	オープンキャンパスⅡ
9 / 30 土	学校説明会Ⅱ

10/21 土	学校説明会Ⅲ 谷験テストⅠ
11/4 土	オープンキャンパス 小学5年生以下対象
12/2 土	入試説明会 谷験テストⅡ
2024 3/20 水祝	オープンキャンパス 小学生対象

※すべての説明会・オープンキャンパスでWEB申込が必要です。 ※上記それぞれのイベントで個別相談・施設見学が可能です。 ※11/11(土)・12/9(土)にも個別相談会を行います。(予約制、事前に申し込みが必要です。)
※今後の社会情勢により、WEB上のイベントへ変更する可能性があります。最新情報はWEBページをご確認ください。

JR奈良線・京阪本線『東福寺』駅 徒歩5分、市バス「今熊野」バス停 徒歩3分　　www.otani.ed.jp　　大谷中学 京都　検索

「確かな学力」「豊かな人間性」を育む

東京大学 **1**名合格　京都大学 **16**名合格

特色入試7名合格（2年連続全国最多）

| 理I | 経済2 医（医）1 人間健康5 理1 農2 工3 総合人間2 |

国公立医学科8名・難関国公立66名（旧帝大、医、神戸、一橋）

国公立大学合計192名（卒業生276名）

開明中学校
スーパー理数コース、理数コースとも120名募集

■ **スーパー理数コース** … 東大・京大・国公立医学科を目指すコース

■ **理数コース** … 難関国公立大学を目指すコース

開明高等学校
普通科6年文理編入コース募集

■ **普通科6年文理編入コース**

最難関国公立大学に進学するコースに高校2年生から編入するコース

中学入試説明会
校内見学・クラブ活動見学・個別相談あり

9/2（土）・9/16（土）・10/21（土）・11/18（土）

高校入試説明会
校内見学・クラブ活動見学・個別相談あり

10/14（土）・11/4（土）　**各日** ▶ 14：00～15：20

● 高校入試個別相談会 12/9（土）10：00～13：00 で申込時に時間指定

中学授業見学会
10/28（土） 中1・中2授業見学　校内見学

中学放課後見学会
9/22（金）・11/22（水） 中1・中2放課後学習会・校内見学

※授業見学会・放課後見学会の実施時間は申込時にご確認ください

——— 全て事前申し込みが必要です。必ずホームページで確認願います。 ———

開明中学校・高等学校

TEL.06-6932-4461（代）FAX.06-6932-4400

〒536-0006　大阪市城東区野江1丁目9番9号
https://www.kaimei.ed.jp/

京阪本線・JR「京橋」駅下車徒歩8分、OsakaMetro 谷町線「野江内代」駅・長堀鶴見緑地線「蒲生四丁目」駅・京阪本線「野江」駅・JR「JR野江」駅下車徒歩12分

Junior High School

KYOTO TACHIBANA

難関国立大学・医学部医学科10名合格

東京大学 **1**名　　大阪大学 **4**名
神戸大学 **2**名　　九州大学 **1**名 など

▪ EVENT INFORMATION

授業見学会Ⅱ	オープンキャンパスⅡ
9.30（土）	**10.15**（日）
10:00〜12:30	9:30〜11:30

判定テスト・学校説明会	判定テスト答案返却会
11.4（土）	**11.11**（土）
8:45〜11:40	9:00〜12:00

ミニ学校説明会

9.16（土）	**10.7**（土）	**11.18**（土）
11.25（土）	**12.2**（土）	**12.9**（土）
12.16（土）	10:00〜11:30	

変化を楽しむ人であれ
京都橘中学校
Vコース【国公立大学進学中高一貫コース】

〒612-8026 京都市伏見区桃山町伊賀50
TEL 075-623-0066　FAX 075-623-0070　E-mail nk@tachibana-hs.jp
URL https://www.tachibana-hs.jp/

京都文教へ
行ってみよう!

かけがえのない学校生活を。

⟨ 中学・高校受験者対象 ⟩

9月16日（土）　第2回オープンキャンパス

10月14日（土）　プチキャンパス見学会

11月3日（金・祝）第3回オープンキャンパス

11月10日（金）　miniオープンキャンパス

11月17日（金）　miniオープンキャンパス

12月16日（土）
〜　　　　　　　個別相談WEEK
12月23日（土）
（12月17日(日)は除く）

※すべて事前申し込みが必要となります。
　本校ホームページよりお申込みください。

⟨ 中学受験者対象 ⟩

10月7日（土）　第1回文教プレテスト

11月12日（日）　第2回文教プレテスト

11月25日（土）　中学校入試説明会

※詳細はホームページでご確認ください。

⟨ 高校受験者対象 ⟩

9月30日（土）　特進コース体験会

12月2日（土）　第1回高校入試説明会（午前）
　　　　　　　　第2回高校入試説明会（午後）

12月9日（土）　第3回高校入試説明会

※高校入試説明会は3回とも同一内容です。
※詳細はホームページでご確認ください。

Students First
ここにあるすべては、君の未来のためにある

ご来校前に本校ホームページをご確認ください ▶

社会情勢等により、行事の中止・変更・延期の可能性がございます。

君は かけがえのない存在（ひと）　**京都文教中学校・高等学校**

京都文教中学校・高等学校の
トップページから、こちらもチェック！

| Instagram フォローしてね! | @k_bunkyoツイート中! フォローしてね! | スマートフォンにも対応 しています。見てね! |

✿ **学校法人 京都文教学園　岡崎キャンパス**

〒606-8344　京都市左京区岡崎円勝寺町5

Google Mapsはこちら▶
www.kbu.ac.jp

京都文教 🔍

お問い合わせは入試対策部直通

TEL.
075-752-6818

さあ、常翔気流に乗ろう

常翔学園中学校・高等学校
〒535-8585 大阪市旭区大宮5丁目16番1号

学園内大学

| 大阪工業大学 | 摂南大学 | 広島国際大学 |

未来を、啓(ひら)け！

information

2024年度 入試関連イベントスケジュール

中学校イベントスケジュール

日	行事名	日	行事名
10/ 14 (土)	学校見学会④	11/ 11 (土)	フォローアップ特別会①
10/ 17 (火)	個別入試相談会 くずはキャラバン (申込不要) @くずはモール南館	11/ 18 (土)	フォローアップ特別会②
11/ 4 (土)	プレテスト会 (小6生対象)	12/ 16 (土)	中学校説明会mini
	第3回中学校説明会	3/ 9 (土)	サロン・ド・啓光②

本校 web サイトはこちらから

※日程は予告なく変更することがあります。各種イベントの詳細情報は本校HPで確認してください。

常翔啓光学園中学校・高等学校

〒573-1197 大阪府枚方市禁野本町1丁目13番21号　TEL.072-848-0521（代）　FAX.072-848-2969　https://www.keiko.josho.ac.jp/

入試広報関連行事についてのお問い合わせ　入試部　TEL. 072-807-6632

Keep Traditional Values,
Inspire Innovative Spirit

Takatsuki

学校法人 大阪医科薬科大学

高槻中学校・高槻高等学校

《学校・入試説明会》

《高1 オープンキャンパスプロジェクト》

10/14 (土) 第3回 14:00〜15:30

10/28 (土) 第4回 14:00〜15:30

11/4 (土) 第5回 10:30〜12:00 第6回 14:00〜15:30

11/5 (日) 第7回 10:00〜11:30 卒業生／在校生のご家族対象

11/11 (土) 14:00〜16:30 5年生対象

■ 予約:WEBにて要予約(先着順)　■ 会場:本校 ※上履きをご持参ください　■ 詳細はホームページをご確認ください

《本校へのアクセス》阪急高槻市駅より徒歩7分　JR高槻駅より徒歩16分　京阪枚方市駅より京阪バス20分(松原下車すぐ)

感謝の心と堅い絆、そして未来へ

CHIBEN GAKUEN junior and senior high school

CHIBEN

智辯学園
中学校・高等学校

10/14 土 中学入試プレテスト
9:30～
※小学6年生対象

11/11 土 オープンスクール・進学相談会
12:00～
※小学生・中学生対象

〒637-0037
奈良県五條市野原中4丁目1-51
TEL 0747-22-3191

智辯学園和歌山
中学校・高等学校

10/21 土 入試説明会 兼 入試アドバイス
13:00～
※入試アドバイスは
小学6年生対象

〒640-0392
和歌山県和歌山市冬野2066-1
TEL 073-479-2811

智辯学園奈良カレッジ
中学部・高等部

10/21 土 中学部入試プレテスト
（一般入試型）
9:30～
※小学6年生対象

11/25 土 オープンキャンパス・
中学部入試直前対策講座
9:30～

〒639-0253
奈良県香芝市田尻265
TEL 0745-79-1111

学校法人 智辯学園　〒637-0037 奈良県五條市野原中４丁目1-51 TEL 0747-22-3191
https://www.chiben.ac.jp/

帝塚山で学ぶ。
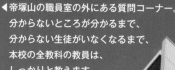

帝塚山の職員室の外にある質問コーナー。
分からないところが分かるまで、
分からない生徒がいなくなるまで、
本校の全教科の教員は、
しっかりと教えます。

難関国公立大学への合格者が続々！ （2023年度）

東大、京大、阪大など
国公立大学への合格者多数！
医歯薬系大学、難関私立大学にも
多くの先輩が合格しています。

最難関国立大学
（旧帝国大学）
40名

国公立大学
（最難関国立大学を含む）
196名

国公立大学
医学部医学科
29名

私立大学
医学部医学科
57名

東京大学 ……………1名	神戸大学 …………18名
京都大学 …………16名	一橋大学 ……………1名
大阪大学 …………12名	広島大学 ……………3名
北海道大学 …………6名	岡山大学 ……………3名
東北大学 ……………2名	京都工芸繊維大学 ……5名
九州大学 ……………3名	大阪公立大学 ……31名 ほか

予約制（先着順）
2024年度 入試説明会
予約は本校ウェブサイトで受け付けます。

★小学4～6年生児童と保護者対象

第5回
10/22 ㊐
9:30～
400名（1家庭2名以内）
奈良・学園前 帝塚山学園講堂
9/22（金）予約開始

第6回
11/26 ㊐
9:30～
400名（1家庭2名以内）
奈良・学園前 帝塚山学園講堂
10/27（金）予約開始

《ご注意》新型コロナウイルス感染拡大状況により、日程・会場・内容が変更、または中止になる可能性があります。事前に必ず本校ウェブサイトにてご確認ください。

駅を出たら、すぐ校門！
通学もラクラクです。

近鉄「学園前」駅 下車1分

近鉄「学園前」駅 下車1分

帝塚山中学校 高等学校

〒631-0034 奈良市学園南3-1-3　TEL 0742-41-4685　FAX 0742-88-6051　https://www.tezukayama-h.ed.jp

学校法人帝塚山学園

帝塚山学院中学校高等学校
TEZUKAYAMAGAKUIN Junior & Senior High School

一人ひとりの、輝きの先へ。

関学 コース

ヴェルジェ〈エトワール・プルミエ〉コース

〒558-0053 大阪市住吉区帝塚山中3丁目10番51号　TEL.06-6672-1151

南海高野線「帝塚山駅」下車すぐ。阪堺電気軌道上町線「帝塚山三丁目駅」下車徒歩2分

入試イベントの
詳細については、
本校HPをご覧ください。

入試説明会/学校見学会

※お申込の際、「入試説明会」・「学校見学会」のいずれかをお選び下さい。

14:00〜16:00

9/30 ㊏	10/28 ㊏	11/25 ㊏

プレテスト	プレテスト 返却解説会
8:30〜12:00	10:00〜12:00
11/18 ㊏	11/25 ㊏

場所：奈良学園登美ヶ丘中学校・高等学校

事前申込が必要です。詳しくは本校ホームページをご覧ください。

中学校HP　LINE公式アカウント

LINE登録で最新情報が届くよ★

至大阪　R163　至木津
近鉄けいはんな線
至生駒・本町
学研奈良登美ヶ丘駅
イオン　登美ヶ丘北中学校
レクサス
奈良学園大学正門
奈良学園登美ヶ丘
正門
スギ薬局
県立国際高校
北登美ヶ丘一丁目
奈良学園登美ヶ丘 中・高
ならやま大通り
大渕池
近鉄奈良線
近鉄学園前駅
至大阪難波　至近鉄奈良
※🚏はバス停です。

奈良学園登美ヶ丘中学校・高等学校

〒631-8522　奈良市中登美ヶ丘3丁目15-1 TEL.0742(93)5111　奈良学園登美ヶ丘　検索

東山中学・高等学校

たくさんの体験が、
道になる。

HIGASHIYAMA
JUNIOR & SENIOR HIGH SCHOOL
2024

東山中学HP

イベント申込

東山で、見つける。

St.Agnes' Junior High School
平安女学院

中 学		高 校

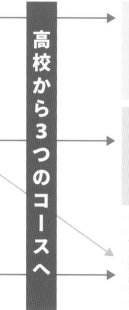

高校から3つのコースへ

グローバル・
ステップ・プラス
（GS＋）
コース

立命館・
ステップ・プラス
（RS＋）
コース

アグネス進学（AS）コース

2023年度より、アグネス進学コースが生まれ変わりました。色々な事に挑戦して、自分を変える・社会を変える・世界を変える「Challenge & Change」をキーワードに、個人の進路に応じた幅広い選択科目を用意することで、多様な進学目標に対応できるカリキュラムを編成しました。

幼児教育進学（CS）コース

「就きたい仕事は保育士・幼稚園教諭・小学校教諭」という明確なキャリア志向を持っている女子生徒の、「なりたい自分」を実現するコースです。平安女学院大学 子ども教育学部へは、内部推薦を利用して進学することができます。

立命館進学（RS）コース

立命館大学・立命館アジア太平洋大学(APU)との高・大一貫教育により、国際性・自立性・行動力を培い、次世代の国際社会を担うリーダーを育成します。立命館大学の定める基準を満たした全員を立命館大学文系学部・APUへ推薦します。

ミルトスコース＜全日制・普通科・単位制＞

成績基準ナシ ━━▶ ／ 成績基準アリ ━━▶　　※それぞれの基準を満たした場合、矢印方向へのコース変更が可能です。

中高一貫教育校の利点を生かし、高校から3つのコースで進路を支援

中学校説明会	10/14(土)	11/3(祝)	11/18(土)	全ての行事で個別入試相談を実施します
プレテスト	11/3(祝)	11/18(土)		
入試相談会	11/25(土)	12/9(土)	12/16(土)	12/23(土)

※行事の開催については変更の可能性もあるため、本校のHPを事前にご確認ください。

詳細は、
本校HPを
ご覧ください

イベントの予約
参加には事前予約が必要です
本校HPからお申込みください

since 1875
St.Agnes'

平安女学院中学校高等学校

〒602-8013　京都市上京区下立売通烏丸西入五町目町172-2　地下鉄「丸太町駅」下車徒歩約3分
●入学センター TEL 075-414-8101 E-mail stagnes-hj@heian.ac.jp URL http://jh.heian.ac.jp/

2024年 新コース始動！

Mukojo Transformation

武庫女が変わる！

- SOAR（ソアー）グローバルサイエンスコース（文理）
- SOAR（ソアー）探究コース（文理）

Event Schedule 小学生対象

11/4（土）
プレテスト・入試説明会
9:30〜12:30

12/9（土）
中学入試募集要項説明会
13:45〜14:30

武庫川女子大学附属中学校

イベントの予約は
こちらから

〒663-8143 兵庫県西宮市枝川町4-16
TEL.0798-47-6436　FAX.0798-47-2244
[入試相談室] TEL.0798-47-8102　FAX.0798-47-8110
https://jhs.mukogawa-u.ac.jp

Mukogawa Women's University

Junior High School

2024

Momoyama Gakuin

6年中高一貫教育

桃山学院中学校
St. Andrew's School

※要事前申込（文化祭・入試相談会以外）

入試イベント情報を
いち早くお届けします
LINE
友だち
募集中

入試説明会 要事前申込

10月 7日(土)	14:30～16:30
11月 5日(日)	10:00～12:00
11月23日(祝・木)	10:00～12:00 プレテスト同日開催

中学入試相談会 五ツ木・駸々堂模試テスト実施日

10月22日(日)	9:00～11:00

プレテスト 〔小学6年生対象〕要事前申込

11月11日(土)	9:40～12:05
11月23日(祝・木)	9:40～12:05 本校入試説明会同日開催

プレテスト解説会 要事前申込 ※プレテストを受験していない方も参加可能

12月 2日(土)	14:00～16:00

【荒天時等による中止や延期となる場合は、本校ホームページにてお知らせします。】

桃山学院中学校
St. Andrew's School

6年中高一貫教育
6年選抜コース　6年進学コース

イベント内容に関する詳細は
本校ホームページにてご確認ください。 桃山中高 検索

アクセス ◆大阪メトロ御堂筋線 昭和町駅 3号出口 南へ徒歩約5分 ◆大阪メトロ谷町線 文の里駅 4号出口 南へ徒歩約8分 ◆JR阪和線 南田辺駅 北西へ徒歩約10分
〒545-0011 大阪市阿倍野区昭和町3-1-64 TEL.06-6621-1181(代) FAX.06-6629-6111 http://www.momoyamagakuin-h.ed.jp/

まなざしをこころざしへ

Kansai Ohkura Junior High Scool　2023 EVENT

入試イベント [要申込]

入試説明会

9/2 ㊏

10/7 ㊏

プレテスト

11/5 ㊐ 8:45〜

申込期間 8/25㊎〜10/31㊋

保護者対象の学校説明会を同時開催

プレテスト解説会

11/11 ㊏

プレテスト成績資料返却・入試に向けた
アドバイス・個別相談

＊イベントの日程やプログラムの内容は変更
　される可能性がございます。
＊イベントの最新情報やプログラムの詳細は
　本校HPでご確認ください。
＊本校のHPより事前のご予約をお願いします。

「受験生応援サイト」はこちら

関西大倉中学校
Kansai Ohkura

〒567-0052 大阪府茨木市室山2-14-1　TEL.072-643-6321

四天王寺東
SHITENNOJI-HIGASHI

| 入試説明会 | 11/11 (土)
9:40〜10:40 | プレテスト | プレテスト
11/11 (土)
9:30〜12:45 | プレテスト解説会
11/18 (土)
14:00〜16:00 | 個別相談会 | 11/18 (土)
14:00〜16:00 | 12/9 (土)
10:00〜12:00 |

開催場所：本校　　児童・保護者対象　　※11/11 プレテストは小学6年生対象

全ての行事においてお申し込みが必要となります。
　※上履きと靴袋をご持参ください。　※来校の際は、公共交通機関をご利用ください。

四天王寺東中学校

〒583-0026 大阪府藤井寺市春日丘3丁目1番78号　　TEL：072-937-2855　　https://www.shitennoji.ac.jp

SHUKUGAWA
JUNIOR HIGH SCHOOL 2024

SHUKUGAWA

Learning for tomorrow
〜明日への学び〜

学校説明会・見学会
【全学年対象】
【場所】本校・Zoomライブ配信
【時間】10:00〜12:00
9/16（土）
申込受付開始日時：8月7日（月）10:00〜

※自家用車でのご来校はご遠慮ください。　※会場内ではマスクの着用を推奨します。

オープンスクール
【全学年対象】
【時間】10:00〜12:10
9/23（土・祝）
申込受付開始日時：8月21日（月）10:00〜
10/22（日）
申込受付開始日時：9月19日（火）10:00〜

プレテスト・入試説明会
【6年生対象】
11/11（土）
●詳細は別途チラシをご用意してご案内いたします。

学校説明・入試説明会 見学会
【6年生対象】
【場所】本校・Zoomライブ配信
【時間】10:00〜12:00
12/2（土）
申込受付開始日時：11月6日（月）10:00〜

学校法人 須磨学園 夙川中学校

事前の申し込みが必要です。詳しくは、ホームページをご確認ください。
https://www.sumashuku.jp　E-mail：admission@sumashuku.jp
〒652-0043 神戸市兵庫区会下山町1-7-1　TEL 078-578-7226　FAX 078-578-7245

Founded in 1892

松蔭中学校

SHOIN AND ENGLISH

「英語」と「探究」に強い、松蔭の一貫教育。

高い英語力と国語力、問題解決力を養う

DEVELOPMENTAL STREAM 定員 約120名
ディベロプメンタル・ストリーム

海外進学や国際的に活躍する将来を目指す

GLOBAL STREAM 定員 約30名
自己推薦入試 新設
グローバル・ストリーム

11.12 日 ｜ 本番さながらの雰囲気を体験。
プレテスト(小学6年生対象)

お申込受付期間
2023年9月1日(金)〜11月9日(木)

併設校 松蔭高等学校／神戸松蔭女子学院大学 神戸市灘区青谷町3-4-47 TEL.078-861-1105 https://shoin-jhs.ac.jp/

交通アクセス
●阪急「王子公園駅」下車、徒歩15分。JR「灘駅」下車、徒歩18分。阪神「岩屋駅」下車、徒歩20分。
●市バス②系統、「三宮」「布引」「阪急六甲」乗車、「青谷(松蔭女子学院前)」下車。

校内外で説明会を開催! 松蔭 検索

詳しくはこちら!

SUMA GAKUEN
JUNIOR HIGH SCHOOL 2024

UMA GAKUEN

to be myself,...

なりたい自分になる。そして・・・

オープンスクール 全学年対象		学校説明・入試説明会 見学会 6年生対象	
10/15（日）	[場所] **本校**	**11/18**（土）	[場所] **本校・Zoomライブ配信**
申込受付開始日時： 9月11日（月）10:00～	[時間] **10:00～12:10**	申込受付開始日時： 10月16日（月）10:00～	[時間] **10:00～12:00 / 14:00～16:00**
※靴袋・上履き等を必ずご持参ください。	※自家用車でのご来校はご遠慮ください。	※会場内ではマスクの着用を推奨します。	

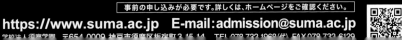

※事前の申し込みが必要です。詳しくは、ホームページをご確認ください。

いきいきと、せかいへ。

須磨学園中学校

https://www.suma.ac.jp　E-mail : admission@suma.ac.jp

Q あなたの「可能性」を求めなさい！

TAKI

2023年4月、滝川第二中学校は20年目、
滝川第二高等学校は40年目を迎えました！

滝川第二中学校・高等学校

I.U.E. 知識実践コース　　プログレッシブ数理探究コース　　エキスパート未来創造コース

開催場所：**本校**（オンライン視聴可）　　申込 **不要**　　上履き **必要**

2024入試説明会

10.28 [土] 10:00~12:00

11.25 [土] 10:00~12:00

〒651-2276 神戸市西区春日台6丁目23番
TEL.(078) 961-2381 FAX.(078)961-4591
https://takigawa2.ed.jp

Webサイト

Twitter

Instagram

中 東海大学付属大阪仰星高等学校中等部

- ◪ 中高一貫教育で大学進学を目指す
- ◪ 社会的マナーを身につける
- ◪ 活力ある学校生活を送る
- ◪ 明るくて自由な校風

一人ひとりの希望がかなうコース制

英数特進コース 35名

◪ 国公立・難関私大および
東海大学医学部への進学を
めざします。

総合進学コース 70名

◪ 難関・人気私立大学および
東海大学への進学をめざします。

● 入試説明会
第1回　9/ 9（土）14:00〜 ※要予約
第2回　11/ 4（土）　9:30〜 ※要予約
第3回　11/18（土）14:00〜 ※要予約

● オープンスクール
10/21（土）　9:30〜 ※要予約

● プレテスト
第1回　8/26（土）10:00〜 ※要予約
第2回　11/ 4（土）　8:50〜 ※要予約

ホームページ
http://www.tokai.ed.jp/gyosei/

入試日程　A日程 1/13（土）　B日程 1/14（日）　C日程 1/15（月）
詳しくはホームページをご覧ください。

〒573-0018 大阪府枚方市桜丘町60-1　電話 072-849-7211

交通機関
● 京阪交野線　村野駅下車徒歩10分
● JR学研都市線　河内磐船駅にて京阪交野線に乗換え村野駅下車
● スクールバス　近鉄学園前〜登美ヶ丘〜白庭台〜田原台〜学校

未来を創造するのは、あなた。

NARA GAKUEN

JUNIOR HIGH SCHOOL / SENIOR HIGH SCHOOL
SUPER SCIENCE HIGHSCHOOL

2024

入試説明会

場所 | 本校 第1体育館

※中学入試の第1回、第2回は同じ内容です。

| 第1回 | **10月7日**（土） | 14:00 ～ 15:30（中学入試のみ） |

| 第2回 | **11月11日**（土） | 10:00 ～ 11:30（高校入試）
14:00 ～ 15:30（中学入試） |

奈良学園中学校・高等学校

〒639-1093 奈良県大和郡山市山田町430
TEL:0743-54-0351　FAX:0743-54-0335

※最新のお知らせやイベント情報は、こちらでご確認下さい。
https://www.naragakuen.ed.jp/

東京大学へ73名。

未来のリーダー育成のための
自発的学びが、本校の特色です。

「21世紀型特色入試」 受験希望者のための説明会	9/16(土)　10/12(木) 10/13(金)　11/9(木)	①10:00〜11:30　②12:30〜14:00
受験生と保護者のための 入試説明会	9/30(土)　11/11(土)	①9:30〜11:00　②12:00〜13:30
	10/1(日)　10/9(月・祝)	①10:00〜11:30　②14:00〜15:30
西大和学園で 五ツ木・駸々堂テストを受けよう！	10/22(日)	最新資料と過去問配布/在校生による校 内見学ツアー/学校・入試説明会/個別相 談会 詳細は五ツ木書房まで

次代を担うリーダーを育成するために。
西大和学園中学校・高等学校

JR三ノ宮7:10　JR宝塚6:59　千里中央7:19　JR大阪7:43　京都7:11　堺東7:46　JR天王寺8:07　始業時間8:55に間に合います。

HOTOKU
GAKUEN
JUNIOR HIGH SCHOOL & HIGH SCHOOL

感謝と貢献を

報徳学園中学校

Ⅱ進コース ｜ Ⅰ進コース

https://www.hotoku.ac.jp

〒663-8003 西宮市上大市5丁目28-19
TEL:0798-51-3021（代）　FAX:0798-53-6332　E-mail:nyushi@hotoku.ac.jp

小学6年生 対象

龍谷大学付属平安中学校の
プレテストにトライしよう！

受験料
無料
（要申込）

龍谷大学付属平安中学校のプレテスト

ドラゴンテスト

2023年
11/4 ㊏

学力テスト：（国語）（算数）

午前の部 集合 9:00	午後の部 集合 13:00
国 語 9:30〜10:20	国 語 13:30〜14:20
算 数 10:35〜11:25	算 数 14:35〜15:25

同時開催　保護者様対象
入試説明会

申込期間 10月1日(日)〜10月31日(火)　申込方法 Webによる申し込み
※裏面の『ドラゴンテストWeb申込の流れ』をご覧の上、本校ホームページよりお申し込みください。

11/11 ㊏ ドラゴンテスト返却会＆解説会

※ドラゴンテスト解説会は、ドラゴンテスト受験者が対象です。※詳細については、9月下旬に本校ホームページで案内します。

龍谷大学付属平安中学校

〒600-8267 京都市下京区大宮通七条上ル御器屋町30 TEL.075-361-4231 FAX.075-361-0040
https://www.heian.ed.jp

うつくしいひと。
Shin-ai

入試・学校説明会

10/14（土）
10:00〜 泉の森ホール

11/11（土）
10:00〜 本校

入試最終説明会

＊入試の傾向と対策集配付

12/9（土）
14:00〜 本校

個別相談会

12/16（土）
10:00〜15:00 本校

※すべて本校HPより
お申込みください。

＊個別学校見学会も随時行っております。お電話にてご予約をお願いします。
＊諸般の事情により変更することがあります。詳細はホームページでご確認ください。
＊本校へお越しの際には、上履きのご準備をお願い致します。

2023 国公立大・大学校合格 76 名（うち現役生75名）

和歌山県立医大4（医2 保健看護2）、京都大、大阪大2、神戸大 など
関関同立50 三女子大（京女・同女・神戸女学院）50 産近甲龍71 など

育成型教育だからこそ伸びる！ そして結果につながる！

将来への視野を広げる ICT教育や探究活動も充実

文科省指定 SGH（スーパーグローバルハイスクール）ネットワーク参加校

和歌山信愛 中学校 高等学校

和歌山信愛中学校

〒640-8151 和歌山市屋形町2-23
TEL 073-424-1141

信愛 和歌山 🔍検索

JR和歌山駅から徒歩12分（バス4分） 南海和歌山市駅からバス10分「三木町新通」「三木町」下車すぐ

はじめに
INTRODUCTION

　中学受験は、親と子どもの「夢と希望」によって支えられています。そして、生まれてはじめて自らの意思と行動力で、進むべき将来の道を選択する・・・それが中学受験です。公立中学校ではなく敢えて受験という厳しい道のりを選択し、精一杯努力する健気な姿こそ、将来の人格形成に大きく寄与するのではないでしょうか。

　2024年度関西地区私立中学校入試は、「近畿地区統一開始日入試」の19年目を迎えます。入試の早期化・短期化のもと、「後期日程」が前倒しされる傾向にあり、その結果、1月13日開始日からのほぼ4日間に入試日程が集中、「午後入試」も一般化してきました。このことは受験生にとって、志望校の選択、併願パターンの決定に大きな影響を与える動きとなりました。一方、私立中学校サイドにとっても、これを機に続々と教育改革が行われ、統一入試の荒波に飲み込まれないよう、一層の魅力作りに努めています。教科選択制や英語入試・自己推薦型入試の導入も、そのあらわれの一つです。

　こうした状況下では、まず正確な情報を知り、その情報に基づいた適切な判断を下した上で、受験校を選択することが最も大切な要素となります。本誌では、関西地区を中心に142校の私立中学校を対象に、その特色から教育方針、学校行事や説明会の日程、そして来年度の募集要項について、出来るだけ詳しく掲載しています。受験校を選定する上で、本誌がお役に立てれば幸いです。

　また、この『中学入試要項／合格へのパスポート』を編むにあたって、各中学校をはじめ関係者各位のご協力を得て、本年も無事刊行することができました。ご協力くださいました皆様方に、この場を借りて心より御礼申し上げます。

2023 年 10 月 20 日

GUIDANCE FOR DATA
資料の見方

1. 中学校の配列

本書では、関西地区を中心に 142 校の私立中学校について、大阪府・兵庫県・京都府・奈良県・和歌山県・滋賀県・その他の地域に分けて、50 音順に掲載しました。また、府県ごとにそれぞれ「男子校・女子校・共学校」の順に配列しています。

2. 交通機関

各中学校の最寄駅から、徒歩またはバスでの所要時間を表しています。但し、最寄り駅については、交通機関別に複数の駅や停留所を掲載した学校もあります。

3. 学校長名・教頭名・生徒数

それぞれの中学校の校長先生・教頭（副校長）先生のお名前を掲載させていただきました。但し、一部の中学校では、教頭職を置いていない学校もあります。その場合には、事実上、その立場のお仕事をされている先生のお名前を掲載しています。
また、生徒数については、男女別に、中学 1 〜 3 年生の「在籍者の合計数」を表記しています。

4. 特　色

各中学校の特色について、校風・教育理念・建学の精神・教育方針から、進路指導・授業内容・クラブ活動といった具体的なものまで、できるだけ詳しく紹介しています。

5. 2024 年度／入試要項

各中学校からのアンケート調査をもとに、来年度の入試要項を掲載しています。但し、9 月上旬段階での調査結果に基づき収録したため、一部の学校では未発表となっている項目もありますので、あらかじめご了承ください。
出願期間と入学手続の〔　　　〕内の時間は、窓口受付最終日の締め切り時間を表しています。但し、〔郵送必着〕または〔消印有効〕とある場合は、郵送に限ります。また、納入金については、前年度の事例を掲載しましたので、参考にして下さい。

※教科数の選択制及び教科数毎の判定方法の詳細については、巻末データにまとめて掲載しましたので、参考にして下さい。

6. 学校行事予定

学校説明会・プレテスト・文化祭・体育祭等について、それぞれの日程を掲載しています。説明会では事前申込みや上履きを必要とする場合、文化祭などでは「チケット制」の学校もありますのでご注意ください。また訪問される前には、念のため、学校にご確認ください。

学校行事に際しては、ほとんどの学校で車での来校を禁止しています。登下校の様子や実際の通学経路・所要時間を知る上でも、必ず、電車やバスなどの公共交通機関をご利用の上、訪問するなどご配慮ください。

各イベント等につきましては、延期または中止の場合もございます。事前に各学校のホームページ等でご確認下さい。

7. 入試状況

実質倍率は「受験者数÷合格者数」について、小数第2位を四捨五入して求めました。また、受験者数を公表していない中学校については、「志願者数÷合格者数」で応募倍率を計算しました。その他、合格最低点（％）についても、公表されている学校のみ併記しました。

8. 2023年度／進学状況

主要大学への合格実績については、併設高等学校の大学合格者数について、学校側の発表数を掲載しています。但し、非公表の学校については、弊社が独自に調査を行った場合もありますのでご了承ください。また、（　　）内の現役合格者数についても、お答えいただいた学校のみ掲載しました。

9. データ2024

入試制度の変更内容・教科選択入試での判定方法・合格最低点の推移・有名大学ランキングなど、各学校からのアンケート調査に基づき、出来る限り役立つ受験情報と資料について、整理して掲載しました。

2024年度の入試要項につきましては万全の調査に基づき掲載しましたが、必ず、学校が配布する正式な要項でご確認下さるようお願い申し上げます。

INDEX

データ 2024

学校選びのポイント

- ■2024年度 関西地区中学入試の展望
- ■2024年度 私立中学入試カレンダー
- ■学校説明会チェックポイント
- ■まずは学校へ行こう！
- ■プレテストカレンダー

入試要項から見る
2024年度関西地区 中学入試の展望

各府県の中学校高等学校連合会主催の「私立学校展」も終了し、学校説明会・オープンキャンパスも毎週のように実施されています。そのような中、2024年度入試に向けての入試要項が各校から発表され、中学入試の全体像も見えてきました。「動きのある学校は？」「要注意校は？」入試の変更点を中心に2024年度入試を展望してみたいと思います。

☆ 前年度入試総括 ☆

2024年度入試を見ていく前に、今春に実施されました、2023年度入試を簡単に総括してみたいと思います。

2006年度より始まった『近畿地区統一開始日入試』も18年目を迎え、入試の短期化・早期化に伴う午後入試、英語入試を含む選抜方法の多様化へと大きなうねりを展開してきました。その"歴史"の流れの中で行われた2023年度入試ですが、長引く新型コロナウィルス感染拡大の中での入試となりました。14日初日午前の実受験者数は17,327名と、前年比＋308名で、3年ぶりにプラスに転じました。また、初日午前の受験率（受験者数／小6児童数）も10.0％（前年／9.8％）となり、少子化の中0.2ポイント上昇、中学受験志向が高まっていることを表しています。エリア的には大阪が受験者数・受験率ともに大

幅に上昇、兵庫・京都・滋賀は受験者数・受験率ともに微増、一方、奈良は受験者数が微増、和歌山は受験者数・受験率ともに低下となっており、府県によって状況に違いも出てきています。

大阪地区の受験者動向では、14日初日午前の受験者数は7,985名（前年度比＋241名）で、受験率は11.0％（前年10.6％）となっています。この数字には午前とのダブルカウントが予想される午後入試（清風・明星・大谷・帝塚山学院・上宮学園・追手門学院大手前・大阪国際・大阪桐蔭・関西大倉・関西大学北陽・金蘭千里・常翔学園・帝塚山学院泉ヶ丘・初芝立命館など）の数字は含んでいません。コロナ禍での入試でしたが、入学者に直結する"初日午前受験生"の2年連続での増加は、大阪私学にとって明るい結果となっています。前期入試（各校1回目の入試）での受験者数で前年度比10％かつ10名以上の

大きな伸びを見せている学校は、明星・金蘭会・プール学院・上宮学園・追手門学院・大阪青凌・開明・関西大倉・関西大学・関西大学第一・関西大学北陽・香里ヌヴェール学院・高槻・浪速・羽衣学園・初芝立命館・箕面自由学園となっています。その増加要因も、大学合格実績、有名大学の附属校・連携校、入試日程の変更、英語を含む教科選択制などの入試制度変更、自己推薦型・適性検査型など入試の多様化、特待生制度の活用、特色教育や学校改革への期待感などの要素を、複層的に広報に活かした結果となっています。また、初日の午後入試は30校が実施。受験者数も5,247名（前年5,049名）となっています。初日午前を受験した7,895名の実に67％の受験生が午後入試にもチャレンジした形になっています。午後入試が併願パターンに織り込まれ、完全に定着していっているのがわかります。

兵庫地区の今春は明るい兆しの見える入試となりました。14日初日の受験者数は4,995名（前年度比 +54名）、受験率は10.4％（前年10.4％）となりました。そのような中、初日の受験者が前年度比10％かつ10名を超えた学校は甲陽学院・灘・神戸女学院・百合学院・啓明学院・滝川第二・仁川学院・白陵となっています。初日の午後入試に夙川が370名、雲雀丘学園が452名、須磨学園の第3回に409名、三田学園の前期Bに344名の受験生を集めるなど、午後入試を中心に後期入試が盛り上がる入試となりました。

京都地区も前年を超える盛り上がった入試となりました。14日初日の受験者数は2,549名で、前年度 +12名となっており、受験率は昨年の12.3％から12.4％へと上昇しています。前期入試での受験者増加校（10％かつ10名超）は、ノートルダム女学院・大谷・同志社国際・洛南高等学校附属・龍谷大学付属平安となっています。今年の中学入試でも関関同立の附属校の人気は安定しており、京都を中心とした同志社系・立命館系だけでなく、大阪の関西大学系、兵庫の関西学院系も高い人気を維持した入試でもありました。

奈良地区はやや落ち着いた入試となりました。14日初日の受験者数は808名（前年度 +6名）となっており、前期入試の受験者大幅増加校は帝塚山・奈良育英・西大和学園の3校でした。なお、帝塚山の初日午後入試は男女合わせて583名（うち女子は391名）、奈良学園のC日程は156名、西大和学園の3・4科入試は1,149名の受験生を集めるなど、午後入試・後期入試は活況となっています。

和歌山地区では「全校一斉解禁日スタート」の中、14日初日の受験生は627名（前年度 -23名）と、ほぼ前年並みの入試に落ち着いています。前期入試での受験者増加校（10％かつ10名超）は和歌山信愛のみとなっています。

滋賀地区でも14日に4校一斉に入試が行われました。その初日の受験者数は453名で、前年度 +18名と、前年並みの入試となりました。昨年を大きく超える受験生を集めたのは立命館守山のみとなっており、同校の初日午後入試の受験者数は284名となっています。

☆ 2024年度入試に向けて ☆

2024年度 私立中学校入試日程

府県名	日程
大阪府・兵庫県・京都府 奈良県・和歌山県・滋賀県	1月13日（土） 統一開始日

この流れを受けて展開される2024年度入試ですが、すでに各学校よりさまざまな入試制度変更が発表されています。19年連続の「土曜日開始・統一入試」となり、私学にとっては志願者数・歩留率など入試に関する重要データについては一定の蓄積ができたようですが、厳しさを増す募集環境の中、「入試日程の早期化・短期化」が進み、その結果、過密となった開始3日目までに「午後入試」が増加、特に開始日初日の午後入試も定番となってきま

した。加えてコース制の導入、英語選択入試、自己推薦型入試、適性検査型入試、英検等資格や複数受験による加点制度、そしてインターネット出願の拡がりもあります。2023年度入試結果を踏まえた上での入試制度改革に留まらず、学校改革・教育改革を実践する学校が見受けられるようになってきました。

インターネット出願実施校数の推移

	2021年度入試	2022年度入試	2023年度入試	2024年度入試
大 阪	48	50	53	55
兵 庫	21	24	34	35
京 都	20	22	22	22
奈 良	9	9	9	11
和歌山	5	5	5	4
滋 賀	5	4	4	4
合 計	108	114	127	131

※ 2024年度入試、関西圏140校中

このような激動の2024年度入試を最新の募集要項から地域別に展望してみたいと思います。

－ 大阪府 －
適性検査型入試の新設が進む

男子校3校は、初日13日に大阪星光学院・清風・明星が一斉に入試を行います。加えて、清風は初日の午後にプレミアム理Ⅲ選抜入試を、明星は午後特進入試を行います。14日には明星の後期、15日は清風の後期チャレンジ選抜と併願日程が続き、開始4日目の16日には清風がプレミアム最終選抜で高いレベルの併願受験生とともに、国際コース生5名を選抜します。また、清風・明星には複数回受験生への加点制度があります。相次ぐ共学化により今や"少数派"となった男子校ですが、いずれもハイレベルな進学校のため、共学校をも巻き込んだ受験生の動向が気になるところです。

次に女子校ですが、まずは入試日程を押さえておきます。四天王寺はじめ女子校12校が、開始日の13日午前に一斉に入試を行う形になっています。その初日午前には自己推薦型入試を実施する学校が増えてきました。また、初日の午後入試を実施する学校は大阪薫英女学院・大谷・樟蔭・帝塚山学院・梅花・プール学院の6校となっています。翌14日午前には大阪女学院・帝塚山学院・プール学院他9校が初日に続いて入試を行います。その混雑する14日午前を避けるため、大谷・帝塚山学院の2校が午後入試を実施します。開始3日目となる15日には大阪薫英女学院・大阪女学院・大谷・プール学院が並びます。16日以降は大阪薫英女学院・金蘭会・堺リベラル・樟蔭・城南学園・相愛・梅花の3・4回目の入試が残るのみとなります。

日程変更だけでなく、さまざまな入試制度変更も行われています。大阪薫英女学院は初日13日の午後に適性検査型入試を導入します。また、英検資格に応じた得点の読み替えも行います。大谷はコースによって異なっていた教科選択方式から、3コース共通の選択制度へと変更します。城南学園は入試回数を増やすとともに、英検資格による加点制度を新設します。

ここで、中学入試で定着を見せてきた「自己推薦型入試」についてまとめておきます。自己推薦型入試とは国語や算数といった学力だけでなく、スポーツや芸術など、小学校時代に取り組んできた活動実績を加味して総合評価しようという新しい入試システムです。

大阪の自己推薦型入試実施校と入試名称	
学校名	入試名称
大阪薫英女学院	特別推薦入試
大阪女学院	国際特別入試
金蘭会	Ｋ方式
堺リベラル	特別選抜入試
樟蔭	Challenge 入試
アサンプション国際	アピール入試
上宮学園	自己アピール型入試
追手門学院大手前	WIL 入試
大阪学芸高等学校附属	特技入試
	自己ＰＲ入試
近畿大学附属	21世紀入試
香里ヌヴェール学院	ヌヴェール入試
金光八尾	ＳＲ入試
四條畷学園	自己アピール
常翔啓光学園	未来入試
東海大学付属大阪仰星	自己推薦書
浪速	ＡＯ型入試
羽衣学園	自己表現入試
初芝富田林	エクセレンス入試
初芝立命館	みらい入試21
箕面自由学園	ＭＪＧ入試

大阪の午後入試実施校（ ）内入試回次		
男子校	清風（前期プレミアム・理Ⅲ選抜）	
	明星（午後特進）	
女子校	大阪薫英女学院（Ａ２日程）	
	大谷（1次Ｂ・1次Ｃ）	
	樟蔭（Ｂ入試）	
	帝塚山学院（Ｅ入試・２次入試）	
	梅花（Ａ２日程）	
	プール学院（1次Ｂ）	
共学校	アサンプション国際（Ａ日程午後）	
	上宮学園（1次一般学力午後）	
	追手門学院（ＴＷ入試・Ｂ日程）	
	追手門学院大手前（Ｂ日程）	
	大阪国際（1次Ｂ・２次）	
	大阪体育大学浪商（Ａ日程Ｎ方式・Ｂ日程Ｎ方式・Ｃ日程一般）	
	大阪桐蔭（前期・後期・Ｓ特別・Ｌ特別）	
	開明（1次後期Ｂ）	
	関西大倉（Ａ２日程・Ｂ日程）	
	関西大学北陽（２次Ａ・２次Ｂ）	
	金蘭千里（中期Ｂ・中期Ｊ・中期Ｍ）	
	賢明学院（ＡⅡ日程・Ｂ日程）	
	香里ヌヴェール学院（Ｂ日程・Ｃ日程・２月）	
	四條畷学園（特待チャレンジ・２次試験Ａ）	
	四天王寺東（Ｂ日程）	
	常翔学園（Ｂ日程・Ｃ日程・Ｊ日程）	
	常翔啓光学園（Ｃ日程・Ｄ日程）	
	高槻（Ｂ日程）	
	帝塚山学院泉ヶ丘（1次Ｂ・２次）	
	東海大学付属大阪仰星（Ｃ日程）	
	浪速（Ⅰ類選抜Ａ型・Ⅰ類選抜Ｂ型）	
	羽衣学園（1次Ｂ・適性検査型）	
	初芝富田林（前期Ｂ日程・後期Ｂ日程）	
	初芝立命館（前期Ｂ日程・後期Ｂ日程）	
	箕面自由学園（Ａ午後・Ｂ午後・Ｃ午後）	
	桃山学院（Ｂ方式）	
	履正社（前期1次午後入試）	

※＿＿＿校は初日13日の午後入試

　入試名称や評価判定方法は様々ですが、学力以外の項目についても選抜の対象とする、こういった試みは今後も拡がりを見せそうです。

　大阪地区の最後に共学校の全体像について見ていきます。ではまずは入試日程から見ていきます。13日開始日午前に入試をしない学校は大阪桐蔭・関西学院千里国際・清風南海の人気校３校で、大阪桐蔭は初日の午後、他の２校は２日目14日からの入試となります。上記３校を除く共学校41校すべてが13日午前に入試を行います。入試の早期化・短期化を受けて、日程の前倒し傾向が続く中で、午後入試が増加しています。

　特に表中アンダーラインで記載しました、

開始日初日（13日）の午後入試実施校が注目で29校あります。もはや、中学入試の開始日初日は午前・午後２校の志望校を受験することが一般化しています。今後併願校のパターンを検討する際には、これらの午後入試の日

程をおさえた組み立てが大変重要なポイントとなります。

　入試日程以外の変更点についても見ていきます。

　大阪学芸高等学校附属は自己推薦型の特技入試に加えて、自己PR入試を新設します。大阪信愛は入試回数を2回にするとともに、募集人員を60名から50名へと10名減とします。関西創価は40分の「探究力ワークショップ」を必須とした選抜を行うとともに、英検取得級による加点制度を導入します。金蘭千里は開始3日目となる15日に適性検査型入試を新設します。賢明学院は英検取得級に応じた加点制度とともに、AI受験生の複数回受験時に加点を行う選抜方法とします。四條畷学園は13日初日の午後に特待チャレンジ入試を新設します。帝塚山学院泉ヶ丘は複数回受験した場合に10点の加点を行う制度を新設します。浪速は募集人員を100名から120名へと20名増とするとともに、I類選抜入試B型(15日午後)は算数1科入試としています。羽衣学園は募集人員を60名から70名へと10名増としています。初芝富田林は「S特進α／S特進β／特進」の3コースに改編するとともに、募集人員を120名から100名へと20名減とします。また、前期A日程は3・4科の選択入試となりました。初芝立命館は「アドバンスアルファ（Aα）／立命館（R）／アドバンスベータ（Aβ）」に「ユニバーサルスタディ（US）」を加えた4コース制とします。

　ここ数年、英語選択入試、あるいは英検等の資格取得者への優遇措置を施す入試が増えてきました。以下にまとめておきます。

入試科目に英語を課す学校 (53校)	
大阪	大阪薫英女学院・金蘭会・堺リベラル 樟蔭・梅花・プール学院 アサンプション国際・追手門学院 追手門学院大手前・大阪国際 大阪信愛学院・大阪桐蔭・金蘭千里 賢明学院・香里ヌヴェール学院 金光八尾・昇陽・常翔啓光学園・高槻 東海大学付属大阪仰星・羽衣学園 初芝立命館・箕面自由学園・履正社
兵庫	愛徳学園・小林聖心女子学院・神戸国際 神戸山手女子・松蔭・親和・園田学園 姫路女学院・武庫川女子大学附属 百合学院・芦屋学園・近畿大学附属豊岡 神戸龍谷・滝川・滝川第二・雲雀丘学園
京都	京都光華・京都聖母学院 ノートルダム女学院・平安女学院・大谷 京都先端科学大学附属・京都文教 同志社国際・花園
奈良	奈良育英・西大和学園
滋賀	光泉カトリック・立命館守山

英検等の資格を判定に加味・優遇する学校 (62校)	
大阪	清風・大阪薫英女学院・大谷・金蘭会・樟蔭 城南学園・相愛・帝塚山学院・プール学院 アサンプション国際・追手門学院 追手門学院大手前・大阪国際 大阪信愛学院・大阪青凌・大阪桐蔭 関西大倉・関西創価・関西大学・賢明学院 金光大阪・四條畷学園・常翔学園 常翔啓光学園・清教学園・清風南海 東海大学付属大阪仰星・浪速 箕面自由学園・桃山学院・履正社
兵庫	淳心学院・報徳学園・愛徳学園 賢明女子学院・神戸国際・神戸山手女子 松蔭・武庫川女子大学附属・百合学院 神戸龍谷・夙川・滝川・滝川第二 東洋大学附属姫路・雲雀丘学園
京都	京都光華・ノートルダム女学院・大谷 京都共栄学園・京都先端科学大学附属 京都橘・京都文教・龍谷大学付属平安
奈良	育英西・智辯学園・智辯学園奈良カレッジ 奈良学園登美ヶ丘・西大和学園
和歌山	和歌山信愛
滋賀	近江兄弟社・光泉カトリック

このように「近畿地区統一入試」の中、各校が知恵を絞って入試制度改革に取り組み、一人でも優秀な生徒を確保するための努力が日々続けられています。入試制度変更は学校改革に連動した"学校側の決意"を具現化したものです。従って、改革が受験生・保護者に対して浸透し定着すれば、入試広報に訴求力を持ち、志願者増に結びつくことになるでしょう。「改革の意図に賛同できるか」「校風や教育方針と整合性のある改革か」をじっくり見極める"客観的な目"が必要です。そこで近年積極的に取り組まれているのが、「オープンキャンパス」や「プレテスト」など児童参加型のイベントです。保護者のみならず、生徒の目で、肌で学校の雰囲気を感じることのできる絶好の機会です。生徒参加型受験イベントとしてすっかり定着した感のある「プレテスト」ですが、今年も大阪府下59校中

46校で行われます。ぜひ、複数校の参加をお勧めします。

プレテスト実施状況

	実施校数	学校数	実施率	のべ実施回数
大 阪	46校	59校	78.0%	87回
兵 庫	20校	37校	54.1%	25回
京 都	14校	24校	58.3%	25回
奈 良	6校	11校	54.5%	9回
和歌山	3校	5校	60.0%	4回
滋 賀	3校	4校	75.0%	5回
合 計	92校	140校	65.7%	155回

－ 兵庫県 －
滝川が共学化・コースの改編もさかん

　兵庫県は特に阪神地区を中心に中学受験志向の強い地域です。また、他地域に比べて、高校入試を行わない、あるいは高校入試の規模が小さく、中学入試中心に生徒募集を行っている学校が多くあります。そして、そのことが、それぞれの学校に私学らしい独特の校風を作っている要素の一つにもなっています。また、受験生も偏差値や大学合格実績といった数字では表現できない「伝統・校風」といったものを高く評価し、学校選択を行っている地域でもあります。したがって、いわゆる"新進校"といったものが台頭しにくい土壌であるといえますが、2004年度開校の須磨学園・滝川第二、2005年度の神戸龍谷の誕生を契機に、兵庫県の伝統と常識を覆す動きが活発になってきました。その後も、東洋大学附属姫路、神戸大学附属、神戸学院大学附属の中学校開校が中学受験市場を確実に盛り上げ、そして2021年度には姫路女学院が誕生しました。近年では、コース別募集、英語入試、自己推薦型入試、そして午後入試。ある意味従来の中学入試の王道とは違う潮流が、兵庫県の中学入試シーンによく見られます。2024年度入試

に向けて各学校がどのような対応策を展開するのか、各校の入試制度変更を中心に全体像を展望してみます。

兵庫の午後入試実施校（　）内入試回次

男子校	甲南（Ⅰ期午後・Ⅱ期・Ⅲ期）
	淳心学院（後期）
	報徳学園（1次午後）
女子校	愛徳学園（A日程自己推薦型・B日程）
	神戸国際（A-Ⅱ選考・B-Ⅱ選考）
	神戸山手女子（前期午後・中期午後・後期午後）
	松蔭（英語・課題図書プレゼン・B方式）
	親和（前期Ⅱ・後期Ⅱ）
	姫路女学院（B日程）
	武庫川女子大学附属（B方式・プログラミング入試・C方式）
共学校	芦屋学園（A日程午後）
	神戸学院大学附属（1次B入試）
	神戸龍谷（B入試・C入試）
	三田学園（前期B日程）
	夙川（第2回）
	須磨学園（第3回）
	蒼開（α方式・B方式）
	滝川（前期午後・中期Ⅰ・中期Ⅱ）
	滝川第二（A日程AⅡ・B日程・C日程）
	東洋大学附属姫路（中期）
	仁川学院（3次・ファイナル）
	雲雀丘学園（A日程午後）

※＿＿＿校は初日13日の午後入試

　男子校について入試日程を中心に見ていきます。兵庫県の男子校は滝川が共学化したことで6校となっています。13日の統一開始日を皮切り（灘・甲陽学院は2日間入試）に、この6校が一斉に入試を行いますが、その日の午後に甲南と報徳学園が午後入試を行います。14日午前には淳心学院・報徳学園、午後には甲南が併願生を迎えます。15日は午前に報徳学園、午後には淳心学院、そして16日は午前に六甲学院、午後に甲南となります。入試日程以外では甲南が「フロントランナー（F）

／メインストリーム（M）」の2コースに改編する動きがあります。

　女子校も見て行きます。入試日程の全体的な特徴としては、13日初日に女子校全15校が入試を行い、その午後には、愛徳学園・神戸国際・神戸山手女子・松蔭・親和・武庫川女子大学附属が午後入試を行います。14日には小林聖心女子学院・賢明女子学院・甲南女子・神戸海星女子学院・神戸国際・神戸山手女子・親和・園田学園・百合学院と、女子校15校中9校が初日と連続で入試を行います。さらに愛徳学園・神戸国際・神戸山手女子・松蔭・親和・姫路女学院・武庫川女子大学附属が午後入試を行います。15日は神戸山手女子（午前・午後）と武庫川女子大学附属の2校が実施、16日には愛徳学園・甲子園学院・神戸国際、17日には賢明女子学院・甲南女子・親和・百合学院が並びます。

　入試日程以外の動きとしては、神戸山手女子が自己推薦型のプログラミング入試を新設します。松蔭は英語面接のみの自己推薦GS入試を新設します。親和は「スーパーサイエンス（SS）／スティーム探究（ST）／グローバル探究（GL）」の3コース制とし、コースによって多様な選抜方法・教科選択を用意しています。また、複数回受験での加点制度も導入しています。武庫川女子大学附属も「SOAR（ソアー）探究／SOARグローバルサイエンス」の2コースに改編します。

　兵庫県下共学校を見ていきます。入試日程の位置取りとしては、近畿大学附属豊岡を除く15校が初日一斉に入試を行います。その13日の午後には芦屋学園・神戸学院大学附属・神戸龍谷・夙川・蒼開・滝川・滝川第二・東洋大学附属姫路・雲雀丘学園が午後入試を行います。続く14日午前には5校が入試を行いますが、午後には神戸龍谷・三田学園・須磨学園・滝川・滝川第二が入試を行います。15日午前には啓明学院・夙川・東洋大学附属姫路、午後に蒼開・滝川・仁川学院、16日午前には関西学院・三田学園・白陵の人気校が並びます。

入試日程以外の大きな変更点を見ていきます。三田学園が募集人員を男女別の表記から男女合わせて220名へと変更しています。女子の募集を開始する滝川ですが、「医進選抜」と「Science Global」の2コースは男ともの募集で、「ミライ探究」は男子のみの募集となります。仁川学院は複数回受験生への加点制度を導入します。

このように各学校から様々な入試制度の変更が発表されていますが、加えて、入試広報のためのイベントについても、各学校の工夫されたものが展開されています。その中でも注目は「プレテスト」です。次年度は新しく淳心学院も実施を予定（10月29日）しており、兵庫県37校中、報徳学園・愛徳学園・賢明女子学院・神戸国際・神戸山手女子・松蔭・親和・姫路女学院・武庫川女子大学附属・百合学院・芦屋学園・近畿大学附属豊岡・神戸学院大学附属・神戸龍谷・夙川・蒼開・滝川・東洋大学附属姫路・仁川学院の20校が10月・11月中心にプレテストを実施します。兵庫県下校の志願者動向にどのような影響を及ぼすか、その受験者数にも注目していきたいと思います。

男子校	東山（前期A）
女子校	京都光華（B日程） 京都聖母学院（A2日程・B2日程） ノートルダム女学院（A2・B2・C日程） 平安女学院（日程A2・日程B・日程C）
共学校	大谷（A2入試） 京都産業大学附属（A2日程） 京都先端科学大学附属（A2・AM・B2入試） 京都橘（A2日程・B2日程） 花園（A3・B2むげん） 龍谷大学付属平安（A2入試・B2入試）

※＿＿＿校は開始日初日の午後入試

このような動きのある京都の各校について、まずはその入試日程の位置取りから見ていきます。

男子校の洛星は後期が18日で、ハイレベルな受験生によるチャレンジ受験の日程になっています。東山は13日午後入試・14日・16日という、併願重視で高槻や洛南・洛星受験生を意識した入試日程となっています。

女子校では京都女子が13日から15日まで3日連続で午前に入試を行います。京都聖母学院・ノートルダム女学院、そして平安女学院はそろって初日に午後入試を行います。13日と14日の午前に連続して入試を行う同志社女子の併願校として受験生にアピールしています。

共学校でも入試日程に注目です。大谷・京都産業大学附属・京都先端科学大学附属・京都橘・花園・龍谷大学付属平安が初日13日の午後に入試を行います。京都府下校でも初日の午後入試が定着しています。

入試日程以外の制度変更点を見て行きます。男子校では、洛星が募集人員を前期165名、後期35名の計200名とし、前年より25名減としています。

女子校では、京都光華が「アドバンスプログラム／オリジナルプログラム」のコース別

－ 京都府 －
適性検査型入試が定着

中学入試では開始日初日午前に本命校を受験するという原則がある中、私学側も専願生確保のために入試の前倒しが行われてきました。それでも、東山・京都共栄学園・同志社国際・洛南高等学校附属の4校が初日午前に入試を行わない「単独日程」を採用しているのが京都地区の特徴です。初日の午前には他校を受験しているであろう併願生をあえてターゲットとして、幅広い層の受験生に受験機会を与える入試日程となっています。また同時に他府県同様京都でも、午後入試が積極的に採用され、増加傾向にあります。

募集を開始するとともに、英語が選択できる入試を新設します。さらに英検・漢検の取得級に応じて加点する制度を導入します。

共学校では入試日程以外に大きな制度変更はなく、前年踏襲型の入試が行われます。

京都では公立一貫校の洛北・西京・南陽の人気が高く、適性検査型入試が活発化しています。以下に関西圏における適性検査型入試実施校を挙げておきます。

適性検査型入試出願実施校（　）内入試名称

地域	学校名（入試名称）
大　阪	大阪薫英女学院（Ａ２日程適性検査型） 大谷（１次適性未来型） 上宮学園（適性検査型入試） 金蘭千里（後期Ｔ入試） 四天王寺東（適性検査型） 羽衣学園（適性検査型） 初芝富田林（後期Ａ適性検査型）
兵　庫	神戸山手女子（適性検査型入試）
京　都	大谷（ＢＴ入試） 京都先端科学大学附属（ＢＴ入試） 京都橘（Ｔ入試） 花園（Ｂ２むげん・Ｃ１むげん入試）
奈　良	育英西（Ｂ日程適性検査型） 智辯学園（適性検査型入試）
和歌山	和歌山信愛（Ａ日程午後） 近畿大学附属和歌山（午後入試）

京都でも生徒募集イベントとして、「プレテスト」がさかんに行われています。今年は東山・京都光華・京都女子・京都聖母学院・ノートルダム女学院・平安女学院・大谷・京都共栄学園・京都産業大学附属・京都先端科学大学附属・京都橘・京都文教・花園・龍谷大学付属平安の１４校がプレテストを予定しています。入試日程・募集人員・入試科目の選択制・コース制、自己推薦型・適性検査型入試を中心とするユニークな選抜方法など、各校が打ち出したこれらの入試施策を、秋の説明会やプレテストを通して受験生・保護者がどのように理解し受験へとつながっていくのか、注目していきたいと思います。

－ 滋賀・奈良・和歌山県 －
加点制度がさらに進む

京都の入試情勢の影響を受ける滋賀県ですが、従来のように京都府下受験生の併願先に甘んじることなく、全４校が一斉に開始日初日に入試を行い、地元滋賀県下生を中心に専願生の確保に努めています。光泉カトリックは英語特別枠入試を廃止し、算国２科と算国英３科の選択制としています。立命館守山は適性検査型入試を廃止し、一般入試で公立一貫生を迎えます。

奈良地区での入試制度の動きを見ていきます。奈良県では公立一貫校の誕生が続いています。2022年度の奈良市立一条高等学校附属中学校に続き、昨年度、奈良県立国際中学校が開校しました。そのことでいっそう中学入試の盛り上がりを感じる地域になっています。

入試日程については、東大寺学園・天理・西大和学園を除く８校が例年通り13日初日の午前に入試をスタートさせます。その13日午後には育英西・聖心学園・智辯学園奈良カレッジ・帝塚山・西大和学園が午後入試を行い、例年、地元奈良県下生のみならず、大阪を中心とした他府県受験生でにぎわいます。東大寺学園・西大和学園は例年通りの入試日となっています。灘・甲陽学院・大阪星光学院といった男子最難関校受験生が、西大和学園の午後入試を経て、翌日の東大寺学園・洛南高等学校附属へと続く併願パターンはすっかり定着しています。

入試日程以外の変更点としては、育英西が複数回受験生への加点制度を導入します。智辯学園は募集人員を120名から90名へと30名減としています。智辯学園奈良カレッジが思考力型算数入試を廃止するとともに、複数

回受験生への加点制度を導入します。

　最後に和歌山県の動向です。全体の入試の流れとしては、県下5校すべてで13日に一斉に入試を行います。その初日の午後には、和歌山信愛・近畿大学附属和歌山の2校がいずれも適性検査型の入試を行い、公立一貫校の桐蔭・向陽などとの併願受験生を受け入れます。14日には和歌山信愛が入試日を設定、15日午前は開智、午後は智辯学園和歌山、そして18日以降に和歌山信愛・近畿大学附属新宮という位置取りになっています。

　和歌山の各校は、清風南海をはじめとする大阪の人気校や公立一貫校との併願受験を意識した入試日程になっていることがわかります。府県や公私を超えた併願パターンが今年も展開されることになります。

☆ まとめ ☆

　2024年度の関西地区私立中学校入試では、統一入試下におけるその対応策の広がりで、入試の多様化が進んでいます。入試日程の前倒しに伴う午後入試の増加、コース別募集・コース改編、教科選択型入試・自己推薦型・適性検査型入試、募集人員の増減、資格や複数受験への加点制度の拡がり。その制度変更の主旨を浸透させるための広報活動も過熱の一途を見せています。従前の保護者対象の学校説明会に加えて、学校見学会・体験学習会・オープンキャンパス、そしてプレテストなどの「受験生参加型」の入試イベントが活況を呈しています。これらはいずれも私学の意識改革に則った"知恵の結晶"といえるものです。そして、受験生・保護者の皆様には、それらの機会を有効に活用していただき、「学校の本当の姿」に近づいた上での選択を果たしていただきたいと思います。もちろん、入試である以上、難易度は無視できない存在です。したがって、模擬テストによる偏差値はそのための重要なデータとなります。しかし、その偏差値にのみ振り回され、最適な学校選択ができない事例も多く見受けられます。次章では、説明会のチェックポイントなどもまとめてみました。本誌が受験生・保護者の皆様の、学校選択の一助となれば幸いです。

2024年度 私立中学入試カレンダー

1月13日

男子校

大阪
○大阪星光学院○清風(前期)○明星(前期)
＊午後入試 ○清風(前期プレミアム・理Ⅱ選抜)○明星(午後特進)

兵庫
○甲南(Ⅰ期午前)○甲陽学院(1日目)○淳心学院(前期A日程)○灘(1日目)
○報徳学園(1次入試)○報徳学園(Ⅰ進特色入試)○六甲学院(A日程)
＊午後入試 ○甲南(Ⅰ期午後)○報徳学園(1次午後入試)

京都
○洛星(前期)
＊午後入試 ○東山(前期A日程)

奈良

共学校

大阪
○アサンプション国際(A日程午前)○アサンプション国際(アピール入試)○上宮学園(1次学力前)○上宮学園(1次適性検査型入試)
○上宮学園(1次自己アピール型入試)○追手門学院(A日程)○追手門学院大手前(A日程)○追手門学院大手前(WIL入試)
○大阪学芸高等学校附属(1月／1日目)○大阪国際(1次A入試)○大阪金剛インターナショナル(A日程)○大阪信愛学院(A日程)
○大阪青凌(1次A日程)○大阪体育大学浪商(A日程一般入試)○開明(1次前期日程)○関西大倉(A1日程)○関西創価○関西大学(前期)
○関西大学第一○関西大学北陽(1次A日程)○近畿大学附属(前期)○近畿大学附属(21世紀入試)○金蘭千里(前期A入試)
○金蘭千里(前期E入試)○建国(1次)○賢明学院(AⅠ日程)○香里ヌヴェール学院(A日程)○香里ヌヴェール学院(ヌヴェール入試)
○金光大阪(1次A日程)○金光八尾(前期A入試)○金光八尾(SR入試)○四條畷学園(1次試験)○四條畷学園(自己アピール入試)
○四天王寺東(A日程)○昇陽(A日程)○常翔学園(A日程)○常翔啓光学園(A日程)○常翔啓光学園(A日程未来入試)○清教学園(前期)
○高槻(A日程)○高槻(英語選択型)○帝塚山学院泉ヶ丘(1次A日程)○東海大学付属大阪仰星(A日程)○同志社香里(前期)
○浪速(1次A入試)○羽衣学園(自己表現)○初芝富田林(前期A)○初芝富田林(前期A日程／エクセレンス入試)
○初芝立命館(みらい入試21)○初芝立命館(前期A日程)○PL学園(A日程)○箕面自由学園(A日程午前)○桃山学院(A方式)
○履正社(前期1次午前入試)
＊午後入試
○アサンプション国際(A日程午後)○上宮学園(1次学力型午後)○追手門学院(TW入試)○追手門学院(B日程)○追手門学院大手前(B日程)
○大阪国際(1次B入試)○大阪体育大学浪商(A日程N方式入試)○大阪桐蔭(前期)○関西大倉(A2日程)○関西大学北陽(2次A日程)
○金蘭千里(中期B入試)○金蘭千里(中期J入試)○金蘭千里(中期M入試)○賢明学院(AⅡ日程)○四條畷学園(特待チャレンジ入試)
○四天王寺東(B日程)○常翔啓光学園(B日程)○帝塚山学院泉ヶ丘(1次B入試)○浪速(Ⅰ類選抜入試A型)○羽衣学園(1次B入試)
○羽衣学園(適性検査型入試)○初芝富田林(前期B日程)○初芝立命館(前期B日程)○箕面自由学園(A日程午後)○履正社(前期1次午後入試)

兵庫
○芦屋学園(A日程午前)○芦屋学園(特色入試)○関西学院(A日程)○啓明学院(A方式)○神戸学院大学附属(1次A入試)
○神戸龍谷(A日程)○三田学園(前期A日程)○夙川(第1回入試)○須磨学園(第1回入試)○蒼開(A方式)○滝川(前期午前)
○滝川(ミライ探究型入試)○滝川第二(A日程AⅠ入試)○滝川第二(A日程英語入試)○滝川第二(A日程特色入試)○東洋大学附属姫路(前期)
○仁川学院(1次A試)○白陵(前期)○雲雀丘学園(A日程午前)
＊午後入試
○芦屋学園(A日程午後)○神戸学院大学附属(1次B入試)○神戸龍谷(B入試)○夙川(第2回入試)○蒼開(α方式)○滝川(前期午後)
○滝川第二(A日程AⅡ入試)○東洋大学附属姫路(中期)○雲雀丘学園(A日程午後)

京都
○一燈園(A日程)○大谷(A日程AS科)○大谷(A日程A3科)○京都国際(A日程)○京都産業大学附属(A①日程)
○京都産業大学附属(自己推薦入試)○京都精華学園(A日程)○京都先端科学大学附属(A1入試)○京都先端科学大学附属(AS入試)
○京都橘(A①日程)○京都文教(A日程)○京都文教(自己表現型入試)○同志社○花園(A1・A2入試)○花園(F入試)
○立命館(前期A方式)○立命館(前期B方式)○立命館宇治(国際1月入試)○立命館宇治(A日程)○龍谷大学付属平安(A①入試)
○龍谷大学付属平安(A①入試)
＊午後入試
○大谷(A2入試)○京都産業大学附属(A②日程)○京都先端科学大学附属(AM入試)○京都先端科学大学附属(A②入試)○京都橘(A②日程)
○花園(A3入試)○龍谷大学付属平安(A②入試)

奈良
○聖心学園(A日程)○智辯学園(一般A入試)○智辯学園(自己推薦入試)○智辯学園奈良カレッジ(特色入試)○帝塚山(1次A入試)
○奈良育英(前期)○奈良育英(SP)○奈良学園(A日程)○奈良学園登美ヶ丘(A日程)
＊午後入試
○聖心学園(B日程)○智辯学園奈良カレッジ(一般入試A)○帝塚山(1次B入試)○西大和学園(21世紀型特色)

滋賀
○近江兄弟社(1次日程)○光泉カトリック(A日程)○比叡山(A日程)○比叡山(一隅入試)
○立命館守山(A1入試)○立命館守山(かがやき21)
＊午後入試 ○立命館守山(A2入試)

和歌山
○開智(前期)○近畿大学附属新宮(前期)○近畿大学附属和歌山(午前入試)○智辯学園和歌山(前期)
＊午後入試 ○近畿大学附属和歌山(午後入試)

女子校

大阪
○大阪薫英女学院(A①日程)○大阪女学院(国際特別)○大谷(1次A入試)○金蘭会(A日程)○金蘭会(K方式)○金蘭会(英語入試)
○堺リベラル(1次A日程)○四天王寺○樟蔭(A入試)○樟蔭(Challenge入試)○城南学園(A日程)
○相愛(A日程)○帝塚山学院(1次A入試)○梅花(A①日程)○梅花(E入試)○プール学院(1次A日程)
＊午後入試
○大阪薫英女学院(A②日程)○大谷(1次B入試)○樟蔭(B入試)○帝塚山学院(E入試)
○梅花(A②日程)○プール学院(1次B日程)

兵庫
○愛徳学園(A日程)○小林聖心女子学院(A日程)○賢明女子学院(A日程)○甲子園学院(A日程)○甲南女子(A入試1次)
○神戸海星女子学院(A日程)○神戸国際(特色AO)○神戸国際(特色GS)○神戸国際(特色IP)○神戸国際(A-Ⅰ選考)○神戸女学院(1日目)
○神戸山手女子(前期午前)○神戸山手女子(自己アピール方式)○神戸山手女子(英語重視方式)○松蔭(A方式入試)○松蔭(自己推薦GS入試)
○親和(Ⅰ日程)○園田学園(A日程)○園田学園(特色入試)○姫路女学院(A日程)○姫路女学院(ネクスタート入試)
○武庫川女子大学附属(自己推薦入試)○武庫川女子大学附属(A方式)○百合学院(A日程)○百合学院(英語入試)○百合学院(自己推薦型入試)
＊午後入試
○愛徳学園(A日程／自己推薦型入試)○神戸国際(A-Ⅱ選考)○神戸山手女子(前期午後)○松蔭(英語入試)○松蔭(課題図書プレゼン入試)
○親和(前期Ⅱ日程)○武庫川女子大学附属(B方式)

京都
○京都光華(A日程)○京都光華(ひかり特技Ⅰ期)○京都光華(ひかり成長型Ⅰ期)○京都女子(A入試)○京都聖母学院(A①日程)
○京都聖母学院(自己推薦)○同志社女子(前期)○同志社女子(自己推薦)○ノートルダム女学院A①(さくら入試)
○ノートルダム女学院A①(オーケストラ入試)○ノートルダム女学院(A①日程)○平安女学院(日程A1)○平安女学院(自己推薦)
＊午後入試
○京都聖母学院(A②日程)○ノートルダム女学院(A②日程)○平安女学院(日程A2)

奈良
○育英西(A日程)○育英西(自己推薦入試)
＊午後入試 ○育英西(B日程)○育英西(適性検査型入試)

和歌山
○和歌山信愛(A日程午前)
＊午後入試 ○和歌山信愛(A日程午後)

〈16〉

1月14日

○明星(後期)

○甲陽学院(2日目)○淳心学院(前期B日程)○灘(2日目)○報徳学園(2次A入試)

＊午後入試　○甲南(Ⅱ期)
○東山(前期B日程)

○アサンプション国際(B日程)○上宮学園(2次)○追手門学院(C日程)○追手門学院大手前(C日程)○大阪学芸高等学校附属(1月/2日目)
○大阪青凌(1次B日程)○大阪体育大学浪商(B日程一般入試)○開明(1次後期A日程)○関西学院千里国際(一般生)○金蘭千里(後期C入試)
○金蘭千里(後期T入試)○金光大阪(1次B日程)○金光八尾(前期B入試)○四天王寺東(C日程)○常翔啓光学園(B日程)○清風南海(A入試)
○清風南海(SG入試)○東海大学付属大阪仰星(B日程)○浪速(1次B入試)○羽衣学園(2次A入試)○初芝富田林(後期A日程)
○初芝富田林(後期A日程/適性検査型入試)○初芝立命館(後期A日程)○箕面自由学園(B日程午前)○履正社(前期2次)

＊午後入試
○大阪国際(2次入試)○大阪体育大学浪商(B日程N方式入試)○大阪桐蔭(後期)○開明(1次後期B日程)
○関西大倉(B日程)○関西大学北陽(2次B日程)○賢明学院(B日程)○香里ヌヴェール学院(B日程)○四條畷学園(2次試験A)
○常翔学園(C日程)○常翔啓光学園(C日程)○高槻(B日程)○帝塚山学院泉ヶ丘(2次入試)
○初芝富田林(後期B日程)○初芝立命館(後期B日程)○箕面自由学園(B日程午後)○桃山学院(B方式)

○近畿大学附属豊岡(A日程)○神戸学院大学附属(2次入試)○須磨学園(第2回入試)
○仁川学院(2次入試)○雲雀丘学園(B日程)

＊午後入試
○神戸龍谷(C入試)○三田学園(前期B日程)○須磨学園(第3回入試)○滝川(中期Ⅰ)○滝川第二(B日程)

○大谷(B日程B2科)○大谷(B日程BT科)○京都共栄学園○京都先端科学大学附属(B1入試)○京都先端科学大学附属(BT入試)○京都橘(T入試)
○京都橘(B①日程)○京都文教(B日程Ⅰ)○花園(B①入試)○立命館(後期)○龍谷大学付属平安(B⓪入試)

＊午後入試
○京都先端科学大学附属(B2入試)○京都橘(B②日程)○花園(B②入試)○龍谷大学付属平安(B②入試)

○聖心学園(C日程)○智辯学園奈良カレッジ(表現力入試)○帝塚山(2次A入試)○奈良学園(B日程)

＊午後入試
○智辯学園(スーパー理系入試)○智辯学園(適性検査型入試)○奈良育英(中期)○奈良学園登美ヶ丘(B日程)
○西大和学園(4科・3科)○西大和学園(英語重視型)
○光泉カトリック(B日程)○比叡山(B日程)

＊午後入試　○立命館守山(B日程)

○大阪薫英女学院(B日程)○大阪女学院(前期A方式)○大阪女学院(前期B方式)○金蘭会(B日程)○金蘭会(B日程/英検優遇)
○堺リベラル(1次B日程)○城南学園(B日程)○相愛(B日程)○帝塚山学院(1次B入試)○梅花(B日程)○プール学院(1次C日程)

＊午後入試
○大谷(1次C入試)○帝塚山学院(2次入試)

○小林聖心女子学院(B日程)○賢明女子学院(B日程)○甲南女子(A入試2次)○神戸海星女子学院(B日程)○神戸国際(B-Ⅰ選考)
○神戸山手女子(中期午前)○親和(後期Ⅰ日程)○園田学園(B日程)○百合学院(B日程)

＊午後入試
○愛徳学園(B日程)○神戸国際(B-Ⅱ選考)○神戸山手女子(中期午後)○松蔭(B方式入試)○親和(後期Ⅱ日程)○姫路女学院(B日程)
○武庫川女子大学附属(C方式)○武庫川女子大学附属(プログラミング入試)
○京都女子(B①日程)○京都聖母学院(B①日程)○同志社女子(後期)○ノートルダム女学院(B①日程)

＊午後入試
○京都光華(B日程)○京都聖母学院(B②日程)○ノートルダム女学院(B②日程)○平安女学院(日程B)

＊午後入試　○育英西(C日程)

○和歌山信愛(B日程)

〈17〉

		1月15日	1月16日
男子校	大 阪	○清風(後期チャレンジ選抜)	○清風(プレミアム最終選抜) ○清風(プレミアム最終選抜/国際選抜)
	兵 庫	○報徳学園(2次B入試)	○六甲学院(B日程)
		＊午後入試　○淳心学院(後期)	＊午後入試　○甲南(Ⅲ期)
	京 都		○東山(後期)
	奈 良	○東大寺学園	
共学校	大 阪	○関西大学(後期)○近畿大学附属(後期) ○昇陽(B日程)○清教学園(後期)○同志社香里(後期) ○羽衣学園(2次B入試)	○大阪青凌(2次A日程) ○開明(2次日程) ○関大大倉(C日程) ○金光八尾(後期入試) ○清風南海(B入試) ○浪速(2次入試) ○桃山学院(C方式)
		＊午後入試 ○大阪桐蔭(S特別)○香里ヌヴェール学院(C日程) ○常翔学園(J日程)○常翔啓光学園(D日程) ○東海大学付属大阪仰星(C日程)○浪速(Ⅰ類選抜入試B型)	＊午後入試 ○大阪桐蔭(L特別) ○箕面自由学園(C日程午後)
	兵 庫	○啓明学院(B方式)○夙川(第3回入試)○東洋大学附属姫路(後期)	○関西学院(B日程) ○三田学園(後期) ○白陵(後期)
		＊午後入試 ○蒼開(B方式)○滝川(中期Ⅱ)○仁川学院(3次入試)	
	京 都	○京都産業大学附属(B日程)○京都精華学園(B日程) ○京都文教(B日程Ⅱ)○花園(C①入試)○洛南高等学校附属 ○立命館宇治(B日程)○龍谷大学付属平安(C①入試)	○同志社国際(一般G入試) ○同志社国際(帰国B入試)
	奈 良	○智辯学園奈良カレッジ(一般B入試)	○奈良学園登美ヶ丘(C日程)
		＊午後入試 ○智辯学園(一般B入試)○帝塚山(2次B入試) ○奈良学園(C日程)	＊午後入試 ○聖心学園(D日程)
	滋 賀		
	和歌山	○開智(後期)	
		＊午後入試　○智辯学園和歌山(後期)	
女子校	大 阪	○大阪薫英女学院(C日程)○大阪女学院(後期) ○大谷(2次入試)○プール学院(2次)	○樟蔭(C入試)
	兵 庫	○神戸女学院(2日目)○神戸山手女子(後期午前) ○武庫川女子大学附属(D方式)	○愛徳学園(C日程)○甲子園学院(B日程) ○神戸国際(C選考)
		＊午後入試　○神戸山手女子(後期午後)	
	京 都	○京都女子(B②入試)	
		＊午後入試 ○ノートルダム女学院(C日程)○平安女学院(日程C)	
	奈 良	＊午後入試　○育英西(D日程)	
	和歌山		

1月17日	1月18日	1月19日	1月20日
	○洛星（後期）		
○大阪信愛学院（B日程） ○金光大阪（2次）		○追手門学院（D日程） ○大阪青凌（2次B日程）	○追手門学院大手前（D日程） ○大阪体育大学浪商（C日程N方式入試） ○四條畷学園（2次試験B）
＊午後入試 ○大阪体育大学浪商（C日程一般入試）			
○芦屋学園（B日程）			○芦屋学園（C日程） ○神戸龍谷（D入試） ○滝川（後期）
＊午後入試 ○滝川第二（C日程） ○仁川学院（ファイナル入試）			
○大谷（C日程C2科）			
			○光泉カトリック（C日程）
○大阪薫英女学院（D日程） ○金蘭会（C日程） ○梅花（C日程）	○相愛（C日程）	○堺リベラル（2次）	○城南学園（C日程）
○賢明女子学院（C日程） ○甲南女子（B入試） ○親和（後期Ⅱ日程） ○百合学院（C日程）	○園田学園（C日程）		○甲子園学院（C日程） ○神戸国際（プレミア） ○神戸山手女子（ファイナル入試） ○親和（チャレンジ入試） ○姫路女学院（C日程）
	○和歌山信愛（C日程）		

〈19〉

学校説明会
チェックポイント

私立中学校の教育方針や校風は実にさまざまです。

そのため、お子様に合っている学校を見つけることが大切なポイントです。

ここでは学校説明会へ参加する前に、押さえておきたいポイントをご紹介します。

Check ①
家庭が望んでいる学校像と合っているかをチェック!

　私立中学校では、各校が建学の精神に基づく独自の教育を行っています。つまり「学校の数だけ教育の姿がある」のです。

　お子様は中学校でどのような生活を送りたいのでしょうか。保護者はどのようなことをお子様に望んでいるのでしょうか。その思いを実現させるために最もふさわしい学校を探すという視点で説明会に参加することが大切です。

　私学のあり方は多種多様です。たとえば、学習面では補習や補講などできめ細かに勉強のサポートをしてくれる学校もあれば、自分から学習する姿勢を重視していて宿題がほとんどないところもあります。生活面でも、しつけをきちんとしてくれる学校もあれば、生徒の自律心を尊重しているところもあります。学校の形態においても、共学校と男子校・女子校、進学校と大学附属校などの違いがあります。

　校風や教育方針、カリキュラムなどをしっかり把握して、家庭の価値観や教育観に合った学校を選びましょう。入学後に後悔しないためにも、多角的な視点を持って学校説明会に臨んでください。

Point! ポイント

子供に受けさせたい教育内容を事前に家庭で考えておく

学校説明会に参加した際に、注意して確認すべきポイントが明確になる!

学校が掲げる教育ビジョンに共感できるかをチェック!

　学校には明確なビジョンがあります。学校説明会では、校長先生や教職員から中高6ヵ年で生徒たちをどのように成長させていくか、その意気込みを聞くことができるでしょう。また、お子様が学校に入ってからの6年間、学校がどのような方向に進んでいこうとしているのかを知ることができるはずです。

　昨今では多くの私学が学校改革に取り組んでいます。国際化、情報化といった社会の変化にどう対応しているでしょうか。パソコンを何十台と備えたマルチメディアルームがある学校もありますし、ネイティブスピーカーが英会話の指導を担当する学校もあります。学校が進もうとしている方向性や教育ビジョンに共感できるかどうかが学校選びの大きなポイントです。

学校が目指す教育ビジョンを確認する

共感できれば6年間安心して通わせることができる

子どもが気分よく通えそうかチェック!

　どんなに共感できる教育方針を掲げている学校だとしても、お子様にとって居心地がよくなければ意味がありません。のびのびと過ごすことができ、個性や能力を十分に発揮できるところがお子様にとっての「いい学校」と言えます。生徒と先生の信頼関係ができているところなら、お子様は安心して通うことができるのではないでしょうか。学校生活で最も頼りになるのは先生だからです。生徒と先生の距離は近いか、授業時間以外も話しやすい雰囲気をチェックしましょう。説明会でわかりにくければ体験学習会や授業見学会に参加するのも有効な手段です。

　また、その学校の生徒はクラブ活動や行事に積極的でしょうか。クラスの中や部室などに自分の居場所があれば、楽しく通うことができるでしょう。それに、同じ目的や価値観を共有する者同士は親しくなりやすいものです。

子どもにとって居心地がよさそう

実りのある学校生活を送ることができる

Check④

大学合格実績から進学傾向をチェック！

　お子様に中学受験をさせようと考えている保護者の多くは、大学進学についても強い関心があるようです。そして説明会などでは、各私学の大学合格実績がどうだったかに大きな注目が集まっています。

　そのデータを見る際に気をつけていただきたい点が３つあります。１つ目は大学合格実績は延べ人数で公表しているところが一般的ということです。また、浪人生を含んだ数字しか公表していない学校も多数あります。したがって、実際の進学者数とは大きな隔たりのある学校があるということです。２つ目は学校によって卒業生の人数が違うということです。１学年300名の学校と200名の学校とを安易に比較することはできません。そして３つ目は各学校のパンフレットに掲載されている大学合格実績は、中学入試の年度でいえば７年前の入学者のものだということです。学校改革によって学校の姿は日々変化しています。大切なのは過去の数字ではなく、これから各学校と生徒たちが創り上げていく数字だということです。

　そこで、在校生の進学傾向をつかむ目安として「国公立」や「関関同立」「産近甲龍」といったグループごとの合格者数を卒業生数で割った「率」で比較してみることや、過去３年から５年といった長い期間での合格者数の推移に注目してみることも有効な手段です。さらには、数字だけでなく文系・理系別や学部・学科別の進学データなど数字の中身にも関心を持って見れば、その学校の進学傾向もかなり把握できるはずです。

大学合格データの過去数年間の推移に注目する
▼
その学校の進学傾向の変化と指導力を判断することができる

Check⑤

併願校も納得できるまでしっかりチェック！

　併願校選びはとても重要です。それはすなわち受験作戦を練ることに他ならないからです。入試日程と合格可能性の２つの要素を考慮しながら、塾の先生ともよく相談して受験校を決めていく必要があります。

　合格を最も強く望む第一志望校は、通常開始日初日（2024年度入試は１月13日）に受験します。その結果を見ずに２校目の受験へと進むことも多く、事前に３校程度（本命校・チャレンジ校・押さえ校）の受験パターンを準備しておく必要があります。合否結果により次に受験する学校が変わる場合はさまざまなシチュエーションを想定して、より多くの選択肢を用意しておくことが、受験期の心のゆとりにもつながります。子どもは第一志望校ばかりに目を向けてしま

うものです。受験勉強で忙しくて併願校を気にする余裕もあまりないでしょうし、本命校に対する憧れの強さから、それ以外の学校に通うことは考えられない受験生もいるでしょう。だからこそ、よりよい併願校を見つけることは保護者の大切な役目です。

 Point! ポイント

本命と同じくらい詳しく調べて、納得して決めた併願校がある

▼

気負いすぎることなく第一志望校の入試を受験できる

学校説明会の流れを  気になる項目はあらかじめメモしておけば、質問し忘れることもなく安心ですね。

受　付	説明会の資料や学校案内が配布されます。学校によっては願書や過去の入試問題が販売・配布されていることも。人気校の場合は、早めに購入しておきましょう。
沿革・教育理念の話	開校からこれまでの歴史、またどんな理念を持ち、どんな教育を行っているかについての説明がされます。校長先生が話される場合が多く、先生の人柄や教育に対する姿勢を読み取りましょう。
コース制やカリキュラムの説明	私学では独自のコース制やカリキュラムが採用されていますので、ここは大きなポイントです。授業内容や教科指導の特色などの説明がされます。
学校生活の話	一日の授業の流れやクラブ活動の様子、あるいは文化祭・体育祭・宿泊研修・修学旅行など多彩な学校行事が紹介されます。ムービーやスライドを使った説明をするところも多く、その学校の数字に表れない雰囲気を知ることができます。
進路についての説明	具体的な進路指導の話があります。大学合格実績の説明が中心です。大学附属校や大学提携コースでは、内部進学率や推薦枠の基準なども注目すべききポイントです。
入試要項について説明	願書提出方法、締切日、募集定員、そして選抜方法（教科選択や面接）など、次年度の入試要項について発表されます。入試問題の傾向と具体的な対策法が説明される場合もあります。
質疑応答	確認したかったことで、話に出なかったことや、もっと深く知りたいことは遠慮なく尋ねましょう。全体の場で聞きにくければ、遠慮なく終了後に個別に質問しましょう。

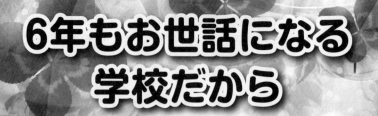

6年もお世話になる学校だから

まずは 学校へ行こう

学校選びは情報が大切です。

資料やホームページで確認することももちろん大事ですが、それだけでは不十分。

学校の雰囲気を実感するために、実際に足を運んで、自分の目や耳で確認しましょう。

ここでは、学校説明会をはじめとして、学校を訪問できる機会と訪問する際のポイントを紹介します。

学校説明会 に行こう！

参加の準備と心構え

なるべく多くの学校説明会に参加することを心がけましょう。参加経験が多くなると、学校を見る目が養えますし、比較検討することができます。受験する学校数にもよりますが、最低でも5校程度は見ておきましょう。

学校説明会は各校の校舎で開催されることがほとんどです。ですから、その学校の先生や生徒、施設を自分の目で見ることができま

す。もちろん校風や雰囲気なども肌で感じることができます。その印象から学校への憧れが強くなり、受験勉強の励みになった子どもも多いようです。そのため、オープンキャンパスのような児童参加型の説明会がない場合は、保護者だけではなくお子様も一緒に学校説明会に出かけましょう。

学校説明会に参加しようと決めたら、まっ先にすることは日時と場所のチェック。例年、参加者が多くて予約を必要とする学校もありますので、注意が必要です。また、下調べも大切です。学校のホームページやこの「合格へのパスポート」のような情報誌を見るなどして、詳しく知りたいことや疑問点はノートにまとめておきましょう。当日注意して聞くべきポイントの整理ができます。

参加の準備と心構え

当日の持ち物で忘れてはいけないものは筆記用具とノートです。上履きが必要な学校もあります。その場合は、外靴を入れる袋も必要です。

準備ができたら、遅くとも開始30分前に到着するくらいの余裕を持って出発しましょう。早めに到着すれば、配布される資料に目を通しておくことができますし、学校案内DVDが放映されている学校もあります。それに会場が満席になると、その後に到着した参加者は別会場のモニターを通して説明を聞くところもあるようです。人気校の場合は混雑しますので注意しましょう。

また、最寄り駅から学校までの通学路もチェックポイントです。中高生ともなれば、クラブ活動や補習などで帰りが遅くなることもあります。暗くなっても安心して通えそうかどうかを確認しましょう。

通学路やキャンパスでは、在校生の様子に目を配ることも大切です。在校生の身だしなみや挨拶、会話の内容には、その学校の校風、雰囲気が自然と出るものです。

会場でのチェックポイント

会場に到着したら、まず受付を済ませます。席について配布された資料に目を通しておきましょう。説明会の流れは23ページを参照してください。

説明会では、学校案内やホームページに掲載されていない情報が入手できます。この点が説明会に参加する大きなメリットです。先生の印象やちょっとしたエピソードなどはメモしておくようにしましょう。面接などで役立つこともあります。さらに、入試問題の傾向や採点基準、合格ラインなど、かなり突っ込んだ入試情報を聞けることもあります。コースの改編や募集定員の変更は入試難易度に直結する情報です。聞き逃さないようにしましょう。

最後に質疑応答の時間が設けられる場合があります。疑問点はこの時間に解決しましょう。学校によっては、個別に相談を受け付けるところもあります。寄付金や納入金などのお金に関する質問は人前ではなかなかできないものです。そんな疑問は、個別相談で確認しておきましょう。

資料や感想をまとめる

親子で参加した場合は、お子様の正直な感想を聞いておきましょう。実際に通うのは子どもなのですから、本人の意見はできるだけ尊重したいものです。その際、保護者が初めに感想を話すと、子どもはその考えに同調してしまう傾向があります。保護者だけで参加した場合でも、子どもへの報告には注意が必要です。特に印象が良くなかったからといって、露骨に否定するのは禁物。他の資料や行事でもっとその学校を知ると、印象はガラッと変わることもあるものです。

メモや資料は必ずまとめておきましょう。受験校を絞り込む際の検討材料として、また、家庭の教育方針と適しているかを確認するときにも便利です。記憶の鮮明なうちに整理することがお勧めです。

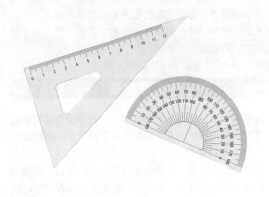

学校見学会 に行こう！

　学校見学会は2つのタイプに分けることができます。1つは、日時を決めて参加者を募って開催されるものです。当日は、グループに分かれて見学するのが一般的です。施設や設備の説明のほか、学校の特色や教育方針などについて簡単な説明があるのが一般的です。多くの見学者が学校生活の妨げにならないように、通常授業のない日に実施する場合もあります。また、授業風景までも見学コースに入れている場合も多いようです。こういった場合は在校生の授業に取り組む様子をよく見学しておきましょ

合同説明会

まだまだある！
プラス
α

　合同説明会とは、公共施設や大型ホールなどで、新聞社や塾、そして各府県の私学団体などが主催し、複数の学校が説明会を実施するものです。学校ごとにブースを設けて個別の相談に対応するものから、私学の魅力を来場者全体に語りかけるものなど、タイプはさまざまです。なかには、参加校の在校生によるパフォーマンスが行われることもあります。多くの場合は各学校の入試担当の先生から直接お話を聞くことができると考えていいでしょう。

　参加校も、同じ府県などの地域限定、主催する塾による選別、女子校限定などさまざまです。一度に多くの学校の資料が手に入ると同時に比較検討することができます。しかし、合同説明会だけで学校の全体像を見ることはできません。説明会に参加する学校を決めるステップとして活用してほしいと思います。

見逃したら大変！あらかじめチェックを！
施設見学の心得

一般教室

　教室は学校生活の中心となる場所です。だからこそ、教室での居心地がよくなければ、実りのある学校生活は望めません。まず清潔かどうか、そして生徒一人のひとりのスペースが十分に確保されているか、ロッカーや個人棚は整理されているか、掲示物、連絡事項は古くないかなどをチェックしましょう。たとえ、机やいす、黒板などは古くても、手入れがされていれば安心です。

特別教室

　実験室やコンピュータ教室など、いろいろな特別教室が用意されている学校が増えています。実験助手がいる学校や何十台とパソコンが並び、校内LANを構築しているところもあります。ただし、重要なのはそれを生徒がどれくらい利用できるかです。特

別教室での授業は週にどれくらいあるのか、授業以外の時間にも利用できるのかを確認しましょう。

図書室

　生徒が自主的に学習するための場として、もっとも重要なのが図書室です。見学時が放課後ならば、利用している生徒数を見てみましょう。学習に対する熱意が少なからず出ているはずです。またテスト期間は図書室にこもる生徒が多いものです。自習スペースに質問受付ができる先生を配置している学校もあると聞きます。自習スペースが広く確保されているか、利用時間は何時まで可能かも確認しておきましょう。

進路指導室

　各大学の過去問題集（通称赤本）や受験雑誌がずらっと並び、進路選択のための資料が集結している場所です。図書館に併設されている学校も多いようです。最近では、大手予備校と直結したコンピュータの端末が入り、具体的な進路相談が可能な体制を整えて

う。2つ目は、希望すればいつでも見学できるものです。担当の先生が校内の施設などを案内してくれます。教育方針や入試についての質問にも答えてくれるでしょう。しかし、こちらのタイプはどの学校でも行われているわけではありません。また、事前予約が必要な場合がほとんどです。

どちらの場合でも、さまざまな視点から学校を見る必要があります。下にまとめた「施設見学の心得」を参照してください。

授業見学会 に行こう！

授業見学は、ありのままの授業の様子を参観してもらおうとして実施されるものです。そのため、通常授業が行われている時に実施される場合がほとんどで、主に受験生の保護者が対象になります。なかには理科実験や英会話授業など、特色のある授業を見学させてくれる学校もあります。

見学の際は、先生の授業の進め方よりも、生徒が授業に取り組む姿勢に注目してみましょう。自発的に取り組んでいるのか、先生の話にしっかり反応しているか、学校によって教育の現場はさまざまです。あらかじめ見たいポイントを準備して授業見学に臨むと、知りたいことがよくわかるでしょう。

また、授業時間以外にも、休み時間や放課後などの生徒の様子を見ておきましょう。どんな学校生活が営まれているかを判断する材料になります。

いる学校も多いようです。

放課後にも利用できるかも確認しておきましょう。

体育施設

スポーツジムに負けないくらい、運動施設や設備が充実している学校もあります。一方、例えば都心部の学校のように校地を広くとれないために、グラウンドが狭いところもあります。学校によって差がありますが、受験生・保護者がどの程度クラブ活動を重視しているかで評価が分かれます。希望する部活動がある場合は、その施設の充実度と利用状況をチェックしましょう。

食堂

食堂を備えていても全校生徒が入りきれるほどのスペースではないケースがほとんどです。そのため、高校生のみなどの利用制限が設けられている場合があります。中学生が利用できたとしても、お弁当を持ってくることを勧めている学校や、実際は上級生が食堂を独占していることもあるようです。見学の際は実際の利用状況を聞いておきましょう。また、

ユーティリティスペース

学校には生徒同士の交流を深められるスペースがあってほしいものです。クラスメートや部活動の仲間と友人関係が成り立ってこそ、充実した日々を送ることができるからです。最近では、学生ホールやラウンジを設置している学校、廊下を広くとってユーティリティスペースとしている学校、中庭にベンチを置いて生徒の憩いの場を作り出しているところもあります。

その他

エントランス付近や廊下には生徒たちの作品やクラブの実績、大学合格実績の掲示など、その学校が外部の方にアピールしたい広報物が多数掲示されています。また、普段生徒が使用しているトイレに入ってみるのも、学校の一面をみることができます。教室同様、設備が古くても手入れがされているか、整理がされているかがポイントです。

オープンスクールに行こう！

　オープンスクールは、主に小学校5・6年生の児童を対象として、中学生活への興味と理解を深めるために実施されます。内容は実験や工作、パソコンを使ったゲームなどの体験授業が中心。学校の先生や在校生から直接教えてもらうことができるので、子どもたちにとっては、最も学校を身近に感じることができる機会です。これを機に、その学校に合格したいという思いが強くなれば、受験勉強のやる気アップも期待できます。ほとんどが、予約・定員制なので、早めにエントリーしましょう。

　体験授業のほかにもクラブ活動の体験や給食の試食会、校内スタンプラリーなど、毎年多くの学校でいろいろな企画が設けられています。これらの催しや企画には、その学校のカラーが表れています。体験を通して、子どもたちは学校の雰囲気を肌で感じ取り、中学生活への期待をふくらませていくでしょう。

プレテスト

まだまだある！ プラス α

　オープンスクールでは、そのメニューの中に「プレテスト」が組み込まれていることがあります。プレテストは入試と同じ会場で実施される場合が多く、また、それぞれの学校の出題傾向に沿った問題が出されるため、入試本番前のリハーサルとして活用すべきです。中には、きっちりとコンピュータによって成績処理され、一般の模擬テストのように合格可能性の判定が出される学校もあります。出題傾向が同じだけ

により精度の高い判定になっていると評判です。

　自分の志望校がプレテストを実施している場合はできるだけ受験をお勧めしますが、10月・11月に集中して行われるため、複数の学校のプレテストを受験する場合は日程の調整が必要です。ご注意ください。（次項「プレテストカレンダー」参照）

文化祭体育祭に行こう！

　生徒が主体となって準備・運営する文化祭と体育祭。これらは在校生の活躍を間近で見る、最もよい機会です。お互いに協力して一つのことを成し遂げようとする在校生の姿を見たことが、志望校選びの決め手になるケースも多いようです。受験しようと考えている学校の文化祭や体育祭には、ぜひ親子そろって見学に行きましょう。在校生に親切にしてもらったことが合格へ向かって頑張るエネルギーになった受験生も多いものです。

　文化祭は模擬店やステージパフォーマンス、クラス展示などで大いににぎわいます。長い場合は、ほぼ一年がかりで生徒たちが準備している学校もあります。在校生にとっては、日頃の学習や練習の成果を発表する機会なのです。一つひとつをじっくり観察して、生徒たちの熱意や日頃の学習の様子を感じ取りましょう。

　たとえば模擬店や来場者参加型のゲームなど、催しによっては運営する在校生と直接言葉を交わしたり、間近で接することができます。この点が文化祭に足を運ぶ大きなメリッ

トです。在校生と接することで、どんなこと
に関心を抱いている生徒が多いのか、教育理
念がどの程度生徒に浸透しているのかなどを
知ることができるでしょう。

　また、文化祭は教室から体育館まで、校舎
全体を使用して行われます。したがって、学
校内の施設や設備も見学可能です。

入試相談コーナー まだまだある！プラスα

　いくつかの学校では、文化祭の期間中に入試
相談コーナーが設けられます。ここでは、入試
担当の先生が学校生活の疑問や受験についての
質問に答えてくれます。なかには、先生ではな
く、生徒が相談に応じる学校もあります。その
際は、在校生ならではの学校生活の本音や、受
験生の先輩としての的確なアドバイスを聞かせ
てくれるかもしれません。
　入試相談コーナーの開設は、時間が限定され
ていることもあります。また、文化祭が2日間
だとしても、どちらか1日という場合もありま
すので、注意しましょう。

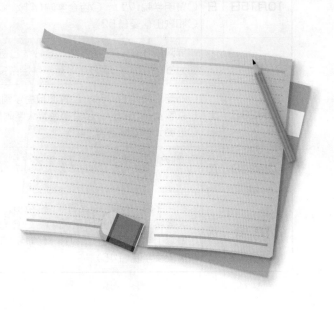

2024年度 プレテストカレンダー

＊（ ）内前年同時期受験者数

日　程		学　校　名
7月17日	祝	○清教学園
7月30日	日	○堺リベラル（35）
8月20日	日	○大阪体育大学浪商（22）
8月26日	土	○東海大学付属大阪仰星（101）　○羽衣学園（115）
9月9日	土	○常翔啓光学園（81）　○和歌山信愛（161）
9月23日	土	○金光大阪（25）
9月30日	土	○金光八尾
10月1日	日	○堺リベラル（38）　○相愛（34）　○大阪学芸高等学校附属（65） ○大阪青凌（37）
10月7日	土	○帝塚山学院（649）　○梅花（91）　○大阪国際（175）　○履正社（163） ○ノートルダム女学院（130）　○京都文教（103）　○花園（314） ○光泉カトリック（70）
10月9日	祝	○樟蔭（77）　○追手門学院大手前（214）
10月14日	土	○金蘭会（27）　○追手門学院（135）　○近畿大学附属（843） ○四條畷学園（114）　○浪速（181）　○神戸山手女子（36）　○京都光華（18） ○京都聖母学院（*197）　○育英西（92）　○智辯学園（102）　○近江兄弟社（178）
10月15日	日	○大阪薫英女学院（52）　○プール学院（183）　○金蘭千里（542） ○賢明学院（77）　○百合学院（41）　○京都光華（12）　○京都聖母学院（*197） ○和歌山信愛（152）
10月21日	土	○昇陽（38）　○常翔学園（484）　○初芝富田林（286）　○神戸国際（87） ○大谷（京都）（357）　○智辯学園奈良カレッジ（56）　○立命館守山（563）
10月28日	土	○初芝立命館（405）　○箕面自由学園（139）　○神戸龍谷（145）　○滝川（357） ○京都女子（658）　○京都産業大学附属（417）　○聖心学園（55） ○近畿大学附属新宮（40）
10月29日	日	○大阪信愛学院（45）　○香里ヌヴェール学院（88）　○金光八尾（107） ○淳心学院
11月3日	祝	○城南学園（40）　○上宮学園（469）　○追手門学院大手前（223） ○大阪学芸高等学校附属（64）　○金光大阪（31）　○清教学園 ○帝塚山学院泉ヶ丘（550）　○親和（539）　○神戸学院大学附属（196） ○平安女学院（145）

日　程		学　校　名
11月4日	土	○明星(770)　○大谷（大阪）(615)　○梅花(120)　○アサンプション国際(32) ○常翔啓光学園(110)　○東海大学付属大阪仰星(104)　○姫路女学院(20) ○武庫川女子大学附属(262)　○百合学院(28)　○芦屋学園(40)　○蒼開(33) ○京都橘(488)　○花園(137)　○龍谷大学付属平安(295)
11月5日	日	○堺リベラル(37)　○関西大倉(430)　○羽衣学園(128)　○初芝立命館(325) ○愛徳学園(9)
11月11日	土	○プール学院(157)　○アサンプション国際(17)　○追手門学院(133) ○大阪国際(157)　○大阪青凌(42)　○関西大学北陽(988) ○四條畷学園(113)　○四天王寺東(158)　○清風南海(950)　○桃山学院(305) ○履正社(148)　○夙川(626)　○東山(538)　○ノートルダム女学院(127) ○京都先端科学大学附属(158)　○育英西(130)　○奈良育英(53)
11月12日	日	○金蘭会(45)　○報徳学園(158)　○松蔭(140)　○京都共栄学園(117) ○京都文教(128)
11月18日	土	○樟蔭(90)　○大阪体育大学浪商(30)　○建国(26)　○常翔学園(604) ○浪速(221)　○初芝富田林　○神戸山手女子(50)　○姫路女学院(10) ○京都聖母学院(*222)　○平安女学院(107)　○奈良学園登美ヶ丘(479) ○近江兄弟社(151)
11月19日	日	○東洋大学附属姫路(240)　○京都聖母学院(*222)
11月23日	祝	○上宮学園(471)　○香里ヌヴェール学院(93)　○桃山学院(410) ○賢明女子学院(124)　○仁川学院(186)　○開智(270)
11月25日	土	○大阪薫英女学院(50)　○建国(3)　○昇陽(44)　○近畿大学附属豊岡(103) ○神戸龍谷(139)　○京都先端科学大学附属(132)　○聖心学園(64) ○光泉カトリック(84)
11月26日	日	○相愛(47)　○大阪学芸高等学校附属(72)　○大阪信愛学院(42) ○金光大阪(36)
12月2日	土	○大阪桐蔭(1,101)　○箕面自由学園(135)　○京都光華(24) ○大谷(京都)(301)
12月3日	日	○梅花(119)　○大阪青凌(55)　○賢明学院(107)　○履正社(251)
12月9日	土	○芦屋学園(59)
12月10日	日	○奈良育英(76)
12月16日	土	○大阪学芸高等学校附属(78)

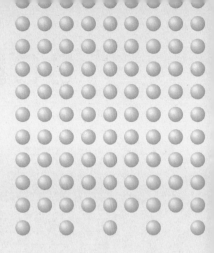

学校案内
School Guide

関西版
私立中学校142校
【大阪＊兵庫＊京都＊奈良＊和歌山＊滋賀＊その他】

2024年度

入試要項総覧

SCHOOL INDEX

大阪星光学院 中学校

http://www.osakaseiko.ac.jp

■ 学校長／田沢 幸夫　■ 教 頭／村田 正志　■ 生徒数／男子570名

| 住　所 | 〒543-0061　大阪市天王寺区伶人町1-6 | TEL | 06-6771-0737 |

交通機関　大阪メトロ谷町線『四天王寺前夕陽ヶ丘駅』より徒歩2分。

特色　キリスト教精神を教育の根底に、高い倫理観と確固たる人生観を持った人物の養成のため、徳育が重視されています。面談や個人指導などを通して、教師と生徒の相互理解と信頼が深められています。また、6か年一貫の利点を生かし、最初の2年間で中学の基礎を、中3・高1の2年間は高校基礎教科の習熟に重点を置いています。そして、高2・3で本格的な大学進学に備えるという、ゆとりあるカリキュラム編成を組んでいます。さらに本学院では、きめ細かい教育、理解と信頼の教育の実践のために、南部学舎（和歌山）や黒姫山荘（長野）での集団生活を実施するなど、最高の環境で指導を行っています。

2024年度入試要項

試 験 日	1月13日
募集人員	男子約190名（連携校特別選抜者を含む）
試験科目	Ⅰ型4科目型算・国〔各60分/各120点〕 理・社〔各40分/各80点〕 Ⅱ型3科目型算・国〔各60分/各120点〕 理〔40分/80点〕 ＊Ⅰ型/Ⅱ型いずれかを選択
合格発表日	1月14日〔web13:00〜〕
受 験 料	20,000円
出願期間	12月14日〜12月22日〔web23:59〕
入学手続	1月14日〜1月15日〔web11:00〕

学校行事開催日程一覧

◆説明会　10/7（土）　10/14（土）　11/11（土）
◆文化祭　11/3（祝）
◆体育祭　6/6（火）〔非公開〕

＊各イベント等につきましては、今後新型コロナウイルス感染状況により日程の変更及び中止の場合もございます。各学校ホームページ等でご確認下さい。

入試状況

		募集人員	志望者数	受験者数	合格者数	実質倍率	合格最低点(%)
2023	Ⅰ型	約190	541	517	222	2.3	239(60%)
	Ⅱ型		196	178	64	2.8	
	特別選抜		7	7	7	1.0	—
2022	Ⅰ型	約190	532	513	209	2.5	256(64%)
	Ⅱ型		195	172	69	2.5	
	特別選抜		8	8	8	1.0	—
2021	Ⅰ型	約190	581	559	222	2.5	285(71%)
	Ⅱ型		168	144	56	2.6	
	特別選抜		5	5	5	1.0	—

2023年度進学状況

❖併設高校へ卒業生205名中、198名進学（97%）
❖高校卒業生数198名
❖主要大学への合格実績（　）内は現役合格者数
　東京大 16(9)、京都大 56(45)、大阪大 11(7)、神戸大 15(9)、北海道大 4、東北大 3(3)、筑波大 1(1)、一橋大 1、東京工業大 1、名古屋大 1(1)、京都工芸繊維大 1、滋賀大 1、横浜国立大 1(1)、千葉大 1、山梨大 2(1)、新潟大 1、静岡大 1、金沢大 1、福井大 2、三重大 1、岡山大 1(1)、香川大 1(1)、徳島大 3(1)、広島大 1、島根大 1、山口大 1、熊本大 1、滋賀医科大 1(1)、大阪公立大 20(15)、兵庫県立大 3(1)、高崎経済大 1、名古屋市立大 1(1)、京都府立医科大 1、奈良県立医科大 5(3)、和歌山県立医科大 4(3)、岐阜薬科大 1、関西大 24(7)、関西学院大 25(9)、同志社大 61(21)、立命館大 41(10)、大阪医科薬科大 12(7)、関西医科大 8(4)、早稲田大 15(6)、慶應義塾大 23(7)、上智大 6、東京理科大 6(1)、中央大 3

清　風 中学校

https://www.seifu.ac.jp/

■ 学校長／平岡　宏一　■ 副校長／平岡　弘章　■ 教　頭／吉田　和史　■ 生徒数／男子 1056 名

| 住　所 | 〒 543-0031　大阪市天王寺区石ケ辻町 12-16 | TEL | 06-6771-5757 |

交通機関
近鉄線・阪神なんば線『大阪上本町駅』より徒歩約 3 分。
大阪メトロ谷町線・千日前線『谷町九丁目駅』より徒歩約 7 分。JR 大阪環状線『鶴橋駅』より徒歩約 12 分。

特色
勤勉と責任を重んじ、自立的精神を養うと共に、明朗にして誠実、常に希望の中に幸福を見い出し、社会のすべてから安心と尊敬と信頼の対象となり、信用され得る人物の育成するため、仏教を中心とした宗教による教育を実践しています。●毎日朝礼を実施し、般若心経の読誦を行っています。●家庭との連絡を密にし、行き届いた生活指導を行っています。●外国人講師（ネイティブ・スピーカー）による英会話授業や、海外の姉妹校との交換留学を行っています。●自然に親しむなど豊かな人間性を高めるため、月 1 回程度の校外行事を行っています。

2024 年度入試要項

試験日
前期　　　　　　　　　　　　　　　　　　　1月13日
前期プレミアム・理Ⅲ選抜　　　　　　　　 1月13日PM
後期チャレンジ選抜　　　　　　　　　　　　1月15日
プレミアム最終選抜・プレミアム最終選抜(国際選抜)1月16日

募集人員
前期　　　　　　　　　　　　　　　　理Ⅰ男子50名
前期.前期プレミアム・理Ⅲ選抜合わせて
　　　　　　　　　理Ⅲ男子110名　理Ⅱ男子50名
後期チャレンジ選抜
　理Ⅲ男子60名　理Ⅱ男子30名　　理Ⅰ男子30名
プレミアム最終選抜　　　　　　　　　理Ⅲ男子30名
プレミアム最終選抜(国際選抜)　　　国際男子 5名

試験科目
前期・後期チャレンジ選抜
3教科型算・国　　〔各50分/各120点〕
　　　　　理　　　〔 40分/　80点〕・面接
4教科型算・国　　〔各50分/各120点〕
　　　　　理・社　〔各40分/各 80点〕・面接
＊3教科型/4教科型のいずれかを選択
前期プレミアム・理Ⅲ選抜
算・国　　　　　　〔各50分/各120点〕・面接
プレミアム最終選抜・プレミアム最終選抜(国際選抜)
算・国　　　　　　〔各50分/各120点〕
理・社から1科目選択〔 40分/　80点〕・面接

合格発表日
前期.前期プレミアム・理Ⅲ選抜 1月14日(掲示11:00~・web16:00~)
後期チャレンジ選抜 1月16日(掲示11:00~・web16:00~)
プレミアム最終選抜・プレミアム最終選抜(国際選抜)
　　　　　　　　1月16日(掲示19:00~・web20:00~)

受験料 20,000円

出願期間
前期.前期プレミアム・理Ⅲ選抜
　　　　　12月13日~1月11日〔web15:00〕
後期チャレンジ選抜
　　　　　12月13日~1月14日〔web15:00〕
プレミアム最終選抜・プレミアム最終選抜(国際選抜)
　　　　　12月13日~1月15日〔web15:00〕

入学手続
前期.前期プレミアム・理Ⅲ選抜1月14日~1月15日(web20:00)
後期チャレンジ選抜・プレミアム最終選抜・プレミアム最終選抜(国際選抜)
　1月16日~1月17日(web20:00)

学校行事開催日程一覧

◆説明会　10/14(土)　11/11(土)　12/9(土)
◆国際6か年コース相談会　10/14(土)　11/11日(土)
　　　　　　　　　　　　　 12/ 9(土)
◆国際6か年コース説明会　11/4(土)
◆文化祭　9/9(土)〔受験生希望者・保護者見学可・要事前申込〕
◆体育祭　9/14(木)

＊各イベント等につきましては、今後新型コロナウイルス感染状況により日程の変更及び中止の場合もございます。各学校ホームページ等でご確認下さい。

入試状況

		募集人員	志望者数	受験者数	合格者数	実質倍率	合格最低点(%)
2023	前期	理Ⅲ	＊110			81		296(74%)
		理Ⅱ	＊50	294	290	75	1.1	253(63%)
		理Ⅰ	50			118		161(40%)
	前期プレミアム 理Ⅲ選抜	理Ⅲ プレミアム	＊110			185		159(66%)
		理Ⅲ		617	605	128	1.2	142(59%)
		理Ⅱ	＊50			194		109(45%)
	後期 チャレンジ選抜	理Ⅲ	60			155		275(69%)
		理Ⅱ	30	654	422	159	1.1	220(55%)
		理Ⅰ	30			68		174(44%)
	最終選抜	理Ⅲ プレミアム	30	166	124	49	1.6	217(68%)
		理Ⅱ	若干名			31		195(61%)
	プレミム最終国際		5	12	8	1	8.0	217(68%)

2023 年度進学状況

❖併設高校へ卒業生 344 名中、337 名進学（98%）
❖高校卒業生数 590 名
❖主要大学への合格実績（　）内は現役合格者数

京都大 11(9)、大阪大 16(10)、神戸大 16(9)、北海道大 6(4)、九州大 4(2)、大阪教育大 2(2)、京都教育大 1(1)、京都工芸繊維大 6(4)、兵庫教育大 1(1)、滋賀大 4(4)、和歌山大 14(12)、北海道教育大 1(1)、小樽商科大 1(1)、北見工業大 9(9)、秋田大 1(1)、山形大 1(1)、千葉大 1(1)、宮城大 1、会津大 1、富山大 1(1)、静岡大 3(2)、信州大 1(1)、福井大 4(3)、名古屋工業大 1(1)、岐阜大 1(1)、三重大 4、岡山大 1(1)、香川大 1(1)、愛媛大 1(1)、徳島大 18(14)、鳴門教育大 1(1)、高知大 13(8)、広島大 2(1)、鳥取大 11(7)、島根大 4(3)、山口大 4(4)、九州工業大 3(2)、熊本大 1(1)、宮崎大 3(3)、鹿児島大 5(4)、琉球大 4(3)、旭川医科大 1、大阪公立大 29(23)、京都府立大 2(1)、奈良県立大 1(1)、滋賀県立大 1(1)、兵庫県立大 19(9)、釧路公立大 2(2)、都留文科大 1(1)、福井県立大 4(4)、秋田県立大 1(1)、岡山県立大 1(1)、高知県立大 1(1)、下関市立大 1(1)、北九州市立大 2(1)、奈良県立医科大 5(3)、和歌山県立医科大 1、高知医科大 1、防衛大 9(8)、関西大 116(79)、関西学院大 89(58)、同志社大 93(65)、立命館大 131(85)、近畿大 13(2)、大阪医科薬科大 14(6)、関西医科大 9(6)、兵庫医科大 12(4)、大阪歯科大 5(2)、京都薬科大 1、神戸薬科大 3(2)、早稲田大 6(5)、慶應義塾大 4(2)、東京理科大 4(1)、立教大 5(5)、中央大 4(2)、学習院大 1、青山学院大 4(3)、明治大 6(4)、法政大 7(7)、北里大 3、岩手医科大 1、埼玉医科大 1、金沢医科大 2、愛知医科大 4、川崎医科大 4、産業医科大 1

2

明 星 中学校

https://www.meisei.ed.jp

■学校長／野中 豊彦　■教 頭／上畑 卓治　■生徒数／男子693名

| 住　所 | 〒543-0016　大阪市天王寺区餌差町5-44 | TEL | 06-6761-5606 |

交通機関　ＪＲ環状線『玉造駅』より徒歩10分。大阪メトロ長堀鶴見緑地線『玉造駅』より徒歩7分。近鉄奈良・大阪線『大阪上本町駅』より徒歩12分。大阪メトロ谷町線『谷町六丁目駅』より徒歩10分。

特色　本校ではカトリック精神に基づく人格高潔な「明星紳士」の育成を目標とした生活指導が実践されています。生徒一人ひとりの繋がりを大切にしようとする基本姿勢は、学校創立以来、学校長が毎朝校門に立って、登校する生徒に声をかけて迎えるという伝統に象徴されています。生徒指導にあたっては、予防教育の立場から悪に染まらない環境づくりをモットーとしています。学習指導では、6ヵ年一貫コース（S特進コース、特進コース、英数コース）をとり、学校6日制の充実したカリキュラムのもと、全クラスで難関国公立大学進学を目指しています。よって、中3からは余裕をもって高校教材を導入することができ、ハイレベルな授業・小テストの繰り返し・アフタークラスなどのきめ細かい指導で着実に成果を上げています。

2024年度入試要項

試験日
前期　　1月13日
午後特進　1月13日PM
後期　　1月14日

募集人員
前期午後特進後期合わせて
6カ年一貫コース　　　男子約220名
前期後期合わせて　特進　男子約80名
　　　　　　　　　英数　男子約70名
午後特進　　　　　S特進男子約30名
　　　　　　　　　特進　男子約40名
後期　　　　　　　S特進男子　若干名

試験科目
前期後期3科型　　算・国〔各60分/各120点〕
　　　　　　　　理　〔40分/80点〕
4科型　　算・国〔各60分/各120点〕
　　　　　　　　理・社〔各40分/各80点〕
　　　　　　＊3科型/4科型いずれかを選択
午後特進　　　　　算・国〔各60分/各120点〕

合格発表日
前期午後特進1月14日〔web16:00～〕
後期　　　　1月15日〔web16:00～〕

受験料　20,000円

出願期間　12月16日～1月8日〔web23:59〕

入学手続
前期　　　　1月15日〔web17:00〕
午後特進後期1月17日〔web18:00〕

学校行事開催日程一覧

◆説明会　10/7(土)　11/4(土)　12/2(土)
◆プレテスト　11/4(土)
◆文化祭　9/23(祝)
◆体育祭　9/27(水)

＊各イベント等につきましては、今後新型コロナウイルス感染状況により日程の変更及び中止の場合もございます。各学校ホームページ等でご確認下さい。

入試状況

			募集人員	志望者数	受験者数	合格者数	実質倍率	合格最低点(%)
2023	前期	特進	＊約80	177	165	55	1.3	273(68%)
		英数	＊約70			77		217.5(54%)
	午後特進	S特進	約30	508	492	156	1.4	167(70%)
		特進	約40			190		131(55%)
	後期	S特進	若干名	562	539	48	1.3	330(83%)
		特進	＊約80			211		273.75(68%)
		英数	＊約70			170		235(59%)
2022	前期	特進	＊約80	144	139	37	1.2	276.25(69%)
		英数	＊約70			77		211.25(53%)
	午後特進	S特進	約30	457	444	158	1.3	160(67%)
		特進	約40			194		125(52%)
	後期	S特進	約60	528	510	45	1.2	318.75(80%)
		特進	＊約80			229		257(64%)
		英数	＊約70			151		217.5(54%)

2023年度進学状況

❖併設高校へ卒業生237名中、232名進学（98%）
❖高校卒業生数 341名
❖主要大学への合格実績（　）内は現役合格者数
京都大2(1)、大阪大9(7)、神戸大3(2)、北海道大3(2)、筑波大1、東京工業大1、九州大3(1)、大阪教育大5(4)、京都教育大1、京都工芸繊維大2(1)、滋賀大1、和歌山大4(2)、東京藝術大1(1)、弘前大1(1)、高知大1(1)、広島大4(2)、鳥取大1、長崎大1(1)、大阪公立大21(14)、京都府立大1、兵庫県立大4(1)、防衛大4(2)、水産大1、関西大64(38)、関西学院大69(53)、同志社大81(45)、立命館大121(58)、京都産業大4(3)、近畿大154(73)、甲南大7(4)、龍谷大38(19)、大阪医科薬科大1(1)、関西医科大3、兵庫医科大4(1)、京都薬科大4(3)、神戸薬科大1(1)、早稲田大5(4)、慶應義塾大4、上智大4(3)、国際基督教大1(1)、東京理科大5(1)、中央大3(2)、青山学院大3(2)、明治大4、法政大2(1)、岩手医大2、獨協医科大1、金沢医科大3、愛知医科大1、川崎医科大1、産業医科大1

大阪府
兵庫県
京都府
奈良県
和歌山県
滋賀県
その他

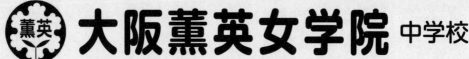

大阪薫英女学院 中学校

https://www.kun-ei.jp/

■ 学校長／横山 強　■ 教 頭／小島 喜之・篠原 寛頼・岡本 紀子　■ 生徒数／女子 88 名

| 住 所 | 〒 566-8501　摂津市正雀 1-4-1 | TEL | 06-6381-5381 |

交通機関　阪急京都線『正雀駅』より徒歩 5 分。JR東海道線『岸辺駅』より徒歩 10 分。
大阪モノレール『摂津駅』より徒歩 15 分。

特色　人との関わりの中で、自らしく輝く女性の育成をめざして、自ら知識修得する意欲、人との共存、一流の英語力をポイントに 6 年一貫プロジェクトを展開しています。大きな特色は、日本国内での 6 年一貫教育だけでなく、ユニークな国際教育を選択できることにあります。多彩な校外学習や宿泊行事などを通して日本の文化を理解するとともに、中学卒業から高校 1 年生にかけてニュージーランドへの 1 年留学（国際科）、または 3 ヵ月留学（普通科）を体験もできます。いずれも 50 校以上ある姉妹校のひとつに通い、1 人 1 家庭にホームステイします。気候、生活習慣・風習、外国の学校生活などを身をもって体験することは、英語力の向上とともに大きな人間形成、自信につながります。留学プログラム 35 年の歴史、約 4,500 名以上の生徒の留学実績が安全、安心の証です。人間力の向上をめざし、長期海外留学体験などを取り入れたプロジェクトのゴールイメージは難関大学進学、そして全世界で活躍できる女性としての進出です。

2024 年度入試要項

試 験 日　A①1月13日　A②1月13日PM
　　　　　　B 1月14日　C 1月15日
　　　　　　D 1月17日

募集人員　全入試合わせて国際・進学女子50名

試験科目
一般A①BC
　2科型　国必須　算・理・社・英から1科目選択〔各50点/各150点〕・面接
　　　　　算必須　理・社・英から1科目選択〔各50点/各150点〕・面接
　3科型　国算必須　理・社・英から1科目選択〔各50点/各100点〕・面接
　　　　　＊2科型/3科型いずれかを選択
A②2科型　算・国〔各50点/各150点〕
　適性検査型　適性検査Ⅰ（国語・社会分野）〔50分〕
　　　　　　　適性検査Ⅱ（算数・理科分野）〔50分〕
　　　　　＊2科型/適性検査型いずれか選択
A①BCD特別推薦
　英検推薦国　〔 50分/ 100点〕・面接（英語）
　そろばん推薦国〔 50分/ 100点〕・面接
　自己推薦　①国　〔 50分/ 100点〕・面接
　　　　　　②算・国〔各50点/各150点〕・面接
　　　　　＊①/②いずれか選択
　＊英検推薦/そろばん推薦/自己推薦いずれかを選択
一般D　　算・国〔各50点/各150点〕

合格発表日　A①A②1月14日〔郵送/web10:00〜〕
　　　　　　　B 1月15日〔郵送/web10:00〜〕
　　　　　　　C 1月16日〔郵送/web10:00〜〕
　　　　　　　D 1月18日〔郵送/web10:00〜〕

受 験 料　20,000円

出願期間　A①A②12月11日〜1月12日〔web16:00〕
　　　　　　B 12月11日〜1月13日〔web16:00〕
　　　　　　C 12月11日〜1月14日〔web16:00〕
　　　　　　D 12月11日〜1月16日〔web16:00〕

入学手続　A①A②専願1月16日〔web〕併願1月19日〔web〕
　　　　　　B 専願1月17日〔web〕併願1月22日〔web〕
　　　　　　C 専願1月18日〔web〕併願1月22日〔web〕
　　　　　　D 専願1月19日〔web〕併願1月23日〔web〕

学校行事開催日程一覧

◆説明会　12/17（日）
◆Kun-ei KIDS　10/7（土）　10/14（土）　11/18（土）
◆オープンキャンパス　10/21（土）
◆プレテスト　10/15（土）　11/25（土）
◆プレテスト解説会　10/28（土）　12/10（土）
◆留学フェア　10/29（日）
◆個別相談会　12/2（土）〜23（土）
◆文化祭　9/16（土）〜17（日）〔受験希望者・保護者見学可・要事前申込〕
◆体育祭　4/27（木）

＊各イベント等につきましては、今後新型コロナウイルス感染状況により日程の変更及び中止の場合もございます。各学校ホームページ等でご確認下さい。

入 試 状 況

			募集人員	志望者数	受験者数	合格者数	実質倍率	合格最低点(%)
2023	A①	専願	国際・進学50	33	33	33	1.0	138(46%)
		併願						150(50%)
	A②	専願		3	3	2	1.5	207(69%)
		併願						167(56%)
	B	専願		22	20	19	1.1	141(47%)
		併願						137(46%)
	C	専願		17	8	5	1.6	152(51%)
		併願						165(55%)
	D					非公表		
2022	A①	専願	70	33	33	30	1.1	135(45%)
		併願						145(48%)
	A②	専願		8	8	8	1.0	135(45%)
		併願						145(48%)
	B①	専願		22	13	13	1.0	135(45%)
		併願						145(48%)
	B②	専願		2	2	2	1.0	135(45%)
		併願						145(48%)
	C					非公表		
	D							

2023 年度進学状況

❖ 併設高校へ卒業生 44 名中、28 名進学（64%）
❖ 高校卒業生数 197 名
❖ 併設大学・短期大学への進学
　大阪人間科学大学 6 名〔心理 5・人間科学 1〕
❖ 主要大学への合格実績
　神戸大 1、京都府立医科大 1、防衛大 1、関西大 20、関西学院大 29、同志社大 14、立命館大 43、京都産業大 16、近畿大 23、甲南大 4、龍谷大 33、大阪医科薬科大 1、関西医科大 1、神戸薬科大 1、関西外国語大 37、京都外国語大 20、桃山学院大 2、追手門学院大 27、摂南大 44、大阪経済大 4、阪南大 1、大阪産業大 23、大阪商業大 2、大阪経済法科大 1、大阪大谷大 1、佛教大 1、京都先端科学大 1、京都橘大 7、成安造形大 1、神戸学院大 3、大手前大 1、関西国際大 3、天理大 1、京都女子大 3、同志社女子大 14、京都ノートルダム女子大 1、平安女学院大 1、神戸女学院大 4、武庫川女子大 5、神戸女子大 7、神戸海星女子学院大 1、甲南女子大 26、梅花女子大 4、大阪芸術大 4、早稲田大 1、上智大 4、立教大 4、明治大 1、日本大 3、東京女子大 2、フェリス女学院大 1、愛知学院大 1、立命館アジア太平洋大 1、朝日大 1、関西外国語短大 7

大阪女学院 中学校

https://www.osaka-jogakuin.ed.jp/

■ 学校長／丹羽 朗 ■ 副校長／山﨑 哲嗣 ■ 教 頭／上山 史郎 ■ 生徒数／女子 492 名

| 住 所 | 〒540-0004　大阪市中央区玉造 2-26-54 | TEL | 06-6761-4451 |

交通機関 ＪＲ環状線『玉造駅』より徒歩８分。大阪メトロ長堀鶴見緑地線『玉造駅』より徒歩３分。大阪メトロ中央線『森ノ宮駅』より徒歩 12 分。

特色 キリスト教に基づく人格教育により、神を畏れ、真理を追求し、愛と奉仕の精神で社会に貢献する女性の育成をめざしています。学習面では、国際的視野を養うため、英語教育に力を入れ、全学年ともネイティブスピーカーの教員による授業（アクティブ・コミュニケーション）により、実際の英語運用能力の向上をはかっています。また、毎朝全員で行う礼拝で１日が始まり、聖書の授業も行われています。

2024 年度入試要項

試 験 日	国際特別 1月13日
	前期ＡＢ 1月14日
	後期 1月15日
募集人員	国際特別前期ＡＢ後期合わせて 女子190名
試験科目	国際特別　算・国〔各30分/各 50点〕

＊資格によっては英語による
インタビューテスト有

	前期ＡＢ 3科目型 算・国〔各50分/各120点〕
	理〔 40分/ 80点〕
	4科目型 算・国〔各50分/各120点〕
	理・社〔各40分/各 80点〕

＊3科目型/4科目型いずれかを選択

	後期　算・国〔各50分/各100点〕
合格発表日	国際特別 1月13日〔web〕
	前期ＡＢ 1月14日〔web〕
	後期 1月15日〔web〕
受 験 料	20,000円
出 願 期 間	国際特別前期ＡＢ 1月5日～1月 8日〔web〕
	後期 1月5日～1月14日〔web〕
入学手続	国際特別前期Ａ 1月15日
	前期Ｂ後期 1月19日

学校行事開催日程一覧

◆説明会　10/7（土）　11/18（土）　12/2（土）
◆evening説明会　12/8（金）〔梅田〕
◆文化祭　10/28（土）
◆体育祭　〔非公開〕

＊各イベント等につきましては、今後新型コロナウイルス感染状況により日程の変更及び中止の場合もございます。各学校ホームページ等でご確認下さい。

入 試 状 況

			募集人員	志望者数	受験者数	合格者数	実質倍率	合格点(%)
2023	国際特別			33	33	29	1.1	—
	前期	A	190	168	145	137	1.1	148.75(37%)
		B		72	67	67	1.0	161.25(40%)
	後期			117	40	36	1.1	94(47%)
2022	国際特別			26	26	25	1.0	—
	前期	A	190	148	132	129	1.0	146.25(37%)
		B		77	71	71	1.0	171.25(43%)
	後期			126	35	31	1.1	86(43%)
2021	国際特別			30	30	27	1.1	—
	前期	A	190	146	124	118	1.1	143.75(36%)
		B		85	79	79	1.0	158.75(40%)
	後期			103	30	28	1.1	87(44%)

2023 年度進学状況

❖併設高校へ卒業生 161 名中、155 名進学（96%）
❖高校卒業生数 244 名
❖併設大学・短期大学への進学
　大阪女学院大学 5 名〔国際・英語 5〕
　大阪女学院短期大学 1 名〔英語 1〕
❖主要大学への合格実績（ ）内は現役合格者数
　神戸大 2(2)、北海道大 1(1)、九州大 1(1)、奈良教育大 1、和歌山大 1(1)、岡山大 1(1)、大阪公立大 3(2)、京都府立大 1(1)、横浜市立大 1(1)、奈良県立医科大 1(1)、関西大 14(14)、関西学院大 45(45)、同志社大 15(15)、立命館大 23(14)、京都産業大 1(1)、近畿大 77(64)、甲南大 3(2)、龍谷大 17(10)、大阪医科薬科大 5(4)、関西医科大 3(3)、兵庫医科大 3(3)、大阪歯科大 1(1)、京都薬科大 1、関西外国語大 6(6)、京都外国語大 2(2)、摂南大 15(14)、佛教大 3(1)、畿央大 2(2)、京都女子大 13(9)、同志社女子大 27(23)、神戸女学院大 7(6)、武庫川女子大 7(7)、大阪芸術大 7(5)、京都芸術大 3(3)、早稲田大 2(1)、上智大 4(3)、国際基督教大 1(1)、立教大 1(1)、中央大 2(2)、青山学院大 1(1)、明治大 1(1)、法政大 3(2)、東京女子大 5(5)、立命館アジア太平洋大 1(1)

大 谷  中学校

http://www.osk-ohtani.ed.jp/

■ 学校長／萩原　英治　■ 教　頭／村井　康容・三木　栄子　■ 生徒数／女子 523 名

大阪府

兵庫県

京都府

奈良県

和歌山県

滋賀県

その他

住　所	〒 545-0041　大阪市阿倍野区共立通 2-8-4	TEL	06-6661-0385

交通機関	大阪メトロ御堂筋線・JR 線『天王寺駅』より徒歩 17 分。大阪メトロ谷町線『阿倍野駅』より徒歩 8 分。南海線・大阪メトロ堺筋線『天下茶屋駅』より徒歩 15 分。阪堺電気上町線『松虫駅』より徒歩約 7 分。阪堺電気阪堺線『北天下茶屋駅』より徒歩 10 分。

特色	大阪市内屈指の広々とした見晴らしの良い校地、4 つの理科実験室、人工芝のグラウンドなど充実した施設をもつ。進路目標別に医進コース・特進コース・凛花コースを設置。中高 6 年一貫ならではの効率的なカリキュラムで、生徒一人ひとりをサポート。多彩な学校行事のほか、クラブ、海外研修など、見聞をひろめる環境が整っている。

2024 年度入試要項

試 験 日	①A 1月13日　①B 1月13日PM ①C 1月14日PM　②　1月15日
募集人員	①ABC②合わせて 医進女子60名　特進女子90名 凛花女子60名
試験科目	①A医進特進凛花 　3科型　算・国〔各60分／各120点〕理〔40分／80点〕 　4科型　算・国〔各60分／各120点〕理・社〔各40分／各80点〕 　適性未来型算・国〔各60分／各120点〕理・未来力〔各40分／各80点〕 　＊3科型／4科型／適性未来型いずれかを選択 ①A凛花／特別専願 　算・国〔各60分／各120点〕・面接 ①B①C ②3科型　算・国〔各60分／各120点〕理〔40分／80点〕 　4科型　算・国〔各60分／各120点〕理・社〔各40分／各80点〕 　＊3科型／4科型いずれかを選択
合格発表日	①A B 1月14日〔掲示・web11:00～〕 ①C　1月15日〔掲示・web14:30～〕 ②　1月16日〔掲示・web11:00～〕
受 験 料	20,000円 （1次Aと同時出願する場合、2つ同時の場合は、30,000円、3つ同時の場合は、40,000円、4つ同時の場合は、50,000円）
出願期間	①ABC11月10日～1月12日〔web12:00〕 ②　　11月10日～1月14日〔web17:00〕
入学手続	①A　　1月15日〔銀行振込17:00/17:00〕 凛花特別専願1月14日〔14:00〕 ①BC②　1月17日〔銀行振込17:00/17:00〕

学校行事開催日程一覧

◆説明会　10/28（土）

◆プレテスト　11/4（土）

◆個別相談会　11/26（日）　12/16（土）

◆文化祭　9/30（土）～10/1（日）

　〔受験希望者・保護者は見学可〕

◆体育祭　9/22（金）〔受験希望者・保護者は見学可〕

＊各イベント等につきましては、今後新型コロナウイルス感染状況により日程の変更及び中止の場合もございます。各学校ホームページ等でご確認下さい。

入 試 状 況

			募集人員	志望者数	受験者数	合格者数	実質倍率	合格最低点（%）
2023	①A	医進	医進 60 特進 90 凛花 60	79	73	58	1.3	教 科 型:261.5(65%) 適性未来型:254 (64%)
		特進		21	35	28	1.3	教 科 型:206(52%) 適性未来型:171(43%)
		凛花		27	32	31	1.0	教 科 型:133(33%) 特別専願:100(31%)
	①B	医進		214	207	191	1.1	教 科 型:122(51%)
		特進		40	54	51	1.1	教 科 型:84(35%)
		凛花		28	30	30	1.0	教 科 型:77(32%) 適性未来型:105(44%)
	①C	医進		204	124	107	1.2	教 科 型:148(62%)
		特進		39	28	22	1.3	教 科 型:105(44%)
		凛花		17	10	10	1.0	教 科 型:75(31%)
	②	医進		174	105	94	1.1	教 科 型:246.5(62%)
		特進		24	24	18	1.3	教 科 型:201(50%)
		凛花		9	8	7	1.1	教 科 型:177.5(44%)

2023 年度進学状況

❖併設高校へ（卒業生数及び進学者数／非公表）
❖高校卒業生数 225 名
❖併設大学・短期大学への進学　大阪大谷大学3名〔教育2・人間社会1〕
❖主要大学への合格実績

京都大1、大阪大4、神戸大3、奈良女子大3、大阪教育大1、和歌山大1、山形大1、岐阜大1、三重大1、愛媛大1、徳島大1、高知大1、鳥取大1、山口大1、長崎大1、滋賀医科大1、大阪公立大12、兵庫県立大2、下関市立大1、福岡県立大1、長崎県立大1、奈良県立医科大2、和歌山県立医科大1、関西大39、関西学院大31、同志社大21、立命館大38、京都産業大5、近畿大107、甲南大3、龍谷大31、大阪医科薬科大12、関西医科大10、兵庫医科大4、大阪歯科大8、神戸薬科大5、関西外国語大9、大阪工業大2、摂南大34、帝塚山学院大6、大和大13、佛教大1、京都橘大6、神戸学院大5、畿央大14、京都女子大23、同志社女子大27、神戸女学院大5、武庫川女子大46、神戸女子大1、甲南女子大9、梅花女子大3、早稲田大1、東京理科大1、明治大1、愛知学院大2、岡山理科大1、埼玉医科大2、愛知医科大1、川崎医科大2、産業医科大1、東京女子医科大1

金蘭会 中学校

https://www.kinran.ed.jp/

■ 学校長／岡田 正次　■ 副校長／上田 朗・溝口 千鶴　■ 生徒数／女子81名

| 住　所 | 〒531-0075　大阪市北区大淀南3-3-7 | TEL | 06-6453-0281 |

交通機関
ＪＲ環状線『福島駅』より徒歩8分。ＪＲ東西線『新福島駅』より徒歩10分。
阪神電鉄線『福島駅』より徒歩10分。JR『大阪駅』より市バス「59 福島七丁目」下車すぐ

特色
全ての教科をバランスよく学べるカリキュラムを構成。朝礼時の小テストや、放課後の学習会・補習なども活用し、1人ひとりがしっかり基礎学力をつけられるようにします。ネイティブスピーカーによる「国際理解」の授業では、少人数で英会話の授業を行います。

大阪府
兵庫県
京都府
奈良県
和歌山県
滋賀県
その他

2024 年度入試要項

試験日
A一般K英語1月13日　B1月14日
C　1月17日　D1月24日
E　2月22日

募集人員
全入試合わせて
一般女子約45名　K方式女子約15名(A日程のみ)

試験科目
AB一般	算・国	〔各50分/各100点〕・面接
K	作文	〔50分/800字〕・面接
英語	英	〔30分/100点〕
	インタビューテスト(英語)	〔5分/30点〕・面接
BCDE英検優遇インタビューテスト(英語)		〔5分/30点〕・面接
CDE一般	算・国から1科目選択	〔50分/100点〕・面接

合格発表日
A英語1月13日〔手渡し16:00〜〕
B　1月14日〔手渡し14:00〜〕
C　1月17日〔手渡し13:00〜〕
D　1月24日〔手渡し13:00〜〕
E　2月22日〔手渡し13:00〜〕

受験料
20,000円(A日程・B日程で複数回受験しても検定料は20,000円)

出願期間
A英語12月1日〜12月27日〔16:00〕
　　　1月4日〜　1月12日〔16:00〕
B　12月1日〜12月27日〔16:00〕
　　1月4日〜　1月13日〔16:00〕
C　12月1日〜12月27日〔16:00〕
　　1月4日〜　1月16日〔16:00〕
D　12月1日〜12月27日〔16:00〕
　　1月4日〜　1月23日〔16:00〕
E　12月1日〜12月27日〔16:00〕
　　1月4日〜　2月21日〔16:00〕

入学手続
A英語B1月15日〔銀行振込〕
C　1月19日〔銀行振込〕
D　1月26日〔銀行振込〕
E　2月22日〔銀行振込〕

学校行事開催日程一覧

◆ 説明会　10/14(土)　11/12(日)
◆ プレテスト　10/14(土)　11/12(日)
◆ 入試対策講座　10/21(土)　11/18(土)
◆ 入試直前講座　12/9(土)　12/17(日)
◆ 文化祭　9/16(土)〔保護者見学可〕
◆ 体育祭　9/29(金)〔保護者見学可〕

＊各イベント等につきましては、今後新型コロナウイルス感染状況により日程の変更及び中止の場合もございます。各学校ホームページ等でご確認下さい。

入試状況

			募集人員	志望者数	受験者数	合格者数	実質倍率	合格最低点(%)
2023	A	K方式	約15	11	11	11	1.0	—
		一般	約45	19	19	19	1.0	74(37%)
		英語		9	9	9	1.0	
	B	一般		23	8	8	1.0	非公表
		英検優遇						
	C			2	2	2	1.0	
	D			0	0	0	—	—
	E			3	3	3	1.0	非公表
2022	A	K方式	約15	9	9	9	1.0	—
		一般	約45	8	8	8	1.0	60(30%)
		英語		3	3	3	1.0	
	B	一般		7	4	4	1.0	非公表
		英検優遇						
	C			1	1	1	1.0	

2023 年度進学状況

❖ 併設高校へ卒業生42名中、32名進学(76%)
❖ 高校卒業生数116名
❖ 併設大学・短期大学への進学
　千里金蘭大学13名〔看護6・栄養4・教育3〕
❖ 主要大学への合格実績 ( ) 内は現役合格者数
　兵庫県立大1(1)、関西大2(2)、立命館大1(1)、京都産業大2(2)、近畿大5(5)、龍谷大2(2)、兵庫医科大1(1)、大阪歯科大2(2)、関西外国語大1(1)、桃山学院大1(1)、桃山学院教育大1(1)、大阪工業大1(1)、追手門学院大1(1)、摂南大1(1)、四天王寺大2(2)、大阪学院大1(1)、大阪電気通信大2(2)、大阪産業大1(1)、大阪商業大1(1)、帝塚山学院大1(1)、相愛大1(1)、大阪大谷大3(3)、大和大1、佛教大1(1)、大谷大1(1)、神戸学院大1(1)、大手前大4(3)、京都女子大1(1)、同志社女子大2(1)、平安女学院大1(1)、神戸女学院大1(1)、武庫川女子大7(7)、神戸松蔭女子学院大1(1)、甲南女子大2(2)、大阪女学院大1(1)、梅花女子大2(2)、大阪樟蔭女子大3(3)、関西外国語大短大1(1)、武庫川女子大短大1(1)、常磐会短大1(1)

堺リベラル 中学校

http://www.liberal.ed.jp/

■ 学校長／重山 香苗　■ 教 頭／鷺森 正・細見 貴弘　■ 生徒数／女子 110 名

| 住　所 | 〒590-0012　堺市堺区浅香山町 1-2-20 | TEL | 072-275-7688 |

| 交通機関 | JR 阪和線『堺市駅』より徒歩 10 分。南海高野線『堺東駅』よりバス 9 分。大阪メトロ御堂筋線『北花田駅』よりバス 7 分。 |

| 特色 | 「表現教育」「英語」「マナー」を 3 本柱に感性豊かな女子教育を行っています。「表現教育」では、楽器・演技・ダンスの科目を通して自己表現力を高めます。文化発表会などの発表の場を多く持つことで積極的に自分を表現できるようになります。「英語」教育としては、常にネイティブの講師とコミュニケーションを取り、英語学習だけではなく会話力も身につけます。「マナー」教育では、女子教育の原点である礼儀作法やマナーも身につけ、相手を思いやる心を育てます。卒業後の進路は自由としており「学力を伸ばすリベラル」の通り、難関公立高校への高い合格実績があります。また、平成 30 年 4 月に開校した「堺リベラル高等学校表現教育科」への進学も可能となり、中高 6 年一貫教育で難関大学進学を目指します。 |

（左端縦書き）大阪府　兵庫県　京都府　奈良県　和歌山県　滋賀県　その他

2024 年度入試要項

試 験 日	①A 1月13日　①B 1月14日　② 1月19日　2月 2月7日
募集人員	①AB②2月合わせて女子60名
試験科目	一般　算・国　〔各50分/　各100点〕・面接 特別選抜作文　〔50分/400～800字〕・面接 または、英語（英検5級程度）〔50分〕・面接
合格発表日	①AB 1月15日〔郵送〕　② 1月19日〔郵送〕　2月 2月7日〔郵送〕
受 験 料	20,000円 （1次A・1次B受験者は、受験料1回分のみ）
出願期間	①AB 11月27日～1月11日〔web16:00〕　② 11月27日～1月18日〔web16:00〕　2月 11月27日～2月6日〔web16:00〕
入学手続	①AB 1月18日〔銀行振込〕　② 1月23日〔銀行振込〕　2月 2月9日〔銀行振込〕

学校行事開催日程一覧

◆オープンキャンパス
　10/29（日）　11/26（日）　12/10（日）

◆プレテスト　10/1（日）　11/5（日）

◆文化祭　11/18（土）〔非公開〕

◆体育祭　6/3（土）〔非公開〕

＊各イベント等につきましては、今後新型コロナウイルス感染状況により日程の変更及び中止の場合もございます。各学校ホームページ等でご確認下さい。

入 試 状 況

		募集人員	志望者数	受験者数	合格者数	実質倍率	合格最低点(%)
2023	1次A	60	37	37	35	1.1	
	1次B		38	38	30	1.3	
	2次		1	1	1	1.0	
	2月		0	0	0	—	
2022	1次A	60	42	42	37	1.1	非公表
	1次B		42	42	36	1.2	
	2次		2	2	2	1.0	
	2月		5	5	5	1.0	
2021	1次A	約30	38	38	37	1.1	
	1次B	約20	29	29	27	1.1	
	2次	約10	1	1	1	1.0	

2023 年度進学状況

❖併設高校へ卒業生 44 名中、22 名進学（50%）
❖高校卒業生数 65 名
❖併設大学・短期大学への進学
　堺女子短期大学 10 名〔美容生活文化 10〕
❖主要大学への合格実績（現役合格者数）
　名古屋市立大 1、関西大 1、同志社大 2、京都産業大 1、龍谷大 1、京都外国語大 3、桃山学院大 1、追手門学院大 1、畿央大 1、神戸女学院大 6、大阪芸術大 6、大阪音楽大 1

四天王寺 中学校

https://www.shitennoji.ed.jp/stnnj/

■ 学校長／中川　章治　■ 教　頭／大杉　剛司　■ 生徒数／女子 928 名

| 住　所 | 〒543-0051　大阪市天王寺区四天王寺 1-11-73 | TEL | 06-6772-6201 |

| 交通機関 | JR・大阪メトロ御堂筋線『天王寺駅』より徒歩 10 分。
大阪メトロ谷町線『四天王寺前夕陽ヶ丘駅』より徒歩 5 分。 |

特色　人生の第二の誕生期とも言われる最も多感な情熱のある中学時代の教育が生涯を決定づけると言っても過言ではないでしょう。人間は「教えられるべき存在」であり、「躾けられるべき存在」であります。かりそめにも放任されてはなりません。新しい時代に向けての教育の在り方は科学と自然との調和の中で、すべての人間の生命を貴び守り人類社会の充実と幸福の創造力となる叡智と実力を養成することであります。私どもはこうした教育理念を推進してゆくことを悲願と致しております。そのために聖徳太子のご精神を近代設備と太子ゆかりの聖地の中で学び、理想教育の実現に邁進したいと深く決意致しております。

2024 年度入試要項

試 験 日	1月13日
募集人員	英数S女子　　　　約40名　英数女子約170名 医志女子　　　　　約40名 文化・スポーツ女子約20名　計　　　約270名
試験科目	英数S・英数・医志 　3教科型算・国〔各60分/各120点〕 　　　　　　理〔40分/　80点〕 　4教科型算・国〔各60分/各120点〕 　　　　　理・社〔各40分/各80点〕 　＊3教科型/4教科型いずれかを選択 文化・スポーツ 　　　　　国〔60分/　120点〕 　　　　　作文〔40分/　80点〕 　　　　　面接
合格発表日	1月15日〔掲示9:00〜・web12:00〜〕
受 験 料	20,000円
出願期間	英数S・英数・医志 11月11日〜　1月10日〔web21:00〕 文化・スポーツ 12月22日・12月25日〔16:00〕
入学手続	掲示確認者1月15日〔17:00〕 web確認者1月16日〜1月19日〔15:00〕

学校行事開催日程一覧

◆説明会　11/11（土）　11/18（土）
◆学校見学会　9/30（土）
◆文化祭　9/16（土）〜17（日）
　〔受験希望者・保護者（女性のみ）見学可・要事前申込〕
◆体育祭　6/14（水）
　〔保護者（女性のみ）見学可・要事前申込〕

＊各イベント等につきましては、今後新型コロナウイルス感染状況により日程の変更及び中止の場合もございます。各学校ホームページ等でご確認下さい。

入 試 状 況

		募集人員	志望者数	受験者数	合格者数	実質倍率	合格最低点(%)
2023	医志	40	155	147	82	1.8	293(73%)
	英数S	40	120	110	61	1.8	289(72%)
	英数	170	416	405	214(74)	1.9	専願:239(60%) 併願:258(65%)
	文化・スポーツ	20	16	16	16	1.0	262(66%)
2022	医志	40	207	199	90	2.2	277(69%)
	英数S	40	124	118	54	2.2	265(66%)
	英数	170	349	339	160(104)	2.1	専願:221(55%) 併願:239(60%)
	文化・スポーツ	20	16	16	16	1.0	268(67%)
2021	医志	40	235	227	96	2.4	281(70%)
	英数S	40	165	155	57	2.7	264(66%)
	英数	170	348	337	165(128)	2.0	専願:220(55%) 併願:238(60%)
	文化・スポーツ	20	19	18	18	1.0	262(66%)

※（　）内は廻し合格者数

2023 年度進学状況

❖併設高校へ卒業生 360 名中、351 名進学（98%）
❖高校卒業生数 406 名
❖併設大学・短期大学への進学　四天王寺大学 6 名〔看護 4・教育 1・経営 1〕四天王寺短期大学 0 名
❖主要大学への合格実績（　）内は現役合格者数
東京大 2(1)、京都大 4(3)、大阪大 14(10)、神戸大 9(6)、北海道大 1(1)、東北大 1(1)、筑波大 1、奈良女子大 8(6)、大阪教育大 2(2)、京都工芸繊維大 1(1)、滋賀大 1(1)、和歌山大 4(3)、東京藝術大 1、帯広畜産大 1(1)、北見工業大 1、茨城大 1、埼玉大 1、山梨大 1、信州大 1、福井大 2(2)、名古屋工業大 1、岐阜大 1(1)、岡山大 1(1)、香川大 3(1)、愛媛大 1、徳島大 3、高知大 2(1)、広島大 2(1)、鳥取大 2、島根大 2(2)、山口大 3(2)、熊本大 1、鹿児島大 2(1)、琉球大 2(1)、滋賀医科大 1、東京医科歯科大 1(1)、大阪公立大 24(18)、京都府立大 2(2)、神戸市外国語大 2(1)、奈良県立大 2(1)、滋賀県立大 4(3)、兵庫県立大 10(5)、京都市立芸術大 1(1)、都留文科大 1(1)、福井県立大 1(1)、愛知県立大 1(1)、名古屋市立大 1(1)、高知県立大 1(1)、京都府立医科大 4(2)、奈良県立医科大 13(8)、和歌山県立医科大 8(4)、岐阜薬科大 1(1)、防衛大 4(4)、防衛医科大 4(3)、気象大 1、関西大 91(73)、関西学院大 67(51)、同志社大 56(32)、立命館大 97(61)、京都産業大 6(6)、近畿大 148(110)、甲南大 8(6)、龍谷大 25(15)、大阪医科薬科大 40(28)、関西医科大 40(32)、兵庫医科大 13(7)、大阪歯科大 7(6)、京都薬科大 15(12)、神戸薬科大 10(8)、関西外国語大 1、大阪経済大 3(3)、大阪工業大 7(5)、摂南大 22(21)、大阪医大 8(8)、神戸女学院大 7(4)、三重大 3、理大 3(1)、獣医大 3(1)、京都女子大 16(15)、同志社女子大 17(13)、神戸女学院大 8(3)、武庫川女子大 24(18)、甲南女子大 9(8)、梅花女子大 4、早稲田大 12(5)、慶應義塾大 7(4)、上智大 3(1)、東京理科大 8(4)、立教大 3(3)、中央大 7(7)、学習院大 2(1)、青山学院大 2(2)、明治大 2(1)、法政大 2(1)、北里大 3(2)、愛知医科大 1、朝日大 1(1)、松本歯科大 1、川崎医科大 3(2)、産業医科大 1、東京女子医科大 1

樟蔭 中学校

http://www.osaka-shoin.ac.jp/jhs

■ 学校長／小嶋　信男　■ 副校長／猪俣　恵美子　■ 教　頭／廣畑　規公美　■ 生徒数／女子 239 名

| 住　所 | 〒 577-8550　東大阪市菱屋西 4-2-26 | TEL | 06-6723-8185 |

交通機関
近鉄奈良線『河内小阪駅』より徒歩約 4 分。
ＪＲおおさか東線『ＪＲ河内永和駅』より徒歩約 5 分。

特色
「高い知性と豊かな情操を兼ね備えた心やさしい女性の育成」という建学精神に支えられた歴史と伝統が培う校風のもと、新しい教育環境を樹立し、生徒一人ひとりの個性を生かして進路や夢の実現を目指す。独自の英語教育プログラムで難関大を目指す「国際教養コース」、外部大学の指定校推薦や大阪樟蔭女子大学の内部特別推薦で進学を目指す「総合進学コース」、勉強と表現活動の両立で豊かな感性と人間性を養う「身体表現コース」の 3 コースがある。7 つの強化クラブ（ダンス・バトントワリング・ポンポンチア・新体操・ソフトテニス・バスケットボール・体操）は情熱と意欲を持って、高い目標を目指している。

2024 年度入試要項

試 験 日
A Challenge 1 月 13 日　　B 1 月 13 日PM
C　　　　　　1 月 16 日　　S 2 月 3 日

募集人員
Ａ Ｂ Ｃ Ｓ合わせて
国際教養総合進学身体表現女子70名
（Challenge入試含む）

試験科目
A国際教養
2科型国必須　　　　　　　〔 50分/ 100点〕
　　　算または英(リスニング含む)から1科目選択
　　　　　　　　　　　　　　〔 50分/ 100点〕
4科型国〔 50分/ 100点〕理・社各30点/各 50点
　　　算または英(リスニング含む)から1科目選択
　　　　　　　　　　　　　　〔 50分/ 100点〕
＊2科型/4科型いずれか選択
A総合進学・身体表現
2科型国必須　　　　　　　〔 50分/ 100点〕
　　　算または英(リスニング含む)から1科目選択
　　　　　　　　　　　　　　〔 50分/ 100点〕
Challenge
作文または英(リスニング含む)　〔 50分〕・面接
ＢＣＳ算・国　　　　　　〔各50分/各100点〕

合格発表日
Ａ ＢChallenge 1 月 14 日〔郵送/web10:00〜〕
C　　　　　　1 月 17 日〔郵送/web10:00〜〕
S　　　　　　2 月 4 日〔郵送/web10:00〜〕

受 験 料　20,000円

出願期間
ChallengeAB12月1日〜1月12日〔web12:00〕
C　　　　　12月1日〜1月16日〔web 8:30〕
S　　　　　1月17日〜2月 2日〔web12:00〕

入学手続
A Challenge 1 月 15 日〔web16:00〕
B　　　　　1 月 17 日〔web16:00〕
C　　　　　1 月 20 日〔web16:00〕
S　　　　　2 月 5 日〔web16:00〕

学校行事開催日程一覧

◆ オープンスクール　11/4(土)

◆ プレテスト　10/9(日)　11/18(土)

◆ 入試対策講座　12/3(土)

◆ 文化祭　10/1(日)
〔受験希望者・保護者見学可・要事前申込〕

◆ 体育祭　〔非公開〕

＊ 各イベント等につきましては、今後新型コロナウイルス感染状況により日程の変更及び中止の場合もございます。各学校ホームページ等でご確認下さい。

入 試 状 況

			募集人員	志望者数	受験者数	合格者数	実質倍率	合格最低点(%)
2023	チャレンジ	総合進学		10	10	10	1.0	―
		身体表現		10	10	10	1.0	
	A	国際教養		15	15	12	1.3	182(61%)
		総合進学		19	18	18(2)	1.0	119(40%)
		身体表現		10	10	10(1)	1.0	110(37%)
	B	国際教養	70	16	16	10	1.6	183(61%)
		総合進学		15	15	15(5)	1.0	107(36%)
		身体表現		3	3	3(1)	1.0	108(36%)
	C	国際教養		4	3	1	3.0	非公表
		総合進学		5	3	2(2)	1.5	
		身体表現		1	0	0	―	―
	S	国際教養						
		総合進学		非公表				
		身体表現						

※（　）内は廻し合格者数

2023 年度進学状況

❖ 併設高校へ卒業生 68 名中、56 名進学（82%）
❖ 高校卒業生数 222 名
❖ 併設大学・短期大学への進学
　大阪樟蔭女子大学 69 名〔学芸 44・児童教育 18・健康栄養 7〕
❖ 主要大学への合格実績（現役合格者数）
　神戸大 1、奈良教育大 1、大阪公立大 2、京都府立大 1、関西大 10、関西学院大 3、立命館大 5、近畿大 10、甲南大 4、龍谷大 1

大阪府
兵庫県
京都府
奈良県
和歌山県
滋賀県
その他

城南学園 中学校

JONAN

http://www.jonan.ac.jp/

■ 学校長／北川　真　■ 教　頭／永井　敏元　■ 生徒数／女子 85 名

| 住　所 | 〒 546-0021　大阪市東住吉区照ケ丘矢田 2-14-10 | TEL | 06-6702-9766 |

| 交通機関 | 近鉄南大阪線『矢田駅』より徒歩 8 分。大阪メトロ谷町線『喜連瓜破駅』より徒歩 15 分（市バス有）。大阪メトロ御堂筋線・JR 阪和線『長居駅』・大阪メトロ今里筋線『今里駅』よりシティバス、いまざとライナー『湯里 6 丁目停留所』下車。|

特色
昭和 10 年創立。保育園・幼稚園・小学校・高校・短大・大学・大学院を併設する総合学園。「自主自律」「清和気品」の校訓のもと、気品ある校風の確立と生徒の学力向上のために情熱を持って教育にあたっています。城南学園中学校独自の「10 × 10 プラン（テン・バイ・テンプラン）」は、反復学習や個別指導などの 10 の「学力養成プログラム」と、基本的な生活習慣や情操教育などの 10 の「人間力養成プログラム」との相乗効果により、社会で活躍できる女性育成をめざすプランである。

2024 年度入試要項

試 験 日	A 1月13日　B 1月14日 C 1月20日　D 2月16日
募集人員	ABCD合わせて特進一貫女子50名 （内部進学者を含む）
試験科目	算・国〔各50分/各100点〕・面接
合格発表日	A 1月13日〔手渡し14:00〜〕 B 1月14日〔手渡し14:00〜〕 C 1月20日〔手渡し14:00〜〕 D 2月16日〔手渡し14:00〜〕
受 験 料	20,000円
出願期間	A 11月25日〜1月12日〔web20:00〕 B 11月25日〜1月13日〔web20:00〕 C 11月25日〜1月19日〔web20:00〕 D 11月25日〜2月15日〔web20:00〕
入学手続	A B 1月16日〔12:00〕 C 　1月23日〔12:00〕 D 　2月19日〔12:00〕

学校行事開催日程一覧

◆説明会　10/21（土）
◆公開授業　10/21（土）
◆プレテスト＆解説会　11/3（祝）
◆入試対策講座　12/2（土）
◆個別相談会　12/18（月）〜12/23（土）
◆部活動体験　随時実施
◆文化祭　6/17（土）
◆体育祭　〔非公開〕

＊各イベント等につきましては、今後新型コロナウイルス感染状況により日程の変更及び中止の場合もございます。各学校ホームページ等でご確認下さい。

入 試 状 況

		募集人員	志望者数	受験者数	合格者数	実質倍率	合格最低点(%)
2023	1次	50	34	34	33	1.0	66(33%)
	1.5次		1	0	0	―	―
	2次		0	0	0	―	―
2022	1次	50	27	26	26	1.0	75(38%)
	1.5次		3	2	2	1.0	非公表
	2次		1	1	0	―	―
2021	1次	50	29	29	29	1.0	79(40%)
	1.5次		1	0	0	―	―
	2次		0	0	0	―	―

2023 年度進学状況

❖併設高校へ卒業生 32 名中、15 名進学（47%）
❖高校卒業生数 115 名
❖併設大学・短期大学への進学
　大阪総合保育大学 9 名
　大阪城南女子短期大学 37 名〔総合保育 26・現代生活 11〕
❖主要大学への合格実績（現役合格者数）
　和歌山大 1、福島大 1、福井大 1、奈良県立大 1、関西大 6、関西学院大 2、京都産業大 8、近畿大 9、甲南大 2、龍谷大 2、関西外国語大 5、桃山学院大 6、追手門学院大 1、摂南大 5、四天王寺大 2、大阪学院大 1、大阪電気通信大 1、大阪産業大 1、大阪大谷大 2、京都橘大 1、大谷大 1、大手前大 1、神戸親和大 1、帝塚山大 3、京都女子大 2、同志社女子大 1、神戸女学院大 1、甲南女子大 2、梅花女子大 1、早稲田大 1、関西外国語短大 1、大手前短大 1

相 愛 中学校

https://www.soai.ed.jp/

■ 学校長／園城 真生　■ 教頭／田中 和子・林 康宏・若生 哲　■ 生徒数／女子109名

住　所	〒541-0053　大阪市中央区本町4-1-23

TEL	06-6262-0621

交通機関	大阪メトロ御堂筋線『本町駅』より徒歩1分。 大阪メトロ中央線・四つ橋線『本町駅』より徒歩5分。

特色
1888年に創立され、130年以上の歴史を持ち、御堂筋、本町駅からすぐという交通アクセス抜群の立地にある学校です。西本願寺、浄土真宗本願寺派の宗教的信念を基盤とし、人間関係を大切にし、幸福な人生と社会を目指す女性の育成を教育の理念としています。法要や教室での礼拝を行うことにより宗教的情操を養いつつ、それに見合った知識の習得をも目的とします。SDGsをコンセプトに、生徒一人ひとりのキャリアをデザインしています。また、2年時には宿泊集団生活、3年時には修学旅行で、生徒の自立と協調性を養うことを実践しています。

（左側タブ）大阪府／兵庫県／京都府／奈良県／和歌山県／滋賀県／その他

2024年度入試要項

試 験 日	A1月13日　B1月14日 C1月18日
募集人員	ABC合わせて 特進女子　　　　　　25名 進学・音楽科進学女子計50名
試験科目	算・国〔各50分／各100点〕・面接
合格発表日	A1月14日〔郵送／掲示8:00～〕 B1月15日〔郵送〕 C1月19日〔郵送〕
受 験 料	18,000円
出願期間	A12月2日〔16:00〕　1月6日～1月12日〔12:00〕 B12月2日〔16:00〕　1月6日～1月13日〔16:00〕 C12月2日〔16:00〕　1月6日～1月17日〔16:00〕
入学手続	A1月18日〔銀行振込〕 B1月19日〔銀行振込〕 C1月24日〔銀行振込〕

学校行事開催日程一覧

- ◆説明会　10/1(日)　11/26(日)
- ◆オープンスクール　10/21(土)　12/23(土)
- ◆プレテスト　10/1(日)　11/26(日)
- ◆ワンポイントレッスン　10/21(土)
- ◆プレテスト復習講座・成績懇談会　10/7(土)　12/2(土)
- ◆入試直前対策講座　1/6(土)
- ◆文化祭　11/3(祝)〔受験希望者・保護者見学可・要事前予約〕
- ◆体育祭　9/26(火)〔保護者見学可〕

＊各イベント等につきましては、今後新型コロナウイルス感染状況により日程の変更及び中止の場合もございます。各学校ホームページ等でご確認下さい。

入試状況

			募集人員	志望者数	受験者数	合格者数	実質倍率	合格最低点(%)
2023	A	特進	特進 25 普通・音楽 50	7	7	5	1.4	専願:125(63%) 併願:130(65%)
		進学		18	18	18(2)	1.0	専願:100(50%) 併願:105(53%)
		音楽科 進学		5	5	4	1.3	専願:100(50%) 併願:105(53%)
	B	特進	若干名					
		進学						
		音楽科進学						
	C	特進	若干名			非公表		
		進学						
		音楽科進学						
	D	特進	若干名					
		進学						
		音楽科進学						

※（　）内は廻し合格者数

2023年度進学状況

- ❖併設高校へ卒業生43名中、30名進学（70%）
- ❖高校卒業生数97名
- ❖併設大学・短期大学への進学
  相愛大学18名〔音楽11・人文4・人間発達3〕
- ❖主要大学への合格実績
  大阪公立大1、滋賀県立大1、京都市立芸術大1、関western大7、近畿大6、龍谷大16、関西外国語大2、京都外国語大1、追手門学院大1、阪南大1、大阪大谷大2、花園大1、大手前大1、関西国際大2、京都女子大8、同志社女子大2、神戸女学院大4、武庫川女子大2、神戸女子大6、甲南女子大2、大阪樟蔭女子大5、大阪音楽大1、日本大1、獨協医科大1、神戸女子短大1、大阪音楽短大1、大阪芸術短大1

帝塚山学院 中学校

http://www.tezukayama.ac.jp/cyu_kou

■ 学校長／瀧山　恵　■副校長／筒井　規子・道中　博司　■教　頭／伊藤　統也・川見　竜也　■生徒数／女子 800 名

| 住　　所 | 〒558-0053　大阪市住吉区帝塚山中 3-10-51 | TEL | 06-6672-1151 |

| 交通機関 | 南海高野線『帝塚山駅』下車すぐ。
阪堺電気軌道上町線『帝塚山三丁目』下車徒歩 2 分。 |

| 特色 | 本校は、将来を見据えた学びを深める関学コースと、国公立大学や医歯薬系の大学を目指すヴェルジェ〈エトワール〉コースと、自分の夢や得意分野を見つめながら将来の目標を定めて着実に歩みを進めるヴェルジェ〈プルミエ〉コースがあります。いずれのコースでも、一人ひとりの個性を大切に、生徒の目標や進路の実現に向けた指導体制を整備し、実力を最大限に伸ばせる環境づくりに配慮しています。 |

2024 年度入試要項

試 験 日
①A 1 月 13 日　E 1 月 13 日 PM
①B 1 月 14 日　②1 月 14 日 PM

募集人員
①A 関学 ヴェルジェ(エトワール)ヴェルジェ(プルミエ)合わせて女子約 140 名
E　関学 ヴェルジェ(エトワール)ヴェルジェ(プルミエ)合わせて女子約 20 名
①B 関学 ヴェルジェ(エトワール)ヴェルジェ(プルミエ)合わせて女子約 20 名
②　関学 ヴェルジェ(エトワール)ヴェルジェ(プルミエ)合わせて女子 若干名

試験科目
①A①B 関学
　3教科R型 算・国〔各50分/各100点〕理〔30分/ 50点〕
　3教科S型 算・国〔各50分/各100点〕社〔30分/ 50点〕
　4教科型　算・国〔各50分/各100点〕理・社〔各30分/各50点〕
　*3教科R型/3教科型S型/4教科型いずれかを選択
①A①B ヴェルジェ(エトワール)(プリミエ)
　2教科型　算・国〔各50分/各100点〕
　3教科R型 算・国〔各50分/各100点〕理〔30分/ 50点〕
　3教科S型 算・国〔各50分/各100点〕社〔30分/ 50点〕
　4教科型　算・国〔各50分/各100点〕理・社〔各30分/各50点〕
　*2教科型/3教科R型/3教科S型/4教科型いずれかを選択
E②　　　　算・国〔各50分/各100点〕

合格発表日
①A 1 月 14 日〔掲示・web13:00〜〕
E　 1 月 14 日〔掲示・web19:30〜〕
①B 1 月 15 日〔掲示・web19:30〜〕
②　 1 月 16 日〔掲示・web13:30〜〕

受 験 料
20,000円
（1次A B2回、1次A B2次3回出願でも20,000円）
（E入試を含む3回出願、4回出願は40,000円）

出願期間
①A 11月17日〜 1 月12日〔web18:00〕
E　 11月17日〜 1 月13日〔web16:00〕
①B 11月17日〜 1 月13日〔web18:00〕
②　 11月17日〜 1 月14日〔web16:00〕

入学手続
①A　 1 月14日〔18:00〕
E①B②1 月17日〔16:30〕

学校行事開催日程一覧

◆プレテスト　10/7（土）

◆文化祭　9/10（日）〔非公開〕

◆体育祭　9/21（木）〔非公開〕

＊各イベント等につきましては、今後新型コロナウイルス感染状況により日程の変更及び中止の場合もございます。各学校ホームページ等でご確認下さい。

入試状況

			募集人員	志望者数	受験者数	合格者数	実質倍率	合格最低点(%)
2023	①A	関学	約 140	155	117	71	1.6	219(73%)
		ヴェルジェ(エトワール)		212	157	155	1.0	235.5(79%)
		ヴェルジェ(プルミエ)						112.5(38%)
	E	関学	約 20	181	178	19	9.4	157(79%)
		ヴェルジェ(エトワール)		316	308	292	1.1	124(62%)
		ヴェルジェ(プルミエ)						65(33%)
	①B	関学	約 20	193	168	49	3.4	262.4(87%)
		ヴェルジェ(エトワール)		318	276	254	1.1	208.5(70%)
		ヴェルジェ(プルミエ)						157.5(53%)
	②	関学	若干名	157	72	5	14.4	166(83%)
		ヴェルジェ(エトワール)		290	128	126	1.0	102(51%)
		ヴェルジェ(プルミエ)						59(30%)

2023 年度進学状況

❖併設高校へ卒業生 255 名中、236 名進学（93%）
❖高校卒業生数 220 名
❖併設大学・短期大学への進学
　帝塚山学院大学 9 名〔リベラルアーツ 8・人間科学 1〕
❖主要大学への合格実績 （ ）内は現役合格者数
　大阪大 1(1)、奈良女子大 2(2)、大阪教育大 2(2)、兵庫県立大 3(2)、京都市立芸術大 1(1)、関西大 12(12)、関西学院大 123(121)、同志社大 11(11)、立命館大 8(6)、京都産業大 3(3)、近畿大 16(11)、甲南大 1(1)、龍谷大 4(4)、大阪医薬大 1、大阪歯科大 2(2)、神戸薬科大 1、関西外国語大 1(1)、追手門学院大 3(3)、摂南大 1(1)、大和大 2(2)、京都精華大 7(7)、神戸学院大 6(6)、京都女子大 7(5)、同志社女子大 4(2)、神戸女学院大 6(6)、武庫川女子大 4(4)、神戸女子大 1(1)、大阪芸術大 11(11)、大阪音楽大 3(3)

梅 花 中学校

http://www.baika-jh.ed.jp

■ 学校長／菅本 大二　■ 教 頭／田部 雅昭　■ 生徒数／女子 308 名

| 住 所 | 〒560-0011　豊中市上野西1-5-30 | TEL | 06-6852-0001 |

交通機関　阪急宝塚線『豊中駅』より徒歩約13分。大阪モノレール『少路駅』よりスクールバス。
北大阪急行電鉄『千里中央駅』『桃山台駅』よりバス約20分。

特色
キリスト教精神に基づく女子教育を目指し、明治11年（1878年）、大阪で一番最初に創設された女学校。創設以来「英語の梅花」として、独自の英語教育を進めてきた梅花。近年、英語のカリキュラムを一新。「進学チャレンジコース」と「舞台芸術エレガンスコース」の2コース制でいずれのコースも基礎学力の定着、基礎技術を高めるために「考えて学ぶ力」を養う土台作りを強化し、一人ひとりの可能性を引き出す。「進学チャレンジコース」では英語の時間数も週7時間とし、専任のネイティブ教員による楽しく実践的な英語、「生きた英語」を学びながら、英語力と国際感覚を身につける。「舞台芸術エレガンスコース」では、進学チャレンジコースのカリキュラムをほぼそのままに、週に1時間、本校卒業生の元タカラジェンヌ指導のもと、体幹や体線の体作りと、バレエやダンス、演劇や声楽の基本技術を基礎から高める。

2024年度入試要項

試験日　A①E1月13日　A②1月13日PM
B　1月14日　C　1月17日

募集人員　全入試合わせて
進学チャレンジ　舞台芸術エレガンス
女子計60名

試験科目　A①A②BC算・国〔各50分/各100点〕・面接
E　　英（リスニング含む）
〔 50分/ 100点〕・面接

合格発表日　A①E1月13日〔郵送/手渡し16:15～〕
A②B1月14日〔郵送/手渡し16:00～〕
C　1月17日〔郵送/手渡し15:30～〕

受験料　20,000円
（複数日程出願の場合、2回目以降免除する。）

出願期間　A①E A②12月 4日～1月12日〔web〕
B　12月 4日～1月14日〔web〕
C　1月15日～1月17日〔web〕

入学手続　A①E A②B1月19日〔銀行振込〕
C　1月23日〔銀行振込〕

学校行事開催日程一覧

◆ **オープンキャンパス**　10/1（日）　10/21（土）
◆ **プレテスト**　10/7（土）　11/4（土）　12/3（日）
◆ **入試チャレンジ講座**　10/21（土）
◆ **文化祭**　9/16（土）〔受験希望者・保護者見学可・要当日申込〕
◆ **体育祭**　7/12（水）〔非公開〕

＊各イベント等につきましては、今後新型コロナウイルス感染状況により日程の変更及び中止の場合もございます。各学校ホームページ等でご確認下さい。

入 試 状 況

				募集人員	志望者数	受験者数	合格者数	実質倍率	合格最低点(%)
2023	A1	一般	進学チャレンジ	60	52	51	49	1.0	非公表
			舞台芸術エレガンス		24	24	24	1.0	
		E	進学チャレンジ		13	13	12	1.1	
			舞台芸術エレガンス		5	5	5	1.0	
	A2		進学チャレンジ		64	13	12	1.1	
			舞台芸術エレガンス		25	2	2	1.0	
	B		進学チャレンジ		58	10	10	1.0	
			舞台芸術エレガンス		24	0	0	—	—
	C		進学チャレンジ		6	6	6	1.0	非公表
			舞台芸術エレガンス		1	1	1	1.0	

2023年度進学状況

❖ 併設高校へ卒業生102名中、83名進学（81%）
❖ 高校卒業生数307名
❖ 併設大学・短期大学への進学
　梅花女子大学100名〔看護保健42・文化表現27・心理こども24・食文化7〕
❖ 主要大学への合格実績
　帯広畜産大1、兵庫県立大1、京都市立芸術大2、横浜市立大1、関西大10、関西学院大8、同志社大2、立命館大1、京都産業大3、近畿大5、甲南大4、龍谷大5、兵庫医科大1、大阪歯科大1、関西外国語大8、京都外国語大2、京都女子大6、同志社女子大8、神戸女学院大13、武庫川女子大7、神戸松蔭女子学院大9、神戸女子大3、甲南女子大11、大阪女学院大1、大阪樟蔭女子大1

プール学院 中学校

https://www.poole.ed.jp/

■ 学校長／安福 朗　■ 教 頭／澤村 厚司　■ 生徒数／女子246名

住　所	〒544-0033　大阪市生野区勝山北1-19-31	TEL	06-6741-7005

交通機関	ＪＲ環状線『桃谷駅』南口より徒歩5分。

特色
144年にわたってキリスト教精神に基づく伝統ある女子教育を展開。
「愛と奉仕」のスクールモットーのもと「他者の痛みを思いやることができる美しい人間性と、その痛みを解決することができる逞しい知力を合わせ持つ人間」を育てることを目指す。

2024年度入試要項

試験日	①A1月13日　①B1月13日PM　①C1月14日　② 1月15日
募集人員	①ABC②合わせて 一貫特進　　　　　　　　　　　　女子20名 キリスト教大学推薦（キリ教）女子30名 総合特進　　　　　　　　　　　　女子30名
試験科目	①A一貫特進算・国　〔各50分/各100点〕 　　理・社から1科目選択〔 30分/ 50点〕 ①Aキリ教総合特進①B一貫特進①C② 　　　算・国　〔各50分/各100点〕 ①Bキリ教総合特進 　　　英　〔 30分/ 100点〕 　　　算・国から1科目選択〔 50分/ 100点〕
合格発表日	①A専願1月13日〔web22:30～〕1月14日〔掲示〕 ①A併願1月13日〔web22:30～〕1月14日〔郵送/掲示〕 ①B 1月13日〔web22:30～〕1月14日〔郵送〕 ①C 1月14日〔web16:00～〕1月15日〔郵送〕 ② 1月15日〔web19:00～〕1月16日〔郵送〕
受験料	20,000円〔プレテスト受験者は15,000円〕
出願期間	①A12月15日～1月11日〔web〕1月13日〔 8:30〕 ①B12月15日～1月11日〔web〕1月13日〔12:00〕 ①C12月15日～1月13日〔web〕1月14日〔 8:30〕 ② 12月15日～1月14日〔web〕1月15日〔 8:30〕
入学手続	①A専願1月14日〔銀行振込/16:30〕 ①A併願1月17日〔銀行振込/16:30〕 ①B 1月16日〔銀行振込/16:30〕 ①C 1月17日〔銀行振込/16:30〕 ② 1月18日〔銀行振込/16:30〕

学校行事開催日程一覧

◆説明会　11/4(土)　2/24(土)
◆夕方学校説明会　10/6(金)
◆学校見学　随時受付〔要事前連絡〕
◆プレテスト　10/15(日)　11/11(土)
◆個別相談会　12/ 9(土)　12/13(水)　12/16(水)
　　　　　　　12/21(木)　12/23(土)
◆オープンスクール　3/23(土)
◆文化祭　9/16(土)
◆体育祭　6/14(水)〔非公開〕

＊各イベント等につきましては、今後新型コロナウイルス感染状況により日程の変更及び中止の場合もございます。各学校ホームページ等でご確認下さい。

入 試 状 況

				募集人員	志望者数	受験者数	合格者数	実質倍率	合格最低点(%)
2023	①A	一貫特進	専願	一貫特進20 キリ教30 総合特進30	13	13	11(1)	1.2	148(59%)
			併願		7	7	5(2)	1.4	158(63%)
		キリ教	専願		35	35	27(6)	1.3	123(62%)
			併願		9	9	7(2)	1.3	136(68%)
		総合特進	専願		27	27	25	1.1	85(43%)
			併願		4	4	3	1.3	117(59%)
	①B	一貫特進			33	33	22(7)	1.5	120(60%)
		キリ教			31	29	17(8)	1.7	126(63%)
		総合特進			12	12	9	1.3	96(48%)
	①C	一貫特進			16	14	7(6)	2.0	131(66%)
		キリ教			17	13	11(6)	1.2	120(60%)
		総合特進			6	5	3	1.7	88(44%)
	②	一貫特進			6	6	5(1)	1.2	140(70%)
		キリ教			7	6	3(2)	2.0	131(86%)
		総合特進			0	0	0	—	—

※（ ）内は廻し合格者数

2023年度進学状況

❖併設高校へ卒業生66名中、57名進学（86%）
❖高校卒業生数217名
❖主要大学への合格実績（ ）内は現役合格者数

神戸大1、筑波大1(1)、大阪教育大1(1)、和歌山大1(1)、室蘭工業大1(1)、信州大1(1)、大分大1、大阪公立大1(1)、防衛医科大1、神戸市看護大1(1)、関西大8(7)、関西学院大3(1)、同志社大7(6)、立命館大3(1)、京都産業大29(26)、近畿大29(26)、甲南大6(6)、龍谷大2、大阪医科薬科大1(1)、関西医科大1、兵庫医科大3(3)、京都薬科大1(1)、関西外国語大3(3)、京都外国語大5(5)、桃山学院大10(10)、桃山学院教育大2(2)、大阪工業大5(4)、追手門学院大4(4)、摂南大12(12)、四天王寺大5(5)、大阪経済大1(1)、大阪商業大1(1)、大阪経済法科大2(2)、帝塚山学院大2(2)、大阪大谷大9(9)、大和大4(4)、京都橘大2(2)、神戸学院大4(4)、大手前大3(3)、天理大2(2)、帝塚山大7(7)、畿央大1(1)、京都女子大8(8)、同志社女子大15(15)、京都ノートルダム女子大1(1)、神戸女学院大23(23)、武庫川女子大31(29)、神戸松蔭女子学院大1(1)、神戸女子大6(6)、甲南女子大14(14)、梅花女子大10(10)、大阪樟蔭女子大6(6)、大阪芸術大8(8)、大阪音楽大1(1)、京都芸術大1(1)、早稲田大1(1)、国際基督教大1(1)、東京理科大1、立教大8(8)、明治大3(1)、明治学院大2(2)、フェリス女学院大1(1)、朝日大1(1)、産業医科大1、関西外国語短大1(1)、大手前短大1(1)、武庫川女子短大13(13)、神戸女子短大7(7)

大阪府

兵庫県

京都府

奈良県

和歌山県

滋賀県

その他

アサンプション国際 中学校

http://www.assumption.ed.jp

■ 学校長／丹澤　直己　■ 副校長／岡本　弘之　■ 教　頭／平尾　三和子　■ 生徒数／男子 72 名　女子 64 名

| 住　所 | 〒 562-8543　箕面市如意谷 1-13-23 | TEL | 072-721-3080 |

交通機関　阪急箕面線『箕面駅』より徒歩 15 分。阪急千里線『北千里駅』・大阪モノレール『彩都西駅』よりスクールバス。北大阪急行電鉄『千里中央駅』より阪急バス『如意谷住宅前停留所』下車徒歩約 2 分、『第二中学校口停留所』下車徒歩約 2 分。北大阪急行『箕面萱野駅』より徒歩約 18 分。

特色　本校は、フランス・パリに本部をおく「聖母被昇天修道会」が運営するカトリックミッションスクールの日本校で、姉妹校は世界 30 カ国以上に広がっています。グローバル社会で活躍するための語学力と、主体的に学び、協働する力、創造する力を養う PBL（課題解決型授業）、そしてデジタル時代に発信する力、情報を収集する力を身につける ICT 教育の 3 つの教育プログラムで、これからの社会で活躍できる人を育てます。

2024 年度入試要項

試験日
A午前アピール1月13日
A午後　　　　1月13日PM
B　　　　　　1月14日

募集人員
全入試合わせて
イングリッシュコースアカデミックコース
男女計70名
（内部進学者・アピール入試含む）

試験科目
A午前B／アカデミック
　算国型算・国　〔各45分/各150点〕・面接
　英語型英語　　〔　45分/　100点〕
　　　英語インタビュー〔 10分/ 50点〕・面接
　＊算国型/英語型いずれかを選択
A午後／アカデミック
　算数型算　　　〔　45分/ 150点〕・面接
　英語型英語筆記〔　45分/ 100点〕
　　　英語インタビュー〔 10分/ 50点〕・面接
　＊算数型/英語型いずれかを選択
イングリッシュ（全入試共通）
　英語型英語筆記〔　45分/ 100点〕
　　　英語インタビュー〔 10分/ 50点〕・面接

合格発表日　1月14日〔web16:00〕

受験料　20,000円
（複数回同時出願の場合は、30,000円）

出願期間　12月18日〜1月10日〔web〕

入学手続　1月18日

学校行事開催日程一覧

◆説明会　10/21（土）
◆イブニング説明会　10/25（水）　11/21（火）
　　　　　　　　　　12/ 8（金）　12/21（木）
◆プレテスト　11/4（土）　11/11（土）
◆入試対策セミナー　12/2（土）
◆文化祭　10/28（土）
◆体育祭　10/19（木）〔非公開〕

＊ 各イベント等につきましては、今後新型コロナウイルス感染状況により日程の変更及び中止の場合もございます。各学校ホームページ等でご確認下さい。

入試状況

			募集人員	志願者数	受験者数	合格者数	実質倍率	合格最低点(%)
2023	A午前	イングリッシュ	70	8	8	8	1.0	非公表
		アカデミック		21	21	20	1.1	
	A午後	イングリッシュ		2	2	1	2.0	
		アカデミック		13	13	11	1.2	
	B	イングリッシュ		5	5	3	1.7	
		アカデミック		9	7	6	1.2	
2022	A午前	イングリッシュ	70	12	12	12	1.0	非公表
		アカデミック		24	23	23	1.0	
	A午後	アカデミック		3	3	3	1.0	
	B	イングリッシュ		3	2	1	2.0	
		アカデミック		11	10	9	1.1	
	C	アカデミック		1	1	0	—	

2023 年度進学状況

❖ 併設高校へ、男子 20 名中、17 名進学（85％）女子 28 名中、23 名進学（82％）
❖ 高校卒業生数 86 名
❖ 主要大学への合格実績（　）内は現役合格者数
　関西大 5（5）、関西学院大 13（13）、同志社大 2（2）、立命館大 9（3）、京都産業大 3（3）、近畿大 11（4）、甲南大 8（8）、龍谷大 3（1）、大阪医科薬科大 1（1）、関西外国語大 14（14）、京都外国語大 6（6）、桃山学院大 1、桃山学院教育大 1、大阪工業大 4（4）、追手門学院大 14（14）、摂南大 13（13）、大阪学院大 9（9）、阪南大 11（11）、大阪産業大 12（1）、佛教大 1（1）、京都精華大 1、成安造形大 1（1）、神戸学院大 2（2）、大手前大 2（2）、奈良大 1（1）、京都女子大 1（1）、同志社女子大 6（6）、神戸女学院大 1（1）、甲南女子大 4（4）、梅花女子大 2（2）、大阪芸術大 1（1）、大阪音楽大 1（1）、京都芸術大 2（2）、上智大 5（5）、国際基督教大 1（1）、中央大 1（1）、聖心女子大 1（1）

大阪府 兵庫県 京都府 奈良県 和歌山県 滋賀県 その他

上宮学園 中学校

http://www.uenomiya.ed.jp/

■ 学校長／水谷　善仁　■ 教　頭／國岡　博史　■ 生徒数／男子 224 名　女子 119 名

| 住　所 | 〒543-0037　大阪市天王寺区上之宮町 9-36 | TEL | 06-6771-5701 |

交通機関　近鉄線『大阪上本町駅』より徒歩 6 分。JR 環状線『桃谷駅』より徒歩 12 分。
大阪メトロ谷町線・千日前線『谷町九丁目駅』より徒歩 12 分。

特色　上宮学園中学校は仏教精神に基づく全人教育を行う中学校です。
校訓（正思明行）と学順（一に掃除、二に勤行、三に学問）をその根底に置き、日々共生と感謝の心を養い、自立（自律）を目指します。併設の上宮高等学校および上宮太子高等学校へ進学でき、中学 3 年の段階で学力と希望によって、両校計 6 つのコースに進みます。

2024 年度入試要項

試 験 日	①一般学力午前適性検査型自己アピール型 1月13日 ①一般学力午後　1月13日PM ②　1月14日
募集人員	①一般学力午前　特進男女 25名　G男女 60名 ①適性検査型　特進男女若干名　G男女若干名 ①自己アピール型　G男女若干名 ①一般学力午後　特進男女 5名　G男女 10名 ②　特進男女 5名　G男女若干名
試験科目	①学力午前② 　2科目受験算・国〔各50分/各100点〕 　3科目受験算・国〔各50分/各100点〕理〔30分/50点〕 　4科目受験算・国〔各50分/各100点〕理・社〔各30分/各 50点〕 　＊2科目受験/3科目受験/4科目受験いずれかを選択 ①適性検査型　適性検査型テスト（算・国）〔各50分/各100点〕 ①自己アピール型　作文〔30分〕・基礎学力テスト〔40分〕・面接 ①学力午後　算・国〔各50分/各100点〕
合格発表日	①一般学力午前午後自己アピール型 1月14日〔web10:00～〕 ①適性検査型②　1月15日〔web10:00～〕
受 験 料	適性検査型 10,000円 他　20,000円 （1次学力午前と学力午後を同時出願の場合は、30,000円） （1次学力午前と学力午後と2次を同時出願の場合は、40,000円）
出願期間	①一般学力午前午後適性検査型 　12月 4日～1月12日〔web16:00〕 ①自己アピール型 12月26日～1月12日〔web16:00〕 ②　12月 4日～1月13日〔web16:00〕
入学手続	①一般学力午前午後自己アピール型　1月15日〔web13:00〕 ①適性検査型　1月29日〔web13:00〕 ②　1月16日〔web13:00〕

学校行事開催日程一覧

◆ **説明会**　10/7（土）　11/3（祝）　11/23（祝）
◆ **プレテスト**　11/3（祝）　11/23（祝）
◆ **文化祭**　10/28（土）
◆ **体育祭**　11/13（月）〔保護者見学可〕

＊各イベント等につきましては、今後新型コロナウイルス感染状況により日程の変更及び中止の場合もございます。各学校ホームページ等でご確認下さい。

入 試 状 況

				募集人員	志望者数	受験者数	合格者数	実質倍率	合格最低点(%)
2023	①	一般学力A型	特進	25	56	54	46	1.2	131(44%)
			G	60	68	67	60(6)	1.1	110(37%)
		適性検査型	特進	若干名	26	26	17	1.5	111(56%)
			G	若干名	23	23	21(9)	1.1	91(46%)
		自己アピール型	G	若干名	2	2	1	2.0	—
		一般学力B型	特進	5	88	85	67	1.3	91(46%)
			G	10	69	66	48(8)	1.4	78(39%)
	②		特進	5	99	88	69	1.3	165(55%)
			G	若干名	57	53	40(10)	1.3	128(43%)
2022	①	一般学力A型	特進	25	46	43	35	1.2	143(48%)
			G	60	57	57	48(6)	1.2	120(40%)
		適性検査型	特進	若干名	8	8	6	1.3	110(55%)
			G	若干名	5	5	3(2)	1.7	90(45%)
		自己アピール型	G	若干名	0	0	0	—	—
		一般学力B型	特進	5	79	76	60	1.3	108(54%)
			G	10	53	52	40(12)	1.3	92(46%)
	②		特進	5	82	72	54	1.3	170(57%)
			G	若干名	50	49	38(13)	1.3	133(44%)

※（　）内は廻し合格者数

2023 年度進学状況

❖併設高校へ卒業生男子 76 名中、65 名（上宮高校 64 名・上宮太子高校 1 名）進学（86%）
　　　　　　　　女子 32 名中、27 名（上宮高校 27 名、上宮太子高校 0 名）進学（84%）
❖高校卒業生数 625 名
❖主要大学への合格実績（　）内は現役合格者数
神戸大 2(2)、大阪教育大 4(3)、京都工芸繊維大 1(1)、奈良教育大 1、和歌山大 4(4)、茨城大 1(1)、金沢大 1(1)、愛媛大 1(1)、徳島大 1(1)、高知大 1(1)、鳥取大 2(1)、長崎大 1(1)、鹿児島大 1(1)、大阪公立大 3(1)、神戸市外国語大 2(2)、奈良県立大 1(1)、奈良県立医科大 1(1)、関西大 66(62)、関西学院大 18(16)、同志社大 26(23)、立命館大 22(17)、京都産業大 21(18)、近畿大 107(99)、甲南大 13(13)、龍谷大 76(70)、大阪医薬科大 3(2)、兵庫医大 2(2)、京都薬科大 1(1)、神戸薬科大 2(2)、関西外国語大 21(21)、京都外国語大 6(6)、桃山学院大 30(29)、桃山学院教育大 1、大阪工業大 23(20)、追手門学院大 48(48)、摂南大 52(51)、四天王寺大 10(9)、大阪学院大 4(3)、大阪経済大 25(25)、大阪電気通信大 8(7)、阪南大 12(11)、大阪産業大 6(6)、大阪商業大 4(4)、大阪経済法科大 5(5)、帝塚山学院大 3(3)、大阪大谷大 2(1)、大和大 4(4)、佛教大 7(7)、神戸学院大 16(14)、大手前大 3(3)、帝塚山大 7(6)、畿央大 15(14)、京都女子大 11(11)、同志社女子大 13(13)、神戸女学院大 9(9)、武庫川女子大 23(23)、神戸女子大 4(4)、甲南女子大 10(10)、梅花女子大 1(1)、大阪樟蔭女子大 5(5)、大阪芸術大 7(7)、京都芸術大 3(3)、早稲田大 1(1)、慶應義塾大 1(1)、明治大 3(3)、法政大 1、日本大 2(2)、東海大 1(1)、岡山理科大 4(3)、立命館アジア太平洋大 3(3)、朝日大 1(1)、近畿短大 1(1)、龍谷短大 2(1)、武庫川女子大短大 1(1)、神戸女子短大 1(1)、常磐会短大 1(1)

大阪府
兵庫県
京都府
奈良県
和歌山県
滋賀県
その他

追手門学院 中学校

https://www.otemon-jh.ed.jp

■ 学校長／木内 淳詞 ■ 教 頭／辻本 義広・間下 亮志 ■ 生徒数／男子 117 名 女子 85 名

大阪府
兵庫県
京都府
奈良県
和歌山県
滋賀県
その他

| 住 所 | 〒 567-0013 茨木市太田東芝町 1-1 | TEL | 072-697-8185 |

交通機関 JR 京都線『JR 総持寺』より徒歩 10 分。阪急京都線『総持寺』より徒歩 20 分。近鉄バス『追手門学院中・高前』または『追大総持寺キャンパス前』停留所すぐ。

特色

2019 年 4 月、JR・阪急総持寺駅から徒歩圏内に移転しました。新校舎は、社会や時代の変化、新大学入試に対応した教育を展開する「いつでも、どこでも学べる」空間。

教育の特色は「3 つの学び（個別・協働・プロジェクト）とリフレクション学習」。そして週 2 時間の「探究プログラム」。英語 4 技能を意識した英語教育、iPad を活用した ICT 教育を実践しています。

追手門学院総持寺キャンパスで新たな学びを、体験してください。

2024 年度入試要項

試 験 日 A 1 月 13 日 B TW 1 月 13 日 PM
C 1 月 14 日 D 1 月 19 日

募集人員 全入試合わせて
特選 SS 男女約 25 名 特進 S 男女約 55 名

試験科目
特選 SS・特進 S 2 教科
算・国型 〔算国各 50 分/各 100 点〕
AC 特選 SS・特進 S 3 教科型
算・国・理型 〔算国各 50 分/各 100 点、理 30 分/50 点〕
算・国・英検型 〔算国各 50 分/各 100 点・英検型/50 点〕
算・国・英コミ型〔算国各 50 分/各 100 点、英コミュニケーション型/50 点〕
算・国・英併用型〔算国各 50 分/各 100 点、英検・英コミュニケーション型/50 点〕
＊算・国・理型/算・国・英検型/算・国・英コミ型/算・国・英併用型いずれかを選択
B 算・国型
算・国型 〔算国各 50 分/各 100 点〕
D 特選 SS・特進 S 3 教科
算・国・英検型 〔算国各 50 分/各 100 点・英検型/50 点〕
算・国・英コミ型〔算国各 50 分/各 100 点、英コミュニケーション型/50 点〕
算・国・英併用型〔算国各 50 分/各 100 点、英検・英コミュニケーション型/50 点〕
＊算・国・英検型/算・国・英コミ型/算・国・英併用型いずれかを選択
TW グループワーク・記述

合格発表日
A 1 月 13 日〔web19:00〜〕
TW 1 月 14 日〔web17:00〜〕
B 1 月 14 日〔web13:00〜〕
C 1 月 14 日〔web17:00〜〕
D 1 月 19 日〔web14:00〜〕

受 験 料 20,000 円

出願期間
A TW 12 月 11 日〜1 月 12 日〔web15:00〕
B 12 月 11 日〜1 月 13 日〔web15:00〕
C 12 月 11 日〜1 月 14 日〔web 8:30〕
D 12 月 11 日〜1 月 19 日〔web 8:30〕

入学手続
A 1 月 15 日〔web17:00〕
TW 1 月 16 日〔web17:00〕
B C 1 月 16 日〔web17:00〕
D 1 月 20 日〔web 8:00〕

学校行事開催日程一覧

◆説明会 10/14（土） 11/11（土）

◆プレテスト 10/14（土） 11/11（土）

◆プレテストアドバイス会 10/21（土） 11/18（土）

◆入試対策セミナー 12/9（土）

◆学校見学 随時受付

◆文化祭 7/11（火）〔公開〕

◆体育祭 〔非公開〕

＊各イベント等につきましては、今後新型コロナウイルス感染状況により日程の変更及び中止の場合もございます。各学校ホームページ等でご確認下さい。

入 試 状 況

			募集人員	志望者数	受験者数	合格者数	実質倍率	合格最低点(%)
2023	A	SS	SS 約 25 / S 約 55	36	36	19	1.9	170(68%)
		S		33	33	23(17)	1.4	125(50%)
	TW	S		24	24	22	1.1	—
	B	SS		37	37	16	2.3	170(68%)
		S		9	9	6(19)	1.5	125(50%)
	C	SS		44	38	19	2.0	187(75%)
		S		13	9	6(17)	1.5	130(52%)
	D	SS		10	6	2	3.0	195(78%)
		S		6	4	3(4)	1.3	135(54%)

※（ ）内は廻し合格者数

2023 年度進学状況

❖併設高校へ卒業生男子 37 名中、31 名進学（84%）女子 29 名中、23 名進学（79%）

❖高校卒業生数 280 名

❖併設大学・短期大学への進学
　追手門学院大学 20 名〔経営 4・社会 4・心理 3・文学 3・地域創造 2・経済 2・国際 2〕

❖主要大学への合格実績 （ ）内は現役合格者数
大阪大 1(1)、北海道大 1(1)、大阪教育大 1(1)、京都工芸繊維大 1(1)、滋賀大 1(1)、和歌山大 2(2)、東京学芸大 1(1)、岩手大 1(1)、静岡大 1(1)、愛媛大 3(3)、広島大 1(1)、鳥取大 1、長崎大 1(1)、鹿児島大 2(2)、琉球大 1(1)、大阪公立大 2(2)、京都府立大 1(1)、滋賀県立大 1(1)、福井県立大 1(1)、防衛大 22(22)、防衛医科大 2(2)、関西大 57(46)、関西学院大 30(25)、同志社大 15(14)、立命館大 30(25)、京都産業大 91(85)、近畿大 156(143)、甲南大 8(6)、龍谷大 80(60)、大阪医科薬科大 5(5)、関西医科大 1(1)、兵庫医科大 1(1)、京都薬科大 1(1)、関西外国語大 4(4)、京都外国語大 10(10)、佛教大 3(3)、京都女子大 9(9)、同志社女子大 8(8)、武庫川女子大 29(29)、慶應義塾大 2(1)、上智大 1、東京理科大 1、中央大 1(1)、明治大 1(1)

追手門学院大手前 中学校

https://www.otemon-js.ed.jp

■ 学校長／濵田 賢治　■ 教 頭／谷川 護二・佐竹 周　■ 生徒数／男子198名　女子120名

| 住　所 | 〒540-0008　大阪市中央区大手前1-3-20 | TEL | 06-6942-2235 |

交通機関　京阪本線・大阪メトロ谷町線『天満橋駅』より徒歩5分。JR東西線・片町線『大阪城北詰駅』より徒歩10分。市バス『京阪東口停留所』『大手前停留所』より徒歩3分。

特色　教科や年齢、言葉や文化の違いなど、さまざまな枠を「こえる」学びと、豊かなアイデアや発想、未来への志を「つくる」学びを通して、自ら問いを立て、こたえを導き出す力を養う。追手門大手前独自のグローバルサイエンス教育によって、日々変革を遂げる社会に対応できる次代のリーダー人材を育成します。

2024年度入試要項

試 験 日　A WIL 1月13日　B 1月13日PM
　　　　　　C 　1月14日　D 1月20日

募集人員　全入試合わせて
　　　　　　スーパー選抜男女約35名　特進男女約70名
　　　　　　（WIL入試特進男女約20名含む）
　　　　　　（内部進学者を含む）

試験科目　A WILスーパー選抜
　　　　　　　算国型　　　算・国　〔各45分/各100点〕面接
　　　　　　　算国理型　　算・国・理〔各45分/各100点〕面接
　　　　　　　算国英型　　算・国・英〔各45分/各100点〕面接
　　　　　　　＊算国型/算国理型/算国英型いずれかを選択
　　　　　　WIL特進　　　作文　　　〔45分〕面接
　　　　　　BC 算国型　　算・国　〔各45分/各100点〕面接
　　　　　　　算国理型　　算・国・理〔各45分/各100点〕面接
　　　　　　　算型・国型・理型 算or国or理〔45分/100点〕面接
　　　　　　　＊算国型/算国理型/算型・国型・理型いずれかを選択
　　　　　　D　算国型　　　算・国　〔各45分/各100点〕面接
　　　　　　　算国理型　　算・国・理〔各45分/各100点〕面接
　　　　　　　＊算国型/算国理型いずれかを選択

合格発表日　A WIL 1月13日〔web22:00～〕
　　　　　　　B　　　 1月14日〔web13:00～〕
　　　　　　　C　　　 1月14日〔web22:00～〕
　　　　　　　D　　　 1月20日〔web17:00～〕

受 験 料　20,000円

出願期間　A　　 12月 8日～1月12日〔web17:00〕
　　　　　　WIL 12月18日～1月12日〔web17:00〕
　　　　　　B　　 12月 8日～1月13日〔web15:30〕
　　　　　　C　　 12月 8日～1月14日〔web 8:30〕
　　　　　　D　　 12月 8日～1月20日〔web 8:30〕

入学手続　A B C WIL 1月15日〔web13:00〕
　　　　　　D　　　　　 1月22日〔web10:00〕

学校行事開催日程一覧

◆ **説明会**　10/9(祝)　11/3(祝)　12/9(土)
◆ **プレテスト**　10/9(祝)　11/3(祝)
◆ **プレテスト個別学習アドバイス会**
　10/21(土)　10/22(日)　11/18(土)　11/19(日)
◆ **入試直前得点力アップセミナー**　12/9(土)
◆ **Visit Otemae(個別対応学校見学会)**　随時受付
◆ **文化祭**　9/16(土)
◆ **体育祭**　10/4(水)〔保護者見学可〕

＊各イベント等につきましては、今後新型コロナウイルス感染状況により日程の変更及び中止の場合もございます。各学校ホームページ等でご確認下さい。

入試状況

			募集人員	志望者数	受験者数	合格者数	実質倍率	合格最低点(%)
2023	A	S選抜		50	49	23	2.1	75(75%)
		特進		56	54	42(26)	1.3	46(46%)
	WIL	特進						—
	B	S選抜	S選抜 35	65	61	28	2.2	70(70%)
		特進		47	46	25(29)	1.8	50(50%)
	C	S選抜	特進 70	45	40	13	3.1	70(70%)
		特進		32	27	12(24)	2.3	50(50%)
	D	S選抜		29	16	12	1.3	65(65%)
		特進		30	24	15(3)	1.6	49(49%)

※（　）内は廻し合格者数　※合格最低点(100点満点換算)

2023年度進学状況

❖ 併設高校へ卒業生男子66名中、49名進学（74%）女子45名中、38名進学（84%）
❖ 高校卒業生数 211名
❖ 併設大学・短期大学への進学
　追手門学院大学62名〔経営13・社会10・心理9・地域創造9・経済6・文学6・国際5・法学4〕
❖ 主要大学への合格実績　（　）内は現役合格者数
　大阪大2(1)、大阪教育大3(3)、岐阜大1(1)、愛媛大2(1)、大分大1(1)、宮崎大1、大阪公立大1(1)、奈良県立大1(1)、防衛大13(13)、関西大25(25)、関西学院大14(2)、同志社大4(4)、立命館大5(5)、京都産業大8(8)、近畿大58(54)、甲南大4(4)、龍谷大20(17)、関西外国語大18(18)、京都外国語大5(5)、桃山学院大7(7)、摂南大19(18)、大和大10(10)、神戸学院大2(2)、同志社女子大4(3)、甲南女子大5(5)、川崎医科大1

大阪府　兵庫県　京都府　奈良県　和歌山県　滋賀県　その他

大阪学芸高等学校附属 中学校

https://www.osakagakugei.ac.jp/junior/

■ 学校長／森松　浩毅　■ 副校長／髙田　義之　■ 教　頭／井上　孝典　■ 生徒数／男子 86 名　女子 108 名

| 住　所 | 〒 558-0003　大阪市住吉区長居 1-4-15 | TEL | 06-6693-6301 |

交通機関
JR 阪和線『長居駅』より徒歩約 7 分、『鶴ヶ丘駅』より徒歩約 7 分。
大阪メトロ御堂筋線『長居駅』より徒歩約 7 分、『西田辺駅』より徒歩約 10 分。

特色
「規律ある学校生活」のなかで、「落ち着いた学習環境」を保障し、自然学級 2 クラス約 80 名の生徒が同じカリキュラムで学びます。公立中学校の週 29 時間に対して週 35 時間という豊富な授業時間を確保。高校内容の先取りは行わず、中学 3 年間の学習内容について基礎の定着はもとより、応用・発展まで深め、さらに今後の大学入試で求められる思考力・判断力等を培う「21 世紀型教育」を行います。特に英語教育を重視し、各学年とも総合的な学習の時間も活用し、合計 8 時間を英語および、国際理解教育にあて、「読む」「書く」「聞く」「話す」の 4 技能をバランスよく伸ばします。そして、自分にふさわしい進路選択を主体的に考え、大阪学芸高校の各コースのリーダーになれるよう指導していきます。

2024 年度入試要項

試　験　日	1月1日13日・1月14日 2月2月11日
募集人員	1月2月合わせて男女約80名 （ただし、2月は若干名）
試験科目	算・国〔各45分/各100点〕・面接 （DD進学コース志願者は面接が英語インタビューテストに変更になります。）
合格発表日	1月1月15日〔web8:00〜〕 2月2月12日〔web8:00〜〕
受　験　料	20,000円
出願期間	1月11月20日〜1月11日〔web12:00〕 2月11月20日〜2月 9日〔web12:00〕
入学手続	1月1月15日〜1月20日〔web12:00〕 2月2月12日〜2月17日〔web12:00〕

学校行事開催日程一覧

◆説明会・個別相談会
　10/1（日）　11/3（祝）　11/26（日）　12/16（土）
◆プレテスト
　10/1（日）　11/3（祝）　11/26（日）　12/16（土）
◆プレテスト結果相談会　10/7（土）　10/14（土）
　11/11（土）　11/18（土）　12/2（土）　12/9（土）
　12/25（月）　12/26（火）
◆文化祭　9/9（土）〔保護者見学可〕
◆体育祭　未定〔保護者見学可〕

＊各イベント等につきましては、今後新型コロナウイルス感染状況により日程の変更及び中止の場合もございます。各学校ホームページ等でご確認下さい。

入 試 状 況

			募集人員	志望者数	受験者数	合格者数	実質倍率	合格最低点(%)
2023	1月	一般・特技	約80	81	79	69	1.1	非公表
		英語資格						
		帰国子女						
	2月	一般・特技						
		英語資格						
		帰国子女						
2022	1月	一般・特技	約80	72	72	66	1.1	非公表
		英語資格						
		帰国子女						
	2月	一般・特技						
		英語資格						
		帰国子女						
2021	1月	一般・特技	約80	88	87	74	1.2	非公表
		英語資格						
		帰国子女						
	2月	一般・特技						
		英語資格						
		帰国子女						

2023 年度進学状況

❖併設高校へ卒業生　男子 28 名　女子 40 名（進学者数 / 非公表）
❖高校卒業生数 614 名
❖主要大学への合格実績（　）内は現役合格者数
　神戸大 1(1)、奈良女子大 1(1)、大阪教育大 1(1)、和歌山大 6(5)、帯広畜産大 1(1)、新潟大 1(1)、福井大 1(1)、愛媛大 2(2)、徳島大 3(3)、鳥取大 2(2)、山口大 1(1)、大阪公立大 6(5)、神戸市外国語大 2(2)、奈良県立大 1(1)、下関市立大 1(1)、関西大 109(109)、関西学院大 32(32)、同志社大 12(11)、立命館大 21(20)、京都産業大 44(44)、近畿大 341(322)、甲南大 20(17)、龍谷大 90(90)、関西外国語大 35(35)、京都外国語大 14(14)、桃山学院大 102(101)、大阪工業大 55(51)、追手門学院大 117(116)、摂南大 183(181)、大阪経済大 31(30)、神戸学院大 35(32)、京都女子大 2(2)、同志社女子大 8(8)、神戸女学院大 14(14)、武庫川女子大 32(32)、早稲田大 1(1)、上智大 1(1)、中央大 11(11)、明治大 2(2)

大阪国際 中学校

http://www.kokusai-h.oiu.ed.jp/

■ 学校長／松下　寛伸　■ 教頭／杉井　紀夫　■ 生徒数／男子 84 名　女子 82 名

住　　所	〒 570-8787　大阪府守口市松下町 1-28	TEL	06-6992-5931

交通機関
京阪本線『守口市駅』より 800m、『土居駅』より 600m。大阪メトロ今里筋線『清水駅』より 1000m、大阪メトロ谷町線『太子橋今市駅』より 1200m。大阪シティバス 86 系統『滝井停留所』600m。

特色
高度な知性と豊かな人間性を養うため、体系的な 6 年一貫教育を展開します。将来の目標に応じて I 類・II 類に分かれた複線型の学びを導入。計画的かつ効率的なカリキュラム編成と、手厚くきめ細かな指導体制が特長です。大学・短期大学・専門学校進学に向けた学力の養成にとどまらず、実社会で活躍するための人間性や広い視野も育みます。I 類は、6 年一貫体制を活かした先取り学習により、国公立大学・難関私立大学・海外大学の入試に対応できる応用力・実践力を養成。高校では原則として「グローバルコース」に進学します。ただし、一定の条件を満たせば「国際バカロレアコース」または「スーパー文理探究コース」に進むことも可能です。II 類は、学力と個性をバランスよく伸ばし、幅広い選択肢の中から自分らしい進路を選択。高校では原則として「総合探究コース」へ進学し、文系を中心に幅広い進路を目指します。ただし、将来の目標が明確であれば、「幼児保育進学コース」を希望することも可能です。

2024 年度入試要項

試 験 日	①A 1月13日　　①B 1月13日 PM ②　　1月14日 PM
募集人員	全入試合わせて I 類男女60名　II 類男女30名
試験科目	①A　算・国　　　　　　〔各50分/各100点〕 　　　理または英から1科目選択〔 30分/　50点〕 ①B②算・国　　　　　　〔各50分/各100点〕
合格発表日	①A 1月13日〔web19:00〜〕 ①B 1月13日〔web22:00〜〕 ②　　1月14日〔web22:00〜〕
受 験 料	20,000円 （1次A入試で出願した場合は、1次B入試以降出願しても20,000円）
出願期間	①A 12月8日〜1月11日〔web13:00〕 ①B 12月8日〜1月13日〔web15:30〕 ②　　12月8日〜1月14日〔web14:30〕
入学手続	①A①B専願1月14日〔web〕 ①A①B併願1月15日〔web〕 ②　　　　1月17日〔web〕

学校行事開催日程一覧

◆**説明会**　10/7（土）　11/11（土）
◆**プレテスト**　10/7（土）　11/11（土）
◆**プレテスト手渡し会**　10/14（日）
◆**個別相談会**　11/25（土）　12/16（土）
◆**文化祭**　9/16（土）〜17（日）〔保護者見学可〕
◆**体育祭**　6/12（月）〔保護者見学可〕

＊各イベント等につきましては、今後新型コロナウイルス感染状況により日程の変更及び中止の場合もございます。各学校ホームページ等でご確認下さい。

入試状況

			募集人員	志望者数	受験者数	合格者数	実質倍率	合格最低点(%)
2023	1次A	I 類	I 類 60	97	93	64	1.5	138(55%)
		II 類		13	13	9(20)	1.4	110(44%)
	1次B	I 類	II 類 30	91	87	41	2.1	116(58%)
		II 類		9	8	4(30)	2.0	101(51%)
	2次	I 類		77	21	12	1.8	134(67%)
		II 類		10	6	3(6)	2.0	105(53%)
2022	1次A	I 類	I 類 60	99	91	67	1.4	131(52%)
		II 類		20	20	18(19)	1.1	90(36%)
	1次B	I 類	II 類 30	88	86	25	3.4	120(60%)
		II 類		10	10	2(23)	5.0	109(55%)
	2次	I 類		63	17	5	3.4	144(72%)
		II 類		8	3	1(5)	3.0	110(55%)

※（　　）内は廻し合格者数

2023 年度進学状況

❖**併設高校へ卒業生**
　2022 年度開校のため卒業生なし
❖**主要大学への合格実績**
　開校 2 年目で、卒業生はまだ出していません。

大阪府

兵庫県

京都府

奈良県

和歌山県

滋賀県

その他

大阪信愛学院 中学校

https://junior.osaka-shinai.ed.jp/

■ 学校長／南 登章生　■ 副校長／宮本 修三　■ 教頭／矢嶋 哲　■ 生徒数／男子24名 女子74名

住　所	〒536-8585　大阪市城東区古市2-7-30	TEL	06-6939-4391

交通機関　京阪本線『関目駅』より徒歩15分。大阪メトロ長堀鶴見緑地線『今福鶴見駅』より徒歩15分。
大阪メトロ谷町線『関目高殿駅』より徒歩18分。大阪メトロ今里筋線『新森古市駅』より徒歩5分。

特色　「キリストに信頼し　愛の実践に生きる」という建学の精神のもと、現代を生きるために必要な〈学ぶ力〉〈心〉〈姿勢〉を育成します。「生きる力」を育みながら、一人ひとりがそれぞれの可能性を最大限に伸ばして、新しい時代を創っていく人間を育成します。

2024年度入試要項

試験日　A1月13日　B1月17日

募集人員　AB合わせて
S文理男女約25名　学際男女約25名

試験科目
AⅠ型算・国　　　〔各50分/各100点〕・面接
　　Ⅱ型算・国　　　〔各50分/各100点〕・面接
　　英（筆記+リスニング）〔20分/ 50点〕
　　＊Ⅰ型/Ⅱ型いずれかを選択
　B　算・国　　　　〔各50分/各100点〕・面接

合格発表日　A1月14日〔郵送/web〕
B1月18日〔郵送/web〕

受験料　20,000円
（複数受験の場合、B日程は10,000円）

出願期間　A12月11日〜1月11日〔郵送必着・web〕
B12月11日〜1月16日〔郵送必着〕
　12月11日〜1月17日〔web〕

入学手続　A1月19日〔web〕
B1月24日〔web〕

学校行事開催日程一覧

◆説明会　10/30（日）　11/23（祝）
◆プレテスト・解説会　10/29（日）　11/26（日）
◆オープンスクール　10/1（日）　11/12（日）
◆個別相談会　12/16（土）　12/23（土）
◆文化祭　〔非公開〕
◆体育祭　〔非公開〕

＊各イベント等につきましては、今後新型コロナウイルス感染状況により日程の変更及び中止の場合もございます。各学校ホームページ等でご確認下さい。

入試状況

			募集人員	志望者数	受験者数	合格者数	実質倍率	合格最低点(%)
2023	A	S文理	S文理約30	15	15	11	1.4	Ⅰ型：128(64%) Ⅱ型：157(63%)
		学際		18	18	14(4)	1.3	Ⅰ型：76(38%) Ⅱ型：106(42%)
	B	S文理	学際約30	1	1	0	—	非公表
		学際		9	8	5	1.6	
	C	S文理		0	0	0	—	非公表
		学際		3	2	1	2.0	
2022	A	S文理	S文理約30	14	13	11	1.2	Ⅰ型：127(64%) Ⅱ型：167(67%)
		学際		14	14	13(2)	1.1	Ⅰ型：70(35%) Ⅱ型：136(54%)
	B	S文理	学際約30	5	2	1	2.0	非公表
		学際		3	1	1(1)	1.0	
	C	S文理		5	5	1	5.0	
		学際		5	3(4)		1.7	

※（　　）内は廻し合格者数

2023年度進学状況

❖併設高校へ卒業生女子16名中、14名進学（88%）
❖高校卒業生数117名
❖併設大学・短期大学への進学
　大阪信愛学院大学14名〔看護12・教育2〕
❖主要大学への合格実績（現役合格者数）
　大阪教育大1、奈良教育大1、愛知教育大1、愛媛大1、奈良県立大1、兵庫県立大1、関西大13、関西学院大5、同志社大3、近畿大7、甲南大2、兵庫医科大1、関西外国語大5、大阪工業大1、追手門学院大1、摂南大8、四天王寺大1、大阪学院大1、大阪経済大3、大阪電気通信大3、帝塚山学院大3、佛教大1、京都精華大1、京都先端科学大3、神戸学院大1、大手前大1、帝塚山大3、畿央大1、京都女子大3、同志社女子大7、京都ノートルダム女子大1、神戸女学院大6、武庫川女子大8、神戸松蔭女子学院大1、神戸女子大1、甲南女子大8、梅花女子大4、大阪樟蔭女子大5、大阪芸術大2、京都芸術大2、明治大1、朝日大1、関西外国語短大1

大阪青凌 中学校

http://www.osakaseiryo.jp

■ 学校長／向　忠彦　■ 教　頭／岡橋　昌俊　■ 生徒数／男子39名　女子31名

| 住　　所 | 〒618-8502　大阪府三島郡島本町若山台1-1-1 | TEL | 075-754-7754 |

交通機関
JR京都線『島本駅』より徒歩8分。
阪急京都線『水無瀬駅』より徒歩15分。

特色
小規模校の特性を活かし、教員が熱意をもって生徒の指導にあたっています。保護者と教員が協力し、生徒を学習・生活の両面からサポートします。基礎学力を定着させることは勿論、21世紀の国際社会に対応できる能力の育成を念頭において教育活動を展開します。1クラス編成ですが、5教科での習熟度別授業を実施しており、よりきめ細やかな指導を行います。中高一貫で継続した学習指導により、併設の大阪青凌高校へ進学すると、京大、阪大、神大をはじめとする難関国立大学や難関私立大学への進学をサポートします。生徒全員がiPadを持っており、授業・学校生活に活用しデジタルスキルを育成するとともに、クラブ、ボランティア、生徒会等の諸活動や海外研修を含めたさまざまな学校行事を通して豊かな人間性を育みます。

2024年度入試要項

試 験 日	①A1月13日　①B1月14日 ②A1月16日　②B1月19日
募集人員	①AB②AB男女計30名
試験科目	①A①B ベーシック型算・国　〔各50分/各100点〕・面接 算国理型　算・国・理〔各50分/各100点〕・面接 算国型　　算・国　〔各50分/各100点〕・面接 ＊ベーシック型/算国理型/算国型いずれかを選択 ②A②B ベーシック型算・国　〔各50分/各100点〕・面接 算国型　　算・国　〔各50分/各100点〕・面接 ＊ベーシック型/算国型いずれかを選択
合格発表日	①A1月13日〔郵送/web〕 ①B1月14日〔郵送/web〕 ②A1月16日〔郵送/web〕 ②B1月19日〔郵送/web〕
受 験 料	20,000円(2回目の出願より半額)
出願期間	①A12月11日～1月12日〔web〕 ①B12月11日～1月13日〔web〕 ②A12月11日～1月15日〔web〕 ②B12月11日～1月18日〔web〕
入学手続	①A①B1月15日〔銀行振込18:00〕 ②A　　1月17日〔銀行振込18:00〕 ②B　　1月20日〔銀行振込18:00〕

学校行事開催日程一覧

◆ **説明会**　10/1(日)　11/11(土)　12/3(日)

◆ **プレテスト**　10/1(日)　11/11(土)　12/3(日)

◆ **文化祭**　9/2(土)～9/3(日)

◆ **体育祭**　〔非公開〕

＊各イベント等につきましては、今後新型コロナウイルス感染状況により日程の変更及び中止の場合もございます。各学校ホームページ等でご確認下さい。

入 試 状 況

		募集人員	志望者数	受験者数	合格者数	実質倍率	合格最低点(%)
2023	①A	30	27	27	26	1.0	特　進:210(70%) 進　学:165(55%) ベーシック:120(60%)
	①B		30	12	11	1.1	特　進:210(70%) 進　学:165(55%) ベーシック:120(60%)
	②A		5	2	2	1.0	特　進:210(70%) 進　学:165(55%) ベーシック:120(60%)
	②B		3	3	3	1.0	特　進:210(70%) 進　学:165(55%) ベーシック:120(60%)
2022	①A	30	12	12	12	1.0	特　進:210(70%) 進　学:180(60%) ベーシック:120(60%)
	①B		15	7	7	1.0	特　進:210(70%) 進　学:180(60%) ベーシック:120(60%)
	②A		6	5	4	1.3	特　進:210(70%) 進　学:180(60%) ベーシック:120(60%)
	②B		2	2	1	2.0	特　進:210(70%) 進　学:180(60%) ベーシック:120(60%)

2023年度進学状況

❖ 併設高校へ卒業生男子16名中、15名進学（94%）女子15名中、13名進学（87%）
❖ 高校卒業生数335名
❖ 併設大学・短期大学への進学　大阪体育大学0名
❖ 主要大学への合格実績（　）内は現役合格者数
　大阪大1(1)、神戸大1(1)、大阪教育大1(1)、奈良教育大1(1)、滋賀大3(2)、和歌山大3(2)、富山大1(1)、静岡大1、三重大1(1)、愛媛大1(1)、高知大1(1)、鳥取大2(2)、山口大1、宮崎大1、大阪公立大2(2)、滋賀県立大5(5)、兵庫県立大2(2)、新潟県立大1(1)、福井県立大1(1)、岡山県立大2(2)、下関市立大1(1)、和歌山県立医科大1(1)、関西大59(57)、関西学院大21(20)、同志社大23(23)、立命館大42(39)、京都産業大103(98)、近畿大231(219)、甲南大8(8)、龍谷大137(128)、大阪医科薬科大4(4)、関西医科大1(1)、兵庫医科大5(5)、関西外国語大17(15)、京都外国語大2(2)、桃山学院大35(35)、大阪工業大16(16)、追手門学院大70(70)、摂南大228(224)、大阪経済大8(8)、大阪電気通信大22(22)、阪南大2(2)、大阪経済法科大47(47)、大和大48(48)、佛教大51(43)、京都橘大27(27)、神戸学院大15(15)、大手前大46(46)、京都女子大14(14)、同志社女子大12(12)、神戸女学院大4(4)、武庫川女子大23(23)、神戸松蔭女子学院大2(2)、甲南女子大14(14)、梅花女子大26(26)、上智大3、中央大1

大阪体育大学浪商 中学校

https://www.ouhs-school.jp/ouhsjhs/

■ 学校長／工藤 哲士　■ 教 頭／濱田 倫史　■ 生徒数／男子 84 名　女子 26 名

| 住　所 | 〒 590-0459　泉南郡熊取町朝代台 1-1 | TEL | 072-453-7001 |

交通機関　ＪＲ阪和線『熊取駅』よりバス約 15 分。ＪＲ和歌山線『粉河駅』よりバス約 36 分。
南海本線『泉佐野駅』よりバス約 30 分。

特色　「不断の努力により、智・徳・体を修め、社会に奉仕する」人材の育成を、建学の精神とし教育活動を行っています。少人数を活かした一人ひとりに寄り添った指導だけでなく、一人１台タブレット端末を利用し、「次世代型教材（エナジード）」を導入、「自分の考えを組み立て、表現する力」を身に着けることに取り組んでいます。様々な体験活動や取組みを通じて多角的な視点で物事をとらえ、主体性を養い社会で活躍できる人材を育成します。2 年次より自分の進路実現に向けて次のプログラムから選択します。
「グローバルプログラム」（英語に関する授業週 7 時間、英語力と国際感覚を身につける）
「スポーツプログラム」（体育に関する授業週 5 時間、高大と連携し実用的な実習授業）

2024 年度入試要項

試 験 日
A（一般）　　1月13日　　A（N）1月13日PM
B（一般）　　1月14日　　B（N）1月14日PM
C（一般）　　1月17日PM　C（N）1月20日
D（一般）（N）2月12日

募集人員
ＡＢＣＤ合わせて
グローバル・スポーツ男女35名

試験科目
一般算・国〔各50分/各100点〕　　作文〔 30分/ 50点〕・面接
AB/N
作文〔 30分/ 50点〕必須　面接
国語基礎・算数基礎・体力測定より1科目選択〔 30分/ 100点〕
CD/N
作文〔 30分/ 50点〕必須　面接
国語基礎・算数基礎より1科目選択〔 30分/ 100点〕

合格発表日
A　　　1月13日〔郵送〕
B　　　1月14日〔郵送〕
C（一般）1月17日〔郵送〕
C（N）　1月20日〔郵送〕
D　　　2月12日〔郵送〕

受 験 料
20,000円
（複数回受験希望者は2回目以降の検定料は半額）

出願期間
A（一般）12月4日〜1月13日〔web 8:10〕
A（N）　12月4日〜1月13日〔web14:10〕
B（一般）12月4日〜1月14日〔web 8:10〕
B（N）　12月4日〜1月14日〔web14:10〕
C（一般）12月4日〜1月17日〔web14:10〕
C（N）　12月4日〜1月20日〔web 8:10〕
D　　　12月4日〜2月12日〔web 8:10〕

入学手続
ＡＢ1月19日〔銀行振込15:00〕
C　1月25日〔銀行振込15:00〕
D　2月16日〔銀行振込15:00〕

学校行事開催日程一覧

◆説明会　11/18（土）　11/25（土）　12/9（土）〔和歌山〕
◆プレテスト　11/18（土）
◆オープンスクール　10/28（土）
◆アネックス相談会　10/28（土）　11/11（土）　11/25（土）
　12/16（土）〔和歌山〕12/23（土）
◆イブニング相談会　11/24（金）12/1（金）12/15（金）12/22（金）
◆入試直前対策講座　11/25（土）
◆個別相談会　11/25（土）12/2（土）12/10（土）12/16（土）
　12/17（土）12/23（土）〜26（日）
◆プチ入試説明会　12/16（土）　12/17（日）
◆文化祭　9/22（金）
◆体育祭　9/25（月）

＊各イベント等につきましては、今後新型コロナウイルス感染状況により日程の変更及び中止の場合もございます。各学校ホームページ等でご確認下さい。

入 試 状 況

		募集人員	志望者数	受験者数	合格者数	実質倍率	合格最低点(%)
2023	A	グローバル・スポーツ 35	20	20	20	1.0	非公表
	A（N）		8	8	7	1.1	
	B		3	3	3	1.0	
	B（N）		5	3	3	1.0	
	C		7	7	7	1.0	
	C（N）		1	1	1	1.0	
	D		4	4	4	1.0	
	D（N）		5	5	5	1.0	
2022	A	グローバル・スポーツ 35	16	16	16	1.0	非公表
	A（N）		18	18	17	1.1	
	B		2	2	2	1.0	
	B（N）		2	2	2	1.0	
	C		3	3	3	1.0	
	C（N）		0	0	0	—	—
	D		3	3	3	1.0	非公表
	D（N）		1	1	1	1.0	

2023 年度進学状況

❖併設高校へ卒業生男子 24 名中、20 名進学（83％）女子 12 名中、11 名進学（92％）
❖高校卒業生数 236 名
❖併設大学・短期大学への進学
大阪体育大学 55 名〔体育 47・教育 8〕
❖主要大学への合格実績（現役合格者数）
和歌山大 1、岡山大 1、琉球大 1、大阪公立大 1、防衛大 1、関西大 4、関西学院大 4、同志社大 4、立命館大 1、京都産業大 7、近畿大 20、甲南大 1、龍谷大 6、大阪医科薬科大 1、兵庫医科大 2、関西外国語大 16、桃山学院大 36、桃山学院教育大 3、大阪工業大 4、追手門学院大 11、摂南大 7、四天王寺大 7、大阪学院大 1、大阪経済大 10、大阪電気通信大 6、阪南大 5、大阪産業大 19、大阪商業大 5、大阪経済法科大 5、帝塚山学院大 3、佛教大 6、神戸学院大 13、天理大 1、帝塚山大 1、梅花女子大 1、大阪芸術大 2、京都芸術大 1、日本大 1、東海大 1、朝日大 1、近畿短大 1、関西外国語短大 1、常磐会短大 2、大阪芸術短大 1

大阪府／兵庫県／京都府／奈良県／和歌山県／滋賀県／その他

大阪桐蔭 中学校

https://www.osakatoin.ed.jp

■ 学校長／今田 悟　■ 教 頭／小西 宏・平井 了　■ 生徒数／男子 412 名　女子 352 名

| 住　所 | 〒574-0013　大東市中垣内 3-1-1 | TEL | 072-870-1001 |

交通機関
JR 学研都市線『野崎駅』より徒歩 13 分。JR 学研都市線『住道駅』よりスクールバス。
近鉄けいはんな線・大阪メトロ中央線『新石切駅』より近鉄バス『産大前』下車。

特色
建学の精神「偉大なる平凡人たれ」に加えて、教育目標に「鼎立成りて碩量を育む」を掲げ、中学校での 3 年間を人格形成の上で極めて重要な時期として、知・徳・体の調和のとれた人材育成を目指しています。さらに中・高の 6 か年一貫教育を行うことで、社会に対しての真の次代の担い手を育成しようとしています。主要教科を強化するため週 39 単位の授業、確認テストを行うことで、授業を進めるだけでなく、生徒の理解を確かめつつ確実に進めます。

2024 年度入試要項

試験日	前期　1月13日PM　後期　1月14日PM S特別1月15日PM　L特別1月16日PM
募集人員	前期後期S特別L特別合わせて 英数選抜男女90名　英数男女135名
試験科目	前期後期3教科型算・国〔各60分/各120点〕 　　　　　理〔40分/60点〕 　　　　4教科型算・国〔各60分/各120点〕 　　　　　理・社〔各40分/各60点〕 　　　　＊3教科型/4教科型いずれかを選択 S特別　算〔60分/120点〕理〔40分/60点〕 L特別　2教科型算・国〔各60分/各120点〕 　　　　2教科型算〔60分/120点〕 　　　　英（インタビューテスト）〔10分/60点〕 　　　　＊2教科型いずれか選択
合格発表日	前期　1月14日〔web17:00～/郵送〕 後期　1月15日〔web17:00～/郵送〕 S特別1月16日〔web17:00～/郵送〕 L特別1月17日〔web17:00～〕
受験料	20,000円
出願期間	前期後期12月　1日～1月　9日〔web21:00〕 S特別　12月　1日～1月14日〔web21:00〕 　　　　1月15日〔15:30〕 L特別　12月　1日～1月15日〔web21:00〕 　　　　1月16日〔14:30〕
入学手続	前期　1月14日～1月16日〔web19:00〕 後期　1月15日～1月17日〔web19:00〕 S特別1月16日～1月18日〔web19:00〕 L特別1月17日～1月19日〔web19:00〕

学校行事開催日程一覧

◆ 説明会・個別相談会　10/28(土)　12/2(土)

◆ プレテスト　12/2(土)

◆ 学校見学　随時受付

◆ 文化祭　〔非公開〕

◆ 体育祭　〔非公開〕

＊各イベント等につきましては、今後新型コロナウイルス感染状況により日程の変更及び中止の場合もございます。各学校ホームページ等でご確認下さい。

入試状況

				募集人員	志望者数	受験者数	合格者数	実質倍率	合格最低点(%)
2023	前期	英数選抜	専願		104	104	54	1.9	199(55%)
			併願		277	276	217	1.3	209(58%)
		英数	専願		11	11	6(34)	1.8	147(41%)
			併願		4	4	2(43)	2.0	160(44%)
	後期	英数選抜	専願	英数選抜 90	109	108	54	2.0	204(57%)
			併願		176	152	122	1.2	218(61%)
		英数	専願	英数 135	10	10	7(37)	1.4	160(44%)
			併願		2	2	1(28)	2.0	172(48%)
	S特別	英数選抜	専願		51	43	14	3.1	210(58%)
			併願		135	94	65	1.4	222(62%)
		英数	専願		2	1	1(17)	1.0	160(44%)
			併願		4	4	3(20)	1.3	182(51%)
	L特別	英数選抜	専願		48	38	12	3.2	201(56%)
			併願		108	80	52	1.5	211(59%)
		英数	専願		2	1	0(16)	―	165(46%)
			併願		5	4	2(22)	1.3	177(49%)

※（　　）内は廻し合格者数

2023 年度進学状況

❖併設高校へ卒業生男子 150 名中、144 名進学（96%）女子 111 名中、107 名進学（96%）
❖高校卒業生数 618 名
❖併設大学・短期大学への進学　大阪産業大学 7 名
❖主要大学への合格実績　（　）内は現役合格者数
東京大 2、京都大 25(22)、大阪大 19(10)、神戸大 21(16)、北海道大 2、筑波大 1(1)、東京工業大 1(1)、名古屋大 1(1)、九州大 1(1)、奈良女子大 5(5)、大阪教育大 4(4)、京都教育大 2(2)、京都工芸繊維大 4(4)、奈良教育大 4(4)、和歌山大 12(11)、横浜国立大 1(1)、秋田大 1(1)、茨城大 1(1)、千葉大 1(1)、山梨大 1(1)、新潟大 1、富山大 2(2)、信州大 1(1)、金沢大 3、福井大 3(2)、三重大 3(3)、香川大 1、徳島大 5(3)、高知大 1、広島大 2(2)、鳥取大 3(1)、島根大 4(2)、山口大 1(1)、佐賀大 1(1)、宮崎大 1(1)、鹿児島大 2(1)、琉球大 2(1)、大阪公立大 27(18)、京都府立大 1(1)、神戸市外国語大 2(2)、奈良県立大 1(1)、滋賀県立大 3(2)、兵庫県立大 15(15)、京都市立芸術大 1、釧路公立大 1(1)、県立広島大 1(1)、下関市立大 3(3)、福岡県立大 1(1)、京都府立医科大 1(1)、奈良県立医科大 3(2)、和歌山県立医科大 2(2)、九州歯科大 1(1)、防衛大 1、防衛医科大 2(1)、水産大 1(1)、神戸市看護大 1(1)、関西大 106(82)、関西学院大 65(52)、同志社大 116(78)、立命館大 114(85)、京都産業大 43(39)、近畿大 210(165)、甲南大 8(8)、龍谷大 82(63)、関西医科大 19(4)、兵庫医科大 3、京都薬科大 6(2)、神戸薬科大 4、摂南大 15、大阪医科大 7(7)、同志社女子大 14(14)、早稲田大 6(4)、慶應義塾大 7(3)、東京理科大 8(2)、立教大 1(1)、中央大 2(1)、学習院大 1、青山学院大 2(2)、明治大 3(1)、法政大 1、日本大 4、岩手医科大 1、埼玉医科大 1、金沢医科大 1、愛知医科大 1、産業医科大 1

開　明 中学校

https://www.kaimei.ed.jp/

■ 学校長／林　佳孝　■ 教　頭／竹森　順一　■ 生徒数／男子453名　女子393名

| 住　所 | 〒536-0006　大阪市城東区野江1-9-9 | TEL | 06-6932-4461 |

交通機関　JR・京阪本線『京橋駅』より徒歩約8分。大阪メトロ長堀鶴見緑地線『京橋駅』より徒歩12分。大阪メトロ谷町線『野江内代駅』より徒歩12分。大阪メトロ今里筋線『蒲生4丁目駅』より徒歩12分。JRおおさか東線『JR野江駅』より徒歩12分。

特色　中・高6か年一貫教育の効率的な教育課程の特徴を生かし、自らの思考によって納得するまで考える姿勢や、豊かな情操を身につける機会を十分に与えることで、真の人間を形成できることを中等教育としての理念としている。豊かな思考は基礎学力の充実を土台にするものとし、とりわけ基礎教科を重視するとともに、学校生活全般を通じて情操を養い、表現力をつけるように指導することを心掛けている。また一貫教育の成果として、国際感覚と社会的常識を併せ持つよう指導している。

大阪府
兵庫県
京都府
奈良県
和歌山県
滋賀県
その他

2024年度入試要項

試験日　①前期　1月13日　　①後期A1月14日
　　　　　①後期B1月14日PM　②　　1月16日

募集人員　①前期①後期AB②合わせて
　　　　　スーパー理数男女120名
　　　　　理数　　　　男女120名

試験科目　①前期①後期A②
　　　　　算・国　　　〔各60分/各100点〕
　　　　　理・社　　　〔各40分/各 50点〕
　　　　　①後期B算・国　〔各60分/各100点〕
　　　　　理・社から1科目選択〔 40分/ 50点〕

合格発表日　①前期①後期AB1月15日〔web11:30〜・掲示12:00〜〕
　　　　　②　　　　1月17日〔web11:30〜・掲示12:00〜〕

受験料　20,000円

出願期間　①前期①後期AB12月 2日〜1月10日〔web〕
　　　　　②　　　　12月 2日〜1月10日〔web〕
　　　　　　　　　1月15日〔web17:00〕
　　　　　　　　　1月15日〜1月16日〔8:20〕

入学手続　①専願1月15日　　　〔17:30〕
　　　　　①併願1月15日〜1月16日〔17:00〕
　　　　　②専願1月17日　　　〔17:30〕
　　　　　②併願1月17日〜1月18日〔17:00〕

学校行事開催日程一覧

◆入試説明会　10/21(土)　11/18(土)
◆授業見学会　10/28(土)
◆放課後見学会　11/22(水)
◆文化祭　9/10(日)
◆体育祭　10/15(日)

＊各イベント等につきましては、今後新型コロナウイルス感染状況により日程の変更及び中止の場合もございます。各学校ホームページ等でご確認下さい。

入 試 状 況

				募集人員	志望者数	受験者数	合格者数	実質倍率	合格最低点(%)
2023	①前期	専願	男子	S理数120　理数120	110	108	64	1.7	S理数: 240(80%)
			女子		111	106	54	2.0	理数: 205(68%)
		併願	男子		26	25	22	1.1	S理数: 240(80%)
			女子		25	24	12	2.0	理数: 220(73%)
	①後期A	専願	男子		118	118	71	1.7	S理数: 220(73%)
			女子		119	119	59	2.0	理数: 185(62%)
		併願	男子		197	187	109	1.7	S理数: 220(72%)
			女子		173	163	96	1.7	理数: 200(67%)
	①後期B	専願	男子		130	125	78	1.6	S理数: 230(77%)
			女子		111	110	57	1.9	理数: 195(65%)
		併願	男子		210	180	110	1.6	S理数: 230(77%)
			女子		194	174	97	1.8	理数: 210(70%)
	②	専願	男子		141	87	54	1.6	S理数: 225(75%)
			女子		128	83	51	1.6	理数: 190(63%)
		併願	男子		119	50	35	1.4	S理数: 225(75%)
			女子		126	52	38	1.4	理数: 205(68%)

2023年度進学状況

❖併設高校へ卒業生男子128名中、122名進学（95%）　女子93名中、89名進学（96%）
❖高校卒業生数276名
❖主要大学への合格実績（　）内は現役合格者数
東京大1、京都大16(8)、大阪大7(3)、神戸大23(18)、北海道大8(2)、筑波大1(1)、一橋大1(1)、九州大4(4)、お茶の水女子大1(1)、奈良女子大1(1)、大阪教育大3(3)、京都教育大2(2)、京都工芸繊維大9(7)、奈良教育大1(1)、滋賀大3(3)、和歌山大2(2)、東京海洋大1、電気通信大1、北海道教育大1、秋田大2(2)、新潟大1、富山大1(1)、静岡大3(3)、信州大3(3)、名古屋工業大3(3)、三重大2(2)、岡山大2(1)、香川大2(2)、徳島大3(1)、高知大1(1)、鳥取大1(1)、山口大1(1)、九州工業大1(1)、福岡教育大1(1)、長崎大1(1)、宮崎大1(1)、鹿児島大3(1)、琉球大1(1)、滋賀医科大1(1)、大阪公立大30(19)、京都府立大1(1)、奈良県立大3(3)、滋賀県立大1(1)、兵庫県立大16(11)、東京都立大1(1)、国際教養大1(1)、都留文科大1(1)、福井県立大2(1)、長野県立大1、下関市立大4(4)、北九州市立大1、京都府立医科大1(1)、奈良県立医科大2(2)、和歌山県立医科大1(1)、防衛大1(1)、防衛医科大2、関西大80(49)、関西学院大68(52)、同志社大63(33)、立命館大83(54)、京都産業大19(5)、近畿大149(107)、甲南大4(2)、龍谷大33(28)、大阪医科薬科大16(12)、関西医科大5(4)、兵庫医科大4(2)、大阪歯科大4(3)、京都薬科大5(2)、神戸薬科大4(1)、関西外国語大2(2)、桃山学院大1(1)、大阪工業大16(5)、追手門学院大31(31)、摂南大47(33)、四天王寺大6(6)、大阪経済大6(4)、大和大3(2)、大谷大1(2)、神戸学院大2(2)、畿央大10(7)、京都女子大4(4)、同志社女子大12(9)、京都ノートルダム女子大1(1)、京都光華女子大1(1)、神戸女学院大1(1)、武庫川女子大2(2)、神戸女子大2(2)、甲南女子大1(1)、早稲田大4(2)、慶應義塾大3、上智大1、東京理科大1(1)、立教大1(1)、中央大1(1)、岩手医科大1、埼玉医科大1、愛知医科大1、朝日大1

関西大倉 中学校

https://www.kankura.jp

■ 学校長／古川　英明　■ 教　頭／佐久間　崇好・中阪　益之　■ 生徒数／男子 256 名　女子 208 名

| 住　　所 | 〒 567-0052　茨木市室山 2-14-1 | TEL | 072-643-6321 |

交通機関　JR 京都線『茨木駅』・阪急京都線『茨木市駅』・阪急宝塚線『石橋阪大前駅』・阪急千里線『北千里駅』・北大阪急行『千里中央駅』・大阪高速鉄道（大阪モノレール）『千里中央駅』よりスクールバス。

特色　教育理念は「誠実でやさしさと活力あふれる」人物の育成。中高一貫の 6 か年教育を通してゆとりあるカリキュラムを作成しており、幅と深みのある教育内容で高い学力を定着させるとともに徳育を土台にした人間教育を徹底し、将来、社会のあらゆる分野で活躍しうる人材を育てる。六年一貫コース内に最難関国立大学への合格を目標とする「Ｓクラス」があり、ハイレベルな進学指導も充実している。

2024 年度入試要項

試 験 日	A①1月13日　　　A②1月13日PM
	B　1月14日PM　　C　1月16日
募集人員	A①②ＢＣ合わせて男女約140名
試験科目	A①　　2科型算・国〔各50分/各100点〕
	3科型算・国〔各50分/各100点〕
	理　〔 40分/　 50点〕
	4科型算・国〔各50分/各100点〕
	理・社〔各40分/各 50点〕
	＊2科型/3科型/4科型いずれかを選択
	A②ＢＣ　　算・国〔各50分/各100点〕
合格発表日	A①1月14日〔午前web〕
	A②1月14日〔午後web〕
	B　1月15日〔午後web〕
	C　1月17日〔午前web〕
受 験 料	A①A②B20,000円
	C　　　　　10,000円
出願期間	A①12月8日〜1月11日〔web15:00〕
	A②12月8日〜1月13日〔web14:00〕
	B　12月8日〜1月14日〔web14:00〕
	C　12月8日〜1月16日〔web 8:00〕
入学手続	A①②1月15日〔15:00〕
	B　　1月16日〔15:00〕
	C　　1月18日〔15:00〕

学校行事開催日程一覧

◆ **説明会**　10/7(土)
◆ **プレテスト**　11/5(日)
◆ **プレテスト解説会**　11/11(土)
◆ **文化祭**　9/30(土)〜10/1(日)
◆ **体育祭**　10/6(金)

＊各イベント等につきましては、今後新型コロナウイルス感染状況により日程の変更及び中止の場合もございます。各学校ホームページ等でご確認下さい。

入 試 状 況

			募集人員	志望者数	受験者数	合格者数	実質倍率	合格最低点(%)
2023	A1	男子	約140	52	51	48	1.1	211(53%)
		女子		41	41	37	1.1	
	A2	男子		107	101	91	1.1	111(56%)
		女子		77	75	65	1.2	
	B	男子		151	89	71	1.3	121(61%)
		女子		114	72	64	1.1	
	C	男子		61	29	19	1.5	141(71%)
		女子		62	33	25	1.3	
2022	A1	男子	約140	48	48	43	1.1	204(51%)
		女子		32	32	30	1.1	
	A2	男子		87	87	82	1.1	111(56%)
		女子		56	54	50	1.1	
	B	男子		134	77	72	1.1	114(57%)
		女子		102	67	62	1.1	
	C	男子		52	16	10	1.6	136(68%)
		女子		45	12	11	1.1	

2023 年度進学状況

❖併設高校へ卒業生男子 84 名中、78 名進学（93%）女子 68 名中、65 名進学（96%）
❖高校卒業生数 538 名
❖主要大学への合格実績（　）内は現役合格者数

京都大 5(5)、大阪大 14(10)、神戸大 14(10)、北海道大 4(2)、東北大 1(1)、九州大 2(1)、大阪教育大 17(16)、京都工芸繊維大 2(2)、奈良教育大 1(1)、滋賀大 15(13)、和歌山大 1(1)、横浜国立大 1、富山大 1(1)、静岡大 1、金沢大 3(2)、福井大 1(1)、名古屋工業大 1(1)、岡山大 3(2)、愛媛大 1(1)、高知大 7(6)、鳥取大 1(1)、島根大 1(1)、山口大 2、九州工業大 1(1)、長崎大 1(1)、大分大 1(1)、鹿児島大 2(2)、琉球大 2(2)、滋賀医科大 1(1)、大阪公立大 28(25)、京都府立大 8(8)、神戸市外国語大 4(3)、滋賀県立大 3(3)、兵庫県立大 14(13)、京都市立芸術大 1(1)、高崎経済大 1(1)、静岡県立大 1(1)、石川県立大 1(1)、岡山県立大 2(2)、広島市立大 1(1)、北九州市立大 1(1)、長崎県立大 1(1)、京都府立医科大 1(1)、札幌医科大 1(1)、九州歯科大 1(1)、防衛医科大 1(1)、水産大 1(1)、関西大 160(133)、関西学院大 134(109)、同志社大 72(53)、立命館大 254(192)、京都産業大 58(32)、近畿大 286(213)、甲南大 26(22)、龍谷大 135(103)、大阪医科薬科大 15(11)、関西医科大 1(1)、兵庫医科大 3(2)、京都薬科大 6(6)、神戸薬科大 4(4)、関西外国語大 26(25)、京都外国語大 7(7)、大阪工業大 22(16)、追手門学院大 20(18)、摂南大 35(24)、大阪学院大 5(5)、大阪経済大 8(7)、大阪電気通信大 11(3)、神戸学院大 23(23)、大和大 43(32)、佛教大 16(16)、京都精華大 5(5)、京都先端科学大 1、大阪商大 22(12)、成安造形大 1(1)、大阪経済法科大 1(1)、神戸学院大 1(1)、大手前大 2(1)、鐵仁女子 2、京都女子大 24(19)、同志社女子大 27(24)、神戸女学院大 1(1)、武庫川女子大 19(18)、神戸松蔭女子学院大 3(3)、甲南女子大 1(1)、梅花女子大 2(2)、大阪芸術大 3(3)、京都芸術大 1(1)、早稲田大 6(6)、東京理科大 2(2)、中央大 3、学習院大 1、青山学院大 1、明治大 10(7)、法政大 2、北里大 3(3)、明治学院大 1、日本大 1(1)、東海大 1、日本女子大 1(1)、愛知学院大 6、岩手医科大 2、獨協医科大 2、愛知医科大 2、朝日大 4、武庫川女子短大 2(2)

関西創価 中学校

https://kansai-junior.soka.ed.jp

■ 学校長／古賀　正広　■ 副校長／池田　勝利　■ 教　頭／黒田　広宣・上原　桂　■ 生徒数／男子 299 名　女子 320 名

住　所	〒 576-0063　交野市寺 3-20-1	TEL	072-891-0011

交通機関	JR 学研都市線『河内磐船駅』より徒歩 20 分。 京阪交野線『河内森駅』より徒歩 20 分。

特色

【教育方針】「健康な英才主義」「人間性豊かな実力主義」の教育方針のもと、創造性豊かな世界市民を育成する教育をおこなっています。
【カリキュラム・教育の特色】
推薦入学制度をもつ本校では、多くの生徒が SGH ネットワーク校として活動し、ユネスコスクールに加盟している関西創価高校に進学します。
一貫教育における中学校段階では、生徒一人ひとりの個性を伸ばし、将来、国際社会で活躍できる人材を育成するため、「語学」「読書」「探究」を『学びの三本柱』に据えています。また教科学習においては基礎学力の充実を図るとともに、創造力・思考力・表現力といった世界市民の土台となる力の育成にも重点を置いています。
中でも、言論の力と表現力を磨く社会科の「弁論大会」・国語科の「ビブリオバトル」・英語科の「英語暗唱大会」は、全校を挙げて開催する伝統の行事です。毎年、レベルの高い大会が繰り広げられており、全国大会に出場する生徒も数多く輩出しています。

2024 年度入試要項

試 験 日	1月13日
募集人員	男女約110名
試験科目	算・国　　　　　〔各45分／各100点〕 理または社から1科目選択〔 30分／ 50点〕 探究力ワークショップ 〔 40分〕
合格発表日	1月14日〔web17：00～〕
受 験 料	18,000円
出願期間	12月1日～1月10日〔web24：00〕
入学手続	1月14日～1月19日〔web〕

学校行事開催日程一覧

◆説明会　10/14(土)〔オンライン〕
◆教職員によるオンライン相談　10/18(水)
　　　　　　　　　　　　11/12(日)　12/8(金)
◆オンライン「学園生に聞いてみよう」　11/11(土)
◆オープンキャンパス　11/3(祝)　3/23(土)
◆体育祭　9/29(金)〔保護者見学可〕

＊各イベント等につきましては、今後新型コロナウイルス感染状況により日程の変更及び中止の場合もございます。各学校ホームページ等でご確認下さい。

入 試 状 況

		募集人員	志望者数	受験者数	合格者数	実質倍率	合格最低点(%)
2023	男子	約 110	86	86	50	1.7	
	女子		84	83	63	1.3	
2022	男子	約 110	91	91	54	1.7	非公表
	女子		81	81	56	1.4	
2021	男子	約 110	121	120	58	2.1	
	女子		101	100	58	1.7	

2023 年度進学状況

❖併設高校へ卒業生男子 103 名中、100 名進学（97%）女子 107 名中、101 名進学（94%）
❖高校卒業生数 343 名
❖併設大学・短期大学への進学
　創価大学 180 名
　創価女子短期大学 3 名
❖主要大学への合格実績（ ）内は現役合格者数
　神戸大 2(2)、北海道大 2(2)、奈良女子大 3(3)、和歌山大 1(1)、横浜国立大 1(1)、名古屋工業大 1(1)、徳島大 2(2)、鳥取大 2(1)、島根大 1(1)、長崎大 1(1)、大阪公立大 3(2)、京都市立芸術大 1(1)、国際教養大 1(1)、関西大 9(9)、関西学院大 18(18)、同志社大 14(14)、立命館大 5(5)、近畿大 8(8)、甲南大 3(3)、龍谷大 2(2)、大阪医科薬科大 1、関西外国語大 5(5)、桃山学院教育大 2(2)、摂南大 8(8)、大阪経済大 1(1)、大和大 6(6)、佛教大 2、京都精華大 1(1)、大手前大 4(4)、京都女子大 2(2)、同志社女子大 3(3)、武庫川女子大 7(7)、大阪樟蔭女子大 1(1)、大阪芸術大 5(5)、大阪音楽大 4(4)、京都芸術大 1(1)、早稲田大 5(5)、慶應義塾大 3(3)、東京理科大 1(1)、立教大 5(5)、青山学院大 1(1)、明治大 6(6)、法政大 1(1)、立命館アジア太平洋大 4(4)

大阪府

兵庫県

京都府

奈良県

和歌山県

滋賀県

その他

関西大学 中等部

https://www.kansai-u.ac.jp/junior/

■ 学校長／松村　湖生　■ 教　頭／萬田　行治　■ 生徒数／男子 154 名　女子 192 名

住　　所	〒 569-1098　高槻市白梅町 7-1

TEL	072-684-4326

交通機関	JR 京都線『高槻駅』より徒歩 7 分。 阪急京都線『高槻市駅』より徒歩 10 分。

特色	21 世紀の世界を切りひらく「考動力」豊かな人間を育てたいとの願いから、高槻の地に関西大学中等部が誕生しました。従来の設置学校別カリキュラムにおいて発生していた教科内容の重複や、急激に難易度が増すといった問題を解決すべく、6 年間の一貫教育ならではの計画的・継続的なカリキュラムを設定し、体系的に授業を行います。関西大学の教育理念に基づき、「確かな学力」「国際理解力」「感情豊かな心」「健やかな科体」の 4 つの力を育み、高い倫理観と品格を備えた「高い人間力」を育てることを目標としています。

2024 年度入試要項

試 験 日	前期1月13日　後期1月15日
募集人員	前期4教科・3教科型　男女約60名 　　　　英検加点型　　男女5〜10名 後期　　　　　　　　　男女5〜10名
試験科目	前期4教科・3教科型 　　算・国・理・社〔各45分／各100点〕 　　算・国・理　〔各45分／各100点〕 英検加点型 　　算・国　〔各45分／各100点〕 　　英検加点〔50点満点〕 　＊4教科・3教科型/英検加点型いずれか選択 後期2教科型 　　算・国　〔各45分／各100点〕
合格発表日	前期1月14日〔web12：00〜〕 後期1月16日〔web12：00〜〕
受 験 料	20,000円
出願期間	12月11日〜1月9日〔web15：00〕
入学手続	前期1月16日〜1月19日〔銀行振込〕 後期1月18日〜1月22日〔銀行振込〕

学校行事開催日程一覧

◆ **説明会**　10/7(土)
　　　　　11/18(土)〔オンライン配信併用〕
◆ **文化祭**　11/11(土)〔受験希望者・保護者見学可〕
◆ **体育祭**　5/2(火)〔非公開〕

＊各イベント等につきましては、今後新型コロナウイルス感染状況により日程の変更及び中止の場合もございます。各学校ホームページ等でご確認下さい。

入試状況

			募集人員	志望者数	受験者数	合格者数	実質倍率	合格最低点(%)
2023	前期	4教科・ 3教科型	男子	約60	87	77	34	2.3	268(67%)
			女子		73	69	26	2.7	
		英語 加点型	男子	5〜10	2	2	2	1.0	95(63%)
			女子		6	6	3	2.0	
	後期		男子	5〜10	196	131	23	5.7	145(73%)
			女子		207	141	34	4.1	
	追試験		男子			2	2	1.0	—
2022	前期		男子	約60	59	55	34	1.6	240(60%)
			女子		66	57	34	1.7	
	後期		男子	約10	117	71	31	2.3	273(68%)
			女子		128	73	27	2.7	
2021	前期		男子	約60	56	45	30	1.5	232(58%)
			女子		49	42	32	1.3	
	後期		男子	約10	117	80	30	2.7	281(70%)
			女子		108	68	34	2.0	

2023 年度進学状況

❖併設高校へ卒業生 9 割前後進学
❖高校卒業生数 138 名
❖併設大学・短期大学への進学
　関西大学 101 名〔法学 9・文学 13・経済 14・商学 13・社会 18・政策創造 9・外国語 4・人間健康 1・総合情報 8・社会安全 3・システム理工 4・環境都市工 2・化学生命工学 3〕
❖主要大学への合格実績（　）内は現役合格者数
　京都大 1(1)、大阪大 3(2)、神戸大 3(3)、九州大 1(1)、奈良女子大 1(1)、鳥取大 1(1)、大阪公立大 3(3)、防衛大 1(1)、関西学院大 1(1)、同志社大 4(4)、立命館大 5(4)、大阪医薬科大 6(5)、関西医科大 2(1)、兵庫医科大 1(1)、京都薬科大 4(3)、神戸薬科大 2(1)、摂南大 2(2)、神戸学院大 3(3)、立教大 1(1)

大阪府
兵庫県
京都府
奈良県
和歌山県
滋賀県
その他

関西大学第一 中学校

http://www.kansai-u.ac.jp/dai-ichi/junior/

■ 学校長／狩場 治秀　■ 教 頭／今中 俊久　■ 生徒数／男子 362 名　女子 323 名

住　所	〒 564-0073　吹田市山手町 3-3-24

TEL	06-6337-7750

交通機関	阪急千里線『関大前駅』より徒歩 3 分。

大阪府
兵庫県
京都府
奈良県
和歌山県
滋賀県
その他

特色	「正義を重んじ、誠実をつらぬく教育」を基本方針とし、生徒の中にある大いなる可能性を尊重し、その能力をより正しく、より大きく引きだすことを全教職員のモットーとしています。また、毎日を規律ある生活習慣の上に置き、毎時の授業に積極的態度で臨むことのできる姿勢・学習のリズムを体得させ、基礎学力の修得を重視しています。併設の高校では、高 2 より文系・理系に分かれ、進路に合わせた指導を行います。毎年、関西大学へ 9 割以上が進学しています。

2024 年度入試要項

試 験 日	1月13日
募集人員	男女約240名
試験科目	2科型算・国　〔各50分/各100点〕　面接 4科型算・国・理・社〔各50分/各100点〕　面接 ＊2科型/4科型いずれかを選択
合格発表日	1月15日〔web10:00～/郵送〕
受 験 料	20,000円
出願期間	12月11日～1月6日〔web15:00〕
入学手続	1月15日～1月19日〔銀行振込13:00〕

学校行事開催日程一覧

◆校内見学会　11/18(土)
◆文化祭　なし
◆体育祭　〔非公開〕

＊各イベント等につきましては、今後新型コロナウイルス感染状況により日程の変更及び中止の場合もございます。各学校ホームページ等でご確認下さい。

入 試 状 況

			募集人員	志望者数	受験者数	合格者数	実質倍率	合格最低点(%)
2023	男子	2教科型	約240	106	102	49	2.1	283(71%)
		4教科型		178	170	100	1.7	
	女子	2教科型		115	108	46	2.3	
		4教科型		117	113	61	1.9	
2022	男子	2教科型	約240	84	80	43	1.9	287(72%)
		4教科型		159	153	96	1.6	
	女子	2教科型		91	91	43	2.1	
		4教科型		131	126	70	1.8	
2021	男子	2教科型	約240	93	88	32	2.8	269(67%)
		4教科型		165	157	95	1.7	
	女子	2教科型		95	89	36	2.5	
		4教科型		140	135	87	1.6	

2023 年度進学状況

❖併設高校へ卒業生男子 124 名中、118 名進学（95%）　女子 105 名中、103 名進学（98%）
❖高校卒業生数 386 名
❖併設大学・短期大学への進学
　関西大学 359 名〔文学 54・商学 53・社会 52・経済 50・法学 47・総合情報 30・システム理工 16・環境都市工 15・政策創造 14・化学生命工 12・外国語 8・人間健康 6・社会安全 2〕
❖**主要大学への合格実績**（ ）内は現役合格者数
　大阪大 4(4)、神戸大 5(4)、大阪教育大 1(1)、滋賀大 1(1)、和歌山大 1、東京海洋大 1(1)、大阪公立大 2(2)、兵庫県立大 1(1)、関西学院大 2、同志社大 6(4)、立命館大 13(12)、近畿大 11(8)、大阪医科薬科大 4(4)、神戸薬科大 2(2)、桃山学院大 1(1)、大阪学院大 1、大阪電気通信大 1(1)、大阪商業大 1、神戸学院大 1(1)、流通科学大 2、武庫川女子大 1(1)、慶應義塾大 7(3)、上智大 2(1)、立教大 2、中央大 1(1)、青山学院大 4(1)、明治大 3(1)

関西大学北陽 中学校

http://www.kansai-u.ac.jp/hokuyo/junior/

■ 学校長／田中 敦夫 ■ 教 頭／川﨑 安章 ■ 生徒数／男子 209 名 女子 156 名

| 住 所 | 〒533-0006 大阪市東淀川区上新庄 1-3-26 | TEL | 06-6328-5964 |

| 交通機関 | 阪急京都線『上新庄駅』より徒歩 8 分。阪急千里線『下新庄駅』より徒歩 13 分。JR おおさか東線『JR 淡路駅』より徒歩 15 分。 |

| 特色 | 「知徳体の調和のとれた人間の育成」という建学の精神に従い、学習面、クラブ面、生活面などあらゆる場面で中心的な役割を担って活躍する生徒を育てます。学習面では、国公立大学進学を目指すとともに、関西大学進学者にも同等の学力を身につけさせます。(国公立大学へ進学を希望する場合は、一定の成績基準を満たせば、内部推薦を確保して国公立大学を受験することができます。) |

2024 年度入試要項

試 験 日
① 1月13日
②A1月13日PM ②B1月14日PM

募集人員　①②AB合わせて男女105名

試験科目
①2科型算・国〔各50分/各100点〕
3科型算・国〔各50分/各100点〕
　　　理〔40分/50点〕
4科型算・国〔各50分/各100点〕
　　　理・社〔各40分/各50点〕

*2科型/3科型/4科型いずれかを選択

②AB　算・国〔各50分/各100点〕

合格発表日
① 1月14日〔掲示・web10:00〜〕
②A1月15日〔掲示・web10:00〜〕
②B1月17日〔掲示・web10:00〜〕

受 験 料　20,000円

出願期間　12月11日〜1月9日〔web15:00〕

入学手続
①②A1月16日〔銀行振込13:00〕
②B 1月19日〔銀行振込13:00〕

学校行事開催日程一覧

◆説明会　10/21(土)　11/11(土)
◆ミニ説明会　10/22(日)
◆クラブ体験　10/21(土)
◆プレテスト　11/11(土)
◆個別相談会　10/7(土)　11/25(土)
◆文化祭　9/30(土)
◆体育祭　11/15(水)

＊各イベント等につきましては、今後新型コロナウイルス感染状況により日程の変更及び中止の場合もございます。各学校ホームページ等でご確認下さい。

入試状況

			募集人員	志望者数	受験者数	合格者数	実質倍率	合格最低点(%)
2023	①	男女	105	144	137	57	2.4	167(56%)
	②A	男女		579	565	269	2.1	106(53%)
	②B	男女		369	311	99	3.1	117(59%)
2022	①	男女	105	126	119	54	2.2	155(52%)
	②A	男女		537	517	290	1.8	100(50%)
	②B	男女		353	288	143	2.0	136(68%)
2021	①	男女	105	92	90	50	1.8	160(53%)
	②A	男女		522	510	317	1.6	127(64%)
	②B	男女		317	269	147	1.8	117(59%)

2023 年度進学状況

❖併設高校へ卒業生男女 109 名中、95 名進学 (87%)
❖高校卒業生数 372 名
❖併設大学・短期大学への進学
　関西大学 266 名〔経済 35・商学 32・社会 30・法学 30・文学 28・総合情報 26・政策創造 21・社会安全 17・人間健康 16・システム理工 13・化学生命 9・環境都市工 6・外国語 3〕
❖主要大学への合格実績
　神戸大 1、東京工業大 1、大阪教育大 1、京都工芸繊維大 1、大阪公立大 1、奈良県立大 1、兵庫県立大 2、九州歯科大 1、神戸市看護大 1、関西学院大 1、同志社大 3、立命館大 4、京都産業大 1、近畿大 8、龍谷大 2、大阪医科薬科大 2、神戸薬科大 1、関西外国語大 1、桃山学院大 8、大阪工業大 3、追手門学院大 26、摂南大 14、大阪経済大 6、大和大 3、神戸学院大 11、同志社女子大 1、中央大 1、法政大 1

関西学院千里国際 中等部

https://sis.kwansei.ac.jp/

■ 学校長／萩原　伸郎　■ 教　頭／山田　優介・難波　フランセス　■ 生徒数／男子 94 名　女子 115 名

| 住　所 | 〒 562-0032　箕面市小野原西 4-4-16 | TEL | 072-727-5070 |

| 交通機関 | 阪急千里線『北千里駅』より徒歩 20 分、阪急バス 12 分。
北大阪急行・モノレール『千里中央駅』より阪急バス 20 分。 |

| 特色 | 「知識と思いやりを持ち、創造力を駆使して世界に貢献する個人」を育てるというスクールミッションのもと、多様な価値観を尊重できる世界市民の育成を行っています。併設のインター校との合同授業や諸活動などを通しての日常的な日・英のバイリンガル環境も特色であり、言語力を含めた「コミュニケーション力」を大切にしています。英語は 5 レベルの習熟度別クラスなので、どの生徒にとっても最適な内容です。しっかり基礎学力をつける学習の他、自立を促す獲得型・参加型の授業も多く行っています。各学年とも 24（〜 26）人を最大定員とした少人数教育を行っています。 |

2024 年度入試要項

試 験 日	帰国生 1 月 7 日 一般生 1 月 14 日
募集人員	帰国生定員枠をもうけず 一般生男女 40 名
試験科目	帰国生書類審査・作文（日本語または英語）〔60 分〕 　　　　面接 一般生算・国　　　　〔各 50 分/各 100 点〕 　　　　面接
合格発表日	帰国生 1 月 9 日〔web11:00〜〕 一般生 1 月 15 日〔郵送/web10:00〜〕
受 験 料	28,000 円
出願期間	帰国生 11 月 29 日〜12 月 1 日〔郵送必着/web・窓口 16:00〕 一般生 12 月 11 日〜 1 月 6 日〔郵送必着〕 　　　　12 月 11 日〜12 月 13 日〔16:00〕 　　　　1 月 6 日〔16:00〕
入学手続	帰国生 1 月 16 日〔銀行振込 15:00〕 一般生 1 月 18 日〔銀行振込 15:00〕

学校行事開催日程一覧

◆オンライン説明会　10/14（土）　11/4（土）

◆学校見学会　10/21（土）　11/11（土）
　　　　　　　12/16（土）

◆ワークショップ　10/21（土）　10/28（土）

◆文化祭　〔非公開〕

◆体育祭　〔非公開〕

＊各イベント等につきましては、今後新型コロナウイルス感染状況により日程の変更及び中止の場合もございます。各学校ホームページ等でご確認下さい。

入 試 状 況

		募集人員	志望者数	受験者数	合格者数	実質倍率	合格最低点(%)
2023	帰国生	定員なし	16	15	14	1.1	非公表
	一般生	40	106	104	62	1.7	
2022	帰国生	定員なし	29	28	18	1.6	非公表
	一般生	40	123	122	50	2.4	
2021	帰国生	定員なし	18	16	13	1.2	非公表
	一般生	40	122	118	64	1.8	

2023 年度進学状況

❖併設高校へ卒業生男子 38 名中、35 名進学（92%）　女子 49 名中、47 名進学（96%）
❖高校卒業生数 100 名
❖併設大学・短期大学への進学
　関西学院大学 51 名〔国際 15・社会 6・法 5・商学 4・文学 4・人間福祉 4・総合政策 3・工学 3・建築 2・経済 2・教育 2・理学 1〕
❖主要大学への合格実績　（　）内は現役合格者数
　大阪大 2(2)、東北大 1(1)、名古屋大 1(1)、神戸市外国語大 2(2)、関西大 2(2)、同志社大 3(3)、立命館大 6(6)、近畿大 4(4)、甲南大 3(3)、関西医科大 1(1)、大阪歯科大 2(2)、神戸薬科大 1(1)、京都外国語大 1(1)、追手門学院大 1(1)、摂南大 1(1)、大阪電気通信大 1(1)、早稲田大 4(4)、上智大 2(2)、国際基督教大 2(2)、東京理科大 1(1)、中央大 1(1)、青山学院大 1(1)、愛知学院大 1(1)、岡山理科大 1(1)、立命館アジア太平洋大 1(1)、朝日大 1(1)

大阪府　兵庫県　京都府　奈良県　和歌山県　滋賀県　その他

近畿大学附属 中学校

http://www.jsh.kindai.ac.jp/jhs/

■校　長／丸本　周生　■副校長／田中　聖二　■教　頭／三木　丈太郎・西原　稔人・志船　八郎　■生徒数／男子478名　女子387名

住　　所	〒578-0944　東大阪市若江西新町5-3-1	TEL	06-6722-1261

交通機関	近鉄奈良線『八戸ノ里駅』より徒歩約20分。 近鉄大阪線『長瀬駅』より徒歩約20分。

特色	西日本最大級の総合大学である近畿大学の附属校としての一面と、国公立大学をはじめとする難関大学へ多くの合格者を輩出する進学校としての一面を併せ持つ「ハイブリッド型附属校」という特色をもっています。中学校1年生から医学部・薬学部や農学部・理工学部などと連携した体験実習を実施し、将来への目標をみつけるための取り組みを実施しています。また、2014年にICT教育をスタートさせ、主体的な学びを展開しています。21世紀型思考力を育成するための「総合的な学習の時間」を充実させ、「生きる力」を育てる多くのプログラムが用意されています。

2024年度入試要項

試 験 日	前期・21世紀入試1月13日 後期　　　　　　1月15日
募集人員	前期医薬　　　　　男女約 25名 　英数アドバンスト男女約 55名 　英数プログレス　男女約100名 　（21世紀入試のプログレス男女20名含む） 後期医薬　　　　　男女約 15名 　英数アドバンスト男女約 25名 　英数プログレス　男女約 20名
試験科目	医薬　　　　算・国　〔各60分/各120点〕 　　　　　　理　　〔 40分/　80点〕 英数アドバンスト・英数プログレス 　　　　　　算・国　〔各60分/各120点〕 　　　　　　理・社　〔各40分/各 80点〕 21世紀入試　課題作文　　　　〔30分〕 　　　　算数基礎学力診断テスト〔30分〕・面接
合格発表日	前期・21世紀入試1月14日〔web14:00～〕 後期　　　　　　1月16日〔web14:00～〕
受 験 料	20,000円
出願期間	前期・21世紀入試12月11日～1月11日〔web12:00〕 後期　　　　12月11日～1月14日〔web15:00〕
入学手続	前期・21世紀入試1月15日〔16:00〕 後期　　　　　　1月17日〔16:00〕

学校行事開催日程一覧

◆**説明会**　10/14（土）　11/25（土）

◆**プレテスト**　10/14（土）

◆**プレテスト解説会**　11/11（土）

◆**学校見学会・授業公開**　10/21（土）　11/18（土）
　　　　　　　　　　　12/ 9（土）

◆**文化祭**　なし

◆**体育祭**　〔非公開〕

＊各イベント等につきましては、今後新型コロナウイルス感染状況により日程の変更及び中止の場合もございます。各学校ホームページ等でご確認下さい。

入 試 状 況

				募集人員	志望者数	受験者数	合格者数	実質倍率	合格最低点(%)
2023	前期	医薬	男子	約25	34	33	13	2.5	225(70%)
			女子		41	41	17	2.4	
		英数 アドバンスト	男子	約55	67	65	45(11)	1.4	192(60%)
			女子		52	49	26(12)	1.9	
		英数 プログレス	男子	約100	58	57	29(16)	2.0	165(33%)
			女子		35	35	27(24)	1.3	
		21世紀 入試	男子		11	11	11	1.0	－
			女子		7	7	7	1.0	
	後期	医薬	男子	約15	58	24	11	2.2	241(75%)
			女子		61	32	13	2.5	
		英数 アドバンスト	男子	約25	86	53	19(3)	2.8	227(71%)
			女子		47	24	11(8)	2.2	
		英数 プログレス	男子	約20	43	26	7(31)	3.7	174(54%)
			女子		30	15	8(19)	1.9	

※（　　）内は廻し合格者数

2023年度進学状況

❖併設高校へ卒業生男子173名中、161名進学（93%）　女子116名中、111名進学（96%）

❖高校卒業生数1003名

❖併設大学・短期大学への進学
　近畿大学775名〔経営138・経済102・理工94・法学80・国際69・農66・文芸54・総合社会53・建築40・情報31・生物理工23・薬学20・医3・産業理工1・工学1〕

❖主要大学への合格実績　（　）内は現役合格者数
　京都大4(2)、大阪大13(12)、神戸大11(8)、北海道大1(1)、東北大1、奈良女子大2(2)、大阪教育大8(8)、京都教育大1(1)、京都工芸繊維大3(2)、奈良教育大1(1)、滋賀大1(1)、和歌山大13(12)、帯広畜産大2(1)、北見工業大2(2)、富山大3(3)、静岡大1(1)、信州大1、福井大1、岡山大4(4)、徳島大8(7)、高知大2(1)、広島大1(1)、鳥取大1(1)、島根大1(1)、長崎大3(3)、熊本大1、大分大1(1)、大阪公立大31(30)、京都府立大2(2)、神戸市外国語大2(2)、奈良県立大4(4)、滋賀県立大4(4)、兵庫県立大12(10)、都留文科大1(1)、福井県立大1(1)、愛知県立大1(1)、岡山県立大1(1)、奈良県立医科大1(1)、防衛大1(1)、防衛医科大1(1)、関西大77(69)、関西学院大26(24)、同志社大62(50)、立命館大38(27)、甲南大4(4)、龍谷大39(36)、大阪医科薬科大9(7)、関西医科大4(4)、兵庫医科大2(2)、大阪歯科大3(1)、京都薬科大2(2)、関西外国語大10(8)、京都外国語大1(1)、桃山学院大6(5)、大阪工業大23(19)、追手門学院大4(4)、摂南大13(13)、四天王寺大10(10)、大阪電気通信大12(12)、大阪産業大35(29)、大和大10(8)、佛教大8(8)、帝塚山大4(4)、京都女子大8(7)、同志社女子大12(12)、武庫川女子大9(7)、甲南女子大9(3)、大阪芸術大3(3)、大阪音楽大2(2)、慶應義塾大2(2)、上智大2(2)、中央大1(1)、学習院大1(1)、日本大1(1)、立命館アジア太平洋大3(3)、朝日大1(1)、松本歯科大1

金蘭千里 中学校

https://www.kinransenri.ed.jp

■ 学校長／大中 章　■ 教 頭／川野 貴志　■ 生徒数／男子222名　女子370名

| 住　所 | 〒565-0873　吹田市藤白台5-25-2 | TEL | 06-6872-0263 |

| 交通機関 | 阪急千里線『北千里駅』より徒歩10分。 |

特色　金蘭千里は学習指導に力を入れている男女共学の進学校です。創立以来の毎朝の20分テストで学習習慣の定着をはかり、30人学級という少人数制を活かして徹底した個別対応・フォローをしています。これにより、確かな学力を着実につけることができます。また、「本物」を「体験」することにこだわった、子どもたちの知的好奇心をくすぐる様々な行事や工夫されたカリキュラムがあります。これらを体験することで、文化的な力や人間力を養います。このように人間性と学力を育み、「コミュニケーション能力」「リーダーシップ」「柔軟性」を持った人材になるよう、一人ひとりを大切に育成します。

2024年度入試要項

試 験 日	前期A・E　1月13日
	中期B・J・M1月13日PM
	後期C・T　1月14日
募集人員	全入試合わせて男女180名
試験科目	前期A　算・国　〔各60分/各120点〕
	理・社　〔各30分/各 60点〕
	*3科/4科判定
	前期E　算・国　〔各60分/各120点〕
	英(リスニング含む)
	〔 70分/ 120点〕
	中期B後期C算・国〔各60分/各120点〕
	中期J　国　〔 60分/ 120点〕
	中期M　算　〔 60分/ 120点〕
	後期T　適性検査(言語能力)〔 60分/ 120点〕
	適性検査(数的能力)〔 60分/ 120点〕
合格発表日	前期AE中期BJM1月14日〔web16:00〜〕
	後期CT　　　　　1月15日〔web12:00〜〕
受 験 料	20,000円
出願期間	12月11日〜1月9日〔web23:59〕
入学手続	前期AE中期BJM1月14日〜1月15日〔web19:00〕
	後期CT　　　　　1月15日〜1月16日〔web18:00〕

学校行事開催日程一覧

◆説明会　　12/2(土)
◆オープン模試　10/15(日)
◆きんらんせんりデー　2/24(土)
◆文化祭　10/1(日)〔受験希望者・保護者見学可〕
◆体育祭　11/1(水)〔受験希望者・保護者見学可〕

* 各イベント等につきましては、今後新型コロナウイルス感染状況により日程の変更及び中止の場合もございます。各学校ホームページ等でご確認下さい。

入 試 状 況

			募集人員	志望者数	受験者数	合格者数	実質倍率	合格最低点(%)
2023	前期E	男子	180	13	13	9	1.4	200(56%)
		女子						
	前期A	男子		173	168	117	1.4	200(56%)
		女子						
	中期B	男子		389	377	298	1.3	151(63%)
		女子						
	中期J	男子		78	78	45	1.7	90(75%)
		女子						
	中期M	男子		86	85	45	1.9	100(83%)
		女子						
	後期	男子		358	343	232	1.5	136(57%)
		女子						

2023年度進学状況

❖併設高校へ卒業生男子61名中、60名進学（98%）　女子110名中、105名進学（95%）
❖高校卒業生数171名
❖主要大学への合格実績（　）内は現役合格者数
　京都大2(1)、大阪大17(14)、神戸大6(5)、北海道大2(1)、東北大2(2)、筑波大1(1)、奈良女子大3(3)、大阪教育大2、京都工芸繊維大1(1)、滋賀大2(2)、横浜国立大1、岐阜大2(1)、三重大3(2)、岡山大1(1)、愛媛大2(1)、徳島大3(2)、鳥取大1、長崎大1、滋賀医科大1、大阪公立大9(6)、兵庫県立大3(1)、京都府立医科大1、京都府立医科大1、和歌山県立医科大1、福島県立医科大1、防衛大1(1)、関西大44(40)、関西学院大68(52)、同志社大52(39)、立命館大80(54)、京都産業大2(1)、近畿大67(41)、甲南大6(6)、龍谷大12(2)、大阪医科薬科大23(19)、関西医科大9(8)、兵庫医科大6(3)、大阪歯科大5(3)、京都薬科大9(9)、神戸薬科大8(7)、京都外国語大4(4)、大阪工業大4(4)、追手門学院大1(1)、摂南大13(12)、大阪経済大4(4)、大阪電気通信大1(1)、大阪産業大1、大和大3(2)、佛教大2、京都精華大1(1)、神戸学院大2、畿央大1、京都女子大1(1)、同志社女子大7(5)、神戸女学院大1(1)、武庫川女子大5(5)、甲南女子大4(4)、梅花女子大3(3)、大阪芸術大1(1)、大阪音楽大2(2)、京都芸術大1(1)、早稲田大4(3)、慶應義塾大1、東京理科大3(1)、中央大2、青山学院大2、明治大4(2)、法政大1(1)、北里大1、東海大3(3)、岡山理科大2(1)、岩手医科大2(1)、自治医科大1、愛知医科大2(1)、松本歯科大1、川崎医科大1

賢明学院 中学校

http://www.kenmei.jp

■ 学校長／石森　圭一　■ 副校長／渡邊　泰夫　■ 教　頭／富来　豪　■ 生徒数／男子 92 名　女子 74 名

| 住　所 | 〒 590-0812　堺市堺区霞ケ丘町 4-3-30 | TEL | 072-241-1679 |

| 交通機関 | ＪＲ阪和線『上野芝駅』より徒歩 13 分。南海線『羽衣駅』よりスクールバス。南海高野線『堺東駅』より南海バス『霞ヶ丘停留所』『南陵通 1 丁停留所』下車徒歩 3 分。 |

特色
「THE BEST」～最上をめざして最善の努力を～がモットー。関西学院大学との教育連携により、「関西学院理数コース」が発足しました。中学時代から様々な体験ができ大学への展望を具体的に持つことができます。理数コースではありますが文系科目にも力を入れ、豊かな知識と人間性の成長を促します。「総合コース」でも同じ体験ができ、英語はテストごとにコースを超えた習熟度別にグループを編成し授業を行い効率的に力を伸ばします。
高校へは内部進学ができ、関西学院大学理工系学部に直結のコースがあります。

2024 年度入試要項

試 験 日
ＡⅠ1月13日　　ＡⅡ1月13日ＰＭ
Ｂ　1月14日ＰＭ

募集人員
ＡⅠＡⅡＢ合わせて
関西学院理数総合男女　計90名
（関西学院理数は最大60名）
（内部進学者を含む）

試験科目
ＡⅠＡⅡ 2科目型/両コース共通
算・国　　〔各45分/各100点〕・面接
3科目型/関西学院理数
算・国　　〔各45分/各100点〕
理　　　　〔 35分/　50点〕・面接
3科目型/総合
算・国　　〔各45分/各100点〕
理・英から1科目選択〔 35分/　50点〕・面接
＊2科目型/3科目型いずれか選択
Ｂ　算・国　〔各45分/各100点〕・面接

合格発表日
ＡⅠ1月13日〔web20:00～/郵送〕
ＡⅡ1月14日〔web10:00～/郵送〕
Ｂ　1月15日〔web10:00～/郵送〕

受 験 料
20,000円
（同時に複数日程を出願すると、2回目以降の受験料が半額になる。）

出願期間
ＡⅠ12月1日～1月11日〔web16:00〕
ＡⅡ12月1日～1月13日〔web15:20〕
Ｂ　12月1日～1月14日〔web15:20〕

入学手続
1月20日〔13:00〕

学校行事開催日程一覧

◆プレテスト　10/15（日）　12/3（日）
◆個別進学相談会　10/21（土）
◆ミニ中学入試説明会　11/18（土）
◆出願直前個別進学相談会　12/9（土）
◆文化祭　9/15（金）～16（土）
　　〔16日のみ受験希望者見学可・要事前申込〕
◆体育祭　6/28（水）

＊各イベント等につきましては、今後新型コロナウイルス感染状況により日程の変更及び中止の場合もございます。各学校ホームページ等でご確認下さい。

入試状況

			募集人員	志望者数	受験者数	合格者数	実質倍率	合格最低点(%)
2023	ＡⅠ	理数	関西学院理数 30 総合 60	26	26	20	1.3	2科: 119(60%) 3科: 139(56%)
		総合		32	31	26(4)	—	2科: 85(43%) 3科: 115(46%)
	ＡⅡ	理数		27	25	21	1.2	2科:105(53%) 3科:141(56%)
		総合		17	17	16(2)	—	2科: 80(40%) 3科: 105(42%)
	Ｂ	理数		19	7	2	3.5	非公表
		総合		6	3	0(5)	—	

2023 年度進学状況

❖併設高校へ卒業生男子 22 名中、17 名進学（77%）　女子 34 名中、19 名進学（56%）
❖高校卒業生数 138 名
❖主要大学への合格実績（現役合格者数）
奈良女子大1、和歌山大1、信州大1、関西大6、関西学院大23、立命館大5、京都産業大3、近畿大26、甲南大4、龍谷大7、関西医科大1、関西外国語大7、京都外国語大2、桃山学院大24、桃山学院教育大1、追手門学院大12、摂南大8、四天王寺大4、大阪学院大3、大阪経済大1、大阪産業大4、大阪経済法科大1、帝塚山学院大3、大阪大谷大3、大和大13、佛教大2、京都先端科学大1、大手前大1、帝塚山大2、畿央大2、同志社女子大1、武庫川女子大1、甲南女子大3、大阪芸術大1、日本女子大1

大阪府
兵庫県
京都府
奈良県
和歌山県
滋賀県
その他

香里ヌヴェール学院 中学校

http://www.seibo.ed.jp/nevers-hs/

■ 学校長／池田　靖章　■ 副校長／牟田　規子　■ 教　頭／龍美　圭樹・岩下　聡子　■ 生徒数／男子 60 名　女子 98 名

| 住　　所 | 〒 572-8531　寝屋川市美井町 18-10 | TEL | 072-833-3344 |

| 交通機関 | 京阪本線『香里園駅』より徒歩約 8 分。 |

特色　カトリック精神に基づき、自分らしく健やかな人生を歩む力や他者へ手を差し伸べる力を育成します。また PBL（課題解決型授業）によるダイナミックな探究学習を行い、正解のない問いに向き合い学び続ける力を育てます。

2024 年度入試要項

試 験 日	A1月13日　　　B　1月14日PM C1月15日PM　2月2月3日PM
募集人員	ABC2月合わせて GSC男女35名　SAC男女35名 （ヌヴェール・内部進学者を含む）
試験科目	A一般ヌヴェール 2科目型入試算・国　　　〔各45分/各100点〕 英語インタビュー型入試 　　　　　英語インタビュー〔 10分〕 *2科目型入試/英語インタビュー型入試いずれかを選択 BC2月1科目型入試算または国〔 45分/ 100点〕 英語インタビュー型入試 　　　　　英語インタビュー〔 10分〕 *1科目型入試/英語インタビュー型入試いずれかを選択
合格発表日	A　1月13日〔web19:00～〕1月15日〔郵送〕 B　1月14日〔web19:00～〕1月15日〔郵送〕 C　1月15日〔web19:00～〕1月16日〔郵送〕 2月　2月 3日〔web19:00～〕2月5日〔郵送〕
受 験 料	20,000円 （複数日程同時出願の場合は、1回分の検定料で受験可能）
出願期間	A　12月 1日～1月11日〔web16:00〕 B　12月 1日～1月14日〔web 9:00〕 C　12月 1日～1月15日〔web 9:00〕 2月　1月25日～2月 1日〔web 16:00〕
入学手続	ABC1月20日〔15:30〕 2月　2月17日〔15:30〕

学校行事開催日程一覧

◆ プレテスト　10/29（日）　11/23（祝）

◆ 文化祭　9/29（金）～30（土）〔30日のみ、保護者見学可〕

◆ 体育祭　5/12（金）〔保護者見学可〕

＊各イベント等につきましては、今後新型コロナウイルス感染状況により日程の変更及び中止の場合もございます。各学校ホームページ等でご確認下さい。

入 試 状 況

			募集人員	志望者数	受験者数	合格者数	実質倍率	合格最低点(%)
2023	A	GS	GS 約35 SA 約35	20	20	19	1.1	42.5(43%)
		SA		39	38	38(1)	1.0	36.5(37%)
	B	GS		15	9	9	1.0	57(57%)
		SA		21	11	11	1.0	44(44%)
	C	GS		13	7	6	1.2	57(57%)
		SA		17	5	4(1)	1.0	40(40%)
	2月	GS		6	4	4	1.0	58(58%)
		SA		3	3	3	1.0	57(57%)
2022	A	SE	SE 約35 SA 約35	10	10	10	1.0	38.5(39%)
		SA		32	31	31	1.0	36(36%)
	B	SE		11	4	4	1.0	62(62%)
		SA		19	6	6	1.0	68(68%)
	C	SE		11	3	3	1.0	35(35%)
		SA		17	4	4	1.0	44(44%)

※（　）内は廻し合格者数

2023 年度進学状況

❖ 併設高校へ卒業生　男子 21 名、女子 31 名（進学者数／非公表）

❖ 高校卒業生数 154 名

❖ 主要大学への合格実績（　）内は現役合格者数

大阪教育大 1、弘前大 1、新潟大 1、徳島大 1、高知大 1(1)、宮崎大 1、関西大 8(8)、関西学院大 11(9)、同志社大 6(4)、立命館大 9(7)、京都産業大 15(8)、近畿大 21(21)、龍谷大 10(10)、関西外国語大 8(8)、京都外国語大 1(1)、桃山学院大 9(9)、追手門学院大 20(20)、摂南大 33(33)、神戸学院大 1(1)、同志社女子大 4(3)、神戸女学院大 3(3)、立命館アジア太平洋大 3(3)

金光大阪 中学校

https://www.kohs.ed.jp/

■学校長／津本 佳哉　■副校長／石塚 克博　■教頭／阿知波 善之・赤荻 幸太郎　■生徒数／男子 27 名　女子 29 名

住　所	〒569-0002　高槻市東上牧 1-3-1	TEL	072-669-5211

交通機関	阪急京都線『上牧駅』より徒歩 4 分。 JR 京都線『島本駅』より徒歩 18 分。

特色	【学力】大学進学を視野に入れ、じっくりと学びを深めることができる学習指導体制、フォロー体制を整えています。特に中学の 3 年間、英語・数学・国語の 3 教科については、標準を上回る授業時間数を確保。学習の重要性を認識させ、自学自習の姿勢を育むことにより、毎年、難関大学への進学者を輩出しています。 【生きる力】1 クラス 20 名前後というアットホームな雰囲気のなか、主体性・協調性・独創性をバランスよく育みます。学年の枠を越えた交流も重視しており、宿泊研修をはじめ 3 学年合同でほとんどの行事を実施。仲間と支え合い、感動を共有し、絆を深める体験を重ねることで、国際社会で不可欠な共生する力、豊かな人間性を養います。 【国際的視野】中学では多彩な英語学習プログラムのもと、受験はもちろん実用にも役立つ「使える」英語力を養います。また 3 年次には、中学校生活の集大成としてニュージーランド 1 ヶ月留学を実施。コミュニケーション言語としての英語力の向上、自立心の育成を図り、国際社会で活躍するための「生きる力」へとつなげます。

2024 年度入試要項

試 験 日	①A 1月13日　①B 1月14日
	②　1月17日
募集人員	①AB 英数男女30名
	②　英数男女10名
試験科目	算・国〔各50分/各100点〕・面接
合格発表日	①A 1月14日〔web/郵送〕
	①B 1月15日〔web/郵送〕
	②　1月18日〔web/郵送〕
受 験 料	20,000円
出願期間	①A 12月12日〜1月12日〔web16:00〕
	①B 12月12日〜1月13日〔web16:00〕
	②　12月12日〜1月16日〔web23:59〕
入学手続	①AB 1月17日〔17:00〕
	②　1月20日〔11:00〕

学校行事開催日程一覧

- ◆説明会　11/3（祝）　11/26（日）
- ◆プレテスト　11/3（祝）　11/26（日）
- ◆文化祭　9/16（土）〔受験希望者・保護者見学可〕
- ◆体育祭　6/7（水）〔非公開〕

＊各イベント等につきましては、今後新型コロナウイルス感染状況により日程の変更及び中止の場合もございます。各学校ホームページ等でご確認下さい。

入 試 状 況

		募集人員	志望者数	受験者数	合格者数	実質倍率	合格最低点(%)
2023	①A	30	16	16	15	1.1	108(54%)
	①B		14	13	11	1.2	107(54%)
	②	10	8	8	7	1.1	非公表
2022	①A	30	18	18	18	1.0	103(52%)
	①B		20	18	18	1.0	105(53%)
	②	10	6	6	6	1.0	非公表
2021	①A	30	16	16	16	1.0	120(60%)
	①B		21	21	21	1.0	110(55%)
	②	10	4	4	3	1.3	非公表

2023 年度進学状況

❖併設高校へ卒業生男子 7 名中、5 名進学（71%）　女子 3 名中、3 名進学（100%）
❖高校卒業生数 277 名
❖併設大学・短期大学への進学　関西福祉大学 8 名〔社会福祉 4・看護 3・教育 1〕
❖主要大学への合格実績　（　）内は現役合格者数

神戸大 1(1)、筑波大 1(1)、大阪教育大 1(1)、滋賀大 1(1)、大阪公立大 1(1)、奈良県立大 1(1)、京都市立芸術大 1(1)、関西大 22(18)、関西学院大 7(7)、同志社大 7(5)、立命館大 17(17)、京都産業大 15(13)、近畿大 29(27)、甲南大 3(2)、龍谷大 31(31)、大阪医科薬科大 1(1)、兵庫医科大 1(1)、関西外国語大 10(10)、京都外国語大 6(6)、桃山学院大 3(3)、大阪工業大 3(3)、追手門学院大 45(44)、摂南大 38(37)、大阪学院大 17(17)、大阪経済大 5(5)、大阪電気通信大 6(6)、阪南大 9(4)、大阪産業大 17(17)、大阪商業大 2(2)、大阪経済法科大 3(3)、大阪大谷大 6(6)、大和大 19(19)、佛教大 29(25)、京都先端科学大 2(2)、京都橘大 22(22)、大谷大 19(19)、花園大 1(1)、成安造形大 1(1)、神戸学院大 2(2)、大手前大 1(1)、神戸親和大 1(1)、奈良大 1(1)、京都女子大 3(3)、同志社女子大 3(3)、京都光華女子大 2(2)、武庫川女子大 10(10)、神戸松蔭女子学院大 1(1)、神戸女子大 1(1)、甲南女子大 3(3)、梅花女子大 2(2)、大阪芸術大 2(2)、大阪音楽大 1(1)、早稲田大 1、愛知学院大 1、岡山理科大 1(1)

大阪府

兵庫県

京都府

奈良県

和歌山県

滋賀県

その他

金光八尾 中学校

http://www.konkoyao.ed.jp

■ 学校長／岡田　親彦　■ 副校長／片島　哲哉　■ 教　頭／松井　祥一　■ 生徒数／男子 76 名　女子 59 名

住　所	〒 581-0022　八尾市柏村町 1-63	TEL	072-922-9162

交通機関　近鉄奈良線『布施駅』経由近鉄大阪線『高安駅』下車徒歩約 10 分。『恩智駅』下車約 7 分。JR おおさか東線『俊徳道駅』より近鉄大阪線『俊徳道駅』接続 15 分。JR 大和路線・近鉄道明寺線『柏原駅』よりスクールバス約 15 分。JR 大和路線『志紀駅』よりスクールバス約 5 分。

特色　大学入試改革を見据え、英語検定や GTEC などに取り組むとともに、少人数指導教室や自習室などの学習環境の整備を図り、京都大学・大阪大学を始め難関国公立大学や早慶・関関同立といった難関私立大学への合格率のさらなる向上をめざし、「S 特進コース」と「特進コース」を設置している。教育課程は、公立中学校より 9 時間多い週 38 時間授業、夏季・冬季・春季の講習、勉強合宿など、基礎・基本を徹底し、6 年間で「確かな学力」と「豊かな情操」を育み、生徒が「来てよかった」、保護者は「行かせてよかった」、先生方にとって「勧めてよかった」という 3 つの「よかった」学校づくりに取り組んでいる。また、特待生制度もあり、優秀な人材を広く求めている。

サイドバー：大阪府　兵庫県　京都府　奈良県　和歌山県　滋賀県　その他

2024 年度入試要項

試 験 日	前期ＡＳＲ1月13日　前期Ｂ1月14日 後期　　1月16日
募集人員	前期ＡＢＳＲ後期合わせて Ｓ特進男女約35名（SR入試約5名含む） 特進　男女約35名
試験科目	前期AB 2教科型算・国　〔各50分/各100点〕 　　　　3教科型算・国　〔各50分/各100点〕 　　　　理・社・英いずれか1科目選択〔30分/ 50点〕 　　　＊2教科型/3教科型いずれかを選択 SR入試　学力テスト（算・国）〔各50分/各100点〕 　　　　エントリーシート＋面接〔約20分/ 100点〕 後期　　算・国　〔各50分/各100点〕
合格発表日	前期ＡＳＲ1月14日〔郵送〕 前期Ｂ　1月15日〔郵送〕 後期　　1月17日〔郵送〕
受 験 料	20,000円 （複数回受験の場合は、2回目以降10,000円）
出願期間	前期ＡＳＲ12月 9日〜 1月12日〔web16:00〕 　　　　12月 9日〜12月26日〔16:00〕 　　　　1月 5日〜 1月12日〔16:00〕 前期Ｂ　12月 9日〜 1月13日〔web13:00〕 　　　　12月 9日〜12月26日〔16:00〕 　　　　1月 5日〜 1月13日〔13:00〕 後期　　12月 9日〜 1月15日〔web16:00〕 　　　　12月 9日〜12月26日〔16:00〕 　　　　1月 5日〜 1月15日〔16:00〕
入学手続	前期ＡＳＲ1月15日〔銀行振込16:00〕 前期Ｂ　1月16日〔銀行振込13:00〕 後期　　1月18日〔銀行振込13:00〕

学校行事開催日程一覧

◆説明会　10/29（日）　11/11（土）
◆プレテスト　10/29（日）
◆プレテスト結果に基づく個別相談会
　10/7（土）　10/14（土）　11/11（土）　11/18（土）
◆入試対策個別相談会　11/11（土）
◆学校見学会・個別相談会　毎週土曜日開催
◆文化祭　9/15（金）〜16（土）〔公開〕
◆体育祭　6/2（金）〔公開〕

＊各イベント等につきましては、今後新型コロナウイルス感染状況により日程の変更及び中止の場合もございます。各学校ホームページ等でご確認下さい。

入 試 状 況

		募集人員	志望者数	受験者数	合格者数	実質倍率	合格最低点(%)
2023	SR入試 S特進	S特進 約35	1	1	1	1.0	―
	前期A S特進		27	27	22(2)	1.2	150(60%)
	前期A 特進		14	14	12(5)	1.2	90(36%)
	前期B S特進	特進 約35	34	33	25	1.3	非公表
	前期B 特進		16	16	16(8)	1.0	
	後期 S特進		3	2	2	1.0	
	後期 特進		6	2	2	1.0	
2022	SR入試 S特進	S特進 約35	2	2	2	1.0	―
	前期A S特進		28	28	20(1)	1.4	151(60%)
	前期A 特進		12	12	11(6)	1.1	89(36%)
	前期B S特進	特進 約35	31	30	21	1.4	非公表
	前期B 特進		12	12	10(10)	1.0	
	後期 S特進		4	4	3	1.3	
	後期 特進		6	5	5	1.0	

※（ ）内は廻し合格者数

2023 年度進学状況

❖併設高校へ卒業生男子 26 名中、22 名進学（85％）　女子 23 名中、20 名進学（87％）
❖高校卒業生数 222 名
❖併設大学・短期大学への進学　関西福祉大学 0 名
❖主要大学への合格実績　（ ）内は現役合格者数

大阪大 1(1)、神戸大 4(4)、名古屋大 1(1)、大阪教育大 2(2)、奈良教育大 1(1)、滋賀大 1(1)、和歌山大 2(1)、東京外国語大 1(1)、信州大 2(2)、金沢大 1(1)、三重大 1(1)、徳島大 1(1)、広島大 1(1)、島根大 2(2)、大阪公立大 4(4)、秋田県立大 1(1)、静岡県立大 1(1)、奈良県立医科大 1(1)、防衛大 2(2)、水産大 1(1)、関西大 73(66)、関西学院大 31(30)、同志社大 22(22)、立命館大 33(33)、京都産業大 7(7)、近畿大 150(148)、甲南大 9(9)、龍谷大 28(26)、大阪医科薬科大 1(1)、兵庫医科大 1(1)、関西外国語大 8(8)、桃山学院大 9(5)、桃山学院教育大 2(2)、大阪工業大 31(30)、追手門学院大 37(32)、摂南大 65(62)、四天王寺大 11(6)、大阪学院大 1(1)、大阪経済大 22(22)、大阪電気通信大 21(21)、阪南大 33(33)、大阪産業大 44(44)、大阪商業大 1(1)、大阪経済法科大 7(7)、大阪大谷大 2(2)、大和大 3(3)、佛教大 12(12)、京都精華大 1(1)、神戸学院大 1(1)、奈良大 5(5)、帝塚山大 13(13)、畿央大 97(97)、京都女子大 5(5)、同志社女子大 6(6)、神戸女学院大 2(2)、武庫川女子大 9(9)、甲南女子大 4(4)、大阪樟蔭女子大 1(1)、大阪芸術大 7(7)、京都芸術大 1、早稲田大 5(5)、慶應義塾大 1(1)、明治大 4(4)、法政大 1(1)、東海大 1(1)、岡山理科大 2(2)、近畿短大 4(2)、武庫川女子短大 2(2)

四條畷学園 中学校

http://www.shijonawate-gakuen.ac.jp

■ 学校長／堀井　清史　■ 副校長／河口　俊彦　■ 教　頭／山田　信幸　■ 生徒数／男子211名　女子242名

住　　所	〒574-0001　大東市学園町6-45	TEL	072-876-2120

交通機関	JR学研都市線『四条畷駅』より徒歩1分。京阪バス・近鉄バス『四条畷駅』『四條畷学園前』下車、徒歩1分。

特色	「個性の尊重」「明朗と自主」「実行から学べ」「礼儀と品性」を教育方針とし、知・徳・体のバランスのとれた人間に成長することを目標としている。 3年後に他校を受験することができる3年コース「発展文理クラス」と「発展探究クラス」があります。いずれのクラスも難関国公立・私立高校への進学を目指します。主体的に学び、社会に出てからも学び続けることができる人材を育成。

2024年度入試要項

試 験 日	① 1月13日　特待チャレンジ1月13日PM ②A1月14日PM　②B1月20日
募集人員	全入試合わせて 発展探究3クラス発展文理1クラス合わせて男女140名 （自己アピール発展探究15名含む） （特待チャレンジ15名含む） （内部進学者含む）
試験科目	①②AB　　　　　算・国〔各50分/各150点〕 自己アピール　　作文〔30分/400字〕・面接 特待チャレンジ2科受験 算・国〔各50分/各100点〕 　　　　　　　1科受験 算〔50分/100点〕 ＊2科受験/1科受験いずれか選択
合格発表日	①　　　　　　　　　1月13日〔web21:00〜〕 特待チャレンジ　1月14日〔web 8:00〜〕 ②A　　　　　　　　1月14日〔web22:00〜〕 ②B　　　　　　　　1月20日〔web15:00〜〕
受 験 料	20,000円 （1次・2次Aまたは2次B同時出願で20,000円、2次AB同時出願で20,000円。）
出願期間	①特待チャレンジ　12月1日〜1月11日〔web16:00〕 ②A　　　　　　　12月1日〜1月14日〔web12:00〕 ②B　　　　　　　12月1日〜1月20日〔web 8:30〕
入学手続	①　　　　　　　　1月16日〔web18:00〕 特待チャレンジ1月19日〔web18:00〕 ②A　　　　　　　1月18日〔web18:00〕 ②B　　　　　　　1月22日〔web18:00〕

学校行事開催日程一覧

◆説明会　10/14（土）　11/11（土）
◆プチ学校説明会＆体験　10/27（金）　10/31（火）
◆自己アピールおよび特待入試説明会　11/4（土）
◆プレテスト　10/14（土）　11/11（土）
◆プレテスト分析会　10/21（土）　11/18（土）
◆入試対策会　12/2（土）
◆文化祭　9/16（土）〜17（日）〔受験希望者・保護者見学可〕
◆体育祭　10/11（水）

＊各イベント等につきましては、今後新型コロナウイルス感染状況により日程の変更及び中止の場合もございます。各学校ホームページ等でご確認下さい。

入試状況

			募集人員	志望者数	受験者数	合格者数	実質倍率	合格最低点（%）
2023	①	自己アピール型	140	8	8	8	1.0	―
		発展探究		92	154	146	1.1	150（50%）
		発展文理		63				223（74%）
	②A	発展探究		46	12	6（13）	2.0	非公表
		発展文理		48	20	6	3.3	
	②B	発展探究		12	8	3（7）	2.7	
		発展文理		14	7	0	―	―
2022	①	自己アピール型	140	13	13	13	1.0	―
		発展探究		96	94	77（30）	1.2	162（54%）
		発展文理		75	74	40	1.9	236（79%）
	②A	発展探究		64	28	5（11）	5.6	非公表
		発展文理		46	24	5	4.8	
	②B	発展探究		34	24	5	4.8	
		発展文理		19	8	1	8.0	

※（　）内は廻し合格者数

2023年度進学状況

❖主要高校への合格実績
堀川高1、北野高3、天王寺高3、大手前高4、四條畷高7、大阪教育大附属平野高2、大阪公立大高専3、明石高専1、東大寺学園高2、西大和学園高3、洛南高2、四天王寺高4、大阪星光学院高1、関西大学系8、近畿大学附属高9

❖併設高校へ卒業生男子73名中、10名進学（14%）女子80名中、24名進学（30%）　※6年一貫コース生含む

❖高校卒業生数 301名

❖併設大学・短期大学への進学　四條畷学園大学9名　四條畷学園短期大学46名

❖主要大学への合格実績（四條畷学園高校実績）
和歌山大1、会津大1、関西大23、関西学院大2、同志社大5、立命館大3、京都産業大6、近畿大35、甲南大1、龍谷大26、大阪医科薬科大3、大阪歯科大1、京都薬科大4、神戸薬科大2、関西外国語大8、京都外国語大3、京都女子大1、同志社女子大9、中央大1

四天王寺東 中学校

https://www.shitennoji.ac.jp

■ 学校長／柏井　誠一　■ 教　頭／森　隆　■ 生徒数／男子 61 名　女子 86 名

住　　所	〒 583-0026　藤井寺市春日丘 3-1-78
TEL	072-937-2855

交通機関	近鉄南大阪線『藤井寺駅』より徒歩約 3 分。

特色　四天王寺東中学校は、聖徳太子の和のご精神を礎にした仏教教育を通して、豊かな人間性を備え、心身ともに調和のとれた、AI 時代に真に必要とされる人物を育成します。アクティブ・ラーニングを効果的に進め、自主性を伸ばします。また、知的好奇心を高め、探究心を培うための ICT 教育（全教室に電子黒板等）の実施、世界に雄飛する人材を育てるグローバル教育の実施、放課後の教員や現役大学生のチューターによる個別指導、長期休暇中の講習の実施、その他にも、目標・計画を通して自ら将来を設計する手帳教育の実施等、21 世紀型の教育で、真の学力を身につけ、大学や社会で活躍できる人材を育てます。中学の学習内容を深め、教科によっては高校の内容を学習し、難関国公立大学、難関私立大学を目指す「S 特進コース」と、基礎学力を身につけ、中学校の内容を確実に学習し、難関私立大学、国公立大学、または有名私立大学を目指す「特進コース」の 2 コース制で募集を行います。

2024 年度入試要項

試 験 日	A 1月13日　B 1月13日 PM C 1月14日
募集人員	ABC合わせて S特進特進男女計105名
試験科目	A ① 2教科受験算・国　　〔各50分/各100点〕 　②3教科受験算・国・理　〔各50分/各100点〕 　③適性検査型国語の問題・算数的問題 　　　　社会、理科融合の問題〔各50分/各100点〕 　＊①/②/③いずれかを選択 BC　算・国　　　　　　〔各50分/各100点〕
合格発表日	A　1月13日〔web20:30〜〕 　　1月14日〔郵送〕 BC 1月14日〔web17:30〜〕 　　1月15日〔郵送〕
受 験 料	15,000円
出願期間	AB 12月14日〜1月12日〔web16:00〕 C　12月14日〜1月14日〔web8:00〕
入学手続	ABC　1月18日〜1月19日〔16:00〕 A適性検査型1月29日〔16:00〕

学校行事開催日程一覧

- ◆説明会　10/7(土)　11/11(土)
- ◆プレテスト　11/11(土)
- ◆プレテスト解説会　11/18(土)
- ◆個別相談会　11/18(土)　12/9(土)
- ◆文化祭　9/15(金)〜9/16(土)
- ◆体育祭　6/26(月)〔非公開〕

＊各イベント等につきましては、今後新型コロナウイルス感染状況により日程の変更及び中止の場合もございます。各学校ホームページ等でご確認下さい。

入試状況

年度					募集人員	志望者数	受験者数	合格者数	実質倍率	合格最低点(%)
2023	A	一般	S特進	専願	105	22	21	16	1.3	非公表
				併願						
			特進	専願		18	18	22	—	
				併願						
		適性	S特進	専願		19	19	19	1.0	
				併願						
			特進	専願		5	5	5	1.0	
				併願						
	B		S特進	専願		13	13	8	1.6	
				併願						
			特進	専願		8	8	10	—	
				併願						
	C		S特進	専願		8	5	5	1.0	
				併願						
			特進	専願		4	3	2	1.5	
				併願						

2023 年度進学状況

- ❖併設高校へ卒業生男子 21 名中、14 名進学（67%）　女子 31 名中、23 名進学（74%）
- ❖高校卒業生数 189 名
- ❖併設大学・短期大学への進学
  　四天王寺大学 38 名
  　四天王寺短期大学 2 名
- ❖主要大学への合格実績（　）内は現役合格者数
  大阪大 1(1)、奈良女子大 1(1)、大阪教育大 1(1)、和歌山大 2(1)、三重大 1(1)、鳥取大 1(1)、大阪公立大 2(2)、兵庫県立大 1(1)、関西大 18(18)、関西学院大 12(12)、同志社大 2(2)、立命館大 8(8)、京都産業大 4(4)、近畿大 151(150)、甲南大 5(5)、龍谷大 6(6)、大阪医薬科大 1、兵庫医科大 1、大阪歯科大 1(1)、神戸薬科大 2(2)、関西外国語大 5(5)、京都外国語大 1(1)、桃山学院大 25(25)、大阪工業大 20(20)、追手門学院大 20(20)、摂南大 33(33)、大阪経済大 6(6)、大阪電気通信大 11(11)、阪南大 19(19)、大阪産業大 39(39)、大阪大谷大 2(2)、大和大 18(18)、佛教大 9(9)、神戸学院大 5(5)、奈良大 1(1)、帝塚山大 2(2)、畿央大 1(1)、京都女子大 1(1)、同志社女子大 1(1)、武庫川女子大 12(12)、甲南女子大 1(1)、梅花女子大 6(6)、大阪芸術大 2(2)、東京理科大 1(1)、明治大 1(1)、朝日大 3(3)

大阪府
兵庫県
京都府
奈良県
和歌山県
滋賀県
その他

昇　陽　中学校

http://www.oskshoyo.ed.jp/jhs/

■ 学校長／竹下　健治　■ 教　頭／吉川　今日子　■ 生徒数／男子 45 名　女子 24 名

| 住　　所 | 〒 554-0011　大阪市此花区朝日 1-1-9 | TEL | 06-6461-0091 |

| 交通機関 | JR 環状線・ＪＲゆめ咲線・阪神なんば線『西九条駅』より徒歩 6 分。
阪神なんば線『千鳥橋駅』より徒歩 5 分。 |

| 特色 | 建学の精神である「奉仕のこころ」のもと、中高一貫の教育を実践し、社会に役立つ人材の育成を目指して平成 21 年 4 月開校しました。校名は、"太陽が昇る朝日のごとく、大きな輝きをもって世界を輝かせ、未来に向かって歩んでほしい"という気持ちから"昇陽"としました。建学の精神である「奉仕のこころ」と「10 年後の私たちのために、将来の予測不能な社会を生き抜くことのできる人材づくり」を目指して教職員一同取り組んでおります。 |

2024 年度入試要項

試　験　日	A 1月13日　B 1月15日　C 2月1日
募集人員	ＡＢＣ合わせて男女40名
試験科目	A　2教科受験算・国〔各　　　50分/各100点〕・面接 　　3教科受験算・国〔各　　　50分/各100点〕・面接 　　　　　英〔筆記　　　20分/　50点〕 　　　　　　〔リスニング　15分/　30点〕 　　　　　　〔インタビュー 5分/　20点〕 　　　＊2教科受験/3教科受験いずれかを選択 BC 2教科受験算・国〔各　　　50分/各100点〕・面接
合格発表日	A 1月14日〔郵送〕 B 1月16日〔郵送〕 C 2月 2日〔郵送〕
受　験　料	15,000円 （複数日程に出願しても追加の受験料は不要。）
出願期間	ＡＢ 12月11日〜1月12日〔web15:00〕 C　 1月18日〜1月31日〔web15:00〕
入学手続	A 1月17日〔14:00〕 B 1月18日〔14:00〕 C 2月 5日〔12:00〕

学校行事開催日程一覧

◆説明会　10/21（土）　11/25（土）
◆英検対策講座　10/7（土）
◆プレテスト　10/21（土）　11/25（土）
◆文化祭　6/23（金）〔非公開〕
◆体育祭　9/26（火）〔非公開〕

＊各イベント等につきましては、今後新型コロナウイルス感染状況により日程の変更及び中止の場合もございます。各学校ホームページ等でご確認下さい。

入 試 状 況

		募集人員	志望者数	受験者数	合格者数	実質倍率	合格最低点（%）
2023	A	40	18	17	17	1.0	非公表
	B		6	6	6	1.0	
	C		3	3	3	1.0	
2022	A	40	17	16	16	1.0	
	B		8	8	8	1.0	
	C		1	1	1	1.0	
2021	A	40	26	26	25	1.0	
	B		15	3	3	1.0	
	C		9	2	0	—	
	D		5	5	4	1.3	

2023 年度進学状況

❖併設高校へ卒業生男子 12 名中、12 名進学（100%）　女子 16 名中、13 名進学（81%）
❖高校卒業生数 251 名
❖主要大学への合格実績（昇陽中学出身者の実績）
　関西学院大 1、立命館大 1、京都産業大 1、近畿大 1、龍谷大 1、関西外国語大 1、京都外国語大 1、甲南女子大 1、大阪樟蔭女子大 1、大手前短大 1

常翔学園 中学校

http://www.highs.josho.ac.jp/junior/

■ 学校長／田代 浩和　■ 校長補佐／根来 和弘　■ 教 頭／佐々木 恵　■ 生徒数／男子253名 女子142名

| 住　所 | 〒535-8585　大阪市旭区大宮5-16-1 | TEL | 06-6954-4436 |

| 交通機関 | 大阪シティバス『大宮小学校前』より徒歩約3分。大阪メトロ谷町線『千林大宮駅』より徒歩約12分。大阪メトロ谷町線・今里筋線『太子橋今市駅』より徒歩約12分。京阪本線『千林駅』『滝井駅』より徒歩約20分。JR おおさか東線『城北公園通駅』よりバス・徒歩で最短10分。 |

特色

本校では6ヶ年一貫教育の特性を生かし、スーパーJコース、特進コースのコース制のもと、高い学力と人間力を育みます。スーパーJコースは中学1年次から思考力重視のハイレベルな授業を展開し、最難関国立大・医学部医学科などへの現役合格を目指します。特進コースは習熟レベルに応じてクラス分け（Ⅰ類・Ⅱ類）を行い、6年後、難関国立大・私立大、または海外大学への現役合格を目指します。また、特色あるキャリア教育プログラムによって幅広い「職業観」を養い、目的意識を持った進学の実現により、将来実社会で活躍できる人材を育成します。

2024年度入試要項

| 試 験 日 | A 1月13日　　　　B 1月13日PM
C 1月14日PM　　J 1月15日PM |

| 募集人員 | ABCJ合わせて
スーパーJ男女約25名　特進(Ⅰ類・Ⅱ類)男女約100名 |

| 試験科目 | A　　算・国〔各50分/各120点〕必須
　　　理〔40分/ 80点〕必須
　　　社〔40分/ 80点〕選択
BCJ算・国〔各50分/各120点〕 |

| 合格発表日 | A 1月14日〔web10:00〜〕
B 1月14日〔web17:00〜〕
C 1月15日〔web14:00〜〕
J 1月16日〔web14:00〜〕 |

| 受 験 料 | 20,000円
（一度の出願で複数日程を同時に出願した場合、2回目以降は10,000円） |

| 出願期間 | A 12月13日〜1月12日〔web16:00〕
B 12月13日〜1月13日〔web15:30〕
C 12月13日〜1月14日〔web15:30〕
J 12月13日〜1月15日〔web15:30〕 |

| 入学手続 | A 1月15日〔13:00〕
B 1月15日〔17:00〕
C 1月17日〔18:00〕
J 1月18日〔16:00〕 |

学校行事開催日程一覧

- ◆説明会　10/21(土)　11/18(土)
- ◆Jテスト　10/21(土)　11/18(土)
- ◆Jテスト成績手渡し会
  - 10/27(金)　10/28(土)　11/24(金)　11/25(土)
- ◆OIT梅田タワー相談会　10/9(月)　11/5(日)　12/3(日)
- ◆文化祭　9/15(金)〜16(土)〔16日のみ受験希望者・保護者見学可〕
- ◆体育祭　6/12(月)〔受験希望者・保護者見学可〕

＊各イベント等につきましては、今後新型コロナウイルス感染状況により日程の変更及び中止の場合もございます。各学校ホームページ等でご確認下さい。

入 試 状 況

				募集人員	志望者数	受験者数	合格者数	実質倍率	合格最低点(%)
2023	A	スーパーJ	男子 女子	スーパーJ 25 特進 (Ⅰ類・Ⅱ類) 100	128	126	22	1.2	300(75%)
		特進Ⅰ類	男子 女子				31		245(61%)
		特進Ⅱ類	男子 女子				48		191(48%)
	B	スーパーJ	男子 女子		236	230	35	1.4	176(73%)
		特進Ⅰ類	男子 女子				41		153(64%)
		特進Ⅱ類	男子 女子				84		126(53%)
	C	スーパーJ	男子 女子		217	184	27	1.3	195(81%)
		特進Ⅰ類	男子 女子				57		171(71%)
		特進Ⅱ類	男子 女子				55		153(64%)
	J	スーパーJ	男子 女子		206	137	15	1.8	145(60%)
		特進Ⅰ類	男子 女子				25		125(52%)
		特進Ⅱ類	男子 女子				35		110(46%)

2023年度進学状況

❖ 併設高校へ卒業生男子71名中、65名（92%）　女子61名中、44名進学（72%）
❖ 高校卒業生数596名
❖ 併設大学・短期大学への進学　大阪工業大学63名〔工学23・ロボティクス＆デザイン工学19・知的財産12・情報科学9〕
　　　　　　　　摂南大89名〔法学15・経営14・薬学14・現代社会12・国際11・看護9・経済5・農学5・理工4〕
　　　　　　　　広島国際大学7名〔保健医療4・健康科学1・看護1・薬学1〕
❖ 主要大学への合格実績（　）内は現役合格者数
京都大1、大阪大5(5)、神戸大1(1)、北海道大1(1)、筑波大2(2)、九州大1(1)、奈良女子大2(2)、大阪教育大11(11)、京都教育大3(3)、京都工芸繊維大4(4)、奈良教育大2(2)、千葉大1(1)、広島大2(2)、鳥取大3(3)、琉球大1、大阪公立大14(12)、京都府立大2(1)、兵庫県立大12(12)、関西大120(117)、関西学院大69(69)、同志社大57(49)、立命館大99(97)、京都産業大55(55)、近畿大260(242)、甲南大14(14)、龍谷大75(72)、大阪医科薬科大18(18)、関西医科大6(6)、京都薬科大1(1)、神戸薬科大5(5)、早稲田大2(2)、慶應義塾大1(1)、日本医科大1(1)

大阪府
兵庫県
京都府
奈良県
和歌山県
滋賀県
その他

常翔啓光学園 中学校

http://www.keiko.josho.ac.jp/

■ 学校長／山田 長正　■ 教 頭／岩村 聡　■ 生徒数／男子125名 女子78名

| 住 所 | 〒573-1197　枚方市禁野本町1-13-21 | TEL | 072-848-0521 |

| 交通機関 | 京阪交野線『宮之阪駅』より徒歩7分。
京阪本線『枚方市駅』より徒歩13分。 |

特色

「世のため、人のため、地域の為、理論に裏付けられた実践的技術をもち、現場で活躍できる専門職業人を育成する。」を建学の精神に掲げ、「K'GOALS」と名付けた12の力を育む教育を展開します。「熱心であれ、力強くあれ、優しくあれ」を校訓に、「こころの教育」を重視し、茶道や華道などの情操教育を通して他人への敬意や気遣い、思いやりの心を育む教育を実践します。教育面では、解決型思考力と観察力を養い、将来のグローバルリーダーを育成する「特進選抜コース」と、学園内大学との連携でキャリアデザイン教育を実施し、グローバル社会で活躍する人材を育成する「未来探求コース」の2コース。「特進選抜コース」では知識と実践に裏打ちされた課題解決型グローバルリーダーを育成するコースです。自ら考える力を伸ばし、人間力の向上を図ることで、調和とバランスの取れた将来のリーダーを育成します。授業は英語及び理数教育を重点的に展開し、難関国公立大学・医歯薬系大学が狙える深い学力を身に付けます。「未来探求コース」では学園内大学との連携による「キャリア教育」「体験学習」「進路学習」を通して、将来なりたい自分をデザインするコースです。語学力の向上を柱とし、国公立大学、難関私立大学への進学を目指します。

2024年度入試要項

試 験 日	A未来1月13日　　B1月14日 C　　1月14日PM　D1月15日PM
募集人員	全入試合わせて 特進選抜男女約30名　未来探求男女約60名 （未来入試は未来探求のみ募集）
試験科目	A特進選抜 　2教科型　算・国〔各50分/各100点〕 　3教科型　算・国〔各50分/各100点〕理〔40分/ 50点〕 　3教科型　算・国〔各50分/各100点〕社〔40分/ 50点〕 　＊2教科型/3教科型いずれかを選択 A未来探求B特進選抜CD 　算・国〔各50分/各100点〕 A未来未来探求作文〔30分/ 600字〕・面接 B未来探求　国〔50分/100点〕必須 　　　　　　算〔50分/100点〕または 　　　　　　英〔筆記30分/80点・リスニング10分/20点〕から1科目選択 B（梅田会場）算・国〔各50分/各100点〕
合格発表日	A未来1月14日〔web12:00〜〕 BC　1月15日〔web12:00〜〕 D　　1月16日〔web12:00〜〕
受 験 料	20,000円 （複数出願の場合、2回目以降10,000円）
出願期間	A未来12月 1日〜1月11日〔web16:00〕 B　　12月 1日〜1月14日〔web 9:00〕 　　　　1月14日　　　　〔 9:00〕 C　　12月 1日〜1月14日〔web15:30〕 　　　　1月14日　　　　〔15:30〕 D　　12月 1日〜1月15日〔web15:30〕 　　　　1月15日　　　　〔15:30〕
入学手続	A未来1月14日〔web15:00〕 BCD1月17日〔web15:00〕

学校行事開催日程一覧

◆説明会　11/4（土）
◆個別入試相談会　10/17（火）〔くずは〕
◆サロン・ド・啓光　3/9（土）
◆プレテスト会　11/4（土）
◆フォローアップ特別会　11/11（土）　11/18（土）
◆学校見学会　10/14（土）
◆ミニ説明会　12/16（土）
◆文化祭　9/1（金）〜2（土）
◆体育祭　9/17（日）

＊各イベント等につきましては、今後新型コロナウイルス感染状況により日程の変更及び中止の場合もございます。各学校ホームページ等でご確認下さい。

入 試 状 況

			募集人員	応募者数	受験者数	合格者数	実質倍率	合格最低点(%)
2023	A	特進選抜	特進選抜 30 未来 探求 60	19	18	15	1.2	66%
		未来探求		20	19	19(3)	1.0	37%
	未来	未来探求		4	4	4	1.0	―
	B	特進選抜		23	23	15	1.5	56%
		未来探求		22	20	15(6)	1.3	55%
	C	特進選抜		31	19	13	1.5	66%
		未来探求		18	4	4(6)	1.0	35%
	D	特進選抜		39	18	10	1.8	61%
		未来探求		13	2	2(8)	1.0	28%
	S	特進選抜		1	1	1	1.0	非公表
		未来探求		1	2	2	1.0	

※（ ）内は廻し合格者数　S入試：追試験含む

2023年度進学状況

❖併設高校へ卒業生男子39名中、32名進学（82%）　女子28名中、27名進学（96%）
❖高校卒業生数 343名
❖併設大学・短期大学への進学　大阪工業大学38名〔工学17・情報科学13・ロボティクス＆デザイン工学5・知的財産3〕
　　　　　　　　　　　　　　　摂南大学53名〔現代社会13・経営8・看護8・薬学6・農5・法学4・国際4・経済3・理工2〕
　　　　　　　　　　　　　　　広島国際大学1名〔保健医療1〕
❖主要大学への合格実績　（ ）内は現役合格者数
　神戸大1(1)、大阪教育大2(2)、京都教育大1(1)、和歌山大4(4)、帯広畜産大1(1)、室蘭工業大1(1)、信州大1(1)、金沢大1(1)、岐阜大2(2)、岡山大4(3)、香川大2(2)、鳥取大1(1)、島根大3(3)、山口大1(1)、佐賀大1(1)、宮崎大1、大阪公立大4(3)、奈良県立大3(3)、兵庫県立大3(3)、広島市立大1(1)、関西大31(28)、関西学院大15(11)、同志社大9(8)、立命館大36(30)、京都産業大41(41)、近畿大113(105)、甲南大7(7)、龍谷大61(60)、京都女子大17(17)、同志社女子大5(5)、武庫川女子大2(2)、早稲田大1(1)、中央大1(1)、明治大1

清教学園 中学校

https://www.seikyo.ed.jp

■ 学校長／森野　章二　■ 副校長／菊岡　秀行　■ 教　頭／西村　優子　■ 生徒数／男子216名　女子230名

| 住　　所 | 〒586-8585　河内長野市末広町623 | TEL | 0721-62-6828 |

| 交通機関 | 南海高野線・近鉄長野線『河内長野駅』より徒歩約10分。南海本線『岸和田駅』『泉佐野駅』よりスクールバス約50分。泉北高速線『和泉中央駅』よりスクールバス約30分。水間鉄道『水間駅』よりスクールバス約40分。 |

特色

「神なき教育は知恵ある悪魔をつくり、神ある教育は愛ある知恵に人を導く」の精神のもと、一人ひとりの賜物を生かす人間教育を目指しています。S特進Ⅰ類・Ⅱ類のグレード別に募集。カリキュラムや教材は共通ですが、類別に一部深度を変えた学習に取り組んでいます。中学・高校の6か年一貫教育を前期（中1～2）・中期（中3～高1）・後期（高2～高3）の3期に分け、中3から一部高校の課程を導入。また、高2からは文系理系別の授業、高3では進路別・目的別の授業や補習を実施しています。卒業生の4割が現役で国公立大学へ進学。部活動加入率は中学全体で90％以上と文武両道である点も特色と言えます。

2024年度入試要項

試 験 日	前期1月13日　後期1月15日
募集人員	全入試合わせて S特進Ⅰ類S特進Ⅱ類計男女140名
試験科目	3教科型算・国〔各60分／各100点〕 　　　理〔30分／50点〕 4教科型算・国〔各60分／各100点〕 　　　理・社〔各30分／各50点〕 ＊3教科型／4教科型いずれかを選択 面接（前期専願）
合格発表日	前期1月13日〔web20:00以降〕 1月14日〔掲示10:00～〕 後期1月15日〔web20:00以降〕 1月16日〔掲示10:00～〕
受 験 料	20,000円
出願期間	前期12月5日～1月10日〔web15:00〕 後期12月5日～1月14日〔web15:00〕
入学手続	前期専願　1月14日〔12:00〕 後期専願　1月16日〔12:00〕 前期後期併願1月18日〔15:00〕

学校行事開催日程一覧

◆**説明会**　10/7(土)　10/21(土)

◆**校外進学相談会**
　　　10/22(日)〔河内長野〕　10/29(日)〔堺〕

◆**清教中学模試**　11/3(祝)

◆**成績懇談会**　11/23(祝)

◆**文化祭**　9/16(土)〔受験希望者・保護者見学可〕

◆**体育祭**　〔非公開〕

＊各イベント等につきましては、今後新型コロナウイルス感染状況により日程の変更及び中止の場合もございます。各学校ホームページ等でご確認下さい。

入 試 状 況

				募集人員	志望者数	受験者数	合格者数	実質倍率	合格最低点(%)
2023	前期	S特進Ⅱ類	男子	120	92	92	34	2.7	専願:217(72%)
			女子		85	85	41	2.1	併願:238(79%)
		S特進Ⅰ類	男子		5	4	2(44)	2.0	専願:179(60%)
			女子		7	7	3(32)	2.3	併願:203(68%)
	後期	S特進Ⅱ類	男子	20	41	32	1	32.0	専願:238(79%)
			女子		33	26	3	8.7	併願:257(86%)
		S特進Ⅰ類	男子		5	4	0(11)	—	専願:216(72%)
			女子		6	6	0(9)	—	併願:219(73%)
2022	前期	S特進Ⅱ類	男子	120	93	93	45	2.1	専願:199(66%)
			女子		98	96	35	2.7	併願:218(73%)
		S特進Ⅰ類	男子		7	7	4(31)	1.8	専願:166(55%)
			女子		9	9	2(45)	4.5	併願:198(66%)
	後期	S特進Ⅱ類	男子	20	46	35	4	8.8	専願:219(73%)
			女子		54	46	10	4.6	併願:233(78%)
		S特進Ⅰ類	男子		3	3	0(7)	—	専願:199(66%)
			女子		7	7	1(15)	7.0	併願:214(71%)

※（　）内は廻し合格者数

2023年度進学状況

❖併設高校へ（卒業生数及び進学者数／非公表）
❖高校卒業生数 388名
❖主要大学への合格実績（　）内は現役合格者数

京都大1、大阪大7(4)、神戸大7(7)、北海道大1(1)、九州大3(3)、大阪教育大9(8)、京都教育大1、京都工芸繊維大2(2)、奈良教育大1(1)、滋賀大1(1)、和歌山大33(32)、東京海洋大1、横浜国立大1(1)、山形大1(1)、宇都宮大1(1)、千葉大1(1)、富山大1(1)、信州大2(1)、金沢大1(1)、愛知教育大1(1)、三重大1(1)、岡山大3(2)、香川大5(5)、愛媛大2(2)、徳島大2(2)、高知大1(1)、広島大1(1)、鳥取大3(2)、島根大4(3)、山口大1(1)、長崎大1(1)、熊本大1(1)、大分大1(1)、宮崎大2、大阪公立大33(31)、京都府立大2(2)、神戸市外国語大1(1)、奈良県立大4(4)、滋賀県立大2(2)、兵庫県立大5(4)、東京都立大1、横浜市立大1(1)、高崎経済大2(2)、都留文科大2(2)、福井県立大2(2)、名古屋市立大2(2)、岡山県立大1(1)、島根県立大1、下関市立大1(1)、北九州市立大1(1)、和歌山県立大1(1)、関西大254(249)、関西学院大69(66)、同志社大75(63)、立命館大111(97)、近畿大8(8)、大阪医科薬科大6(4)、関西医科大1(1)、大阪歯科大1(1)、京都薬科大1(1)、神戸薬科大3(2)、摂南大5(3)、大阪大谷大1、神戸学院大3(3)、武庫川女子大2(1)、慶應義塾大1(1)、上智大1(1)、国際基督教大1(1)、東京理科大1、立教大3(1)、青山学院大2(2)、明治大4、北里大2

清風南海 中学校

https://www.seifunankai.ac.jp

■ 学校長／平岡 正 ■ 教 頭／福井 恵 ■ 生徒数／男子563名 女子298名

| 住 所 | 〒592-0014 高石市綾園5-7-64 | TEL | 072-261-7761 |

交通機関
南海本線『北助松駅』より徒歩5分。
南海本線『高石駅』より徒歩7分。

特色
勤勉と責任を重んじ自立的精神を養うと共に、明朗にして誠実、常に希望の中に幸福を見い出し、社会のすべてから安心と尊敬と信頼の対象となり、信用される人物を育成するため、仏教を中心とした宗教による教育を実践しています。1. 人間性を重んじ、厳しい規律と創造的学習訓練の中で、生徒が習得した学力が将来大きな創造力を生み出す基盤となるような徹底した指導を行います。2. 教師と生徒、生徒相互の人間的なふれあいと信頼関係を大切にします。3. 日常のふれあいを通しての観察、個人的指導計画により徹底した個別指導を行います。4. 学習に遅れがちな者に対しては特別補習や、放課後のマンツーマン指導なども行っています。

2024年度入試要項

試験日	A S G 1月14日 B 1月16日
募集人員	A スーパー特進男女約 70名 　特進男女約110名 S G スーパー特進男女約 20名 　特進男女約 20名 B スーパー特進男女約 20名 　特進男女約 30名
試験科目	A B 4教科型算・国〔各60分／各120点〕 　理・社〔各40分／各 80点〕 3教科型算・国〔各60分／各120点〕 　理〔 40分／ 80点〕 ＊4教科型／3教科型いずれかを選択 S G 算・国〔各60分／各120点〕 　理〔 40分／ 80点〕
合格発表日	A S G 1月15日〔web14:00〜／郵送〕 B 1月17日〔web14:00〜／郵送〕
受験料	20,000円
出願期間	12月1日〜1月10日〔web23:59〕
入学手続	A S G 1月16日〔銀行振込14:00〕 B 1月18日〔銀行振込14:00〕

学校行事開催日程一覧

◆説明会　11/18(土)
◆プレテスト　11/11(土)
◆学校見学　随時受付
◆文化祭　9/2(土)〔受験希望者・保護者見学可・要事前申込〕
◆体育祭〔非公開〕

＊各イベント等につきましては、今後新型コロナウイルス感染状況により日程の変更及び中止の場合もございます。各学校ホームページ等でご確認下さい。

入試状況

				募集人員	志望者数	受験者数	合格者数	実質倍率	合格最低点(%)
2023	A	S特進	男子	約70	780	767	195	1.8	295(74%)
			女子						
		特進	男子	約110			229		266(67%)
			女子						
	SG	S特進	男子	約20	88	86	34	1.5	320(80%)
			女子						
		特進	男子	約20			23		280(70%)
			女子						
	B	S特進	男子	約20	567	446	88	2.1	285(71%)
			女子						
		特進	男子	約30			122		252.5(63%)
			女子						

2023年度進学状況

❖併設高校へ卒業生男子157名中、153名進学（97%）　女子104名中、98名進学（94%）
❖高校卒業生数 301名
❖主要大学への合格実績（ ）内は現役合格者数
東京大6(5)、京都大29(18)、大阪大30(19)、神戸大18(13)、北海道大5(2)、東北大1、東京工業大2(1)、名古屋大1、九州大2、奈良女子大2(1)、大阪教育大1(1)、京都工芸繊維大4(2)、和歌山大13(9)、横浜国立大1(1)、山形大1(1)、千葉大1(1)、静岡大2(1)、信州大2、金沢大1、岐阜大1(1)、三重大3(1)、岡山大2、香川大2(2)、愛媛大1、徳島大3(2)、高知大3(2)、広島大1、鳥取大9(7)、島根大1(1)、山口大3(2)、鹿児島大2、滋賀医科大2(1)、東京医科歯科大1(1)、大阪公立大42(33)、奈良県立大2(2)、兵庫県立大4(2)、釧路公立大1、名古屋市立大1、岡山県立大1(1)、京都府立医科大2(1)、奈良県立医科大4(2)、和歌山県立医科大8(7)、福島県立医科大1、防衛医科大2(1)、関西大53(28)、関西学院大82(37)、同志社大76(38)、立命館大67(40)、京都産業大8(3)、近畿大136(80)、甲南大2(2)、龍谷大9(4)、大阪医科薬科大1(1)、関西医科大9(7)、兵庫医科大3(3)、大阪歯科大2(1)、京都薬科大3(2)、神戸薬科大1、大阪工業大4(1)、追手門学院大1、摂南大15(5)、四天王寺大3(3)、大阪経済大4(1)、大阪大谷大2(1)、大和大2、京都精華大1(1)、武庫川女子大1(1)、早稲田大23(13)、慶應義塾大9(4)、上智大2、東京理科大8(3)、中央大2、学習院大1(1)、明治大3(2)、北里大2(1)、東海大1(1)、岡山理科大2(1)、東京歯科大2、金沢医科大1、愛知医科大2(1)、松本歯科大1(1)、産業医科大2(1)

高槻 中学校

https://www.takatsuki.ed.jp

■ 学校長／工藤　剛　■ 教　頭／池田　祥行・前田　秀樹・平沢　真人　■ 生徒数／男子494名　女子319名

| 住　所 | 〒569-8505　高槻市沢良木町2-5 | TEL | 072-671-0001 |

| 交通機関 | 阪急京都線『高槻市駅』より徒歩7分。JR京都線『高槻駅』より徒歩16分。京阪本線『枚方駅』よりバス20分。 |

特色

確かな学力・豊かな人間性・健やかな心身の育成と、変化する社会に積極的に対応し得る能力・意欲・創造性を養うことを教育方針とし、その実現のために以下の教育を行います。①6年一貫教育のメリットを活かしたカリキュラムを編成し、高い学力が確かに身につく指導を行います。②次代を担う人物に求められる力は何かを常に考慮し、最高水準を追求した教育活動を展開します。③規律ある学校生活を通して、自らを律して行動する力や規範意識、高い倫理観を育みます。④コミュニケーション力やリーダーシップ、レジリエンス（しなやかな強さ）を身につけ、さらに生涯にわたって健やかな生活を送るための体力を育成します。⑤国際教育に積極的に取り組み、卓越した語学力とグローバルマインドセットを養うために様々な教育プログラムを提供します。⑥学びを支えるリテラシーや批判的思考力、プレゼンテーション力、自己管理能力を育成し、生徒自らが課題を発見し解決する意識と能力を育むため探究型の教育を行います。⑦学校行事や課外活動、高大連携講座、ボランティア活動などを通して視野を拡げ、主体性と協働意識、他者尊重と社会貢献の精神を涵養します。

2024年度入試要項

試験日	A英語選択型1月13日　B1月14日PM
募集人員	A　　　　　男子約100名　女子約80名
	英語選択型男女　若干名
	B　　　　　男子約60名　女子約30名
試験科目	A3教科型算・国　〔各60分/各120点〕
	理　〔40分/80点〕
	4教科型算・国　〔各60分/各120点〕
	理・社　〔各40分/各80分〕
	＊3教科型/4教科型いずれかを選択
	英語選択型算・国〔各60分/各120点〕
	英　〔40分/100点〕
	英語リスニング〔30分/60点〕
	B　算・国　〔各60分/各120点〕
	理　〔40分/80点〕
合格発表日	A英語選択型1月14日〔掲示10:00〜・web11:00〜〕
	B　　　1月16日〔掲示10:00〜・web11:00〜〕
受験料	20,000円
出願期間	12月5日〜1月5日〔web11:59〕
入学手続	A英語選択型1月15日〔web23:59〕
	B　　　1月17日〔web23:59〕

学校行事開催日程一覧

◆説明会　10/7(土)　10/14(土)　10/28(土)
　　　　　11/4(土)　11/5(日)

◆高1オープンキャンパスプロジェクト　11/11(土)

◆文化祭　9/16(土)〜17(日)〔非公開〕

◆体育祭　5/22(月)〔非公開〕

＊各イベント等につきましては、今後新型コロナウイルス感染状況により日程の変更及び中止の場合もございます。各学校ホームページ等でご確認下さい。

入試状況

			募集人員	志望者数	受験者数	合格者数	実質倍率	合格最低点(%)
2023	A	男子	約100	351	321	122	2.6	246(62%)
		女子	約80	298	286	124	2.3	258(65%)
	英語	男子	若干名	41	39	17	2.3	241(60%)
		女子	若干名					
	B	男子	約60	941	793	351	2.3	208(65%)
		女子	約30	429	343	111	3.1	243(67%)
2022	A	男子	約100	351	323	120	2.7	283.75(71%)
		女子	約80	226	216	124	1.7	290(73%)
	英語	男子	若干名	37	37	15	2.5	282(71%)
		女子	若干名					
	B	男子	約60	863	714	339	2.1	199(62%)
		女子	約30	397	299	97	3.1	212(66%)
2021	A	男子	約120	347	310	143	2.2	241(60%)
		女子	約60	224	217	95	2.3	281(70%)
	英語	男子	若干名	34	31	14	2.2	234(59%)
		女子	若干名					
	B	男子	約60	821	672	305	2.2	217(68%)
		女子	約30	432	355	91	3.9	229(72%)

2023年度進学状況

❖併設高校へ卒業生男子168名中、166名進学（99%）　女子93名中、91名進学（98%）
❖高校卒業生数男子248名
❖主要大学への合格実績（　）内は現役合格者数
東京大5(4)、京都大27(23)、大阪大25(15)、神戸大22(17)、北海道大7(2)、東北大3、筑波大2(2)、一橋大2(2)、名古屋大2(1)、九州大3(1)、奈良女子大1(1)、大阪教育大2(1)、京都工芸繊維大7(3)、滋賀大1(1)、東京農工大1(1)、横浜国立大1、山梨大1(1)、富山大1、静岡大2(2)、信州大1(1)、金沢大1(1)、福井大4(2)、名古屋工業大2、岐阜大1(1)、三重大2、岡山大3(1)、香川大2、愛媛大1、高知大1、広島大2(1)、島根大2(1)、山口大1、長崎大4(2)、熊本大1(1)、宮崎大3(2)、鹿児島大1、琉球大1(1)、滋賀医科大2(1)、浜松医科大1、大阪公立大28(20)、京都府立大1(1)、神戸市外国語大2(2)、奈良県立大1、兵庫県立大6(3)、横浜市立大1(1)、名古屋市立大3(1)、京都府立医科大2(2)、奈良県立医科大2(2)、和歌山県立医科大1(1)、岐阜薬科大1(1)、防衛大3(2)、防衛医科大1、関西大73(41)、関西学院大94(71)、同志社大101(61)、立命館大188(103)、近畿大149(40)、大阪医科薬科大20(16)、関西医科大10(7)、兵庫医科大9(5)、大阪歯科大4(3)、京都薬科大7(6)、摂南大2(3)、神戸学院大2、早稲田大13(7)、慶應義塾大4(4)、上智大5(5)、東京理科大15(6)、北里大3、日本大1(1)、東海大1、岡山理科大1、岩手医科大3、金沢医科大4、愛知医科大2、川崎医科大2、産業医科大2(1)

46

帝塚山学院泉ヶ丘 中学校

http://www.tezuka-i-h.jp/

■ 学校長／江口 宗茂　■ 副校長／飯田 哲郎・井元 成浩　■ 教 頭／松村 吉祐・前田 宏樹　■ 生徒数／男子 186 名 女子 305 名

| 住　　所 | 〒 590-0113　堺市南区晴美台 4-2-1 | TEL | 072-293-1221 |

| 交通機関 | 泉北高速鉄道『泉ヶ丘駅』よりバス 8 分。南海本線『金剛駅』よりバス 15 分。いずれも『帝塚山学院泉ヶ丘校前』下車。南海本線『泉大津駅』・JR 阪和線『和泉府中駅』・近鉄長野線『富田林駅』はじめ直行バス 4 ルート運行。 |

| 特色 | 自然豊かな泉北ニュータウンの高台にあり、落ち着いた環境のもとで学習し、行事やクラブ活動に打ち込むことができます。教育の進め方は、3 つのコース（Ⅱ類選抜・Ⅱ類・Ⅰ類）を設置し、学力に応じた内容となっています。特にⅡ類選抜・Ⅱ類は、中学 3 年生から先取り学習を中心に進め、よりレベルの高い課題に取り組み、思考力や応用力を高めます。Ⅰ類は、豊富な授業時数を活かして、反復学習と丁寧な学習指導によって学力の定着を図ります。高校 2 年生からは英語の授業が豊富なうえに実戦英語、国際理解などの独自の教科を設けている国際英語コースを、高校 3 年生からは薬学部や歯学部などへの進学に特化した薬学系コースを設け、生徒の多様な進路希望に対応します。 |

2024 年度入試要項

試 験 日
①A 1月13日　　①B 1月13日 PM
②　1月14日 PM

募集人員
①AB Ⅱ類選抜Ⅱ類Ⅰ類男女約130名
②　Ⅱ類選抜Ⅱ類Ⅰ類男女約 10名

試験科目
①A 3教科型算・国〔各60分/各120点〕
　　　　理〔 40分/ 80点〕
　　4教科型算・国〔各60分/各120点〕
　　　　理・社〔各40分/各 80点〕
　　＊3教科型/4教科型いずれかを選択
①B② 　算・国〔各60分/各120点〕

合格発表日
①AB 1月14日〔掲示・web12:00〜〕
②　1月15日〔掲示・web12:00〜〕

受 験 料
20,000円
（複数回出願しても、追加の検定料は不要）

出願期間
①AB 12月1日〜1月11日〔web16:00〕
②　12月1日〜1月14日〔web15:30〕

入学手続
①AB専願　1月14日〔web17:00〕
②　専願　1月15日〔web17:00〕
①AB②併願 1月17日〔web17:00〕

学校行事開催日程一覧

◆入試プレテスト　11/3(祝)
◆入試プレテスト個別懇談会・教科別アドバイス会
　　　　11/18(土)
◆文化祭〔非公開〕
◆体育祭〔非公開〕

＊各イベント等につきましては、今後新型コロナウイルス感染状況により日程の変更及び中止の場合もございます。各学校ホームページ等でご確認下さい。

入 試 状 況

			募集人員	志望者数	受験者数	合格者数	実質倍率	合格最低点(%)
2023	①A	Ⅱ類選抜	男子	約130	219	203	57	1.2	非公表
			女子						
		Ⅱ類	男子				64		
			女子						
		Ⅰ類	男子				55		
			女子						
	①B	Ⅱ類選抜	男子		357	349	100	1.3	
			女子						
		Ⅱ類	男子				78		
			女子						
		Ⅰ類	男子				86		
			女子						
	②	Ⅱ類選抜	男子	約10	276	173	29	1.5	
			女子						
		Ⅱ類	男子				35		
			女子						
		Ⅰ類	男子				48		
			女子						

2023 年度進学状況

❖併設高校へ卒業生男子 59 名中、57 名進学（97％）　女子 96 名中、94 名進学（98％）
❖高校卒業生数 273 名
❖併設大学・短期大学への進学　帝塚山学院大学 1 名〔リベラルアーツ 1〕
❖主要大学への合格実績　（ ）内は現役合格者数
京都大 4(3)、大阪大 11(9)、神戸大 4(2)、北海道大 1(1)、九州大 1(1)、大阪教育大 7(7)、京都工芸繊維大 2(1)、奈良教育大 1(1)、和歌山大 23(20)、横浜国立大 1(1)、北見工業大 3(3)、山形大 1、富山大 1(1)、静岡大 1(1)、信州大 1(1)、三重大 2(2)、愛媛大 1、徳島大 3(2)、高知大 1(1)、広島大 1(1)、鳥取大 4(2)、島根大 1、鹿児島大 1(1)、琉球大 1(1)、大阪公立大 20(18)、神戸市外国語大 1(1)、奈良県立大 3(3)、滋賀県立大 2(1)、兵庫県立大 7(5)、京都市立芸術大 1(1)、都留文科大 1(1)、新潟県立大 1(1)、福井県立大 1(1)、名古屋市立大 1(1)、岡山県立大 5(4)、高知県立大 2(2)、和歌山県立医科大 3(3)、関西大 78(70)、関西学院大 76(67)、同志社大 41(51)、立命館大 48(31)、近畿大 19(18)、大阪医科薬科大 7(6)、関西医科大 3(3)、兵庫医科大 1(1)、大阪歯科大 1(1)、京都薬科大 3(3)、神戸薬科大 5(5)、摂南大 5(5)、大阪大谷大 2(2)、神戸学院大 1(1)、同志社女子大 1(1)、武庫川女子大 4(4)、早稲田大 2(1)、慶應義塾大 2(1)、上智大 1(1)、東京理科大 7(6)、中央大 2(1)、明治大 2(1)、法政大 2、北里大 1(1)、愛知学院大 3(1)、岡山理科大 1(1)、岩手医科大 1、愛知医科大 1、朝日大 3(3)、川崎医科大 2

大阪府
兵庫県
京都府
奈良県
和歌山県
滋賀県
その他

中 東海大学付属大阪仰星 高等学校／中等部

https://www.tokai-gyosei.ed.jp/

■ 学校長／小寺　建仁　■ 副校長／鞆安　孝郎　■ 教　頭／相根　康二　■ 生徒数／男子 183 名　女子 68 名

| 住　所 | 〒573-0018　枚方市桜丘町 60-1 | TEL | 072-849-7211 |

交通機関　京阪交野線『村野駅』下車徒歩約 10 分。スクールバス運行高槻方面（ＪＲ高槻 - 阪急高槻市 - 春日町 - 辻子 - 枚方大橋北 - 学校）奈良方面（近鉄学園前 - 登美ヶ丘 - 白庭台 - 田原台 - 学校）

特色

将来、豊かな人生を送れるように、生徒一人ひとりが成長できる教育を行っています。
本校は高校 1983 年、中等部 1996 年の創立以来、東海大学の付属校として「建学の精神」に基づき、「真の文武両道」を体現する高等学校・中等部をめざしてきました。その結果、クラブ活動をはじめ特色ある学校行事、進学指導、GLOBAL 教育などさまざまな教育活動が地域の方々からの信頼と評価を得ております。今後も中等部・高等学校・大学の学園連携のスケールメリットと人的財産を最大限に活かし、未来のリーダーを育てていくことが学校の責務だと考えております。今日の国際社会では環境問題・文化対立・経済危機などグローバル化、ボーダレス化した諸問題が毎日のように語られています。本校では、生徒たち一人ひとりが、今や世界的なキーワードとも言える「Ｓ DGs（持続可能な開発目標）」を「自分ごと」として捉え、世界の現状を正しく理解するとともに、地域コミュニティを中心に自分たちにできることにチャレンジしていく（Think Globally, Act Locally）姿勢を身につけられるような教育を実践していきます。こうしたことは将来、地球市民として国際社会で貢献できる人材の育成につながるものと信じております。本校では、そのために必要な資質・能力を「チーム仰星 10 のチカラ（TG10Cs）」として定義し、授業・学校行事・課外活動などを通じて身につけるような教育実践を行ってまいります。

2024 年度入試要項

試 験 日	A 1月13日　　　B 1月14日 C 1月15日 PM
募集人員	ＡＢＣ合わせて 英数特進男女35名　総合進学男女70名
試験科目	A 英数特進 　　算・国　　　〔各50分/各100点〕 　　理・社・英より1科目選択〔 40分/ 80点〕・面接 A 総合進学 　　国　　　〔 50分/ 100点〕必須 　　算　　　〔 50分/ 100点〕 　　英（リスニング含む）より1科目選択 　　　　　　〔 40分/ 80点〕・面接 BC 算・国　〔各50分/各100点〕・面接
合格発表日	ＡＢ 1月15日〔掲示11:00～〕 C　 1月18日〔掲示15:00～〕
受 験 料	20,000円 （A・B・C日程同時出願の場合は、40,000円） （A・B日程、A・C日程、B・C日程同時出願の場合は、30,000円）
出願期間	A 12月7日～1月12日〔web12:00〕 B 12月7日～1月14日〔web 8:00〕 C 12月7日～1月15日〔web16:00〕
入学手続	ＡＢ 1月17日〔15:00〕 C　 1月19日〔15:00〕

学校行事開催日程一覧

◆説明会　11/4（土）　11/18（土）

◆オープンスクール　10/21（土）

◆プレテスト　11/4（土）

◆Gyosei Meeting フェス　3/23（土）

◆文化祭　9/30（土）～10/1（日）〔公開・要事前予約〕

◆体育祭　〔非公開〕

＊各イベント等につきましては、今後新型コロナウイルス感染状況により日程の変更及び中止の場合もございます。各学校ホームページ等でご確認下さい。

入 試 状 況

			募集人員	志望者数	受験者数	合格者数	実質倍率	合格最低点(%)
2023	A	英特	英特 35	27	26	22	1.2	141(50%)
		総進	総進 70	51	50	47(4)	1.1	78(39%)
	B	英特		29	29	22	1.3	106(53%)
		総進		46	45	40(7)	1.1	70(35%)
	C	英特		26	3	1	3.0	非公表
		総進		41	4	4(2)	1.0	
2022	A	英特	英特 35	28	28	22	1.3	160(57%)
		総進	総進 70	58	58	56(5)	1.0	73(37%)
	B	英特		46	46	34	1.4	123(62%)
		総進		52	52	41(10)	1.3	90(45%)
	C	英特		30	5	2	2.5	非公表
		総進		52	4	3(3)	1.3	
2021	A	英特	英特 40	24	24	18	1.3	179(64%)
		総進	総進 80	50	56	54(6)	1.0	81(41%)
	B	英特		30	28	23	1.2	110(55%)
		総進		47	51	39(5)	1.3	66(33%)
	C	英特		24	3	3	1.3	168(84%)
		総進		43	3	3	1.7	103(52%)

※（　）内は廻し合格者数

2023 年度進学状況

❖併設高校へ卒業生男子 94 名中、83 名進学（88%）　女子 19 名中、16 進学（84%）
❖高校卒業生数 329 名
❖併設大学・短期大学への進学
　東海大 33名〔体育 13・情報通信 3・工学 3・文学 2・海洋 2・法 2・健康 2・農学 1・情報理工 1・人文 1・教養 1・文化社会 1・建築都市 1〕
　ハワイ東海大短大 1 名〔教養 1〕
❖**主要大学への合格実績** （　）内は現役合格者数
　大阪大 1(1)、神戸大 1(1)、筑波大 2(1)、九州大 1(1)、大阪教育大 1(1)、京都教育大 2(1)、京都工芸繊維大 1(1)、滋賀大 1(1)、帯広畜産大 1(1)、福井大 1、三重大 1(1)、岡山大 1(1)、愛媛大 1(1)、徳島大 1(1)、長崎大 1(1)、大阪公立大 3(3)、奈良県立大 1(1)、滋賀県立大 1(1)、兵庫県立大 1、横浜市立大 1(1)、関西大 60(59)、関西学院大 8(6)、同志社大 27(26)、立命館大 12(12)、京都産業大 30(26)、近畿大 105(94)、甲南大 5(5)、龍谷大 34(26)、大阪歯科大 1(1)、関西外国語大 11(11)、京都外国語大 5(2)、桃山学院大 20(20)、大阪工業大 10(10)、追手門学院大 10(10)、摂南大 80(65)、四天王寺大 2(2)、大阪学院大 3(3)、大阪経済大 6(6)、大阪電気通信大 14(9)、大阪産業大 11(8)、大和大 8(3)、佛教大 24(24)、京都橘大 15(15)、神戸学院大 7(7)、京都女子大 14(11)、同志社女子大 11(11)、武庫川女子大 9(9)、神戸女子大 3(3)、甲南女子大 3(3)、大阪芸術大 2(2)、大阪音楽大 1(1)、京都芸術大 1(1)、早稲田大 2(1)、青山学院大 1(1)、明治大 1(1)

48

同志社香里 中学校

https://www.kori.doshisha.ac.jp/

■ 学校長／瀧 英次 ■ 教 頭／藤井 宏樹 ■ 生徒数／男子 391 名 女子 379 名

| 住　所 | 〒572-8585　寝屋川市三井南町 15-1 | TEL | 072-831-0285 |

| 交通機関 | 京阪本線『香里園駅』より徒歩 18 分。 |

特色　キリスト教を基とする全人的な人材育成を教育理念とし、各自の個性・特技・趣味を生かすカリキュラムが組まれている。すなわち、学習面においてほとんどの学生が同志社大学・同志社女子大学へ推薦入学できるため、受験本位の過激な勉強は避けられ、各自の問題意識に即した学問の探究がなされる。また、週１時間の聖書科の時間の設置やボランティア活動・礼拝を通して、バランス感覚に富んだ人格形成が行われている。

2024 年度入試要項

試 験 日	前期1月13日　後期1月15日
募集人員	前期男子約95名　女子約95名 後期男子約25名　女子約25名
試験科目	算・国〔各50分/各120点〕 理・社〔各40分/各 80点〕
合格発表日	前期1月14日〔郵送/web17:00〜〕 後期1月16日〔郵送/web17:00〜〕
受 験 料	20,000円
出願期間	12月1日〜1月8日〔web〕
入学手続	前期1月19日〔web23:59〕 後期1月20日〔web11:59〕

学校行事開催日程一覧

◆ 文化祭　11/4(土)〔公開〕
◆ 体育祭　5/11(木)

＊各イベント等につきましては、今後新型コロナウイルス感染状況により日程の変更及び中止の場合もございます。各学校ホームページ等でご確認下さい。

入 試 状 況

			募集人員	志望者数	受験者数	合格者数	実質倍率	合格最低点(%)
2023	前期	男子	約95	262	241	105	2.3	265(66%)
		女子	約95	205	199	101	2.0	254(64%)
	後期	男子	約25	432	268	72	3.7	281(70%)
		女子	約25	378	253	96	2.6	268(67%)
2022	前期	男子	約95	262	253	108	2.3	263.75(66%)
		女子	約95	272	260	106	2.5	261(65%)
	後期	男子	約25	487	327	70	4.7	286.25(72%)
		女子	約25	451	296	63	4.7	284(71%)
2021	前期	男子	約95	254	243	113	2.2	290(73%)
		女子	約95	237	229	107	2.1	287(72%)
	後期	男子	約25	474	276	51	5.4	288(72%)
		女子	約25	440	269	76	3.5	277(69%)

2023 年度進学状況

❖併設高校へ進学男子 122 名中、117 名進学（96%）　女子 122 名中、119 名進学（98%）
❖高校卒業生数 295 名
❖併設大学・短期大学への進学
　同志社大学 276 名〔法学 64・商学 45・経済 33・理工 26・社会 22・政策 20・文学 15・心理 10・文化情報 10・生命医科学 10・グローバル地域文化 7・スポーツ健康 7・グローバルコミュニケーション 6・神 1〕
　同志社女子大学 7 名〔薬学 4・学芸 1・看護 1・生活科学 1〕
❖主要大学への合格実績（ ）内は現役合格者数
　大分大 1(1)、大阪工業大 1(1)、帝塚山学院大 1(1)

浪　速　中学校

https://www.naniwa.ed.jp

■ 学校長／西田　陽一　■ 教　頭／山本　英俊　■ 生徒数／男子271名　女子141名

| 住　所 | 〒558-0023　大阪市住吉区山之内2-13-57 | TEL | 06-6693-4031 |

交通機関　南海高野線『我孫子前駅』より徒歩約6分。ＪＲ阪和線『杉本町駅』下車徒歩約8分。『我孫子町駅』下車徒歩約9分。大阪メトロ御堂筋線『あびこ駅』下車徒歩約14分。

特色　「神社神道」を建学の精神とし、「浄・明・正・直」の心を深め、民主的・自主的人格を持つ健全で良識のある頼もしい生徒の育成を目指します。中・高6か年を通してきめ細かい行き届いた教育で、早朝学習・放課後の補習などの実践により、生徒一人ひとりの学力向上に努めます。また、英・数・国の授業は、週平均6時間（3年は平均7時間）をあて、特に英語は外国人講師とのT.T.指導を行い、生きた英語にふれさせています。平成19年度より男女共学になりました。

2024年度入試要項

試験日
①A 1月13日　Ⅰ類選抜A 1月13日PM
①B 1月14日　Ⅰ類選抜B 1月15日PM
② 1月16日　2月特別選抜 2月2日

募集人員
Ⅰ類（6年コース）Ⅱ類（3年コース）男女約120名
①A Ⅰ類選抜A　Ⅰ類Ⅱ類　　　　男女約100名
（Ⅰ類選抜AはⅠ類のみ募集）
①B　　　　　　　Ⅰ類Ⅱ類　　　　男女約15名
Ⅰ類選抜B　　　Ⅰ類　　　　　　男女若干名
②2月特別選抜　Ⅰ類Ⅱ類　　　　男女若干名

試験科目
①A①B Ⅰ類算・国　　　　〔各50分/各100点〕
　　　　理・社いずれか1科目選択〔30分/50点〕
　　　Ⅱ類算・国　　　　〔各50分/各100点〕
Ⅰ類選抜A②算・国　　　〔各50分/各100点〕
Ⅰ類選抜B 算　　　　　〔50分/100点〕
2月特別選抜
　ＡＯ型入試　書類審査・面接

合格発表日
①A Ⅰ類選抜A 1月13日〔web〕1月14日〔掲示10:00〜〕
①B　　　　　 1月14日〔web〕1月15日〔掲示10:00〜〕
Ⅰ類選抜B　　1月15日〔web〕1月16日〔掲示10:00〜〕
②　　　　　　1月16日〔web〕1月17日〔掲示10:00〜〕
2月特別選抜　2月2日〔web〕

受験料
20,000円（1次A入試検定料納入者は、2回目以降不要）
（1次入試に出願しない場合は、1回目を20,000円、2回目以降は半額に減免する。）
（いずれも2月特別選抜除く）

出願期間
①A　　　　 12月11日〜1月12日〔web16:00〕
Ⅰ類選抜A 12月11日〜1月13日〔web16:00〕
①B　　　　 12月11日〜1月14日〔web 7:50〕
Ⅰ類選抜B 12月11日〜1月15日〔web14:30〕
②　　　　　12月11日〜1月16日〔web 7:50〕
2月特別選抜12月11日〜2月2日〔web 7:50〕

入学手続
①A Ⅰ類選抜A 1月14日〜1月15日〔16:00〕
①B Ⅰ類選抜B 1月16日〔16:00〕
②　　　　　　1月17日〔16:00〕
2月特別選抜　2月2日〔17:00〕

学校行事開催日程一覧

◆説明会　10/14（土）　11/18（土）　11/25（土）
◆プレテスト　10/14（土）　11/18（土）
◆受験対策勉強会　11/25（土）
◆校内見学会・個別相談会
　12/4（月）〜12/8（金）　12/11（月）〜12/15（金）
　12/16（土）・12/17（日）　12/8（月）〜12/23（土）
◆文化祭　9/17（日）
◆体育祭　〔非公開〕
＊各イベント等につきましては、今後新型コロナウイルス感染状況により日程の変更及び中止の場合もございます。各学校ホームページ等でご確認下さい。

入試状況

		募集人員	志望者数	受験者数	合格者数	実質倍率	合格最低点(%)
①A	Ⅰ類	約75	107	102	65	1.6	184(74%)
	Ⅱ類		50	47	40(32)	1.2	111(56%)
Ⅰ類選抜A	Ⅰ類		97	93	40(31)	2.3	125(63%)
①B	Ⅰ類	約15	92	44	17	2.6`	183(73%)
	Ⅱ類		27	11	4(23)	2.8	
Ⅰ類選抜B	Ⅰ類		23	3	1(1)	3.0	
②	Ⅰ類	若干名	31	13	3	4.3	非公表
	Ⅱ類		20	10	1(2)	10.0	
2月特別選抜	Ⅰ類		1	1	1	1.0	
	Ⅱ類		3	3	2	1.5	

2023

※（　）内は廻し合格者数

2023年度進学状況

❖併設高校へ卒業生男子80名中、77名進学（96%）　女子36名中、35名進学（97%）
❖高校卒業生数 617名
❖主要大学への合格実績（　）内は現役合格者数
京都大1、神戸大1(1)、大阪教育大2(2)、京都工芸繊維大1、滋賀大3(3)、和歌山大6(5)、三重大1、岡山大1(1)、香川大1(1)、愛媛大1、広島大1(1)、鳥取大1(1)、鹿児島大1(1)、大阪公立大7(5)、奈良県立大5(4)、兵庫県立大5(4)、都留文科大2(2)、福井県立大1(1)、下関市立大1(1)、山口県立大1(1)、防衛大2(1)、防衛医科大2(1)、関西大52(35)、関西学院大18(16)、同志社大11(8)、立命館大14(4)、京都産業大38(38)、近畿大157(134)、甲南大7(6)、龍谷大81(68)、兵庫医科大2(2)、関西外国語大45(36)、京都外国語大9(9)、桃山学院大132(124)、桃山学院教育大8(8)、大阪工業大31(27)、追手門学院大95(86)、摂南大154(149)、四天王寺大34(34)、大阪学院大8(8)、大阪経済大72(70)、大阪電気通信大45(39)、阪南大28(26)、大阪産業大23(23)、大阪商業大2(2)、大阪経済法科大12(12)、帝塚山学院大16(16)、相愛大1(1)、大阪大谷大11(11)、大和大26(22)、佛教大3(3)、大阪先端科学大1(1)、大谷大1(1)、大手前大5(5)、天理大3(3)、帝塚山大14(14)、畿央大9(9)、京都女子大2(2)、同志社女子大8(8)、武庫川女子大9(9)、神戸女子大2(2)、甲南女子大6(6)、梅花女子大5(5)、大阪樟蔭大19(19)、大阪芸術大19(19)、早稲田大1(1)、慶應義塾大1(1)、日本大3(3)、関西外国語短大5(3)、武庫川女子短大9(9)、常磐会短大2(1)

羽衣学園 中学校

http://www.hagoromogakuen.ed.jp

■ 学校長／中野　泰志　■ 教　頭／小山　秀樹　■ 生徒数／男子 99 名　女子 112 名

| 住　　所 | 〒 592-0003　高石市東羽衣 1-11-57 | TEL | 072-265-7561 |

| 交通機関 | 南海本線『羽衣駅』より徒歩 4 分。
ＪＲ阪和線『東羽衣駅』より徒歩 4 分。 |

特色

〈歴史と校風〉1923 年、羽衣高等女学校として創立、2023 年 4 月、100 周年を迎えました。世界にはばたく女性の育成を目指し、明るく自由な校風のなか「人間尊重」の教育理念に基づき、生徒一人ひとりの個性を伸ばすことを大切に指導し、現在に至っています。これまでの伝統を継承しながら、2013 年度より男女共学とし、新たな歴史を刻み始めました。共学化により、さらに充実した学園と進化し続けます。
○文理特進Ⅰコース　高校文理特進Ⅰ類コースに連携したコースで、先取りカリキュラムや反復学習に取り組む中でしっかりとした応用力を養成します。基礎学力の充実を図るために、朝礼テストや長期休業中の課外授業を大いに利用し、演習に多く取り組みます。中高連携の一貫指導で、国公立大学、難関私立大学への現役合格を目指します。
○文理特進Ⅱコース　高校文理特進Ⅱ類コースに連携したコースで、繰り返し重ね合う演習を行い、基礎学力を確実に定着させ、応用力へとつなげていきます。生徒の個性を生かしながら可能性を最大限に引き出すプログラムを通して成長を促します。Ⅰコースと同じカリキュラム・進度なので、学力の進展に応じてコース変更が可能となっています。中高連携の一貫指導で、生徒それぞれの課題を克服しながら、関関同立をはじめとする難関私立大学への現役合格を目指します。2015 年創立 90 周年記念事業として新校舎竣工。

2024 年度入試要項

試験日
① A 自己表現　1 月 13 日
① B 適性検査型 1 月 13 日 PM
② A　　　　　 1 月 14 日　　②B 1 月 15 日

募集人員
①②AB 合わせて
文理特進Ⅰ男女約 35 名　文理特進Ⅱ男女約 35 名
（自己表現若干名含む）
適性検査②AB 合わせて
文理特進Ⅰ男女若干名　文理特進Ⅱ男女若干名

試験科目
①A 文理特進Ⅰ
　2 科目型算・国　　　　　　〔各 50 分／各 100 点〕
　3 科目型算・国　　　　　　〔各 50 分／各 100 点〕
　　　　　理・社・英から 1 科目選択〔 30 分／ 50 点〕
　4 科目型算・国　　　　　　〔各 50 分／各 100 点〕
　　　　　理・社　　　　　　〔各 30 分／各 50 点〕
　＊ 2 科目型／ 3 科目型／ 4 科目型いずれかを選択
①A 文理特進Ⅱ
　2 科目型算・国　　　　　　〔各 50 分／各 100 点〕
　3 科目型算・国　　　　　　〔各 50 分／各 100 点〕
　　　　　英　　　　　　　　〔 30 分／ 50 点〕
　＊ 2 科目型／ 3 科目型いずれかを選択
①B②AB 算・国　　　　　　　〔各 50 分／各 100 点〕
自己表現　算〔50 分／100 点〕・国〔50 分／100 点〕または
　　　　　英〔30 分／50 点〕から 1 科目選択・面接
適性検査型国語的問題・算数的問題　〔各 50 分／各 100 点〕

合格発表日
①A 自己表現 1 月 13 日〔掲示 17：30 〜〕　①B 1 月 14 日〔掲示　9：00 〜〕
適性検査型　1 月 15 日〔郵送〕
②A　 1 月 14 日〔掲示 13：00 〜〕　②B 1 月 15 日〔掲示 13：30 〜〕

受験料
20,000 円
（1 次 A 入試または 1 次 B 入試の検定料納入者は、以後の 2 次 A・2 次 B 入試の検定料は免除します。また、2 次 A 入試からの検定料納入者も、以後の 2 次 B 入試の入学検定料は免除します。ただし、適性検査型入試を除く。）

出願期間
①AB 自己表現適性検査型②A
　　　　　12 月 10 日〜 1 月 11 日〔web16：00〕
②B　　　12 月 10 日〜 1 月 14 日〔web24：00〕

入学手続
①AB 自己表現専願 1 月 14 日〔12：00〕
　　　　併願 1 月 13 日〜 1 月 17 日〔16：00〕
適性検査型　専願 1 月 16 日〔12：00〕
②A　　　専願 1 月 14 日〔16：00〕
②B　　　専願 1 月 15 日〔16：00〕
②AB　　併願 1 月 13 日〜 1 月 17 日〔16：00〕
公立中高一貫校受験生適性検査型併願
　　　　　1 月 29 日〔12：00〕

学校行事開催日程一覧

◆オープンキャンパス　10/14（土）
◆プレテスト　11/5（日）
◆入試対策セミナー　11/25（土）
◆入試個別相談会　12/9（土）　12/16（土）
◆放課後見学会　12/23（土）
◆春のミニミニイベント　3/9（土）
◆文化祭　6/21（水）〔公開・要事前申込〕
◆体育祭　9/6（水）〔非公開〕

＊各イベント等につきましては、今後新型コロナウイルス感染状況により日程の変更及び中止の場合もございます。各学校ホームページ等でご確認下さい。

入試状況

			募集人員	志望者数	受験者数	合格者数	実質倍率	合格最低点(%)
2023	①A	文理特進Ⅰ	文特Ⅰ 30	60	59	52	1.1	2科：125(42%) 3科：130(43%) 4科：133(44%)
		文理特進Ⅱ	文特Ⅱ 30	26	26	23(7)	1.1	2科：89(30%) 3科：95(32%)
		自己表現						
	①B (適性検査型含む)	文理特進Ⅰ		63	62	48	1.3	85(34%)
		文理特進Ⅱ		22	22	16(9)	1.4	68(34%)
	②A	文理特進Ⅰ	若干名	58	13	10	1.3	非公表
		文理特進Ⅱ		25	3	0(1)	—	—
	②B	文理特進Ⅰ	若干名	40	7	5	1.4	非公表
		文理特進Ⅱ		16	2	0(2)	—	—

＊廻し合格者数含む

2023 年度進学状況

❖併設高校へ卒業生男子 24 名中、22 名進学（92%）　女子 36 名中、28 名進学（78%）
❖高校卒業生数 363 名
❖併設大学・短期大学への進学　羽衣国際大学 18 名〔人間生活 11・現代社会 7〕
❖主要大学への合格実績　（　）内は現役合格者数
大阪教育大 1(1)、奈良教育大 1(1)、和歌山大 6(6)、千葉大 1(1)、琉球大 1(1)、大阪公立大 3(3)、奈良県立大 2(2)、関西大 52(52)、関西学院大 10(10)、同志社大 9(7)、立命館大 11(10)、京都産業大 10(10)、近畿大 90(89)、甲南大 5(5)、龍谷大 23(22)、大阪医科薬科大 1(1)、兵庫医科大 1(1)、関西外国語大 7(7)、京都外国語大 2(2)、桃山学院大 87(87)、桃山学院教育大 1(1)、大阪工業大 8(8)、追手門学院大 68(68)、摂南大 62(62)、四天王寺大 12(12)、大阪学院大 3(3)、大阪経済大 7(7)、大阪電気通信大 12(12)、阪南大 65(65)、大阪産業大 43(43)、大阪経済法科大 26(26)、帝塚山学院大 10(10)、大阪大谷大 7(7)、大和大 6(6)、京都文教大 3、佛教大 6(3)、京都先端科学大 1(1)、神戸学院大 14(14)、神戸親和大 1(1)、大手前大 7(7)、奈良大 3、天理大 2(2)、帝塚山大 6(6)、京都女子大 1(1)、神戸女学院大 3(3)、武庫川女子大 15(15)、甲南女子大 4(4)、大阪樟蔭女子大 1(1)、大阪芸術大 3(3)、日本大 2(2)、関西外国語短大 13(13)、四天王寺短大 5(5)、神戸女子短大 2(2)、常磐会短大 2(2)、大阪芸術短大 1(1)

初芝富田林 中学校

http://www.hatsushiba.ed.jp/tondabayashi/

■ 学校長／安田　悦司　■ 教　頭／宮平　智子　■ 生徒数／男子 117 名　女子 93 名

| 住　　所 | 〒584-0058　富田林市彼方1801 | TEL | 0721-34-1010 |

交通機関　近鉄長野線『滝谷不動駅』より徒歩20分。近鉄長野線『滝谷不動駅』『河内長野駅』、近鉄大阪線『河内国分駅』、南海高野線『河内長野駅』『金剛駅』、泉北高速鉄道『泉ヶ丘駅』『和泉中央駅』『光明池駅』、JR阪和線『和泉府中駅』駅前『和泉市立病院前』、岸和田市立城東小学校前よりスクールバス。

特色　自らの力で考え、分析統合し、説明できる力を授業や探究活動を通じ育て視野を日本だけでなく世界に広げ、様々な人と協働できるリーダー育成を目指します。
グローバル教育では次世代のリーダーを育てることを意識したプログラムを準備し英語力向上と国際的な視野を養います。
難関大学対策講座・共通テスト8割への道など、それぞれの力と目的に応じた学力強化のための講座を開講。
進路について考える機会を多く設け自らの可能性を引き出すための計画的な進路指導を行います。

2024 年度入試要項

試　験　日	前期A1月13日　　　　前期B1月13日PM 後期A1月14日　　　　後期B1月14日PM
募集人員	全入試合わせて S特進α男女30名　β男女30名 特進　男女40名
試験科目	前期A（エクセレンス入試） 　　　　　　算・国　〔各50分/各100点〕 前期A3教科型　算・国　〔各50分/各100点〕 　　　　　　理　〔40分/　50点〕 　　4教科型　算・国　〔各50分/各100点〕 　　　　　　理・社〔各40分/各50点〕 ＊3教科型/4教科型いずれかを選択 前期B後期AB　算・国　〔各50分/各100点〕 後期A（適性検査型）算・国・理社複合〔各50分/各100点〕
合格発表日	前期A　　　　1月14日〔郵送/web 10:00〜〕 前期B後期AB1月15日〔web 16:00〜〕 　　　　　　1月16日〔郵送〕
受　験　料	前期A　20,000円 それ以外10,000円 （前期午前・午後両方受験は、午後の検定料は免除。）
出願期間	前期A（エクセレンス入試）12月15日〜1月11日〔web23:59〕 前期A　　　12月1日〜1月11日〔web23:59〕 前期B　　　12月1日〜1月13日〔web14:45〕 後期A　　　12月1日〜1月14日〔web 7:45〕 後期B　　　12月1日〜1月14日〔web14:45〕
入学手続	前期A　　　　1月18日〔15:00〕 前期B後期AB　1月19日〔15:00〕 中高一貫校受験者1月31日〔14:00〕

学校行事開催日程一覧

◆ プレテスト　10/21（土）　11/18（土）
◆ プレテスト返却会　10/29（土）　11/25（土）
◆ 算数講座　11/25（土）
◆ 最終個別相談会　12/2（土）
◆ 学校見学　随時実施
◆ 文化祭　9/23（土）
◆ 体育祭　5/10（水）〔保護者見学可〕

＊各イベント等につきましては、今後新型コロナウイルス感染状況により日程の変更及び中止の場合もございます。各学校ホームページ等でご確認下さい。

入 試 状 況

		募集人員	志願者数	受験者数	合格者数	実質倍率	合格基準点(%)
2023	前期A（エクセレンス）　S特進α	4	4	1	1.0	非公表
	S特進β			0		
	特進α			2		
	特進β			1		
	前期A　S特進α	S特進α 30	48	48	11	1.1	
	S特進β			9		
	特進α			12		
	特進β			12		
	前期B　S特進α	S特進β 30	83	80	9	1.1	
	S特進β			12		
	特進α			30		
	特進β			20		
	前期C　S特進α	特進α 30	104	103	42		
	S特進β			26		
	特進α			25		
	特進β	特進β 30		8		
	後期A　S特進α		62	53	6	1.2	
	S特進β			9		
	特進α			17		
	特進β			11		
	後期B　S特進α		47	33	6		
	S特進β			5		
	特進α			8		
	特進β			1		

2023 年度進学状況

❖併設高校へ卒業生男子61名中、56名進学（92%）　女子63名中、58名進学（92%）
❖高校卒業生数 269 名
❖主要大学への合格実績（　）内は現役合格者数
東京大2、京都大1(1)、大阪大1(1)、神戸大2(2)、大阪教育大6(6)、京都工芸繊維大1、奈良教育大1(1)、和歌山大7(6)、北海道教育大1(1)、北見工業大1(1)、室蘭工業大1(1)、富山大1、信州大2(2)、岐阜大1(1)、岡山大1(1)、香川大1(1)、徳島大3(2)、高知大2(2)、広島大1(1)、鳥取大1、島根大3(3)、宮崎大1(1)、大阪公立大3(3)、奈良県立大2(2)、滋賀県立大2(1)、兵庫県立大1(1)、釧路公立大1(1)、秋田県立大1(1)、岡山県立大2(1)、下関市立大1(1)、和歌山県立医科大1、防衛大4(4)、水産大1、関西大40(38)、関西学院大28(25)、同志社大17(15)、立命館大25(24)、京都産業大11(10)、近畿大133(129)、甲南大7(6)、龍谷大33(31)、大阪医科薬科大6(5)、関西医科大4(4)、兵庫医科大2(2)、京都薬科大1(1)、神戸薬科大1(1)、関西外国語大53(47)、桃山学院大53(47)、桃山学院教育大4、大阪工業大22(20)、追手門学院大49(49)、摂南大84(76)、四天王寺大9(8)、大阪経済大6(5)、大阪電気通信大13(12)、阪南大3(3)、大阪産業大21(1)、大阪経済法科大16(14)、帝塚山学院大1(1)、大阪大谷大10(9)、大和大23(23)、佛教大8、京都橘大1(1)、花園大1(1)、神戸学院大7(7)、奈良大1(1)、畿央大56(56)、京都女子大10(10)、同志社女子大2(2)、神戸女学院大2(2)、武庫川女子大8(8)、神戸松蔭女子学院大4(4)、大阪樟蔭女子大1(1)、大阪芸術大2(2)、京都芸術大2(2)、早稲田大2、慶應義塾大1、東京理科大1、中央大2(2)、北里大1(1)、日本大1(1)、岡山理科大2(1)、関西外国語短大2(2)、武庫川女子短大1(1)、大阪女学院短大1(1)

52

初芝立命館 中学校

http://www.hatsushiba.ed.jp/ritsumeikan/

■ 学校長／花上　徳明　■ 教　頭／川本　秀樹　■ 生徒数／男子261名　女子164名

| 住　所 | 〒590-8125　堺市東区西野194-1 | TEL | 072-235-6400 |

交通機関　南海高野線『北野田駅』・泉北高速鉄道『和泉中央駅』『泉ヶ丘駅』・近鉄長野線『富田林駅』よりスクールバス。

特色　Be unique。一人一人が社会の中で唯一無二の存在になること、個々の力を十分に生かすこと、そして新しい価値観を生み出すことを目指しています。
知識の習得だけにとどまらず、体験、経験を通じて深い学びへと発展させていく、教育プログラムを展開しています。

2024年度入試要項

試 験 日
みらい入試21前期A 1月13日　前期B1月13日PM
後期A　　　1月14日　後期B1月14日PM

募集人員
全入試合わせて
US(ユニバーサルスタディ)男女30名
Aα(アドバンストアルファ)男女40名
R(立命館)　　　男女40名
Aβ(アドバンストベータ)男女40名
(みらい入試21、若干名含む)

試験科目
みらい入試21　作文　　　〔50分/ 800字〕・面接
前期A　Aα・R・Aβ
3科型　　算・国[各50分/各120点]理〔40分/ 80点〕
4科型　　算・国[各50分/各120点]理・社[各40分/各 80点]
＊3科型/4科型いずれかを選択
前期A　US
3科型　　算・国　　　　[各50分/各120点]
理または英から1科目選択〔40分/ 80点〕
4科型　　算・国[各50分/各120点]理・社[各40分/各 80点]
＊3科型/4科型いずれかを選択
前期B後期A　Aα・R・Aβ後期B
算・国　　　　　　　[各50分/各100点]
後期A　US
2科型　　算・国　　　　　[各50分/各100点]
3科型　　算・国・英　　　[各50分/各100点]
＊2科型/3科型いずれかを選択

合格発表日
みらい入試21前期A 1月13日〔web20:00～〕
1月14日〔郵送〕
前期B後期AB　1月15日〔web16:00～〕
1月16日〔郵送〕

受 験 料
みらい入試21前期A 20,000円
前期B後期AB　10,000円
(みらい入試21・前期Aの受験生は、前期Bおよび後期A・Bの検定料は不要)

出願期間
12月1日～1月11日〔web12:00〕

入学手続
みらい入試21前期A 1月16日〔15:00〕
前期B後期AB　1月18日〔15:00〕

学校行事開催日程一覧

◆ナビゲーションデイ　10/7(土)

◆プレテスト　10/28(土)　11/5(日)

◆プレテスト個別相談会　11/11(土)

◆最終個別相談会　11/25(日)

◆体育祭　11/8(水)

＊各イベント等につきましては、今後新型コロナウイルス感染状況により日程の変更及び中止の場合もございます。各学校ホームページ等でご確認下さい。

入 試 状 況

			募集人員	志望者数	受験者数	合格者数	実質倍率	合格最低点(%)
2023	前期A	Aα		47	40	25	1.6	281(70%)
		R		58	47	29(4)	1.6	261(65%)
		Aβ		6	6	2(19)	3.0	235(59%)
	みらい入試21	Aα		4	4	4	1.0	
		R		7	7	7	1.0	—
		Aβ		6	6	6	1.0	
	前期B	Aα	Aα 40	107	104	50	2.1	156(78%)
		R	R 40	124	115	31(1)	3.7	150(75%)
		Aβ	Aβ 40	14	14	8(95)	1.8	110(55%)
	後期A	Aα		133	101	61	1.7	163(82%)
		R		166	124	67	1.9	158(79%)
		Aβ		13	13	10(3)	1.3	120(60%)
	後期B	Aα		116	78	45	1.7	158(79%)
		R		155	110	42(1)	2.6	150(75%)
		Aβ		8	5	2(67)	2.5	117(59%)

※(　)内は廻し合格者数

2023年度進学状況

❖併設高校へ卒業生男子74名中、68名進学（92％）　女子45名中、40名進学（89％）
❖高校卒業生数313名
❖主要大学への合格実績（　）内は現役合格者数
東京工業大1(1)、京都工芸繊維大1、奈良教育大1(1)、和歌山大3(3)、弘前大1、千葉大1(1)、三重大1(1)、愛媛大1(1)、徳島大2(2)、高知大1(1)、大阪公立大4(4)、奈良県立大1(1)、兵庫県立大3(2)、関西大29(26)、関西学院大20(13)、同志社大17(12)、立命館大119(119)、京都産業大6(6)、近畿大105(85)、甲南大4(4)、龍谷大16(16)、関西外国語大12(12)、桃山学院大36(36)、追手門学院大16(16)、摂南大20(20)、神戸学院大3(3)、武庫川女子大1(1)、早稲田大2、立教大1、立命館アジア太平洋大2(2)

箕面自由学園 中学校

https://mino-jiyu.ed.jp/jhs/

■ 学校長／田中 良樹　■ 副校長／後藤 彰俊　■ 教 頭／西森 利彦　■ 生徒数／男子 106 名　女子 93 名

住 所	〒 560-0056　豊中市宮山町 4-21-1	TEL	06-6852-8110

交通機関	阪急箕面線『桜井駅』より徒歩 7 分。阪急バス茨木・石橋線『南桜井』下車（校門前） 阪急バス千里中央・豊中線『春日町 4 丁目』下車、徒歩 7 分。

特色

2018 年より生徒全員にタブレットを配布、45 分授業導入による授業の効率化、2019 年より「理数探究」「グローバル」の 2 コース制を採用、2020 年より中高一貫校として 6 年間での一環教育をスタート。時代にあわせた教育スタイルへと急速に変化を図る。「自分で選択して、決めて、努力して努力して、掴み取る」を合言葉に、多様な学び・体験を通したチャレンジの機会を与えながら、生徒の自立を促す教育を実践している。さらに新しく放課後に「J タイム」を導入。楽しみながら学びへの意欲を高めていく双方向授業を展開していく。

2024 年度入試要項

試 験 日
A午前1月13日　　　A午後1月13日PM
B午前1月14日　　　B午後1月14日PM
C午後1月16日PM

募集人員
A午前午後理数探究男女20名　　グローバル男女30名
B午前午後C午後理数探究グローバル合わせて男女20名

試験科目
A午前MJG入試(専願のみ)
　理数探究MJG-S　学習力テスト　〔120分〕
　　　　　　　　　基礎学力テスト　〔30分〕
　グローバルMJG-J　国　　〔50分／100点〕・面接
　　　　　　MJG-E　英　　〔50分／100点〕・面接(英)
　　　　＊MJG-J／MJG-Eいずれか選択
A午前3教科型入試　算・国・理　〔各50分／各100点〕
A午後3教科選択型入試　算・国　〔各45分／各100点〕
　　　　　　　　　　　理・英から1科目選択〔40分／100点〕
B午前　　　算・国　〔各50分／各100点〕
　　　　または算・理　〔各50分／各100点〕
B午後C午後　算・国　〔各45分／各100点〕

合格発表日
A午前A午後　1月14日〔郵送/web22:00〜〕
B前期B午後　1月14日〔web22:00〜〕1月15日〔郵送〕
C午後　　　　1月16日〔web20:00〜〕1月17日〔郵送〕

受 験 料　20,000円

出願期間
A午前午後B午前12月16日〜1月11日〔web〕
B午後　　　12月16日〜1月14日〔web14:00〕
C午後　　　12月16日〜1月16日〔web14:00〕

入学手続
A午前A午後1月16日〔web〕
B午前B午後1月17日〔web〕
C午後　　　1月18日〔web〕

学校行事開催日程一覧

◆**説明会**　12/2(土)

◆**オープンキャンパス**　11/18(土)

◆**プレテスト**　10/28(土)　12/2(土)

◆**文化祭**　11/11(土)

◆**体育祭**　〔非公開〕

＊各イベント等につきましては、今後新型コロナウイルス感染状況により日程の変更及び中止の場合もございます。各学校ホームページ等でご確認下さい。

入 試 状 況

		募集人員	志望者数	受験者数	合格者数	実質倍率	合格最低点(%)
A午前	理数探究	理数探究20	34	34	11	3.1	204(68%)
	グローバル		28	28	20(11)	1.4	153(51%)
A午後	理数探究	グローバル30	34	33	18	1.8	197(66%)
	グローバル		22	21	10(8)	2.1	158(53%)
B午前	理数探究	15	38	37	12	3.1	217(72%)
	グローバル		18	18	7(10)	2.6	186(62%)
B午後	理数探究		34	32	12	2.7	230(77%)
	グローバル		15	15	6(12)	2.5	179(60%)
C午前	理数探究	5	12	6	3	2.0	非公表
	グローバル		8	5	1(2)	5.0	

※2023　※(　　)内は廻し合格者数

2023 年度進学状況

❖**併設高校へ卒業生男子 30 名中、24 名進学（80%）　女子 33 名中、27 名進学（82%）**
❖**高校卒業生数 515 名**
❖**主要大学への合格実績**（　）内は現役合格者数

大阪大1(1)、神戸大1(1)、北海道大1(1)、九州大1(1)、奈良女子大2(2)、大阪教育大1(1)、京都工芸繊維大1(1)、滋賀大2(2)、和歌山大3(3)、帯広畜産大1(1)、北海道教育大1(1)、北見工業大1(1)、秋田大2(2)、岩手大1(1)、山形大1(1)、群馬大2(2)、新潟大2(2)、富山大2(2)、静岡大1(1)、金沢大4(4)、福井大1(1)、名古屋工業大1(1)、三重大3(1)、岡山大2(2)、愛媛大6(4)、徳島大9(8)、高知大5(4)、広島大1(1)、鳥取大1(1)、島根大2(2)、山口大1(1)、九州工業大1(1)、長崎大1(1)、大分大2(2)、鹿児島大3(3)、琉球大3(2)、大阪公立大3(3)、京都府立大1(1)、奈良県立大1(1)、兵庫県立大3(2)、横浜市立大1(1)、広島市立大2(2)、下関市立大3(3)、長崎県立大1(1)、防衛大3(3)、水産大3(3)、神戸市看護大2(1)、関西大52(40)、関西学院大50(47)、同志社大7(7)、立命館大31(30)、京都産業大68(66)、近畿大121(92)、甲南大50(50)、龍谷大130(127)、関西医科大1(1)、兵庫医科大2(2)、大阪歯科大1(1)、京都薬科大1(1)、関西外国語大15(14)、京都外国語大12(12)、桃山学院大66(65)、桃山学院教育大2(2)、大阪工業大86(71)、追手門学院大134(133)、摂南大139(130)、四天王寺大3(3)、大阪経済大15(14)、大阪電気通信大24(23)、大阪産業大14(14)、大阪経済法科大1(1)、相愛大1(1)、大阪大谷大1(1)、大和大23(18)、佛教大3(3)、京都精華大1(1)、京都先端科学大12(12)、京都橘大12(12)、成安造形大1(1)、神戸学院大17(17)、大手前大6(6)、関西国際大1(1)、奈良大1(1)、帝塚山大3(3)、京都女子大4(4)、同志社女子大3(3)、京都華頂女子大1(1)、神戸女学院大7(7)、武庫川女子大28(25)、神戸松蔭女子学院大2(2)、神戸女子大7(7)、甲南女子大14(14)、梅花女子大15(15)、大阪音楽大3(3)、早稲田大1、東京理科大4(2)、青山学院大1(1)、明治大2(2)、法政大1(1)、北里大1(1)、日本大1(1)、東海大3(3)、岡山理科大3(3)、立命館アジア太平洋大2(2)

桃山学院 中学校

https://www.momoyamagakuin-h.ed.jp

■学校長／岡田 賢三　■教頭／田中 智晴　■生徒数／男子156名 女子211名

住　所	〒545-0011　大阪市阿倍野区昭和町3-1-64	TEL	06-6621-1181

交通機関	大阪メトロ御堂筋線『昭和町』より徒歩約5分。大阪メトロ谷町線『文の里駅』より徒歩約8分。JR阪和線『南田辺駅』より徒歩約10分。

特色	多彩な体験活動の実施，きめ細かな学習・進路指導、「英語の桃山」の伝統の下に学ぶ質の高い英語教育により、「夢の実現」に向けて、生徒一人ひとりの可能性を広げます。 ◎本校の校風である「キリスト教主義」「自由と愛」「自主規律」の伝統を守り、「自主性」を大きく開花させる。 ◎その一方で、進路や日常の学習へのきめ細かなサポート体制を確立

2024年度入試要項

試験日	A1月13日　B1月14日PM C1月16日
募集人員	A6年選抜男女20名　6年進学男女50名 B6年選抜男女15名　6年進学男女15名 C6年選抜男女 5名　6年進学男女15名
試験科目	A 3教科型算・国　　〔各50分/各150点〕 　　理　　　　　　〔 40分/ 100点〕 　4教科型算・国　　〔各50分/各150点〕 　　理・社　　　　　〔各40分/各100点〕 　＊3教科型/4教科型いずれかを選択 B　算・国　　　　　〔各50分/各150点〕 C　算・国(表現力テスト)〔各50分/各150点〕
合格発表日	A1月13日〔web17:00～〕 B1月15日〔web12:00～〕 C1月16日〔web17:00～〕
受験料	20,000円 (2回目以降は10,000円)
出願期間	A12月1日～1月12日〔web12:00〕 B12月1日～1月14日〔web14:00〕 C12月1日～1月16日〔web 7:30〕
入学手続	A1月14日〔15:00〕 B1月16日〔15:00〕 C1月17日〔15:00〕

学校行事開催日程一覧

◆説明会　10/7(土)　11/5(日)　11/23(祝)

◆入試相談会　10/22(日)

◆プレテスト　11/11(土)　11/23(祝)

◆プレテスト解説会　12/2(土)

◆文化祭　9/16(土)〔公開〕

◆体育祭　〔非公開〕

＊各イベント等につきましては、今後新型コロナウイルス感染状況により日程の変更及び中止の場合もございます。各学校ホームページ等でご確認下さい。

入試状況

			募集人員	志望者数	受験者数	合格者数	実質倍率	合格最低点(%)
2023	A	6年選抜	男子	20	38	38	16	2.4	330(66%)
			女子		39	38	5	7.6	
		6年進学	男子	50	21	19	8(17)	2.4	238(48%)
			女子		35	34	12(27)	2.8	
	B	6年選抜	男子	15	97	77	37	2.1	176(59%)
			女子		81	64	19	3.4	
		6年進学	男子	15	58	46	25(33)	1.8	126(42%)
			女子		46	36	16(40)	2.3	
	C	6年選抜	男子	5	36	10	1	10.0	202(67%)
			女子		48	25	5	5.0	
		6年進学	男子	15	27	12	3(4)	4.0	190(63%)
			女子		34	19	6(12)	3.2	

※（　）内は廻し合格者数

2023年度進学状況

❖併設高校へ卒業生男子60名中、57名進学（95%）　女子55名中、52名進学（95%）

❖高校卒業生数 721名

❖併設大学・短期大学への進学

　桃山学院大学9名〔経済3・法学2・ビジネスデザイン2・国際教養1・社会1〕

　桃山学院教育大学2名〔人間教育2〕

❖主要大学への合格実績（　）内は現役合格者数

　東京大1、京都大5(1)、大阪大16(10)、神戸大21(17)、北海道大4(2)、名古屋大2(1)、九州大1(1)、奈良女子大3(2)、大阪教育大20(19)、京都工芸繊維大4(4)、和歌山大29(26)、高知大1、広島大3(3)、大阪公立大48(41)、奈良県立大8(8)、防衛大1(1)、防衛医科大1(1)、関西大206(190)、関西学院大157(151)、同志社大115(79)、立命館大155(133)、京都産業大19(19)、近畿大396(376)、甲南大44(44)、龍谷大135(128)、早稲田大8(6)、慶應義塾大4(4)、東京理科大5(2)、立教大16(15)

大阪府
兵庫県
京都府
奈良県
和歌山県
滋賀県
その他

履正社 中学校

https://riseisha.ed.jp

■ 学校長／森田　靖志　■ 教頭／湯川　浩次　■ 生徒数／男子 182 名　女子 127 名

| 住　　所 | 〒 561-0874　豊中市長興寺南 4-3-19 | TEL | 06-6864-0456 |

| 交通機関 | 阪急宝塚線『曽根駅』より徒歩 15 分またはバス 5 分。
北大阪急行（大阪メトロ御堂筋線）『緑地公園駅』より徒歩 18 分またはバス 9 分。 |

特色

本校には、学藝コース（中高一貫六年）と 3 か年独立コースの 2 種の学びがあります。学藝コースは次世代型学力を追求する新・六年一貫教育です。言語技術教育、先取学習による大学受験対策、探究活動を学びの三本柱に設定しており、放課後は専攻ゼミと部活動を自由に選択し、組み合わせることができます。3 か年独立コースは、ひとつの目標に皆で挑む短期集中の情熱教育です。習熟度別の授業や講座を展開し、難関高校入試に向けた学力アップに主眼を置いています。

2024 年度入試要項

試　験　日	前期①午前1月13日　前期①午後1月13日PM 前期②　　1月14日　後期　　　1月21日
募集人員	全入試合わせて 3ヵ年独立男女70名 学藝　　　男女70名
試験科目	前期①午前前期②後期 2教科型　算・国〔各50分/各100点〕 3教科型　算・国〔各50分/各100点〕 　　　　　理　〔30分/　50点〕 3教科型　算・国〔各50分/各100点〕 　　　　　英　〔30分/　50点〕 ＊2教科型/3教科型いずれかを選択 　　　　　面接（後期併願のみ） 前期①午後算・国〔各50分/各100点〕
合格発表日	前期①午前午後前期②1月15日〔web12:00〜〕 後期　　　　　　1月22日〔web12:00〜〕
受 験 料	25,000円
出願期間	前期①午前午後 　　　12月11日〜1月11日〔web16:00〕 前期②12月11日〜1月11日〔web16:00〕 　　　1月14日〔8:30〕 後期　12月11日〜1月19日〔web16:00〕 　　　1月20日〜1月21日〔8:30〕
入学手続	前期①午前午後前期②1月16日〔16:00〕 後期　　　　　　1月23日〔16:00〕

学校行事開催日程一覧

◆オープンスクール　10/7(土)　11/11(土)　12/3(日)
　　　　　　　　　　1/6(土)　1/20(土)

◆プレテスト　10/7(土)　11/11(土)　12/3(日)

◆プレテスト解答・解説会　10/14(土)　11/18(土)　12/9(土)

◆個別相談　随時受付

◆文化祭　9/17(日)〔公開〕〔受験希望者・保護者見学可〕

◆体育祭　10/1(日)〔公開〕〔受験希望者・保護者見学可〕

＊各イベント等につきましては、今後新型コロナウイルス感染状況により日程の変更及び中止の場合もございます。各学校ホームページ等でご確認下さい。

入 試 状 況

			募集人員	志望者数	受験者数	合格者数	実質倍率	合格最低点(%)
2023	前期① 午前	3ヶ年独立	3ヶ年独立 70 学藝 70	32	30	29	1.0	非公表
		学藝		38	38	37	1.0	
	前期① 午後	3ヶ年独立		25	24	23	1.0	
		学藝		41	41	39	1.1	
	前期②	3ヶ年独立		46	45	45	1.0	
		学藝		53	52	48	1.1	
	後期	3ヶ年独立		48	25	25	1.0	
		学藝		16	11	8	1.4	
2022	前期① 午前	6年特進	6年特進 35 3年独立 70	27	27	27	1.0	非公表
		3年		34	33	32	1.0	
	前期① 午後	6年特進		24	23	22	1.0	
		3年		33	33	33	1.0	
	前期②	6年特進		35	35	35	1.0	
		3年		65	63	63	1.0	
	後期	6年特進		9	3	3	1.0	
		3年		40	14	14	1.1	

2023 年度進学状況

❖併設高校へ卒業生男子 61 名中、22 名進学（36%）　女子 38 名中、14 名進学（37%）
❖高校卒業生数 406 名
❖主要大学への合格実績（　）内は現役合格者数
　大阪大 3(3)、神戸大 1(1)、大阪教育大 2(2)、奈良教育大 1(1)、北見工業大 1(1)、香川大 1(1)、鹿児島大 1(1)、大阪公立大 3(3)、奈良県立大 2(2)、兵庫県立大 2(2)、関西大 21(19)、関西学院大 87(85)、同志社大 25(25)、立命館大 45(44)、京都産業大 99(97)、近畿大 223(210)、甲南大 6(6)、龍谷大 18(16)、兵庫医科大 6(6)、関西外国語大 16(16)、京都外国語大 2(2)、桃山学院大 228(222)、桃山学院教育大 14(14)、大阪工業大 13(12)、追手門学院大 109(109)、摂南大 142(141)、四天王寺大 2(2)、大阪学院大 23(19)、大阪経済大 23(21)、大阪電気通信大 18(16)、阪南大 31(27)、大阪産業大 10(10)、大阪商業大 2(2)、大阪経済法科大 263(262)、大阪大谷大 5(5)、大和大 38(38)、京都文教大 2(2)、佛教大 16(16)、京都橘大 2(2)、大谷大 5(5)、成安造形大 1(1)、神戸学院大 35(31)、神戸親和大 1(1)、関西医療大 4(4)、奈良大 4(4)、天理大 2(2)、帝塚山大 2(2)、京都女子大 11(11)、同志社女子大 4(4)、神戸女学院大 5(5)、武庫川女子大 12(12)、神戸松蔭女子学院大 16(16)、神戸女子大 6(6)、甲南女子大 19(19)、梅花女子大 14(14)、大阪芸術大 3(3)、大阪音楽大 1(1)、立教大 1(1)、青山学院大 1(1)、明治大 2(2)、日本大 1(1)、立命館アジア太平洋大 1(1)、近畿短大 1(1)、関西外国語短大 3(3)

（左側縦書き）大阪府　兵庫県　京都府　奈良県　和歌山県　滋賀県　その他

甲　南　中学校

https://www.konan.ed.jp

■ 学校長／山内　守明　■ 副校長／足立　恵英　■ 教頭／吉田　和史　■ 生徒数／男子 544 名

住　所	〒 659-0096　芦屋市山手町 31-3
交通機関	阪急神戸線『芦屋川駅』より徒歩約 20 分。 JR 神戸線『芦屋駅』より徒歩約 25 分。

TEL	0797-31-0551

特色

本校は旧制高等学校の伝統の下、「世界に通用する紳士たれ」を合言葉に徳・体・知のバランスのとれた人物の育成を行ってきました。世界の各分野で活躍する優れた人物を数多く輩出してきたことは、甲南の「人創り」の賜物といえます。少人数英語教育、生徒自身が設定したテーマを掘り下げる探究学習、各界で活躍する OB を招いてのキャリア教育、姉妹校である海外の名門校を基盤とするグローバル教育、等々、甲南が独自の方針でぶれることなく実践してきた教育プログラムで、生徒は自身の才能を大きく開花させます。2コース制をとり、「フロントランナー・コース」は、サイエンスとグローバルに足場を置き、科学的なものの見方に磨きをかけ、世界のあらゆる分野で活躍するリーダーを育てます。2024 年度中学校入学生より新しくスタートする「メインストリーム・コース」は、前身の「アドバンスト・コース」を継承したコースで、社会で必要とされるジェネリックスキルを甲南生活を通じ育みます。

2024 年度入試要項

試 験 日	Ⅰ午前1月13日　Ⅰ午後1月13日PM Ⅱ　1月14日PM　Ⅲ　1月16日PM
募集人員	Ⅰ午前午後ⅡⅢ合わせて フロントランナー(F)男子約 45 名 メインストリーム(M)男子約105名 Ⅰ午前午後F男子約30名(b方式は除く)M男子約85名 Ⅱ　F男子約10名　　　M男子約15名 Ⅲ　F男子約 5名　　　M男子約 5名
試験科目	Ⅰ午前a算・国・理　〔各50分/各100点〕 Ⅰ午前b総合基礎算・国〔各50分/各100点〕 Ⅰ午後　算・国・理　〔各40分/各100点〕 Ⅱ　　　算・国　　　〔各50分/各100点〕 Ⅲ　　　算・国　　　〔各40分/各100点〕
合格発表日	Ⅰ午前午後1月14日〔web13:00〜〕 Ⅱ　　　1月15日〔web13:00〜〕 Ⅲ　　　1月17日〔web13:00〜〕
受 験 料	20,000円
出願期間	Ⅰ午前午後Ⅱ12月18日〜1月 6日〔web23:00〕 Ⅲ　　　12月18日〜1月15日〔web23:00〕
入学手続	Ⅰ午前　　1月15日〔銀行振込〕 Ⅰ午後ⅡⅢ1月19日〔銀行振込〕

学校行事開催日程一覧

◆ 説明会　10/7(土)　12/2(土)

◆ 文化祭　10/1(日)〔公開・要事前申込〕

◆ 体育祭　5/23(火)〔公開・要事前申込〕

＊各イベント等につきましては、今後新型コロナウイルス感染状況により日程の変更及び中止の場合もございます。各学校ホームページ等でご確認下さい。

入 試 状 況

			募集人員	志望者数	受験者数	合格者数	実質倍率	合格最低点(%)
2023	Ⅰ期 午前	a	F 約30 A 約85	61	60	19	3.2	206(69%)
		A		76	75	57(30)	1.3	161(54%)
		b						―
	Ⅰ期午後	F		176	175	70	2.5	232(77%)
		A		65	63	20(57)	3.2	210(70%)
	Ⅱ期	F	約 10	156	66	28	2.4	146(73%)
		A	約 15	81	34	14(25)	2.4	119(60%)
	Ⅲ期	F	約 5	97	40	4	10.0	162(81%)
		A	約 5	51	20	4(22)	5.0	123(62%)

※（　）内は廻し合格者数

2023 年度進学状況

❖併設高校へ卒業生 170 名中、160 名進学（94%）
❖高校卒業生数 191 名
❖併設大学・短期大学への進学
　甲南大学83 名〔経営31・経済18・マネジメント創造18・文学6・知能情報5・法学3・理工2〕
❖主要大学への合格実績（　）内は現役合格者数
　大阪大 3(3)、神戸大 5(4)、北海道大 1(1)、九州大 2(1)、京都工芸繊維大 2(1)、兵庫教育大 1(1)、滋賀大 1(1)、東京藝術大 2(1)、横浜国立大 1(1)、金沢大 1、岡山大 1(1)、愛媛大 1(1)、徳島大 1、鳥取大 2(2)、島根大 1(1)、鹿児島大 1(1)、琉球大 1(1)、大阪公立大 4(2)、奈良県立大 1(1)、兵庫県立大 7(7)、都留文科大 1(1)、名古屋市立大 1(1)、下関市立大 1、長崎県立大 1(1)、防衛医科大 1、関西大 17(12)、関西学院大 31(29)、同志社大 27(18)、立命館大 23(19)、大阪医科薬科大 2(1)、関西医科大 1、兵庫医科大 1、慶應義塾大 2(2)、上智大 5(5)、東京理科大 1(1)、立教大 3(2)、中央大 2(1)、学習院大 4(4)、青山学院大 3(2)、明治大 7(4)、法政大 9(4)、岡山理科大 1(1)、愛知医科大 1

甲陽学院 中学校

http://www.koyo.ac.jp

■ 学校長／今西　昭　■ 副校長／石井　慎也　■ 生徒数／男子 627 名

| 住　所 | 〒 662-0955　西宮市中葭原町 2-15 | TEL | 0798-33-5012 |

交通機関　阪神本線『香櫨園』駅より徒歩 10 分。ＪＲ神戸線『さくら夙川』駅より徒歩 17 分。
阪急神戸線『夙川』駅より徒歩 20 分。

特色　本学院は気品高く教養豊かな有為の人材の育成を目的とし、将来大学で学ぶ者のために充分な学力と体力とを練磨するとともに、中学校・高等学校は人格完成に品性陶冶にも極めて大切な段階にある点に鑑み、情操教育を重視し、特に規律の励行、礼儀作法の実践体得を旨としております。中学校と高等学校を少し離れた場所に設置し、それぞれ生徒の発達段階にふさわしい環境を整えています。中学校では基礎的な学力や体力の養成と基本的な生活習慣の確立、高等学校では将来の自己実現のために必要な自主性と創造性の伸長を重視しています。生徒は「明朗・溌渕・無邪気」の校風のもと、中・高それぞれの学校行事やクラブ活動の自主的な運営も行っています。

2024 年度入試要項

試 験 日	1月13日・1月14日
募集人員	男子200名
試験科目	〔第1日〕算・国・理〔各55分／各100点〕
	〔第2日〕算・国　〔各55分／各100点〕
合格発表日	1月15日〔掲示16:00～〕
受 験 料	20,000円
出願期間	12月19日～1月5日〔web〕
入学手続	1月18日〔銀行振込〕

学校行事開催日程一覧

◆説明会　10/14(土)　11/11(土)
◆文化祭　11/3(祝)
◆体育祭　〔非公開〕

＊各イベント等につきましては、今後新型コロナウイルス感染状況により日程の変更及び中止の場合もございます。各学校ホームページ等でご確認下さい。

入 試 状 況

	募集人員	志望者数	受験者数	合格者数	実質倍率	合格最低点(%)
2023	200	381	366	211	1.7	274(55%)
2022	200	344	327	211	1.5	301(60%)
2021	200	410	380	215	1.8	285(57%)

2023 年度進学状況

❖併設高校へ卒業生 210 名中、205 名進学（98％）
❖高校卒業生数 207 名
❖主要大学への合格実績（　）内は現役合格者数
　東京大 36(29)、京都大 47(33)、大阪大 14(8)、神戸大 18(12)、北海道大 5、東北大 2(1)、筑波大 1、一橋大 1(1)、九州大 4(2)、京都工芸繊維大 2(1)、滋賀大 2、横浜国立大 1(1)、埼玉大 1、千葉大 1、福井大 1(1)、名古屋工業大 2、三重大 1、岡山大 2(1)、香川大 2、徳島大 1(1)、広島大 3(1)、長崎大 1、宮崎大 1(1)、琉球大 1、滋賀医科大 1、東京医科歯科大 1(1)、大阪公立大 23(10)、兵庫県立大 1(1)、京都市立芸術大 1、国際教養大 1、名古屋市立大 2、京都府立医大 2(2)、奈良県立医科大 6(4)、和歌山県立医科大 1(1)、岐阜薬科大 1、九州歯科大 1、防衛大 1、防衛医科大 3、気象大 1(1)、関西大 15、関西学院大 17(2)、同志社大 39(2)、立命館大 38(3)、大阪医科薬科大 2(1)、関西医科大 8(5)、早稲田大 16(7)、慶應義塾大 19(8)、東京理科大 13

淳心学院 中学校

http://www.junshin.ed.jp/

■ 学校長／藤村　雄二　■ 副校長／三船　嘉紀・内藤　聖樹　■ 生徒数／男子418名

| 住　　所 | 〒670-0012　姫路市本町68 | TEL | 079-222-3581 |

交通機関　JR神戸線・山陽電鉄『姫路駅』より徒歩20分。

特色　「同心同意」をモットーに、生徒・家族・学校が心を一つにし、キリスト教（カトリック）の考え方を学び、社会で自律して人々に奉仕する人材を養成することが大きな目的です。学校生活においては、生徒の自主性を重んじるところに特徴があり、各行事で自主自律の精神を養います。創立60周年を機に、2014年度よりヴェリタス（東大・京大・医学部医学科進学）コース1クラスと、カリタス（難関国公立大学進学）コース2クラスのコース制を導入し、生徒の実力に応じてきめ細かな指導ができる体制を整えました。また、サマーカリキュラム（夏期講習）を体系化して更なる充実を図り、土曜日の放課後に学習面での遅れを取り戻すサポートデーや、下校時間後も自習できるセルフティーチングの実施など、生徒一人ひとりの希望する進路に向けて、さまざまな改革を行っています。高校からの募集は行わず、中・高各学年とも3クラスの少数主義を守り、家庭的な雰囲気の中で人間教育の徹底にも努めています。

2024年度入試要項

試 験 日　前期A1月13日　　前期B1月14日
　　　　　　後期　1月15日PM

募集人員　前期Aカリタス　男子約55名
　　　　　　　　ヴェリタス男子約25名
　　　　　　前期Bカリタス　男子約20名
　　　　　　　　ヴェリタス男子約15名
　　　　　　後期　カリタス　男子約15名
　　　　　　　　ヴェリタス男子約5名

試験科目　前期A　　算・国〔各60分/各100点〕
　　　　　　　　　　　理　〔50分/100点〕
　　　　　　前期B後期算・国〔各60分/各150点〕

合格発表日　前期AB1月14日〔web20:00～〕
　　　　　　　後期　　1月16日〔web16:00～〕

受 験 料　20,000円
　　　　　　（前期A・B日程両方受験しても20,000円）

出願期間　前期AB12月4日～1月5日〔web23:59〕
　　　　　　後期　　12月4日～1月15日〔web12:00〕

入学手続　前期AB1月15日〔10:00〕
　　　　　　後期　　1月16日〔18:00〕

学校行事開催日程一覧

◆**説明会**　10/7（土）　11/25（土）
◆**プレテスト**　10/29（日）
◆**淳心探検隊**　毎週土曜日開催
◆**ワッフル会**　12/3（日）
◆**文化祭**　9/10（日）
◆**体育祭**　11/7（火）〔非公開〕

＊各イベント等につきましては、今後新型コロナウイルス感染状況により日程の変更及び中止の場合もございます。各学校ホームページ等でご確認下さい。

入 試 状 況

			募集人員	志望者数	受験者数	合格者数	実質倍率	合格最低点(%)
2023	前期A	カリタス	約55	172	147	58	1.8	183(61%)
		ヴェリタス	約25			25		222(74%)
	前期B	カリタス	約20	305	296	70	2.3	189(63%)
		ヴェリタス	約15			61		219(73%)
	後期	カリタス	約15	173	113	44	1.8	176(59%)
		ヴェリタス	約5			18		237(79%)
2022	前期A	カリタス	約55	170	136	59	1.6	184(61%)
		ヴェリタス	約25			28		217(72%)
	前期B	カリタス	約20	297	282	93	1.9	208(69%)
		ヴェリタス	約15			57		235(78%)
	後期	カリタス	約15	187	127	40	2.4	193(64%)
		ヴェリタス	約5			14		238(79%)

2023年度進学状況

❖併設高校へ卒業生135名中、132名進学（98%）
❖高校卒業生数124名
❖主要大学への合格実績
　東京大1、京都大2、大阪大5、神戸大8、九州大1、滋賀大1、千葉大1、岡山大6、香川大3、愛媛大2、徳島大3、高知大2、広島大1、鳥取大3、山口大2、長崎大1、熊本大1、宮崎大1、大阪公立大7、兵庫県立大10、関西大5、関西学院大66、同志社大23、立命館大17、近畿大44、関西医科大2、兵庫医科大4、大阪歯科大2、京都薬科大1、神戸薬科大1、早稲田大4、慶應義塾大1、上智大1、東京理科大2、立教大1、中央大1、明治大2、法政大1、北里大1、南山大4、金沢医科大1、朝日大1、川崎医科大1

灘 中学校

http://www.nada.ac.jp

■ 学校長／海保　雅一　■ 教　頭／鴨野　博道・橘　直弥　■ 生徒数／男子551名

| 住　所 | 〒658-0082　神戸市東灘区魚崎北町8-5-1 | TEL | 078-411-7234 |

交通機関　JR神戸線『住吉駅』より徒歩10分。阪急神戸線『岡本駅』より徒歩20分。
阪神本線『魚崎駅』より徒歩10分。

特色

1. 精力善用、自他共栄の精神に徹した健全な社会人を育て上げます。
2. 自主性を養い、強固な信念を育てます。
3. 質実剛健をモットーとし、勤労をよろこぶ習慣を養います。
4. 運動を奨励し、強靭な体力と明朗闊達なスポーツマンシップを育成します。
5. 豊かな趣味を養い、高尚優雅な品性を育成します。

2024年度入試要項

試験日	1月13日・1月14日
募集人員	男子約180名
試験科目	〔1日目〕算〔60分/100点〕
	理〔60分/100点〕
	国〔40分/ 80点〕
	〔2日目〕算〔60分/100点〕
	国〔70分/120点〕
合格発表日	1月16日〔web10:30～〕
受験料	20,000円
出願期間	12月18日～1月4日〔web17:00〕
入学手続	1月19日〔銀行振込12:00〕

学校行事開催日程一覧

◆説明会　10/7(土)　11/4(土)
◆文化祭　5/2(火)～5/3(祝)〔公開〕
◆体育祭　9/23(土)〔公開〕

＊各イベント等につきましては、今後新型コロナウイルス感染状況により日程の変更及び中止の場合もございます。各学校ホームページ等でご確認下さい。

入試状況

	募集人員	志望者数	受験者数	合格者数	実質倍率	合格最低点(%)
2023	180	745	730	281	2.6	316(63%)
2022	180	652	623	255	2.4	297(59%)
2021	180	687	650	227	2.9	341(68%)

2023年度進学状況

❖併設高校へ卒業生186名中、186名進学（100%）
❖高校卒業生数220名
❖主要大学への合格実績（　）内は現役合格者数
　東京大86(66)、京都大45(32)、大阪大12(9)、神戸大6(4)、北海道大3(3)、東北大1(1)、筑波大1、一橋大2(2)、東京工業大3(1)、名古屋大2(1)、九州大3、京都工芸繊維大1、滋賀大1(1)、和歌山大1、東京藝術大1、埼玉大1、山梨大2(1)、徳島大2(1)、広島大1、長崎大1、宮崎大1、東京医科歯科大3(2)、大阪公立大11(4)、国際教養大1(1)、都留文科大1、名古屋市立大1(1)、島根県立大1、京都府立医科大2(1)、奈良県立医科大6(1)、防衛大1(1)、防衛医科大17(7)、関西大4(1)、関西学院大10(2)、同志社大21(6)、立命館大14(3)、京都産業大1、近畿大12(2)、関西医科大2、大阪工業大1、大和大1、大阪芸術大1、早稲田大35(8)、慶應義塾大20(4)、上智大2、東京理科大14(3)、中央大2、明治大2、明治学院大1、日本大3

大阪府

兵庫県

京都府

奈良県

和歌山県

滋賀県

その他

報徳学園 中学校

https://www.hotoku.ac.jp

■ 学校長／元田 利幸　■ 副校長／川口 直彦・藤本 幸男　■ 六年制統括部長／西條 裕朗　■ 生徒数／男子240名

| 住　所 | 〒663-8003　西宮市上大市5-28-19 | TEL | 0798-51-3021 |

| 交通機関 | 阪急今津線『甲東園駅』より徒歩約20分。 |

特色
建学の精神である「以徳報徳」の報徳教育を根幹となし、知育・徳育・体育の円満な発達を図っています。「いかなる苦難にも耐え抜く心身と、それを支える自主的精神を持ち、自他を敬愛し、責任を重んじ世のため、人のためにすすんで貢献し、感謝することのできる人間」を教育目標としています。国語・数学・英語等の基礎学科の時間配当を多くしています。また、道徳教科「報徳講話」を全学年に課し、尊徳の教えを理解することにより、人間として正しい生き方を多面的に体得させています。

2024年度入試要項

試験日
①特色1月13日　①午後1月13日PM
②A　1月14日　②B　1月15日

募集人員
①　Ⅱ進男子約15名
　　Ⅰ進男子約85名(特色入試含む)
①午後Ⅱ進男子約10名
②AB合わせて
　　Ⅱ進男子約10名　Ⅰ進男子約40名

試験科目
①②ABⅡ進　算・国　〔各50分/各100点〕
　　　　　　理　〔40分/50点〕
特色　算・国　〔各50分/各100点〕
　　　特色加算点〔20点〕・面接
①午後②ABⅠ進算・国〔各50分/各100点〕

合格発表日
①特色①午後1月14日〔手渡し12:00〜〕
②A　1月15日〔手渡し12:00〜〕
②B　1月16日〔手渡し12:00〜〕

受験料
20,000円

出願期間
①①午後12月11日〜1月11日〔web15:00〕
特色　12月24日〜1月11日〔web15:00〕
②A　12月11日〜1月13日〔web23:59〕
本校受験のみ　1月14日〔9:00〕
②B　12月11日〜1月14日〔web23:59〕
本校受験のみ　1月15日〔9:00〕

入学手続
①特色1月15日〔銀行振込15:00〕
①午後1月18日〔銀行振込15:00〕
②A　1月16日〔銀行振込15:00〕
②B　1月17日〔銀行振込15:00〕

学校行事開催日程一覧

◆説明会　11/12(日)　11/25(土)
◆オープンスクール　11/25(土)
◆個別相談会　10/29(日)
◆プレテスト　11/12(日)
◆プレテスト解説会　11/25(土)
◆文化祭　10/29(日)〔公開〕
◆体育祭　5/27(土)〔公開〕

＊各イベント等につきましては、今後新型コロナウイルス感染状況により日程の変更及び中止の場合もございます。各学校ホームページ等でご確認下さい。

入試状況

			募集人員	志望者数	受験者数	合格者数	実質倍率	合格最低点(%)
2023	①	Ⅰ進	約85	48	48	41(6)	1.2	98(39%)
		特色						—
		Ⅱ進	約15	9	9	3	3.0	187(75%)
	①午後	Ⅱ進	約10	43	39	26(10)	1.5	126(63%)
	②A	Ⅱ進	約5	43	41	12	3.4	178(71%)
		Ⅰ進	約20	34	34	24(29)	1.4	80(80%)
	②B	Ⅱ進	約5	28	17	7	2.4	183(73%)
		Ⅰ進	約20	23	16	11(10)	1.5	78(39%)
2022	①	Ⅰ進	約85	48	48	44(8)	1.1	100(40%)
		特色						—
		Ⅱ進	約15	15	15	7	2.1	185(74%)
	①午後	Ⅱ進	約10	32	31	21(10)	1.5	126(63%)
	②A	Ⅱ進	約5	45	45	25	1.8	181(72%)
		Ⅰ進	約20	48	48	44(20)	1.1	85(43%)
	②B	Ⅱ進	約5	22	17	11	1.5	185(74%)
		Ⅰ進	約20	26	21	18(6)	1.2	82(41%)

※(　)内は廻し合格者数

2023年度進学状況

❖併設高校へ卒業生116名中、106名進学(91%)
❖高校卒業生数356名
❖主要大学への合格実績(　)内は現役合格者数
京都大3(3)、神戸大1(1)、奈良教育大1(1)、和歌山大1(1)、北見工業大1(1)、徳島大1(1)、広島大1、島根大2(2)、神戸市外国語大2(2)、兵庫県立大7(5)、県立広島大1(1)、防衛大20(18)、防衛医科大1(1)、水産大1(1)、関西大36(28)、関西学院大25(17)、同志社大34(20)、立命館大25(13)、京都産業大14(14)、近畿大82(59)、甲南大21(19)、龍谷大18(16)、関西外国語大18(14)、京都外国語大2(2)、桃山学院大23(19)、大阪工業大20(5)、追手門学院大52(48)、摂南大19(15)、大阪学院大8(8)、大阪経済大18(16)、大阪電気通信大11(7)、大阪産業大60(46)、大阪経済法科大18(15)、大阪大谷大1(1)、大和大4、佛教大3(3)、京都精華大1(1)、京都先端科学大1、京都橘大5(5)、大谷大4(4)、神戸学院大78(73)、流通科学大5(5)、大手前大3(3)、関西国際大2(2)、大阪芸術大2(2)、早稲田大1(1)、立教大2(2)、中央大1(1)、青山学院大1(1)、明治大6(6)、法政大2(2)、日本大5(5)、立命館アジア太平洋大2(2)、朝日大3(2)、近畿短大1(1)、関西外国語短大1(1)

六甲学院 中学校

http://www.rokko.ed.jp

■ 学校長／髙橋　純雄　■ 教　頭／蒲原　豊治・森本　吉紀　■ 生徒数／男子 557 名

| 住　　所 | 〒 657-0015　神戸市灘区篠原伯母野山町 2-4-1 | TEL | 078-871-4161 |

交通機関　阪急神戸線『六甲駅』より徒歩 20 分・タクシー 5 分。市バス 2 系統『篠原本町 2 丁目停留所』下車徒歩 15 分。市バス 36 系統『六甲台南口停留所』下車徒歩 10 分。

特色　イエズス会の教育理念に基づいて、生徒の精神的・肉体的諸能力の発達をはかり、正しい判断力と意欲にあふれた行動力を持った人間の育成を教育目標に置いています。また、カトリックの世界観に基づいた倫理の授業では、道徳・しつけを学び、日常生活の中で実践されるよう訓練しています。しかし、宗教的指導は生徒や保護者の希望によってのみ、課外活動として行われています。学習面では、6 か年一貫教育の特質を生かし、全員が著名大学の進学を目指しています。各教科の指導は、生徒各個人の発展段階に応じて区分し、できるだけ高い水準の知識と学力が無理なく修得できるよう指導しています。

2024 年度入試要項

試　験　日	A1月13日　B1月16日
募集人員	A男子約145名　B男子約40名
試験科目	A算・国〔各60分/各150点〕 　理〔50分/100点〕 B算・国〔各60分/各150点〕
合格発表日	A1月14日〔web11:00〜〕 B1月17日〔web17:00〜〕
受　験　料	20,000円
出願期間	12月15日〜1月5日〔web〕
入学手続	A1月15日〔15:00〕 B1月18日〔15:00〕

学校行事開催日程一覧

◆説明会　10/7(土)　10/28(土)　11/11(土)

◆文化祭　9/23(祝)〜24(日)〔公開〕

◆体育祭　6/10(土)〔公開〕

＊各イベント等につきましては、今後新型コロナウイルス感染状況により日程の変更及び中止の場合もございます。各学校ホームページ等でご確認下さい。

入試状況

		募集人員	志望者数	受験者数	合格者数	実質倍率	合格最低点(%)
2023	A	約145	303	283	161	1.8	213(53%)
	B	約40	595	294	174	1.7	154(51%)
2022	A	約145	279	253	167	1.5	197(49%)
	B	約40	507	240	156	1.5	164(55%)
2021	A	約145	252	235	164	1.4	188(47%)
	B	約40	475	218	126	1.7	180(60%)

2023 年度進学状況

❖併設高校へ卒業生 179 名中、172 名進学（96%）

❖高校卒業生数 169 名

❖主要大学への合格実績（　）内は現役合格者数

東京大 3(3)、京都大 23(17)、大阪大 15(9)、神戸大 19(15)、北海道大 2(2)、東北大 1(1)、筑波大 1(1)、名古屋大 1(1)、九州大 4(3)、和歌山大 1(1)、東京外国語大 1(1)、東京農工大 1(1)、横浜国立大 1(1)、岩手大 1(1)、宇都宮大 1(1)、千葉大 2(1)、富山大 1(1)、信州大 3(2)、福井大 1(1)、名古屋工業大 2(1)、岐阜大 1、三重大 3(3)、岡山大 1、徳島大 2(2)、高知大 1、広島大 2(2)、鳥取大 1(1)、島根大 1、山口大 2(1)、九州工業大 1、鹿児島大 1、大阪公立大 11(9)、滋賀県立大 1(1)、兵庫県立大 7(6)、防衛大 2(2)、防衛医科大 4(2)、水産大 1(1)、関西大 28(23)、関西学院大 69(57)、同志社大 87(63)、立命館大 45(34)、京都産業大 1、近畿大 24(14)、甲南大 4(4)、大阪医科薬科大 8(6)、関西医科大 7(5)、兵庫医科大 5(4)、大阪歯科大 2(1)、京都薬科大 2(2)、大阪工業大 5(4)、追手門学院大 1、摂南大 4、大阪経済法科大 1、佛教大 1、早稲田大 12(5)、慶應義塾大 12(9)、上智大 6(6)、東京理科大 4(3)、中央大 2、明治大 2、北里大 1(1)、愛知学院大 1、岡山理科大 1(1)、獨協医科大 1、朝日大 2(2)、松本歯科大 1(1)、産業医科大 2(1)

愛徳学園　中学校

http://www.aitokugakuen.ed.jp

■ 学校長／松浦　直樹　■ 教　頭／石井　美穂　■ 生徒数／女子 69 名

| 住　　　所 | 〒 655-0037　神戸市垂水区歌敷山 3-6-49 | TEL | 078-708-5353 |

| 交通機関 | JR 神戸線『舞子駅』・山陽電鉄線『舞子公園駅』よりバス 7 分、『学園正面前』下車すぐ。
地下鉄『学園都市駅』よりバス 16 分、『学園正面前』下車すぐ。 |

特色

「自ら考え、人に奉仕し、充実した人生を歩む女性」に育てたい　一人ひとりを大切にした教育を

愛徳学園は、キリスト教精神に基づく「一人ひとりを大切にした教育」を実践しています。学習面では、1 クラス 10 名程度の少人数で英語、数学の習熟度別授業を実施しています。また、講習や英検（2 次対策含む）、数検、漢検などの検定対策講座も行っています。この他、新しい大学入試への対応だけでなく、10 年後、20 年後に向けた本校独自のライフキャリア教育「Rainbow program」を実践推進しています。「英語力向上」と「キリスト教精神に根ざしたグローバル視点の育成」の 2 つを柱にしたグローバル教育をはじめ、タブレットを使った「ICT 利活用授業」や「アクティブラーニング型授業」、様々なキャリア体験などを通して、将来社会で活躍し充実した人生を歩む女性になるよう「女子教育」と「少人数制」を大切にして、生徒個人の良さを引き出し伸ばす教育を行っています。

2024 年度入試要項

試 験 日	A1月13日　　A自己推薦型1月13日PM B1月14日PM　C1月16日
募集人員	全入試合わせて女子約40名
試験科目	A算国型算·国　　　　　〔各50分/各100点〕 　英語型算+国　　　　　〔 50分/ 100点〕 　　　英（筆記·インタビューテスト）〔 50分/ 100点〕 　＊算国型/英語型いずれか選択 A自己推薦型 　基礎学力（算·国から1科目選択）〔 40分/ 100点〕 　課題作文[50分/100点〕 面接 B国語型国（必須）　　　〔 50分/ 100点〕 　　　算·理·社から1科目選択〔 50分/ 100点〕 C基礎学力型 　基礎学力（算·国から1科目選択）〔 40分/ 100点〕
合格発表日	A　　　　　　　1月13日〔web13:30〜〕 A自己推薦型1月13日〔web18:00〜〕 B　　　　　　　1月14日〔web17:00〜〕 C　　　　　　　1月16日〔web11:00〜〕
受 験 料	20,000円 （同時出願の場合は20,000円）
出願期間	A自己推薦型12月11日〜1月12日〔web16:00〕 B　　　12月11日〜1月13日〔web16:00〕 C　　　12月11日〜1月15日〔web16:00〕
入学手続	ＡＢ1月18日〔銀行振込14:00〕 C　　1月25日〔銀行振込14:00〕

学校行事開催日程一覧

◆説明会　10/14(土) 10/21(土) 11/11(土) 11/25(土)
◆プレテスト　11/5(日)
◆プレテスト解説　11/18(土)
◆学校見学会　12/8(金)12/9(土)
　　　　　　　12/11(月)〜13(水)　12/15(金)
◆文化祭　11/3(祝)〔受験希望者·保護者見学可〕
◆体育祭　9/14(木)〔受験希望者·保護者見学可〕

＊各イベント等につきましては、今後新型コロナウイルス感染状況により日程の変更及び中止の場合もございます。各学校ホームページ等でご確認下さい。

入 試 状 況

		募集人員	志望者数	受験者数	合格者数	実質倍率	合格基準点(%)
2023	A	約40	9	8	7	1.1	非公表
	自己 推薦型		5	2	2	1.0	
	B		11	2	2	1.0	
	C		10	0	0	—	—
2022	A	約40	19	18	18	1.0	非公表
	自己 推薦型		14	3	3	1.0	
	B		10	3	3	1.0	
	C		10	0	0	—	—
2021	A	約40	29	29	28	1.0	110(55%)
	B		12	2	2	1.0	110(55%)

2023 年度進学状況

❖併設高校へ卒業生 24 名中、16 名進学（67%）
❖高校卒業生数 28 名
❖主要大学への合格実績（　）内は現役合格者数
　大阪大 1(1)、兵庫県立大 1(1)、京都市立芸術大 1(1)、関西大 2(2)、関西学院大 2(2)、同志社大 1(1)、近畿大 1(1)、甲南大 2(2)、兵庫医科大 1(1)、桃山学院大 1(1)、大阪産業大 1、大和大 1、神戸学院大 1(1)、同志社女子大 1(1)、神戸女学院大 3(3)、武庫川女子大 1(1)、神戸松蔭女子学院大 1(1)、神戸女子大 2(2)、甲南女子大 2(2)、日本大 1(1)

小林聖心女子学院 中学校

http://www.oby-sacred-heart.ed.jp

■ 学校長／棚瀬 佐知子　■ 教 頭／樋口 正和　■ 生徒数／女子 261 名

住　所	〒665-0073　宝塚市塔の町 3-113	TEL	0797-71-7321
交通機関	阪急今津線『小林駅』より徒歩 7 分。		

特色　キリスト教的価値観に基づき、すぐれた思考力と正しい判断力をもち、誠実で謙虚、常に感謝の心をもって、進んで社会に貢献できる賢明な女性を育てることを教育理念としています。真剣な学習を学校生活の中心に位置づけ 6 ヶ年の中高一貫教育を前提として、生徒の発達段階に応じた諸能力の適切な育成を心掛けています。特に、生徒の創造性を促し、自発的学習に発展していくような授業を全教科において実施することを目指しています。

左側縦書き：大阪府　兵庫県　京都府　奈良県　和歌山県　滋賀県　その他

2024 年度入試要項

試 験 日	A 1 月 13 日　B 1 月 14 日
募集人員	A B 合わせて A・A B 方式選抜 B 方式選抜女子約 30 名
試験科目	A 2教科型算・国　〔各60分/各120点〕 3教科型算・国　〔各60分/各120点〕 　　　英　〔リスニング25分 　　　インタビュー5分/60点〕 3教科型算・国　〔各60分/各120点〕 　　　英　〔リスニング25分・ 　　　インタビュー5分/60点〕 英語特別講座選抜〔インタビュー5分〕 　　　〔英語に10点の加点〕 ＊2教科型/3教科型いずれかを選択 B 2教科型算・国　〔各60分/各120点〕 1教科型算　〔60分/120点〕 ＊1教科型/2教科型どちらか選択
合格発表日	1 月 15 日〔web9:00〜〕
受 験 料	23,000 円
出願期間	12 月 4 日〜1 月 12 日〔web13:00〕
入学手続	1 月 15 日〜1 月 16 日〔銀行振込15:00〕

学校行事開催日程一覧

◆説明会　10/28(土)　11/11(土)

◆オープンスクール　3/23(土)

◆文化祭　4/29(祝)〔受験希望者・保護者見学可〕

◆体育祭　10/7(土)　10/21(土)

〔受験希望者・保護者見学可〕

＊各イベント等につきましては、今後新型コロナウイルス感染状況により日程の変更及び中止の場合もございます。各学校ホームページ等でご確認下さい。

入 試 状 況

		募集人員	志望者数	受験者数	合格者数	実質倍率	合格最低点(%)
2023	A	約30	10	10	10	1.0	133(44%)
	B		23	21	14	1.5	92(38%)
2022	A	約30	15	15	14	1.1	184(61%)
	B		24	24	9	2.7	167(70%)
2021	A	約30	10	10	8	1.3	169(56%)
	B		18	18	10	1.8	142(59%)

2023 年度進学状況

❖併設高校へ卒業生 99 名中、90 名進学（91%）

❖高校卒業生数 83 名

❖併設大学・短期大学への進学
聖心女子大学 11 名〔現代教養 11〕

❖主要大学への合格実績（　）内は現役合格者数
京都大 1、大阪大 2(2)、神戸大 1、奈良女子大 1(1)、奈良県立医科大 1、関西大 3(3)、関西学院大 20(18)、同志社大 10(9)、立命館大 5(2)、近畿大 8(8)、甲南大 1(1)、大阪医科薬科大 1(1)、関西医科大 2(2)、兵庫医科大 6(4)、京都薬科大 1(1)、神戸薬科大 7(7)、京都外国語大 1(1)、帝塚山学院大 1(1)、京都橘大 1(1)、神戸学院大 10(10)、同志社女子大 2、神戸女学院大 5(5)、武庫川女子大 3(3)、神戸海星女子学院大 1(1)、大阪樟蔭女子大 1(1)、慶應義塾大 1、上智大 3(3)、国際基督教大 1(1)、明治大 1(1)、津田塾大 1(1)、聖心女子大 11(11)、聖マリアンナ医科大 1(1)、日本歯科大 1(1)、東京女子医科大 1

賢明女子学院 中学校

https://www.himejikenmei.ac.jp

■ 学校長／藤岡 佐和子　■ 教 頭／橋本 綾子・林 真　■ 生徒数／女子263名

| 住　　所 | 〒670-0012　姫路市本町68 | TEL | 079-223-8456 |

交通機関
JR山陽本線『姫路駅』より徒歩15分。
山陽電鉄『姫路駅』より徒歩15分。

特色
6年一貫のカリキュラムを組み、それぞれに与えられた能力を最大限に伸ばすために、2018年度から中学で「ソフィアJr.コース」と「ルミエールJr.コース」のコース制を導入した。また、体系的な探究プログラム「Create the Future」を2022年度から導入し、答えのない問いに向き合う力の育成を目指している。高校からは難関国公立大学を目指す「ソフィアコース」と、多様な受験パターンで大学進学を目指す「ルミエールコース」につながっていく。放課後や長期休暇中の補習も充実しており、ソフィアでは約50%が国公立大学に現役で進学、ルミエールコースも関関同立を中心に90%以上の生徒が現役で大学進学している。カトリック学校特有の奉仕の精神や価値観・共感力の醸成も重視しており、それらを通じて「燈台の光」となる生徒を育てる。

2024年度入試要項

試験日	A1月13日　B1月14日　C1月17日
募集人員	AB合わせてソフィアJr. 女子約60名 　　　　　　ルミエールJr.女子約75名 C　　　　　ソフィアJr. 女子約5名 　　　　　　ルミエールJr.女子約5名

試験科目
A　3科型算　〔50分／100点〕
　　　　国　〔60分／120点〕
　　　　理・社から1科目選択〔40分／80点〕
　　4科型算　〔50分／100点〕
　　　　国　〔60分／120点〕
　　　　理・社　〔各40分／各80点〕
　　＊3科型/4科型いずれかを選択
BC　　算　〔50分／100点〕
　　　　国　〔60分／120点〕

合格発表日
A1月14日〔web12:00～〕
B1月14日〔web21:00～〕
C1月17日〔web17:00～〕

受験料 20,000円

出願期間
A12月11日～1月11日〔web17:00〕
B12月11日～1月13日〔web17:00〕
C12月11日～1月17日〔web 8:30〕

入学手続
AB1月16日〔web17:00〕
C　1月18日〔web17:00〕

学校行事開催日程一覧

◆説明会　10/29(日)
◆プレテスト　11/23(祝)
◆賢明見学Day　10/ 7(土)　10/28(土)　11/11(土)
　　　　　　11/25(土)　12/16(土)　12/26(火)
　　　　　　12/27(水)　12/28(木)　1/27(土)
　　　　　　2/ 3(土)
◆プレテスト解説会　12/2(土)
◆文化祭　9/16(土)
◆体育祭　〔非公開〕

＊各イベント等につきましては、今後新型コロナウイルス感染状況により日程の変更及び中止の場合もございます。各学校ホームページ等でご確認下さい。

入試状況

			募集人員	志望者数	受験者数	合格者数	実質倍率	合格最低点(%)
2023	A	ソフィアJr.	ソフィアJr. 約60	56	54	32	1.7	196(65%)
		ルミエールJr.		40	40	29(20)	1.4	130(43%)
	B	ソフィアJr.	ルミエールJr. 約75	63	60	30	2.0	144(65%)
		ルミエールJr.		39	39	32(28)	1.2	93(42%)
	C	ソフィアJr.	約5	6	2	0	—	—
		ルミエールJr.	約5	10	4	4(1)	1.0	90(41%)
2022	A	ソフィアJr.	ソフィアJr. 約60	59	57	41	1.4	183(65%)
		ルミエールJr.		43	43	34(15)	1.3	135(48%)
	B	ソフィアJr.	ルミエールJr. 約75	78	74	37	2.0	131(66%)
		ルミエールJr.		43	42	36(22)	1.2	87(44%)
	C	ソフィアJr.	約5	12	2	1	2.0	非公表
		ルミエールJr.	約5	21	6	4(1)	1.5	81(41%)

※（　）内は廻し合格者数

2023年度進学状況

❖併設高校へ卒業生115名中、97名進学（84%）
❖高校卒業生数116名
❖主要大学への合格実績（　）内は現役合格者数

大阪大2(2)、神戸大4(3)、奈良女子大1(1)、大阪教育大2(2)、兵庫教育大1(1)、帯広畜産大1(1)、岡山大4(4)、愛媛大1(1)、広島大4(4)、島根大1(1)、山口大1(1)、兵庫県立大1(1)、島根県立大1(1)、防衛医科大1、神戸市看護大1、関西大9(8)、関西学院大35(35)、同志社大16(16)、立命館大12(12)、京都産業大2(2)、近畿大21(21)、甲南大14(14)、龍谷大4(4)、大阪医科薬科大3(3)、兵庫医科大9(9)、大阪歯科大1(1)、京都薬科大1(1)、関西外国語大4(4)、京都外国語大1(1)、追手門学院大3(3)、摂南大2(2)、大阪経済大3(3)、京都文教大1(1)、京都先端科学大7(7)、神戸学院大65(64)、神戸親和大20(20)、流通科学大3(3)、姫路獨協大1(1)、大手前大3(3)、関西国際大1、京都女子大13(13)、同志社女子大5(5)、神戸女学院大20(20)、武庫川女子大13(13)、神戸松蔭女子学院大5(5)、神戸女子大42(42)、神戸海星女子学院大1(1)、甲南女子大24(24)、上智大1(1)、国際基督教大1(1)、明治大1、明治学院大1(1)、東海大1(1)、立命館アジア太平洋大2(2)、朝日大1(1)、松本歯科大2(2)

甲子園学院 中学校

http://www.koshiengakuin-h.ed.jp

■ 学校長／宮島　隆之　■ 教　頭／真鍋　晃　■ 生徒数／女子 41 名

| 住　所 | 〒663-8107　西宮市瓦林町 4-25 | TEL | 0798-65-6100 |

| 交通機関 | 阪急神戸線『西宮北口駅』より徒歩 15 分。
ＪＲ神戸線『甲子園口駅』より徒歩 7 分。 |

| 特色 | めまぐるしく変わる現代、これから活躍する女性が身につけておくべきことは数多くあります。協調性を持ち、豊かな社会性を身につけることだけでなく、自ら考えて行動する創造性、新しく明日を切り拓いていく意思…。本校は中高 6 年間を視野に入れた個別学習指導を行い、将来の自己表現に向けたきめ細かな学習環境を提供します。 |

2024 年度入試要項

試 験 日	A1月13日　B1月16日　C1月20日
募集人員	ABC合わせて女子60名
試験科目	算・国〔各50分／各100点〕・面接
合格発表日	A1月13日〔郵送〕
	B1月16日〔郵送〕
	C1月20日〔郵送〕
受 験 料	20,000円 （複数日程に同時に出願する場合も、20,000 円）
出願期間	A1月4日〜1月12日〔15:00〕
	B1月4日〜1月15日〔15:00〕
	C1月4日〜1月19日〔15:00〕
入学手続	A1月15日〜1月19日〔銀行振込〕
	B1月17日〜1月23日〔銀行振込〕
	C1月22日〜1月26日〔銀行振込〕

2023 年度進学状況

非公表

学校行事開催日程一覧

◆オープンスクール　10/14(土)　11/18(土)
◆保護者のためのEVENING個別説明会
　　11/10(金)　11/17(金)　11/24(金)
◆入試直前対策講座　11/18(土)
◆個別相談　毎週土曜日開催
◆文化祭　9/16(土)〔公開〕
◆体育祭　6/6(火)〔保護者見学可〕
＊各イベント等につきましては、今後新型コロナウイルス感染状況により日程の変更及び中止の場合もございます。各学校ホームページ等でご確認下さい。

入 試 状 況

		募集人員	志望者数	受験者数	合格者数	実質倍率	合格最低点(%)
2023	A	60	15	14	11	1.3	非公表
	B		16	3	3	1.0	
	C		16	1	1	1.0	
2022	A	60	12	12	9	1.3	102(51%)
	B		13	4	2	2.0	非公表
	C		13	0	0	—	—
2021	A	60	17	17	14	1.2	非公表
	B		17	3	3	1.0	
	C		17	0	0	—	—

大阪府
兵庫県
京都府
奈良県
和歌山県
滋賀県
その他

甲南女子 中学校

http://www.konan-gs.ed.jp/

■ 学校長／岡田 明　■ 副校長／中林 千景　■ 教 頭／松尾 由起子・不破 和子　■ 生徒数／女子 561 名

| 住　所 | 〒 658-0001　神戸市東灘区森北町 5-6-1 | TEL | 078-411-2531 |

| 交通機関 | 阪急神戸線『芦屋川駅』より徒歩 15 分。
JR 神戸線『甲南山手駅』より徒歩 10 分。 |

特色

「清く 正しく 優しく 強く」を校訓に、「全人教育」、「個性尊重」、「自学創造」の教育方針のもと、知性と品格を備え、人生や社会に対して前向きに取り組む自立した女性の育成を目指しています。

国公立大学進学を目指す「S アドバンストコース（2 クラス）」と「スタンダードコース（3 クラス）」があります。

2024 年度入試要項

試 験 日	A①1月13日　A②1月14日 B　1月17日
募集人員	A①②スタンダード　女子約80名 A①A②B合わせて 　　Sアドバンスト女子約65名 B　　スタンダード　女子約10名
試験科目	A①　3科型算・国〔各60分/各100点〕 　　　　　　　理　〔 40分/　50点〕 　　　4科型算・国〔各60分/各100点〕 　　　　　　　理・社〔各40分/各 50点〕 　　　＊3科型/4科型いずれかを選択 A②B　　　算・国〔各60分/各100点〕
合格発表日	A①②1月15日〔web15:30〜〕 B　　1月18日〔web12:30〜〕
受 験 料	20,000円 （A①②は両方受験しても20,000円）
出願期間	A①②12月11日〜1月11日〔web16:00〕 B　　12月11日〜1月16日〔web16:00〕
入学手続	A①②1月16日〔web16:30〕 B　　1月18日〔web16:30〕

学校行事開催日程一覧

◆ 説明会・オープンスクール　11/19（日）
◆ 個別相談会　12/2（土）
◆ 文化祭　4/23（日）〔受験希望者・保護者見学可〕
◆ 体育祭　5/13（土）〔受験希望者・保護者見学可〕

＊各イベント等につきましては、今後新型コロナウイルス感染状況により日程の変更及び中止の場合もございます。各学校ホームページ等でご確認下さい。

入試状況

			募集人員	志望者数	受験者数	合格者数	実質倍率	合格最低点(%)
2023	A①	ST	ST 約80	36	36	28(23)	1.3	159(53%)
		Sアド		60	56	30	1.9	210.6(70%)
	A②	ST	Sアド 約65	86	83	46(39)	1.8	102(51%)
		Sアド		238	232	159	1.5	117(59%)
	B	Sアド		80	38	11	3.5	163(82%)
		ST	約10	26	12	6(22)	2.0	110(55%)
2022	A①	ST	ST 約80	56	54	37(37)	1.5	162(54%)
		Sアド		80	77	34	2.3	228.6(76%)
	A②	ST	Sアド 約65	91	84	60(73)	1.4	102(51%)
		Sアド		263	255	161	1.6	131(66%)
	B	Sアド		99	53	15	3.5	161(81%)
		ST	約10	27	17	0(8)	—	149(75%)
2021	A①	ST	ST 約80	46	43	39(23)	1.1	147(49%)
		Sアド		66	59	32	1.8	195.6(65%)
	A②	ST	Sアド 約65	82	80	56(60)	1.4	100(50%)
		Sアド		224	215	131	1.6	133(67%)
	B	Sアド		105	53	27	2.0	135(68%)
		ST	約10	32	16	7(13)	2.3	101(51%)

※（　）内は廻し合格者数

2023 年度進学状況

❖併設高校へ卒業生 175 名中、175 名進学（100%）
❖高校卒業生数 177 名
❖併設大学・短期大学への進学　甲南女子大学 17 名〔人間科学 6・国際 4・医療栄養 3・看護リハビリテーション 2・文学 2〕
❖主要大学への合格実績　（　）内は現役合格者数
京都大 1(1)、大阪大 3(2)、神戸大 1(1)、筑波大 1(1)、お茶の水女子大 1(1)、奈良女子大 2(2)、大阪教育大 1(1)、京都工芸繊維大 1(1)、岩手大 1(1)、山梨大 1、静岡大 2(2)、信州大 1(1)、愛媛大 1(1)、徳島大 5(4)、高知大 3(2)、広島大 1(1)、鳥取大 1(1)、山口大 1、滋賀医科大 2(1)、大阪公立大 3(2)、京都府立大 1(1)、神戸市外国語大 1(1)、滋賀県立大 2(2)、兵庫県立大 5(5)、京都市立芸術大 1(1)、国際教養大 1(1)、都留文科大 1(1)、岡山県立大 1(1)、県立広島大 1(1)、下関市立大 1(1)、京都府立医科大 1(1)、和歌山県立医科大 1(1)、関西大 21(19)、関西学院大 70(70)、同志社大 21(16)、立命館大 44(42)、京都産業大 5(5)、近畿大 95(90)、甲南大 30(30)、龍谷大 9(9)、大阪医科薬科大 6(5)、関西医科大 8(7)、兵庫医科大 10(7)、大阪歯科大 5(3)、神戸薬科大 8(8)、関西外国語大 8(8)、大阪工業大 5(5)、追手門学院大 3(3)、摂南大 3(3)、大阪電気通信大 1(1)、大阪産業大 3(3)、神戸学院大 6(6)、帝塚山大 1、京都女子大 1、同志社女子大 2(2)、大阪女学院大 6(6)、武庫川女子大 12(12)、神戸女子大 7(7)、梅花女子大 4、大阪芸術大 1(1)、大阪音楽大 1(1)、京都芸術大 1(1)、早稲田大 4(4)、慶應義塾大 1(1)、上智大 5(5)、東京理科大 2(2)、立教大 1(1)、中央大 2(2)、青山学院大 2(2)、明治大 6(4)、法政大 7(7)、成蹊大 1(1)、日本大 6(5)、フェリス女学院大 2、愛知学院大 4、岡山理科大 3(3)、立命館アジア太平洋大 2(2)、金沢医科大 2(1)

67

神戸海星女子学院 中学校

http://www.kobekaisei.ed.jp

■ 学校長／糸井 孝幸　■ 教 頭／野手 数弘　■ 生徒数／女子 440 名

| 住　所 | 〒657-0805　神戸市灘区青谷町 2-7-1 | TEL | 078-801-5601 |

| 交通機関 | 阪急神戸線『王子公園駅』より徒歩 12 分。
ＪＲ神戸線『灘駅』より徒歩 12 分。 |

| 特色 | 本学院は、キリスト教精神に基づいて、知的・情的・意志的に調和した円満な人格を形成し、人と社会に奉仕し得る有能な人間形成をめざします。
❖本校の校風と特色
○宗教・国際・福祉を基盤とした全人教育　○授業週 6 日制の実施　○定評あるハイレベルな語学教育に加え、理数科目にも力を入れている　○完全中・高一貫を生かした弾力的カリキュラム |

2024 年度入試要項

試 験 日	A1月13日　B1月14日
募集人員	女子約110名 A女子約100名 B女子約 20名
試験科目	A 3 教科型算・国〔各50分/各100点〕 　　　　理〔 40分/ 80点〕 4 教科型算・国〔各50分/各100点〕 　　　　理・社〔各40分/各 80点〕 ＊3教科型/4教科型いずれかを選択 B　　　算・国〔各50分/各100点〕
合格発表日	1月15日〔web16:00～〕
受 験 料	20,000円
出願期間	12月15日～1月8日〔web23:59〕
入学手続	1月16日〔17:00〕

学校行事開催日程一覧

◆説明会　10/7(土)　11/4(土)

◆学校見学会　10/28(土)　11/25(土)　2/24(土)

◆文化祭　5/3(祝)〔受験希望者・保護者見学可〕

◆体育祭　9/23(祝)〔受験希望者・保護者見学可〕

＊各イベント等につきましては、今後新型コロナウイルス感染状況により日程の変更及び中止の場合もございます。各学校ホームページ等でご確認下さい。

入 試 状 況

		募集人員	志望者数	受験者数	合格者数	実質倍率	合格最低点(%)
2023	A	110	140	130	111	1.2	208.3(58%)
	B		114	109	61	1.8	130(65%)
2022	A	110	147	135	98	1.4	203.1(56%)
	B		129	122	61	2.0	132(66%)
2021	A	110	158	141	104	1.4	209.6(58%)
	B		116	108	58	1.9	117(59%)

2023 年度進学状況

❖併設高校へ卒業生 140 名中、128 名進学（91％）

❖高校卒業生数 131 名

❖併設大学・短期大学への進学

　神戸海星女子学院大 2 名〔現代人間 2〕

❖主要大学への合格実績（　）内は現役合格者数

　東京大 1、京都大 3(2)、大阪大 7(7)、神戸大 8(6)、北海道大 1(1)、一橋大 1(1)、名古屋大 1、奈良女子大 3(2)、大阪教育大 2(2)、京都工芸繊維大 3(2)、奈良教育大 1、電気通信大 1、信州大 1(1)、三重大 1(1)、岡山大 2(2)、香川大 3(3)、愛媛大 2(1)、徳島大 1(1)、長崎大 1(1)、琉球大 2(2)、大阪公立大 6(4)、京都府立大 1(1)、兵庫県立大 3(3)、京都市立芸術大 1(1)、和歌山県立医科大 1(1)、関西大 23(20)、関西学院大 72(61)、同志社大 42(30)、立命館大 20(16)、京都産業大 3(3)、近畿大 23(16)、甲南大 13(6)、龍谷大 4(4)、大阪医科薬科大 12(8)、関西医科大 9(6)、兵庫医科大 7(4)、大阪歯科大 1(1)、京都薬科大 4(3)、神戸薬科大 7(6)、関西外国語大 4(4)、大阪工業大 2、神戸学院大 2(2)、神戸親和大 1(1)、京都女子大 4(4)、同志社女子大 6(6)、神戸女学院大 6(6)、武庫川女子大 10(5)、甲南女子大 5(5)、京都芸術大 1(1)、早稲田大 6(4)、慶應義塾大 2、上智大 3(3)、東京理科大 3、立教大 1(1)、学習院大 2(2)、青山学院大 1(1)、明治大 2(2)、日本女子大 2(2)、南山大 1(1)、聖マリアンナ医科大 1

大阪府

兵庫県

京都府

奈良県

和歌山県

滋賀県

その他

神戸国際 中学校

https://kis.ed.jp/

■学校長／瀬尾 幸司 ■副校長／藤井 宏・猿丸 義彦 ■生徒数／女子158名

| 住　所 | 〒654-0081　神戸市須磨区高倉台7-21-1 | TEL | 078-731-4665 |

交通機関
ＪＲ神戸線・山陽電鉄『須磨駅』より市バス約16分。市営地下鉄『妙法寺駅』より市バス約6分。いずれも『高倉台7丁目停留所』下車。

特色
本校では、これからの21世紀の社会で活躍する女性の育成を目指し、学力・語学力・人間力の3つの力を育む中で、21世紀型スキルを獲得する教育活動を展開しています。少人数制の中で、一人一人を丁寧に指導し、東大・京大・阪大をはじめ多くの国公立大や難関私大に進学しており、卒業生は国内外を問わず活躍しています。

2024年度入試要項

試験日
AⅠ特色AO特色GS特色IP1月13日　AⅡ1月13日PM
BⅠ　　　　　　　　　　1月14日　BⅡ1月14日PM
C　　　　　　　　　　　1月16日
プレミア　　　　　　　 1月20日

募集人員
全入試合わせて　女子 70名

試験科目
特色AO特色GS
　　算または国から1科目選択〔50分/100点〕・面接
特色IP　プレゼンテーション〔3分〕・面接
AⅠBⅠ①一般入試3教科型（得意科目型）
　　　　算・国・理〔各50分/各100点〕
　　　②英語資格利用入試
　　　　1）英語重視型
　　　　　英（筆記・リスニング）〔50分/200点〕
　　　　　算・国から1科目選択〔50分/100点〕
　　　　2）英語民間テスト利用型
　　　　　算・国から1科目選択〔50分/100点〕
　　　　　英語資格〔200点〕
　　　　*一般入試3教科型/英語資格利用入試いずれかを選択
AⅡプレミア算・国〔計50分/各50点〕
BⅡ探究型入試自然科学問題・社会問題〔計50分/各50点〕
C　　　　算・国〔計50分/各100点〕

合格発表日
AⅠ特色AO特色GS特色IP1月14日〔郵送/掲示/web12:00〜〕
AⅡ　　　　　　　　　1月14日〔郵送/web12:00〜〕
BⅠBⅡ　　　　　　　 1月15日〔郵送/web12:00〜〕
C　　　　　　　　　　1月16日〔郵送/web12:00〜〕
プレミア　　　　　　 1月20日〔郵送/web16:00〜〕

受験料
20,000円
（複数の選考を同時に出願しても20,000円）
ただし、プレミア入試は、別途20,000円

出願期間
特色AO特色GS特色IP11月13日〜11月29日〔web17:00〕
　　　　　　　　　12月 4日〜12月 8日〔web17:00〕
AⅠAⅡBⅠBⅡC　12月 4日〜 1月12日〔web16:00〕
プレミア　　　　 1月16日〜 1月20日〔 9:00〕

入学手続
AⅠ特色AO特色GS特色IP1月15日〔銀行振込〕
AⅡBⅠBⅡC　　　　　 1月17日〔銀行振込〕
プレミア　　　　　　　 1月22日〔銀行振込〕

学校行事開催日程一覧

◆説明会　10/5（木）　10/28（土）　11/25（土）
◆プレテスト　10/21（土）
◆ナイト説明会　10/13（金）　11/2（木）　11/10（金）
◆プレテスト解説会　11/18（土）
◆個別相談会　12/9（土）　12/23（土）
◆文化祭　5/13（土）〔受験希望者・保護者見学可〕
◆体育祭　6/17（土）〔受験希望者・保護者見学可〕

＊各イベント等につきましては、今後新型コロナウイルス感染状況により日程の変更及び中止の場合もございます。各学校ホームページ等でご確認下さい。

入試状況

		募集人員	志望者数	受験者数	合格者数	実質倍率	合格最低点(%)
2023	特色AO	約70	53	51	51	1.0	非公表
	特色GS						
	特色IP						
	AⅠ						
	AⅡ		39	38	34	1.1	
	BⅠ		65	65	33	2.0	
	BⅡ		5	1	非公表	—	
	C		38	1		—	
	プレミア		0	0	—		—
2022	特色AO	若干名	50	49	49	1.0	非公表
	特色GS	若干名					
	特色IP	若干名					
	AⅠ	約70					
	AⅡ		33	32	22	1.5	
	BⅠ		66	62	36	1.7	
	BⅡ		10	2	1	2.0	
	C		46	4	4	1.0	
	プレミア		0	0	—		—

2023年度進学状況

❖併設高校へ卒業生49名中、43名進学（88%）
❖高校卒業生数31名
❖主要大学への合格実績（　）内は現役合格者数
岩手大1(1)、山口大1(1)、広島市立大1(1)、関西学院大2(2)、同志社大4(4)、立命館大4(4)、京都産業大4(4)、近畿大7(7)、甲南大1(1)、龍谷大1(1)、神戸薬科大1(1)、関西外国語大2(2)、京都外国語大2(2)、大阪学院大1(1)、神戸学院大20(20)、大手前大2(2)、関西国際大1(1)、奈良産業大1(1)、神戸女学院大4(4)、武庫川女子大4(4)、神戸松蔭女子学院大2(2)、神戸女子大1(1)、甲南女子大3(3)、早稲田大2(2)、岩手医科大1

大阪府

兵庫県

京都府

奈良県

和歌山県

滋賀県

その他

神戸女学院 中学部

https://www.kobejogakuin-h.ed.jp/

■ 学校長／森谷 典史　■ 教 頭／北田 京子　■ 生徒数／女子 430 名

大阪府

兵庫県

京都府

奈良県

和歌山県

滋賀県

その他

| 住　所 | 〒 662-8505　西宮市岡田山 4-1 | TEL | 0798-51-8570 |

| 交通機関 | 阪急今津線『門戸厄神駅』より徒歩 15 分。 |

特色

建学以来「愛神愛隣」の精神をモットーとし、キリスト教に基づいた全人教育を展開している。教育によって培った知識や力を自分のためだけに使うのではなく、社会や隣人に奉仕できる豊かな人間性を持った女性リーダーの育成を目指している。全教科で質の高い授業を提供している。英語教育では「クルー・メソッド」を基本とした実践的な授業で、高い語学力や世界的視野、コミュニケーション能力を養っている。海外語学研修旅行や留学等の国際交流の機会も豊富に提供している。「自由・自治」の精神の下、生徒一人一人の個性と自主性を尊重している。服装も自由で校則もゆるやかで、学校行事や自治会活動等の企画・運営も生徒主体で行われている。生徒たちが、知識獲得だけに偏らず、全人教育で才能や可能性を伸ばし、人格全体の円満な発達を実現する伝統を大切にしている。毎日の礼拝を全校で守り、各生徒が自分の生き方を見つめ、自分が何をすべきかに気付く備えのための静寂の時間を大切にしている。

2024 年度入試要項

試 験 日	1月13日・1月15日
募集人員	女子約135名
試験科目	〔1日目〕算・国　〔各50分／各120点〕 　　　　　理・社　〔各45分／各100点〕 〔2日目〕体育実技〔　20点〕
合格発表日	1月16日〔web13:00～〕
受 験 料	24,000円
出願期間	12月22日～1月5日〔web17:00〕
入学手続	1月18日〔web12:00〕

学校行事開催日程一覧

◆**キャンパス見学会**　11/3(祝)　11/4(土)
◆**文化祭**　9/16(土)〔公開〕
◆**体育祭**　〔非公開〕

＊各イベント等につきましては、今後新型コロナウイルス感染状況により日程の変更及び中止の場合もございます。各学校ホームページ等でご確認下さい。

入 試 状 況

	募集人員	志望者数	受験者数	合格者数	実質倍率	合格最低点(%)
2023	135	254	250	159	1.6	261(57%)
2022	135	229	228	154	1.5	260(57%)
2021	135	272	265	154	1.7	286(62%)

2023 年度進学状況

❖併設高校へ卒業生 137 名中、135 名進学（99%）
❖高校卒業生数 137 名
❖併設大学・短期大学への進学
　神戸女学院大学（非公表）
❖主要大学への合格実績
　非公表

神戸山手女子 中学校

http://www.kobeyamate.ed.jp/

■ 学校長／平井　正朗　■ 教　頭／中谷　卓司　■ 生徒数／女子 50 名

| 住　所 | 〒 650-0006　神戸市中央区諏訪山町 6-1 | TEL | 078-341-2133 |

| 交通機関 | 神戸市営地下鉄線『県庁前駅』より徒歩 12 分。
市バス 7 系統『諏訪山公園下停留所』下車 3 分。 |

特色

グローバル選抜探究コース（Gコース）誕生（2023年度入試より募集） 英語＋EdTech＋グローバル探究で進路満足度 100％をめざします。卒業後の進路は、日本の国公立大学や難関私立大学だけではなく、海外の大学も視野に入れて 6 年間学びます。英語の到達目標は、CEFR 基準でいうと、中学卒業段階で A2 レベル（英検準 2 級レベル）、高校卒業段階で B2 レベル（英検準 1 級レベル）を設定しています。また、「グローバル探究」という時間を設け、教科横断的な視点から社会の具体的な問題の解決策を考える産官学協同の学習を実施します。

未来探究コース 未来探究コースでは、5 教科の基礎基本を徹底的に学びます。基礎学力を徹底して身につけ、応用、発展へと段階的に学びを進めていくコースです。自分の高校卒業後の進路を見据えて、自分のペースで、中学校生活を送ることができます。

2024 年度入試要項

試 験 日
前期午前　1 月 13 日　前期午後 1 月 13 日 PM
中期午前　1 月 14 日　中期午後 1 月 14 日 PM
後期午前　1 月 15 日　後期午後 1 月 15 日 PM
ファイナル 1 月 20 日

募集人員
全入試合わせて
グローバル選抜探究女子 30 名　未来探究女子 60 名

試験科目
前期午前　自己アピール作文　　　〔 50 分〕・面接
　　　　　プログラミング入試含む
　　　　　英語重視　作文　　〔 50 分〕・面接（英語・日本語）
前期午前午後中期午前午後後期午前午後
　①算・国・英　　　　　　　　〔各50分/各100点〕
　②算・国・英から2科目選択〔各50分/各100点〕
　③算または英　　　　　　　〔 50 分/ 100点〕
　G選抜探究（英リスニング含む）
　＊①/②/③いずれか選択
中期午前適性検査型
　「言語表現」・「数理探究」必須　　　　　〔各40分〕
　「自然環境」・「市民社会」いずれか1領域選択〔 30分〕
ファイナル
　未来探求　　算　　　〔 50 分/ 100点〕
　G 選抜探究　英（リスニング含む）〔50 分/ 100点〕

合格発表日
前期午前午後 1 月 14 日〔郵送〕
中期午前午後 1 月 15 日〔手渡し〕
後期午前午後 1 月 16 日〔手渡し〕
ファイナル　1 月 20 日〔手渡し〕

受 験 料
20,000円
（同時に出願する場合は、複数出願でも20,000円）

出願期間
前期午前午後12月11日〜1月12日（web15:00）
中期午前　12月11日〜1月13日（web15:00）1月14日〔 8:40〕
中期午後　12月11日〜1月13日（web15:00）1月14日（14:40）
後期午前　12月11日〜1月14日（web15:00）1月15日〔 8:40〕
後期午後　12月11日〜1月14日（web15:00）1月15日（14:40）
ファイナル 12月11日〜1月19日（web15:00）1月20日〔 8:40〕

入学手続
前期午前午後中期午前午後後期午前午後 1 月17日〔15:00〕
ファイナル　　　　　　　　　　　　　1 月22日〔15:00〕

学校行事開催日程一覧

◆ **説明会** 10/7（土）11/18（土）11/25（土）12/2（土）
◆ **体験講座** 10/7（土）12/2（土）
◆ **プレテスト** 10/14（土）11/18（土）
◆ **プレテスト返却・解説会** 10/21（土）11/25（土）
◆ **オープンスクール** 11/3（祝）
◆ **入試解説会** 10/7（土）11/18（土）11/25（土）12/2（土）
◆ **個別相談会** 12/16（土）12/17（日）
◆ **文化祭** 9/30（土）
◆ **体育祭** 10/9（月・祝）

＊各イベント等につきましては、今後新型コロナウイルス感染状況により日程の変更及び中止の場合もございます。各学校ホームページ等でご確認下さい。

入 試 状 況

				募集人員	志望者数	受験者数	合格者数	実質倍率	合格最低点(%)
2023	前期午前	一般	G 選抜探究	G選抜探究30 未来探究60	21	20	20	1.0	G選抜探究 120(60%) 未来探究 104(52%)
			未来探究						
		自己アピール	G 選抜探究						
			未来探究						
		英語重視	G 選抜探究						
	前期午後	一般	G 選抜探究		20	15	15	1.0	
			未来探究						
	中期午前	一般	G 選抜探究		16	10	10	1.0	
			未来探究						
	中期午後	一般	G 選抜探究		16	8	8	1.0	
			未来探究						
	後期午前	一般	G 選抜探究		18	3	3	1.0	
			未来探究						
	後期午後	一般	G 選抜探究		16	3	3	1.0	
			未来探究						
	ファイナル	一般	G 選抜探究		17	1	1	1.0	
			未来探究						

2023 年度進学状況

❖ 併設高校へ卒業生 19 名中、17 名進学（89％）
❖ 高校卒業生数 91 名
❖ 併設大学・短期大学への進学
　関西国際大 9 名〔心理 5・社会 2・教育 2〕
❖ 主要大学への合格実績（　）内は現役合格者数
　大阪公立大 1(1)、兵庫県立大 1(1)、関西大 1(1)、関西学院大 6(6)、立命館大 1(1)、近畿大 2(2)、甲南大 7(7)、関西外国語大 1(1)、桃山学院大 1(1)、帝塚山学院大 2(2)、大阪大谷大 1、京都精華大 1(1)、神戸学院大 9(8)、神戸親和大 1(1)、大手前大 1(1)、流通科学大 1(1)、京都女子大 1(1)、同志社女子大 1(1)、京都ノートルダム女子大 1(1)、京都光華女子大 2(1)、神戸女学院大 7(7)、武庫川女子大 4(4)、神戸松蔭女子学院大 5(5)、神戸女子大 4(4)、甲南女子大 2(2)、大阪女学院大 1(1)、梅花女子大 2(2)、大阪樟蔭女子大 1(1)、大阪芸術大 1(1)、大阪音楽大 3(3)、日本大 1(1)、関西外国語短大 1(1)、武庫川女子大短大 1(1)、神戸女子短大 1(1)、大阪音楽短大 1(1)

大阪府
兵庫県
京都府
奈良県
和歌山県
滋賀県
その他

松蔭 中学校

https://www.shoin-jhs.ac.jp/

■ 学校長／浅井　宣光　■ 副校長／芳田　克巳・澤田　和之　■ 生徒数／女子215名

| 住　所 | 〒657-0805　神戸市灘区青谷町3-4-47 | TEL | 078-861-1105 |

交通機関　阪急神戸線『王子公園駅』より徒歩15分。阪神神戸線『岩屋駅』より徒歩20分。
JR神戸線『灘駅』より徒歩18分。市バス2・18系統『青谷』下車すぐ。

特色
「英語に強くなる松蔭」は、さらに進化をつづけています。ディベロプメンタル・ストリームは、これまでの松蔭をさらに磨き上げた学習内容で、英語力はもちろん、語彙力、論理的思考力などすべての基盤となる国語力を育成します。グローバル・ストリームは、日常生活の英語は話せて当たり前になることを目標に、豊富な体験プログラムを通じて「海外を知る」ことができます。入試では自己推薦GS入試を新設。この入試の場合、入試当日は英語面接のみになります。
英語1教科で受験することもでき、B方式入試では国語または算数、1教科で受験可能。また、課題図書プレゼン入試など様々な入試方式があります。

2024年度入試要項

試験日
A自己推薦GS　1月13日　英語課題図書プレゼン1月13日PM
B　　　　　　1月14日PM

募集人員
A英語課題図書プレゼン合わせて
　ディベロプメンタル・ストリーム（DS）女子約100名
自己推薦GS英語合わせて
　グローバル・ストリーム（GS）　女子約30名
Bディベロプメンタル・ストリーム（DS）女子約20名

試験科目
A　　　　算・国〔各50分/各150点〕
　　　　　理　〔40分/100点〕
　　　　　＊2科/3科判定
自己推薦GS英語面接
英語DS志望　英〔50分/100点〕
　　　　　　筆記＋リスニング
英語GS志望　英〔50分/100点〕
　　　　　　筆記＋リスニング＋エッセイライティング
　　　　　　英語面接
課題図書プレゼン
　　プレゼン〔5分〕
　　質疑応答〔約10分〕
B　算・国から1科目選択〔50分/100点〕

合格発表日
A英語課題図書プレゼン1月14日〔web 9:00～〕
B　　　　　　　　　　1月15日〔web17:00～〕

受験料
20,000円
（複数出願でも同一金額）

出願期間
自己推薦GS　　　　　12月9日～1月9日〔web12:00〕
A英語課題図書プレゼン12月9日～1月12日〔web12:00〕
B　　　　　　　　　　12月9日～1月14日〔web12:00〕

入学手続
A自己推薦GS英語課題図書プレゼン　1月15日〔13:00〕
B　　　　　　　　　　　　　　　　1月17日〔13:00〕

学校行事開催日程一覧

◆説明会　10/8（日）　10/28（土）
◆校外説明会　10/1（日）〔西宮〕　10/9（祝）〔明石〕
　　　　　　　10/22（日）〔三田〕　10/29（日）〔宝塚〕
　　　　　　　11/3（祝）〔西神南〕
◆プレテスト　11/12（日）
◆プレテスト・個別アドバイス会　11/25（土）
◆課題図書プレゼン入試説明会　12/2（土）
◆個別相談会　12/23（土）
◆英語面接練習会　12/9（土）　12/16（土）
◆文化祭　4/29（祝）
◆体育祭　9/29（金）

＊各イベント等につきましては、今後新型コロナウイルス感染状況により日程の変更及び中止の場合もございます。各学校ホームページ等でご確認下さい。

入試状況

			募集人員	志望者数	受験者数	合格者数	実質倍率	合格最低点(%)
2023	A	DS	＊100	58	57	56	1.0	144（36%）
	課題図書プレゼン	DS	若干名	5	5	5	1.0	―
	英語Ⅰ	DS	＊100	19	19	14	1.4	60（60%）
		GS	約30	12	12	11	1.1	50（50%）
	英語Ⅱ	GS		7	3	3	1.0	50（50%）
		DS		3	2	2	1.0	60（60%）
	B	DS	約20	69	33	33	1.0	算：48（48%） 国：45（45%）
2022	A	DS	＊110	63	60	58	1.0	149（37%）
	課題図書プレゼン	DS	若干名	6	6	5	1.2	―
	英語Ⅰ	DS	＊110	9	9	8	1.1	60（60%）
		GS	約30	21	21	20	1.1	58（58%）
	英語Ⅱ	GS		13	1	1	1.0	58（58%）
		DS		6	4	4	1.0	60（60%）
	B	DS	約20	83	42	40	1.1	算：47（47%） 国：48（48%）

2023年度進学状況

❖併設高校へ卒業生96名中、89名進学（93%）
❖高校卒業生数101名
❖併設大学・短期大学への進学
　神戸松蔭女子学院大学23名
❖主要大学への合格実績（現役合格者数）
　関西大10、関西学院大4、近畿大2、甲南大6、兵庫医科大1、大阪歯科大1、神戸薬科大1、京都外国語大2、追手門学院大1、大阪経済法科大1、神戸学院大5、神戸親和大2、流通科学大1、同志社女子大2、京都ノートルダム女子大1、神戸女学院大8、神戸女子大1、甲南女子大4、京都芸術大2、立教大4、明治学院大2、立命館アジア太平洋大1

大阪府
兵庫県
京都府
奈良県
和歌山県
滋賀県
その他

親 和 中学校

http://www.kobe-shinwa.ed.jp/

■学校長／中村 晶平　■副校長／井坂 かおる・森上 展宏　■教 頭／橋本 秀則　■生徒数／女子454名

住　所	〒657-0022　神戸市灘区土山町6-1

TEL	078-854-3835（広報部直通） 078-854-3800（代）

交通機関	阪急神戸線『六甲駅』より徒歩15分。 市バス16系統『高羽町』下車徒歩5分。

特色　創立136年の歴史の中で培ってきた独自の校風のもと、その伝統を受け継ぎながらも、変化の激しい先行き不透明な時代を生き抜くために、「学力」「人間力」「国際力」「情報力」など、多彩な能力と個性を高める教育を実践しています。2024年度より、これまでの「S／総合進学」の2コース制から、まったく新しい「スーパーサイエンス／スティーム探究／グローバル探究」の3コース制へと更なる進化を遂げます。教科横断型のプログラムを通して、文系・理系の垣根を越えて、これからの国際社会で必要な『サイエンスマインド』と『グローバルマインド』の養成に一層力を入れていきます。

2024年度入試要項

試験日　前期I 1月13日　前期II 1月13日PM　後期I 1月14日
後期II 1月14日PM　後期III 1月17日　チャレンジ1月20日

募集人員　全入試合わせて
スーパーサイエンスコース(SS)女子30名　スティーム探究(ST)女子80名
グローバル探究(GL)女子80名

試験科目
前期I SS 算・国・理〔各50分／各100点〕
　　ST [1]教科型受験
　　　①算・国②算・国③算・理　＊①／②／③いずれかを選択
　　　[2]総合型入試
　　　作文・プレゼンテーション・面接・通知表評定・諸活動実績
　　　＊[1]／[2]いずれか選択
　　GL [1]教科型受験
　　　①算・国②算・国・社③算・理　＊①／②／③いずれかを選択
　　　[2]総合型入試
　　　作文・プレゼンテーション・面接・通知表評定・諸活動実績
　　　[3]英語資格入試　面接(英語・日本語)・英語資格・通知表評定
　　　＊[1]／[2]／[3]いずれか選択
前期II SS 後期II チャレンジ 算・国〔各50分／各100点〕
前期II ST　　算　〔50分／100点〕GL国〔50分／100点〕
後期I SS [1]探究入試　言語探究・自然探究・数理探究〔各50分／各100点〕
　　　[2]教科型入試　　算・理　〔各50分／各100点〕
　　　＊[1]／[2]いずれか選択
　　ST [1]探究入試　言語探究・自然探究・数理探究〔各50分／各100点〕
　　　[2]教科型入試　①算・国②算・国③算・理　＊①／②／③いずれかを選択
　　　＊[1]／[2]いずれか選択
　　GL [1]探究入試　言語探究・自然探究・数理探究〔各50分／各100点〕
　　　[2]教科型受験　①算・国②算・国　＊①／②いずれかを選択
　　　[3]英語資格入試　面接(英語・日本語)・英語資格・通知表評定
　　　＊[1]／[2]／[3]いずれか選択

合格発表日　前期I 前期II 1月14日(web 18:00～)
後期I 後期II 1月15日(web 16:00～)
後期III 1月17日(web 18:00～)
チャレンジ 1月20日夕刻

受験料　20,000円

出願期間　前期I 前期II 後期I 後期II 12月11日～1月10日[web12:00]
後期III　12月11日～1月16日[web12:00]
チャレンジ　1月16日～1月19日[web12:00]

入学手続　前期I 前期II 後期I(教科型・英語資格)後期II 1月16日[web16:00]
後期III　1月18日[web16:00]
後期I(探究)チャレンジ 1月22日[web16:00]

学校行事開催日程一覧

◆説明会　10/22(日)
◆プレテスト　11/3(祝)
◆プレテスト解説会　11/12(日)
◆学校見学会　毎土曜日開催
◆文化祭　5/3(祝)〔公開〕
◆体育祭　9/21(木)〔受験希望者・保護者見学可〕

＊各イベント等につきましては、今後新型コロナウイルス感染状況により日程の変更及び中止の場合もございます。各学校ホームページ等でご確認下さい。

入試状況

			募集人員	志望者数	受験者数	合格者数	実質倍率	合格最低点(%)
2023	前期I	S	S 約60 / 総合進学 約130	41	39	29	1.3	151(54%)
		総合進学		29	25	26	—	114(41%)
	英語	S		0	0	0	—	—
		総合進学		8	8	8	1.0	
	プレゼンテーション	総合進学		13	13	13	1.0	
	前期II (適性検査型)	S		70	70	62	1.1	109(55%)
		総合進学		9	9	10	—	98(49%)
	算数1教科型	S		63	60	74	1.4	57(57%)
		総合進学		13	13	17	—	47(47%)
	国語1教科型	S		87	83	25	3.3	61(61%)
		総合進学		31	31	70	—	42(424%)
	後期I	S		104	99	61	1.6	96(96%)
		総合進学		54	52	63	—	80(80%)
	後期II	S		175	161	109	1.5	119(60%)
		総合進学		48	44	60	—	96(48%)
	後期III	S		38	25	10	—	125(63%)
		総合進学		15	9	10	—	91(46%)
	チャレンジ	S		非公表				
		総合進学						

2023年度進学状況

❖併設高校へ卒業生166名中、156名進学（94%）
❖高校卒業生数 168名
❖併設大学・短期大学への進学　神戸親和女子大学4名〔文学2・教育2〕
❖主要大学への合格実績　（ ）内は現役合格者数

大阪大4(2)、神戸大1(1)、お茶の水女子大1(1)、奈良女子大2(2)、大阪教育大1、京都工芸繊維大2、東京外国語大1(1)、富山大1(1)、岡山大1(1)、香川大1、徳島大1、琉球大1、奈良県立大1、兵庫県立大3(3)、岡山県立大1(1)、広島市立大1(1)、神戸市看護大1(1)、関西大20(17)、関西学院大35(28)、同志社大19(17)、立命館大18(15)、京都産業大5(5)、近畿大49(33)、甲南大17(15)、龍谷大11(9)、大阪医科薬科大2(1)、関西医科大1(1)、兵庫医科大7(6)、京都薬科大4(3)、神戸薬科大12(10)、関西外国語大7(6)、京都外国語大6(6)、大阪工業大4(4)、追手門学院大2(2)、摂南大9(8)、大阪学院大2(1)、大阪経済大4(2)、大阪電気通信大1(1)、大阪産業大6(6)、大阪商業大1、大阪経済法科大1、大和大1(1)、佛教大5(5)、京都先端科学大1(1)、京都橘大4(4)、大谷大1(1)、神戸学院大8(7)、関西国際大3、帝塚山大5、帝塚山学院大14(14)、同志社女子大5(5)、神戸女学院大10(7)、武庫川女子大14(13)、神戸松蔭女子学院大1(1)、神戸親和女子大5(5)、神戸女子大7(7)、甲南女子大7(7)、大阪芸術大3(3)、早稲田大1(1)、立教大1(1)、東海大8(8)、東京女子大2(2)、愛知学院大2(2)、関西外国語短大1(1)

大阪府　兵庫県　京都府　奈良県　和歌山県　滋賀県　その他

園田学園 中学校

http://www.sonodagakuen.ed.jp

■ 学校長／厚田 太加志 ■ 教 頭／江戸 俊章 ■ 生徒数／女子35名

住 所	〒661-0012 尼崎市南塚口町1-24-16	TEL	06-6428-2242

交通機関	阪急神戸線『塚口駅』より徒歩8分。

特色 「明るく・清く・正しく・強く」という校訓のもと、生徒一人ひとりの個性を大切にする教育を目標にしています。6年間を見通しきめ細かな教科学習、計画的な進路指導で力を引き出し、さまざまな夢、希望を実現させます。また、上級生と下級生がともに協力して活動するファミリー活動、多くの出会いがある合宿研修、農村体験、ニュージーランド研修などの生徒が主役の学校行事は「支えあい、鍛えあい、共に学び、共に生きる」の生活指標の実践の場であり、人間的な成長の場となります。

左端縦書き: 大阪府 兵庫県 京都府 奈良県 和歌山県 滋賀県 その他

2024年度入試要項

試 験 日	A特色1月13日
	B　1月14日　C1月18日
募集人員	A特色BC合わせて女子30名
試験科目	A　一般算・国　　　〔各50分/各100点〕
	英+英語インタビュー〔30分+5分/ 100点〕
	から2科目選択・面接
	特色 面接
	BC　算・国　　　〔各50分/各100点〕・面接
合格発表日	A　1月14日〔郵送/web10:00〜〕
	特色1月14日〔郵送〕
	B　1月15日〔郵送/web10:00〜〕
	C　1月19日〔郵送/web10:00〜〕
受 験 料	20,000円
出願期間	A　12月11日〜 1月12日〔web12:00〕
	特色12月11日〜12月25日〔16:00〕
	1月 5日〜 1月12日〔12:00〕
	B　12月11日〜 1月13日〔web12:00〕
	C　12月11日〜 1月17日〔web12:00〕
入学手続	A特色B1月19日〔銀行振込/web〕
	C　1月24日〔銀行振込/web〕

学校行事開催日程一覧

◆説明会（オープンキャンパス同時開催）
　10/21(土)　11/11(土)

◆入試問題解説講座　12/2(土)

◆文化祭　9/ 6(水)〔保護者見学可〕
　9/15(金)〜16(土)
　〔16日のみ受験希望者・保護者見学可・要事前連絡〕

◆体育祭　9/30(土)〔保護者見学可〕

＊各イベント等につきましては、今後新型コロナウイルス感染状況により日程の変更及び中止の場合もございます。各学校ホームページ等でご確認下さい。

入 試 状 況

		募集人員	志望者数	受験者数	合格者数	実質倍率	合格最低点(%)
2023	A	30	10	10	10	1.0	81(41%)
	特色		3	3	3	1.0	非公表
	B		2	2	2	1.0	
	C		2	2	0	—	—
2022	A	30	10	10	10	1.0	96(48%)
	特色		3	3	3	1.0	非公表
	B		2	2	2	1.0	
	C		1	0	0	—	—
2021	A	30	10	10	9	1.1	84(42%)
	特色		0	0	0	—	—
	B		4	4	3	1.3	非公表
	C		3	2	1	2.0	

2023年度進学状況

❖併設高校へ卒業生15名中、11名進学（73%）
❖高校卒業生数177名
❖併設大学・短期大学への進学
　園田学園女子大学40名〔人間健康22・人間教育12・経営6〕
　園田学園女子短期大学30名〔生活文化22・幼児教育8〕
❖主要大学への合格実績（現役合格者数）
　岡山大1、関西学院大1、同志社大1、立命館大1、京都産業大1、近畿大2、甲南大2、大阪歯科大1、関西外国語大1、京都外国語大4、大阪工業大3、追手門学院大13、大阪学院大3、大阪経済大2、大阪電気通信大4、大阪産業大12、大阪経済法科大1、大和大2、大谷大6、神戸学院大10、神戸親和大1、関西国際大1、神戸女学院大1、武庫川女子大10、神戸松蔭女子学院大5、甲南女子大2、大阪樟蔭女子大3、青山学院大1、東海大1、岡山理科大1、近畿短大2、関西外国語短大1、大手前短大3、大阪芸術短大4

姫路女学院 中学校

http://himeji-jogakuin.ed.jp/junior

■ 学校長／家氏　宏育　■ 教頭／吉田　元彦　■ 生徒数／女子 51 名

| 住　　所 | 〒 670-0964　兵庫県姫路市豊沢町 83 | TEL | 079-224-1711 |

| 交通機関 | JR 姫路駅から徒歩 5 分、山陽電鉄姫路駅から徒歩 7 分。 |

特色

中高 6 年間を通して学べるメリットを最大限に活かし、習熟度別授業や個別学習指導、進路や生活面での個別相談など少人数制できめ細やかな指導を行います。着実に伸びる一貫教育で、国内難関大学や海外大学進学も視野に入れて、希望進路を実現する教育を展開します。
海外姉妹校との交流や豊富な国際交流プログラム、リベラルアーツ学習、SDGs 学習、PBL（課題発見・解決）型の学校行事、使える英語を身につけるイングリッシュシャワーなど、主体的な学びを通じ、本校での学校生活を重ねながら 6 年後の大学入試で問われる新しい学力と、社会そして世界で活躍できる資質・能力を着実に身につけていきます。

2024 年度入試要項

試　験　日	A 1月13日　B 1月14日PM C 1月20日
募集人員	全入試合わせて　女子約30名
試験科目	A 2教科型　　算・国　〔各50分/各100点〕 　英語1教科型　英　〔 50分/ 100点〕 　　　　　リスニング　〔 20分/ 50点〕 　　　　　面接(英語)　〔 50点〕 ＊2教科型/英語1教科型いずれか選択 　ネクスタート入試算・国から1科目選択〔 50分/ 50点〕 　　　　　実績　〔 50点〕 　　　　　面接　〔 40点〕 B 2教科型　　算・国　〔各50分/各100点〕 C 2教科型　　算・国　〔各50分/各100点〕 　1教科型　算・国・理から1科目選択〔 50分/ 100点〕 　　　　作文(未来探究型)〔 40分/ 100点〕 ＊2教科型/1教科型いずれか選択
合格発表日	A 1月14日〔web13:00～・掲示14:00～〕 B 1月15日〔web13:00～・掲示14:00～〕 C 1月22日〔web13:00～・掲示14:00～〕
受　験　料	20,000円 （A日程出願者は、回数にかかわらず20,000円）
出願期間	A 12月11日～1月12日〔web15:00〕 B 12月11日～1月13日〔web15:00〕 C 12月11日～1月19日〔web15:00〕
入学手続	A 1月16日〔17:00〕 B 1月17日〔17:00〕 C 2月 2日〔17:00〕

学校行事開催日程一覧

◆説明会　10/14(土)　11/4(土)　11/18(土)

◆プレテスト　11/4(土)　11/18(土)

◆個別相談会　12/2(土)

◆文化祭　10/7(土)

◆体育祭　5/19(金)〔保護者見学可〕

＊各イベント等につきましては、今後新型コロナウイルス感染状況により日程の変更及び中止の場合もございます。各学校ホームページ等でご確認下さい。

入 試 状 況

			募集人員	志望者数	受験者数	合格者数	実質倍率	合格最低点(%)
2023	A①	3教科型	30	19	19	19	1.0	非公表
		1教科型						
		ネクスタート						
	A②	2教科型		16	10	9	1.1	
		1教科型						
	B			19	5	4	1.3	
	C			15	3	3	1.0	
2022	A①	3教科型	30	11	10	10	1.0	非公表
		1教科型						
		ネクスタート						
	A②	2教科型		13	12	11	1.1	
		1教科型						
	B			14	11	7	1.6	
	C			10	3	3	1.0	

2023 年度進学状況

❖併設高校へ卒業生
　2021 年度開校のため卒業生なし

❖主要大学への合格実績
　開校 3 年目で、中高一貫コースとしての卒業生は出していません。

武庫川女子大学附属 中学校

http://www.mukogawa-u.ac.jp/~JHS/

■ 学校長／世良田 重人　■ 教頭／宮下 良治・新田 大介　■ 生徒数／女子 436 名

住　所	〒 663-8143　西宮市枝川町 4-16	TEL	0798-47-6436

交通機関　阪神本線『甲子園駅』より徒歩約 18 分。阪神本線『鳴尾駅』より徒歩約 15 分。
阪急神戸線『西宮北口駅』よりバス約 20 分。

特色　2024 年 4 月より 2 つの新コース SOAR グローバルサイエンスコースと SOAR 探究コースに変わります。SOAR グローバルサイエンスコースと SOAR 探究コースのいずれにおいても、文理の枠にとらわれない幅広い学びを選択することができます。これからは、ボーダーレスの時代です。学びも同様です。高校 2 年生からは、興味・関心に従い、学びを自らデザインし、それぞれの進路に対応した教科・科目を選択することができます。

2024 年度入試要項

試 験 日
A 自己推薦　1 月 13 日　　B 1 月 13 日 PM
プログラミング C 1 月 14 日 PM　D 1 月 15 日

募集人員
全入試合わせて
SOAR（ソアー）探究　　　　　　女子 200 名
SOAR（ソアー）グローバルサイエンス女子 40 名　計 240 名
（プログラミングは SOAR（ソアー）探究のみ）

試験科目
A 2 科目受験 算・国　　　〔各 50 分／各 100 点〕・面接
　　3 科目受験 算・国　　　〔各 50 分／各 100 点〕
　　　　　　理または英から 1 科目選択〔50 分／100 点〕・面接
　　＊ 2 科目受験／3 科目受験いずれか選択
自己推薦　作文　　　〔50 分／600～800 字〕・面接
B　　①算・国　　　　　　　　　〔各 50 分／各 100 点〕
　　　②算・英（リスニング含む）〔各 50 分／各 100 点〕
　　　③国・英（リスニング含む）〔各 50 分／各 100 点〕
　　　＊①/②/③いずれか選択
プログラミング
　　プログラミング実技試験（50 分）
C　　算　　　　　　　　　　　〔50 分／100 点〕
　　または英（リスニング含む）〔50 分／100 点〕
　　から 1 科目選択
D　　算・国　　　　　　　　　〔各 50 分／各 100 点〕

合格発表日
A 自己推薦　　　　　1 月 14 日〔web11:00～〕
B　　　　　　　　　1 月 15 日〔web16:00～〕
プログラミング C D 1 月 16 日〔web11:00～〕

受 験 料
1 回出願 20,000 円、2 回出願 30,000 円、3 回出願 50,000 円、
4 回または 5 回出願（自己推薦以外）70,000 円

出願期間　12 月 19 日～1 月 10 日〔web24:00〕

入学手続
A 自己推薦　　　　1 月 15 日〔15:00〕
B　　　　　　　　1 月 16 日〔15:00〕
プログラミング　　1 月 17 日〔15:00〕
C D　　　　　　　1 月 19 日〔15:00〕

学校行事開催日程一覧

◆説明会　11/4（土）　12/9（土）
◆プレテスト　11/4（土）
◆個別相談会　10/7（土）　10/22（日）　11/12（日）　12/9（土）
◆プレテスト解説動画配信　11/22（木）開始
◆プレテストアドバイス会　11/23（祝）～26（日）
◆文化祭　5/3（祝）
◆体育祭　10/7（土）

＊各イベント等につきましては、今後新型コロナウイルス感染状況により日程の変更及び中止の場合もございます。各学校ホームページ等でご確認下さい。

入 試 状 況

			募集人員	志望者数	受験者数	合格者数	実質倍率	合格最低点（%）
2023	自己推薦	CS		39	38	6	1.0	―
		CG				32		
	A 方式	CS		58	57	12	1.0	235（62%）
		CG				44		119（43%）
	B 方式	CS		130	128	43	1.0	199（66%）
		CG				82		100（50%）
	プログラミング	CS	CS 30 CG 210	4	3	1	1.0	―
		CG				2		
	C 方式	CS		86	52	25	1.2	69（69%）
		CG				20		算：64（64%）英：87（87%）
	D 方式	CS		141	82	39	1.0	223（74%）
		CG				40		107（54%）
	追試験	CG			1	1	1.0	―

2023 年度進学状況

❖併設高校へ卒業生 148 名中、138 名進学（93%）
❖高校卒業生数 258 名
❖併設大学・短期大学への進学
　武庫川女子大学 199 名〔経営 34・教育 28・社会情報 27・生活環境 23・薬学 18・食物栄養科学 16・心理・社会福祉 12・健康／スポーツ科学 12・文 12・建築 8・看護 7・音楽 2〕
　武庫川女子短期大学 9 名
　＊参考：他大学合格状況
　大阪大、名古屋工業大、兵庫県立大、神戸市外国語大、神戸市看護大、関西大、関西学院大、同志社大、立命館大、京都産業大、甲南大、明治大、東海大　他

百合学院 中学校

http://www.yuri-gakuin.ac.jp/

■学校長／葵 光裕　■教 頭／山下 博史　■生徒数／女子133名

| 住　　所 | 〒661-0974　尼崎市若王寺2-18-2 | TEL | 06-6491-6298 |

交通機関　阪急神戸線『園田駅』より徒歩12分。JR宝塚線『塚口駅』より徒歩18分。阪神本線・JR神戸線『尼崎駅』より阪神バス『百合学院』下車。JR神戸線『尼崎駅』よりスクールバス15分。阪神本線『尼崎駅』よりスクールバス30分。阪急神戸線『園田駅』よりスクールバス約5分。

特色　「純潔・愛徳」を校訓とし、カトリックの隣人愛の教えを教育の基礎として、少人数のアットホームで落ち着いた雰囲気の中、豊かな心をはぐくむ教育を実践しています。個々のペースに合った国・英・数の「習熟度別授業」、日々の学習の記録、テストごとの「やり直しノート」など少人数を活かしたきめ細やかな指導を行います。また、土曜日はわからなくなった生徒のためにわかるまで教える「土曜補習」、もっと応用問題にチャレンジしたい生徒のための国英数「ハイレベル講習」を行います。また、個別オンライン英会話授業だけでなく、「イングリッシュキャンプ」で自然に英語を話す環境が用意されています。また、新大学入試で取り入れられる「教科を越えた設問」、「グラフや資料を読み解く問題」、「より深い思考を必要とする問題」に対応するため、本校オリジナルの「探求のタネ」にも取り組み「自ら考え・協力し・表現する」力を育んでいます。

2024年度入試要項

試 験 日　A英語自己推薦型1月13日　B1月14日
　　　　　　C　　　　　　　　　1月17日

募集人員　A英語自己推薦型女子約50名
　　　　　　B　　　　　　　女子約10名
　　　　　　C　　　　　　　女子約10名

試験科目　ABC　　算・国〔各50分/各100点〕・面接
　　　　　　英語　　　英〔40分/100点〕・面接
　　　　　　自己推薦型作文〔50分〕・面接

合格発表日　A英語自己推薦型
　　　　　1月13日〔郵送/手渡し16:00〜可〕
　　　　　B1月14日〔手渡し13:00〜〕
　　　　　C1月17日〔手渡し13:00〜〕

受 験 料　20,000円
　　　　　（複数日程同時出願の場合は、各日程ごとの受験料は不要です。）

出願期間　A英語自己推薦型
　　　　　12月6日〜1月12日〔web16:00〕
　　　　　B12月6日〜1月13日〔web12:00〕
　　　　　C12月6日〜1月16日〔web16:00〕

入学手続　A英語自己推薦型B1月15日
　　　　　C　　　　　　　　　1月18日

学校行事開催日程一覧

◆説明会　3/24(日)
◆オープンスクール　10/15(日)
◆プレテスト　10/15(日)　11/4(土)
◆夕方立寄り説明会　10/4(水)　11/17(金)
◆個別説明会　10/28(土)　11/25(土)　12/2(土)
　　　　　　12/15(金)　12/16(土)
◆文化祭　9/9(土)〔受験希望者・保護者見学可〕
◆体育祭　9/16(土)〔受験希望者・保護者見学可〕

＊各イベント等につきましては、今後新型コロナウイルス感染状況により日程の変更及び中止の場合もございます。各学校ホームページ等でご確認下さい。

入 試 状 況

		募集人員	志望者数	受験者数	合格者数	実質倍率	合格最低点(%)
2023	A	約50	53	47	47	1.0	59(30%)
	自己推薦型 英語						非公表
	B	約10	32	4	4	1.0	
	C	約10	34	8	8	1.0	
2022	A	約50	43	42	42	1.0	66(33%)
	自己推薦型 英語						非公表
	B	約10	20	2	2	1.0	
	C	約10	24	6	6	1.0	
2021	A	約50	33	33	33	1.0	67(34%)
	自己推薦型		2	2	2	1.0	非公表
	英語		1	1	1	1.0	
	B	約10	28	11	11	1.0	
	C	約10	16	1	0	—	—

2023年度進学状況

❖併設高校へ卒業生43名中、31名進学（72%）
❖高校卒業生数81名
❖主要大学への合格実績（　）内は現役合格者数
大阪教育大3(3)、関西大6(6)、関西学院大2(2)、同志社大2(2)、京都産業大1(1)、近畿大1(1)、甲南大4(4)、龍谷大3(3)、神戸薬科大1(1)、関西外国語大1(1)、京都外国語大4(4)、桃山学院大1(1)、桃山学院教育大1(1)、追手門学院大2(2)、大阪大谷大1(1)、京都精華大3(3)、神戸学院大3(3)、神戸親和大3(3)、大手前大1(1)、同志社女子大1(1)、神戸女学院大7(7)、武庫川女子大1(1)、神戸松蔭女子学院大5(5)、神戸海星女子学院大1(1)、甲南女子大7(7)、梅花女子大1(1)、大阪芸術大2(2)、上智大1(1)、武庫川女子短大1(1)、聖和短大2(2)、大阪音楽短大1(1)、大阪芸術短大1(1)

大阪府
兵庫県
京都府
奈良県
和歌山県
滋賀県
その他

芦屋学園 中学校

http://www.ashiyajs.jp/

■ 学校長／磯村 要　■ 教 頭／吹谷 秀俊・瀬古 伸彦　■ 生徒数／男子 69 名　女子 36 名

| 住　所 | 〒 659-0011　芦屋市六麓荘町 16-18 | TEL | 0797-31-0666 |

| 交通機関 | J R神戸線・阪神本線『芦屋駅』・阪急神戸線『芦屋川駅』よりスクールバス 15 分。 |

特色

大阪湾が一望できる六甲山山麓の緑豊かな高台の一角、野鳥のさえずりが耳に心地よい自然環境と充実した教育施設の中で、中・高・大・大学院の一貫教育の利点を生かして、一人ひとりの個性を見つけ伸ばす教育を推進しています。学習面では、英語を中心としたカリキュラムを整え、生徒の能力に対応した教育内容で高い目標を掲げ、到達するためのきめ細やかな学習指導を実践します。また、英検等に積極的にチャレンジさせ、習熟度別フォローアップ等で上位級の取得を目指しています。生活面では、様々な体験を通して新たな力を見出すとともに「考える力・伝える力」等、コミュニケーション能力を高めていきます。これらの活動を通して、「豊かな感性」・「のびやかな心」・「自主性」を育む教育に取り組みます。

2024 年度入試要項

試験日
A午前特色1月13日　A午後1月13日PM
B　　　　1月17日　C　　1月20日
D　　　　1月27日

募集人員
A午前特色A午後B合わせて男女40名
C D　　　　　　　　　男女若干名

試験科目
A午前A午後BCD算・国〔各50分/各100点〕・面接
自己推薦　作文〔50分〕600~800字〕・面接
英語　　　英〔50分〕100点〕・面接(英会話含む)

合格発表日
A午前特色A午後1月13日〔web〕1月15日〔郵送〕
B　　　　　　1月17日〔web〕1月18日〔郵送〕
C　　　　　　1月20日〔web〕1月22日〔郵送〕
D　　　　　　1月27日〔web〕1月29日〔郵送〕

受験料
20,000円
(A日程午前と次の日程〔A日程午後・B日程〕を合わせて出願する場合は、20,000円)

出願期間
A午前特色A午後12月11日~12月22日〔16:00〕
1月 7日~ 1月12日〔14:00〕
B　　　　12月11日~12月22日〔16:00〕
1月 7日~ 1月16日〔14:00〕
C　　　　12月11日~12月22日〔16:00〕
1月 7日~ 1月19日〔14:00〕
D　　　　12月11日~12月22日〔16:00〕
1月 7日~ 1月26日〔14:00〕

入学手続
A午前特色A午後1月18日〔銀行振込〕
B　　　　1月24日〔銀行振込〕
C　　　　1月25日〔銀行振込〕
D　　　　2月 1日〔銀行振込〕

学校行事開催日程一覧

◆説明会　10/14(土)　11/4(土)　12/9(土)

◆プレテスト　11/4(土)　12/9(土)

◆学校見学・相談会　10/7(土)　11/11(土)
12/2(土)　12/16(土)

◆文化祭　10/29(日)〔公開・要事前申込〕

◆体育祭　〔非公開〕

＊各イベント等につきましては、今後新型コロナウイルス感染状況により日程の変更及び中止の場合もございます。各学校ホームページ等でご確認下さい。

入試状況

			募集人員	志望者数	受験者数	合格者数	実質倍率	合格最低点(%)
2023	A午前	男子	40	34	32	27	1.2	非公表
		女子						
	自己推薦			1	1	1	—	—
	英語			2	2	2	1.0	
	A午後	男子		24	20	19	1.1	非公表
		女子						
	B	男子		29	5	4	1.3	
		女子						
	C	男子	若干名	2	2	1	2.0	
		女子						
	D	男子		3	3	2	1.5	
		女子						

2023 年度進学状況

❖併設高校へ卒業生男子 20 名中、17 名進学（85%）　女子 11 名中、11 名進学（100%）
❖高校卒業生数 291 名
❖併設大学・短期大学への進学
芦屋大学 33 名〔臨床教育 20・経営教育 13〕
❖主要大学への合格実績（　）内は現役合格者数
横浜国立大 1(1)、関西学院大 6(6)、立命館大 2(2)、京都産業大 3(3)、近畿大 4(4)、甲南大 5(5)、龍谷大 3(1)、兵庫医科大 1(1)、関西外国語大 12(12)、京都外国語大 5(5)、桃山学院大 2、大阪工業大 1(1)、追手門学院大 9(9)、四天王寺大 2(2)、大阪学院大 9(9)、大阪経済大 2(1)、大阪電気通信大 2(2)、阪南大 14(14)、大阪産業大 5(5)、大阪商業大 1(1)、大阪経済法科大 1(1)、神戸学院大 24(24)、神戸親和大 1(1)、流通科学大 13(13)、姫路獨協大 1(1)、大手前大 14(14)、関西国際大 3(3)、天理大 1(1)、帝塚山大 1(1)、同志社女子大 1(1)、神戸松蔭女子学院大 5(5)、神戸女子大 2(2)、甲南女子大 2(2)、梅花女子大 3(3)、京都芸術大 1(1)、東海大 1(1)、立命館アジア太平洋大 1(1)、関西外国語短大 3(3)、大手前短大 1(1)、大阪音楽短大 1(1)、大阪芸術短大 1(1)

関西学院 中学部

https://jh.kwansei.ac.jp/

■ 部　長／藤原　康洋　■ 副部長／文堂　裕治　■ 生徒数／男子 416 名　女子 305 名

住　所	〒 662-8501　西宮市上ヶ原一番町 1-155	TEL	0798-51-0988

交通機関	阪急今津線『甲東園駅』『仁川駅』より徒歩 15 分。 阪急今津線『甲東園駅』よりバス 5 分、『関西学院前停留所』下車。

特色

建学の精神は「キリスト教主義による人間教育」で「智徳兼備」の人間形成です。この精神をもととして第二代院長吉岡美国先生は「敬神愛人」、第四代院長ベーツ博士は、"Mastery for Service" というモットーをつくりました。中高では "感謝・祈り・練達" を掲げ、心から人のために尽くすことの大切さを学ぶのが関西学院教育の根幹です。自分の才能をどこまでも伸ばし、世界の人々の幸福に貢献しようとする若者がめざすのにふさわしい学園でもあります。初・中・高・大一貫連携教育の総合学院として、①キリスト教②読書③英語④体育⑤芸術を五本の柱として具体的なカリキュラムが組まれています。特に読書指導には力を注いでおり、他校に見られない特色です。また、野外活動として学院の教育キャンプ場（千刈・青島）での生活訓練は、中学部教育のなかでも長い伝統をもつ人間形成の場となっています。運動部のコーチと同じく、上級生・大学生がリーダーとして生活・活動を通して関西学院精神を身をもって伝えます。2012 年度より男女共学化し、伝統の人間教育に広がりと深みが加わりました。

2024 年度入試要項

試　験　日	A1月13日　B1月16日
募集人員	A男子約65名　女子約35名 B男子約25名　女子約15名
試験科目	A算・国〔各60分/各200点〕 　理〔　45分/　100点〕・面接 B算・国〔各60分/各200点〕
合格発表日	A1月14日〔web16:00〜/郵送〕 B1月17日〔web16:00〜/郵送〕
受　験　料	20,000円
出願期間	12月4日〜1月6日〔web12:00〕
入学手続	A1月15日〜1月23日〔銀行振込〕 B1月18日〜1月25日〔銀行振込〕

学校行事開催日程一覧

◆ **文化祭**　11/3(祝)〔公開〕

◆ **体育祭**　5/13(土)〔公開〕

＊ 各イベント等につきましては、今後新型コロナウイルス感染状況により日程の変更及び中止の場合もございます。各学校ホームページ等でご確認下さい。

入 試 状 況

			募集人員	志望者数	受験者数	合格者数	実質倍率	合格最低点(%)
2023	A	男子	約65	163	152	77	2.0	348(70%)
		女子	約35	96	90	49	1.8	362(72%)
	B	男子	約25	272	157	46	3.4	312(76%)
		女子	約15	209	123	43	2.9	318(78%)
2022	A	男子	約65	213	206	78	2.6	354(71%)
		女子	約35	129	123	48	2.6	369(74%)
	B	男子	約25	330	203	42	4.8	287(70%)
		女子	約15	216	136	36	3.8	304(74%)
	追試験			1	1	0	—	—
2021	A	男子	約65	204	185	80	2.3	358(72%)
		女子	約35	136	128	48	2.7	385(77%)
	B	男子	約25	319	174	44	4.0	307(75%)
		女子	約15	208	131	30	4.4	328(80%)
	追試験			1	1	0	—	—

＊帰国生を含む

2023 年度進学状況

❖ 併設高校へ卒業生男子 147 名中、133 名進学（90%）　女子 103 名中、95 名進学（92%）
❖ 高校卒業生数 383 名
❖ 併設大学・短期大学への進学
　関西学院大学 361 名〔商学 75・経済 61・法学 52・社会 50・文学 25・国際 25・人間福祉 20・工学 16・建築 12・生命環境 8・教育 8・総合政策 6・理学 3・神学 0〕
❖ **主要大学への合格実績**（　）内は現役合格者数
　神戸大 1(1)、防衛大 1(1)、兵庫医科大 1(1)、甲南女子大 1(1)、慶應義塾大 2(2)、国際基督教大 2(2)

近畿大学附属豊岡 中学校

https://www.kindai-toyooka.ed.jp/

■ 学校長／吉田　武志　■ 教　頭／中尾　和哉・瀬戸　博司　■ 生徒数／男子 141 名　女子 93 名

| 住　　所 | 〒 668-0065　豊岡市戸牧 100 | TEL | 0796-22-4305 |

| 交通機関 | JR 山陰本線『豊岡駅』下車徒歩 15 分。 |

特色

教育の目標は、人に愛される人、人に信頼される人、人に尊敬される人を育成することにあり、知・徳・体・感の調和のとれた全人教育を推進することにより、生徒の豊かな人格形成を図り、将来、社会・人類の発展に貢献し得る優れた人材を育成する。

※近畿大学医学部医学科への附属特別推薦制度有。学生寮（男子・女子）完備。

2024 年度入試要項

試 験 日	A 1月14日　B 1月27日
募集人員	A男女70名　B男女若干名
試験科目	2教科型算・国〔各50分/各100点〕
	3教科型算・国〔各50分/各100点〕　英語〔30分/50点〕
	＊2教科型／3教科型いずれか選択
合格発表日	A 1月16日〔郵送〕
	B 1月30日〔郵送〕
受 験 料	20,000円
出願期間	A 12月13日〜1月10日〔web17:00〕
	B　1月17日〜1月23日〔web17:00〕
入学手続	A 1月16日〜1月23日
	B 1月30日〜2月 6日

学校行事開催日程一覧

◆説明会・オープンスクール　10/28（土）　11/4（土）

◆近中模試　11/25（土）

◆web個別相談会　随時実施

◆文化祭　9/14（木）〜15（金）

◆体育祭　9/22（金）

＊各イベント等につきましては、今後新型コロナウイルス感染状況により日程の変更及び中止の場合もございます。各学校ホームページ等でご確認下さい。

入 試 状 況

		募集人員	志望者数	受験者数	合格者数	実質倍率	合格最低点(%)
2023	A	70	86	83	83	1.0	
	B	若干名	15	14	14	1.0	
2022	A	70	91	89	88	1.0	非公表
	B	若干名	11	11	10	1.1	
2021	A	70	83	83	83	1.0	
	B	若干名	9	9	7	1.3	

2023 年度進学状況

❖併設高校へ卒業生男子 36 名中、35 名進学（97%）　女子 31 名中、31 名進学（100%）

❖高校卒業生数 152 名

❖併設大学・短期大学への進学

近畿大学 100 名〔経営 14・国際 11・工学 10・文芸 10・理工 8・農学 8・総合社会 8・生物理工 7・法 7・経済 6・情報 5・建築 2・医学 2・薬学 2〕

近畿短期大学 0 名

❖主要大学への合格実績

東京大 1、大阪大 1、神戸大 3、九州大 1、大阪教育大 3、京都工芸繊維大 1、滋賀大 1、電気通信大 1、横浜国立大 1、北海道教育大 1、岐阜大 1、岡山大 1、香川大 1、高知大 1、広島大 2、鳥取大 10、大阪公立大 3、京都府立大 1、兵庫県立大 1、下関市立大 2、長崎県立大 1、神戸市看護大 1、関西大 1、関西学院大 8、同志社大 9、立命館大 13、兵庫医科大 1、神戸薬科大 1、神戸学院大 3

80

啓明学院 中学校

http://www.keimei.ed.jp

■ 学校長／指宿 力 ■ 副校長／後藤 直哉 ■ 教 頭／石川 順子 ■ 生徒数／男子 226 名 女子 287 名

住 所	〒654-0131 神戸市須磨区横尾 9-5-1	TEL	078-741-1501

交通機関	神戸市営地下鉄線『妙法寺駅』より徒歩 12 分。市バス 73・75 系統『地下鉄妙法寺駅前』より 3 分。市バス 75 系統『須磨駅前』より 20 分。

特色

啓明学院の教育は、キリスト教主義に基づいた、知・徳・体の養成にあります。美しいキャンパスの中で、知的好奇心を育み、神の愛を知り、心身を鍛えます。スクールモットーの "Hands and hearts are trained to serve both man below and God above"（手と心は神と人に奉仕するために鍛えられる）の精神を心に刻み、他人を思いやれる心豊かなたくましい人間に成長してほしいと願っています。啓明学院の教育は「五つの柱」にそって行われています。【啓明学院中学五つの柱】①人間教育 － キリスト教主義に基づく愛と希望 ②読書教育 － スタディ・スキルを身につけ知の探究者をめざす ③英語教育 － グローバル・スタンダードにおける基礎学力 ④保健体育教育 － 人生を心身のバランスよく楽しく生きる基礎健康力 ⑤芸術教育 － 人生の豊かさ、感動とインスピレーション 2023 年、啓明学院は創立 100 周年を迎えます。

2024 年度入試要項

試 験 日	A1月13日 B1月15日
募集人員	A男女約130名（男女ほぼ同数） B男女約 30名（男女ほぼ同数）
試験科目	A算・国 〔各50分/各100点〕 理 〔 30分/ 50点〕 面接 B算・国（作文含む）〔各60分/各100点〕 面接
合格発表日	A1月14日〔web15:00〜・掲示16:00〜〕 B1月16日〔web15:00〜・掲示16:00〜〕
受 験 料	20,000円
出願期間	11月27日〜1月3日〔web〕
入学手続	A1月16日〔web16:00〕 B1月18日〔web16:00〕

学校行事開催日程一覧

◆説明会 10/7（土） 10/21（土） 11/25（土）
◆文化祭 11/11（土）
◆体育祭 5/10（水）

＊各イベント等につきましては、今後新型コロナウイルス感染状況により日程の変更及び中止の場合もございます。各学校ホームページ等でご確認下さい。

入試状況

			募集人員	志望者数	受験者数	合格者数	実質倍率	合格最低点(%)
2023	A	男子	約65	112	105	70	1.5	152(61%)
		女子	約65	160	150	88	1.7	164(66%)
	B	男子	約15	127	42	15	2.8	139(70%)
		女子	約15	164	53	15	3.5	147(74%)
2022	A	男子	約65	114	109	76	1.4	157(63%)
		女子	約65	126	116	84	1.4	168(67%)
	B	男子	約15	162	72	15	4.8	162(81%)
		女子	約15	154	60	15	4.0	157(79%)
2021	A	男子	約65	99	89	62	1.4	141(56%)
		女子	約65	160	154	93	1.7	156(62%)
	B	男子	約15	131	48	16	3.0	147(74%)
		女子	約15	198	89	21	4.2	168(84%)

2023 年度進学状況

❖併設高校へ卒業生男子 82 名中、79 名進学（96%） 女子 86 名中、86 名進学（100%）
❖高校卒業生数 251 名
❖併設大学・短期大学への進学
　関西学院大学 230 名〔経済 36・社会 35・商学 35・法学 27・文学 22・国際 17・人間福祉 16・総合政策 12・建築 7・工 7・教育 7・生命環境 6・理 3・神学 0〕
❖**主要大学への合格実績**（ ）内は現役合格者数
　立命館大 1(1)、京都外国語大 1、大阪学院大 1、大和大 1(1)、神戸親和大 1(1)、大手前大 1、神戸女学院大 1(1)、甲南女子大 1(1)、大阪芸術大 1(1)、国際基督教大 2(2)、中央大 1(1)、明治学院大 1(1)、関西外国語短大 1(1)

神戸学院大学附属 中学校

https://www.kobegakuin-f.ed.jp

■ 学校長／西尾　勝　■ 教　頭／吉田　尚弘　■ 生徒数／男子 105 名　女子 107 名

| 住　所 | 〒650-0046　神戸市中央区港島中町 4-6-3 | TEL | 078-302-2016 |

| 交通機関 | 神戸新交通ポートライナー『みなとじま駅』下車、徒歩約 1 分。
スクールバス運行（北区・西区・三田・小野／三木方面より） |

特色

Discovery5　（5 つの学びのポイント）
1. 中高大連携教育…ガクイン・パートナーシップスタイル等
2. サイエンス教育…ガクイン・サイエンススタイルやサイエンス・リテラシー教育等
3. ICT 教育…ひとり 1 台のタブレットや電子教科書の活用等
4. 社会連携教育…フィールドワークを中心とした KOBE スタディ等
5. 国際理解教育…アジア・欧米・豪研修や国際機関研修等

2024 年度入試要項

試 験 日	①A 1月13日　①B 1月13日PM ②　1月14日　③　1月21日
募集人員	①A B②③合わせて男女60名
試験科目	①A　　算・国・理〔各50分／各100点〕 ①B②③算・国　〔各50分／各100点〕
合格発表日	①A 1月13日〔web19:00～〕 ①B 1月14日〔web10:00～〕 ②　1月14日〔web17:00～〕 ③　1月21日〔web15:00～〕
受 験 料	22,000円
出願期間	①A 12月14日～1月13日〔web 8:00〕 ①B 12月14日～1月13日〔web15:00〕 ②　12月14日～1月14日〔web 8:00〕 ③　12月14日～1月21日〔web 8:00〕
入学手続	①A　1月15日〔銀行振込15:00〕 ①B②1月17日〔銀行振込15:00〕 ③　1月22日〔銀行振込15:00〕

学校行事開催日程一覧

◆説明会　10/9(祝)　11/3(祝)　11/23(祝)
◆プレテスト　11/3(祝)
◆プレテスト解説会　11/23(祝)
◆文化祭　10/14(土)〔公開〕
◆体育祭　6/16(金)

＊各イベント等につきましては、今後新型コロナウイルス感染状況により日程の変更及び中止の場合もございます。各学校ホームページ等でご確認下さい。

入 試 状 況

			募集人員	志望者数	受験者数	合格者数	実質倍率	合格最低点(%)
2023	①A	男子	60	44	44	37	1.2	147(49%)
		女子		19	19	18	1.1	
	①B	男子		42	42	28	1.5	120(60%)
		女子		31	30	29	1.0	
	②	男子		30	28	19	1.5	123(62%)
		女子		19	18	16	1.1	
	③	男子		4	4	1	4.0	非公表
		女子		1	0	—	—	
2022	①A	男子	60	37	36	28	1.3	150(50%)
		女子		35	34	32	1.1	
	①B	男子		45	42	27	1.6	120(60%)
		女子		41	41	26	1.6	
	②	男子		40	37	16	2.3	141(71%)
		女子		24	23	14	1.6	
	③	男子		9	7	—	—	146(73%)
		女子		4	2	2	1.0	
	追試験	男子			1	1	1.0	非公表

2023 年度進学状況

❖併設高校へ卒業生男子 39 名中、37 名進学（95%）　女子 27 名中、23 名進学（85%）
❖高校卒業生数 238 名
❖併設大学・短期大学への進学
　神戸学院大学 74 名〔現代社会 13・法学 12・経済 11・薬学 9・栄養 8・人文 7・経営 5・総合リハビリ 4・心理 3・
　　　　グローバルコミュニケーション 2〕
❖主要大学への合格実績（　）内は現役合格者数
　富山大 1(1)、神戸市外国語大 1(1)、兵庫県立大 3(3)、名古屋市立大 1(1)、防衛大 1(1)、関西大 4(4)、関西学院大 11(11)、立命
　館大 4(4)、京都産業大 9(9)、近畿大 32(32)、甲南大 17(17)、龍谷大 1(1)、兵庫医科大 5(5)、神戸薬科大 6(6)、関西外国語大
　15(15)、京都外国語大 5(5)、同志社女子大 4(4)、神戸女学院大 5(5)、武庫川女子大 18(18)、甲南女子大 15(15)、日本大 3(3)

神戸龍谷 中学校

http://www.koberyukoku.ed.jp

■ 学校長／山﨑 眞一郎　■ 教 頭／木村 眞澄　■ 生徒数／男子104名 女子74名

| 住　所 | 〒651-0051　神戸市中央区神仙寺通1-3-8 | TEL | 078-241-6417 |

交通機関
JR・阪急神戸線・阪神本線『三宮駅』より神戸市バス2系統『青谷停留所』下車3分。
阪急神戸線『王子公園駅』より徒歩20分。神戸市営地下鉄『新神戸駅』より徒歩20分。

特色
・少人数で、国公立大をめざした手厚い受験指導教育
・自分にあった学びのスタイルが選択できる（高1までコース変更可能）
・高等学校特進グローバルコースのノウハウを生かした国際教育
・海に山に多彩な研修行事
・家族で過ごす時間を大切にした生活習慣作り
・コムサデモードデザインの制服採用

2024年度入試要項

試 験 日　A1月13日　　B1月13日PM
　　　　　　C1月14日PM　D1月20日

募集人員　全入試合わせて
　　　　　　エキスパート男女20名
　　　　　　アドバンス　男女60名

試験科目　A　算・国　　　　　〔各50分/各100点〕
　　　　　　　　理　　　　　　〔 40分/　50点〕
　　　　　　Bエキスパート
　　　　　　　算・国または算・英2科目複合〔60分/100点〕
　　　　　　Bアドバンス
　　　　　　　算、国、英から1科目選択　〔50分/100点〕
　　　　　　CD算・国　　　　　　〔各50分/各100点〕

合格発表日　A1月13日〔web17:00〜〕
　　　　　　B1月13日〔web21:30〜〕
　　　　　　C1月15日〔web 9:00〜〕
　　　　　　D1月20日〔web15:00〜〕

受 験 料　20,000円

出願期間　A12月11日〜1月12日〔web12:00〕
　　　　　　B12月11日〜1月12日〔web12:00〕
　　　　　　　1月13日〔15:10〕
　　　　　　C12月11日〜1月12日〔web12:00〕
　　　　　　　1月14日〔15:10〕
　　　　　　D 1月15日〜1月19日〔web12:00〕
　　　　　　　1月20日〔8:20〕

入学手続　ABC1月15日〔15:00〕
　　　　　　D　1月22日〔15:00〕

学校行事開催日程一覧

◆**説明会**　10/7（土）　10/28（土）　11/25（土）
◆**プレテスト**　10/28（土）　11/25（土）
◆**文化祭**　11/18（土）〔受験希望者・保護者見学可〕
◆**体育祭**　〔非公開〕

＊各イベント等につきましては、今後新型コロナウイルス感染状況により日程の変更及び中止の場合もございます。各学校ホームページ等でご確認下さい。

入 試 状 況

				募集人員	志望者数	受験者数	合格者数	実質倍率	合格最低点(%)
2023	A1	エキスパート	男子		13	13	11	1.2	126(50%)
			女子						
		アドバンス	男子		37	35	33(2)	1.1	105(42%)
			女子						
	B	エキスパート	男子	エキスパート20 アドバンス60	14	14	12	1.2	56(56%)
			女子						
		アドバンス	男子		56	54	47(2)	1.1	算: 36(36%) 国: 38(38%) 英: 47(47%)
			女子						
	A2	エキスパート	男子		32	23	20	1.2	128(64%)
			女子						
		アドバンス	男子		61	19	18(3)	1.1	98(49%)
			女子						
	C	エキスパート	男子		6	4	3	1.3	105(53%)
			女子						
		アドバンス	男子		11	5	5(1)	1.0	70(36%)
			女子						

※（　　）内は廻し合格者数

2023年度進学状況

❖併設高校へ卒業生男子37名中、33名進学（89%）　女子36名中、33名進学（92%）
❖高校卒業生数258名
❖主要大学への合格実績
大阪教育大1、富山大1、高知大1、鳥取大3、山口大1、九州工業大1、神戸市外国語大3、奈良県立大1、兵庫県立大3、福井県立大1、岡山県立大1、防衛大1、関西大23、関西学院大15、同志社大14、立命館大15、京都産業大5、近畿大44、甲南大36、龍谷大31、関西医科大1、京都薬科大1、国際基督教大1、立教大1、中央大1、青山学院大2、明治大2

三田学園 中学校

http://www.sandagakuen.ed.jp/

■ 学校長／眞砂 和典　■ 副校長／河原 幸雄　■ 教 頭／平山 茂　■ 生徒数／男子 466 名　女子 270 名

住 所	〒 669-1535　三田市南が丘 2-13-65	TEL	079-564-2291

交通機関　神戸電鉄三田線『横山駅』より徒歩 1 分。

特色　明治 45 年に英国イートン校を模範として創立されたバランスのとれた「全人教育」をモットーとする学校です。16万㎡の自然豊かな教育環境のもと、文武両道の実践で大学進学も実績をあげています。広大な人工芝グランドは全国屈指の 24,000㎡の広さ。中学では、発展的な内容を学習し早期から高い学力を育成する S コース（2 クラス）と、着実に学力を付け計画的に伸長していく A コース（4 クラス）の 2 つのコースに分かれます。学年進学に伴い生徒の習熟度に合わせたクラス編成を行い進路希望の実現へ導いていきます。

2024 年度入試要項

試 験 日	前期 A 1月13日　前期 B 1月14日PM
	後期　1月16日
募集人員	前期 A B 後期合わせて S 男女　75名
	A 男女　165名
	前期 A B 男女約220名
	後期　男女約 20名
試験科目	前期 A 3 教科型算・国〔各60分/各120点〕
	理〔40分/80点〕
	4 教科型算・国〔各60分/各120点〕
	理・社〔各40分/各80点〕
	＊3教科型/4教科型いずれかを選択
	前期 B 後期　算・国〔各50分/各100点〕
合格発表日	前期 A 1月14日〔web13:00～〕
	前期 B 1月15日〔web13:00～〕
	後期　1月17日〔web10:00～〕
受験料	20,000円
出願期間	前期 A B 12月16日～1月 8日〔web23:59〕
	後期　12月16日～1月15日〔web15:00〕
入学手続	前期 A B 1月15日～1月16日〔銀行振込15:00〕
	後期　1月17日～1月18日〔銀行振込15:00〕

学校行事開催日程一覧

◆説明会　10/21（土）　11/18（土）

◆ミニ説明会・個別相談会　10/ 8（日）　11/12（日）
　　　　　　　　　　　　　12/10（日）　2/25（日）

◆文化祭　10/28（土）〔公開〕

◆体育祭　9/13（水）〔公開〕

＊各イベント等につきましては、今後新型コロナウイルス感染状況により日程の変更及び中止の場合もございます。各学校ホームページ等でご確認下さい。

入 試 状 況

			募集人員	志望者数	受験者数	合格者数	実質倍率	合格最低点(%)
2023	前期A	男子	男子155	230	226	133	1.7	231(58%)
		女子		138	136	87	1.6	
	前期B	男子	女子65	309	208	77	2.7	103(52%)
		女子		191	136	69	2.0	
	後期	男子	20	459	175	40	4.4	131(66%)
		女子						
2022	前期A	男子	男子155	216	214	122	1.8	210(53%)
		女子		126	126	84	1.5	211(53%)
	前期B	男子	女子65	285	198	76	2.6	108(54%)
		女子		174	120	52	2.3	
	後期	男子	20	452	189	46	4.1	128(64%)
		女子						

2023 年度進学状況

❖併設高校へ卒業生男子 154 名中、151 名進学（98%）　女子 84 名中、82 名進学（98%）
❖高校卒業生数 273 名
❖主要大学への合格実績（　）内は現役合格者数

京都大 3(2)、大阪大 6(3)、神戸大 10(8)、北海道大 2(1)、東北大 3(2)、奈良女子大 1(1)、大阪教育大 1(1)、京都教育大 1(1)、兵庫教育大 2(2)、奈良教育大 1(1)、滋賀大 2(1)、電気通信大 1(1)、横浜国立大 2(2)、室蘭工業大 1(1)、静岡大 1(1)、信州大 1(1)、岡山大 8(8)、徳島大 4(4)、広島大 7(4)、鳥取大 5(4)、山口大 2(2)、琉球大 1、大阪公立大 18(15)、京都府立大 1(1)、神戸市外国語大 1(1)、奈良県立大 1(1)、兵庫県立大 19(14)、京都市立芸術大 1(1)、静岡県立大 1、名古屋市立大 1(1)、岡山県立大 1(1)、県立広島大 1(1)、和歌山県立医科大 1、防衛大 3(3)、防衛医科大 1、関西大 86(72)、関西学院大 184(171)、同志社大 106(84)、立命館大 82(73)、京都産業大 24(14)、近畿大 138(112)、甲南大 42(36)、龍谷大 29(18)、大阪医科薬科大 11(8)、関西医科大 4(1)、兵庫医科大 9(7)、大阪歯科大 1(1)、京都薬科大 2(2)、神戸薬科大 10(10)、関西外国語大 13(13)、大阪工業大 27(21)、追手門学院大 13(10)、摂南大 10(10)、四天王寺大 4(4)、大阪経済大 14(11)、大阪産業大 42(42)、大阪経済法科大 1、大和大 11(11)、京都文教大 1(1)、佛教大 29(29)、大谷大 8(8)、成安造形大 2、神戸学院大 38(38)、神戸親和大 2(2)、流通科学大 1(1)、大手前大 4(4)、関西国際大 3(3)、京都女子大 10(10)、同志社女子大 7(7)、武庫川女子大 16(14)、甲南女子大 6(6)、大阪樟蔭女子大 1(1)、早稲田大 8(7)、慶應義塾大 2(2)、上智大 6(6)、東京理科大 3(1)、立教大 1(1)、中央大 1(1)、青山学院大 2(1)、明治大 3(1)、北里大 1(1)、東海大 2(1)、フェリス女学院大 1、岡山理科大 5(5)、日本歯科大 1(1)、岩手医科大 1、金沢医科大 1、朝日大 2(2)、松本歯科大 1(1)、川崎医科大 1、産業医科大 1、東京女子医科大 1

大阪府
兵庫県
京都府
奈良県
和歌山県
滋賀県
その他

夙川 中学校

https://www.sumashuku.jp

■ 学校長／西　泰子　■ 教　頭／下地　英樹　■ 生徒数／男子 137 名　女子 144 名

| 住　所 | 〒 652-0043　神戸市兵庫区会下山町 1-7-1 | TEL | 078-578-7226 |

交通機関　神戸市営地下鉄『湊川公園駅』・神戸電鉄『湊川駅』から徒歩 12 分。

特色

学校法人須磨学園が中学校を運営することになり、2019 年 4 月、校舎を神戸市兵庫区会下山町に移転し、第 1 期生を迎え元気にスタートしました。
～　進路の実現（志望校現役合格）～
・ダブルスクール不要　・基礎から確実に積み上げる　・新しい入試制度に対応するカリキュラム・英語力を磨く
・部活動と両立する　・自己管理能力養成のための PM・TM の活用・海外研修（アジア・アメリカ・ヨーロッパ）の実施
・個人所有のノートパソコンと制スマホで最新の IT 教育を実践　・個別指導と少人数制指導が充実

2024 年度入試要項

試験日	①1月13日　②1月13日PM ③1月15日
募集人員	全入試合わせて A男女40名　B男女40名
試験科目	①算・国　〔各60分/各150点〕 理・社から1科目選択〔 40分/ 100点〕 ②算　〔 60分/ 150点〕 国・理・社から1科目選択〔 60分/ 150点〕 ③算　〔 60分/ 150点〕 国・理から1科目選択〔 60分/ 150点〕
合格発表日	①1月14日〔掲示・web13:00～〕 ②1月14日〔掲示・web15:00～〕 ③1月16日〔掲示・web10:00～〕
受験料	20,000円
出願期間	①12月19日～1月11日〔web 16:00〕 ②12月19日～1月13日〔web 14:00〕 ③12月19日～1月15日〔web 8:00〕
入学手続	①1月15日〔12:00〕 ②1月15日〔18:00〕 ③1月18日〔12:00〕

学校行事開催日程一覧

◆ **説明会**　11/11（土）　12/2（土）
◆ **オープンスクール**　10/22（日）
◆ **説明会・見学会**　12/2（土）
◆ **プレテスト**　11/11（土）
◆ **文化祭**　6/17（土）～18（日）〔非公開〕
◆ **体育祭**　9/21（木）〔非公開〕

＊各イベント等につきましては、今後新型コロナウイルス感染状況により日程の変更及び中止の場合もございます。各学校ホームページ等でご確認下さい。

入試状況

			募集人員	応募者数	受験者数	合格者数	実質倍率	合格最低点(%)
2023	第1回	A	A 40 B 40	125	122	29	2.8	290(73%)
		B				15		317(79%)
	第2回	A		378	370	76	2.8	210(70%)
		B				55		232(77%)
	第3回	A		311	227	45	2.7	217(72%)
		B				39		237(79%)
2022	第1回	A	A 40 B 40	170	161	28	3.8	271(68%)
		B				14		291(73%)
	第2回	A		417	410	63	3.8	197(66%)
		B				46		219(73%)
	第3回	A		363	291	47	4.6	200(67%)
		B				16		223(74%)
2021	第1回	A	A 40 B 40	179	130	35	2.5	2科:154(77%) 3科:230(77%)
		B				18		2科:171(86%) 3科:257(86%)
	第2回	A		462	443	101	3.0	162(81%)
		B				48		180(90%)
	第3回	A		482	300	55	3.1	150(75%)
		B				42		168(84%)

2023 年度進学状況

❖併設高校へ卒業生男子 55 名中、51 名進学（93%）　女子 46 名中、44 名進学（96%）
❖高校卒業生数 57 名
❖主要大学への合格実績（　）内は現役合格者数
筑波大 1(1)、奈良女子大 1(1)、香川大 1(1)、鳴門教育大 1(1)、鳥取大 1(1)、関西大 3(3)、関西学院大 5(5)、同志社大 3(3)、京都産業大 4(4)、近畿大 11(11)、龍谷大 6(2)、兵庫医科大 2(1)、関西外国語大 2(2)、京都外国語大 3(3)、大阪工業大 13(13)、摂南大 14(13)、大阪学院大 5(1)、大阪経済大 2(2)、大和大 2(2)、佛教大 1、京都精華大 2(2)、京都先端科学大 2(2)、花園大 2(2)、神戸学院大 10(8)、神戸親和大 8(8)、大手前大 3(3)、京都女子大 2(2)、同志社女子大 2、神戸女学院大 1(1)、武庫川女子大 3(3)、神戸松蔭女子学院大 2(2)、神戸女子大 8(8)、甲南女子大 10(10)、京都芸術大 6(6)、日本大 1(1)、東海大 2(2)、朝日大 1(1)

須磨学園 中学校

http://www.suma.ac.jp

■ 学校長／西　泰子　■ 教　頭／山本　理貴　■ 生徒数／男子 237 名　女子 207 名

住　所	〒654-0009　神戸市須磨区板宿町 3-15-14	TEL	078-732-1968
交通機関	神戸市営地下鉄・山陽電鉄『板宿駅』から徒歩 15 分。		

特色

・ダブルスクール不要で、難関国公立大学への現役合格を目標とした手厚い指導体制
・世界一周研修旅行を含む国際理解教育や最先端設備を使った ICT 教育で時代に応じた人材の育成
・多彩な行事や設備環境・指導者の揃った充実した部活動
・「なりたい自分になる」ため、PM（プロジェクトマネジメント）・TM（タイムマネジメント）を活用して自己理解力を育む
・学校と保護者が連携し、いつでも自由に交流することができるネット保護者会
・禁止するより危険性やモラルを教えて正しく使いこなすことを目的に制携帯（スマートフォン）・PC を導入

2024 年度入試要項

試 験 日	①1月13日　　②1月14日 ③1月14日 PM
募集人員	①②③合わせて A 男女80名　B 男女40名
試験科目	①②3教科型　算・国〔各60分／各150点〕 　　　　　　理〔40分／100点〕 　　　4教科型　算・国〔各60分／各150点〕 　　　　　　理・社〔各40分／各100点〕 　　＊3教科型/4教科型のいずれかを選択 ③2教科選択算・国〔各60分／各150点〕 　　　　　　算・理〔各60分／各150点〕 　　＊いずれかを選択
合格発表日	①1月14日〔掲示・web15:00〜〕 ②③1月15日〔掲示・web16:00〜〕
受 験 料	20,000円
出願期間	①12月19日〜1月11日〔web16:00〕 ②12月19日〜1月14日〔web 8:00〕 ③12月19日〜1月14日〔web14:00〕
入学手続	①1月15日〔12:00〕 ②1月17日〔12:00〕 ③1月18日〔12:00〕

学校行事開催日程一覧

◆説明会・見学会　11/18(土)
◆オープンスクール　10/15(日)
◆文化祭　6/17(土)〜18(日)〔非公開〕
◆体育祭　10/7(土)〔非公開〕

＊各イベント等につきましては、今後新型コロナウイルス感染状況により日程の変更及び中止の場合もございます。各学校ホームページ等でご確認下さい。

入 試 状 況

			募集人員	志望者数	受験者数	合格者数	実質倍率	合格最低点(%)
2023	第1回	A		187	176	64	2.0	3教科: 254(64%) 4教科: 318(64%)
		B				24		3教科: 286(72%) 4教科: 358(72%)
	第2回	A	A 80 B 40	397	389	84	2.4	3教科: 259(65%) 4教科: 324(65%)
		B				80		3教科: 279(70%) 4教科: 349(70%)
	第3回	A		441	409	98	2.4	199(66%)
		B				75		220(73%)

2023 年度進学状況

❖併設高校へ卒業生男子 73 名中、72 名進学（99％）　女子 76 名中、75 名進学（99％）
❖高校卒業生数 423 名
❖主要大学への合格実績（　）内は現役合格者数

東京大 4(4)、京都大 21(18)、大阪大 21(18)、神戸大 34(28)、北海道大 9(7)、東北大 3(3)、筑波大 3(2)、東京工業大 2(2)、名古屋大 2(2)、九州大 8(7)、奈良女子大 3(3)、大阪教育大 4(4)、京都工芸繊維大 1(1)、兵庫教育大 1(1)、奈良教育大 3(3)、滋賀大 3(3)、和歌山大 2(2)、東京藝術大 2(2)、東京海洋大 1(1)、横浜国立大 3(3)、帯広畜産大 1(1)、北見工業大 2(2)、秋田大 3(3)、千葉大 2(2)、新潟大 1(1)、富山大 1、静岡大 4(3)、信州大 2(2)、金沢大 1(1)、福井大 1(1)、岐阜大 3(3)、岡山大 8(7)、香川大 3(2)、愛媛大 2(1)、徳島大 10(8)、鳴門教育大 1(1)、高知大 4(3)、広島大 9(8)、鳥取大 7(7)、島根大 1(1)、山口大 1(1)、福岡教育大 1(1)、長崎大 3(2)、熊本大 1、宮崎大 1(1)、鹿児島大 1(1)、滋賀医科大 3(2)、大阪公立大 11(9)、神戸市外国語大 4(4)、兵庫県立大 22(17)、京都市立芸術大 2(1)、釧路公立大 7(7)、静岡県立大 1(1)、福井県立大 3(3)、広島市立大 2(2)、下関市立大 1、長崎県立大 1、防衛大 23(23)、防衛医科大 11(11)、神戸市看護大 1(1)、関西大 66(50)、関西学院大 278(238)、同志社大 172(149)、立命館大 182(144)、近畿大 242(170)、龍谷大 16(12)、大阪医科薬科大 11(9)、関西医科大 7(6)、兵庫医科大 21(15)、京都薬科大 9(6)、神戸薬科大 20(18)、関西外国語大 15(15)、京都外国語大 1、大阪工業大 31(27)、摂南大 7(1)、大阪電気通信大 5(4)、神戸学院大 24(17)、神戸親和大 9(9)、京都女子大 5(5)、同志社女子大 7(7)、神戸女学院大 6(6)、武庫川女子大 31(31)、甲南女子大 11(11)、早稲田大 20(15)、慶應義塾大 18(16)、上智大 8(4)、国際基督教大 1(1)、東京理科大 20(17)、中央大 8(7)、学習院大 1(1)、青山学院大 3(3)、明治大 7(5)、法政大 4(3)、自治医科大 1(1)、愛知医科大 1

蒼　開 中学校

http://www.yanagi-h.ed.jp/soukai/

■ 学校長／阪口　寛明　■ 教　頭／中嶋　由利子　■ 生徒数／男子 43 名　女子 41 名

| 住　所 | 〒656-0013　洲本市下加茂 1-9-48 | TEL | 0799-22-2551 |

| 交通機関 | 淡路交通バス『新加茂橋停留所』より徒歩 7 分。
高速バス「洲本 IC」バス停よりスクールバス 10 分。 |

特色

「社会に貢献できる人材の育成」の教育方針の下で、生徒の育成に力を入れています。日常生活におけるしつけを重視し、責任を重んじ、節度ある行動がとれると共に、自主的に色々な事を成しとげることができるようになされています。また個別的、かつ中高一貫教育による長期的な学習を通じて人間形成を図っていることにより、大学進学への強力な素地づくりに多大な効果をもたらしています。平成 25 年、学園創立 100 周年を迎えました。平成 30 年「柳学園」から現校名に変更し、2 つのコース制を導入。

2024 年度入試要項

| 試 験 日 | A 1月13日　　　α 1月13日PM
B 1月15日PM |

募集人員
A 青藍 3 ヵ年　　　　　　　　男女 15 名
　緑風 6 ヵ年　　　　　　　　男女 25 名
α 青藍 3 ヵ年緑風 6 ヵ年合わせて男女 10 名
B 青藍 3 ヵ年緑風 6 ヵ年合わせて男女 10 名

試験科目
A 算・国　　　〔各 60 分/各 150 点〕
　理　　　〔 50 分/ 100 点〕・面接
α 算・国から 1 科目選択〔 50 分/ 150 点〕
B 算・国　　　〔各 50 分/各 150 点〕

合格発表日
A α 1月14日〔web10:00〜〕
B 　 1月16日〔web15:00〜〕

受 験 料 20,000 円

出願期間
A α 12月11日〜1月11日〔web17:00〕
B 　12月11日〜1月12日〔web17:00〕

入学手続
A α 1月17日〔銀行振込15:00〕
B 　 1月19日〔銀行振込15:00〕

学校行事開催日程一覧

◆説明会　10/7（土）　11/4（土）　11/25（土）
◆校外説明会　10/ 1（土）〔洲本・南あわじ〕
　　　　　　10/15（日）〔明石〕　11/19（日）〔明石〕
◆プレテスト　11/4（土）
◆授業見学会　11/11（土）
◆プレテスト解説会　11/25（土）
◆文化祭　9/21（木）〔保護者見学可〕
◆体育祭　6/8（木）〔保護者見学可〕

＊各イベント等につきましては、今後新型コロナウイルス感染状況により日程の変更及び中止の場合もございます。各学校ホームページ等でご確認下さい。

入 試 状 況

			募集人員	志望者数	受験者数	合格者数	実質倍率	合格最低点（%）
2023	A	緑風6ヵ年	25	21	21	20	1.1	135（34%）
		青藍3ヵ年	15	7	7	7	1.0	165（41%）
	α	緑風6ヵ年	10	4	4	4	1.0	非公表
		青藍3ヵ年						
	B	緑風6ヵ年	10	19	2	2	1.0	
		青藍3ヵ年						
2022	A	緑風6ヵ年	25	23	23	23	1.0	180（45%）
		青藍3ヵ年	15	13	13	13	1.0	146（37%）
	α	緑風6ヵ年	10	4	4	4	1.0	非公表
		青藍3ヵ年						
	B	緑風6ヵ年	10	27	2	2	1.0	
		青藍3ヵ年						
2021	A	緑風6ヵ年	25	15	15	14	1.1	男子:161（40%） 女子:174（44%）
		青藍3ヵ年	15	9	9	9	1.0	男子:179（45%） 女子:147（37%）
	B	緑風6ヵ年	5	12	1	0	―	非公表
		青藍3ヵ年	15	8	1	1	1.0	

2023 年度進学状況

❖併設高校へ卒業生男子 14 名中、11 名進学（79%）　女子 16 名中、12 名進学（75%）
❖高校卒業生数 72 名
❖主要大学への合格実績（　）内は現役合格者数

大阪大 2(2)、京都工芸繊維大 1(1)、山口大 1、神戸市外国語大 1(1)、北九州市立大 1(1)、九州歯科大 1、関西大 6(4)、関西学院大 2(1)、同志社大 3(3)、立命館大 10(6)、京都産業大 5(5)、近畿大 2(2)、龍谷大 1(1)、京都薬科大 1(1)、京都外国語大 1(1)、摂南大 1(1)、四天王寺大 1(1)、大阪産業大 6(1)、大阪商業大 2(2)、大阪大谷大 1(1)、京都橘大 1(1)、大谷大 2(2)、神戸学院大 5(5)、神戸親和大 1(1)、流通科学大 2(2)、姫路獨協大 1(1)、同志社女子大 1、神戸松蔭女子学院大 1(1)、神戸女子大 2(2)、大阪芸術大 1(1)、東京理科大 1(1)、青山学院大 2(2)、法政大 1(1)、明治学院大 1(1)、日本大 3(3)、東海大 1(1)、愛知学院大 1(1)、武庫川女子短大 1(1)

大阪府
兵庫県
京都府
奈良県
和歌山県
滋賀県
その他

中　滝　川　中学校

https://takigawa.ed.jp

■ 学校長／下川　清一　■ 教　頭／義根　康弘・見波　薫　■ 生徒数／男子 399 名

住　所	〒 654-0007　神戸市須磨区宝田町 2-1-1	TEL	078-732-1625
交通機関	山陽電鉄・地下鉄西神線『板宿駅』より徒歩 5 分。		

特色

「至誠一貫」「質実剛健」「雄大寛厚」の三校訓のもと、次代のリーダーを育成することを教育目標としています。2022 年度より滝川が変わりました！「医進選抜コース」「Science Global 一貫コース」「ミライ探究一貫コース」にコース改編し、それぞれの能力を最大限に引き出します。卒業生も 24,000 名を超えており、社会に出てからのバックアップも心強い伝統校です。2024 年より男女共学化となります（医進選抜コース・Science Global 一貫コースのみ）。

2024 年度入試要項

試　験　日	前期午前ミライ探究型1月13日　前期午後1月13日PM
	中期Ⅰ　1月14日PM　中期Ⅱ　1月15日PM
	後期　1月20日
募集人員	前期午前前期午後合わせて
	医進選抜20名　ミライ探究一貫男子70名　Science Global一貫男女20名
	中期Ⅰ
	医進選抜男女 5名　ミライ探究一貫男子10名　Science Global一貫男女 5名
	中期Ⅰ後期
	医進選抜男女 5名　ミライ探究一貫男子 5名　Science Global一貫男女 5名
試験科目	前期午前　算・国　〔各45分/各100点〕
	理・英（リスニング含む）から1科目選択〔 45分/ 100点〕
	ミライ探究型算・国　〔各45分/各100点〕
	課題型探究　〔 45分〕
	前期午後　算・国・理　〔各45分/各100点〕
	中期Ⅰ後期 算・国　〔各45分/各100点〕
	中期Ⅱ　算　〔 45分/ 100点〕
	国・理から1科目選択〔 45分/ 100点〕
合格発表日	前期午前ミライ探究型前期午後　1月14日〔web12:00〜〕
	中期Ⅰ1月15日〔web12:00〜〕　中期Ⅱ1月16日〔web16:00〜〕
	後期　1月20日〔web17:00〜〕
受　験　料	20,000円
出　願　期　間	前期午前ミライ探究型前期午後
	12月4日〜1月11日〔web14:00〕
	中期Ⅰ 12月4日〜1月14日〔web14:00〕
	中期Ⅱ 12月4日〜1月15日〔web14:00〕
	後期 12月4日〜1月19日〔web23:59〕
入　学　手　続	前期午前ミライ探究型1月15日〔銀行振込14:00〕
	前期午後中期Ⅰ中期Ⅱ1月18日〔銀行振込14:00〕
	後期　1月22日〔銀行振込14:00〕

学校行事開催日程一覧

◆説明会　10/28(土)　11/11(土)　11/25(土)
◆医進選抜コース対象説明会　11/18(土)
◆校外説明会　10/7(土)〔姫路〕　10/14(土)〔西宮〕
◆プレテスト　10/28(土)
◆プレテスト解説会　11/11(土)〔Zoom〕
◆個別相談会　12/10(日)
◆文化祭　6/17(土)〜18(日)〔公開〕
◆体育祭　9/29(金)

＊各イベント等につきましては、今後新型コロナウイルス感染状況により日程の変更及び中止の場合もございます。各学校ホームページ等でご確認下さい。

入 試 状 況

		募集人員	志望者数	受験者数	合格者数	実質倍率	合格最低点(%)
2023	前期午前	医進選抜	15	13	6		197(66%)
		医進選抜 20					
		ミライ探究一貫	26	25	36	1.2	149(50%)
		ミライ探究一貫 70	37	36	20		195(65%)
	ミライ探究型		14	13	9	1.4	―
	前期午後	医進選抜	68	60	40		185(62%)
		Science Global 一貫 20	68	67	72	1.3	142(47%)
		ミライ探究一貫	106	104	63		176(59%)
	中期Ⅰ	医進選抜	5	41	29	20	119(60%)
		ミライ探究一貫	10	46	29	25	102(51%)
		Science Global一貫	5	49	38	20	111(56%)
	中期Ⅱ	医進選抜	5	29	24	12	120(60%)
		ミライ探究一貫	5	30	15	21	82(41%)
		Science Global一貫	5	31	23	14	110(55%)
	後期	医進選抜	5	18	12	11	121(61%)
		ミライ探究一貫	5	14	14	1	79(40%)
		Science Global一貫	5	16	13	7	126(63%)

注: 中期Ⅰ実質倍率1.5、中期Ⅱ実質倍率1.3、後期実質倍率1.1

2023 年度進学状況

❖併設高校へ卒業生 110 名中、102 名進学（93%）
❖高校卒業生数 225 名
❖主要大学への合格実績（ ）内は現役合格者数

大阪大 2(1)、神戸大 2(1)、北海道大 1(1)、東北大 1、京都教育大 1(1)、兵庫教育大 1(1)、奈良教育大 1(1)、横浜国立大 1(1)、北見工業大 1、室蘭工業大 1(1)、富山大 1(1)、信州大 1(1)、岡山大 4(4)、香川大 1、愛媛大 1、徳島大 5(2)、広島大 5(2)、鳥取大 4(2)、島根大 1(1)、山口大 1(1)、鹿児島大 2(1)、琉球大 2(2)、兵庫県立大 3(3)、防衛大 2(2)、関西大 21(12)、関西学院大 35(29)、同志社大 18(15)、立命館大 18(13)、京都産業大 13(4)、近畿大 74(56)、甲南大 32(25)、龍谷大 28(18)、大阪医科薬科大 4(3)、兵庫医科大 6(5)、大阪歯科大 1(1)、神戸薬科大 3(2)、関西外国語大 11(10)、京都外国語大 8(8)、大阪工業大 38(18)、追手門学院大 7(7)、摂南大 18(14)、大阪学院大 4(4)、大阪経済大 7(6)、大阪電気通信大 8(3)、大阪産業大 112(94)、大阪商業大 1(1)、大阪経済法科大 31(30)、大和大 1(1)、京都精華大 1、神戸学院大 29(23)、神戸親和大 5(5)、流通科学大 4(4)、姫路獨協大 3(2)、大手前大 3(2)、関西国際大 3(3)、大阪芸術大 2(1)、大阪音楽大 1(1)、早稲田大 3、国際基督教大 1、東京理科大 5(3)、立教大 1(1)、中央大 7(5)、学習院大 1(1)、青山学院大 4(1)、明治大 3(3)、法政大 3(3)、北里大 1(1)、日本大 3(2)、愛知学院大 1、岡山理科大 2、金沢医科大 1、松本歯科大 1(1)、関西外国語短大 1(1)

《竜》 滝川第二 中学校

https://takigawa2.ed.jp

■ 学校長／本郷 卓　■ 教頭／角谷 真吾　■ 生徒数／男子 119 名　女子 202 名

| 住　所 | 〒651-2276　神戸市西区春日台 6-23 | TEL | 078-961-2381 |

交通機関
神戸市営地下鉄『西神中央駅』から市バス『西体育館前』下車
（登下校時 JR 神戸線『明石駅』『西明石駅』・山陽電鉄『明石駅』～『滝川第二前』間バス運行）

特色
中学校は、2021 年 4 月より「プログレッシブ数理探究コース」「I.U.E. 知識実践コース」「エキスパート未来創造コース」の 3 コース編成となり、カリキュラムや取り組みも新たに学んでいきます。「プログレッシブ数理探究コース」は従来のプログレコースを進化させ、数理教科を重視したハイレベルコースで、「プログレワンデー研修」など体験型実践学習をさらに発展させつつ、難関国公立大学や医学部医学科などを視野に入れた学習を進めていきます。「I.U.E. 知識実践コース」は、高度な語学力と国際的な感覚を磨き、グローバルに活躍する人材を育てるべく、クラス全員で約 6 週間の短期留学を行うほか、外国人講師から学ぶ海外文化体験やオンライン英会話による実践力養成をはかります。「エキスパート未来創造コース」は、自主性を養い、人間性豊かなエキスパートを目指すコースで、クラブ活動や習い事など各自の能力を伸ばすカリキュラムを設けるほか、充実の進路指導体制で個々の目標をバックアップしていきます。

2024 年度入試要項

試 験 日
AⅠ特色英語 1月 13 日　AⅡ 1月 13 日 PM
B 1月 14 日 PM　C 1月 17 日 PM

募集人員
特色 エキスパート未来創造　男女 10 名
英語 I.U.E. 知識実践　男女若干名（AⅠ・AⅡ 15 名に含む）
AⅠAⅡプログレッシブ数理探究 男女 15 名
　　I.U.E. 知識実践 男女 15 名
　　エキスパート未来創造 男女 15 名
B プログレッシブ数理探究 男女 15 名
　　I.U.E. 知識実践 男女 10 名
　　エキスパート未来創造 男女 10 名
C プログレッシブ数理探究 男女 5 名
　　I.U.E. 知識実践 男女 5 名
　　エキスパート未来創造 男女 5 名

試験科目
AⅠ 算・国 〔各 50 分／各 150 点〕
　　理 〔40 分／ 100 点〕
特色 国語基礎・作文〔各 50 分／各 100 点〕
　　特技資料 〔100 点〕 面接 〔15 分／ 100 点〕
英語 〔50 分／ 150 点〕英 〔50 分／ 100 点〕
　　面接 〔15 分／ 100 点〕英語資料〔50 点〕
AⅡC 算・国 〔各 40 分／各 100 点〕
B 算・国 〔各 50 分／各 150 点〕

合格発表日
AⅠ特色英語 1月 14 日〔web12:30～〕
AⅡ 1月 15 日〔web12:30～〕
B 1月 16 日〔web12:30～〕
C 1月 19 日〔web12:30～〕

受 験 料
20,000 円
（AⅠ・AⅡ同時出願の場合は、20,000 円）

出願期間
AⅠ特色英語 12月 11 日～1月 9 日〔web23:59〕
AⅡ 12月 11 日～1月 13 日〔web15:00〕
B 12月 11 日～1月 14 日〔web14:00〕
C 12月 11 日～1月 17 日〔web14:00〕

入学手続
AⅠ特色英語 1月 15 日～1月 16 日〔銀行振込 14:00〕
AⅡ 1月 16 日～1月 17 日〔銀行振込 14:00〕
B 1月 17 日～1月 18 日〔銀行振込 14:00〕
C 1月 19 日～1月 20 日〔銀行振込 12:00〕

学校行事開催日程一覧

◆説明会　10/28（土）　11/25（土）
◆スペシャルサタデーツアー　10/7（土）
◆文化祭　5/12（金）～13（土）〔13 日のみ公開〕
◆体育祭　9/29（金）

＊各イベント等につきましては、今後新型コロナウイルス感染状況により日程の変更及び中止の場合もございます。各学校ホームページ等でご確認下さい。

入 試 状 況

				募集人員	志望者数	受験者数	合格者数	実質倍率	合格最低点(%)
2023	特色	エキスパート未来創造	男子	10	6	6	6	1.0	
			女子		4	4	4	1.0	
	AⅠ	プログ数理探究	男子	プログ数理探究 15	13	10	8	1.3	211(53%)
			女子		21	17	8	2.1	
		I.U.E 知識実践	男子		1	1	0(2)	—	199(50%)
			女子		9	8	4(3)	2.0	
		I.U.E 知識実践／英語	男子	IUE 知識実践 15	4	4	3(1)	1.3	
			女子		9	9	8(1)	1.1	
		エキスパート未来創造	男子		7	7	5(1)	1.4	168(42%)
			女子		9	9	7(2)	1.3	
	AⅡ	プログ数理探究	男子	エキスパート未来創造 15	53	51	29	1.8	105(53%)
			女子		51	47	32	1.5	
		I.U.E 知識実践	男子		11	10	3(15)	3.3	97(49%)
			女子		35	33	21(12)	1.6	
		エキスパート未来創造	男子		16	15	9(3)	1.7	77(39%)
			女子		17	17	10(4)	1.7	
	B	プログ数理探究	男子	15	33	23	10	2.3	175(58%)
			女子		45	33	21	1.6	
		I.U.E 知識実践	男子	10	12	11	3(8)	3.7	173(58%)
			女子		26	19	11(7)	1.7	
		エキスパート未来創造	男子		15	11	4(3)	2.8	147(49%)
			女子		16	8	7(5)	1.1	
	C	プログ数理探究	男子	5	6	4	1	4.0	101(51%)
			女子		9	5	4	1.3	
		I.U.E 知識実践	男子	5	5	4	3(3)	1.3	80(40%)
			女子		6	4	2(1)	2.0	
		エキスパート未来創造	男子	5	7	5	0(1)	—	71(36%)
			女子		1	1	0(2)	—	

※（ ）内は廻し合格者数

2023 年度進学状況

❖併設高校へ卒業生男子 28 名中、28 名進学（100%）　女子 43 名中、42 名進学（98%）
❖高校卒業生数 285 名
❖主要大学への合格実績（ ）内は現役合格者数
京都大 1、大阪大 2(2)、神戸大 6(4)、北海道大 1(1)、九州大 1(1)、お茶の水女子大 1(1)、帯広畜産大 2(2)、富山大 1(1)、信州大 1(1)、金沢大 1、名古屋工業大 1(1)、岡山大 4(4)、愛媛大 1(1)、徳島大 7(5)、高知大 2(2)、広島大 4(4)、鳥取大 1(1)、島根大 1(1)、山口大 1(1)、長崎大 1(1)、琉球大 2(1)、大阪公立大 2(1)、京都府立大 1(1)、神戸市外国語大 1(1)、奈良県立大 1(1)、兵庫県立大 7(6)、防衛大 1(1)、水産大 1(1)、関西大 15(14)、関西学院大 44(38)、同志社大 18(10)、立命館大 37(35)、京都産業大 3(3)、近畿大 56(51)、甲南大 45(40)、龍谷大 24(17)、大阪医科薬科大 2(2)、兵庫医科大 8(8)、京都薬科大 3(2)、神戸薬科大 6(4)、関西外国語大 9(9)、京都外国語大 1(1)、桃山学院大 1(1)、大阪工業大 15(14)、追手門学院大 6(6)、摂南大 23(21)、大阪学院大 7(7)、大阪経済大 4(4)、大阪電気通信大 2(2)、阪南大 1(1)、大和大 2(2)、佛教大 1(1)、京都精華大 1(1)、京都橘大 1(1)、神戸学院大 91(87)、神戸親和大 1(1)、流通科学大 8(8)、姫路獨協大 2(2)、大手前大 3(3)、天理大 1(1)、京都女子大 3(2)、同志社女子大 8(8)、神戸女学院大 4(4)、武庫川女子大 19(16)、神戸女子大 6(6)、甲南女子大 7(7)、大阪芸術大 1(1)、大阪音楽大 2(2)、京都芸術大 1(1)、早稲田大 1(1)、慶應義塾大 3(3)、立教大 1、中央大 2(2)、青山学院大 5(2)、明治大 4(4)、北里大 3(3)、明治学院大 1(1)、日本大 6(6)、南山大 2(2)、愛知学院大 4(4)、岡山理科大 3(3)、立命館アジア太平洋大 2(2)、朝日大 2(2)、産業医科大 1、関西外国語短大 1(1)、大阪音楽短大 2(2)、大阪芸術短大 2(2)

東洋大学附属姫路 中学校

https://www.toyo.ac.jp/himeji/jh/

■ 学校長／大森　茂樹　■ 教　頭／黒河　潤二　■ 生徒数／男子144名　女子101名

住　所	〒671-2201　姫路市書写1699	TEL	079-266-2626

交通機関	JR神戸線・山陽本線、山陽電鉄『姫路駅』より神姫バス約25分。 JR神戸線・山陽本線、山陽電鉄『姫路駅』よりスクールバス運行。（中学生専用）

特色
中学3年間で学習指導要領より大幅に多い教育課程を編成し、基礎・基本を押さえた上で、ICT機器を活用しながら、より深い学びを実現しています。また本校独自のプログラムである「キャリア・フロンティア」を通じて、物事の本質に向かって探究する力や、難関国公立大学合格に必要なリテラシーである「情報収集力」「情報編集力」「情報発信力」を養成するとともに、「国際交流プログラム」とあわせて国内外の社会に貢献できる人財を育てています。2022年度入学生から従来の教育をおこなう一貫SAコース（定員60名）に加えて、これまでより深い学びを実現することで最難関国公立大学合格をめざす一貫SPコース（定員30名）を創設し、これまでよりいっそう生徒の適性や能力に応じた教育を展開しています。

左端縦書き：大阪府　兵庫県　京都府　奈良県　和歌山県　滋賀県　その他

2024年度入試要項

試 験 日	前期1月13日　中期1月13日PM 後期1月15日
募集人員	前期一貫SP　　　　　　男女約15名 中期一貫SP　　　　　　男女約10名 前期中期合わせて一貫SA男女約50名 後期一貫SP男女約5名　一貫SA男女約10名
試験科目	前期　　算〔50分/100点〕 　　　　国〔60分/120点〕 　　　　理〔40分/ 80点〕 中期後期算〔50分/100点〕 　　　　国〔60分/120点〕
合格発表日	前期中期1月14日〔web16:00～〕 後期　　1月15日〔web18:00～〕
受 験 料	20,000円
出願期間	前期12月11日～1月12日〔web15:00〕 中期12月11日～1月13日〔web15:00〕 後期12月11日～1月15日〔web 9:30〕
入学手続	前期中期1月15日〔12:00〕 後期　　1月16日〔15:00〕

学校行事開催日程一覧

◆説明会　11/19（日）　12/2（土）
◆プレテスト　11/19（日）
◆プレテスト報告会　12/2（土）
◆入試個別相談会　12/15（金）〔姫路〕　12/25（月）〔本校〕
◆入試直前授業見学会　12/25（月）
◆入試結果報告会＆校舎見学会　3/2（土）
◆文化祭　6/16（金）〔保護者見学可〕
◆体育祭　9/28（木）〔保護者見学可〕

＊各イベント等につきましては、今後新型コロナウイルス感染状況により日程の変更及び中止の場合もございます。各学校ホームページ等でご確認下さい。

入 試 状 況

			募集人員	志望者数	受験者数	合格者数	実質倍率	合格最低点(%)
2023	前期	一貫SP	15	98	96	23	1.3	223(74%)
		男子						
		女子						
		一貫SA	50			53		175(58%)
		男子						
		女子						
	中期	一貫SA		151	145	40	2.2	126(57%)
		男子						
		女子						
		一貫SP	10			27		96(44%)
		男子						
		女子						
	後期	一貫SP	5	52	22	3	1.3	156(71%)
		男子						
		女子						
		一貫SA	10			14		91(41%)
		男子						
		女子						

2023年度進学状況

❖併設高校へ卒業生男子34名中、34名進学（100%）　女子27名中、26名進学（96%）
❖高校卒業生数320名
❖併設大学・短期大学への進学
　東洋大学1名
❖主要大学への合格実績（　）内は現役合格者数
北海道大1(1)、筑波大1(1)、京都工芸繊維大1(1)、山形大1(1)、静岡大1(1)、岡山大1(1)、愛媛大1(1)、高知大3(3)、鳥取大2(2)、国際教養大1、岡山県立大1(1)、島根県立大1(1)、関西学院大10(10)、同志社大2(1)、立命館大2(2)、京都産業大11(11)、近畿大3(3)、甲南大5(5)、龍谷大4(4)、関西医科大1(1)、関西外国語大3(3)、大阪工業大5(5)、大阪経済大8(8)、大阪電気通信大4(4)、大和大2(2)、佛教大1(1)、京都橘大1(1)、大谷大1(1)、神戸学院大53(49)、流通科学大11(11)、大手前大1(1)、神戸女学院大3(3)、神戸女子大4(4)、甲南女子大8(8)、早稲田大2、立教大2(2)、青山学院大1(1)、日本大1(1)、東海大2(2)、岡山理科大2(2)、埼玉医科大1(1)

仁川学院 中学校

http://www.nigawa.ac.jp

■ 学校長／永尾　稔　■ 副校長／本田　徹也　■ 生徒数／男子 107 名　女子 73 名

| 住　所 | 〒 662-0812　西宮市甲東園 2-13-9 | TEL | 0798-51-3410 |

交通機関
阪急今津線『甲東園駅』より徒歩 6 分。
阪急今津線『仁川駅』より徒歩 6 分。

特色
本校は、キリスト教的人間観に基づいた心を育成し、建学の精神である「和と善」を実践することを教育の目標と掲げてきました。社会に貢献できる人間を育成するために大切な、規律や礼儀、思いやり、高い学力の育成を日々の生活の中で積み重ねています。平成 31 年度よりアカデミアコース、カルティベーションコースに移行、学習内容を精選した独自のカリキュラムにより、生徒一人ひとりの能力を、それぞれの成長過程に応じて十分に発揮できるよう配慮すると共に、多彩な体験学習を取り入れて、充実した六ヵ年一貫教育の実現に取り組んでいます。

2024 年度入試要項

試験日
① 1月13日　② 1月14日
③ 1月15日 PM　ファイナル1月17日 PM

募集人員
①②③ファイナル合わせて
カルティベーション男女70名　アカデミア男女35名
① 　カルティベーションアカデミア男女計60名
② 　カルティベーションアカデミア男女計15名
③ 　カルティベーションアカデミア男女計15名
ファイナル　カルティベーションアカデミア男女計15名

試験科目
①アカデミア算・国・理　〔各50分/各100点〕
カルティベーション
① 　　　　算・国・理　〔各50分/各100点〕
② 　　　　算・国　　　〔各50分/各100点〕
＊①/②いずれかを選択
② 　　　算・国・総合問題〔各50分/各100点〕
③ファイナル算・国　〔各50分/各100点〕

合格発表日
① 1月14日〔web10:00～〕
② 1月15日〔web10:00～〕
③ 1月16日〔web10:00～〕
ファイナル1月18日〔web10:00～〕

受験料
各グループにつき20,000円
（前半グループ：1次・2次、後半グループ：3次・ファイナル
上記グループ内であれば、複数の入試を受験しても受験料は変わらない。）

出願期間
① 12月4日～1月11日〔web15:00〕
② 12月4日～1月14日〔web 8:00〕
③ 12月4日～1月15日〔web15:00〕
ファイナル12月4日～1月17日〔web15:00〕

入学手続
① 1月15日〔銀行振込15:00〕
② 1月16日〔銀行振込15:00〕
③ 1月17日〔銀行振込15:00〕
ファイナル1月19日〔銀行振込15:00〕

学校行事開催日程一覧

◆説明会　10/14（土）　11/23（祝）
◆授業体験会　10/14（土）
◆プレテスト　11/23（祝）
◆入試直前相談会　12/9（土）
◆文化祭　9/23（祝）〔受験希望者・保護者見学可〕
◆体育祭　10/21（土）〔受験希望者・保護者見学可〕

＊各イベント等につきましては、今後新型コロナウイルス感染状況により日程の変更及び中止の場合もございます。各学校ホームページ等でご確認下さい。

入試状況

			募集人員	応募者数	受験者数	合格者数	実質倍率	合格最低点(%)
2023	①	カルティベーション	60	38	37	29(11)	1.3	39%
		アカデミア		24	22	7	3.1	196(65%)
	②	カルティベーション	15	51	49	38(22)	1.3	80(27%)
		アカデミア		46	43	19	2.3	182(61%)
	③	カルティベーション	15	16	9	1(10)	9.0	83(42%)
		アカデミア		42	31	11	2.8	129(65%)
	ファイナル	カルティベーション	15	13	6	1(1)	6.0	77(39%)
		アカデミア		36	10	2	5.0	145(73%)

※（　）内は廻し合格者数

2023 年度進学状況

❖併設高校へ卒業生男子 21 名中、17 名進学（81%）　女子 17 名中、15 名進学（88%）
❖高校卒業生数 238 名
❖主要大学への合格実績
大阪大 1、神戸大 1、奈良女子大 1、京都工芸繊維大 1、金沢大 1、岡山大 2、徳島大 1、鳥取大 1、宮崎大 1、大阪公立大 2、兵庫県立大 1、高崎経済大 1、北九州市立大 2、関西大 37、関西学院大 31、同志社大 25、立命館大 21、京都産業大 31、近畿大 141、甲南大 28、龍谷大 84、大阪医科薬科大 4、兵庫医科大 11、京都薬科大 5、神戸薬科大 4、関西外国語大 17、京都外国語大 26、桃山学院大 65、大阪工業大 18、追手門学院大 91、摂南大 98、大阪経済大 4、大阪電気通信大 22、佛教大 1、神戸学院大 45、京都女子大 1、同志社女子大 12、神戸女学院大 13、武庫川女子大 23、甲南女子大 17、上智大 1、東京理科大 1、学習院大 1、法政大 1、北里大 1、日本大 1、岡山理科大 4

大阪府
兵庫県
京都府
奈良県
和歌山県
滋賀県
その他

中 白 陵 中学校

https://www.hakuryo.ed.jp

■ 学校長／宮﨑　陽太郎　■ 教　頭／高見　繁統　■ 生徒数／男子363名　女子219名

| 住　所 | 〒676-0827　高砂市阿弥陀町阿弥陀2260 | TEL | 079-447-1675 |

| 交通機関 | JR山陽本線『曽根駅』より徒歩15分。 |

特色
急速にグローバル化が進展し、私達が確かだと思っていたことも次の瞬間には見えなくなってしまう今日、私達はややもすれば時流に流され、個性を失いがちです。その様な時代にあって、本学園は人本主義の精神に則り、cura et disciplina（研究と訓練）・独立不羈・正明闊達を校是として、深遠なる洞察力と高い学識を持ち、事に当たって責任感と勇猛心ある人材たるの基礎を養うことを学園創設の本旨としています。
教育の方針　1.中学・高校6か年の一貫した教育により、高度な知識の習得と学力の充実につとめる。　2.中学校では、国語・数学・外国語に重点をおく。（※体育には柔道を必修として取り入れる。）　3.寄宿舎を持つ学校として、全人教育推進を期したいと考えている。　4.日常生活における「躾」を重視し、責任を自覚して、節度ある行動をとるように指導する。　5.健康の増進と安全な生活を心がけるようにする。

2024年度入試要項

試 験 日	前期1月13日　後期1月16日
募集人員	前期男女175名 後期男女若干名
試験科目	前期算・国〔各70分/各120点〕 　　理〔70分/100点〕 後期算・国〔各60分/各100点〕・面接〔20点〕
合格発表日	前期1月14日〔web〕 後期1月17日〔web〕
受 験 料	20,000円
出願期間	前期12月21日〜1月4日〔web〕 後期12月21日〜1月4日〔web〕 　　　1月14日〜1月15日〔16:00〕
入学手続	前期　未定 後期　未定

学校行事開催日程一覧

◆**説明会**　10/ 7（土）　10/28（土）
◆**文化祭**　9/23（祝）
◆**体育祭**　9/9（土）

＊各イベント等につきましては、今後新型コロナウイルス感染状況により日程の変更及び中止の場合もございます。各学校ホームページ等でご確認下さい。

入 試 状 況

			募集人員	志望者数	受験者数	合格者数	実質倍率	合格最低点(%)
2023	前期	男子	175	406	384	202	1.9	181(57%)
		女子						
	後期	男子	若干名	164	124	30	4.1	117(53%)
		女子						
2022	前期	男子	175	364	339	200	1.7	192(60%)
		女子						
	後期	男子	若干名	152	112	31	3.6	112(51%)
		女子						
2021	前期	男子	175	370	348	196	1.8	190(59%)
		女子						
	後期	男子	若干名	162	108	28	3.9	135(61%)
		女子						

2023年度進学状況

❖中学校卒業生及び併設高校へ卒業生及び併設校への進学者数/非公表
❖高校卒業生数180名
❖主要大学への合格実績（　）内は現役合格者数
東京大16(15)、京都大16(11)、大阪大14(9)、神戸大17(12)、北海道大4(4)、東北大1、筑波大2(1)、一橋大1、東京工業大1(1)、名古屋大1(1)、九州大3(2)、お茶の水女子大2(2)、大阪教育大1(1)、滋賀大1(1)、東京外国語大3(3)、東京藝術大1、電気通信大1(1)、横浜国立大4(4)、千葉大1(1)、新潟大2(2)、富山大2(2)、静岡大2(2)、名古屋工業大2(2)、三重大1、岡山大4(4)、香川大2(2)、愛媛大1(1)、徳島大4(2)、高知大1(1)、広島大2(1)、鳥取大1(1)、島根大1(1)、山口大3(2)、熊本大1(1)、琉球大1(1)、浜松医科大1(1)、大阪公立大9(7)、京都府立大1(1)、兵庫県立大5(3)、京都市立芸術大1、東京都立大1(1)、横浜市立大1、国際教養大1(1)、静岡県立大1(1)、名古屋市立大1(1)、下関市立大1(1)、北九州市立大1(1)、京都府立医科大3(2)、奈良県立医科大1(1)、岐阜薬科大2(1)、九州歯科大1(1)、防衛大2(1)、防衛医科大7(5)、関西大19(8)、関西学院大30(20)、同志社大35(14)、立命館大12(7)、甲南大3(2)、近畿大12(7)、龍谷大1、大阪医科薬科大9(6)、関西医科大9(6)、兵庫医科大9(4)、大阪歯科大1(1)、京都薬科大8(5)、神戸薬科大2(1)、大阪工業大2、神戸学院大3(1)、京都芸術大1、早稲田大24(10)、慶應義塾大23(9)、上智大4(2)、東京理科大16(6)、立教大2、中央大8(2)、青山学院大7(1)、明治大7(2)、北里大1、明治学院大1、愛知学院大1、岡山理科大1、東京慈恵会医科大1(1)、埼玉医科大1(1)、金沢医科大1(1)、朝日大1、松本歯科大1、東京薬科大1

雲雀丘学園 中学校

https://www.hibari.jp

■ 学校長／中井　啓之　■ 教　頭／野村　勝・道北　秀寿　■ 生徒数／男子 202 名　女子 308 名

| 住　所 | 〒 665-0805　宝塚市雲雀丘 4-2-1 | TEL | 072-759-1300 |

交通機関
阪急宝塚線『雲雀丘花屋敷駅』より徒歩 3 分。
JR 宝塚線『川西池田駅』より徒歩 12 分。

特色
阪急雲雀丘花屋敷駅から専用通路で直結という抜群のアクセスにあり、閑静な住宅街に立地している。「やってみなはれ」をモットーに、中学入学から付属の高校卒業までの 6 年間、学習、部活動、そして自らの興味を大切にした探究活動に没頭できる落ち着いた学習環境を整えている。昨今では、大学入試において、一般選抜のみならず、総合型選抜や学校推薦型選抜においても、実績を伸ばしている。

2024 年度入試要項

試 験 日	A午前1月13日　A午後1月13日PM B　　　　1月14日
募集人員	A午前午後B合わせて一貫探究男女160名 （内部進学者を含む）
試験科目	A午前3科型　算・国　〔各60分/各150点〕 　　　　　　　理　　〔 40分/ 100点〕 　　　　　4科型　算・国　〔各60分/各150点〕 　　　　　　　理・社　〔各40分/各100点〕 　　　＊3科型/4科型いずれか選択 A午後　　　　算・国　〔各60分/各100点〕 B　　理科入試算・国　〔各60分/各150点〕 　　　　　　　理　　〔 40分/ 100点〕 　　　英語入試算・国　〔各60分/各150点〕 　　　　　　　英語筆記〔 30分/ 60点〕 　　　　　　　英語面接〔 5分/ 40点〕 　　　＊理科入試/英語入試いずれか選択
合格発表日	A午前午後1月14日〔web16:00～・掲示17:00～〕 B　　　　1月15日〔web16:00～・掲示17:00～〕
受 験 料	20,000円
出願期間	12月15日～1月8日〔web23:59〕
入学手続	A午前1月15日〔銀行振込12:00〕 A午後1月16日〔銀行振込12:00〕 B　　　1月17日〔銀行振込12:00〕

学校行事開催日程一覧

◆説明会　11/3（祝）
◆オープンスクール　11/3（祝）
◆個別相談会　12/16（土）
◆文化祭　9/1（金）～9/2（土）〔受験希望者・保護者見学可〕
◆体育祭　5/13（土）〔保護者見学可〕

＊各イベント等につきましては、今後新型コロナウイルス感染状況により日程の変更及び中止の場合もございます。各学校ホームページ等でご確認下さい。

入 試 状 況

			募集人員	志望者数	受験者数	合格者数	実質倍率	合格最低点(%)
2023	A午前		約160	263	258	96	2.7	369(74%)
	A午後			464	452	160	2.8	158(79%)
	B	理科		353	345	114	3.0	262(66%)
		英語		8	7	4	1.8	262(66%)
2022	A午前		約160	302	295	150	1.9	356(71%)
	A午後			418	415	142	2.9	154(77%)
	B	理科		329	320	110	2.9	268(67%)
		英語		17	17	2	8.5	250(63%)
2021	A午前		約160	275	273	153	1.8	332(66%)
	A午後			420	413	172	2.4	144(72%)
	B	理科		279	269	103	2.6	280(70%)
		英語		13	11	7	1.6	270(68%)

2023 年度進学状況

❖併設高校へ卒業生男子 68 名中、66 名進学（97%）　女子 107 名中、97 名進学（90%）
❖高校卒業生数 313 名
❖主要大学への合格実績（　）内は現役合格者数
東京大 1(1)、京都大 2(2)、大阪大 17(14)、神戸大 8(6)、北海道大 2(2)、東北大 1(1)、東京工業大 1、名古屋大 1(1)、九州大 2(2)、お茶の水女子大 1(1)、奈良女子大 4(3)、大阪教育大 9(9)、京都教育大 1、京都工芸繊維大 5(5)、奈良教育大 1(1)、滋賀大 1(1)、和歌山大 3(3)、東京農工大 1(1)、電気通信大 1(1)、千葉大 1(1)、富山大 1(1)、静岡大 1(1)、金沢大 1(1)、福井大 1(1)、岡山大 2(2)、愛媛大 2(2)、徳島大 4(3)、高知大 1、広島大 1(1)、鳥取大 6(6)、山口大 1(1)、九州工業大 1(1)、熊本大 2(2)、宮崎大 1(1)、大阪公立大 21(21)、京都府立大 1(1)、奈良県立大 2(2)、滋賀県立大 1(1)、兵庫県立大 11(11)、京都市立芸術大 2(2)、東京都立大 2(2)、都留文科大 1、山口県立大 1(1)、京都府立医科大 1(1)、和歌山県立医科大 1、岐阜薬科大 1(1)、防衛大 1(1)、関西大 123(114)、関西学院大 83(76)、同志社大 64(53)、立命館大 94(89)、京都産業大 13(13)、近畿大 200(188)、甲南大 74(24)、龍谷大 42(31)、関西医科大 7(6)、関西歯科大 3(2)、兵庫医科大 11(9)、大阪歯科大 3(2)、神戸薬科大 5(4)、関西外国語大 5(5)、桃山学院大 4(4)、大阪工業大 37(32)、追手門学院大 3(3)、摂南大 14(12)、四天王寺大 2(2)、大阪医科大 1(1)、大阪経済大 6(6)、大阪電気通信大 3(3)、大阪産業大 3(3)、帝塚山学院大 1(1)、大和大 26(21)、佛教大 2(2)、成安造形大 1(1)、神戸学院大 1(1)、大手前大 1(1)、京都女子大 4(2)、同志社女子大 5(5)、神戸女学院大 7(6)、武庫川女子大 36(35)、神戸松蔭女子学院大 2(2)、神戸女子大 4(1)、甲南女子大 9(7)、梅花女子大 1(1)、京都芸術大 1(1)、早稲田大 6(6)、慶應義塾大 2(2)、上智大 1(1)、東京理科大 4(2)、中央大 1(1)、青山学院大 2(2)、明治大 4(4)、法政大 3、北里大 2(2)、東海大 1(1)、岡山理科大 2(2)、東京薬科大 1(1)

東山 中学校

https://www.higashiyama.ed.jp

■ 学校長／塩貝 省吾　■ 副校長／堀澤 基　■ 生徒数／男子515名

| 住　　所 | 〒606-8445　京都市左京区永観堂町51 | TEL | 075-771-9121 |

| 交通機関 | 地下鉄東西線『蹴上駅』より徒歩10分。
京都市バス『南禅寺・永観堂道停留所』より徒歩5分。 |

特色

現在は混沌とした世相であり、だからこそ未来に羽ばたこうとする生徒たちにとって、もっとも大切なものは "セルフ・リーダーシップ" であると考えています。セルフ・リーダーシップとは、自ら情熱と主体性をもって行動し、目標を達成し、夢を実現させる力のことです。東山中学校では、在学中に全員がそうした力を確実に身につけられるよう、保護者の方々と連携しながら、全教職員が情熱を傾け真剣に取り組んでいます。

2024年度入試要項

試　験　日	前期A1月13日PM　前期B1月14日 後期　1月16日
募集人員	前期Aユリーカ男子18名 　　　　エース　男子36名 前期Bユリーカ男子30名 　　　　エース　男子54名 後期　ユリーカ男子12名 　　　　エース　男子24名
試験科目	前期A　　　　　算・国〔各50分／各120点〕 前期B後期3教科型算・国〔各50分／各120点〕 　　　　　　　　理〔40分／100点〕 4教科型算・国〔各50分／各120点〕 　　　　　　理・社〔各40分／各100点〕 ＊3教科型／4教科型いずれかを選択
合格発表日	前期AB1月15日〔web14:00～〕 後期　　1月17日〔web14:00～〕
受　験　料	20,000円 （2つの試験を同時に出願する場合は、30,000円、 3つの試験を同時に出願する場合は、40,000円）
出願期間	12月11日～1月4日〔web23:59〕
入学手続	前期AB1月16日〔web15:00〕 後期　　1月18日〔web15:00〕

学校行事開催日程一覧

◆ 説明会　11/3(祝)〔草津〕　11/11(土)〔本校〕
　　　　　11/25(土)〔本校〕
◆ オープンキャンパス　10/21(土)
◆ 中学プレ入試　11/11(土)
◆ 個別相談会　11/3(祝)　11/25(土)　12/9(土)
◆ 文化祭　9/29(金)～30(土)
◆ 体育祭　10/25(水)

＊各イベント等につきましては、今後新型コロナウイルス感染状況により日程の変更及び中止の場合もございます。各学校ホームページ等でご確認下さい。

入試状況

			募集人員	志望者数	受験者数	合格者数	実質倍率	合格最低点(%)
2023	前期A	ユリーカ	18	343	330	152	2.2	149(62%)
		エース	36	23	20	6(128)	3.3	115(48%)
	前期B	ユリーカ	30	309	287	99	2.9	322(73%)
		エース	54	30	27	16(159)	1.7	248(56%)
	後期	ユリーカ	12	388	169	37	4.6	314(71%)
		エース	24	35	16	10(124)	1.6	202(46%)
2022	前期A	ユリーカ	18	369	359	150	2.4	169(70%)
		エース	36	27	27	5(146)	5.4	140(58%)
	前期B	ユリーカ	30	346	330	103	3.2	341(78%)
		エース	54	40	38	188	—	280(64%)
	後期	ユリーカ	12	428	204	45	4.5	325(74%)
		エース	24	47	31	154	—	227(52%)

※（　）内は廻し合格者数

2023年度進学状況

❖ 併設高校へ卒業生185名中、181名進学（98%）
❖ 高校卒業生数398名
❖ 主要大学への合格実績
　東京大1、京都大7、大阪大4、神戸大4、北海道大3、東北大2、一橋大1、名古屋大1、九州大1、京都工芸繊維大6、滋賀医科大2、大阪公立大10、京都府立大3、京都府立医科大2、関西大26、関西学院大16、同志社大60、立命館大131、大阪医科薬科大3、関西医科大6、兵庫医科大4、早稲田大11、慶應義塾大3、上智大3、東京理科大4

洛　星 中学校

https://www.rakusei.ac.jp/

■ 学校長／小田　恵　■ 副校長／藤原　義久　■ 生徒数／男子 672 名

| 住　所 | 〒 603-8342　京都市北区小松原南町 33 | TEL | 075-466-0001 |

交通機関
京都市バス『北野白梅町停留所』より徒歩 3 分。
JR 嵯峨野線『円町駅』より徒歩 13 分。

特色
人はみな神から愛され、豊かな能力を授けられた、かけがえのない大切な存在です。
自分と他者を大切にするためには何が必要かを探究し、実践していく力を備え、心・頭・体のバランスのとれた人間を育てます。
本学園は、授業・クラブ活動・学校行事・宗教行事などを通じて、カトリック精神に基づく「全人教育」を行っています。

2024 年度入試要項

試験日	前期1月13日　後期1月18日
募集人員	前期男子約165名 （ノートルダム学院小学校カトリック校特別選抜制度による8名まで，カトリック信者特別選抜制度による2名までを含む。） 後期男子約 35名
試験科目	前期 3 教科型算・国〔各60分/各120点〕 　　理〔 50分/ 100点〕 　　4 教科型算・国〔各60分/各120点〕 　　理・社〔各50分/各100点〕 ＊3教科型/4教科型いずれかを選択 後期 3 教科型算・国〔各70分/各120点〕 　　理〔 40分/ 80点〕 　　4 教科型算・国〔各70分/各120点〕 　　理・社〔各40分/各 80点〕 ＊3教科型/4教科型いずれを選択
合格発表日	前期1月14日〔web17:00～〕 後期1月20日〔午後web〕
受験料	20,000円
出願期間	前期12月11日～1月 4日〔web24:00〕 後期 1月14日～1月17日〔web17:00〕
入学手続	前期1月18日〔web13:00〕 後期1月22日〔web13:00〕

学校行事開催日程一覧

◆**説明会** 10/1（日）～15（日）〔オンライン〕
◆**オープンスクール** 11/11（土）
◆**文化祭** 9/15（金）～17（日）
◆**体育祭** 9/27（水）

＊各イベント等につきましては、今後新型コロナウイルス感染状況により日程の変更及び中止の場合もございます。各学校ホームページ等でご確認下さい。

入 試 状 況

		募集人員	志望者数	受験者数	合格者数	実質倍率	合格最低点(%)
2023	前期	約180	444	428	256	1.7	257(58%)
	後期	約45	248	226	53	4.3	263(66%)
2022	前期	約180	449	434	254	1.7	266.6(61%)
	後期	約45	283	243	54	4.5	234(59%)
2021	前期	約180	409	396	254	1.6	271.8(62%)
	後期	約45	284	260	52	5.0	243.8(61%)

2023 年度進学状況

❖**併設高校へ卒業生 225 名中、222 名進学（99%）**
❖**高校卒業生数 211 名**
❖**主要大学への合格実績**（　）内は現役合格者数
東京大 7(6)、京都大 39(30)、大阪大 16(9)、神戸大 12(8)、北海道大 5(3)、東北大 2、一橋大 4(3)、東京工業大 1(1)、名古屋大 3(1)、九州大 3(1)、京都工芸繊維大 6(4)、滋賀医科大 1、大阪公立大 9(2)、京都府立医科大 9(7)、奈良県立医科大 1(1)、和歌山県立医科大 1、関西大 13(3)、関西学院大 11(5)、同志社大 46(18)、立命館大 64(25)、近畿大 16(4)、大阪医科薬科大 11(3)、関西医科大 8(4)、兵庫医科大 4(1)、京都薬科大 5(1)、早稲田大 12(2)、慶應義塾大 13(6)、上智大 6(2)、東京理科大 12(1)

大阪府 兵庫県 京都府 奈良県 和歌山県 滋賀県 その他

京都光華 中学校

https://hs.koka.ac.jp/

■ 学校長／澤田 清人　■ 副校長／片山 礼子　■ 教頭／藤岡 文彦　■ 生徒数／女子 107 名

住　　所	〒615-0861　京都市右京区西京極野田町 39	TEL	075-325-5234

交通機関
阪急京都線『西京極駅』より徒歩 5 分。
京都市バス、京都バス、京阪京都交通バス『光華女子学園前停留所』下車すぐ。

特色
校訓「真実心」（＝慈悲の心＝摂取不捨の心＝おもいやりの心）のもと、「美しいひとととなろう」をスクールコンセプトに、女子の能力を最大限に伸ばし、自身の可能性を信じて、社会に向かっていこうとする姿勢を持つ「自己を確立し、未来を創造する女性」を育成します。教師がついて解き方を学び、復習によって力をつけていく「オリジナルプログラム」と、予習中心で授業を深掘りし、生徒同士で意見を共有・交換しながら力を伸ばしていく「アドバンストプログラム」の2つのコースがあります。そのまま目標実現のための高校のコース選択につながります。オリジナルプログラムは関関同立をはじめとする私立大学等へ、アドバンストプログラムは京阪神をはじめとする国公立大学への進学を目指します。2022 年に完成した新校舎で女子の限界を作らない教育を実践しています。

2024 年度入試要項

試 験 日	Aひかり特技Ⅰひかり成長型Ⅰ　1月13日 B　1月14日PM Cひかり特技Ⅱひかり成長型Ⅱ　1月24日
募集人員	全入試合わせて アドバンストプログラム・オリジナルプログラム女子計50名（内部進学者を含む）
試験科目	A　算・国〔各40分/各100点〕 　　理・社・英から1科目選択（40分/100点）・面接 BC　算・国〔各40分/各100点〕・面接 ひかり特技ⅠⅡ　作文〔40分/400字〕・面接〔10分〕 ひかり成長型入試ⅠⅡ面接〔10分〕
合格発表日	Aひかり特技Ⅰひかり成長型Ⅰ 　　1月14日〔郵送/web16:00～〕 B　1月15日〔郵送/web16:00～〕 Cひかり特技Ⅱひかり成長型Ⅱ 　　1月24日〔郵送/web18:00～〕
受 験 料	20,000円 （1回分の検定料で複数回の受験が可能）
出願期間	Aひかり特技Ⅰひかり成長型Ⅰ 　　12月11日～1月11日〔web〕 B　12月11日～1月12日〔web〕 Cひかり特技Ⅱひかり成長型Ⅱ 　　12月11日～1月23日〔web〕
入学手続	1月31日〔web23:59〕

学校行事開催日程一覧

◆プレテスト　10/14(土)　10/15(日)　12/2(土)
◆ナイト学校説明会　10/20(金)　11/24(金)
◆プレテスト解説会　10/21(土)
◆個別相談会　11/18(土)
◆入試対策セミナー　12/9　12/16
◆文化祭　9/8(金)～9(土)〔9日のみ公開　要事前申込〕
◆体育祭　10/27(金)

＊各イベント等につきましては、今後新型コロナウイルス感染状況により日程の変更及び中止の場合もございます。各学校ホームページ等でご確認下さい。

入 試 状 況

		募集人員	志望者数	受験者数	合格者数	実質倍率	合格最低点(%)
2023	A日程	50	16	16	15	1.1	55(28%)
	ひかり特技入試Ⅰ		18	18	18	1.0	―
	ひかり英語入試Ⅰ						
	ひかり成長型入試Ⅰ						
	B日程		13	13	11	1.2	39(39%)
	C日程		10	6	5	1.2	非公表
	ひかり特技入試Ⅱ						
	ひかり英語入試Ⅱ		1	0	0	―	―
	ひかり成長型入試Ⅱ						
2022	A日程Ⅰ方式	50	20	20	18	1.1	72(62%)
	ひかり特技入試Ⅰ		22	22	22	1.0	―
	ひかり成長型入試Ⅰ						
	A日程Ⅱ方式		12	12	9	1.3	44(44%)
	B日程		15	15	12	1.3	82(41%)
	C日程		10	9	7	1.3	非公表
	ひかり特技入試Ⅱ		8	4	4	1.0	―
	ひかり成長型入試Ⅱ						

2023 年度進学状況

❖併設高校へ卒業生 44 名中、31 名進学（70%）
❖高校卒業生数 134 名
❖併設大学・短期大学への進学
　京都光華女子大学 37 名〔健康科学 20・こども教育 9・キャリア形成 7・人間健康学 1〕
　京都光華女子短期大学 2 名〔ライフデザイン 2〕
❖主要大学への合格実績（現役合格者数）
　京都工芸繊維大 1、三重大 1、京都府立大 2、関大 7、関西学院大 1、同志社大 2、立命館大 3、京都産業大 3、近畿大 2、龍谷大 12、大阪歯科大 1、京都薬科大 1、関西外国語大 3、京都外国語大 3、摂南大 7、大阪学院大 1、大阪経済法科大 2、大和大 1、京都文教大 5、佛教大 9、京都精華大 2、京都先端科学大 4、京都橘大 2、大谷大 2、花園大 1、成安造形大 1、大手前大 1、帝塚山大 1、京都女子大 2、同志社女子大 6、京都ノートルダム女子大 1、武庫川女子大 3、神戸松蔭女子学院大 1、梅花女子大 1、京都芸術大 2、北里大 1、東海大 2、立命館アジア太平洋大 1

大阪府
兵庫県
京都府
奈良県
和歌山県
滋賀県
その他

京都女子 中学校

http://www.kgs.ed.jp/

■ 学校長／林 信康　■ 教 頭／湯浅 美穂　■ 生徒数／女子651名

| 住　所 | 〒605-8501　京都市東山区今熊野北日吉町17 | TEL | 075-531-7334 |

交通機関　京阪本線『七条駅』より徒歩15分。JR・近鉄『京都駅』・阪急『四条河原町駅』よりプリンセスラインバス『京都女子中高前停留所』下車。JR・近鉄『京都駅八条口』より市バス『東山七条停留所』下車。

特色　学習に真摯に取り組む校風を持ち、高い進学実績を誇るとともに、様々な学校行事などを通じて自主性・積極性・行動力を育み、生徒は自ら考え行動できる女性へと育っていきます。文化祭・体育祭や英語暗唱大会など多彩な取り組みの中で生徒たちはのびのびと成長し、ものごとに真剣に打ち込むことの大切さを学びます。週に1回ある仏参で様々な生き方や価値観に触れ、人として生き方を考える絶好の機会となっています。生徒の個性を尊重し、生徒と手を携えてよりよい在り方を共に考えるのが本校の特色です。

2024年度入試要項

試 験 日
A　1月13日
B①1月14日　B②1月15日

募集人員
A　東雲女子約35名　藤華女子約70名
B①東雲女子約15名　藤華女子約30名
B②東雲女子約10名　藤華女子約20名

試験科目
A 3教科型受験　算・国〔各60分/各100点〕
　　　　　　　　理　〔40分/ 100点〕
　4教科型受験　算・国〔各60分/各100点〕
　　　　　　　　理・社〔各40分/各100点〕
　＊3教科型/4教科型いずれかを選択
B①B②　　算・国〔各60分/各100点〕

合格発表日
A　1月14日〔web12:00〜/郵送〕
B①1月15日〔web12:00〜/郵送〕
B②1月18日〔web10:00〜/郵送〕

受 験 料　15,000円

出願期間　12月20日〜1月8日〔web〕

入学手続
A　1月15日〜1月16日〔16:00〕
B①1月16日〜1月17日〔16:00〕
B②1月19日〜1月20日〔16:00〕

学校行事開催日程一覧

◆説明会　10/28(土)　11/18(土)　3/9(土)
◆京女オープン模試　10/28(土)
◆文化祭　9/15(金)〜16(土)
◆体育祭　10/4(水)〔非公開〕

＊各イベント等につきましては、今後新型コロナウイルス感染状況により日程の変更及び中止の場合もございます。各学校ホームページ等でご確認下さい。

入 試 状 況

			募集人員	志望者数	受験者数	合格者数	実質倍率	合格最低点(%)
2023	A	東雲	30	110	106	35	1.2	271(68%)
		藤華	50			52		196(49%)
	自己推薦Ⅰ型	東雲	10	3	3	3	1.0	—
	自己推薦Ⅱ型	藤華	30	25	25	25	1.0	—
	B①	東雲	10	314	307	85	1.4	147(74%)
		藤華	20			129		115(58%)
	B②	東雲	10	368	259	52	1.6	146(73%)
		藤華	20			114		114(57%)
2022	A	東雲	30	103	100	33	1.1	266(67%)
		藤華	50			55		160(40%)
	自己推薦Ⅰ型	東雲	10	5	5	5	1.0	—
	自己推薦Ⅱ型	藤華	30	31	31	31	1.0	—
	B①	東雲	10	261	255	108	1.2	115(58%)
		藤華	20			99		85(43%)
	B②	東雲	10	270	183	62	1.2	140(70%)
		藤華	20			86		100(50%)

2023年度進学状況

❖併設高校へ卒業生199名中、189名進学（95%）
❖高校卒業生数 324名
❖併設大学・短期大学への進学
　京都女子大学 129名
❖**主要大学への合格実績**（ ）内は現役合格者数
東京大1(1)、京都大1、大阪大5(5)、神戸大2(2)、北海道大1(1)、奈良女子大2(1)、大阪教育大2(2)、京都教育大1(1)、京都工芸繊維大8(5)、滋賀大3(2)、東京海洋大1(1)、茨城大1(1)、富山大1(1)、福井大1(1)、香川大1(1)、徳島大2(2)、島根大1(1)、宮崎大1(1)、鹿児島大1、滋賀医科大5(5)、大阪公立大4(2)、京都府立大5(3)、滋賀県立大5(5)、兵庫県立大2(1)、京都市立芸術大2(1)、都留文科大1(1)、名古屋市立大1(1)、京都府立医科大2(2)、福島県立医科大1(1)、防衛医科大1、関西大40(30)、関西学院大23(19)、同志社大35(32)、立命館大64(42)、京都産業大30(15)、近畿大53(30)、甲南大1(1)、龍谷大55(27)、大阪医科薬科大13(12)、関西医科大8(7)、兵庫医科大4(2)、大阪歯科大1(1)、京都薬科大14(8)、神戸薬科大2、関西外国語大1(1)、追手門学院大2(2)、摂南大11(7)、大阪学院大1、大阪経済大1(1)、大阪大谷大1(1)、大阪大谷大1、大和大8(8)、佛教大23(23)、京都先端科学大2(2)、京都橘大9(6)、大谷大3(3)、同志社女子大22(19)、京都ノートルダム女子大2(2)、神戸女学院大1(1)、武庫川女子大5(4)、京都芸術大3(3)、嵯峨美術大1、早稲田大2(2)、慶應義塾大1(1)、上智大1(1)、国際基督教大1(1)、東京理科大1(1)、中央大2(2)、明治大2(2)、法政大1(1)、北里大1(1)、東海大2(2)、南山大2(2)、岡山理科大1(1)、日本歯科大1(1)、関西外国語短大2(2)、大阪芸術短大1(1)

京都聖母学院 中学校

https://www.seibo.ed.jp/kyoto-hs/

■ 学校長／川口　恒久　■ 教頭／畑中　佳月代・藤林　文博　■ 生徒数／女子 367 名

| 住　所 | 〒612-0878　京都市伏見区深草田谷町 1 | TEL | 075-645-8103 |

交通機関
京阪本線『藤森駅』より徒歩 90 秒。
ＪＲ奈良線『稲荷駅』より徒歩 12 分。

特色
キリスト教の理念に基づき、一人一人の個性を尊重して、めまぐるしい社会の変化にも対応できる「本質的な力」を育てる教育を行います。目標や理解度に応じた 4 つのコース、Ⅲ類、Ⅱ類、GSC、Ⅰ類を設置。
［Ⅲ類］6 年間を見据えた無理のない先取り学習で、高い学力を養い、最難関大学への進学をめざします。
［Ⅱ類］国公立大学から私立大学文系理系への幅広い進学。豊富な私立大学理系の指定校推薦。
[GSC]海外大学、私立大学文系へ進学。海外大学推薦制度（ACU・UPAA）
［Ⅰ類］私立大学文系への進学。同志社女子大学クラス（協定校推薦）。豊富な私立大学文系の指定校推薦。

2024 年度入試要項

試 験 日	A①1月13日　A②1月13日PM B①1月14日　B②1月14日PM　C1月25日
募集人員	全入試合わせて Ⅰ類Ⅱ類Ⅲ類GSC(グローバルスタディーズコース)女子120名 自己推薦（Ⅰ類Ⅱ類GSCに設置。(A①日程)(内部進学者を含む)
試験科目	自己推薦　　作文［50分/500字以上600字以内］・面接 A①B①　2科型算・国(各50分/各100点) 　　　　　4科型算・国(各50分/各100点) 　　　　　理・社(各40分/各100点) 　　　　　*2科型/4科型いずれかを選択 A②B②　1科型英［40分／100点］ 　　　　　2科型算・国(各40分/各100点) 　　　　　*1科型/2科型いずれかを選択 C　　　　算・国(各50分/各100点)
合格発表日	自己推薦A①1月14日[web13:00〜] 　　　　　　1月15日[郵送] A②B①B②1月15日[郵送/web18:00〜] C　　　　1月25日[郵送/web18:00〜]
受 験 料	20,000円 (同時出願の場合は、複数日程受験でも20,000円。 ただし、C日程は同時出願出来ません。)
出願期間	自己推薦11月 4日〜12月27日[web14:00] A①A②11月27日〜 1月12日[web12:00] B①　　11月27日〜 1月13日[web18:00] B②　　11月27日〜 1月13日[web23:59] C　　　 1月15日〜 1月24日[web23:59]
入学手続	A①自己推薦A②B①B②1月18日 C　　　　　　　1月27日[13:00]

学校行事開催日程一覧

◆説明会　　12/16(土)
◆聖母プレテスト　10/14(土)　10/15(日)
　　　　　　　　11/18(土)　11/19(日)
◆個別相談　随時受付
◆文化祭　9/16(土)〜17(日)
　　　　〔17日のみ公開　受験希望者・保護者見学可〕
◆体育祭　5/11(木)〔非公開〕

＊各イベント等につきましては、今後新型コロナウイルス感染状況により日程の変更及び中止の場合もございます。各学校ホームページ等でご確認下さい。

入 試 状 況

			募集人員	志望者数	受験者数	合格者数	実質倍率	合格基準点 (共通得点率)
2023	A 1	Ⅲ類		30	26	7	1.1	
		Ⅱ類				16		
		Ⅰ類		17	17	20	—	
		GSC		10	10	10	1.0	
	A 2	Ⅲ類		47	45	32	1.1	
		Ⅱ類				10		
		Ⅰ類		7	6	8	—	
		GSC	120	3	3	3	1.0	Ⅲ類　70% Ⅱ類　60% Ⅰ類　40% GSC 50%
	B 1	Ⅲ類		47	41	22	1.2	
		Ⅱ類				13		
		Ⅰ類		6	6	11	—	
		GSC		1	1	1	1.0	
	B 2	Ⅲ類		65	48	31	1.2	
		Ⅱ類				10		
		Ⅰ類		6	3	10	—	
		GSC		7	2	2	1.0	
	C	Ⅲ類		9	9	5	1.5	
		Ⅱ類				1		
		Ⅰ類		3	3	3	1.0	
		GSC		3	3	3	1.0	

＊廻し合格者を含む

2023 年度進学状況

❖併設高校へ卒業生 123 名中、97 名進学
❖高校卒業生数 186 名
❖主要大学への合格実績
　神戸大 1、奈良教育大 1、滋賀大 1、室蘭工業大 1、香川大 1、京都府立大 1、京都府立医科大 2、奈良県立医科大 1、滋賀県立大 1、兵庫県立大 1、福知山公立大 1、関西大 4、関西学院大 9、同志社大 13、立命館大 22、同志社女子大 58、京都産業大 10、近畿大 12、甲南大 15、関西医科大 5、兵庫医科大 2、北里大 2、愛知学院大 1、愛知医科大 2、朝日大 2、摂南大 45、神戸学院大 4、大阪医科薬科大 1、佛教大 3、京都看護大 3、奈良学園大 8、上智大 1、立教大 1、京都女子大 16、京都先端科学大 16、京都橘大 16、武庫川女子大 13

大阪府　兵庫県　京都府　奈良県　和歌山県　滋賀県　その他

同志社女子 中学校

https://www.girls.doshisha.ac.jp/

■ 学校長／中村 久美子 ■ 教 頭／酒井 由行 ■ 生徒数／女子 737 名

住　　所	〒 602-0893　京都市上京区今出川通寺町西入ル	TEL	075-251-4305

交通機関	地下鉄烏丸線『今出川駅』より徒歩 5 分。 京阪本線『出町柳駅』より徒歩 10 分。

特色	キリスト教に基づく、宗教的信念と情操の涵養を図るため、毎日始業前に礼拝を行い、毎週 1 時間聖書を学ぶほか、イースター礼拝・母の日礼拝等の宗教行事が行われています。また、中学から高校へはほぼ全員が進学し、国際的視野を持った知識・技能・教養を身につけた女性の育成を目指します。学習面では、無駄を省き重要箇所を反復する効果的な授業が行われ、さらに、併設の同志社大と同志社女子大への推薦入学制度があり、毎年約 9 割弱の生徒が推薦進学しています。また、ワイルド・ローヴァー（WR）とリベラル・アーツ（LA）のコース制により、医学・薬学・理学・工学・獣医・建築等、約 1 割強が難関国公私立大学へ進学し、多様な進路を実現しています。

2024 年度入試要項

試 験 日	前期自己推薦1月13日　後期1月14日
募集人員	前期一般　リベラル・アーツ（LA）　女子約135名 　　　　　ワイルド・ローヴァー（WR）女子約 25名 　　　　　自己推薦リベラル・アーツ（LA）　女子約 45名 　　　　　ワイルド・ローヴァー（WR）女子約 10名 後期一般　リベラル・アーツ（LA）　女子約 20名 　　　　　ワイルド・ローヴァー（WR）女子約 5名
試験科目	一般LA 3教科型算・国・理〔各45分/各100点〕 　　　　4教科型算・国・理・社〔各45分/各100点〕 　　　　＊3教科型/4教科型いずれかを選択 一般WR 3教科型算・国　〔各45分/各150点〕 　　　　　　　　理　　〔 45分/ 100点〕 　　　　4教科型算・国　〔各45分/各150点〕 　　　　　　　　理・社　〔各45分/各100点〕 　　　　＊3教科型/4教科型いずれかを選択 自己推薦　　算・国　〔各45分〕・面接
合格発表日	前期一般　　1月14日〔web16:00〜/郵送〕 　　自己推薦1月13日〔web18:00〜/郵送〕 後期　　　　1月16日〔web13:00〜/郵送〕
受 験 料	20,000円
出願期間	前期一般後期12月11日〜1月9日〔web24:00〕 自己推薦12月11日〜1月5日〔web24:00〕
入学手続	1月18日〔web13:00〕

学校行事開催日程一覧

◆ **説明会**　10/14（土）

◆ **学校見学会**　11/11（土）

◆ **最終個別相談会**　12/9（土）

◆ **文化祭**　9/30（土）〔受験希望者・保護者見学可〕

◆ **体育祭**　〔非公開〕

＊ 各イベント等につきましては、今後新型コロナウイルス感染状況により日程の変更及び中止の場合もございます。各学校ホームページ等でご確認下さい。

入 試 状 況

			募集人員	志望者数	受験者数	合格者数	実質倍率	合格最低点(%)
2023	前期	LA	約 135	178	175	90(45)	1.9	242(61%)
		WR	約 25	106	103	27	3.8	375.5(75%)
		自己推薦/LA	約 45	54	54	54	1.0	—
		自己推薦/WR	約 10	13	13	13	1.0	
	後期	LA	約 20	209	205	51(69)	4.0	287(72%)
		WR	約 5	196	181	37	4.9	417(83%)
2022	前期	LA	約 135	199	194	100(41)	1.9	253.3(63%)
		WR	約 25	100	93	28	3.3	375.5(75%)
		自己推薦/LA	約 45	52	52	52	1.0	—
		自己推薦/WR	約 10	13	13	13	1.0	
	後期	LA	約 20	216	207	57(68)	3.6	284(71%)
		WR	約 5	190	186	37	5.0	410(82%)

※（　）内は廻し合格者数

2023 年度進学状況

❖ 併設高校へ卒業生 252 名中、249 名進学（99%）
❖ 高校卒業生数 254 名
❖ 併設大学・短期大学への進学
　同志社大学212 名〔法学 35・商学 31・社会 22・文学 21・政策 19・経済 19・理工 17・文化情報 10・心理 10・グローバル地域 9・スポーツ健康科学 7・生命医科学 6・グローバルコミュ 5・神学 1〕
　同志社女子大学 18 名〔薬学 5・学芸 4・生活科学 4・看護学 3・現代社会 2〕
❖ 主要大学への合格実績　（　）内は現役合格者数
　大阪大 1(1)、神戸大 1(1)、お茶の水女子大 1(1)、高知大 1、京都府立大 1、国際教養大 1(1)、京都府立医科大 2(2)、立命館大 3(3)、大阪医科薬科大 2(2)、関西医科大 1(1)、兵庫医科大 1、大阪歯科大 1(1)、京都薬科大 5(5)、摂南大 1(1)、早稲田大 2(2)、東京理科大 1、岩手医科大 1、自治医科大 1、金沢医科大 1、川崎医科大 1

ノートルダム女学院 中学校

http://www.notredame-jogakuin.ed.jp

■ 学校長／栗本　嘉子　■ 教　頭／鳥山　拓・石川　真理子　■ 生徒数／女子 185 名

住　　所	〒 606-8423　京都市左京区鹿ケ谷桜谷町 110	TEL	075-771-0570

交通機関	京都市バス『錦林車庫前停留所』下車徒歩約 8 分、『上宮ノ前町停留所』下車徒歩約 5 分。 地下鉄東西線『蹴上駅』よりスクールバス 12 分。京阪本線『祇園四条駅』よりスクールバス 18 分。

特色	哲学の道のほとり、自然豊かな落ち着いた環境にある、カトリックミッションスクールです。PBL（課題解決）型授業を行い、思考力の育成を重視した 21 世紀型教育を展開しています。2021 年度より「グローバル探究コース」と「グローバル総合コース」の 2 つに改編し、グローバル教育をさらに推進していきます。英語の授業では、学年・コースを越えた到達度別授業とプロジェクトタイムを組み合わせた画期的な指導を行い、「豊かなグローバルマインド」と「高い英語力」の育成を図ります。進路では、国公立・難関私立大学への進路指導と合わせて指定校推薦が多いという特色があります。

2024 年度入試要項

試 験 日	さくらオーケストラA①1月13日　　　A②1月13日 PM B①　　　　　　　　1月14日　　　B②1月14日 PM C　　　　　　　　　1月15日 PM
募集人員	全入試合わせて グローバル探究グローバル総合女子計約90名
試験科目	さくらオーケストラ 　　　　作文型作文〔 50分〕・面接 　　　　教科型算・国〔各50分〕 　　　＊作文型/教科型いずれか選択 A①B②C　　算・国〔各50分/各100点〕 A②　　　　　国〔 50分／ 100点〕必須 　　　　　　　算〔 50分／ 100点〕 　　　　　　　英〔筆記40分・面接5分/100点〕から1科目選択 B①　　　　　国〔 50分／ 100点〕必須 　　　　　　　算〔 50分／ 200点〕または 　　　　　　　英〔筆記40分・面接5分/200点〕から1科目選択
合格発表日	さくらオーケストラA①1月14日（web12:00〜）1月15日〔郵送〕 A②B①B②　　　　1月15日〔郵送/web12:00〜〕 C　　　　　　　　　1月16日〔郵送/web10:00〜〕
受 験 料	20,000円 （A①A②B①B②C同時出願の場合は、1回 分の受験料で複数回受験が可能）
出願期間	さくらオーケストラ11月1日〜1月11日〔web15:00〕 A①A②　　12月1日〜1月12日〔web15:00〕 B①　　　　12月1日〜1月14日〔web 8:30〕 B②　　　　12月1日〜1月14日〔web15:00〕 C　　　　　12月1日〜1月15日〔web15:00〕
入学手続	さくらオーケストラA①A②B①B②1月18日〔web23:00〕 C　　　　　　　　　1月19日〔web23:00〕

学校行事開催日程一覧

◆説明会　10/7（土）　11/11（土）

◆プレテスト　10/7（土）　11/11（土）

◆ミニ学校見学・個別相談会　12/16（土）

◆土曜日学校見学・個別相談会　イベント実施日以外の土曜日に開催

◆文化祭　9/15（金）〜16（土）〔16日のみ公開・要事前申込〕

◆体育祭　9/30（土）〔非公開〕

＊各イベント等につきましては、今後新型コロナウイルス感染状況により日程の変更及び中止の場合もございます。各学校ホームページ等でご確認下さい。

入 試 状 況

			募集人員	志望者数	受験者数	合格者数	実質倍率	合格最低点(%)
2023	さくらオーケストラクラブ	グローバル探究	90	62	59	54	1.1	―
		グローバル総合						
	A①日程	グローバル探究						119(60%)
		グローバル総合						80(40%)
	A②日程	グローバル探究		47	41	30	1.4	116(58%)
		グローバル総合						82(41%)
	B①日程	グローバル探究		33	22	15	1.5	134(67%)
		グローバル総合						100(50%)
	B②日程	グローバル探究		53	38	26	1.5	119(60%)
		グローバル総合						81(41%)
	C日程	グローバル探究		62	18	13	1.4	120(60%)
		グローバル総合						99(50%)

2023 年度進学状況

❖併設高校へ卒業生 71 名中、60 名進学（85%）

❖高校卒業生数 101 名

❖併設大学・短期大学への進学
　京都ノートルダム女子大学 22 名〔現代人間 18・国際言語文化 3・社会情報課程 1〕

❖主要大学への合格実績（現役合格者数）
　京都大 2、大阪公立大 1、関西大 6、関西学院大 7、同志社大 9、立命館大 10、京都産業大 1、近畿大 4、龍谷大 3、大阪医科薬科大 2、関西医科大 2、京都薬科大 1、佛教大 12、京都先端科学大 2、京都橘大 1、大手前大 1、京都女子大 2、同志社女子大 4、京都光華女子大 2、神戸女学院大 5、上智大 5、立教大 1、明治大 1

平安女学院 中学校

http://jh.heian.ac.jp/

■ 学校長／今井 千和世　■ 副校長／島田 純　■ 教 頭／小嵜 さゆり・末積 優司・舛田 康三　■ 生徒数／女子 187 名

住　　所	〒602-8013　京都市上京区下立売通烏丸西入五町目町 172-2	TEL	075-414-8101

交通機関　地下鉄烏丸線『丸太町駅』より徒歩 3 分。京都市バス『烏丸丸太町停留所』より徒歩 5 分。
京阪鴨東線『神宮丸太町駅』より市バス約 7 分。（徒歩約 15 分）

特色　「なりたい自分になる」グローバル・ステップ・プラス（GS+）コース　立命館・ステップ・プラス（RS+）コース　すべての学年・コースにおいて高水準の英語運用能力の育成をはかります。高校から 3 コースになります。〈アグネス進学（AS）コース〉色々な事に挑戦して、自分を変える・社会を変える・世界を変える「Challenge & Change」をキーワードに、個人の進路に応じた幅広い選択科目を用意することで、多様な進学目標に対応できるカリキュラムを編成しました。〈立命館進学（RS）コース〉立命館大学と APU との中・高・大一貫教育により、国際性・自立性・行動力を培い、国際社会を担うリーダーを育成します。立命館大学の基準を満たした全員を立命館大学文系学部・APU へ推薦します。〈幼児教育進学（CS）コース〉「将来は保育士・幼稚園教諭」。この確かな未来に向かって着実に学力と技能が鍛えられるコースです。

2024 年度入試要項

試 験 日	A①1月13日　　A②1月13日PM B　1月14日PM　C　1月15日PM
募集人員	A①②BC合わせて GS+（グローバル・ステップ・プラス）女子30名 RS+（立命館・ステップ・プラス）　　女子30名
試験科目	A①2科　算・国〔各50分/各100点〕・面接 　　3科S算・国〔各50分/各100点〕 　　　　理・社から1科目選択 　　　　〔各30分/各 50点〕・面接 　　3科E算・国〔各50分/各100点〕 　　　　英　〔 30分/ 50点〕・面接 　　＊2科/3科S/3科Eいずれかを選択 　　自己推薦 作文〔 50分/ 800字〕 　　A②BC 　　2科　算・国〔各50分/各100点〕 　　3科E算・国〔各50分/各100点〕 　　　　英　〔 30分/ 50点〕 　　＊2科/3科Eいずれかを選択
合格発表日	A①②1月14日〔web15:00〜〕 B　　　1月15日〔web15:00〜〕 C　　　1月16日〔web15:00〜〕
受 験 料	20,000円 （複数日程出願する場合は、2日程目から1日程ごとに10,000円）
出願期間	A①②12月17日〜1月12日〔web23:59〕 B　　　12月17日〜1月13日〔web23:59〕 C　　　12月17日〜1月14日〔web23:59〕
入学手続	A①②1月16日〔web23:59〕 B　　　1月17日〔web23:59〕 C　　　1月18日〔web23:59〕

学校行事開催日程一覧

◆説明会　10/14(土)　11/3(祝)　11/18(土)
◆プレテスト　11/3(祝)　11/18(土)
◆プレテスト返却会　11/25(土)
◆入試相談会　11/25(土)　12/9(土)　12/16(土)
　　　　　　　12/23(土)
◆文化祭　9/22(金)〜23(土)
◆体育祭　6/9(金)〔受験希望者・保護者見学可〕

＊各イベント等につきましては、今後新型コロナウイルス感染状況により日程の変更及び中止の場合もございます。各学校ホームページ等でご確認下さい。

入試状況

年				募集人員	志望者数	受験者数	合格者数	実質倍率	合格最低点(%)
2023	A①	GS+	自推		6	6	6	1.0	―
			2科						
			3科S		2	2	1(9)	2.0	135(45%)
			3科E						
		RS+	自推		11	11	11	1.0	―
			3科S		16	16	4	4.0	215(72%)
			3科E						
	A②	GS+	2科	GS+ 30	0	0	0(17)	―	134(45%)
			3科E						
		RS+	2科	RS+ 30	78	78	55	1.4	210(70%)
			3科E						
	B	GS+	2科		6	5	2(21)	2.5	135(45%)
			3科E						
		RS+	2科		58	56	25	2.2	212(71%)
			3科E						
	C	GS+	2科		3	3	3(16)	1.0	137(46%)
			3科E						
		RS+	2科		48	30	5	6.0	214(71%)
			3科E						

※（　）内は廻し合格者数

2023 年度進学状況

❖併設高校へ卒業生 52 名中、45 名進学（87%）
❖高校卒業生数 163 名
❖併設大学・短期大学への進学
　平安女学院大学 33 名〔子ども教育 29・国際観光 4〕
❖**主要大学への合格実績**（現役合格者数）
　関西大 2、関西学院大 5、同志社大 4、立命館大 83、京都産業大 4、龍谷大 9、京都外国語大 2、摂南大 4、京都文教大 2、佛教大 1、京都精華大 1、京都先端科学大 3、京都橘大 2、大谷大 3、京都女子大 1、同志社女子大 4、京都ノートルダム女子大 3、京都光華女子大 1、神戸女学院大 1、甲南女子大 4、梅花女子大 2、大阪樟蔭女子大 1、フェリス女学院大 1、立命館アジア太平洋大 1、龍谷短大 1

大 谷 中学校

http://www.otani.ed.jp

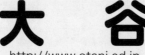

■ 学校長／飯山 等 ■ 副校長／梅垣 道行 ■ 教 頭／萩野 匠 ■ 生徒数／男子 173 名 女子 106 名

| 住 所 | 〒605-0965 京都市東山区今熊野池田町 12 | TEL | 075-541-1312 |

交通機関
JR奈良線・京阪本線『東福寺駅』より徒歩5分。
京都市バス（202・207・208系統）『今熊野停留所』下車徒歩1分。

特色
2010年度より大谷中学校はバタビアコースを2つに分け、バタビアコースマスター Jr. クラスとバタビアコースコア Jr. クラスとしてスタートしました。バタビアコースマスター Jr. クラスは高校2年までで高3までほぼ修了させます。
バタビアコースコア Jr. クラスは従来のバタビアシステムの授業を行い、高校でのコアクラスは国数英において習熟度別授業があり、進学希望先の大学に合わせた講座制授業も数多くあります。また1年生の修了時期にコア Jr. クラスからマスター Jr. クラスへの転入試験があります。

2024 年度入試要項

試験日	AS A3 1月13日　A2 1月13日PM
	B2 BT 1月14日　C2 1月17日
募集人員	ABC合わせて男女105名

試験科目

AS 作文 〔50分〕・面接
A3 算・国 〔各50分/各150点〕
　理・社・英のうち1〜2科目選択
　　　　　　　　　〔各35分/各100点〕

A2 B2 C2 算・国 〔各50分/各150点〕
BT I 適性検査型国語・適性検査型算数〔各50分/各100点〕
　II 適性検査型国語・適性検査型算数・適性検査型理社
　　　　　　　　　〔各50分/各100点〕
　III 適性検査型国語・適性検査型算数・適性検査型理社・面接
　　　　　　　　　〔各50分/各100点〕

＊ I / II / III いずれか選択

合格発表日	AB 1月15日〔web9:30〜〕
	C 1月18日〔web9:30〜〕
受験料	20,000円（両願受験の場合は、受験料は1回分に減額される。）
出願期間	AB 12月4日〜1月10日〔web23:59〕
	C 12月4日〜1月16日〔web16:00〕
入学手続	AB 1月15日〜1月17日〔16:00〕
	C 1月18日〜1月19日〔16:00〕

学校行事開催日程一覧

◆説明会　10/21(土)　12/2(土)
◆オープンキャンパス　11/4(土)　3/20(祝)
◆谷験テスト　10/21(土)　12/2(土)
◆文化祭　9/14(木)〜16(土)〔非公開〕
◆体育祭　9/21(木)〔非公開〕

＊各イベント等につきましては、今後新型コロナウイルス感染状況により日程の変更及び中止の場合もございます。各学校ホームページ等でご確認下さい。

入 試 状 況

			募集人員	志望者数	受験者数	合格者数	実質倍率	合格基準点(%)
2023	AS	M	105	10	10	1	1.1	—
		C				8		
	A3	M		66	66	27	1.3	両願:270(60%) 単願:290(73%)
		C				25		両願:190(48%) 単願:210(53%)
	A2	M		92	90	41	1.2	両願:220(73%) 単願:235(78%)
		C				36		両願:160(53%) 単願:175(58%)
	B2	M		146	143	64	1.1	両願:213(71%) 単願:228(76%)
		C				61		両願:153(51%) 単願:168(53%)
	BT	M		13	13	13	1.0	両願:55% 単願:60%
		C				0		両願:45% 単願:50%
	C2	M		71	50	25	1.2	両願:216(72%) 単願:231(77%)
		C				18		両願:156(52%) 単願:170(57%)

2023 年度進学状況

❖併設高校へ卒業生男子54名中、46名進学（85%）　女子32名中、29名進学（91%）
❖高校卒業生数 565名
❖併設大学・短期大学への進学　大谷大学14名〔文学6・社会5・教育3〕
❖主要大学への合格実績
京都大2、大阪大5、神戸大1、京都教育大4、京都工芸繊維大7、奈良教育大2、滋賀大4、和歌山大1、北見工業大1、室蘭工業大3、秋田大1、新潟大1、静岡大1、金沢大2、福井大3、三重大1、岡山大2、鳴門教育大1、高知大1、広島大2、鳥取大1、島根大1、山口大1、長崎大1、鹿児島大1、滋賀医科大1、神戸市外国語大2、奈良県立大4、滋賀県立大5、兵庫県立大1、横浜市立大2、釧路公立大1、都留文科大1、島根県立大1、京都府立医科大2、関西大81、関西学院大21、同志社大42、立命館大119、京都産業大114、近畿大77、甲南大1、龍谷大205、大阪医科薬科大2、関西医科大2、兵庫医科大2、大阪歯科大2、京都薬科大1、関西外国語大30、京都外国語大9、桃山学院大5、桃山学院教育大3、大阪工業大9、追手門学院大48、摂南大50、四天王寺大2、大阪学院大3、大阪経済大3、大阪電気通信大16、大阪産業大30、大阪商業大2、大阪経済法科大5、帝塚山学院大2、大和大3、京都文教大6、佛教大74、京都精華大29、京都橘大75、花園大3、神戸学院大1、大手前大2、奈良大5、帝塚山大2、畿央大3、同志社女子大43、同志社女子大学女子大1、京都ノートルダム女子大1、京都光華女子大10、神戸女学院大4、武庫川女子大14、神戸松蔭女子学院大1、神戸女子大3、甲南女子大1、梅花女子大5、大阪樟蔭女子大3、大阪芸術大1、大阪音大2、京都芸術大3、早稲田大2、慶應義塾大1、上智大1、中央大2、学習院大3、青山学院大3、明治大2、法政大1、成蹊大1、北里大3、日本大1、東海大1、立命館アジア太平洋大9、日本歯科大2、自治医科大1、朝日大1、松本歯科大1、龍谷大短大3、関西外国語短大3

102

京都産業大学附属 中学校

http://www.jsh.kyoto-su.ac.jp/

■ 学校長／福家 崇明　■ 副校長／山田 亘　■ 生徒数／男子 167 名　女子 121 名

| 住　所 | 〒600-8577　京都市下京区中堂寺命婦町 1-10 | TEL | 075-279-0001 |

交通機関　ＪＲ嵯峨野線『丹波口駅』より徒歩 4 分。阪急京都線『大宮駅』より徒歩約 10 分。
京都市バス『京都リサーチパーク前停留所』より徒歩約 5 分。

特色　豊かな教養と全人類の平和と幸福のために寄与する精神を持った人間の育成を教育目的に、知性（常に知的好奇心を持ち、学びを重んじる。学び得たことを社会に役立て、人と共にいかによりよく生きるかを考える姿勢を養う）・品格（自己を大切にするとともに、他者を尊重し、誠実廉直な人格によって社会の一員として尊敬される人格を磨く）・気概（確固たる信念を持ち、どのような困難に直面しても挫けず、前向きに思考し行動する精神の勁（つよ）さを育てる）を大切にしていきます。

2024 年度入試要項

試 験 日	A①自己推薦型1月13日　A②1月13日PM
	B　　　　　　　　1月15日
募集人員	A①自己推薦型②B合わせて男女約90名
試験科目	A①算・国　　　　〔各50分/各100点〕
	理または社から1科目選択
	〔 40分/ 100点〕
	自己推薦型作文　〔 50分〕・面接
	A②B算・国　　　〔各50分/各100点〕
合格発表日	A①自己推薦型1月14日〔web12:00～〕
	A②　　　　　1月15日〔web12:00～〕
	B　　　　　　1月17日〔web12:00～〕
受 験 料	20,000円
出願期間	12月6日～1月11日〔web〕
入学手続	A①自己推薦型②1月16日〔web18:00〕
	B　　　　　　1月18日〔web18:00〕

学校行事開催日程一覧

◆**説明会**　10/7(土)　11/4(土)　12/9(土)
◆**プレテスト**　10/28(土)
◆**文化祭**　9/21(木)～22(金)〔非公開〕
◆**体育祭**　6/2(金)〔非公開〕

* 各イベント等につきましては、今後新型コロナウイルス感染状況により日程の変更及び中止の場合もございます。各学校ホームページ等でご確認下さい。

入 試 状 況

		募集人員	志望者数	受験者数	合格者数	実質倍率	合格最低点(%)
2023	A 1	約90	77	77	57	1.4	166(55%)
	自己推薦型		14	14	14	1.0	―
	A 2		243	242	156	1.6	132(66%)
	B		165	116	48	2.4	125(63%)
2022	A 1	約90	76	74	57	1.3	155(52%)
	自己推薦型		15	15	15	1.0	―
	A 2		210	205	150	1.4	109(55%)
	B		183	136	50	2.7	134(67%)
2021	A 1	約90	54	52	46	1.1	175(44%)
	A 2		181	177	167	1.1	103(43%)
	B		160	120	105	1.1	95(40%)

2023 年度進学状況

❖併設高校へ卒業生男子 47 名中、43 名進学（91%）　女子 43 名中、37 名進学（86%）
❖高校卒業生数 451 名
❖併設大学・短期大学への進学
　京都産業大学 304 名〔経営 69・経済 61・法学 53・現代社会 45・外国語 15・国際関係 15・情報理工 14・生命科学 11・文化 11・理学 10〕
❖主要大学への合格実績
　京都大 1、大阪大 1、神戸大 3、奈良女子大 2、京都教育大 5、京都工芸繊維大 2、滋賀大 3、和歌山大 1、東京学芸大 1、北見工業大 1、富山大 1、三重大 2、鳥取大 1、山口大 1、鹿児島大 1、大阪公立大 2、京都府立大 3、滋賀県立大 5、兵庫県立大 1、東京都立大 1、都留文科大 1、山口県立大 1、京都府立医科大 1、関西大 20、関西学院大 9、同志社大 37、立命館大 48、近畿大 29、甲南大 9、龍谷大 90、大阪医科薬科大 4、関西医科大 2、兵庫医科大 2、大阪歯科大 1、京都薬科大 3、関西外国語大 2、京都外国語大 3、大阪工業大 6、追手門学院大 14、摂南大 15、大阪学院大 1、大阪電気通信大 1、大阪商業大 1、京都文教大 1、佛教大 19、京都精華大 2、京都先端科学大 9、京都橘大 22、大谷大 6、成安造形大 1、天理大 1、京都女子大 5、同志社女子大 18、武庫川女子大 1、京都芸術大 3、早稲田大 5、上智大 4、中央大 2、青山学院大 4、明治大 1、法政大 1、北里大 2、日本大 1、岡山理科大 3、東京歯科大 1、岩手医科大 1、朝日大 1、川崎医科大 1

京都精華学園 中学校

http://www.k-seika.ed.jp

■ 学校長／山本　綱義　■ 教　頭／安本　隆志・南　芳晴　■ 生徒数／男子122名　女子95名

| 住　所 | 〒606-8305　京都市左京区吉田河原町5-1 | TEL | 075-771-4181 |

交通機関　京阪本線『出町柳駅』より徒歩5分。

特色　本校では、「知性」「自律」「礼儀」の方針に基づいた教育で「優しく・賢く・強い」人材を育成していきます。中高6年間をかけて、じっくり学力を高めると同時に、一人ひとりの個性や様々な能力をも最大限に伸長していくという本校にしかない「教育メソッド」を持っています。「アカデミッククエスト」「アートクエスト」「アスリートクエスト」の中から選択するクエストの取り組みでは、生徒の興味関心を重視しながら各分野の特性を生かした活動を行い、それぞれの夢や目標の発見につなげています。

2024年度入試要項

試 験 日	A 1月13日　B 1月15日
募集人員	AB合わせて男女約50名
試験科目	A算・国　〔各40分/各100点〕・面接 作文　〔30分/ 300字〕 B算・国　〔各40分/各100点〕 理・社から1科目選択〔40分/ 100点〕・面接
合格発表日	A 1月14日〔郵送/web14:00〜〕 B 1月16日〔郵送/web14:00〜〕
受 験 料	20,000円
出願期間	12月13日〜1月11日〔web〕
入学手続	A専願　1月15日〜1月17日〔銀行振込〕 　一般　1月15日〜1月19日〔16:00〕 B　　　1月16日〜1月19日〔16:00〕

学校行事開催日程一覧

◆説明会　10/22(月)　11/11(土)

◆個別相談会　12/ 9(土)　12/10(日)　12/16(土)
　　　　　　　12/17(日)　1/6(土)

◆文化祭　〔非公開〕

◆体育祭　〔非公開〕

＊各イベント等につきましては、今後新型コロナウイルス感染状況により日程の変更及び中止の場合もございます。各学校ホームページ等でご確認下さい。

入 試 状 況

		募集人員	志願者数	受験者数	合格者数	実質倍率	合格最低点(%)
2023	A	約50	84	77	72	1.1	専願: 107(54%) 一般: 185(62%)
	B						
2022	A	約50	91	87	83	1.0	専願: 109(55%) 一般: 181(60%)
	B						
2021	A	約50	89	82	75	1.1	専願: 112(56%) 一般: 190(63%)
	B						

2023年度進学状況

❖併設高校へ卒業生男子34名中、21名進学（62%）　女子25名中、22名進学（88%）

❖高校卒業生数324名

❖併設大学・短期大学への進学
　京都精華大学42名

❖主要大学への合格実績
　京都教育大1、関西大2、関西学院大1、同志社大1、立命館大5、京都産業大21、近畿大1、龍谷大17、関西外国語大1、京都外国語大3、桃山学院教育大1、追手門学院大13、摂南大7、大阪学院大4、大阪経済大2、大阪産業大33、大阪商業大2、大阪経済法科大3、相愛大1、京都文教大7、佛教大106、京都先端科学大37、京都橘大35、大谷大39、花園大3、神戸学院大4、神戸親和大1、姫路獨協大1、大手前大1、奈良大1、天理大1、帝塚山大12、京都女子大3、同志社女子大2、京都光華女子大12、平安女学院大1、神戸松蔭女子学院大1、大阪音楽大1、京都芸術大6、嵯峨美術大5、立教大1、日本大1、龍谷短大6、関西外国語短大2、京都文教短大3、大阪音楽短大1、嵯峨美術短大5

⬡ KUAS 京都先端科学大学附属 中学校

https://www.js.kuas.ac.jp/

■ 学校長／佐々井 宏平　■ 副校長／中西 清人　■ 教 頭／山田 尊文　■ 生徒数／男子 140 名　女子 79 名

| 住　　所 | 〒616-8036　京都市右京区花園寺ノ中町 8 | TEL | 075-461-5105 |

交通機関　ＪＲ嵯峨野線『花園駅』下車、徒歩 15 分。京福北野線『妙心寺駅』『等持院駅』下車、徒歩 3 分。京都市バス『等持院南町停留所』下車、徒歩 2 分。

特色　建学の精神は、「世界のどの舞台に立っても堂々と自分の意志で行動する人財の育成」です。
授業・探究活動・部活動・各種行事など、さまざまな経験を通して、学ぶことの大切さや楽しさに気づいていきます。
ワクワク・ドキドキから「好奇心」「探究心」「挑戦心」を育む多様なプログラムを提供します。

2024 年度入試要項

試 験 日	A①AS1月13日　A②AM1月13日PM
	B①BT1月14日　B②　1月14日PM
募集人員	ＡＢ合わせてＧＮ男女計70名
試験科目	A① 　算･国　〔各50分/各100点〕
	理社英から1科目選択〔50分/100点〕･面接
	AS 　作文　〔50分〕･面接
	A②B①B②算･国　〔各50分/各100点〕･面接
	AM 　算　〔50分/100点〕･面接
	BT 　適性検査型(算･国)〔各50分/各100点〕･面接
合格発表日	A1月14日〔郵送/web10:00～〕
	B1月15日〔郵送/web10:00～〕
受 験 料	20,000円
	(2回目以降は、15,000円)
出願期間	A①ASA②AMB①BT
	12月11日～1月11日〔web23:59〕
	B②12月11日～1月14日〔web12:00〕
入学手続	1月23日〔web23:00〕

学校行事開催日程一覧

◆説明会　10/7(土)　11/3(祝)　12/9(土)
◆オープンキャンパス　10/7(土)　11/3(祝)
　　　　　　　　　　　12/9(土)
◆プレテスト　11/11(土)　11/25(土)
◆平日の個別相談(月･水･金)　12/20(水)まで実施
◆文化祭　9/16(土)〔受験希望者･保護者見学可〕
◆体育祭　10/3(火)

＊各イベント等につきましては、今後新型コロナウイルス感染状況により日程の変更及び中止の場合もございます。各学校ホームページ等でご確認下さい。

入 試 状 況

		募集人員	志望者数	受験者数	合格者数	実質倍率	合格最低点(%)
2023	AS	70	11	11	11	1.0	—
	A①		52	52	51	1.0	116(39%)
	A②		65	65	57	1.1	92(46%)
	AM		13	13	13	1.0	64(64%)
	BT		22	22	21	1.0	87(44%)
	B①		37	37	33	1.1	86(43%)
	B②		37	37	28	1.3	89(45%)
2022	AS	70	8	8	8	1.0	非公表
	A①		47	47	43	1.1	
	A②		47	47	39	1.2	
	AM		11	11	11	1.0	
	BT		13	13	11	1.2	
	B①		36	36	32	1.1	
	B②		25	25	14	1.8	

2023 年度進学状況

❖併設高校へ卒業生男子 24 名中、22 名進学（92%）　女子 27 名中、24 名進学（89%）
❖高校卒業生数 432 名
❖併設大学・短期大学への進学
京都先端科学大学 44 名〔経済経営 26・人文 8・健康医療 4・工 3・バイオ環境 3〕
❖主要大学への合格実績
京都大 1、大阪大 1、東北大 1、京都教育大 1、京都工芸繊維大 2、東京外国語大 1、東京海洋大 1、北見工業大 1、山形大 1、富山大 2、静岡大 2、信州大 1、福井大 1、岡山大 1、徳島大 1、高知大 3、鳥取大 1、島根大 1、宮崎大 1、鹿児島大 1、琉球大 1、京都府立大 2、滋賀県立大 2、兵庫県立大 2、釧路公立大 1、秋田県立大 1、福井県立大 1、高知県立大 1、広島市立大 1、島根県立大 1、京都府立医科大 1、防衛大 18、防衛医科大 3、関西大 17、関西学院大 2、同志社大 14、立命館大 45、京都産業大 56、近畿大 11、甲南大 3、龍谷大 79、摂南大 4、佛教大 80、早稲田大 5、上智大 1、立教大 1、中央大 2、明治大 1、立命館アジア太平洋大 7

大阪府 兵庫県 京都府 奈良県 和歌山県 滋賀県 その他

105

京都橘 中学校

https://www.tachibana-hs.jp/

■校 長／安田 文彦　■副校長／藤野 大次郎・荒木 茂　■教 頭／大野 紀子　■生徒数／男子 95 名　女子 129 名

| 住　所 | 〒612-8026　京都市伏見区桃山町伊賀 50 | TEL | 075-623-0066 |

| 交通機関 | 京阪宇治線『桃山南口駅』より徒歩 5 分。JR 奈良線『桃山駅』より徒歩 10 分。
近鉄京都線『桃山御陵前駅』より徒歩 15 分。 |

特色

基本理念「自立・共生」のもと、「いのちとこころを大切にする生徒」「かしこくたくましい生徒」「世界を知り、考え、伝え、語り合う生徒」の育成をめざします。"学力向上"と"人格形成"を柱に、京都橘独自の「橘メソッド」で日々の教育を行っています。2023 年度大学入試では、東京大学など難関国公立大学を含め国公立大学へ 56 名、関関同立へは過去最高となる 179 名合格となりました。2024 年度中学入試から、あらたに B1 日程（2日目午前・2教科型）を導入いたします。

2024 年度入試要項

試 験 日	ＶＰＡ①1月13日　　A②1月13日PM ＴＢ①　1月14日　　B②1月14日PM
募集人員	全入試合わせて男女90名 （ＶＰ入試含む）
試験科目	ＶＰ　　　　作文〔50分/800字以内〕・面接 A①　3教科型　算・国・理〔各50分/各100点〕 　　　4教科型　算・国・理・社〔各50分/各100点〕 　　*3教科型/4教科型いずれかを選択 A②B①B②　算・国〔各50分/各100点〕 Ｔ　　適性検査型算・国〔各50分/各100点〕
合格発表日	ＶＰＡ①②1月14日〔郵送/web9:00～〕 ＴＢ①B②1月15日〔郵送/web9:00～〕
受 験 料	20,000円 （2つの日程を同時に出願する場合は30,000円 　3つの日程を同時に出願する場合は40,000円 　4つの日程を同時に出願する場合は50,000円）
出願期間	ＶＰＡ①②B①Ｔ12月11日～1月11日〔web12:00〕 B②　　12月11日～1月14日〔web12:00〕
入学手続	ＶＰＡ①②1月16日〔web14:00〕 ＴＢ①B②1月22日〔web14:00〕

学校行事開催日程一覧

◆説明会　11/4(土)
◆オープンキャンパス　10/15(日)
◆ミニ学校説明会　10/7(土)　11/18(土)　11/25(土)
　　　　　　　　　12/2(土)　12/ 9(土)　12/16(土)
◆実力判定テスト・適性検査型判定テスト　11/4(土)
◆実力判定テスト・適性検査型判定テスト答案返却会　11/11(土)
◆文化祭　9/9(土)
◆体育祭　6/21(水)〔非公開〕

＊各イベント等につきましては、今後新型コロナウイルス感染状況により日程の変更及び中止の場合もございます。各学校ホームページ等でご確認下さい。

入試状況

		募集人員	志望者数	受験者数	合格者数	実質倍率	合格最低点(%)
2023	VP	90	78	76	56	1.4	—
	A1						208(52%)
	A2		192	189	145	1.3	107(54%)
	T		47	45	29	1.6	89(45%)
	B		198	160	93	1.7	111(56%)
2022	VP	60	72	72	49	1.5	—
	A1						204(51%)
	A2		164	160	104	1.5	103(52%)
	T		53	53	31	1.7	90(45%)
	B		179	146	85	1.7	121(61%)
2021	VP	60	68	68	50	1.4	—
	A1						195(49%)
	A2		162	162	124	1.3	108(54%)
	T		33	32	26	1.2	90(45%)
	B		168	143	91	1.6	118(59%)

2023 年度進学状況

❖併設高校へ卒業生男子 29 名中、23 名進学（79%）　女子 42 名中、38 名進学（90%）
❖高校卒業生数 345 名
❖併設大学・短期大学への進学　京都橘大学 76 名
❖主要大学への合格実績（　）内は現役合格者数
東京大 1(1)、大阪大 4(3)、神戸大 2(2)、九州大 1(1)、奈良女子大 2(1)、京都教育大 2(2)、京都工芸繊維大 2(1)、奈良教育大 3(3)、滋賀大 5(5)、和歌山大 1(1)、電気通信大 1(1)、横浜国立大 1(1)、秋田大 1(1)、茨城大 1(1)、新潟大 1(1)、三重大 1、愛媛大 1(1)、徳島大 2(2)、鳥取大 1(1)、島根大 1(1)、滋賀医科大 1(1)、旭川医科大 1、大阪公立大 2(2)、京都府立大 3(3)、奈良県立大 2(2)、滋賀県立大 2(2)、国際教養大 1(1)、富山県立大 1、愛知県立大 1、岡山県立大 1(1)、県立広島大 1(1)、下関市立大 2(2)、京都府立医科大 1(1)、防衛大 1(1)、防衛医科大 1、水産大 1(1)、関大 36(35)、関西学院大 14(13)、同志社大 38(33)、立命館大 91(82)、京都産業大 46(46)、近畿大 32(32)、甲南大 2(2)、龍谷大 74(67)、大阪医科薬科大 1(1)、関西医科大 2(2)、京都薬科大 5(3)、関西外国語大 20(17)、京都外国語大 6(4)、桃山学院教育大 1(1)、大阪工業大 10(10)、追手門学院大 1(1)、摂南大 35(34)、四天王寺大 7(7)、大阪学院大 3(3)、大阪経済大 1(1)、大阪電気通信大 8(8)、阪南大 1(1)、大阪産業大 6(6)、大阪商業大 1、大阪経済法科大 3(3)、帝塚山学院大 1(1)、大谷大 4(4)、大和大 2(2)、佛教大 38(38)、京都精華大 3(3)、京都橘大 76(5)、大阪芸術大 8(8)、同志社女子大 14(14)、京都ノートルダム女子大 1(1)、京都光華女子大 6(6)、神戸女学院大 1(1)、武庫川女子大 3(3)、甲南女子大 3(3)、大阪女学院大 1(1)、梅花女子大 4(4)、大阪芸術大 1(1)、早稲田大 8(8)、慶應義塾大 1(1)、東京理科大 5(5)、立教大 3(1)、中央大 4(2)、青山学院大 2、法政大 3(3)、成蹊大 1、明治学院大 1、立命館アジア太平洋大 1(1)

京都文教 中学校

https://www.kbu.ac.jp/kbghs/

■ 学校長／初田 泰宏　■ 教 頭／瀬川 ひとみ　■ 生徒数／男子 102 名 女子 83 名

| 住　所 | 〒606-8344　京都市左京区岡崎円勝寺町5 | TEL | 075-752-6818 |

交通機関
京都市バス『東山仁王門停留所』下車徒歩2分。
地下鉄東西線『東山駅』より徒歩3分。

特色
本学園は、仏教精神に基づき明治37年（1904年）に創設されました。仏法僧の三宝に帰依することを建学の精神とし、謙虚な心、誠実な心、親切な心で毎日を生きていくことを基盤としています。幼稚園から小学校・中学校・高校・短大・大学・大学院に至るまでの総合学園として、真の教養と情操の豊かな人間の育成を目指しています。探究学習として「京都学」を展開しています。題材を京都に求め、京都の不思議を自分の足で調べ、自分のことばで発信する取り組みです。現代社会をリードする人材の育成に役立つ取り組みです。

2024 年度入試要項

試 験 日　A　1月13日　BⅠ1月14日
　BⅡ1月15日　C　1月24日

募集人員　全入試合わせて
ＡＣＴα（アルファ）男女25名
ＡＣＴβ（ベータ）男女45名
（自己表現約5～10名含む〔A日程のみ募集〕）

試験科目　A　算・国　〔各40分/各100点〕
　　理・社・英から1科目選択〔40分/100点〕・面接
A自己表現作文型　作文〔60分/800字〕・面接
プレゼンテーション型情報収集・まとめ作業〔60分〕
　　　発表〔5分〕・面接
　＊作文型/プレゼンテーション型いずれか選択
BⅠBⅡC　算・国　〔各40分/各100点〕・面接

合格発表日　A　1月13日〔web19:00～〕1月14日〔郵送〕
BⅠ1月14日〔web19:00～〕1月15日〔郵送〕
BⅡ1月15日〔web19:00～〕1月16日〔郵送〕
C　1月25日〔郵送/web 9:00～〕

受 験 料　20,000円

出願期間　A　12月 8日～1月12日〔web12:00〕
BⅠ12月 8日～1月13日〔web12:00〕
BⅡ12月 8日～1月14日〔web12:00〕
C　1月17日～1月23日〔web12:00〕

入学手続　A　1月19日〔銀行振込〕
BⅠ1月22日〔銀行振込〕
BⅡ1月23日〔銀行振込〕
C　1月30日〔銀行振込〕

学校行事開催日程一覧

◆説明会　11/25(土)
◆プチキャンパス見学会　10/14(土)
◆オープンキャンパス　11/3(祝)
◆miniオープンキャンパス　11/10(金)　11/17(金)
◆プレテスト　10/7(土)　11/12(日)
◆個別相談WEEK　12/18(月)～23(土)
◆文化祭　9/9(土)～10(日)
　〔受験希望者・保護者見学可・要事前申込〕
◆体育祭　9/26(火)〔非公開〕

＊各イベント等につきましては、今後新型コロナウイルス感染状況により日程の変更及び中止の場合もございます。各学校ホームページ等でご確認下さい。

入 試 状 況

			募集人員	志望者数	受験者数	合格者数	実質倍率	合格最低点(%)
2023	A	ACTα		17	17	14	1.2	169(56%)
		ACTβ		18	17	17	1.0	110(37%)
	BⅠ	ACTα	ACTα 25	33	31	25	1.2	122(61%)
		ACTβ		15	8	12	—	75(38%)
	BⅡ	ACTα	ACTβ 45	14	9	7	1.3	122(61%)
		ACTβ		12	8	9	—	75(38%)
	C	ACTα		7	6	3	2.0	非公表
		ACTβ		3	2	5	—	
2022	A	ACTα		28	28	19	1.5	193(64%)
		ACTβ		35	34	41	—	112(37%)
	BⅠ	ACTα	ACTα 25	30	27	15	1.8	131(66%)
		ACTβ		14	10	19	—	86(43%)
	BⅡ	ACTα	ACTβ 45	24	19	12	1.6	131(66%)
		ACTβ		10	5	7	—	86(43%)
	C	ACTα		8	7	2	3.5	非公表
		ACTβ		1	1	5	—	

＊廻し合格者数含む

2023 年度進学状況

❖併設高校へ卒業生男子 30 名中、27 名進学（90％）　女子 34 名中、33 名進学（97％）
❖高校卒業生数 281 名
❖併設大学・短期大学への進学
　京都文教大学 47 名〔臨床心理 20・総合社会 18・子ども教育 9〕
　京都文教短期大学 6 名〔幼児教育 5・ライフデザイン 1〕
❖主要大学への合格実績　（ ）内は現役合格者数
　滋賀大 1(1)、島根大 1、鹿児島大 2(2)、大阪公立大 2(2)、京都府立大 1、京都府立医科大 1(1)、防衛大 2(2)、関西大 7(7)、関西学院大 3(3)、同志社大 6(6)、立命館大 14(14)、京都産業大 25(25)、近畿大 25(15)、龍谷大 34(33)、兵庫医科大 1(1)、関西外国語大 12(12)、京都外国語大 3(2)、大阪工業大 4(4)、追手門学院大 13(13)、摂南大 22(22)、大阪学院大 3(3)、大阪経済大 1(1)、大阪電気通信大 4(4)、大阪産業大 9(9)、大阪商業大 1(1)、佛教大 77(74)、京都精華大 3(3)、京都先端科学大 6(6)、京都橘大 17(17)、大谷大 11(11)、花園大 2(2)、神戸学院大 3(3)、大手前大 1(1)、奈良大 1(1)、天理大 2(2)、帝塚山大 1(1)、京都女子大 7(7)、同志社女子大 6(6)、京都光華女子大 4(4)、武庫川女子大 3(3)、梅花女子大 3(2)、大阪芸術大 3(3)、京都芸術大 4(4)、嵯峨美術大 1(1)、明治大 1(1)、法政大 1(1)、日本大 1、立命館アジア太平洋大 1(1)、関西外国語短大 1(1)

大阪府　兵庫県　京都府　奈良県　和歌山県　滋賀県　その他

同志社 中学校

http://jhs.js.doshisha.ac.jp

■ 代 表／竹山 幸男　■ 教 頭／沼田 和也　■ 生徒数／男子 454 名　女子 422 名

| 住　所 | 〒606-8558　京都市左京区岩倉大鷺町89 | TEL | 075-781-7253 |

| 交通機関 | ＪＲ『京都駅』・阪急京都線『烏丸駅』乗り換え地下鉄烏丸線『国際会館駅』下車すぐ。京阪本線『出町柳駅』乗り換え叡山電鉄鞍馬線『八幡前駅』下車徒歩5分。 |

特色

本校は創立者新島襄の建学の精神に基づき、生徒の自主性を大切にしている学校です。学校行事も豊かに準備され、1年生は春のオリエンテーションキャンプ、2年生は北アルプス唐松岳登山等（コース選択制）があります。スーパーカミオカンデをはじめとする年間300以上の特別課外学習「学びプロジェクト」を実施しています。また、短期・中期の英語研修・国際交流は年間20企画を越えて充実しています。海外短期留学など多くの行事があります。京都駅から地下鉄で20分、国際会館駅を出ると目の前がキャンパスの校門です。本校は、近畿の私立中学校で唯一「教科センター方式」を採用しており、全ての教科の授業を教科専門教室でおこなっています。各学科専門教室には電子黒板を設置し、4万6千冊の蔵書を誇る図書・メディアセンターも配置しています。1人iPad1台環境で各教科で活用しています。

2024 年度入試要項

試 験 日	1月13日
募集人員	男女288名 （学内小学校からの内部進学生徒を含む）
試験科目	算・国〔各40分／各80点〕
合格発表日	1月15日〔郵送／web〕
受 験 料	20,000円
出願期間	12月18日〜1月5日〔web〕
入学手続	1月15日〜1月19日〔銀行振込・web〕

学校行事開催日程一覧

◆ **説明会**　10/14(土)　10/22(日)

◆ **オープンキャンパス**　11/11(土)

◆ **文化祭**　10/4(水)〜6(金)〔非公開〕

◆ **体育祭**　10月下旬予定〔非公開〕

＊各イベント等につきましては、今後新型コロナウイルス感染状況により日程の変更及び中止の場合もございます。各学校ホームページ等でご確認下さい。

入試状況

		募集人員	志望者数	受験者数	合格者数	実質倍率	合格最低点(%)
2023	男子	約220	457	425	265	1.6	103(64%)
	女子						
2022	男子	約220	240	227	138	1.6	106(66%)
	女子		185	175	127	1.4	106(66%)
2021	男子	約220	314	285	148	1.9	120(75%)
	女子		169	154	124	1.2	105(66%)

2023 年度進学状況

❖ 併設高校へ卒業生男子157名中、153名進学（97%）　女子134名中、126名進学（94%）
❖ 高校卒業生数355名
❖ 併設大学・短期大学への進学
　同志社大学301名〔法学62・経済45・商学43・理工40・社会23・文学22・政策19・文化情報10・心理10・グローバル地域10・生命医科学8・スポーツ健康科学6・グローバルコミュ2・神学1〕
　同志社女子大学10名〔薬学5・看護3・生活科学2〕
❖ 主要大学への合格実績（　）内は現役合格者数
　神戸大2(2)、北海道大1(1)、京都工芸繊維大1(1)、東京藝術大2(2)、鳥取大1、大阪公立大1、京都府立大1(1)、和歌山県立医科大1(1)、大阪医科薬科大1(1)、兵庫医療大1(1)、京都薬科大2(2)、慶應義塾大5(5)、国際基督教大1(1)、中央大5(1)、学習院大1(1)、聖マリアンナ医科大1、東京歯科大1(1)

大阪府 兵庫県 京都府 奈良県 和歌山県 滋賀県 その他

同志社国際 中学校

http://www.intnl.doshisha.ac.jp

■ 学校長／戸田　光宣　■ 教　頭／西田　喜久夫　■ 生徒数／男子 165 名　女子 210 名

| 住　所 | 〒 610-0321　京田辺市多々羅都谷 60-1 | TEL | 0774-65-8911 |

交通機関
近鉄京都線『興戸駅』より徒歩 15 分。
ＪＲ学研都市線『同志社前駅』より徒歩 10 分。

特色
キリスト教を教育の基本に据えて、真の自由を求め、平和を尊び、自らの良心に従って生きる、豊かな人間の育成を目指している。国内一般生徒と帰国生徒との混成の学級編成がなされ、明るく積極的な雰囲気が特徴である。個々の特性を生かして伸長していくこと、国際的な感覚を養うことに力を入れている。学習面では、豊かで深い知識、高レベルの学習内容を、習熟度別授業など、多様な授業形態で実践している。

2024 年度入試要項

試験日	帰国Ａ12月　12月 8日 帰国Ｂ一般Ｇ 1月16日 帰国Ａ 2月　2月 9日
募集人員	帰国ＡＢ合わせて男女約55名（編入含む） 一般Ｇ　　　　　男女約25名
試験科目	帰国Ａ専願　英語資格 　　　　　書類審査　　〔 40点〕・面接 帰国Ａ併願　作文　　　〔 60分/日本語以外〕 　　　　　書類審査　　〔 40点〕・面接 帰国Ｂ一般Ｇ算・国　　〔各50分/各100点〕 　　　理・社・英から1科目選択〔 50分/ 100点〕
合格発表日	帰国Ａ12月　12月13日〔web16:00～〕 帰国Ｂ一般Ｇ 1月17日〔web16:00～〕 帰国Ａ2月　2月11日〔web16:00～〕
受験料	20,000円
出願期間	帰国Ａ12月10月 9日～10月20日〔郵送必着〕 　　　　　　　10月20日〔17:00〕 帰国Ｂ　　11月13日～11月21日〔郵送必着〕 　　　　　　　11月21日〔17:00〕 一般Ｇ　　12月21日～ 1月 9日〔郵送必着〕 　　　　　　　 1月 9日〔17:00〕 帰国Ａ2月　 1月 5日～ 1月12日〔郵送必着〕 　　　　　　　 1月12日〔17:00〕
入学手続	帰国Ａ12月　 1月10日〔銀行振込〕 帰国Ｂ一般Ｇ 1月25日〔銀行振込〕 帰国Ａ2月　 2月26日〔銀行振込〕

学校行事開催日程一覧

◆説明会　9/30（土）
◆文化祭　9/22（金）〔公開〕
◆体育祭　10/4（水）〔保護者見学可〕

＊各イベント等につきましては、今後新型コロナウイルス感染状況により日程の変更及び中止の場合もございます。各学校ホームページ等でご確認下さい。

入試状況

			募集人員	志望者数	受験者数	合格者数	実質倍率	合格最低点(%)
2023	帰国A 12月	専願	約55	65	57	40	1.4	―
		併願						29(73%)
	帰国A 2月	併願		13	11	4	2.8	34(85%)
	帰国B			25	19	9	2.1	172(57%)
	一般G		約25	299	233	80	2.9	205(68%)
2022	帰国A 12月	専願	約55	63	58	37	1.6	―
		併願						29(73%)
	帰国A 2月	併願		18	16	2	8.0	29(73%)
	帰国B			37	25	14	1.8	169(56%)
	一般G		約25	267	205	85	2.4	190(63%)
2021	帰国A 12月	専願	約55	41	36	28	1.3	―
		併願						29(73%)
	帰国A 2月	併願		8	5	3	1.7	26(65%)
	帰国B			25	18	7	2.6	168(56%)
	一般G		約25	276	189	66	2.9	189(63%)

2023 年度進学状況

❖併設高校へ卒業生男子 60 名中、58 名進学（97%）　女子 88 名中、83 名進学（94%）
❖高校卒業生数 283 名
❖併設大学・短期大学への進学
　同志社大学 231 名〔法学 40・商学 30・経済 26・文学 24・政策 22・社会 22・理工 18・心理 10・文化情報 10・
　　　　　　　グローバル地域 10・生命医科学 7・グローバルコミュ 7・スポーツ健康科学 3・神学 2〕
　同志社女子大学 9 名〔生活科学 4・現代社会 3・看護 2〕
❖主要大学への合格実績（現役合格者数）
　徳島大 1、鳥取大 1、関西学院大 1、近畿大 1、京都芸術大 1、早稲田大 7、慶應義塾大 4、上智大 5、国際基督教大 4、東京理科大 2、
　立教大 2、中央大 1、明治大 2、津田塾大 1

大阪府　兵庫県　京都府　奈良県　和歌山県　滋賀県　その他

花園 中学校

https://www.kyoto-hanazono-h.ed.jp/

■ 学校長／溜　剛　■ 副校長／中村　広記・鍔田　英希　■ 教　頭／山本　隼一郎　■ 生徒数／男子 93 名　女子 70 名

| 住　　所 | 〒616-8034　京都市右京区花園木辻北町 1 | TEL | 075-463-5221 |

交通機関　ＪＲ嵯峨野線『花園駅』下車徒歩約 7 分。京都市バス『木辻南町停留所』下車徒歩 5 分。京都市バス『北野中学校バス前停留所』下車徒歩 12 分。ＪＲバス『西ノ京円町停留所』下車徒歩 13 分。阪急京都線『西院駅』よりスクールバス 10 分。

特色　1872 年、宗門子弟の教育機関として開校。建学の精神「禅のこころ」を柱として、21 世紀の社会の要請に応えうる有為な人材を育成するために、2003 年花園中学校を開校。2016 年「禅」と「グローバル教育」を融合させた全く新しいコースとして海外大学進学を目指す「スーパーグローバル ZEN コース」と国内難関大学進学を目指す「ディスカバリーコース」が誕生。両コースでは、中学 1 年生より英語だけでなく、数学・理科もネイティブ教員が日本人教員とチームティーチングを行うイマージョン授業を展開。また、小中高校では日本初の導入となる z Space を始めとする最先端の ICT 機器を授業で活用、アクティブラーニングを実践しています。課外活動として、海外講師と一対一で会話を行うオンライン英語にも取り組んでいます。

2024 年度入試要項

試　験　日	F（フラッグシップ）A 1 A 2（選択）1 月 13 日 A 3（2 科）　　　　　1 月 13 日 PM B 1（2 科）　　　　　1 月 14 日 B 2（むげん）　　　　1 月 14 日 PM C 1（むげん）　　　　1 月 15 日
募集人員	全入試合わせて スーパーグローバル ZEN 男女 20 名 ディスカバリー　　　男女 40 名
試験科目	F　　　作文　　　〔 40 分/400〜600 字〕・面接 A 1 A 2 2 科型算・国　〔各 50 分/各 100 点〕・面接 　　　　3 科型算・国・英（リスニング含む）〔各 50 分/各 100 点〕・面接 　　　　＊ 2 科型/3 科型いずれかを選択 A 3 B 1　算・国　　〔各 50 分/各 100 点〕・面接 B 2　総合力入試 I（国語系）〔 50 分/ 100 点〕 　　　総合力入試 II（算数系）〔 50 分/ 100 点〕・面接 C 1　総合力入試 I（国語系）〔 50 分/ 100 点〕 　　　総合力入試 II（算数系）〔 50 分/ 100 点〕 　　　総合力入試 III（理社系）〔 50 分/ 100 点〕・面接
合格発表日	F A 1 A 2 A 3 1 月 14 日〔郵送/web16:00〜〕 B 1 B 2　1 月 15 日〔郵送/web16:00〜〕 C 1　　　1 月 16 日〔郵送/web16:00〜〕
受　験　料	20,000 円 （複数回受験の場合も、一律 20,000 円）
出願期間	12 月 1 日〜1 月 10 日〔web〕
入学手続	1 月 18 日

学校行事開催日程一覧

◆説明会・相談会　10/21（土）　11/18（土）
　　　　　　　　　12/10（日）　12/16（土）
◆花園オープンテスト　10/7（土）　11/4（土）
◆OCEAN Kids　11/23（祝）
◆文化祭　9/28（木）〜29（金）〔非公開〕
◆体育祭　7/18（火）

＊各イベント等につきましては、今後新型コロナウイルス感染状況により日程の変更及び中止の場合もございます。各学校ホームページ等でご確認下さい。

入 試 状 況

			募集人員	志望者数	受験者数	合格者数	実質倍率	合格最低点(%)
2023	A 1・A 2	SGZ	SGZ 20　D 40	3	3	1	3.0	2科: 140(70%) 3科: 210(70%)
		D		15	13	13	1.0	2科: 115(58%) 3科: 150(50%)
	F	SGZ		6	6	6	1.0	—
		D		16	16	16	1.0	—
	A 3	SGZ		27	26	20	1.3	145(73%)
		D		30	28	26	—	115(58%)
	B 1	SGZ		32	30	22	1.4	145(73%)
		D		48	44	50	—	115(58%)
	B 2	SGZ		22	17	17	1.0	140(70%)
		D		29	20	20	—	105(53%)
	C 1	SGZ		14	9	8	1.1	215(72%)
		D		27	15	16	—	160(53%)

※廻し合格者を含む

2023 年度進学状況

❖併設高校へ卒業生男子 33 名中、30 名進学（91％）　女子 21 名中、16 名進学（76％）
❖高校卒業生数 317 名
❖併設大学・短期大学への進学
　花園大学 4 名〔社会福祉 2・臨床心理 1・仏教 1〕
❖主要大学への合格実績　（ ）内は現役合格者数
　京都大 1(1)、大阪大 2(1)、神戸大 2(2)、九州大 1(1)、京都教育大 1(1)、京都工芸繊維大 3(3)、滋賀大 1(1)、北見工業大 1(1)、静岡大 1(1)、長野大 1(1)、信州大 3(3)、三重大 2(2)、香川大 1(1)、愛媛大 1(1)、徳島大 1(1)、高知大 1(1)、琉球大 2(2)、大阪公立大 2(2)、京都府立大 3(3)、滋賀県立大 3(3)、兵庫県立大 1(1)、福井県立大 1(1)、北九州市立大 2(2)、京都府立医科大 2(2)、岐阜薬科大 1(1)、防衛大 1(1)、関西大 21(21)、関西学院大 6(6)、同志社大 28(26)、立命館大 87(80)、京都産業大 51(50)、近畿大 8(8)、龍谷大 50(49)、大阪医科薬科大 1、兵庫医科大 1(1)、京都薬科大 2(1)、関西外国語大 1(1)、京都外国語大 2(2)、大阪工業大 7(7)、追手門学院大 14(14)、摂南大 7(7)、大阪学院大 1(1)、大阪経済大 2(2)、大阪電気通信大 11(11)、大阪産業大 2(2)、大阪商業大 1(1)、大和大 14(14)、大阪文教大 8(8)、佛教大 56(56)、京都精華大 8(8)、京都先端科学大 26(26)、京都橘大 31(31)、大谷大 11(11)、成安造形大 1(1)、神戸学院大 5(5)、奈良大 2(2)、天理大 1(1)、帝塚山大 3(1)、京都女子大 5(5)、同志社女子大 7(5)、京都ノートルダム女子大 2(2)、京都光華女子大 4(4)、武庫川女子大 4(4)、神戸女子大 1(1)、大阪樟蔭女子大 2(2)、大阪芸術大 4(3)、大阪音楽大 1(1)、京都芸術大 1(1)、早稲田大 1(1)、慶應義塾大 1、中央大 1(1)、日本大 1(1)

110

洛南高等学校附属 中学校

http://www.rakunan-h.ed.jp/

■ 学校長／堀 俊彦　■ 副校長／余根田 聡　■ 生徒数／男子 558 名　女子 305 名

| 住　所 | 〒601-8478　京都市南区壬生通八条下ル東寺町 559 | TEL | 075-672-2661 |

| 交通機関 | JR・近鉄『京都駅』より徒歩 13 分。 |

特色

「物の興廃は必ず人に由る。人の昇沈は定めて道にあり」との学祖弘法大師の建学精神を受け継ぎ、徳育を基礎とした全人教育によって青少年の育成に努めています。また、「自己を尊重せよ、真理を探求せよ、社会に献身せよ」の校訓にもとづいて、規律正しく、清潔で、情操豊かな、深みある人間の育成を教育目標に置いています。そのため、知育だけでなく、徳育・体育の面にも力を入れ、学習の基礎は、生活面からとの考えから、服装・礼儀作法・けじめを身につけ、あたたかい心と自立心を持った、たくましい生徒となるよう、指導しています。学習面では、一貫教育の特性を生かし、国語・数学・英語の主要 3 教科には、特に充分な時間を配当して安定した土台づくりを行っています。

2024 年度入試要項

試 験 日	1月15日
募集人員	男女約280名（内部進学者約90名含む）
試験科目	3教科型算〔70分/150点〕
	国〔60分/150点〕
	理〔45分/100点〕
	4教科型算〔70分/150点〕
	国〔60分/150点〕
	理・社〔各45分/各50点〕

＊3教科型/4教科型いずれかを選択

合格発表日	1月17日〔web15:30〜〕
受 験 料	20,000円
出願期間	12月11日〜12月18日〔web23:59〕
入学手続	1月17日〜1月18日〔web〕

学校行事開催日程一覧

◆ 説明会　10/28（土）
◆ オープンキャンパス　10/14（土）
◆ 文化祭　10/6（金）〜7（土）
◆ 体育祭　9/23（祝）

＊各イベント等につきましては、今後新型コロナウイルス感染状況により日程の変更及び中止の場合もございます。各学校ホームページ等でご確認下さい。

入 試 状 況

			募集人員	志望者数	受験者数	合格者数	実質倍率	合格最低点(%)
2023	専願	男子	約280	男子617	男子529	"男子200	男子2.6	209(52%)
		女子		女子266	女子252	女子90	女子2.8	223(56%)
	併願	男子						254(64%)
		女子						
2022	専願	男子	約280	男子510	男子428	男子191	男子2.2	212(53%)
		女子		女子265	女子257	女子99	女子2.6	238(60%)
	併願	男子						271(68%)
		女子						
2021	専願	男子	約280	男子604	男子530	男子219	男子2.4	236(59%)
		女子		女子277	女子263	女子81	女子3.2	276(69%)
	併願	男子						295(74%)
		女子						

2023 年度進学状況

❖ 併設高校へ（卒業生数・進学者数／非公表）
❖ 高校卒業生数 426 名
❖ 主要大学への合格実績（　）内は現役合格者数

東京大 13(12)、京都大 76(62)、大阪大 33(25)、神戸大 17(13)、北海道大 4(4)、東北大 3(1)、筑波大 3(3)、一橋大 5(2)、東京工業大 3(1)、名古屋大 5(5)、九州大 1(1)、奈良女子大 1(1)、大阪教育大 2(2)、京都教育大 1(1)、京都工芸繊維大 9(4)、奈良教育大 1(1)、滋賀大 10(3)、和歌山大 1、東京外国語大 1、電気通信大 1、横浜国立大 2(2)、弘前大 1、千葉大 1、富山大 1、静岡大 2(2)、信州大 4(2)、金沢大 2(2)、福井大 4(1)、名古屋工業大 1(1)、岐阜大 2(1)、岡山大 2(1)、香川大 1、徳島大 1、高知大 2、広島大 3(1)、鳥取大 1、山口大 4(1)、九州工業大 1(1)、大分大 1(1)、宮崎大 1、鹿児島大 1、琉球大 1、滋賀医科大 3、浜松医科大 1、大阪公立大 28(15)、京都府立大 3(3)、奈良県立大 1(1)、滋賀県立大 8(6)、兵庫県立大 5(3)、国際教養大 1、静岡県立大 1(1)、福井県立大 1(1)、名古屋市立大 1、岡山県立大 1、京都府立医科大 12(8)、奈良県立医科大 5(1)、和歌山県立医科大 2、岐阜薬科大 1(1)、防衛大 6(5)、防衛医科大 16(13)、関西大 50(32)、関西学院大 63(50)、同志社大 148(85)、立命館大 195(136)、京都産業大 29(18)、近畿大 72(37)、甲南大 5(5)、龍谷大 41(22)、大阪医科薬科大 29(16)、関西医科大 15(8)、兵庫医科大 4(2)、大阪歯科大 1、京都薬科大 6(3)、神戸薬科大 1、京都外国語大 11、摂南大 5、大阪経済大 1、大阪電気通信大 3(2)、大阪産業大 1、大和大 5(5)、佛教大 2(2)、京都精華大 1、京都先端科学大 2(1)、京都橘大 3(3)、神戸学院大 1、帝塚山大 2(1)、同志社女子大 2(2)、京都ノートルダム女子大 1、早稲田大 25(18)、慶應義塾大 28(19)、上智大 5(3)、東京理科大 17(9)、立教大 2(1)、中央大 8(5)、青山学院大 4(1)、明治大 5(2)、法政大 4(1)、成蹊大 1(1)、北里大 4(3)、日本大 3(1)、東海大 5(4)、津田塾大 1(1)、愛知学院大 1(1)、東京慈恵会医科大 1、東京歯科大 1(1)、岩手医科大 1、自治医科大 2、金沢医科大 2(1)、愛知医科大 1、朝日大 2(1)、川崎医科大 1(1)、産業医科大 1

立命館 中学校

https://www.ritsumei.ac.jp/fkc/

■ 学校長／東谷 保裕　■ 副校長／白井 有紀　■ 教 頭／伊藤 広和　■ 生徒数／男子 311 名　女子 416 名

| 住　所 | 〒 617-8577　長岡京市調子 1-1-1 | TEL | 075-323-7111 |

| 交通機関 | 阪急京都線『西山天王山駅』より徒歩 8 分。JR 京都線『長岡京駅』より徒歩 15 分。京阪本線『淀駅』よりバス 12 分、『調子停留所』下車。 |

特色

立命館中学校は、創立以来 110 年余の歴史と建学の精神「自由と清新」に込められた全人教育を継承しつつ、新しい時代を切り開くグローバルな視点をもって、未来に貢献する人を育てる教育を推進する。中高大一貫教育による体系的な指導方針のもと、基礎をしっかり培い、早い段階からの高度な学習や大学と連携した学びを経験することで、高い学力・豊かな人間性を育み、確かな進路を実現できるよう一貫した教育を行っている。1・2 年次のコースは、医学部・難関大学進学を目標に学力を伸ばす AL コース、幅広い教養と見識を身に付けながら自己表現する力を伸ばす CL コース。2014 年に長岡京市キャンパスに移転。

2024 年度入試要項

試 験 日	前期ＡＢ1月13日
	後期　1月14日
募集人員	前期ＡＢ後期合わせて
	AL男女約60名　CL男女約60名
試験科目	前期ＡAL
	3科型算・国〔各50分/各100点〕
	理〔40分/ 50点〕・面接
	4科型算・国〔各50分/各100点〕
	理・社〔各40分/各 50点〕・面接
	*3科型/4科型いずれかを選択
	前期ＡCL　算・国〔各50分/各100点〕・面接
	前期Ｂ後期
	3科型算・国〔各50分/各100点〕
	理〔40分/ 50点〕
	4科型算・国〔各50分/各100点〕
	理・社〔各40分/各 50点〕
	*3科型/4科型いずれかを選択
合格発表日	1月16日〔web15:00〜/郵送〕
受 験 料	20,000円
出願期間	12月7日〜1月5日〔web17:00〕
入学手続	1月16日〜1月19日〔web17:00〕

学校行事開催日程一覧

◆説明会・入試相談会　10/ 7（土）　11/18（土）

◆秋の子育て講演会　10/22（日）

◆Decision-making Day　12/10（日）

◆文化祭　9/23（祝）〜24（日）〔非公開〕

◆体育祭　10/4（水）〔非公開〕

＊各イベント等につきましては、今後新型コロナウイルス感染状況により日程の変更及び中止の場合もございます。各学校ホームページ等でご確認下さい。

入試状況

			募集人員	志望者数	受験者数	合格者数	実質倍率	合格最低点(%)
2023	前期A	AL	AL 約60	74	71	35	2.0	非公表
		CL		28	28	15(19)	1.9	
	前期B	AL		160	152	41	3.7	175(58%)
		CL	CL 約60	48	46	13(14)	3.5	170(57%)
	後期	AL		454	441	83	5.3	191(64%)
		CL		130	129	19(76)	6.8	176(59%)
2022	前期A	AL	AL 約60	67	66	25	2.6	非公表
		CL		34	31	19(22)	1.6	
	前期B	AL		126	117	24	4.9	192(64%)
		CL	CL 約60	62	59	10(29)	5.9	174(58%)
	後期	AL		413	401	92	4.4	201(67%)
		CL		190	184	22(77)	8.4	187(62%)

※（　）内は廻し合格者数

2023 年度進学状況

❖併設高校へ卒業生男子 132 名中、131 名進学（99%）　女子 115 名中、106 名進学（92%）

❖高校卒業生数 362 名

❖併設大学・短期大学への進学

立命館大学 279 名〔経営 40・情報理工 31・法学 30・文学 26・経済 20・政策科学 20・理工 20・生命科学 17・食マネジメント 16・国際関係 13・総合心理 13・薬学 9・産業社会 9・スポーツ健康科学 8・映像 7〕

立命館アジア太平洋大学 2 名〔アジア太平洋 1・サスティナビリティ観光 1〕

❖主要大学への合格実績（　）内は現役合格者数

京都大 7(5)、大阪大 6(5)、神戸大 9(7)、北海道大 1、九州大 1(1)、京都工芸繊維大 1(1)、滋賀大 2(2)、東京学芸大 1(1)、東京農工大 1(1)、横浜国立大 1(1)、信州大 1(1)、島根大 1(1)、九州工業大 1、滋賀医科大 2(1)、大阪公立大 2(2)、兵庫県立大 1(1)、国際教養大 1(1)、名古屋市立大 1、京都府立医科大 2(2)、防衛大 1、関西大 4(4)、関西学院大 12(8)、同志社大 20(19)、近畿大 4(2)、大阪医科薬科大 2(2)、関西医科大 2(1)、兵庫医科大 2(2)、大阪歯科大 2(2)、京都薬科大 3(3)、神戸薬科大 1(1)、摂南大 8(8)、武庫川女子大 2(2)、早稲田大 1(1)、慶應義塾大 6(6)、上智大 2(2)、立教大 1(1)、中央大 2(2)、青山学院大 2(2)、明治大 1(1)、法政大 1(1)、北里大 1(1)、岡山理科大 1(1)、産業医科大 1

立命館宇治 中学校

https://www.ritsumei.ac.jp/uji/

■ 学校長／越智 規子　■ 副校長／蔭山 成利・中島 和也・八木 誠　■ 教 頭／熊谷 向祐　■ 生徒数／男子 277 名　女子 251 名

| 住　所 | 〒 611-0031　宇治市広野町八軒屋谷 33-1 | TEL | 0774-41-3000 |

交通機関
近鉄京都線『大久保駅』下車バス約 10 分。JR 奈良線『新田駅』下車バス約 10 分。
京阪宇治線『宇治駅』下車バス約 20 分。JR 奈良線『宇治駅』下車バス約 15 分。

特色
立命館の教学理念のもと、中高大一貫教育で世界に貢献できる力を育成する。①使える英語力の育成を目指した密度の濃い英語教育。英語の授業は 3 年間グレード別で実施（準 2 級以上対象）、しかも少人数で、ティームティーチングもある。英語力と国際感覚を養う行事は多数あり。中 3 ではオーストラリアへのホームステイ型研修旅行（2 週間・全員）を実施。②大学と連携した学問への興味関心を養う行事の充実。中 2 では国際学生との交流、中学 3 年での大学の学部見学実施。③総合学習で日本文化を体験、茶道、お茶摘み、木工、和太鼓、日本舞踊などを体験して、日本を知り、世界を知ることができる。④課外のクラブ活動も多彩で、全員が加入し、全国レベルの取り組みをするクラブが多数存在し、豊かな人格形成ができる。

2024 年度入試要項

試 験 日
国際11月25日・1月13日
A　1月13日
B　1月15日

募集人員
国際ＡＢ合わせて
IP　IC　　男女計180名

試験科目
国際ＩＣ/国際Ａ　小論文（英語または日本語）・面接
　　　　　国際Ｂ　算・国　　　〔各50分/各100点〕・面接
　　　　　自己推薦Ｓ方式小論文（英語または日本語）・面接
国際ＩＰ/国際・自己推薦　Ａ(IP・i 推薦・自己推薦)
　　　　　IP方式　算（英語）(25分)・小論文（英語）(55分)・面接
Ａ(一般)ＩＣ3科目型算・国　　〔各50分/各120点〕
　　　　　　理　　〔 40分/　80点〕・面接
　　　　4科目型算・国　　〔各50分/各120点〕
　　　　　　理・社　　〔計80分/各 80点〕・面接
　　　　　＊3科目型/4科目型いずれかを選択
Ａ(内申型)ＩＣ　　算・国　　〔各50分/各120点〕
　　　　　　理・社　　〔計80分/各 80点〕・面接
Ａ(i 推薦・自己推薦・ＳＡ)
　　　　ＩＣ標準テスト（算・国・理・社）〔計80分/　100点〕・面接
Ｂ(一般)　ＩＣ　　算・国　　〔各50分/各120点〕
　　　　　　理・社から1科目選択〔 40分/　80点〕・面接

合格発表日
国際11月　　12月 1日〔web15:00〜〕
国際 1月ＡＢ 1月16日〔web15:00〜〕

受 験 料　20,000円

出願期間
国際11月　　10月23日〜11月 6日〔web〕
国際 1月ＡＢ12月11日〜 1月 5日〔web〕

入学手続
国際11月　　12月 1日〜12月15日〔web〕
国際 1月ＡＢ 1月16日〜 1月19日〔web〕

学校行事開催日程一覧

◆説明会＆入試相談会＆学校見学会　　10/21（土）

◆文化祭　9/23（祝）〔非公開〕

◆体育祭　5/18（木）〔非公開〕

＊各イベント等につきましては、今後新型コロナウイルス感染状況により日程の変更及び中止の場合もございます。各学校ホームページ等でご確認下さい。

入 試 状 況

					募集人員	志望者数	受験者数	合格者数	実質倍率	合格最低点(%)
2023	11月	国際	IP	自己推薦	180	18	18	17	1.1	—
				一般		15	14	7	2.0	
			IC	自己推薦 S		2	2	2	1.0	
				一般 A		3	3	0	—	
				一般 B		21	21	9	2.3	
	1月	国際	IP	自己推薦		2	2	2	1.0	
				一般		1	1	1	1.0	
			IC	自己推薦 S		0	0	0	—	
				一般 A		3	3	0	—	
				一般 B		6	6	1	6.0	
	A		IP	自己推薦		2	2	2	1.0	非公表
				i推薦		3	3	0	—	
				一般		3	3	1	3.0	
			IC	自己推薦		76	76	76	1.0	
				i推薦		29	29	32	—	
				SA推薦		3	3	3	1.0	
				一般(内申含む)		79	76	28	2.7	
				一般		24	23	7	3.3	241(60%)
	B	IC		一般		259	221	56	3.9	227(71%)

2023 年度進学状況

❖併設高校へ卒業生男子 100 名中、95 名進学（95％）　女子 87 名中、83 名進学（95％）
❖高校卒業生数 372 名
❖併設大学・短期大学への進学
　立命館大学 308 名〔経営 52・産業社会 38・法学 33・文学 27・政策科学 27・国際関係 25・情報理工 18・総合心理 18・経済 16・理工 13・映像 11・食マネジメント 9・スポーツ健康科学 7・グローバル教養 5・薬 5・生命科学 4〕
　立命館アジア太平洋大学 9 名〔国際経営 4・サスティナビリティ観光 3・アジア太平洋 2〕
❖主要大学への合格実績
　北海道大 1、筑波大 1、京都工芸繊維大 1、和歌山大 1、東京医科歯科大 1、大阪公立大 1、国際教養大 1、防衛大 1、大手前大 1、帝塚山大 2、同志社女子大 1、大阪樟蔭女子大 1、早稲田大 1、慶應義塾大 3、上智大 3、国際基督教大 2、青山学院大 1、朝日大 1

大阪府　兵庫県　京都府　奈良県　和歌山県　滋賀県　その他

龍谷大学付属平安 中学校

https://www.heian.ed.jp/index.php

■ 学校長／山脇 護　■ 副校長／燧土 勝徳　■ 教 頭／宮田 智子　■ 生徒数／男子 138 名　女子 85 名

| 住 所 | 〒600-8267　京都市下京区大宮通七条上ル御器屋町30 | TEL | 075-361-4231 |

交通機関 JR線・近鉄線『京都駅』より市バス5分『七条大宮停留所』下車。近鉄『東寺前』より市バス10分『七条大宮停留所』下車。阪急線・京福線『四条大宮駅』より市バス5分『七条大宮停留所』下車。京阪線『京阪七条駅』より市バス10分『七条大宮停留所』下車。JR山陰本線（嵯峨野線）『丹波口駅』徒歩10分。『梅小路京都西駅』より徒歩約7分。

特色 龍谷大学付属平安中学校の「建学の精神」は「浄土真宗の精神」です。阿弥陀仏の願いに生かされ、真実の道を歩まれた親鸞聖人の生き方に学び、「真実を求め、真実に生き、真実を顕かにする」ことのできる人間を育てることです。これを実現するための日常の心得として、「ことばを大切に」「じかんを大切に」「いのちを大切に」という3つの「大切」を掲げています。週6日制と、一週間で3回行われる放課後の国数英特別授業で「たっぷり」授業時間を確保します。授業は生徒の様子を確認しながら「ゆっくり」進め、深度掘り下げ授業により「しっかり」理解できるよう展開します。これにより、無理のない「進度先取り授業」をおこないます。高校進学は、原則として「特進コース」を前提としますが、龍谷大学進学を希望する生徒は、「プログレスコース」進学を選択できます。

2024年度入試要項

試 験 日 A⓪A①1月13日　A②1月13日PM
　　　　　B⓪ 1月14日　B②1月14日PM
　　　　　C① 1月15日

募集人員 全入試合わせて男女90名

試 験 科 目 A⓪B⓪ 作文 〔50分/600字〕・面接
　　　　　A①2科型算・国 〔各50分/各100点〕・面接
　　　　　3科型算・国 〔各50分/各100点〕
　　　　　理・社から1科目選択〔40分/ 50点〕・面接
　　　　　*2科型/3科型いずれかを選択
　　　　　A②B②C①算・国〔各50分/各100点〕

合格発表日 A⓪A①A②1月14日〔web12:00～〕
　　　　　B⓪B② 1月15日〔web12:00～〕
　　　　　C① 1月16日〔web12:00～〕

受 験 料 20,000円

出願期間 A⓪ 12月22日～1月8日〔web12:00〕
　　　　　A①A②B②12月18日～1月8日〔web12:00〕
　　　　　B⓪ 12月26日～1月8日〔web12:00〕
　　　　　C① 12月18日～1月14日〔web17:00〕
　　　　　1月15日〔8:00〕

入学手続 A⓪A①1月14日〔web23:59〕
　　　　　B⓪ 1月17日〔web23:59〕
　　　　　A②B②1月16日〔web23:59〕
　　　　　C① 1月18日〔web23:59〕

学校行事開催日程一覧

◆説明会　10/15（日）　12/2（土）
◆ドラゴンテスト　11/4（土）
◆ドラゴンテスト返却会＆解説会　11/11（土）
◆個別相談会　12/10（日）
◆オープンキャンパス　3/10（日）
◆文化祭　9/8（金）～9/9（土）〔保護者見学可〕
◆体育祭　10/24（火）〔保護者見学可〕

＊各イベント等につきましては、今後新型コロナウイルス感染状況により日程の変更及び中止の場合もございます。各学校ホームページ等でご確認下さい。

入 試 状 況

			募集人員	志望者数	受験者数	合格者数	実質倍率	合格最低点(%)
2023	A⓪	男子	90	9	9	9	1.0	—
		女子		13	13	13	1.0	
	A①	男子		23	22	19	1.2	117(39%)
		女子		10	9	9	1.0	
	A②	男子		33	31	27	1.1	128(43%)
		女子		18	18	17	1.1	
	B⓪	男子		11	10	10	1.0	—
		女子		11	11	11	1.0	
	B②	男子		71	55	52	1.1	145(48%)
		女子		26	20	18	1.1	
	C①	男子		48	37	35	1.1	126(42%)
		女子		13	11	9	1.2	

2023年度進学状況

❖併設高校へ卒業生男子 32 名中、27 名進学（84％）　女子 31 名中、25 名進学（81％）
❖高校卒業生数 442 名
❖併設大学・短期大学への進学
　龍谷大学 281 名〔経済 39・先端理工 38・経営 35・社会 32・文 31・国際 31・法 22・政策 21・心理 17・農 15〕
　龍谷短期大学 6 名
❖主要大学への合格実績（　）内は現役合格者数
　大阪大 2(2)、京都教育大 1(1)、京都工芸繊維大 1(1)、滋賀大 2(2)、帯広畜産大 1(1)、北海道教育大 1(1)、宇都宮大 1(1)、山梨大 1(1)、静岡大 1(1)、岡山大 1、広島大 1(1)、大阪公立大 5(4)、京都府立大 2(2)、滋賀県立大 2(1)、兵庫県立大 1(1)、名古屋市立大 1(1)、富山県立大 1(1)、岡山県立大 1(1)、京都府立医科大 1(1)、防衛大 1(1)、防衛医科大 1(1)、水産大 1、関西大 19(19)、関西学院大 7(5)、同志社大 9(9)、立命館大 30(24)、京都産業大 29(22)、近畿大 21(17)、甲南大 1(1)、大阪医科薬科大 1(1)、兵庫医科大 1(1)、京都薬科大 1(1)、関西外国語大 10(10)、京都外国語大 5(5)、桃山学院大 8(8)、大阪工業大 4(4)、追手門学院大 33(33)、摂南大 25(23)、大阪学院大 4(4)、大阪電気通信大 2(2)、大阪商業大 2(2)、大阪経済法科大 16(16)、大阪大谷大 8(8)、大和大 8(8)、京都文教大 2(2)、佛教大 24(24)、京都先端科学大 9(9)、京都橘大 36(36)、大谷大 19(18)、花園大 2(2)、流通科学大 2(2)、関西国際大 2(2)、奈良大 2(2)、帝塚山大 2(2)、同志社女子大 4(4)、武庫川女子大 3(3)、神戸松蔭女子学院大 2(2)、早稲田大 1(1)、東京理科大 1(1)、青山学院大 1(1)、明治大 2(2)、法政大 1、日本大 3(3)

114

東大寺学園 中学校

http://www.tdj.ac.jp

■ 学校長／本郷 泰弘 ■ 教 頭／森 岳郎・松本 浩典 ■ 生徒数／男子630名

| 住 所 | 〒631-0803 奈良市山陵町1375 | TEL | 0742-47-5511 |

交通機関 近鉄京都線『高の原駅』より徒歩20分。
（登下校時『高の原駅』～『東大寺学園前』間バス運行、所要6分）

特色 中・高6か年の一貫教育により、将来大成するための基礎学力の養成・練磨に努め、大学進学への強力な素地をつくると共に、男子のみの生徒数の少ない利点を活かし、自主的に事をなし遂げる気力ある人物を養成しています。家庭的な雰囲気のうちに規律を重んじ、情操豊かで品位ある人格の陶冶を目指しています。教科指導においては、6か年一貫教育による効果的なカリキュラムで授業内容の充実を図っています。高校での数学Ⅰ・数学Aを中3で、漢文・古典文法は中2から入れています。また、英語については中1より「New Treasure」（Z会）をテキストにし、内容のある授業を進め、一部ではクラスを分割して授業理解の徹底を図っています。また、学期中・休暇中を含め補習や実験を多くし、「現役での大学合格」を目指して指導しています。

2024年度入試要項

試 験 日	1月15日
募集人員	男子200名
試験科目	3教科型算・国〔各60分/各100点〕 理〔50分/100点〕 4教科型算・国〔各60分/各100点〕 理・社〔各50分/各100点〕 ＊3教科型/4教科型いずれかを選択
合格発表日	1月17日〔web11:00～〕
受 験 料	20,000円
出願期間	12月5日～12月14日〔web〕
入学手続	1月17日～1月18日〔web〕

学校行事開催日程一覧

◆説明会 10/19(木) 10/20(金) 10/21(土) 11/4(土)
◆文化祭 9/9(土)～10(日)
◆体育祭 〔非公開〕

＊各イベント等につきましては、今後新型コロナウイルス感染状況により日程の変更及び中止の場合もございます。各学校ホームページ等でご確認下さい。

入試状況

		募集人員	志望者数	受験者数	合格者数	実質倍率	合格最低点(%)
2023	3教科型	200	373	349	202	1.7	237.3(59%)
	4教科型		594	554	207	2.7	237(59%)
2022	3教科型	200	344	331	160	2.1	224(56%)
	4教科型		558	525	212	2.5	224(56%)
2021	3教科型	200	347	326	186	1.8	249.3(62%)
	4教科型		578	543	216	2.5	249(62%)

2023年度進学状況

❖併設高校へ卒業生181名中、179名進学（99%）
❖高校卒業生数212名
❖主要大学への合格実績（ ）内は現役合格者数
東京大18(15)、京都大64(51)、大阪大9(6)、神戸大10(4)、北海道大9(6)、東北大1(1)、一橋大2(2)、東京工業大1(1)、名古屋大2(1)、九州大2(1)、京都工芸繊維大2(1)、奈良教育大1(1)、滋賀大1、和歌山大1、東京農工大1、電気通信大1、横浜国立大2、山梨大1、新潟大1、富山大1、信州大1、金沢大1、福井大1、三重大1、広島大2(1)、琉球大2(1)、滋賀医科大2(1)、東京医科歯科大1、浜松医科大1(1)、大阪公立大12(2)、奈良県立大1、兵庫県立大3(2)、東京都立大1(1)、名古屋市立大2(1)、京都府立医科大4(2)、奈良県立医大16(11)、岐阜薬科大1、防衛大1、防衛医科大5(3)、関西大14(5)、関西学院大15(6)、同志社大33(8)、立命館大42(10)、近畿大23(5)、甲南大3(3)、龍谷大2(2)、大阪医科薬科大9(3)、関西医科大12(5)、兵庫医科大2、京都薬科大2、神戸学院大1(1)、畿央大2(2)、早稲田大13(4)、慶應義塾大13(4)、上智大16(13)、国際基督教大1(1)、東京理科大13(2)、中央大1、明治大7(1)、法政大4(3)、東海大1、岩手医科大1、自治医科大2、埼玉医科大1、金沢医科大1

大阪府
兵庫県
京都府
奈良県
和歌山県
滋賀県
その他

育英西 中学校

http://www.ikuei.ed.jp/ikunishi/

■ 学校長／北谷　成人　■ 副校長／湯川　明子　■ 教　頭／吉澤　勇武　■ 生徒数／女子 246 名

| 住　所 | 〒631-0074　奈良市三松 4-637-1 | TEL | 0742-47-0688 |

交通機関　近鉄奈良線『富雄駅』より、直通バス約 7 分、徒歩約 20 分。
（登下校時『富雄駅』～『育英西前』間バス運行）

特色　女子校では日本初の国際バカロレア MYP 認定校。授業では、ただ知識を学ぶだけではなく、学んだ知識をもとにさらに発展的に考えたり、生活や社会の中に応用したりすることを大切にします。特設コースでは国公立大学・難関私立大学を目指すカリキュラムを組んでおり、少人数制をいかした細やかな学習指導体制のもと、生徒一人ひとりに合わせた学習指導を行います。また関西大学や近畿大学との連携をいかした教育や推薦枠も豊富です。（推薦枠 500 以上）立命館コースは、立命館大学へ推薦で進学できるコースです。大学受験に縛られない独自の教育を行います。（立命館コースの立命館大学進学率 99％以上）

2024 年度入試要項

試 験 日　A 1月13日　　B 1月13日 PM
C 1月14日 PM　　D 1月15日 PM

募集人員　ABCD 合わせて
立命館女子30名　特設女子30名
（自己推薦・適性検査型・帰国生入試含む）

試験科目
I 型算・国〔各50分／各100点〕
理・社〔各30分／各 50点〕
II 型算・国〔各50分／各100点〕
社〔 30分／ 50点〕
III 型算・国〔各50分／各100点〕
理〔 30分／ 50点〕
IV 型算・国〔各50分／各100点〕
＊ I 型／ II 型／ III 型／ IV 型いずれかを選択
B 一般 B 適性検査型
①算・国〔各50分／各100点〕
②表現 I（言語的表現）〔 50分／ 100点〕
表現 II（数理的表現）〔 50分／ 100点〕
＊①／②いずれか選択
C D 算・国〔各50分／各100点〕

合格発表日
A 1月14日〔web11:00～〕
B 1月14日〔web17:00～〕
C 1月15日〔web11:00～〕
D 1月16日〔web11:00～〕

受 験 料　20,000円
（1回の受験料で、全日程受験可能）

出願期間
AB 12月1日～1月12日〔web13:00〕
C 　12月1日～1月13日〔web13:00〕
D 　12月1日～1月15日〔web13:00〕

入学手続
AB 専願1月14日～1月15日〔銀行振込〕
C 　専願1月15日～1月16日〔銀行振込〕
D 　専願1月16日～1月17日〔銀行振込〕
併願　 1月22日〔銀行振込〕

学校行事開催日程一覧

◆説明会　10/14(土)　11/11(土)　12/10(日)
◆プレテスト　10/14(土)　11/11(土)
◆プレテスト解説会　10/28(土)　11/25(土)
◆プレテスト個別相談会　11/4(土)　12/2(土)
◆入試相談会　12/19(火)～12/21(木)
◆文化祭　9/2(土)
〔受験希望者・保護者見学可・要事前連絡〕
◆体育祭　〔非公開〕
＊各イベント等につきましては、今後新型コロナウイルス感染状況により日程の変更及び中止の場合もございます。各学校ホームページ等でご確認下さい。

入試状況

			募集人員	志望者数	受験者数	合格者数	実質倍率	合格最低点(%)
2023	A	特設	専願		28	28	26(16)	1.1	119(40%)
			併願		11	11	10(9)	1.1	150(50%)
		立命館	専願		39	39	22	1.8	207(69%)
			併願		15	14	5	2.8	222(74%)
		自己推薦・帰国生			＊専願に含む				
	B	特設	専願	立命館 30 特設 30	16	14	12(13)	1.2	123(41%)
			併願		21	20	15(26)	1.3	159(53%)
		立命館	専願		27	26	12	2.2	210(70%)
			併願		58	57	28	2.0	225(75%)
	適性検査型	特設	専願		＊B日程に含む				
			併願						
		立命館	専願						
			併願						
	C	特設	専願		20	2	1(10)	2.0	非公表
			併願		9	4	4(21)	1.0	非公表
		立命館	専願		28	14	0	—	
			併願		41	27	4	6.8	非公表
	D	特設	専願		21	1	0(9)	—	
			併願		11	4	2(8)	—	非公表
		立命館	専願		25	11	0	—	
			併願		41	14	2	7.0	非公表

※（ ）内は廻し合格者数

2023 年度進学状況

❖併設高校へ卒業生 81 名中、74 名進学（91％）
❖高校卒業生数 190 名
❖主要大学への合格実績（　）内は現役合格者数
奈良女子大 1(1)、奈良教育大 1(1)、鳥取大 2(2)、大阪公立大 2(2)、神戸市外国語大 1(1)、都留文科大 1(1)、下関市立大 1(1)、長崎県立大 1(1)、奈良県立医科大 IV(1)、関西大 14(14)、関西学院大 4(4)、同志社大 5(5)、立命館大 73(73)、京都産業大 2(2)、近畿大 23(23)、龍谷大 6(6)、関西医科大 1(1)、大阪歯科大 1(1)、関西外国語大 3(3)、桃山学院大 2(2)、追手門学院大 8(8)、摂南大 10(10)、四天王寺大 2(2)、大阪電気通信大 1(1)、大阪経済法科大 9(9)、大阪大谷大 1(1)、京都精華大 2(2)、京都先端科学大 1(1)、京都橘大 1(1)、大谷大 3(3)、奈良大 3(3)、天理大 2(2)、帝塚山大 6(6)、繊央大 16(16)、京都女子大 18(18)、同志社女子大 15(15)、神戸女学院大 2(2)、武庫川女子大 18(18)、大阪樟蔭女子大 5(5)、大阪芸術大 2(2)、嵯峨美術大 1(1)、立教大 1(1)、立命館アジア太平洋大 4(4)、武庫川女子短大 5(5)

聖心学園 中等教育学校

http://www.seishingakuenchuto.ed.jp

■ 学校長／荒木 保幸　■ 教 頭／森本 昭博・辻田 弘仁　■ 生徒数／男子 62 名 女子 69 名

住　所	〒634-0063　橿原市久米町 222	TEL	0744-27-3370

交通機関	近鉄橿原線・近鉄吉野線『橿原神宮前駅』より徒歩約 13 分。近鉄南大阪線『橿原神宮西口駅』より徒歩約 5 分。

特色	中等教育学校という真の 6 年一貫教育の優位性を活かし、多彩な角度から生きた学習の場を提供し、心身ともに健やかで、知・徳・体のバランスの取れた人間性を育む。特にこれからの時代を生き抜くために、単なる知識の習得にとどまらない本物の学力を身につけるため、各学年ごとに取り組む探求学習プログラム、年 6 回の体験学習やヨーロッパ修学旅行研修プログラム、さらに「何のために学ぶのか」「将来どんな大人になりたいのか」などの問いに取り組むキャリア教育を通じて、自分なりの答を探求していく。

2024 年度入試要項

試 験 日	A 1月13日　B 1月13日PM C 1月14日　D 1月16日PM
募集人員	全入試合わせて 英数Ⅰ類男女40名　英数Ⅱ類男女40名
試験科目	AC 3教科型　　　算・国〔各50分/各100点〕 　　　　　　　　理　〔40分/　50点〕 　　　4教科アラカルト型算・国〔各50分/各100点〕 　　　　　　　　理・社〔各40分/各50点〕 　　　*3教科型/4教科アラカルト型のいずれかを選択 BD　　　　　　　算・国〔各50分/各100点〕
合格発表日	A 1月13日〔web20:00～〕 B 1月14日〔web14:00～〕 C 1月15日〔web14:00～〕 D 1月16日〔web21:00～〕
受 験 料	20,000円 （受験回数に関らず20,000円）
出願期間	A B C 12月4日～1月10日〔web〕 D　　　12月4日～1月16日〔web15:30〕
入学手続	A 1月14日〔web23:59〕 B 1月15日〔web23:59〕 C 1月16日〔web23:59〕 D 1月17日〔web23:59〕

学校行事開催日程一覧

- ◆説明会　10/28(土)　11/11(土)　11/25(土)
　　　　　12/16(土)
- ◆オープンスクール　10/7(土)
- ◆聖心入試チャレンジ　10/28(土)　11/25(土)
- ◆合格勝ち取りセミナー　11/11(土)　12/16(土)
- ◆文化祭　10/21(土)～22(日)〔受験希望者・保護者見学可〕
- ◆体育祭　5/23(火)

＊各イベント等につきましては、今後新型コロナウイルス感染状況により日程の変更及び中止の場合もございます。各学校ホームページ等でご確認下さい。

入試状況

				募集人員	志望者数	受験者数	合格者数	実質倍率	合格最低点(%)
2023	A	英数Ⅰ	専願		28	28	10	1.3	150(60%)
		英数Ⅱ					11		116(46%)
		英数Ⅰ	併願		14	13	4	1.6	173(69%)
		英数Ⅱ					4		134(54%)
	B	英数Ⅰ	専願		30	30	14	1.1	156.3(63%)
		英数Ⅱ					13		107.5(43%)
		英数Ⅰ	併願	英数Ⅰ 40	46	45	19	1.2	171.3(69%)
		英数Ⅱ		英数Ⅱ 40			20		131.3(53%)
	C	英数Ⅰ	専願		29	20	5	1.3	150(60%)
		英数Ⅱ					10		94(38%)
		英数Ⅰ	併願		38	31	13	1.1	166(66%)
		英数Ⅱ					14		122(49%)
	D	英数Ⅰ	専願		32	11	1	1.4	158.8(64%)
		英数Ⅱ					7		102.5(41%)
		英数Ⅰ	併願		26	6	1	1.0	160(64%)
		英数Ⅱ					5		111.3(45%)

2023 年度進学状況

❖中高一貫教育を行っていますので、中学生段階での卒業生は出していません。
❖高校卒業生数 37 名
❖主要大学への合格実績（　）内は現役合格者数
　奈良女子大 3(3)、奈良教育大 1(1)、和歌山大 2(2)、弘前大 1(1)、岩手大 1(1)、新潟大 1(1)、名古屋工業大 1(1)、徳島大 1(1)、鳥取大 1(1)、大阪公立大 1(1)、滋賀県立大 2(2)、岡山県立大 1(1)、奈良県立医科大 1(1)、関西大 3(3)、関西学院大 2(2)、同志社大 8(7)、立命館大 7(6)、京都産業大 2(2)、近畿大 14(14)、大阪医科薬科大 1(1)、京都薬科大 2(2)、大和大 2(2)、天理大 1(1)、京都女子大 2(2)、武庫川女子大 3(3)、東京理科大 1(1)

大阪府 / 兵庫県 / 京都府 / 奈良県 / 和歌山県 / 滋賀県 / その他

智辯学園 中学校

http://www.chiben.ac.jp/gojo/

■ 学校長／手塚 彰　■ 副校長／辻 哲也　■ 教頭／馬場 光司　■ 生徒数／男子104名　女子92名

| 住　所 | 〒637-0037　五條市野原中 4-1-51 | TEL | 0747-22-3191 |

交通機関　岩出「ホテルいとう」よりスクールバス65分。JR和歌山線「粉河駅」よりスクールバス50分。JR和歌山線「笠田駅」よりスクールバス40分。近鉄御所線「御所駅」・南海高野線「林間田園都市駅」よりスクールバス30分。近鉄大阪線「大和八木駅」よりスクールバス60分。近鉄橿原線「橿原神宮前駅」よりスクールバス55分。近鉄吉野線「福神駅」よりスクールバス25分。JR和歌山線「五条駅」より奈良交通バス10分。

特色
・「愛のある教育」の原点を求めて、真心を有する、颯爽とした次代を担う生徒の育成と、潜在能力を最大限に引き出す教科指導を行っています。
・金剛、葛城の秀峰を仰ぎ、その麓はるかに流れゆく吉野川の清流を望む自然豊かな地に学び舎があります。

2024年度入試要項

試 験 日	一般A自己推薦　　　　1月13日 スーパー理系適性検査型1月14日PM 一般B　　　　　　　　1月15日PM
募集人員	全入試合わせて S特別選抜男女30名　AB総合選抜男女60名
試験科目	一般A　　算・国　〔各60分/各150点〕理〔45分/100点〕 自己推薦　作文〔60分、800字以内/100点〕・面接 スーパー理系・理〔計70分/100点〕 適性検査型　検査I(国語・社会)〔45分/100点〕 　　　　　　検査II(算数・理科)〔45分/100点〕 一般B　　算・国　〔各50分/各100点〕
合格発表日	一般A自己推薦　　　　1月13日〔web21:00～〕 スーパー理系適性検査型1月15日〔web10:00～〕 一般B　　　　　　　　1月16日〔web16:00～〕
受 験 料	20,000円 (1回の受験料(20,000円)で自己推薦入試と一般入試Bまたは一般入試Aと一般入試入試Bの受験が可能。)
出願期間	一般A自己推薦スーパー理系適性検査型 　12月18日～1月11日〔web15:00〕 一般B 12月18日～1月15日〔web14:00〕
入学手続	専願1月19日 併願2月10日

学校行事開催日程一覧

◆中学入試プレテスト　10/14(土)
◆オープンスクール　11/11(土)
◆個別見学会　10/7(土)　12/9(土)
◆個別相談会　11/11(土)
◆文化祭　9/13(水)～14(木)〔非公開〕
◆体育祭　10/17(火)〔非公開〕

＊各イベント等につきましては、今後新型コロナウイルス感染状況により日程の変更及び中止の場合もございます。各学校ホームページ等でご確認下さい。

入試状況

				募集人員	志望者数	受験者数	合格者数	実質倍率	合格最低点(%)
2023	一般A	S特別選抜	男子	56	56	56	8	1.0	専願:200(50%) 併願:221(55%)
			女子				12		
		AB総合選抜	男子				20		専願:121(30%) 併願:146(37%)
			女子				14		
	自己推薦		男子		4	4	4	1.0	—
			女子		7	7	7	1.0	
	スーパー理系	S特別選抜	男子	S特別選抜40	4	2	1	1.0	51(51%)
			女子				1		
		AB総合選抜	男子				0		
			女子				0		
	適性検査型	S特別選抜	男子	AB総合選抜80	17	10	2	1.0	105(53%)
			女子				2		
		AB総合選抜	男子				4		70(35%)
			女子				2		
	一般B	S特別選抜	男子		41	13	3	1.2	110(55%)
			女子				3		
		AB総合選抜	男子				2		75(38%)
			女子				1		

2023年度進学状況

❖併設高校へ卒業生男子38名中、36名進学（95%）　女子52名中、46名進学（88%）
❖高校卒業生数150名
❖主要大学への合格実績（　）内は現役合格者数
　東京大1(1)、京都大1(1)、大阪大1(1)、神戸大3(3)、北海道大1、東北大1(1)、名古屋大1(1)、奈良女子大3(3)、大阪教育大2(2)、和歌山大6(4)、東京外国語大1(1)、横浜国立大1、信州大1(1)、金沢大1(1)、名古屋工業大1、岡山大1(1)、鳴門教育大1(1)、広島大1(1)、鳥取大2(2)、琉球大1(1)、大阪公立大3(3)、奈良県立大2(2)、都留文科大3(3)、福井県立大1(1)、奈良県立医科大5(5)、和歌山県立医科大1(1)、防衛大3(2)、防衛医科大1(1)、関西大30(28)、関西学院大13(13)、同志社大14(13)、立命館大18(16)、京都産業大10(10)、近畿大63(57)、甲南大1(1)、龍谷大23(18)、大阪医科薬科大2(2)、京都薬科大2(1)、関西外国語大7(7)、京都外国語大4(4)、桃山学院大3(3)、大阪工業大4(4)、追手門学院大11(9)、摂南大21(21)、四天王寺大6(6)、大阪学院大2、大阪経済大4(4)、大阪電気通信大3(3)、阪南大11(11)、大阪産業大3、大阪商業大1(1)、大阪大谷大10(9)、佛教大3(2)、京都橘大3、大谷大4(4)、神戸学院大3(3)、奈良大1(1)、天理大1(1)、帝塚山大8(8)、畿央大4(4)、京都女子大6(6)、同志社女子大8(8)、神戸女学院大1(1)、武庫川女子大4(4)、甲南女子大3、梅花女子大2(2)、大阪芸術大3(3)、早稲田大2(1)、東京理科大3(2)、中央大1(1)、明治大3(2)、法政大5(5)、日本大1(1)、東海大1(1)、金沢医科大1(1)、産業医科大1(1)

智辯学園奈良カレッジ 中学部

https://www.chiben.ac.jp/naracollege

■ 学校長／藤田 清一朗　■ 教 頭／大上 直紀　■ 生徒数／男子 122 名　女子 113 名

| 住　所 | 〒639-0253　香芝市田尻265 | TEL | 0745-79-1111 |

交通機関
近鉄大阪線『関屋駅』よりスクールバス約5分。
近鉄南大阪線『上ノ太子駅』・JR大和路線『高井田駅』よりスクールバス約15分。

特色
"愛のある教育"という教育の原点を見つめ、"誠実・明朗"―「真心のある明るく元気な子」― に育って欲しいとする親の願いを叶える教育を目指します。その具体的な目標として、「それぞれの子どもが持っている能力の最大開発」と、「宗教的情操に基づく感性の涵養」の二つを挙げ、勉学・スポーツ・芸術活動を通して、高い理想と優れた叡智を兼ね備えた人間を育てます。

2024 年度入試要項

試験日	特色 1月13日　一般A1月13日PM 表現力1月14日　一般B1月15日
募集人員	全入試合わせて S選抜男女約40名　総合選抜男女約70名 （内部進学者を含む）
試験科目	特色　　　課題型作文〔50分/ 100点〕・面接 一般AB　算・国　〔各50分/各100点〕 表現力　人文社会科学〔60分/ 150点〕 　　　　　自然科学〔60分/ 150点〕
合格発表日	特色一般A1月14日〔web14:00〜〕 表現力　1月15日〔web14:00〜〕 一般B　1月16日〔web14:00〜〕
受験料	20,000円
出願期間	特色一般A表現力 　　　12月18日〜1月11日〔web17:00〕 一般B12月18日〜1月15日〔web 7:00〕
入学手続	特色一般A1月16日〔web18:00〕 表現力　1月17日〔web18:00〕 一般B　1月18日〔web18:00〕

学校行事開催日程一覧

◆ プレテスト　10/21（土）
◆ プライベート見学会　10月〜12月特定の土曜日に開催
◆ オープンキャンパス　11/25（土）　3月2日（土）
◆ 入試直前対策講座　11/25（土）
◆ 個別見学　随時開催
◆ 文化祭　9/16（土）〔受験希望者・保護者見学可〕
◆ 体育祭　10/13（金）〔非公開〕

＊各イベント等につきましては、今後新型コロナウイルス感染状況により日程の変更及び中止の場合もございます。各学校ホームページ等でご確認下さい。

入 試 状 況

			募集人員	志望者数	受験者数	合格者数	実質倍率	合格最低点(%)
2023	特色	S選抜	S選抜40 総合選抜70	6	6	3	2.0	90%
		総合選抜		5	5	8	—	60%
	思考力型算数	S選抜		22	22	10	2.2	専願:61% 併願:65%
		総合選抜		2	2	12	—	専願:39% 併願:44%
	表現力	S選抜		19	18	9	2.0	専願:62% 併願:68%
		総合選抜		4	4	13	—	専願:44% 併願:51%
	一般A	S選抜		59	37	17	2.2	専願:55% 併願:61%
		総合選抜		13	12	29	—	専願:38% 併願:49%
	一般B	S選抜		15	12	5	2.4	専願:62% 併願:68%
		総合選抜		1	0	1	—	専願:42% 併願:51%

＊廻し合格者含む

2023 年度進学状況

❖併設高校へ卒業生男子38名中、33名進学（87%）　女子42名中、34名進学（81%）
❖高校卒業生数119名
❖主要大学への合格実績（　）内は現役合格者数
京都大 1(1)、大阪大 4(3)、北海道大 1(1)、大阪教育大 3(3)、奈良教育大 5(5)、滋賀大 1(1)、千葉大 1(1)、三重大 2(1)、徳島大 2、鳥取大 1(1)、島根大 1(1)、鹿児島大 1(1)、琉球大 1(1)、大阪公立大 6(6)、奈良県立医科大 1(1)、防衛医科大 1(1)、水産大 1(1)、関西大 25(23)、関西学院大 9(6)、同志社大 6(5)、立命館大 19(17)、京都産業大 8(5)、近畿大 44(35)、甲南大 5(5)、龍谷大 22(20)、大阪医科薬科大 2(2)、関西医科大 1(1)、兵庫医科大 1(1)、大阪歯科大 3(2)、京都薬科大 1(1)、早稲田大 1(1)、青山学院大 1(1)、産業医科大 1(1)

帝塚山 中学校

https://www.tezukayama-h.ed.jp

■ 学校長／小林　健　■ 副校長／保田　理恵　■ 教　頭／山口　哲夫・桑江　良幸　■ 生徒数／男子 321 名　女子 665 名

| 住　　所 | 〒 631-0034　奈良市学園南 3-1-3 | TEL | 0742-41-4685 |

| 交通機関 | 近鉄奈良線『学園前駅』より徒歩 1 分。 |

特色

「正しく、清く、たくましく、そしてうるわしく」を校訓とし、明るく自由で活気に満ちた創造性豊かな生徒の育成を目指しています。クラス編成は、別学制と共学制の長所を取り入れた「併学制（ホームルーム・授業は男女別、生徒会活動・行事などは男女一緒）」をとっています。男子英数・女子英数・特進の３コースを設置し、主要教科に十分な時間をとり、ていねいな授業・小テストの繰り返し・進度別課題・補習など、きめ細かい指導で基礎学力の充実をはかります。英語教育を重視し、各学年とも外国人教員による指導を行っています。また、豊かな情操を養うため、"バイオリン"の授業も取り入れています。

2024 年度入試要項

試 験 日	①A1月13日　①B1月13日PM ②A1月14日　②B1月15日PM
募集人員	①AB②AB合わせて 男子英数スーパー理系選抜1クラス 男子英数　　　　　　　2クラス 女子英数スーパー選抜　2クラス 女子英数　　　　　　　2クラス 女子特進　　　　　　　2クラス 計300名（内部進学者を含む）
試験科目	①A 3科目型算・国　　〔各60分/各150点〕 　　　　理　　　　　〔 30分/　75点〕 　　4科目型算・国　　〔各60分/各150点〕 　　　　理・社　　　　〔各30分/各 75点〕 　　＊3科目型/4科目型いずれかを選択 ①B②B　算・国　　　〔各60分/各150点〕 ②A　　　算・国　　　〔各60分/各150点〕 　　理・社から1科目選択〔 30分/　75点〕
合格発表日	①A①B1月14日〔web16:00〜〕 ②A　　1月15日〔web16:00〜〕 ②B　　1月17日〔web10:00〜〕
受 験 料	20,000円
出願期間	①A①B②A12月5日〜1月 5日〔web23:59〕 ②B　　　12月5日〜1月15日〔web11:00〕
入学手続	①A専願　　　　　　1月15日〔 9:00〕 ①A併願①B②AB1月18日〔23:59〕

学校行事開催日程一覧

◆説明会　10/7（土）〔阿倍野〕　10/22（日）〔本校〕
　　　　　11/26（日）〔本校〕
◆文化祭　11/20（月）〜11/21（火）〔非公開〕
◆体育祭　10/3（火）〔非公開〕

＊各イベント等につきましては、今後新型コロナウイルス感染状況により日程の変更及び中止の場合もございます。各学校ホームページ等でご確認下さい。

入 試 状 況

			募集人員	志望者数	受験者数	合格者数	実質倍率	合格最低点(%)
2023	①A	男子英数 S理選抜		専願 57	専願 55	15 2	1.2	310(69%) 335(74%)
		男子英数		併願 21	併願 19	30 11	1.5	259(58%) 288(64%)
		女子英数 S選抜		専願 135	専願 134	26 10 41	専願 1.3	310(69%) 335(74%) 277(62%)
		女子英数		併願 23	併願 23	4 37	併願 1.0	300(67%) 232(52%)
		女子特進	300			9		260(58%)
	①B	男子英数S理選抜		198	192	92	1.2	200(67%)
		男子英数				63		171(57%)
		女子英数S選抜				134		200(67%)
		女子英数		401	391	120	1.1	177(59%)
		女子特進				88		154(51%)
	②A	男子英数S理選抜		164	158	65	1.3	専願:323(72%)併願:340(76%)
		男子英数				55		専願:287(64%)併願:298(66%)
		女子英数S選抜				98		専願:323(72%)併願:340(76%)
		女子英数		317	301	95	1.2	専願:292(73%)併願:304(68%)
		女子特進				62		専願:260(58%)併願:274(61%)
	②B	男子英数S理選抜		181	123	36	1.2	258(86%)
		男子英数				63		223(74%)
		女子英数S選抜				47		258(86%)
		女子英数		322	220	62	1.2	238(79%)
		女子特進				79		210(70%)

2023 年度進学状況

❖併設高校へ卒業生男子 126 名中、120 名進学（95%）　女子 195 名中、169 名進学（87%）
❖高校卒業生数 362 名
❖併設大学・短期大学への進学　帝塚山大学 2 名
❖主要大学への合格実績（　）内は現役合格者数
　東京大 1(1)、京都大 16(9)、大阪大 12(11)、神戸大 18(14)、北海道大 6(5)、東北大 2(2)、一橋大 1(1)、九州大 3、お茶の水女子大 1、奈良女子大 1(1)、大阪教育大 1(1)、京都工芸繊維大 5(3)、滋賀大 1、和歌山大 4(4)、東京学芸大 1(1)、電気通信大 1(1)、千葉大 1(1)、新潟大 1(1)、富山大 1(1)、静岡大 2(2)、金沢大 2(2)、福井大 1、名古屋工業大 1(1)、岐阜大 1、三重大 3、岡山大 3(2)、香川大 3(3)、愛媛大 3(2)、徳島大 1(1)、鳴門教育大 1(1)、高知大 1(1)、広島大 3(1)、鳥取大 5(4)、島根大 2(2)、山口大 1(1)、九州工業大 1(1)、佐賀大 1(1)、大分大 1(1)、鹿児島大 3(3)、琉球大 1(1)、滋賀医科大 4(3)、大阪公立大 31(23)、京都府立大 2(2)、神戸市外国語大 2(1)、奈良県立大 1(1)、滋賀県立大 6(3)、兵庫県立大 4(3)、東京都立大 1(1)、国際教養大 1(1)、名古屋市立大 2(1)、山口県立大 1(1)、京都府立医科大 3(1)、奈良県立医科大 7(1)、和歌山県立医科大 3(3)、九州歯科大 1(1)、防衛大 2(2)、防衛医科大 1(1)、神戸市看護大 1、関西大 78(61)、関西学院大 94(76)、同志社大 75(45)、立命館大 124(78)、京都産業大 15(10)、近畿大 181(120)、甲南大 9(9)、龍谷大 56(43)、大阪医科薬科大 24(15)、関西医科大 19(13)、兵庫医科大 15(6)、大阪歯科大 10(7)、関西外国語大 1(1)、神戸薬科大 16(12)、神戸女学院大 7(7)、関西外国語大 1(1)、桃山学院教育大 1(1)、大阪工業大 4(4)、摂南大 15(12)、大阪大谷大 2(1)、京都橘大 7(7)、神戸学院大 1(1)、京都女子大 27(27)、同志社女子大 54(51)、武庫川女子大 35(35)、早稲田大 14(7)、慶應義塾大 5(3)、上智大 4(2)、東京理科大 14(6)、立教大 2、中央大 10(1)、青山学院大 8(5)、明治大 14(7)、法政大 8(7)、岩手医科大 1(1)、自治医科大 1(1)、金沢医科大 2、愛知医科大 2(1)、朝日大 2(1)、川崎医科大 2

天　理　中学校

http://www.tenri-j.ed.jp/

■ 学校長／西浦 三太　■ 教 頭／高木 章　■ 生徒数／男子259名　女子196名

| 住　所 | 〒632-0032　天理市杣之内町827 | TEL | 0743-63-7673 |

| 交通機関 | JR桜井線『天理駅』より徒歩40分。
近鉄天理線『天理駅』より徒歩40分。 |

特色

本校の教育は、教育基本法及び学校教育法に則って中等普通教育を施すと共に、天理教教義に基づいた信条教育を行い、よふぼくとしての資質をもつ生徒の育成を目的としています。
そのために生徒一人ひとりに与えられた能力を発見し、それを伸ばす教育、そして中学生らしい健全な自立心の発達を促す教育を目指しています。教科教育はもちろんのこと、「宗教科」での天理教教義の基礎教育に加え、様々な信仰実践を通した「心の教育」にも力を注いだ全人教育を目指しています。部活動は、近畿や全国レベルの成果を挙げている部もあります。また、生徒会活動や学校行事等にも大きなウエイトをかけて指導しています。

2024 年度入試要項

試 験 日	1月27日
募集人員	男女160名 （内部進学者を含む）
試験科目	算・国・理・社〔各40分/各100点〕 面接
合格発表日	1月30日〔web12:00～〕
受 験 料	10,000円
出願期間	12月18日～1月12日〔web〕
入学手続	2月6日

学校行事開催日程一覧

◆説明会　11/4(土)
◆体育祭　10/6(金)〔非公開〕

＊各イベント等につきましては、今後新型コロナウイルス感染状況により日程の変更及び中止の場合もございます。各学校ホームページ等でご確認下さい。

入 試 状 況

		募集人員	志望者数	受験者数	合格者数	実質倍率	合格最低点(%)
2023	男子	160	98	95	92	1.0	非公表
	女子		71	69	66	1.0	
2022	男子	160	100	98	89	1.1	
	女子		78	76	70	1.1	
2021	男子	160	92	89	86	1.0	
	女子		66	66	64	1.0	

2023 年度進学状況

❖併設高校へ卒業生男子86名中、47名進学（55%）　女子67名中、39名進学（58%）
❖高校卒業生数 410名
❖併設大学・短期大学への進学
　天理大学107名〔人間29・国際26・医学部療24・体育21・文学7〕
❖主要大学への合格実績
　筑波大1、九州大1、大阪教育大1、奈良教育大3、滋賀大1、和歌山大1、秋田大1、金沢大1、三重大1、徳島大1、鳴門教育大2、高知大1、京都市立芸術大2、奈良県立医科大3、関西大7、関西学院大5、同志社大5、立命館大4、京都産業大11、近畿大15、龍谷大12、大阪医科薬科大3、兵庫医科大1、神戸薬科大1、関西外国語大9、京都外国語大7、桃山学院大2、大阪工業大9、追手門学院大2、摂南大4、四天王寺大2、大阪経済大3、大阪電気通信大1、阪南大1、大阪産業大7、大阪商業大3、大阪経済法科大32、帝塚山学院大1、大阪大谷大2、大和大2、佛教大2、京都精華大1、京都先端科学大1、京都橘大2、大谷大1、花園大1、神戸学院大3、流通科学大1、関西国際大1、帝塚山大7、畿央大21、京都女子大3、同志社女子大4、武庫川女子大4、大阪芸術大1、早稲田大1、中央大6、学習院大2、青山学院大1、明治大3、法政大4、日本大2、愛知医科大1、朝日大3、関西外国語短大1、大阪芸術短大1

奈良育英 中学校

中

http://www.ikuei.ed.jp/

■ 学校長／米田 安男　■ 教 頭／立花 宏介　■ 生徒数／男子78名 女子57名

| 住　所 | 〒630-8558　奈良市法蓮町1000 | TEL | 0742-26-2845 |

交通機関　近鉄奈良線『奈良駅』より徒歩10分。ＪＲ大和路線『奈良駅』より徒歩15分。
奈良交通バス『育英学園停留所』下車。

特色　本校では中高一貫教育を行っています。中等教育前期から後期にあたる中学から高校の6年間を、成長の大きな変革期であると捉え、成長段階に応じた教育を展開しています。高校3年の卒業段階で「自立し、社会で貢献できる人材となり、希望する進路を実現すること」が目標です。その前段階として、生徒たちは生活習慣や学習習慣を身につけながら、様々な集団活動や職場体験（キャリア形成）を通し、多様な人々との人間関係を構築する経験を積んでいきます。「自分をよく理解すること」を目指し、しっかりとした自覚をもつ。高校での更なる成長に向かうため、基盤づくりを徹底します。

2024年度入試要項

| 試 験 日 | 前期ＳＰ1月13日　中期1月14日PM
後期　　1月21日 |

募集人員　前期ＳＰ中期後期合わせて男女60名

試験科目

前期中期	2教科型算・国	〔各45分/各100点〕
	3教科型算・国	〔各45分/各100点〕
	理	〔 30分/ 50点〕
	3教科型算・国	〔各45分/各100点〕
	英	〔 15分/ 50点〕

＊2教科型/3教科型いずれかを選択
面接（専願のみ）

SP	基礎問題(算・国)〔 30分/ 50点〕
	作文 〔 30分/ 25点〕
	プレゼンテーション
	〔約15分/ 50点〕・面接

| 後期 | 算・国 〔各45分/各100点〕 |
| | 面接 |

合格発表日

| 前期ＳＰ1月13日〔午後web〕 |
| 中期　　1月15日〔午前web〕 |
| 後期　　1月21日〔午後web〕 |

受 験 料　20,000円
（1回分の検定料で前期・中期又はSP・中期の受験が可能です）

出願期間

| 前期ＳＰ中期11月26日～1月11日〔web12:00〕 |
| 後期　　　11月26日～1月20日〔web12:00〕 |

入学手続

| 前期ＳＰ中期専願1月17日〔web〕 |
| 中期併願後期　　1月24日〔web〕 |

学校行事開催日程一覧

◆説明会　11/11(土)　12/10(日)

◆オープンスクール　10/21(土)

◆トライアル　11/11(土)　12/10(日)

◆専願者集会　11/26(日)

◆文化祭　9/16(土)〔受験希望者・保護者見学可・要事前申込〕

◆体育祭　〔非公開〕

＊各イベント等につきましては、今後新型コロナウイルス感染状況により日程の変更及び中止の場合もございます。各学校ホームページ等でご確認下さい。

入 試 状 況

		募集人員	志望者数	受験者数	合格者数	実質倍率	合格基準点(%)
2023	前期	約60	42	41	40	1.0	90(36%)
	SP		4	4	4	1.0	
	中期		57	28	28	1.0	非公表
	後期		15	11	8	1.4	
2022	前期	約60	32	32	31	1.0	90(36%)
	SP		1	1	1	1.0	
	中期		45	23	21	1.1	非公表
	後期		4	2	0	―	
2021	前期	約60	34	34	31	1.1	90(36%)
	SP						
	中期		31	14	13	1.1	非公表
	後期		9	3	2	1.5	

2023年度進学状況

❖併設高校へ卒業生男子25名中、20名進学（80%）　女子12名中、12名進学（100%）
❖高校卒業生数249名
❖主要大学への合格実績（　）内は現役合格者数
筑波大1(1)、奈良女子大1(1)、兵庫教育大1(1)、奈良教育大2(2)、和歌山大1(1)、鳥取大1(1)、奈良県立大1(1)、奈良県立医科大2(2)、関西大19(17)、関西学院大3(3)、同志社大12(10)、立命館大9(7)、京都産業大21(15)、近畿大72(55)、甲南大4(4)、龍谷大39(38)、大阪医科薬科大1、関西医科大1、兵庫医科大2、関西外国語大11(11)、京都外国語大5(5)、桃山学院大25(25)、桃山学院教育大7(7)、大阪工業大1(1)、追手門学院大8(8)、摂南大22(18)、四天王寺大11(11)、大阪学院大1(1)、大阪経済大11(11)、大阪電気通信大14(14)、阪南大1(1)、大阪産業大3(3)、大阪経済法科大21(21)、大阪大谷大4(4)、大和大9(9)、京都文教大1(1)、佛教大3(3)、京都橘大2(2)、大谷大1(1)、神戸学院大2(2)、神戸親和大1(1)、大手前大2(2)、関西国際大1(1)、奈良大2(2)、天理大7(7)、帝塚山大12(7)、畿央大12(12)、京都女子大3(3)、同志社女子大5(5)、京都ノートルダム女子大1(1)、神戸女学院大1(1)、武庫川女子大5(5)、神戸女子大1(1)、甲南女子大2(2)、梅花女子大1(1)、大阪樟蔭女子大4(4)、大阪芸術大4(4)、京都芸術大2(2)、嵯峨美術大2(2)、早稲田大4(4)、明治大1(1)、法政大1(1)、金沢医科大1、愛知医科大1、朝日大1(1)、大阪芸術短大1(1)

奈良学園 中学校

http://www.naragakuen.ed.jp/

■ 学校長／河合　保秀　■ 教　頭／上原　朋之・渡辺　義文　■ 生徒数／男子 280 名　女子 187 名

| 住　　所 | 〒 639-1093　大和郡山市山田町 430 | TEL | 0743-54-0351 |

| 交通機関 | 近鉄橿原線『近鉄郡山駅』よりバス 25 分。ＪＲ大和路線『大和小泉駅』よりバス 15 分。近鉄奈良線『学園前駅』よりバス 35 分。 |

特色

奈良学園は、中学・高校を通した一貫教育を行うことを基本としています。すなわち、自我の確立にとって重要な時期である、中学後期から高校前期にかけて継続した教育を実施し、個性を伸ばし、積極的な心身の鍛練がなされるように努めています。また、6 か年を見通した教育課程を編成し、中学高校間の無駄な重複を除くとともに、高校段階の教科内容の一部を中学に移すなどして、学習の能率化をはかり、この一貫教育の長所を十分生かすために、2 か年ごとの課程（基礎課程・伸長課程・完成課程）を設けて運営しています。なお、平成 18 年度入学生より「特進コース」「医進コース」の 2 コース制を導入し、平成 24 年度から SSH（スーパーサイエンスハイスクール）の指定を受けています。

2024 年度入試要項

試 験 日	A1月13日　　　B1月14日 C1月15日PM
募集人員	ＡＢＣ合わせて 特進男女125名　医進男女35名
試験科目	ＡＢ医進3教科型算・国〔各60分/各150点〕 　　　　理〔 40分/ 150点〕 　　4教科型算・国〔各60分/各150点〕 　　　　理〔 40分/ 150点〕 　　　　社〔 40分/ 100点〕 　　特進3教科型算・国〔各60分/各150点〕 　　　　理〔 40分/ 100点〕 　　4教科型算・国〔各60分/各150点〕 　　　　理・社〔各40分/各100点〕 　　＊3教科型/4教科型いずれかを選択 　　C　　算・国〔各60分/各150点〕
合格発表日	A1月14日〔掲示・web14:00〜〕 B1月15日〔web11:00〜〕 C1月16日〔web18:00〜〕
受 験 料	18,000円
出願期間	12月4日〜1月9日〔web〕
入学手続	A1月14日〜1月15日〔銀行振込/18:00〕 B1月15日〜1月16日〔銀行振込/18:00〕 C1月17日〜1月18日〔銀行振込/18:00〕

学校行事開催日程一覧

◆説明会　10/7(土)　11/11(土)

◆文化祭　9/9(土)〔受験希望者・保護者見学可〕

◆体育祭　10/4(水)〔非公開〕

＊各イベント等につきましては、今後新型コロナウイルス感染状況により日程の変更及び中止の場合もございます。各学校ホームページ等でご確認下さい。

入 試 状 況

				募集人員	志望者数	受験者数	合格者数	実質倍率	合格最低点(%)
2023	A	医進	男子		77	75	10	7.5	408.83(74%)
			女子		42	42	8	5.3	
		特進	男子		28	27	11(45)	2.5	311(62%)
			女子		26	26	12(22)	2.2	
	B	医進	男子	医進35	143	139	29	4.8	432.05(79%)
			女子		64	63	8	7.9	
		特進	男子	特進125	45	42	11(74)	3.8	333(67%)
			女子		41	41	22(32)	1.9	
	C	医進	男子		148	71	8	8.9	225(75%)
			女子		76	40	11	3.6	
		特進	男子		42	27	11(47)	2.5	162(54%)
			女子		37	18	10(22)	1.8	

※（　）内は廻し合格者数

2023 年度進学状況

❖併設高校へ卒業生男子 93 名中、93 名進学（100%）　女子 64 名中、61 名進学（95%）
❖高校卒業生数 188 名
❖主要大学への合格実績（　）内は現役合格者数
京都大 10(4)、大阪大 9(5)、神戸大 7(4)、北海道大 2、東北大 1(1)、筑波大 2(2)、名古屋大 1(1)、奈良女子大 2(2)、和歌山大 2(2)、横浜国立大 1(1)、岐阜大 1、三重大 4(2)、愛媛大 1、徳島大 3(2)、高知大 1(1)、広島大 4(3)、鹿児島大 1、東京医科歯科大 1(1)、大阪公立大 15(10)、京都府立大 1(1)、名古屋市立大 2(1)、京都府立医科大 1(1)、奈良県立医科大 2(1)、和歌山県立医科大 1、岐阜薬科大 1、防衛医科大 1(1)、関西大 53(27)、関西学院大 54(41)、同志社大 75(36)、立命館大 57(19)、近畿大 3、大阪医科薬科大 9(2)、関西医科大 1、兵庫医科大 1、京都薬科大 14(6)、早稲田大 4(3)、慶應義塾大 7(1)、東京理科大 18(8)、明治大 3(2)、日本大 1、岩手医科大 2、自治医科大 1、愛知医科大 1

奈良学園登美ヶ丘 中学校

http://www.naragakuen.jp/tomigaoka/

■ 学校長／安井　孝至　■ 教　頭／立花　正幸・三笘　康之　■ 生徒数／男子 231 名　女子 218 名

住　所	〒 631-8522　奈良市中登美ヶ丘 3-15-1	TEL	0742-93-5111

交通機関　近鉄けいはんな線『学研奈良登美ヶ丘駅』より徒歩 8 分。近鉄奈良線『学園前駅』・近鉄京都線『高の原駅』より奈良交通バス『北登美ヶ丘 1 丁目停留所』下車。近鉄奈良線『学園前駅』より奈良交通バス『奈良学園登美ヶ丘停留所』下車。近鉄京都線『高の原駅』・JR 東西線『祝園駅』よりスクールバス。

特色　中学・高校の 6 年間で最難関大学への現役突破を目指すため、M と Y の 2 つのステージで学びます。中学 1 年（M3）、中学 2 年（M4）で基礎的な学力と知識を習得し、少し先の内容も学びながら各自の進み具合に合わせてフォローし、教科内容をしっかりと習得させます。中学 3 年（Y1）では学ぶ校舎や制服を変え、早期から大学受験を意識できる環境を整え、受験に備えた応用力の育成に入ります。

2024 年度入試要項

試 験 日	A 1月13日　B 1月14日 PM C 1月16日
募集人員	A B C 合わせて Ⅰ類男女40名　Ⅱ類男女120名 （内部進学者を含む）
試験科目	A　3教科受験算・国〔各60分/各120点〕 　　　　　　　理〔　40分/　80点〕 　　4教科受験算・国〔各60分/各120点〕 　　　　　　　理・社〔各40分/各80点〕 　　＊3教科受験/4教科受験いずれかを選択 B C　　　算・国〔各60分/各120点〕
合格発表日	A 1月14日〔web13:00〜〕 B 1月15日〔web13:00〜〕 C 1月16日〔web19:00〜〕
受 験 料	20,000円
出願期間	A B 12月1日〜1 月 8 日〔web〕 C　12月1日〜1月16日〔web9:00〕
入学手続	A 専願　1月15日〔銀行振込23:59〕 A 併願 B 1月16日〔銀行振込23:59〕 C　1月17日〔銀行振込23:59〕

学校行事開催日程一覧

◆ **学校見学会・説明会**　10/28（土）　11/25（土）
◆ **校外説明会**　10/4（水）〔難波〕　10/18（水）〔京田辺〕
　　11/2（木）〔難波〕
◆ **プレテスト**　11/18（土）
◆ **プレテスト返却解説会**　11/25（土）
◆ **文化祭**　8/27（日）
◆ **体育祭**　〔非公開〕

＊各イベント等につきましては、今後新型コロナウイルス感染状況により日程の変更及び中止の場合もございます。各学校ホームページ等でご確認下さい。

入 試 状 況

				募集人員	志望者数	受験者数	合格者数	実質倍率	合格最低点(%)
2023	A	専願	Ⅰ類	Ⅰ類 40	74	72	12	1.3	195(49%)
			Ⅱ類				45		
		併願	Ⅰ類		43	40	10	1.5	220(55%)
			Ⅱ類				16		
	B		Ⅰ類	Ⅱ類 120	323	265	56	1.3	113(47%)
			Ⅱ類				146		
	C		Ⅰ類		133	86	14		118(49%)
			Ⅱ類				46		
2022	A	専願	Ⅰ類	Ⅰ類 40	88	86	20	1.3	200(50%)
			Ⅱ類				45		
		併願	Ⅰ類		73	34	10	1.7	240(60%)
			Ⅱ類				10		
	B		Ⅰ類	Ⅱ類 120	345	245	36	1.4	118(49%)
			Ⅱ類				137		
	C		Ⅰ類		328	110	12	1.2	119(50%)
			Ⅱ類				80		

2023 年度進学状況

❖ 併設高校へ卒業生男子 79 名中、74 名進学（94%）　女子 74 名中、70 名進学（95%）
❖ 高校卒業生数 143 名
❖ 主要大学への合格実績（　）内は現役合格者数
　京都大 10(7)、大阪大 2(2)、神戸大 3(2)、北海道大 4(4)、奈良女子大 2(2)、大阪教育大 1、京都工芸繊維大 1、奈良教育大 1(1)、滋賀大 2(1)、千葉大 1(1)、信州大 1(1)、愛媛大 2(1)、広島大 3(2)、鳥取大 1(1)、佐賀大 1、大分大 1(1)、滋賀医科大 1、大阪公立大 7(7)、奈良県立医科大 1(1)、関西大 20(12)、関西学院大 11(10)、同志社大 25(17)、立命館大 49(37)、近畿大 84(60)、大阪医科薬科大 10(8)、関西医科大 4(4)、兵庫医科大 3(3)、大阪歯科大 1(1)、京都薬科大 6(5)、神戸薬科大 5(4)、摂南大 15(15)、大阪大谷大 1、姫路獨協大 1(1)、同志社女子大 11(9)、武庫川女子大 4(4)、早稲田大 1(1)、上智大 1(1)、東京理科大 2(1)、青山学院大 1、明治大 4、北里大 2(1)、日本大 1(1)、岡山理科大 1、金沢医科大 2(1)、愛知医科大 1、産業医科大 1

西大和学園 中学校

http://www.nishiyamato.ed.jp

■ 学園長／岡田 清弘　■ 学校長／飯田 光政　■ 生徒数／男子 503 名　女子 206 名

| 住　所 | 〒 636-0082　北葛城郡河合町薬井 295 | TEL | 0745-73-6565 |

交通機関　ＪＲ大和路線・近鉄生駒線『王寺駅』よりバス６分。
近鉄田原本線『大輪田駅』より徒歩８分。

特色　「探究・誠実・気迫」を校訓に掲げ、知・徳・体全般にわたる全人格教育を基本に生徒たちはみずみずしい学園生活を送っています。6 年間を見通して、計画的にカリキュラムを構成。低学年（中学１・２年生）では中学課程の基礎学力と体力をしっかり学びます。多感なこの時期には、多彩な行事や体験学習を通じて知る楽しさや喜びを身につけます。中学年（中学３年・高校１年生）では高校課程の基礎学力を身につけながら中国をはじめとするアジアの国やアメリカを訪問しグローバルスタンダードを養います。また中学３年生では「卒業研究」で、ひとつのテーマを追究し論文を作成する事を学びます。高学年（高校２・３年生）では高校２年の段階で高校課程までのカリキュラムを終了。高校３年生では大学と連携して生徒たちの学問的興味をさらに強め、大学への進学をめざして的確な指導を行います。

2024 年度入試要項

試 験 日	21世紀型特色　　　1月13日PM
	4科・3科英語重視型1月14日PM
募集人員	21世紀型特色男女若干名
	4科・3科英語重視型合わせて男子約180名　女子約40名
試験科目	21世紀型特色適性検査型総合問題
	グループディスカッション
	プレゼンテーション・面接
	4科3科　3科受験算・国　〔各60分/各150点〕
	理　〔 40分/ 100点〕
	4科受験算・国　〔各60分/各150点〕
	理・社　〔各40分/各100点〕
	英語重視型A　算・国　〔各60分/各150点〕
	英（筆記）〔 40分/ 100点〕
	英（エッセイ）〔 30分/ 70点〕
	面接（英語）〔 30点〕
	英語重視型B　算・国　〔各60分/各150点〕
	面接
	＊3科受験/4科受験/英語重視型A・Bいずれかを選択
合格発表日	1月15日〔web10:00〜〕
受 験 料	20,000円
出願期間	12月4日〜1月4日〔web18:00〕
入学手続	1月15日〜1月16日〔web〕

学校行事開催日程一覧

◆説明会　10/1（日）　10/9（祝）　11/11（土）
◆21世紀型特色入試説明会　10/12（木）　10/13（金）
　　　　　　　　　　　　　11/ 9（木）

◆文化祭　9/9（土）
◆体育祭　5/11（木）〔公開〕

＊各イベント等につきましては、今後新型コロナウイルス感染状況により日程の変更及び中止の場合もございます。各学校ホームページ等でご確認下さい。

入 試 状 況

			募集人員	志望者数	受験者数	合格者数	実質倍率	合格最低点(%)
2023	21世紀型特色	男子	若干名	96	84	15	5.6	—
		女子	若干名	109	105	11	9.5	—
	4科・3科（英語重視含む）	男子	180	1,002	903	398	2.3	323(65%)
		女子	40	262	246	91	2.7	333(67%)
2022	21世紀型特色	男子	若干名	175	168	21	8.0	—
		女子	若干名					—
	4科・3科（英語重視含む）	男子	180	1,086	1,003	392	2.6	356(71%)
		女子	40	243	233	79	2.9	364(73%)
2021	21世紀型特色	男子	若干名	34	32	3	10.7	—
		女子	若干名	110	107	18	5.9	—
	4科・3科（英語重視含む）	男子	180	1,120	1,047	476	2.2	345(69%)
		女子	40	261	245	70	3.5	363(73%)

2023 年度進学状況

❖併設高校へ卒業生男子193名中、193名進学（100%）　女子44名中、44名進学（100%）
❖高校卒業生数 355 名
❖併設大学・短期大学への進学　大和大学６名〔情報４・政治経済２〕
❖主要大学への合格実績（　）内は現役合格者数
東京大 73(50)、京都大 39(25)、大阪大 25(14)、神戸大 29(19)、北海道大 8(5)、東北大 3(3)、筑波大 3(3)、一橋大 2、東京工業大 4(1)、名古屋大 6(6)、九州大 5(2)、お茶の水女子大 2(1)、奈良女子大 3(2)、滋賀大 2(1)、和歌山大 1(1)、東京外国語大 1、東京農工大 1(1)、電気通信大 1、横浜国立大 5(5)、埼玉大 1(1)、千葉大 3(1)、山梨大 1、富山大 1、福井大 1、三重大 1、岡山大 1、香川大 1(1)、愛媛大 1(1)、徳島大 3(1)、高知大 1(1)、広島大 1(1)、鳥取大 2、島根大 1、山口大 2(1)、熊本大 1、宮崎大 2、琉球大 1(1)、東京医歯科大 1(1)、浜松医科大 1(1)、大阪公立大 14(8)、京都府立大 1、神戸市外国語大 1(1)、滋賀県立大 1(1)、兵庫県立大 3(1)、東京都立大 1(1)、国際教養大 4(1)、京都府立医科大 3(2)、奈良県立医科大 6(4)、和歌山県立医科大 2(1)、九州歯科大 2、防衛大 1(1)、防衛医科大 6(3)、関西大 26(15)、関西学院大 27(10)、同志社大 90(34)、立命館大 42(22)、近畿大 28(8)、大阪医科薬科大 9(3)、関西医科大 11(7)、兵庫医科大 3、京都薬科大 1、神戸薬科大 2(1)、大阪工業大 1、摂南大 1、大阪電気通信大 1、大阪大谷大 1、同志社女子大 1(1)、早稲田大 49(9)、慶應義塾大 49(16)、上智大 19(8)、東京理科大 14(3)、立教大 6(4)、中央大 8(5)、青山学院大 8(5)、明治大 17(6)、法政大 2(1)、成蹊大 1、日本大 1(1)、愛知学院大 1、聖マリアンナ医科大 1、金沢医科大 1、愛知医科大 2

大阪府　兵庫県　京都府　奈良県　和歌山県　滋賀県　その他

和歌山信愛 中学校

http://www.shin-ai.ac.jp

■ 学校長／平良　優美子　■ 副校長／紙岡　智　■ 教　頭／井谷　準子　■ 生徒数／女子288名

| 住　所 | 〒640-8151　和歌山市屋形町2-23 | TEL | 073-424-1141 |

交通機関　ＪＲ阪和線『和歌山駅』よりバス4分。南海本線『和歌山市駅』よりバス10分。『三木町新通』・『三木町』下車すぐ。

特色　和歌山信愛は県内唯一のカトリックミッション系女子校です。「あなたがあなたであるがゆえにすばらしい」というキリスト教の考え方が浸透した、ひとり一人を大切にする学校です。生徒たちは、学校生活全般において、自分を支えてくれる周囲の人たちの愛に気づき、愛に包まれて、優しさに満ちた女性に成長します。信愛生は他者をよく思いやります。それゆえ人間関係は、とてもさっぱりしています。進学校で学力を伸ばすことは大切なことです。信愛でも6年一貫生の大多数が国公立大学や有名私立大学等、希望の進路に進んでいます。しかし、信愛では学力が愛に結びつけられなければ意味がないと考えています。和歌山信愛は愛に満たされることと希望の進学を同時に実現する学校です。

2024年度入試要項

試 験 日
A午前1月13日　A午後1月13日PM
B　　1月14日　C　　1月18日

募集人員
全入試合わせて　医進女子25名　特進女子95名
A午前女子約70名　A午後C合わせて女子約25名
B　女子約25名

試験科目
A午前B
　医進　　算・国　　〔各60分/各100点〕
　　　　　理　　　　〔 40分／ 70点〕
　特進
　　2科目受験算・国　〔各60分/各100点〕
　　3科目受験算・国　〔各60分/各100点〕
　　　　　　理　　　　〔 40分／ 70点〕
　＊2科目受験/3科目受験いずれかを選択
A午後　適性検査　　〔 50分〕 100点
　　　　作文　　　　〔 50分〕 100点
C　　　総合問題（口頭試問含む）〔約50分〕 100点
　　　　作文　　　　〔 50分〕 100点

合格発表日
A午前1月13日〔web21:30〜〕
A午後1月15日〔web21:30〜〕
B　　1月14日〔web21:30〜〕
C　　1月22日〔web19:00〜〕

受 験 料
A午前B20,000円
A午後C15,000円
（A日程午前午後・B日程を複数回同時出願の場合は合計で20,000円）

出願期間
A午前午後B12月　4日〜1月11日〔web16:00〕
C　　　　　1月15日〜1月17日〔web16:00〕

入学手続
A午前　1月14日〔17:00〕
B　　　1月15日〔17:00〕
A午後C2月　1日〔銀行振込17:00〕

学校行事開催日程一覧

◆説明会　10/ 1（日）〔海南〕　10/14（土）〔泉佐野〕
　　　　　11/11（土）〔本校〕　12/ 9（土）〔本校〕

◆プレテスト　10/15（日）

◆個別相談会　12/16（土）

◆文化祭　5/2（火）〔受験希望者・保護者見学可〕

◆体育祭　10/17（火）

＊各イベント等につきましては、今後新型コロナウイルス感染状況により日程の変更及び中止の場合もございます。各学校ホームページ等でご確認下さい。

入 試 状 況

			募集人員	志願者数	受験者数	合格者数	実質倍率	合格最低点(%)
2023	A午前	医進	医進25 特進95	47	44	23	1.9	197(73%)
		特進		51	48	44(21)	1.1	111(41%)
	A午後	医進		37	36	18	2.0	非公表
		特進		31	28	23(14)	1.2	
	B	医進		109	72	51	1.4	206(71%)
		特進		56	12	8(18)	1.5	170(54%)
	C	医進		6	5	3	1.7	非公表
		特進		8	8	6(2)	1.3	
2022	A午前	医進	医進25 特進95	25	25	13	1.9	189(70%)
		特進		55	55	53(11)	1.1	101(37%)
	A午後	医進		36	36	20	1.8	非公表
		特進		31	31	24(14)	1.3	
	B	医進		96	71	55	1.3	192(71%)
		特進		53	8	7(16)	1.1	147(54%)
	C	医進		5	5	5	1.0	非公表
		特進		4	4	4	1.0	

※（　）内は廻し合格者数

2023年度進学状況

❖併設高校へ卒業生108名中、104名進学（96%）
❖高校卒業生数201名
❖併設大学・短期大学への進学
　和歌山信愛大学12名〔こども教育12〕
　和歌山信愛女子短期大学5名〔保育3・生活文化2〕
❖主要大学への合格実績（　）内は現役合格者数
京都大1(1)、大阪大2(2)、神戸大1(1)、九州大1(1)、奈良女子大3(3)、大阪教育大2(2)、和歌山大9(9)、北見工業大1(1)、山形大1(1)、宇都宮大1(1)、群馬大1(1)、静岡大1(1)、岡山大5(5)、香川大1(1)、愛媛大2(2)、徳島大1(1)、高知大2(2)、広島大3(3)、鳥取大2(2)、島根大1(1)、長崎大2(2)、宮崎大1(1)、鹿児島大1(1)、大阪公立大2(2)、奈良県立大1(1)、釧路公立大5(5)、国際教養大1(1)、名古屋市立大1(1)、下関市立大3(3)、和歌山県立医科大4(3)、防衛医科大1(1)、水産大1(1)、関西大24(24)、関西学院大11(11)、同志社大12(12)、立命館大3(3)、京都産業大5(5)、近畿大59(58)、甲南大5(5)、龍谷大13(12)、関西医科大1(1)、大阪歯科大1(1)、関西外国語大4(4)、京都外国語大2(2)、桃山学院大4(4)、大阪工業大6(6)、摂南大5(5)、四天王寺大4(4)、帝塚山学院大6(6)、大阪大谷大7(7)、京都橘大4(4)、京都女子大26(24)、同志社女子大10(9)、神戸女学院大21(21)、武庫川女子大7(7)、甲南女子大6(6)、大阪樟蔭女子大4(4)、大阪芸術大5(5)、早稲田大1(1)、上智大1(1)、津田塾大3(3)、聖心女子大3(3)

126

開　智　中学校

http://www.kaichi.ed.jp/

■ 学校長／髙松　雅貴　■ 副校長／中村　恭子　■ 教　頭／中川　英　■ 生徒数／男子 226 名　女子 231 名

| 住　　所 | 〒 640-8481　和歌山市直川 113-2 | TEL | 073-461-8080 |

| 交通機関 | ＪＲ阪和線『六十谷駅』より徒歩 8 分。 |

特色　教育理念「四恩報答」を建学の精神とし、心豊かにたくましく生き、時代の要請に対応し、社会に貢献し得る人間の育成に努めています。また、学校を一人ひとりの生徒が己の奥深くに存在する智を開く場、自分の人生を見定める場として捉え、その実践に努めています。人間教育を基盤に、生徒の志望する大学に焦点を当てた教科指導を展開し、主要教科の多単位履修、個人の理解・進路に合わせたきめ細やかな指導を行っています。

2024 年度入試要項

試　験　日	前期 1 月 13 日　後期 1 月 15 日
募集人員	前期スーパー文理男女約 30 名 　　　　特進　　　　　男女約 95 名 後期スーパー文理男女約 5 名 　　　　特進　　　　　男女約 10 名
試験科目	算・国〔各 60 分/各 150 点〕 理　〔　45 分/　100 点〕
合格発表日	前期 1 月 14 日〔掲示・web13:00〜〕 後期 1 月 16 日〔掲示・web13:00〜〕
受　験　料	20,000 円
出願期間	12 月 20 日〜 1 月 10 日〔web16:00〕
入学手続	前期 1 月 15 日〔web16:00〕 後期 1 月 17 日〔web16:00〕

学校行事開催日程一覧

◆説明会　10/14(土)〔泉佐野〕　11/ 4(土)〔岸和田〕
　　　　　11/10(金)〔阿倍野〕　11/23(祝)〔本　校〕
　　　　　12/ 2(土)〔本　校〕
◆体験テスト　11/23(祝)
◆文化祭　11/2(木)〜3(祝)
◆体育祭　10/14(土)

＊各イベント等につきましては、今後新型コロナウイルス感染状況により日程の変更及び中止の場合もございます。各学校ホームページ等でご確認下さい。

入 試 状 況

				募集人員	志願者数	受験者数	合格者数	実質倍率	合格最低点(%)
2023	前期	S文理	男子	約 30	80	78	24	3.3	296(74%)
			女子		75	75	20	3.8	
		特進	男子	約 95	14	14	8(51)	1.8	195(49%)
			女子		16	16	9(52)	1.8	
	後期	S文理	男子	約 5	137	51	14	3.6	303(76%)
			女子		108	41	6	6.8	
		特進	男子	約 10	24	9	4(13)	2.3	250(63%)
			女子		17	5	1(15)	5.0	
2022	前期	S文理	男子	約 30	87	85	20	4.3	287(72%)
			女子		77	76	24	3.2	
		特進	男子	約 95	11	11	6(54)	1.8	197(49%)
			女子		12	12	9(47)	1.3	
	後期	S文理	男子	約 5	156	73	9	8.1	282(71%)
			女子		133	65	13	5.0	
		特進	男子	約 10	14	6	0(19)	—	246(62%)
			女子		19	4	0(19)	—	

※(　)内は廻し合格者数

2023 年度進学状況

❖併設高校へ卒業生男子 71 名中、71 名進学（100%）　女子 75 名中、74 名進学（99%）
❖高校卒業生数 289 名
❖主要大学への合格実績（　）内は現役合格者数

　東京大 1(1)、大阪大 7(7)、神戸大 4(4)、名古屋大 1(1)、奈良女子大 1(1)、大阪教育大 5(5)、京都教育大 1(1)、京都工芸繊維大 2(2)、奈良教育大 3(3)、和歌山大 36(35)、東京藝術大 1(1)、東京農工大 1(1)、横浜国立大 1(1)、北見工業大 1(1)、千葉大 1(1)、三重大 2(2)、岡山大 4(2)、香川大 1(1)、愛媛大 2(2)、徳島大 3(2)、鳴門教育大 1(1)、高知大 2(2)、広島大 3(3)、鳥取大 2(1)、島根大 2(2)、山口大 1(1)、九州工業大 2(2)、大分大 1(1)、鹿児島大 1(1)、大阪公立大 9(9)、神戸市外国語大 1(1)、奈良県立大 3(3)、滋賀県立大 2(2)、兵庫県立大 4(4)、都留文科大 3(3)、富山県立大 1(1)、愛知県立大 1(1)、岡山県立大 1(1)、広島市立大 2(1)、下関市立大 3(3)、和歌山県立医科大 11(11)、防衛大 5(5)、水産大 2(2)、関西大 70(66)、関西学院大 42(35)、同志社大 29(29)、立命館大 43(36)、京都産業大 18(13)、近畿大 219(211)、甲南大 5(4)、龍谷大 12(10)、大阪医薬薬科大 2(2)、関西医科大 1(1)、兵庫医科大 1(1)、京都薬科大 1(1)、関西外国語大 28(28)、京都外国語大 26(10)、大阪工業大 12(10)、四天王寺大 10(10)、大阪電気通信大 8(8)、大阪産業大 24(16)、大阪経済法科大 17(17)、帝塚山学院大 12(12)、大阪大谷大 8(8)、大和大 25(25)、佛教大 9(9)、神戸学院大 21(21)、帝塚山大 5(5)、畿央大 4(4)、京都女子大 15(15)、同志社女子大 4(4)、神戸女学院大 3(3)、武庫川女子大 13(13)、甲南女子大 3(3)、早稲田大 1(1)、慶應義塾大 1(1)、上智大 1(1)、東京理科大 3(3)、青山学院大 1(1)、法政大 2(2)、立命館アジア太平洋大 1(1)、埼玉医科大 1(1)、朝日大 2(2)

大阪府
兵庫県
京都府
奈良県
和歌山県
滋賀県
その他

近畿大学附属新宮 中学校

http://www.shingu.kindai.ac.jp/

■ 学校長／池上 博基　■ 教　頭／亀井 俊英　■ 生徒数／男子 54 名　女子 72 名

| 住　所 | 〒647-0081　新宮市新宮 4966 | TEL | 0735-22-2005 |

| 交通機関 | ＪＲ紀勢本線『新宮駅』より熊野御坊南海バス『近畿大学附属新宮高校前駅』下車。 |

特色　"一人ひとりの生徒を大切に"を基本方針に、小規模校の特色を活かした教育活動を展開しています。特に中学2・3年の英語においては「標準」「発展」の2グループに分け、習熟度に応じたきめ細かな授業を実施しています。また授業時間を学習指導要領の標準時間より多く確保しているため、教科書の内容を早く終了し、余裕を持って大学受験の準備ができます。

2024 年度入試要項

試 験 日	前期1月13日　後期2月17日
募集人員	前期男女約60名 後期男女若干名
試験科目	学科試験方式算・国　　　　〔各45分／各100点〕・面接 総合型試験方式 　　　総合問題（算・国基礎学力テスト）〔45分／100点〕 　　　作文　　　　　　　〔300字〜400字／45分〕・面接 ＊学科試験方式／総合型試験方式いずれか選択
合格発表日	前期1月17日〔郵送〕 後期2月21日〔郵送〕
受 験 料	15,000円
出願期間	前期12月11日〜 1月 9日〔郵送必着〕 12月11日〜12月23日〔12:00〕 1月 8日〜 1月 9日〔16:00〕 後期 1月22日〜 2月13日〔郵送必着／16:00〕
入学手続	前期1月24日〔銀行振込〕 後期2月26日〔銀行振込〕

学校行事開催日程一覧

- ◆個別相談会　10/10(火)〔串本〕　10/13(金)〔熊野〕
  　12/23(日)〔田辺〕
- ◆中学入試対策講座　10/1(土)
- ◆プレテスト　10/28(土)
- ◆プレテスト返却会　11/11(土)
- ◆文化祭　9/22(金)〜23(土)〔公開〕
- ◆体育祭　9/28(木)〔公開〕

＊各イベント等につきましては、今後新型コロナウイルス感染状況により日程の変更及び中止の場合もございます。各学校ホームページ等でご確認下さい。

入 試 状 況

		募集人員	志願者数	受験者数	合格者数	実質倍率	合格最低点(%)
＊2023	前期	約60	30	29	28(1)	1.0	
	後期	若干名	4	4	4	1.0	
2022	前期	約60	46	46	44	1.0	非公表
	後期	約10	4	4	4	1.0	
2021	前期	約60	46	46	46	1.0	
	後期	約10	0	0	0	—	

＊子ども未来サポートプラン含む

2023 年度進学状況

- ❖併設高校へ卒業生男子 15 名中、15 名進学（100%）　女子 16 名中、16 名進学（100%）
- ❖高校卒業生数 123 名
- ❖併設大学・短期大学への進学
  近畿大学 56 名〔経済 25・総合社会 7・文芸 4・法学 4・農学 3・情報 3・国際 3・産業理工 2・生物工学 2・理工 2・薬学 1〕
- ❖主要大学への合格実績　（　）内は現役合格者数
  神戸大 1(1)、大阪教育大 1(1)、和歌山大 5(5)、静岡大 1(1)、三重大 1(1)、徳島大 1、奈良県立大 1(1)、和歌山県立医科大 3(3)、関西大 1(1)、同志社大 2(2)、立命館大 2(2)、京都産業大 7(7)、関西医科大 1(1)、摂南大 9(9)、大阪産業大 2(2)、大和大 1(1)、京都橘大 1(1)、京都女子大 4(4)、同志社女子大 3(3)、梅花女子大 1(1)、明治大 1(1)、日本大 1(1)、東海大 1(1)、南山大 1(1)、岡山理科大 2(2)、京都文教短大 1(1)、大阪芸術短大 1(1)

近畿大学附属和歌山 中学校

https://www.hwaka.kindai.ac.jp/

■ 学校長／川合 廣征　■ 教 頭／松山 俊彦　■ 生徒数／男子321名　女子218名

| 住　所 | 〒640-8471　和歌山市善明寺516 | TEL | 073-452-1161 |

| 交通機関 | JR阪和線『和歌山駅』・南海本線『和歌山市駅』『和歌山大学前駅』から和歌山バス『近畿大学附属和歌山校前』下車。 |

| 特色 | 「人に愛される人信頼される人尊敬される人になろう」という校訓のもと、知育・徳育・体育の調和のとれた教育を実践しています。難関国公立大学への進学実績や理数教育の強さを背景とし、近年は「ICT教育」と「英語教育」に力を注いでいます。全教室にプロジェクターを設置し、1人1台iPadを導入することで、双方向の情報共有を可能にする授業を展開。ALTと英会話を楽しめるEnglish Teachers' Roomや、ブリスベンへの海外語学研修などを通して、世界で活躍できるグローバルな人材を育成していきます。 |

2024年度入試要項

試 験 日	午前1月13日　午後1月13日PM
募集人員	午前午後合わせて　スーパー数理・数理男女計175名
試験科目	午前算・国　〔各60分／各200点〕　理　〔40分／100点〕　午後適性問題(算・国・理・社)〔各25分／各50点〕
合格発表日	1月14日〔web17:00〜／郵送〕
受 験 料	20,000円
出願期間	12月8日〜1月8日〔web16:00〕
入学手続	1月15日〔web17:00〕

学校行事開催日程一覧

◆説明会・学校見学会　10/ 7(土)　10/28(土)　11/11(土)　12/ 9(土)

◆校外説明会　10/22(日)〔岸和田〕

◆学校見学　随時実施

◆文化祭　9/6(水)〜7(木)〔非公開〕

◆体育祭　9/9(土)〔公開〕

＊各イベント等につきましては、今後新型コロナウイルス感染状況により日程の変更及び中止の場合もございます。各学校ホームページ等でご確認下さい。

入試状況

				募集人員	志願者数	受験者数	合格者数	実質倍率	合格最低点(%)
2023	午前	S数理	男子	175	136	78	32	2.4	331.25(66%)
			女子			56	33	1.7	
		数理	男子		16	7	4(44)	1.8	215(43%)
			女子			9	7(20)	1.3	
	午後	S数理	男子		295	179	63	2.8	137(69%)
			女子			113	32	3.5	
		数理	男子		43	23	19(104)	1.2	88(44%)
			女子			19	16(67)	1.2	
2022	午前	S数理	男子	175	156	91	51	1.8	327.5(66%)
			女子			63	33	1.9	
		数理	男子		16	10	9(38)	1.1	219(44%)
			女子			5	5(30)	1.0	
	午後	S数理	男子		341	191	7	27.3	153(77%)
			女子			147	3	49.0	
		数理	男子		45	22	2(92)	11.0	109(55%)
			女子			20	4(75)	5.0	

※( )内は廻し合格者数

2023年度進学状況

❖併設高校へ卒業生男子98名中、93名進学（95％）　女子78名中、74名進学（95％）

❖高校卒業生数 342名

❖併設大学・短期大学への進学

近畿大学115名〔理工21・経営19・生物理工14・経済12・総合社会11・国際9・建築7・情報6・文芸5・農学4・薬学3・法学3・医学1〕

❖主要大学への合格実績（　）内は現役合格者数

東京大2(1)、京都大7(4)、大阪大7(4)、神戸大6(5)、北海道大4(3)、九州大1、大阪教育大2(2)、京都教育大1(1)、京都工芸繊維大1(1)、奈良教育大1(1)、和歌山大28(26)、北見工業大2(2)、室蘭工業大2(2)、宇都宮大1(1)、新潟大2(2)、静岡大2(2)、信州大3(3)、金沢大1(1)、名古屋工業大1(1)、三重大2(1)、岡山大4(3)、香川大1(1)、愛媛大1(1)、徳島大9(5)、広島大4(3)、鳥取大4(1)、佐賀大1(1)、長崎大1(1)、大阪公立大18(17)、神戸市外国語大1、奈良県立大1(1)、滋賀県立大1(1)、兵庫県立大9(8)、釧路公立大1(1)、都留文科大1(1)、静岡県立大2(2)、福井県立大1(1)、富山県立大1(1)、岡山県立大1(1)、県立広島大1(1)、和歌山県立医科大8(8)、福島県立医科大1(1)、防衛大2(2)、防衛医科大2(1)、関西大43(33)、関西学院大34(27)、同志社大33(21)、立命館大55(37)、京都産業大5(4)、甲南大1(1)、龍谷大9(1)、大阪医科薬科大1(1)、兵庫医科大2(2)、大阪歯科大1(1)、神戸薬科大1(1)、関西外国語大3(3)、桃山学院大17(17)、大阪工業大7(7)、摂南大8(7)、大阪電気通信大12(12)、阪南大27(27)、帝塚山学院大3(3)、大阪大谷大3(3)、大和大8(7)、神戸学院大9(9)、京都女子大4(4)、武庫川女子大2(2)、甲南女子大3(3)、早稲田大5(4)、慶應義塾大2(2)、上智大2(1)、国際基督教大1(1)、東京理科大5(3)、立教大1(1)、中央大3(3)、青山学院大3(2)、明治大4(3)、法政大1(1)、北里大6(6)、日本大3(3)、東海大1(1)、東京女子大2(2)、日本女子大1(1)、南山大1(1)、岡山理科大3(2)、朝日大2(2)、東京女子医科大1(1)

智辯学園和歌山 中学校

https://www.chiben.ac.jp/wakayama

■ 学校長／宮口　祐司　■ 教　頭／土橋　康宏　■ 生徒数／男子 331 名　女子 302 名

住　所	〒 640-0392　和歌山市冬野 2066-1	TEL	073-479-2811
交通機関	ＪＲきのくに線『黒江駅』より徒歩 10 分。		

特色
本校の教育の原点は "愛のある教育——生徒を実の子どものように思いやる心" にあります。日々の教育活動では常にその原点に立ち返り、"誠実・明朗" で心豊かな人物をはぐくみながら、「21 世紀の真のリーダーを育てる」教育を目指しています。すなわち、①学力の向上、②情感を育む教育、③国際的な教養と感性を育む教育、を教育の三本柱に据え、生徒・保護者・教職員が一丸となった「三位一体の教育」を実践しています。中高 6 年一貫コースは、難関大学に合格できる実力を養うことを目標に、早期から大学入試を見据え効率的なスケジュールで学びます。中学内容は中 2 までで終了。中 3 からは高校内容を取り入れ、高 2 までで高校内容を終了。高 3 では大学入試問題の演習に全力で取り組みます。年間授業日数の多さ（約 250 日）が余裕ある学習進度を後押しします。

2024 年度入試要項

試 験 日	前期1月13日　後期1月15日PM
募集人員	前期S選抜男女40名　総合選抜男女約65名 後期S選抜男女10名　総合選抜男女約20名
試験科目	前期算・国・理〔各60分/各100点〕 後期算・国　　〔各60分/各100点〕
合格発表日	前期1月13日〔web21：00～〕 後期1月16日〔web12：00～〕
受 験 料	20,000円
出願期間	12月15日～1月11日〔web13：00〕
入学手続	前期1月14日〔17：00〕 後期1月17日〔17：00〕

学校行事開催日程一覧

◆説明会・入試アドバイス　10/21（土）

◆個別学校見学　随時受付

◆文化祭　10/16（月）～17（火）〔非公開〕

◆体育祭　10/5（木）〔非公開〕

＊各イベント等につきましては、今後新型コロナウイルス感染状況により日程の変更及び中止の場合もございます。各学校ホームページ等でご確認下さい。

入試状況

				募集人員	志望者数	受験者数	合格者数	実質倍率	合格最低点(%)
2023	前期	S選抜	男子	S選抜 40	155	155	44	1.1	229(76%)
			女子						
		総合選抜	男子	総合選抜 65			95		180(60%)
			女子						
	後期	S選抜	男子	S選抜 10	241	155	33	2.1	134(67%)
			女子						
		総合選抜	男子	総合選抜 20			41		102(51%)
			女子						
2022	前期	S選抜	男子	S選抜 40	151	150	45	1.2	205(68%)
			女子						
		総合選抜	男子	総合選抜 65			85		160(53%)
			女子						
	後期	S選抜	男子	S選抜 10	262	176	32	2.6	132(66%)
			女子						
		総合選抜	男子	総合選抜 20			35		112(56%)
			女子						

2023 年度進学状況

❖併設高校へ卒業生男子 110 名中、108 名進学（98%）　女子 96 名中、93 名進学（97%）

❖高校卒業生数 253 名

❖主要大学への合格実績（　）内は現役合格者数

東京大 6(5)、京都大 15(12)、大阪大 9(9)、神戸大 11(10)、北海道大 4(4)、筑波大 1(1)、一橋大 1(1)、名古屋大 1、九州大 5(3)、お茶の水女子大 1(1)、奈良女子大 1(1)、京都教育大 1(1)、奈良教育大 2(2)、和歌山大 12(9)、東京農工大 1、電気通信大 1(1)、横浜国立大 1、山形大 2(1)、千葉大 1(1)、福井大 2、名古屋工業大 1(1)、岡山大 3(2)、香川大 3(3)、愛媛大 1(1)、徳島大 3(2)、鳴門教育大 1(1)、高知大 1、広島大 2(2)、島根大 4(3)、山口大 2(2)、長崎大 2、大分大 1、琉球大 1(1)、滋賀医科大 1、大阪公立大 20(16)、神戸市外国語大 1(1)、奈良県立大 1、兵庫県立大 3(2)、東京都立大 1(1)、高崎経済大 1、名古屋市立大 3(2)、岡山県立大 1(1)、下関市立大 1、京都府立医科大 2(1)、奈良県立医科大 1(1)、和歌山県立医科大 25(21)、防衛大 2(2)、防衛医科大 12(11)、水産大 1(1)、関西大 33(27)、関西学院大 48(43)、同志社大 80(71)、立命館大 49(34)、京都産業大 8(8)、近畿大 63(38)、甲南大 1、龍谷大 4(4)、大阪医科薬科大 18(12)、関西医科大 8(2)、兵庫医科大 5(3)、大阪歯科大 1(1)、京都薬科大 5(3)、神戸薬科大 6(3)、関西外国語大 1(1)、桃山学院大 4(4)、大阪工業大 3、追手門学院大 7(6)、摂南大 13(10)、四天王寺大 1(1)、大阪経済大 2(2)、大阪商業大 2(2)、大阪経済法科大 1、帝塚山学院大 1(1)、大和大 4(4)、佛教大 2(2)、神戸学院大 9(9)、帝塚山大 3(2)、畿央大 1、京都女子大 2(2)、同志社女子大 3(3)、神戸女学院大 2(2)、武庫川女子大 7(7)、神戸女子大 11(11)、大阪芸術大 3(3)、大阪音楽大 1(1)、早稲田大 21(17)、慶應義塾大 12(10)、上智大 2(2)、東京理科大 14(10)、立教大 1、中央大 7(1)、青山学院大 3(3)、明治大 9(9)、法政大 4(4)、北里大 1(1)、東海大 2(2)、愛知学院大 2(1)、岡山理科大 1(1)、日本医科大 1(1)、東京医科大 1(1)、岩手医科大 1(1)、自治医科大 3(2)、埼玉医科大 1(1)、愛知医科大 2、朝日大 1(1)、川崎医科大 1、産業医科大 1

近江兄弟社 中学校

https://www.vories.ac.jp/

■ 学校長／中島 薫　■ 副校長／國尾 博美　■ 教 頭／馬場 啓　■ 生徒数／男子 164 名　女子 249 名

住　所	〒 523-0851　近江八幡市市井町 177
TEL	0748-32-3444

交通機関	ＪＲびわこ線『近江八幡駅』よりスクールバス 10 分。 ＊学園スクールバス県内 17 コースで運行。

特色　「イエス＝キリストを模範とする人間教育」を教育理念とし、1920 年から伝統ある国際人教育を行い、21 世紀の世界を創る若者を育てることを目指しています。2008 年度より、2 学期制と 3 学期制の両方の利点を生かした 5term 制を導入。考える力・学びとる力・仲間をつくる力を身につけるために、5 教科を重視し、基礎を確実に身につけ、発展的な内容まで進めます。また、生徒の自主的な活動で様々な行事を行います。さらに、海外留学、外国からの留学生との交流を通して、国際的な視野を育てます。

2024 年度入試要項

試 験 日	①1月13日　②1月21日　③2月3日
募集人員	①②③合わせて男女152名 （内部進学者を含む）
試験科目	①専願推薦算・国〔各45分／各100点〕 　　　　理・社〔計45分／各 50点〕・面接 ①併願②③算・国〔各45分／各100点〕・面接 ＊自己推薦A型は、面接なし
合格発表日	①1月16日〔web〕 ②1月24日〔web〕 ③2月 7日〔web〕
受 験 料	20,000円
出願期間	①②12月 1日～1月 9日〔web〕 ③　　1月24日～1月31日〔web〕
入学手続	①1月21日 ②1月28日 ③2月11日

学校行事開催日程一覧

◆ **説明会**　10/14(土)　11/18(土)　12/16(土)
　　　　　　1/ 6(土)　1/27(土)
◆ **オープンキャンパス**　10/28(土)
◆ **模擬試験**　10/14(土)　11/18(土)
◆ **文化祭**　9/14(木)～15(金)〔非公開〕
◆ **体育祭**　6/16(金)〔非公開〕

＊各イベント等につきましては、今後新型コロナウイルス感染状況により日程の変更及び中止の場合もございます。各学校ホームページ等でご確認下さい。

入 試 状 況

			募集人員	応募者数	受験者数	合格者数	実質倍率	合格最低点(%)
2023	①	専願	152	116	113	110	1.0	150(50%)
		併願		2	2	1	2.0	110(37%)
	②	専願		9	4	1	4.0	160(53%)
		併願		39	24	24	1.0	120(40%)
	③	専願		5	4	3	1.3	180(60%)
2022	①	専願	152	129	124	123	1.0	150(50%)
		併願		0	0	0	—	—
	②	専願		11	11	8	1.4	155(52%)
		併願		22	21	19	1.1	170(57%)
	③	専願		7	6	6	1.0	180(60%)
2021	①	専願	152	129	128	126	1.0	150(50%)
		併願		14	14	11	1.3	160(53%)
	②	専願		12	9	7	1.3	155(52%)
		併願		12	9	9	1.0	170(57%)
	③	専願		6	6	5	1.2	180(60%)

2023 年度進学状況

❖併設高校へ卒業生男子 60 名中、35 名進学（58%）　女子 76 名中、44 名進学（58%）
❖高校卒業生数 392 名
❖主要大学への合格実績（　）内は現役合格者数
滋賀大 1(1)、滋賀県立大 1、関西大 6(6)、関西学院大 21(21)、同志社大 21(21)、立命館大 12(12)、京都産業大 8(8)、近畿大 5(5)、龍谷大 40(40)、関西外国語大 16(16)、京都外国語大 16(16)、桃山学院大 6(6)、大阪工業大 6(6)、追手門学院大 17(17)、摂南大 11(11)、四天王寺大 1(1)、大阪学院大 4(4)、大阪電気通信大 15(14)、大阪産業大 6(6)、大阪商業大 2(2)、大阪経済法科大 4(4)、大和大 1(1)、京都文教大 9(9)、佛教大 32(30)、京都精華大 3(3)、京都先端科学大 9(8)、京都橘大 47(47)、大谷大 42(33)、花園大 4(4)、成安造形大 1(1)、奈良大 3(3)、天理大 1(1)、京都女子大 5(5)、同志社女子大 17(17)、ノートルダム女子大 11(11)、京都光華女子大 4(4)、神戸女学院大 1(1)、神戸女子大 2(2)、梅花女子大 1(1)、大阪樟蔭女子大 1(1)、大阪芸術大 1(1)、京都芸術大 6(6)、国際基督教大 1(1)、東京理科大 1(1)、立教大 1(1)、青山学院大 2(2)、明治学院大 3(3)、日本大 1(1)、朝日大 2(1)、龍谷短大 2(2)、関西外国語短大 5(5)、京都光華女子短大 1(1)、武庫川女子短大 1(1)

大阪府　兵庫県　京都府　奈良県　和歌山県　滋賀県　その他

光泉カトリック 中学校

http://www.kousen.ed.jp

■ 学校長／桂　幸生　■ 教　頭／中野　博文　■ 生徒数／男子 101 名　女子 100 名

| 住　所 | 〒 525-8566　滋賀県草津市野路町 178 | TEL | 077-564-7771 |

| 交通機関 | JR 東海道線『南草津駅』より徒歩 7 分。 |

特色　本校では、「地の塩、世の光」となる人材育成と「愛と正義と責任ある自由」の醸成を建学の理念としており、これに基づき、「カトリックの教えに基づく人格形成」と「学力の伸長による進路の保障」、「創造力豊かな国際人の育成」を教育目標に掲げ、日々教育実践に取り組んでいます。

大阪府　兵庫県　京都府　奈良県・和歌山県　滋賀県　その他

2024 年度入試要項

試 験 日	A 1月13日　B 1月14日　C 1月20日
募集人員	ＡＢＣ合わせて男女120名
試験科目	ＡＢ算国型　算・国〔各40分/各100点〕面接 　　　　算国英型算・国・英〔各40分/各100点〕面接 　　　＊算国型／算国英型いずれか選択 Ｃ　算国型　算・国〔各40分/各100点〕面接
合格発表日	ＡＢ1月15日〔web15:00〜〕 Ｃ　1月22日〔web15:00〜〕
受 験 料	20,000円 （A日程・B日程同時に出願する場合は、30,000円）
出願期間	ＡＢ12月　1日〜1月11日〔web16:00〕 Ｃ　1月16日〜1月19日〔web16:00〕
入学手続	ＡＢ専願1月17日〔web17:00〕 　　　併願1月20日〔web17:00〕 Ｃ　専願1月24日〔web17:00〕 　　　併願1月26日〔web17:00〕

学校行事開催日程一覧

◆OPEN DAY　10/21(土)　11/18(土)　12/16(土)

◆プレテスト　10/7(土)　11/25(土)

◆学校見学・個別相談会　12/1(金)〜15(金)

◆文化祭　9/27(水)〔非公開〕

◆体育祭　9/30(土)〔非公開〕

＊各イベント等につきましては、今後新型コロナウイルス感染状況により日程の変更及び中止の場合もございます。各学校ホームページ等でご確認下さい。

入 試 状 況

				募集人員	志望者数	受験者数	合格者数	実質倍率	合格最低点(%)
2023	A		専願		41	40	38	1.1	150(50%)
			併願		4	4	4	1.0	160(53%)
	B	一般	専願	120	26	25	24	1.0	150(50%)
			併願		23	23	21	1.1	160(53%)
		英語特別枠	専願		18	18	15	1.2	80(67%)
			併願		7	6	5	1.2	100(83%)
	C		専願		3	3	3	1.0	150(50%)
			併願		3	3	3	1.0	160(53%)
2022	A		専願		49	49	44	1.1	150(50%)
			併願		6	6	5	1.2	160(53%)
	B	一般	専願	120	32	31	26	1.2	150(50%)
			併願		24	23	22	1.0	160(53%)
		英語特別枠	専願		13	13	10	1.3	80(67%)
			併願		3	3	3	1.0	100(83%)
	C		専願		4	4	3	1.3	150(50%)
			併願		3	3	2	1.5	160(53%)

2023 年度進学状況

❖併設高校へ卒業生男子 35 名中、25 名進学（71%）　女子 31 名中、24 名進学（77%）
❖高校卒業生数 310 名
❖主要大学への合格実績
　京都大 2、大阪大 1、神戸大 3、京都教育大 2、京都工芸繊維大 1、滋賀大 4、東京農工大 1、横浜国立大 1、帯広畜産大 1、静岡大 1、福井大 2、愛媛大 1、大阪公立大 1、滋賀県立大 15、岐阜薬科大 1、防衛大 1、関西大 18、関西学院大 5、同志社大 35、立命館大 91、京都産業大 65、近畿大 29、甲南大 1、龍谷大 127、京都薬科大 3、佛教大 74、京都橘大 1、同志社女子大 1、早稲田大 2、慶應義塾大 1、上智大 4、東京理科大 2、中央大 2、青山学院大 2、南山大 1、松本歯科大 1、京都光華女子短大 1

比叡山 中学校

https://www.hieizan.ed.jp/

■ 学校長／竹林 幸祥　■ 教 頭／櫻井 一　■ 生徒数／男子 108 名　女子 109 名

| 住　所 | 〒 520-0113　大津市坂本 4-3-1 | TEL | 077-578-0132 |

| 交通機関 | JR湖西線『比叡山坂本駅』より徒歩 20 分。
京阪石山坂本線『坂本比叡山口駅』より徒歩 10 分。 |

| 特色 | 「豊かな社会性と謙虚な奉仕の精神に燃える人材の育成」を指針に、誰もが個性を活かし、自分の可能性に向かって進んでいけるように導くことを教育目標としています。また、学園生活の基本として僧侶の実践目標である「掃除」「挨拶」「学問」を学校目標とし、毎日の朝礼、清掃活動、お互いのあいさつや身だしなみを大切にしています。そして、「知識・技能を身につけ、行動力をもって社会貢献でき、これからの時代を生き抜く力を持つ生徒」を育成方針としています。学習指導においては学力と知力を無理なく確実に伸長する。優れた中高一貫教育を目指し、一人ひとりに目を配るていねいな指導を行っています。そして、主体的に学びに取り組む姿勢の具現化や、生徒それぞれの気づきや発想力を高めるべく、EST（えいざんスピリットタイム）を設けるなど独自の教育方法で指導を行っています。 |

2024 年度入試要項

試 験 日	A1月13日　B1月14日
募集人員	A専願　　男女約60名 　一隅入試男女約20名 B併願　　男女若干名
試験科目	A専願一隅算・国　〔各40分/各100点〕 　　　　面接（グループ）〔 10分/　50点〕 B　　　算・国　〔各40分/各100点〕 　　　　理・社　〔計40分/各 50点〕 　　　　面接（グループ）〔 10分/　50点〕
合格発表日	1月16日〔郵送/web9:00〜〕
受 験 料	20,000円
出願期間	12月1日〜12月25日〔web〕
入学手続	1月18日〔23:59〕

学校行事開催日程一覧

◆説明会　10/7（土）

◆オープンスクール　10/21（土）

◆入試個別相談会　11/11（土）　11/18（土）

◆文化祭　9/22（金）〔非公開〕

◆体育祭　6/16（金）〔非公開〕

＊各イベント等につきましては、今後新型コロナウイルス感染状況により日程の変更及び中止の場合もございます。各学校ホームページ等でご確認下さい。

入 試 状 況

			募集人員	志望者数	受験者数	合格者数	実質倍率	合格最低点(%)
2023	A	専願	60	52	52	43	1.2	110(44%)
		一隅	20	22	22	22	1.0	
	B	併願	若干名	15	14	14	1.0	200(57%)
2022	A	専願	60	57	57	55	1.0	120(48%)
		一隅	10	11	11	11	1.0	
	B	併願	10	7	6	6	1.0	228(65%)
2021	A	専願	60	76	75	59	1.3	138(55%)
		一隅	20	20	19	19	1.0	
	B	併願	10	5	3	2	1.5	298(85%)
	C	専願	若干名	実施せず				

2023 年度進学状況

❖併設高校へ卒業生男女 74 名中、53 名進学（72%）

❖高校卒業生数 397 名

❖主要大学への合格実績

京都大 2、大阪大 3、神戸大 3、北海道大 1、東北大 1、大阪教育大 1、京都教育大 1、京都工芸繊維大 3、滋賀大 10、和歌山大 1、新潟大 1、信州大 4、福井大 1、徳島大 1、宮崎大 1、鹿児島大 1、京都府立大 2、滋賀県立大 9、岡山県立大 1、福島県立医科大 1、防衛大 1、関西大 12、関西学院大 6、同志社大 14、立命館大 58、京都産業大 60、近畿大 22、甲南大 1、龍谷大 116、大阪医科薬科大 3、京都薬科大 1、関西外国語大 5、京都外国語大 10、大阪工業大 9、追手門学院大 58、摂南大 26、大阪学院大 7、大阪経済大 3、大阪電気通信大 21、大阪産業大 21、大阪商業大 1、京都文教大 7、佛教大 54、京都精華大 1、京都先端科学大 12、京都橘大 71、大谷大 39、神戸学院大 4、京都女子大 15、京都光華女子大 15、武庫川女子大 3、大阪芸術大 1、京都芸術大 6、早稲田大 2、立教大 1、東海大 2、龍谷短大 1、武庫川女子短大 2

立命館守山 中学校

https://www.mrc.ritsumei.ac.jp/

■ 学校長／寺田　佳司　　■ 副校長／岩崎　成寿・箭内　健　　■ 教　頭／曽根　威志　　■ 生徒数／男子 250 名　女子 286 名

| 住　所 | 〒 524-8577　守山市三宅町 250 | TEL | 077-582-8000 |

| 交通機関 | JR 東海道線『守山駅』よりバス 10 分。 |

特色
立命館守山では、中高大一貫教育を通じた、一人ひとりの能力や個性に応じた学習指導により、幅広い知識や教養を身につけることができます。主体的学習者になるために、生徒全員が iPad を持ち、ホームルームや授業など様々な場面で活用しています。また、学業面だけでなく、多彩なクラブ活動や学校行事においても人間力を高めます。入学すると 3 学年縦割りのブロックに分かれ、三大行事（1 学期の体育祭・2 学期の文化祭・3 学期の合唱コンクール）で年間大賞を競い合います。先輩や後輩、クラスメイトと協働することで様々なスキルを身につけることができます。3 年時にはニュージーランドでの海外研修もあり、生徒たちの自立を促します。

2024 年度入試要項

試 験 日	A①一般・かがやき21 1月13日　A②1月13日PM B　　　　　　　1月14日PM
募集人員	A①A②B合わせて アカデメイアコース（AM）男女約100名 アドバンストコース（AD）男女約 60名 （A①日程：かがやき21入試男女約80名、ADコース男女約30名）
試験科目	かがやき21推薦 　21世紀型作文　〔 50分/ 500字〕・面接 A①一般かがやき21AD受験（ADは面接有り） 　3科型算・国　　〔各50分/各120点〕 　理・英から1科目選択〔 40分/　80点〕 　4科型算・国　　〔各50分/各120点〕 　理・社　　　　　〔各40分/各 80点〕 　＊3科型/4科型いずれか選択 A②B　算・国　　〔各50分/各100点〕
合格発表日	1月16日〔web13:00～〕
受 験 料	20,000円 （2回以上受験する場合は、2回目以降は10,000円）
出願期間	12月5日～12月25日〔web12:00〕
入学手続	1月16日～1月23日

学校行事開催日程一覧

- ◆ **説明会** 10/7（土）〔彦根〕 11/18（土）〔大阪〕
- ◆ **オープンキャンパス** 10/28（土）
- ◆ **プレテスト** 10/21（土）
- ◆ **かがやき21入試説明会** 11/22（土）までオンライン配信
- ◆ **最終入試解説＆キャンパス見学会** 12/9（土）
- ◆ **学校見学会** 3/9（土）
- ◆ **文化祭** 9/9（土）～10（日）
- ◆ **体育祭** 〔非公開〕

＊各イベント等につきましては、今後新型コロナウイルス感染状況により日程の変更及び中止の場合もございます。各学校ホームページ等でご確認下さい。

入 試 状 況

			募集人員	志望者数	受験者数	合格者数	実質倍率	合格最低点(%)
2023	A①	一般 AM	AM 約100 AD 約60	142	133	33	2.3	224(56%)
		AD				24		249(62%)
		かがやき AM		87	87	56	1.0	—
		AD				31		
	A②	AM		291	284	61	2.2	120(60%)
		AD				71		131(66%)
	B①	AM		53	52	11	3.5	148(74%)
		AD				4		154(77%)
	B②	AM		268	253	64	2.5	146(73%)
		AD				37		159(80%)

2023 年度進学状況

❖ 併設高校へ卒業生男子 87 名中、84 名進学（97%）　女子 105 名中、100 名進学（95%）
❖ 高校卒業生数 344 名
❖ 併設大学・短期大学への進学
　立命館大学 295 名〔経営 42・情報理工 35・法学 34・経済 25・理工 23・政策科学 20・食マネジメント 19・文学 19・産業社会 16・総合心理 16・スポーツ健康科学 12・生命科学 9・薬学 8・映像 8・国際関係 7・グローバル教養 2〕
　立命館アジア太平洋大学 1 名〔サスティナビリティ観光 1〕
❖ 主要大学への合格実績（　）内は現役合格者数
　京都大 2(1)、大阪大 1(1)、神戸大 3、北海道大 1(1)、筑波大 1(1)、東京工業大 1(1)、京都工芸繊維大 1、滋賀大 2(2)、横浜国立大 1(1)、金沢大 2(2)、名古屋工業大 1(1)、岐阜大 1(1)、岡山大 2(2)、広島大 1(1)、滋賀医科大 4(3)、大阪公立大 3(1)、京都市立芸術大 1(1)、国際教養大 1(1)、防衛医科大 1(1)、関西大 9(4)、関西学院大 8(4)、同志社大 14(7)、大阪医科薬科大 2、関西医科大 2、兵庫医科大 1(1)、大阪歯科大 3(1)、京都薬科大 7(3)、早稲田大 3(3)、国際基督教大 1(1)、東京理科大 8(6)、立教大 1、青山学院大 1(1)、法政大 4(1)、聖マリアンナ医科大 1、日本歯科大 1、自治医科大 1(1)、松本歯科大 1

134

岡　山 中学校

http://www.okayama-h.ed.jp

■ 学校長／田中　広矛　■ 教　頭／金田　好史・守安　裕之　■ 生徒数／男子 175 名　女子 86 名

住　　所	〒 701-0206　岡山市南区箕島 1500

TEL	086-282-6336

交通機関	JR 瀬戸大橋線「妹尾駅」より自転車 10 分。岡山駅東口バスターミナル 6 番乗り場から「汗入」下車徒歩 5 分。スクールバス（倉敷：中庄・水島・老松／岡山：北長瀬・高島・津島・平井を発とする 7 路線）

特色

「人に優しく、己に厳しく、勉強はたゆみなく」を教育目標に中高 6 か年を見通した教育活動を行っている。入学時より、東医コースと難関大コースでコース別のカリキュラムを実施。生徒の志望や学習状況に応じて、毎年コース変更も可能です。いずれのコースも先取り学習を取り入れ、高 1 からは文理別の授業を行います。さらに難関大コースでは、より細かい志望に対応するため探究系と長期留学を経験した生徒を対象にしたグローバル系を設置。志望や学力別に少人数できめ細かい授業を行い、確実に学力の定着を図ります。また ICT の積極的活用や STEAM 教育の観点から教科横断型の授業を取り入れるなど、特色のある教育を実施しています。希望者にはイギリスのパブリックスクールでの海外研修も実施し、グローバルな人材の育成にも力を入れています。

2024 年度入試要項

試　験　日	A12月2日　B12月16日　C1月8日
募集人員	A 東大・国立医学部 男女 10 名 　　難関大　　　　　　男女 55 名 B 東大・国立医学部 男女 10 名 　　難関大　　　　　　男女 60 名 C 難関大　　　　　　　男女若干名
試験科目	A　　　　　問題Ⅰ〔 45分/ 70点〕 　　　　　　問題Ⅱ〔 45分/ 70点〕 　　　　　　面接　〔 15分/ 30点〕 B　3教科型算・国〔各60分/各100点〕 　　　　　　理　〔 40分/ 50点〕 　　4教科型算・国〔各60分/各100点〕 　　　　　　理・社〔各40分/各 50点〕 　　*3教科型/4教科型いずれか選択 C　　　　　算・国〔各40分/各100点〕
合格発表日	A12月 6日〔郵送/web〕 B12月21日〔郵送/web〕 C 1月10日〔郵送/web〕
受　験　料	15,000円 （複数回出願の場合は、2回目以降免除する。）
出願期間	A11月18日～11月26日〔web〕 B11月18日～12月 8日〔web〕 C12月21日～ 1月 5日〔web〕
入学手続	A専願　 12月21日〔web〕 B専願　 1月 5日〔web〕 C専願　 1月17日〔web〕 ABC併願 1月19日〔web〕

学校行事開催日程一覧

◆説明会　11/11（土）　11/18（土）　11/25（土）

◆校外説明会　10/ 7（土）〔津山・高松〕　10/13（金）〔岡山〕
　　　　　　　10/14（土）〔倉敷〕　10/15（日）〔岡山〕
　　　　　　　10/21（土）〔福山・姫路〕　10/22（日）〔倉敷〕

◆オープンスクール　10/28（土）

◆文化祭　9/10（日）〔公開〕

◆体育祭　9/16（土）〔公開〕

* 各イベント等につきましては、今後新型コロナウイルス感染状況により日程の変更及び中止の場合もございます。各学校ホームページ等でご確認下さい。

入 試 状 況

				募集人員	志願者数	受験者数	合格者数	実質倍率	合格最低点(%)
2023	A	国立医学部東大	専願	10	275	272	132	2.1	114(67%)
			併願						
		難関大	専願	55	378	373	233	1.6	74(44%)
			併願						
	B	国立医学部東大	専願	10	1,404	1,342	705	1.9	183(73%)
			併願						
		難関大	専願	60	1,728	1,653	950	1.7	105(42%)
			併願						
	C	難関大		若干名	非公表				

2023 年度進学状況

❖併設高校へ卒業生男子 63 名　女子 31 名（進学者数 / 非公開）
❖高校卒業生数 62 名
❖主要大学への合格実績（　）内は現役合格者数

神戸大 1、北海道大 1(1)、九州大 2(2)、電気通信大 1、埼玉大 1、岡山大 1、香川大 3、徳島大 2(1)、高知大 2(1)、広島大 2(2)、鳥取大 2(1)、鹿児島大 1、兵庫県立大 1、防衛大 1、関西大 1、関西学院大 6(5)、同志社大 11(5)、立命館大 3(3)、京都産業大 3(3)、近畿大 7(4)、甲南大 1(1)、龍谷大 5(3)、大阪医科薬科大 1、兵庫医科大 1(1)、神戸薬科大 1、大阪工業大 3(3)、摂南大 3(3)、大阪学院大 1(1)、大阪経済大 2(2)、阪南大 2(2)、神戸学院大 4(2)、奈良大 2(2)、武庫川女子大 2、慶應義塾大 1(1)、東京理科大 1(1)、中央大 2(1)、学習院大 1(1)、明治大 3(3)、法政大 1、北里大 3(3)、東海大 5、愛知学院大 3(2)、岡山理科大 10(8)、獨協医科大 1、朝日大 2(1)、川崎医科大 4

大阪府　兵庫県　京都府　奈良県　和歌山県　滋賀県　その他

岡山白陵 中学校

https://www.okahaku.ed.jp/

■ 学校長／大森 博幸　■ 教 頭／志水 隆秀・後藤 文昭　■ 生徒数／男子229名　女子212名

| 住　　所 | 〒709-0715　赤磐市勢力588 | TEL | 086-995-1255 |

交通機関　ＪＲ山陽本線『熊山駅』より徒歩8分。

特色
今、世界は大きな変革期にあり、日本もさまざまな課題に直面しています。日進月歩のイノベーションにより、われわれの社会には今まで想像しえなかった変化が起きようとしています。その中にあって、岡山白陵中学校・高等学校は開校以来、「教養と節度，愛知・究理，正明闊達」の校是のもと，学問への憧れと人としての品格の修得を学校生活の基礎としてきました。時代の波に柔軟に対応しながら、各分野のリーダーとなるべき人材に不可欠な資質である洞察力や責任感を養い、難題にも果敢に挑戦する姿勢を持った有為な青年を育てる教育を本校は目指しています。

2024年度入試要項

試 験 日　1月5日

募集人員　男女160名

試験科目
3教科型　算・国〔各50分／各100点〕
　　　　　理　〔　40分／　80点〕
4教科型　算・国〔各50分／各100点〕
　　　　　理・社〔各40分／各80点〕
＊3教科型／4教科型いずれか選択

合格発表日　1月7日〔web10:00〜〕

受 験 料　15,000円
（専願予納金30,000円）

出願期間　12月11日〜12月18日〔web23:59〕

入学手続　専願　1月7日〜1月10日〔15:00〕
非専願1月7日〜2月8日〔15:00〕

学校行事開催日程一覧

◆オープンスクール　10/28(土)
◆文化祭　9/9(土)〔公開〕
◆体育祭　9/23(祝)〔公開〕

＊各イベント等につきましては、今後新型コロナウイルス感染状況により日程の変更及び中止の場合もございます。各学校ホームページ等でご確認下さい。

入 試 状 況

			募集人員	志望者数	受験者数	合格者数	実質倍率	合格最低点(%)
2023	専願	男子	160	41	41	26	1.6	155(43%)
		女子		38	38	24	1.6	
	非専願	男子		448	429	387	1.1	170(57%)
		女子		256	255	231	1.1	
2022	専願	男子	160	43	43	27	1.6	130(43%)
		女子		33	33	21	1.6	
	非専願	男子		500	492	390	1.3	145(48%)
		女子		241	236	186	1.3	
2021	専願	男子	160	59	59	42	1.4	125(42%)
		女子		59	59	44	1.3	
	非専願	男子		477	473	420	1.1	140(47%)
		女子		256	252	204	1.2	

2023年度進学状況

❖併設高校へ卒業生男子76名　女子76名（進学者数／非公表）
❖高校卒業生数164名
❖主要大学への合格実績（　）内は現役合格者数
　東京大12(8)、京都大3(1)、大阪大3(2)、神戸大1(1)、北海道大1(1)、東北大2(1)、筑波大1(1)、一橋大1、九州大4(2)、お茶の水女子大1、奈良女子大1(1)、奈良教育大1(1)、東京外国語大1(1)、東京農工大1、北見工業大1(1)、山形大1(1)、千葉大1(1)、新潟大1(1)、金沢大1(1)、岐阜大1(1)、岡山大13(8)、香川大7(3)、愛媛大1(1)、徳島大6(3)、高知大2、鳥取大7(4)、島根大2(1)、山口大1、九州工業大1(1)、長崎大1、大分大1(1)、宮崎大1(1)、鹿児島大3(2)、琉球大1、大阪公立大2(1)、京都府立大1(1)、兵庫県立大7(3)、東京都立大1、高崎経済大1(1)、下関市立大1(1)、和歌山県立医大2(1)、九州歯科大1、防衛医大1、関西大9(6)、関西学院大29(15)、同志社大11(4)、立命館大30(21)、京都産業大2(2)、近畿大37(12)、甲南大4(2)、龍谷大8(3)、大阪医科薬科大9(3)、関西医科大5(1)、兵庫医大6(3)、大阪歯科大1、京都薬科大3(1)、神戸薬科大4、関西外国語大1(1)、摂南大2(2)、神戸学院大1、奈良大1(1)、武庫川女子大2(2)、早稲田大9(5)、慶應義塾大3、上智大4、東京理科大9(2)、立教大7、中央大4(1)、学習院大3(1)、青山学院大4、明治大3(1)、法政大2(2)、北里大1(1)、明治学院大1、日本大5(4)、東海大4(3)、津田塾大1(1)、愛知学院大1、岡山理科大8(8)、東京医科大2(1)、聖マリアンナ医科大1(1)、東京歯科大1、岩手医科大1、獨協医科大1(1)、埼玉医科大1、金沢医科大3、愛知医科大3、朝日大1(1)、松本歯科大2(2)、川崎医科大7(1)、東京女子医大1、東京薬科大1(1)

愛　光

中学校

https://www.aiko.ed.jp/index.php

■ 学校長／中村　道郎　■ 教　頭／杉浦　正洋　■ 生徒数／男子 468 名　女子 175 名

| 住　　所 | 〒 791-8501　松山市衣山 5-1610-1 |
| TEL | 089-922-8980 |

交通機関　伊予鉄高浜線『西衣山駅』より徒歩 7 分。松山空港より車で 10 分。

特色　昭和 28 年に聖ドミニコ修道会により設立された学校です。創立以来、正しい倫理観と高い学力をかねそなえた生徒を育て、世に送り出すことを目標に教育活動を行ってきました。東大や京大など難関大学への進学とともに、医学部進学を希望する生徒が多いのも特徴です。生徒の 3 分の 1 近くが国公立や私立などの医学部をめざしています。また、本校には中高ともに男子寮があります。寮生活をしている生徒は中高合わせて約 400 名。集団生活のなかで友情を育て、勉強や部活にはげんでいます。中学 1 年生は大部屋で生活して協調の大切さを学び、中 2・3 年生は大部屋と個室を併用し、高 1 から高 3 までは個室での生活になります。安心して寮内で生活できる環境が整備されており、寮にはベッド 9 床を備えた医務室もあります。

2024 年度入試要項

試 験 日	1月7日
募集人員	全会場合わせて男女200名
試験科目	3 科目型　算・国〔各60分/各120点〕 理　〔　40分/　80点〕 4 科目型　算・国〔各60分/各120点〕 理・社〔各40分/各80点〕 ＊3科目型/4科目型いずれかを選択
合格発表日	1月9日〔web19:00〜〕
受 験 料	20,000円
出願期間	12月1日〜12月12日〔web24:00〕
入学手続	1月18日〔web24:00〕

学校行事開催日程一覧

◆ 説明会　10/7(土)〔大阪〕　11/4(土)〔本校〕

◆ 文化祭　〔非公開〕

◆ 体育祭　〔非公開〕

＊各イベント等につきましては、今後新型コロナウイルス感染状況により日程の変更及び中止の場合もございます。各学校ホームページ等でご確認下さい。

入 試 状 況

		募集人員	志願者数	受験者数	合格者数	実質倍率	合格最低点(%)
2023	松山会場	約200	823	806	471	1.7	228(57%)
	東京会場						
	大阪会場		922	887	660	1.3	270(68%)
	福岡会場						
2022	松山会場	約200	771	763	509	1.5	232(58%)
	東京会場						
	大阪会場		960	924	661	1.4	272(68%)
	福岡会場						
2021	松山会場	約200	769	749	467	1.6	229(57%)
	東京会場						
	大阪会場		1,024	986	709	1.4	269(67%)
	福岡会場						

2023 年度進学状況

❖ 併設高校へ卒業生男子 146 名中、140 名進学（96%）　女子 76 名中、74 名進学（97%）

❖ 高校卒業生数 249 名

❖ 主要大学への合格実績（　）内は現役合格者数

東京大 14(7)、京都大 7(5)、大阪大 10(5)、神戸大 2(1)、北海道大 4(3)、東北大 1(1)、筑波大 4(3)、一橋大 1、東京工業大 4(3)、名古屋大 1(1)、九州大 8(6)、奈良女子大 1(1)、東京外国語大 2(2)、東京農工大 1(1)、横浜国立大 3(1)、千葉大 1(1)、新潟大 1、信州大 1(1)、愛知教育大 1、岐阜大 1(1)、岡山大 9(6)、香川大 3(2)、愛媛大 33(23)、徳島大 2(1)、高知大 3(3)、広島大 8(3)、山口大 1(1)、佐賀大 2(1)、長崎大 3(1)、宮崎大 1、鹿児島大 1、琉球大 2(1)、滋賀医科大 1(1)、東京医科歯科大 3(3)、大阪公立大 7(2)、兵庫県立大 1(1)、奈良県立医科大 1、和歌山県立医科大 1(1)、防衛大 3(2)、防衛医科大 9(3)、関西大 9(7)、関西学院大 20(16)、同志社大 33(20)、立命館大 42(27)、近畿大 18(6)、龍谷大 4(1)、大阪医科薬科大 6(2)、関西医科大 3(1)、兵庫医科大 3(2)、京都薬科大 4(3)、神戸薬科大 1、関西外国語大 2(2)、大和大 2、神戸学院大 2(1)、畿央大 2、京都女子大 2(1)、早稲田大 28(17)、慶應義塾大 16(8)、上智大 4(1)、東京理科大 21(5)、立教大 7(2)、中央大 6(4)、青山学院大 7(6)、明治大 23(6)、法政大 6(1)、日本大 5(1)、東京女子大 2(1)、日本女子大 2、日本医科大 1、東京医科大 2、聖マリアンナ医科大 1、獨協医科大 1、自治医科大 5(1)、埼玉医科大 1(1)、金沢医科大 1(1)、愛知医科大 2(1)、川崎医科大 4、産業医科大 4(1)

香川誠陵 中学校

http://www.k-seiryo.ed.jp/

■ 学校長／光田　大介　■ 副校長／小林　由和　■ 教　頭／楠見　浩三・大野　裕江　■ 生徒数／男子 75 名　女子 98 名

| 住　所 | 〒761-8022　香川県高松市鬼無町佐料 469-1 | TEL | 087-881-7800 |

| 交通機関 | JR 予讃線『鬼無駅』より徒歩 15 分。 |

特色

全員が大学進学を目指す進学校であるとともに、人間力を育むために行事や部活動を積極的に行っています。全ての生徒が同じように勉学に励み、部活動や行事に取り組みます。また、社会の変化、特に大学入試の変化に備え、英語力を伸ばすために、中1よりオンライン英会話を導入しています。20～30分、外国人講師と1対1で英会話を行います。また、校内で英検、TOEIC、TOEFL の受検を行います。こうした取り組みによって、昨年度の中学3年生は、74％が英検3級、34％が英検準2級を取得しています。

2024 年度入試要項

試 験 日	1月5日（県外入試）
	（上本町・新大阪・神戸・和歌山）
募集人員	全入試計男女200名
試験科目	3教科型算・国〔各50分/各120点〕
	理　〔 40分/　 80点〕
	4教科型算・国〔各50分/各120点〕
	理・社〔各40分/各 80点〕
	＊3教科型/4教科型いずれか選択
合格発表日	1月7日〔web13:00～〕
受 験 料	18,000円
出願期間	12月2日～12月21日〔web23:59〕
入学手続	1月10日～2月1日

学校行事開催日程一覧

◆入試対策演習＆入試説明会
　10/14（土）　11/4（土）　11/25（土）
◆文化祭　9/9（土）〔公開〕
◆体育祭　4/29（祝）〔保護者見学可〕

＊各イベント等につきましては、今後新型コロナウイルス感染状況により日程の変更及び中止の場合もございます。各学校ホームページ等でご確認下さい。

入 試 状 況

	募集人員	志願者数	受験者数	合格者数	実質倍率	合格最低点(%)
2023	全会場計200	576	560	530	1.1	250(63%)
2022	全会場計200	607	587	538	1.1	260(65%)
2021	全会場計200	598	592	538	1.1	250(50%)

＊県外入試

2023 年度進学状況

❖併設高校へ卒業生男子40名中、40名進学（100%）　女子33名中、27名進学（82%）
❖高校卒業生数111名
❖主要大学への合格実績（ ）内は現役合格者数
　京都大1、北海道大1(1)、東京学芸大1(1)、北見工業大1(1)、茨城大1(1)、埼玉大1(1)、富山大1(1)、岡山大1(1)、香川大12(12)、愛媛大3(3)、徳島大2、高知大2、鳥取大1(1)、宮崎大1、鹿児島大1、東京医科歯科大1(1)、奈良県立大1(1)、東京都立大2(2)、釧路公立大3(3)、高崎経済大3(3)、都留文科大1、富山県立大1(1)、山梨県立大1(1)、島根県立大2(2)、防衛大3(2)、防衛医科大3(2)、関西大16(13)、関西学院大9(9)、同志社大13(10)、立命館大17(13)、京都産業大11(10)、近畿大30(26)、甲南大6(6)、龍谷大22(10)、京都薬科大1(1)、神戸薬科大2(1)、関西外国語大4(4)、桃山学院大3(3)、大阪工業大2(2)、摂南大15(11)、大阪経済大6(6)、大阪電気通信大3(3)、大和大2(2)、佛教大1(1)、京都精華大2(2)、京都橘大6、神戸学院大4(4)、流通科学大1、奈良大1、京都女子大1(1)、同志社女子大2(2)、京都光華女子大1(1)、神戸女学院大2(2)、武庫川女子大2(2)、大阪芸術大1、大阪音楽大1(1)、早稲田大4(2)、上智大4(3)、立教大9(9)、中央大7(7)、学習院大2(2)、明治大9(6)、法政大4(4)、成蹊大1(1)、東京女子大1、聖心女子大2(2)、フェリス女学院大1(1)、愛知学院大1(1)、岡山理科大6(6)、立命館アジア太平洋大1(1)、日本歯科大1、岩手医科大1(1)、川崎医科大2(1)

開　成

中学校

https://www.kaiseigakuen.jp/

■ 学校長／野水　勉　■ 教　頭／塚本　綾子　■ 生徒数／男子915名

住　　所	〒116-0013　東京都荒川区西日暮里4-2-4	TEL	03-3822-0745
交通機関	JR山手線・東京メトロ千代田線『西日暮里駅』より徒歩2分。		

特色　授業を通して、たくましい大人に必要な知識、技術を学び、課外活動を通してたくましい大人に必要な考え方、習慣を学びます。運動会、文化祭、部活動は基本的に生徒の手により運営され、集団の一員としてリードされる経験、リードする経験を蓄積できます。2023年夏には、新校舎のほとんどの教育施設が完成します。

2024年度入試要項

試 験 日	2月1日
募集人員	男子300名
試験科目	算〔60分／85点〕
	国〔50分／85点〕
	理・社〔各40分／各70点〕
合格発表日	2月3日
受 験 料	28,000円
出願期間	12月20日〜1月22日〔web〕
入学手続	2月4日

学校行事開催日程一覧

◆説明会　10/21(土)　10/22(日)
◆文化祭　9/23(祝)〜24(日)
◆体育祭　5/14(日)

＊各イベント等につきましては、今後新型コロナウイルス感染状況により日程の変更及び中止の場合もございます。各学校ホームページ等でご確認下さい。

入 試 状 況

	募集人員	志望者数	受験者数	合格者数	実質倍率	合格最低点(%)
2023	300	1,289	1,193	419	2.8	237(76%)
2022	300	1,206	1,050	416	2.5	199(64%)
2021	300	1,243	1,051	398	2.6	201(65%)

2023年度進学状況

❖併設高校へ（卒業生・進学者数／非公表）
❖高校卒業生数 394名
❖主要大学への合格実績（　）内は現役合格者数

東京大 148(118)、京都大 10(6)、北海道大 6(3)、東北大 8(6)、筑波大 7(6)、一橋大 9(5)、東京工業大 5(3)、九州大 1、東京外国語大 1(1)、東京農工大 2、電気通信大 4(2)、横浜国立大 5(4)、山形大 3(1)、茨城大 1、群馬大 1(1)、埼玉大 1、千葉大 17(12)、山梨大 4(1)、金沢大 1(1)、宮崎大 1(1)、琉球大 1(1)、東京医科歯科大 9(8)、大阪公立大 1、東京都立大 1(1)、横浜市立大 1、高崎経済大 1(1)、防衛大 1(1)、防衛医科大 13(10)、同志社大 4(1)、立命館大 1(1)、大阪医科薬科大 1(1)、早稲田大 192(105)、慶應義塾大 163(90)、上智大 34(13)、国際基督教大 1(1)、東京理科大 62(31)、立教大 4(1)、中央大 18(7)、学習院大 7(1)、青山学院大 9(4)、明治大 44(8)、法政大 5(1)、北里大 1、日本大 6(2)、東海大 1、日本医科大 16(6)、東京医科大 3(1)、東京慈恵会医科大 10(3)、聖マリアンナ医科大 1

久留米大学附設 中学校

http://www.kurume-u.ac.jp/site/fusetsu/

■ 学校長／町田 健　■ 教 頭／藤吉 博範　■ 生徒数／男子312名 女子181名

| 住　所 | 〒 839-0862　福岡県久留米市野中町 20-2 | TEL | 0942-44-2222 |

| 交通機関 | JR 鹿児島本線・JR 久大本線・JR 長崎本線・新幹線『久留米駅』より西鉄バス約 25 分。
西鉄天神大牟田線『西鉄久留米駅』より西鉄バス約 15 分。 |

特色

本校は、「真に国家社会に貢献しようとする、為他の気概をもった誠実・努力の人物を育成する」という建学精神の下、誇るべき人格の完成を目指す「全人教育」を教育の使命として定めながら、「豊かな人間性と優れた学力を備えた人間を育成すること」を教育目標とする、中・高一貫教育校です。
また本校は、人間的学びを深める学生寮（男子寮）を完備しております。

2024 年度入試要項

試 験 日	1月20日
募集人員	男女160名
試験科目	算・国〔各60分／各150点〕
	理・社〔各45分／各100点〕
合格発表日	1月23日〔web10:00〜〕
受 験 料	20,000円
出願期間	12月1日〜12月21日〔web23:59〕
入学手続	1月25日〜1月30日〔郵送必着〕

学校行事開催日程一覧

◆ 説明会　9/30(土)
◆ 文化祭　なし
◆ 体育祭　9/16(土)〔非公開〕

＊各イベント等につきましては、今後新型コロナウイルス感染状況により日程の変更及び中止の場合もございます。各学校ホームページ等でご確認下さい。

入 試 状 況

		募集人員	志望者数	受験者数	合格者数	応募倍率	合格最低点(%)
2023	男子	160	582	非公表	236	5.5	266(53%)
	女子		297	非公表			
2022	男子	160	375	非公表	219	4.1	287(57%)
	女子		285	非公表			
2021	男子	160	359	非公表	215	4.3	298(60%)
	女子		325	非公表			

2023 年度進学状況

❖ 併設高校へ卒業生男子 96 名中、95 名進学（99%）　女子 64 名中、63 名進学（98%）
❖ 高校卒業生数 190 名
❖ 併設大学・短期大学への進学
　久留米大学 2 名〔医学 2〕
❖ 主要大学への合格実績　（ ）内は現役合格者数
　東京大 37(32)、京都大 11(6)、北海道大 4(3)、筑波大 3(2)、一橋大 5(3)、東京工業大 4(2)、九州大 45(31)、横浜国立大 3(3)、佐賀大 7(7)、長崎大 6(4)、熊本大 13(4)、鹿児島大 4(1)、同志社大 18(3)、早稲田大 32(10)、慶應義塾大 25(10)、上智大 15(5)、東京理科大 13(7)、中央大 25(7)、明治大 27(5)、法政大 10(2)

大阪府
兵庫県
京都府
奈良県
和歌山県
滋賀県
その他

ラ・サール 中学校

http://www.lasalle.ed.jp

■ 学校長／ドミンゴ・ビヤミル　■ 副校長／谷口　哲生　■ 教　頭／宮崎　利広　■ 生徒数／男子 526 名

| 住　所 | 〒891-0192　鹿児島市小松原 2-10-1 | TEL | 099-268-3121 |

| 交通機関 | ＪＲ指宿枕崎線『谷山駅』より徒歩 10 分。
市電『谷山駅』より徒歩 5 分。 |

特色

本校で学ぶいろいろな教科は単に知識を得るだけではなく、立派な人間を作るための土台となるように指導されます。また中学の「倫理」、高校の「人間学」の教科は本校独自のもので、正しい社会生活のありかたの標準を示し、生徒が神・隣人・自分に対する義務を知り、それをよく実行するように教育するという目的を持っています。中高一貫の 6 か年の教育は、人間的な育成に関して、学校の方針を十分に徹底させることができます。また、寮がそのためのすぐれた修練の場となっています。2013 年 12 月に、新しい寮が完成しました。

2024 年度入試要項

試　験　日	1月27日
募集人員	男子160名
試験科目	算・国〔各60分／各100点〕 理・社〔各40分／各 50点〕
合格発表日	1月30日〔web9:00～〕
受　験　料	20,000円
出願期間	12月4日～12月23日〔web23:59〕
入学手続	2月1日～2月7日〔消印有効〕

学校行事開催日程一覧

◆説明会　10/29（日）
◆文化祭　6/3（土）
◆体育祭　9/17（日）

＊各イベント等につきましては、今後新型コロナウイルス感染状況により日程の変更及び中止の場合もございます。各学校ホームページ等でご確認下さい。

入試状況

	募集人員	志願者数	受験者数	合格者数	応募倍率	合格最低点(%)
2023	160	913	846	非公表	5.3	191(64%)
2022	160	685	632	非公表	4.0	176(59%)
2021	160	674	611	非公表	3.8	176(59%)

2023 年度進学状況

❖併設高校へ卒業生 167 名中、163 名進学（98%）
❖高校卒業生数 200 名
❖主要大学への合格実績（　）内は現役合格者数

東京大 37(26)、京都大 7(3)、大阪大 4(1)、北海道大 1(1)、東北大 2(2)、一橋大 2、東京工業大 2(1)、名古屋大 3(1)、九州大 32(16)、京都工芸繊維大 1、東京外国語大 2(2)、電気通信大 1(1)、横浜国立大 5(4)、秋田大 1(1)、千葉大 1(1)、山梨大 3、新潟大 1(1)、静岡大 1(1)、信州大 1、岡山大 1、香川大 1、広島大 1、山口大 3、長崎大 2(2)、熊本大 12(8)、鹿児島大 16(13)、琉球大 2、東京医歯科大 1、大阪公立大 1、横浜市立大 1、名古屋市立大 1、北九州市立大 1(1)、京都府立医科大 2(2)、奈良県立医科大 1(1)、九州歯科大 1(1)、防衛大 2、防衛医科大 6(3)、気象大 1、関西大 1、関西学院大 2、同志社大 3(1)、立命館大 5(2)、京都産業大 1、近畿大 3、龍谷大 2、関西医科大 2、早稲田大 37(10)、慶應義塾大 33(10)、上智大 7(2)、東京理科大 25(5)、立教大 1、中央大 10(1)、青山学院大 2(2)、明治大 11、法政大 2、成蹊大 1、北里大 1、日本大 1、東海大 2(1)、西南学院大 4、日本医科大 2(1)、東京医科大 1、東京慈恵会医科大 1(1)、聖マリアンナ医科大 1、東京歯科大 1(1)、獨協医科大 1(1)、自治医科大 1、金沢医科大 1、愛知医科大 1(1)、産業医科大 2

大阪府

兵庫県

京都府

奈良県

和歌山県

滋賀県

その他

函館ラ・サール 中学校

https://www.h-lasalle.ed.jp/

■ 学校長／齋藤 瑞木 ■ 教 頭／小川 正樹 ■ 生徒数／男子214名

住 所	〒041-8765 函館市日吉町1-12-1	TEL	0138-52-0365

交通機関	JR函館本線『函館駅』よりバス『学園前停留所』下車徒歩3分。 市電『湯の川駅』より徒歩10分。

特色
①人間教育重視の伝統～本校はカトリックミッションスクールです。
②生徒が全国から集まっていること（今年度PTA関西支部会員数31）～多様で密度の濃い人間経験は豊かな自己実現につながります。
③全国唯一の大部屋寮生活によって育まれる逞しく柔軟な人間関係力～生徒は強い自立心と協調性、そして一生の友を獲得していきます。
④恵まれた生活・学習環境～函館は北海道の豊かな自然と歴史的情緒を併せ持つ港町です。
⑤低廉な経費～授業料・寮費合わせて月約11万円です。都会での通学通塾生活より経済的です。

2024年度入試要項

試 験 日	①1月8日（大阪・東京・名古屋・札幌・本校入試） ②2月3日（大阪・東京・名古屋・本校入試）
募集人員	①②男子計80名
試験科目	①3科目型 算・国　〔各60分/各100点〕 　　　　 理・社から1科目選択〔40分/ 50点〕 　4科目型 算・国　〔各60分/各100点〕 　　　　 理・社　〔各40分/各 50点〕 　＊3科目型/4科目型いずれかを選択 ②2科目型 算・国　〔各60分/各100点〕 　3科目型 算・国　〔各60分/各100点〕 　　　　 理・社から1科目選択〔40分/ 50点〕 　4科目型 算・国　〔各60分/各100点〕 　　　　 理・社　〔各40分/各 50点〕 　＊2科目型/3科目型/4科目型いずれかを選択
合格発表日	①1月10日〔郵送/掲示・web16:00～〕 ②2月 4日〔郵送/掲示・web16:00～〕
受 験 料	20,000円 （第1次受験者は第2次は不要・専願希望者のぞく）
出願期間	①12月 1日～12月11日〔web〕 ② 1月16日～ 1月22日〔web〕
入学手続	①1月11日～1月15日 ②2月 5日～2月13日

学校行事開催日程一覧

◆説明会　11/11(土)〔本校〕　11/25(土)〔大阪〕
◆文化祭　7/15(土)～16(日)〔公開〕
◆体育祭　9/19(火)〔非公開〕

＊各イベント等につきましては、今後新型コロナウイルス感染状況により日程の変更及び中止の場合もございます。各学校ホームページ等でご確認下さい。

入試状況

			募集人員	志望者数	受験者数	合格者数	実質倍率	合格最低点(%)
2023	第1次	3科	80	19	19	16	1.2	169.2(56%)
		4科		8	8	5	1.6	
	第2次	2科		2	2	2	1.0	190.5(64%)
		3科		1	1	0	—	
		4科		1	1	1	1.0	
2022	第1次	3科	80	88	86	73	1.2	195(65%)
		4科		40	40	24	1.7	
	第2次	2科		1	1	0	—	148.5(50%)
		3科		0	0	0	—	
		4科		5	4	3	1.3	
2021	第1次	3科	80	73	71	67	1.1	200.4(67%)
		4科		39	38	31	1.2	
	第2次	2科		1	1	1	1.0	186(62%)
		3科		3	2	1	2.0	
		4科		4	4	3	1.3	

＊大阪会場計

2023年度進学状況

❖併設高校へ卒業生59名中、53名進学（90%）
❖高校卒業生数113名
❖主要大学への合格実績（　）内は現役合格者数
　京都大1(1)、北海道大5(5)、筑波大2(2)、一橋大1(1)、東京工業大1(1)、九州大1、帯広畜産大2(2)、北海道教育大1(1)、弘前大4(3)、秋田大2(1)、岩手大4(2)、千葉大1(1)、山梨大1(1)、札幌医科大4(2)、関西学院大3(1)、同志社大1(1)、立命館大2(2)、近畿大1、大阪医薬薬科大1、関西医科大1、兵庫医科大1、立教大8(3)、中央大3(3)、青山学院大7(5)、明治大9(4)、法政大8(4)、明治学院大2(1)、日本大2(1)、東海大1(1)、南山大1(1)、東京医科大1、日本歯科大1(1)、岩手医科大1、獨協医科大1(1)、自治医科大1(1)

データ 2024

School Information

1 入試制度変更内容一覧

地域	中学校名	変更事項	今年度の変更内容	前年度の実施内容
大阪府	大阪薫英女学院	試験科目 (配点・時間) (A②日程) (適性検査型入試導入)	2科型　算・国　〔各50分/各150点〕 適性検査型　適性検査Ⅰ（国語・社会分野）〔50分〕 　　　　　　適性検査Ⅱ（算数・理科分野）〔50分〕 ＊2科型/適性検査型いずれか選択	2科型算・国〔各50分/各150点〕・面接
		判定方法	＊英語検定による読み替え得点率 〜2級以上、90%・準2級85%、3級で80% 当日の試験は実施し、得点の高い方を成績として採用。	—
		面接 (一般入試)	廃止	保護者同伴または、個別
	大阪女学院	国際特別入試 (出願資格)	英検3級以上、または、その他はCEFR A2レベル以上の各資格を取得している者。	英検3級以上、その他はCEFR A1レベル以上の各資格を取得している者。
	大谷	試験科目 (1次A入試) (科目選択制変更)	【医進・特進・凛花】 3科型　算・国〔各60分/各120点〕理〔40分/80点〕 4科型　算・国〔各60分/各120点〕理・社〔各40分/各80点〕 適性未来型算・国〔各60分/各120点〕理・未来力〔各40分/各80点〕 ＊3科型/4科型/適性未来型いずれかを選択 　3科型は、3教科の合計×1.25　4科型と併せて判定。 　4科型は、4科合計または算国理×1.25、算国社×1.25のうち最高得点を採用して判定。 【凛花/特別専願】 算・国〔各60分/各120点〕・面接	【医進】 3科型　算・国〔各60分/各120点〕理〔40分/80点〕 4科型　算・国〔各60分/各120点〕理・社〔各40分/各80点〕 適性未来型算・国〔各60分/各120点〕 　　　　理・未来力〔各40分/各80点〕 ＊3科型/4科型/適性未来型いずれかを選択 【特進】 3科型　算・国〔各60分/各120点〕社〔40分/80点〕 4科型　算・国〔各60分/各120点〕理・社〔各40分/各80点〕 適性未来型算・国〔各60分/各120点〕 　　　　理・未来力〔各40分/各80点〕 ＊3科型/4科型/適性未来型いずれかを選択 【凛花】 3教科型算・国〔各60分/各120点〕社〔40分/80点〕 4科型　算・国〔各60分/各120点〕理・社〔各40分/各80点〕 特別専願算・国〔各60分/各120点〕未来力〔40分/80点〕 ＊3科型/4科型/特別専願いずれかを選択 　3科型は、3教科の合計×1.25　4科型と併せて判定。 　4科型は、4科合計または算国理×1.25、算国社×1.25　のうち最高得点を採用して判定。
		試験科目 (1次B入試) (科目選択制変更)	【全コース共通】 算・国〔各60分/各120点〕	【医進・特進】 算・国〔各60分/各120点〕 【凛花】 2科型　算・国〔各60分/各120点〕 特別選抜型国・未来力〔各60分/各120点〕 ＊2科型/特別選抜型いずれかを選択
		試験科目 (2次入試) (科目選択制変更)	【全コース共通】 3科型算・国〔各60分/各120点〕理〔40分/80点〕 4科型算・国〔各60分/各120点〕理・社〔各40分/各80点〕 ＊3科型/4科型いずれかを選択 　3科型は、3教科の合計×1.25　4科型と併せて判定。 　4科型は、4科合計または算国理×1.25、算国社×1.25　のうち最高得点を採用して判定。	【医進】 3科型算・国〔各60分/各120点〕理〔40分/80点〕 4科型算・国〔各60分/各120点〕理・社〔各40分/各80点〕 ＊3科型/4科型いずれかを選択 【特進・凛花】 3科型算・国〔各60分/各120点〕社〔40分/80点〕 4科型算・国〔各60分/各120点〕理・社〔各40分/各80点〕 ＊3科型/4科型いずれかを選択 　3科型は、3教科の合計×1.25　4科型と併せて判定。 　4科型は、4科合計または算国理×1.25、算国社×1.25　のうち最高得点を採用して判定。

地域	中学校名	変更事項	今年度の変更内容	前年度の実施内容
大阪府	金　蘭　会	入試制度 （午後入試廃止）	A日程一般K方式英語／1月13日 B日程一般英検優遇　／1月14日 C日程一般　　　　　／1月17日 D日程　　　　　　　／1月24日 E日程一般　　　　　／2月22日	A日程一般K方式／1月14日 A日程英語　　　／1月14日（午後入試） B日程／1月15日　C日程／1月18日 D日程／1月22日　E日程／2月24日
		試験科目 （配点・時間） （C・D・E日程）	一般　算・国から1科目選択　　　　〔50分／100点〕 英検優遇インタビューテスト（英語）〔 5分／ 30点〕	一般算・国から1科目選択〔50分／100点〕
	堺 リ ベ ラ ル	出願方法	インターネット出願導入	―
	四 天 王 寺	出願方法 （英数S・英数・医志）	webのみ	web・窓口
	樟　　蔭	入試制度 （午後入試減少）	A入試／1月13日 B入試／1月13日（午後入試） C入試／1月16日 S入試／2月 3日	A入試／1月14日 B入試／1月14日（午後入試） C入試／1月16日（午後入試） S入試／2月 4日
	城 南 学 園	入試制度 （入試回数） （名称変更）	A日程／1月13日 B日程／1月14日 C日程／1月20日 D日程／2月16日	1次　／1月14日 1.5次／1月15日 2次　／1月21日
		加点措置	＊英語検定等の資格による加点 （ボーダーラインを下回った受験生対象） 英検3級以上、20点、4級15点、5級10点、加点。	―
	相　　愛	入試制度 （午後入試廃止）	A日程／1月13日 B日程／1月14日 C日程／1月18日	A日程／1月14日 B日程／1月15日（午後入試） C日程／1月19日
	梅　　花	出願方法	インターネット出願導入	―
	アサンプション国際	試験科目 （配点・時間） （名称変更） （思考力入試廃止）	【A日程午前・B日程/アカデミック】 算国型算・国　〔各45分／各150点〕・面接 英語型英語筆記　〔 45分／ 100点〕 英語インタビュー〔 10分／ 50点〕・面接 ＊算国型/英語型いずれかを選択 【A日程午後/アカデミック】 算数型算　　　　〔45分／150点〕・面接 英語型英語筆記　〔45分／100点〕 英語インタビュー〔10分／ 50点〕・面接	【A日程午前・B日程/アカデミック】 2科目型算・国　〔各45分／各150点〕・面接 英語型英語筆記　〔 30分／ 100点〕 英語インタビュー〔 10分／ 50点〕・面接 ＊2科目型/英語型いずれかを選択 【イングリッシュ（全入試共通）】 英語型英語筆記〔30分/100点〕 　英語インタビュー〔10分／ 50点〕・面接 【A日程午後/アカデミック】 思考力型思考力テスト〔45分/150点〕・面接 算数型　算　　　　〔45分／150点〕・面接 英語型　英語筆記　〔30分／100点〕 英語インタビュー　〔10分／ 50点〕・面接 ＊思考型/算数型/英語型いずれかを選択
		発表方法	web	郵送

地域	中学校名	変更事項	今年度の変更内容	前年度の実施内容
大阪府	追 手 門 学 院	試験科目 （配点・時間） （A・C・D日程） （科目選択制変更）	【特進S・特選SS ／2教科型共通】 　算・国〔各50分／各100点〕 ＊2教科の合計点を1.25倍したものを合計得点とする。 英語検定による読み替え得点率 〜準2級以上で100％・3級で90％・4級で70％、5級60％ 英語コミュニケーションテスト型 〜15分程度のオールイングリシュ口頭試験 英語併用型〜英検読み替え得点と口頭試験の得点の高い方で査定。	【特進S ／2教科型】 算・国型　〔各50分／各100点〕 国・英検型〔国50分／ 100点・英検型/100点〕 国・英コミ型〔国50分／ 100点、英コミュニケーション型/100点〕 国・英併用型〔国50分／ 100点、英検・英コミュニケーション型/100点〕 ＊算・国型/国・英検型/国・英コミ型/国・英併用型いずれかを選択 　面接 【特選SS ／2教科型】 算・国〔各50分／各100点〕・面接 2教科〜2教科の合計点を1.25倍したものを合計得点とする。 英語検定による読み替え得点率 〜準2級以上で100％・3級で90％・4級で70％、5級60％ 英語コミュニケーションテスト型 〜10分程度のオールイングリシュ口頭試験 英語併用型〜英検読み替え得点と口頭試験の得点の高い方で査定。
		面接	全入試廃止	個別面接
		加点措置	＊英検・漢検・数検の資格を持っている場合、加点措置を行う（特進Sコース、TW入試はなし） 準2級以上20点、3級以上15点・4級10点、5級5点。（高い方を加点する。）	＊英検・漢検・数検の資格を持っている場合、加点措置を行う（特進Sコース、TW入試はなし） 準2級以上15点、3級以上10点・4級、5級5点（高い方を加点する。）
	大阪学芸高等学校附属	入試制度 （自己推薦入試追加）	一般入試・英語資格入試・特技入試・自己PR入試 帰国子女入試	一般入試・英語資格入試・特技入試・帰国子女入試
		試験科目	算・国〔各45分／各100点〕　面接 （DD進学コース志願者は、面接が英語インタビューテストに変更になります。）	算・国〔各45分／各100点〕　面接
		加点措置	特技入試　　／最大40点の加点 自己PR入試　／最大20点の加点 帰国子女入試／最大20点の加点	特技入試　　　／実技実績が加点 帰国子女入試／海外経験が加点

地域	中学校名	変更事項	今年度の変更内容	前年度の実施内容
大阪府	追手門学院大手前	募集人員	【全入試合わせて】 スーパー選抜男女約35名　特進男女70名 （WIL入試スーパー選抜特進男女計約20名含む） （内部進学者を含む）	【全入試合わせて】 スーパー選抜男女約35名　特進男女約70名 （WIL入試特進男女約20名含む） （内部進学者を含む）
		試験科目 （配点・時間） （A日程） （科目選択制変更）	算国型　算・国　〔各45分／各100点〕・面接 ＊算国×1.5倍（300点満点） 算国理型算・国・理〔各45分／各100点〕・面接 ＊算国理の合計点と算国×1.5倍の高い方 で判定（300点満点） 算国英型算・国・英〔各45分／各100点〕・面接 ＊算国英の合計点と算国×1.5倍の高い方 で判定（300点満点） ＊算国型/算国理型いずれかを選択	Ⅰ型算・国　〔各45分／各100点〕・面接 ＊算国×1.5倍（300点満点） Ⅱ型算・国・理〔各45分／各100点〕・面接 ＊算国理の合計点と算国×1.5倍の高い方 で判定（300点満点） Ⅲ型算・国・英〔各45分／各100点〕・面接 ＊算国英の合計点と算国×1.5倍の高い方 で判定（300点満点） 特進は国英×1.5も含めて最も高いもの で判定 ＊Ⅰ型/Ⅱ型/Ⅲ型いずれかを選択
		試験科目 （配点・時間） （WIL入試） （科目選択制変更）	【スーパー選抜】 算国型　算・国　〔各45分／各100点〕・面接 ＊算国×1.5倍（300点満点） 算国理型算・国・理〔各45分／各100点〕・面接 ＊算国理の合計点と算国×1.5倍の高い方 で判定（300点満点） 算国英型算・国・英〔各45分／各100点〕・面接 ＊算国英の合計点と算国×1.5倍の高い方 で判定（300点満点） ＊算国型/算国理型/算国英型いずれかを 選択 【特進】 作文〔45分〕・面接	作文〔45分〕・面接
		試験科目 （配点・時間） （科目選択制変更）	【B日程・C日程】 算国型算・国〔各45分／各100点〕・面接 ＊算国×1.5倍（300点満点） 算国理型算・国・理〔各45分／各100点〕・面接 ＊算国理の合計点と算国×1.5倍の高い方 で判定（300点満点） 算型・国型・理型算or国or理〔45分／100点〕・面接 ＊算国理のいずれか×3倍（300点満点） ＊算国型/算国理型/算型・国型・理型い ずれかを選択 【D日程】 算国型算・国〔各45分／各100点〕・面接 ＊算国×1.5倍（300点満点） 算国理型算・国・理〔各45分／各100点〕・面接 ＊算国理の合計点と算国×1.5倍の高い方 で判定（300点満点） ＊算国型/算国理型いずれかを選択	【B日程】 Ⅰ型算・国〔各45分／各100点〕・面接 ＊算国×1.5倍（300点満点） Ⅱ型算・国・理〔各45分／各100点〕・面接 ＊算国理の合計点と算国×1.5倍の高い方 で判定（300点満点） Ⅳ型算・理〔各45分／各100点〕・面接 ＊算理×1.5倍（300点満点） ＊Ⅰ型/Ⅱ型/Ⅳ型いずれかを選択 【C日程・D日程】 Ⅰ型算・国〔各45分／各100点〕・面接 ＊算国×1.5倍（300点満点） Ⅱ型算・国・理〔各45分／各100点〕・面接 ＊算国理の合計点と算国×1.5倍の高い方 で判定（300点満点） ＊Ⅰ型/Ⅱ型いずれかを選択 ＊Ⅰ型・Ⅱ型で特進合格ライン未達の場 合、算国いずれか高い方の科目×2＋残 りの1科目×1の得点で判定 （高得点科目重視判定）（D日程）
		加点措置	全入試・全コース対象、ただしWIL入試は スーパー選抜のみ B・C日程の算型・国型・理型受験は対象外 （英検・漢検・数検、重複加点はしない） 英検・数検3級20点、4級10点、5級5点 漢検3級10点、4級5点、5級3点、加点する。	全入試・全コース対象（英検・漢検・数検、 重複加点はしない） 準2級以上30点、3級20点、4級10点、5 級5点、加点する。
	大 阪 国 際	受験料	20,000円 （1次A入試で出願した場合は、1次B入試 以降出願しても20,000円）	20,000円

〈37〉

地域	中学校名	変更事項	今年度の変更内容	前年度の実施内容
大阪府	大阪信愛学院	入試制度 (入試回数)	A日程／1月13日 B日程／1月17日	A日程／1月14日 B日程／1月18日 C日程／1月21日
		募集人員	【AB合わせて】 S文理男女約25名　学際男女約25名 （内部進学者を含む）	【ABC合わせて】 S文理男女約30名　学際男女約30名 （内部進学者を含む）
	大阪体育大学浪商	試験科目(N方式) (配点・時間) (選択科目変更) (英語入試廃止)	【A日程・B日程】 作文〔30分／50点〕必須　面接 国語基礎・算数基礎・体力測定より1科目選択〔30分／100点〕 【C日程・D日程】 作文〔30分／50点〕必須　面接 国語基礎・算数基礎より1科目選択　　〔30分／100点〕	【全日程共通】 作文〔30分／50点〕必須　面接 国語基礎・算数基礎・英語基礎・体力測定より1科目選択〔30分／100点〕
	大阪桐蔭	発表方法	【前期・後期・S特別】 web・郵送 【L特別】 web	【全入試共通】 掲示・web
	開明	試験科目 (配点・時間) (判定方法)	【1次前期・後期A・2次】 算・国〔各60分／各100点満点〕理・社〔各40分／各50点満点〕 ＊配点①算・国・理　各100点 　配点②算・国・社　各100点 　配点③算・国　各80点　理・社　各70点 配点①～③のうち最も高い合計点で判定。 【1次後期B】 算・国　　　　〔各60分／各100点満点〕 理・社から1科目選択〔40分／50点満点〕 ＊配点①算・国・理　各100点 　配点②算・国・社　各100点 理科を選択した受験生は配点①、社会を 選択した受験生は配点②で判定。	【1次前期・後期A・2次】 ＊アラカルト選抜方式 算・国〔各60分／各100点〕理・社〔各40分／各50点〕 ＊理・社のうち高得点教科を2倍し、算・ 国との合計300点満点で判定する。 【1次後期B】 算・国　　　〔各60分／各100点〕 理・社から1科目選択〔40分／50点〕 ＊理・社の得点を2倍し、算・国との合計 300点満点で判定する。
	関西創価	試験科目 (配点・時間) (科目選択制変更)	算・国　　　　　　〔各45分／各100点〕 理または社から1科目選択〔30分／50点〕 探究力ワークショップ　　　　〔40分〕	3科目型算・国〔各45分／各100点〕理〔25分／50点〕面接 ＊3科目の合計点（250点満点）×1.2倍 の300点換算点を得点とする。 4科目型算・国〔各45分／各100点〕理・社〔計50分／100点〕面接 ＊3教科型／4教科型いずれかを選択
		発表方法	web	郵送・web
		加点措置	＊英検資格取得者への加点優遇 準2級以上20点、3級15点、4級10点、5 級5点加点する。	―
	金蘭千里	入試制度 (入試回数) (適性検査型入試導入)	前期A入試・E入試／1月13日 中期B入試・J入試・M入試／1月13日（午後入試） 後期C入試・T（適性）入試／1月14日	前期A入試・E入試／1月14日 中期B入試・J入試・M入試／1月14日（午後入試） 後期／1月15日
	賢明学院	募集人員	【全入試合わせて】 関西学院理数総合わせて男女90名 （関西学院理数は最大60名、内部進学者を含む）	【全入試合わせて】 関西学院理数男女30名 総合男女60名（内部進学者を含む）
		試験科目 (科目選択制変更)	【2科目型／両コース共通】 算・国〔各45分／各100点〕・面接 ＊関西学院理数には算数の基準点有 3科目型／関西学院理数 算・国〔各45分／各100点〕理〔35分／50点〕・面接 【3科目型／総合】 算・国〔各45分／各100点〕 理・英から1科目選択〔35分／50点〕・面接 ＊2科目型／3科目型いずれか選択	【2科目型／両コース共通】 算・国〔各45分／各100点〕・面接 ＊関西学院理数には算数の基準点有 【3科目型／関西学院理数】 算・国〔各45分／各100点〕理〔35分／50点〕・面接 【3科目型／総合】 算・国〔各45分／各100点〕 理・社・英から1科目選択〔35分／50点〕・面接 ＊2科目型／3科目型いずれか選択
		加点措置	英検取得級に応じて加点措置有 3級以上20点、4級10点加点	―
		判定方法	複数回受験加点方式導入（AⅠ受験者） 2回目の受験で5点、3回目の受験で10点 加点する。	―

地域	中学校名	変更事項	今年度の変更内容	前年度の実施内容
大阪府	四條畷学園	入試制度 （入試回数） （午後入試増加）	1次・自己アピール型／1月13日 特待チャレンジ／1月13日（午後入試） 2次A日程／1月14日（午後入試） 2次B日程／1月20日	1次・自己アピール型／1月14日 2次A日程／1月15日（午後入試） 2次B日程／1月21日
		募集人員	【全入試合わせて】 発展探究3クラス発展文理1クラス合わせて男女140名 （自己アピール発展探究15名含む） （特待チャレンジ15名含む）（内部進学者含む）	【全入試合わせて】 発展探究・発展文理合わせて男女140名 （自己アピール発展探究15名含む）（内部進学者を含む）
		試験科目 （配点・時間） （1次／科目選択制廃止）	【1次・2次A・2次B共通】 算・国〔各50分／各150点〕	【1次】 2教科受験算・国〔各50分／各100点〕 ＊2教科の合計点の1.5倍した得点で判定。 3教科型　算・国〔各50分／各100点〕 　理・社いずれか1科目選択〔50分／100点〕 ＊算国の合計点の1.5倍した得点と算国理 　または算国社の合計点の高い方を得点 　として採用する。 ＊2教科型／3教科型いずれかを選択 【2次A・2次B】 算・国〔各50分／各100点〕
	常翔学園	入試制度 （J方式／会場）	本校・OIT梅田タワー	本校
		試験科目 （配点・時間） （B・C・J日程） （判定方法）	算・国〔各50分／各120点〕 以下の3つの中で最も良いもの（300点満点）で判定。 ①2教科の合計点×1.25 ②国語の得点　＋　算数の得点×1.5 ③国語の得点×1.5　＋　算数の得点	算・国〔各50分／各120点〕
		加点措置	複数回受験した場合、2回目以降は合計点に10点加点して合否を判定する。	複数回受験した場合、2回目以降は合計点に10点加点して合否を判定する。ただし、スーパーJコースには適用しない。
	常翔啓光学園	入試制度 （初日午後入試廃止）	A日程・未来入試／1月13日 B日程／1月14日 C日程／1月14日（午後入試） D日程／1月15日（午後入試）	A日程・未来入試／1月14日 B日程／1月14日（午後入試） C日程／1月15日（午後入試） D日程／1月16日（午後入試）
	清教学園	募集人員	【全入試合わせて】 S特進Ⅰ類S特進Ⅱ類計男女140名	【前期】 S特進Ⅰ類S特進Ⅱ類計男女120名 【後期】 S特進Ⅰ類S特進Ⅱ類計男女20名
	帝塚山学院泉ヶ丘	募集人員	①ＡＢⅡ類選抜・Ⅱ類・Ⅰ類男女約130名 ②　　Ⅱ類選抜・Ⅱ類・Ⅰ類男女約 10名	【①AB②合わせて】 Ⅰ類選抜・Ⅱ類男女約70名　Ⅰ類男女約70名 ①ＡＢⅡ類選抜・Ⅱ類・Ⅰ類男女約130名 ②　　Ⅱ類選抜・Ⅱ類・Ⅰ類男女約 10名
		加点措置	2回以上受験した場合、加点措置をする。 3回の入試を受験した場合は、1次B入試、2次入試のそれぞれで10点の加点（加点の累積はなし） 2回受験した場合は、2回目の入試で10点の加点。	―

地域	中学校名	変更事項	今年度の変更内容	前年度の実施内容
大阪府	浪速	募集人員	【全入試合わせて】 I 類（6年コース）II 類（3年コース）合わせて4クラス男女約120名 1次A・I 類選抜A方型／I 類・II 類約100名（I 類選抜は I 類のみ募集） 1次B／I 類・II 類約15名 I 類選抜入試B型／I 類若干名 2次入試・2月特別選抜／I 類・II 類若干名	【全入試合わせて】 I 類（6年コース）II 類（3年コース）合わせて3クラス男女約90名 1次A・I 類選抜A方型／I 類・II 類約75名（I 類選抜は I 類のみ募集） 1次B／I 類・II 類約15名 I 類選抜入試B型／I 類若干名 2次入試・2月特別選抜／I 類・II 類若干名
		試験科目（配点・時間）（I 類選抜入試B型）	算〔50分／100点〕	AO型入試（書類審査・面接）
	羽衣学園	募集人員	【1次A入試・1次B入試合わせて】 文理特進 I 男女約35名・文理特進 II 男女約35名 【適性検査型・2次A入試・2次B入試合わせて】 文理特進 I 男女若干名・文理特進 II 男女若干名	【1次A入試・1次B入試合わせて】 文理特進 I 男女約30名・文理特進 II 男女約30名 【適性検査型・2次A入試・2次B入試合わせて】 文理特進 I 男女若干名・文理特進 II 男女若干名
	初芝富田林	募集人員（コース改編）	【全入試合わせて】 S特進 α 男女30名　β 男女30名 特進　男女40名	【全入試合わせて】 S特進 α 男女約30名　β 男女約30名 特進　α 男女約30名　β 男女約30名
		試験科目（配点・時間）（前期A日程）（科目選択性変更）	3教科型算・国〔各50分／各100点〕理〔40分／50点〕 ＊3教科の合計点を1.2倍し、300点満点に換算した点数。 4教科型算・国〔各50分／各100点〕理・社〔各40分／各50点〕 ＊3教科の合計点を1.2倍し、300点満点に換算した点数と4教科の合計点を比較し、一番高い方を得点として採用する。 ＊3教科型／4教科型いずれかを選択	2教科型算・国〔各50分／各100点〕 ＊2教科の合計点を1.5倍し、300点満点に換算する。 3教科型算・国〔各50分／各100点〕理〔40分／50点〕 ＊3教科の合計点を1.2倍し、300点満点に換算した点数、 2教科の合計点を1.5倍し、300点満点に換算した点数を比較し、高い方を得点として採用する。 4教科型算・国〔各50分／各100点〕理・社〔各40分／各50点〕 ＊2教科の合計点を1.5倍し、300点満点に換算した点数、3教科の合計点を1.2倍し、300点満点に換算した点数と4教科の合計点を比較し、一番高い方を得点として採用する。 ＊2教科型／3教科型／4教科型いずれかを選択
	初芝立命館	募集人員（コース改編）	【全入試合わせて】 A α（アドバンストアルファ）男女40名 R（立命館）男女40名 A β（アドバンストベータ）男女40名 US（ユニバーサルスタディ）男女30名 （みらい入試21、若干名含む）	【全入試合わせて】 A α（アドバンストアルファ）男女約40名 R（立命館）男女約40名 A β（アドバンストベータ）男女約40名 （みらい入試21、若干名含む）
		試験科目（配点・時間）（科目選択制変更）	【前期A日程／A α・R・A β】 3科型算・国〔各50分／各120点〕理〔40分／80点〕 4科型算・国〔各50分／各120点〕理・社〔各40分／各80点〕 次の①～③の通り400点満点に換算して最も高い点数で判定。 ① 【4科型】算国理社の合計 ② 【理科3科型】算国理 ×1.25 ③ 【算数型】算×1.5 ＋ 国理の合計点 ×1.1 ＊3科型／4科型いずれかを選択	【前期A日程】 3科型算・国〔各50分／各120点〕理・社から1科目選択〔40分／80点〕 4科型算・国〔各50分／各120点〕理・社〔各40分／各80点〕 次の①～⑤の通り400点満点に換算して最も高い点数で判定。 ① 【4科型】算国理社の合計 ② 【理科3科型】算国理 ×1.25 ③ 【社会3科型】算国社 ×1.25 ④ 【算数重視理科型】算×1.5 ＋ 国理の合計点 ×1.1 ⑤ 【算数重視社会型】算×1.5 ＋ 国社の合計点 ×1.1 ＊3科型／4科型いずれかを選択

地域	中学校名	変更事項	今年度の変更内容	前年度の実施内容
大阪府	箕面自由学園	入試制度 （午後入試増加）	A午前／1月13日 A午後／1月13日（午後入試） B午前／1月14日 B午後／1月14日（午後入試） C午後／1月16日（午後入試）	A午前／1月14日 A午後／1月14日（午後入試） B午前／1月15日 B午後／1月15日（午後入試） C午前／1月16日
		募集人員	【A日程午前・午後合わせて】 理数探究コース　男女20名 グローバルコース男女30名 【B日程午前・午後・C日程午後合わせて】 理数探究コース・グローバルコース男女20名	【A日程午前・午後合わせて】 理数探究コース　男女20名 グローバルコース男女30名 【B日程午前・午後合わせて】 理数探究コース・グローバルコース男女15名 【C日程午前】 理数探究コース・グローバルコース男女5名
		試験科目 （配点・時間） （科目選択制変更） （判定方法）	【A日程午後】 3教科選択型入試 　算・国　　〔各45分／各100点〕 　理・英から1科目選択〔40分／100点〕 ＊3教科の合計得点（300点満点）と2教科（算・国）合計得点（高得点教科を2倍して300点満点）を比較し高い得点で判定する。 【B日程午前】 　算・国　〔各50分／各100点〕 　または算・理〔各50分／各100点〕 ＊2教科のうち、高得点の教科を2倍し、300点満点で判定。 【B日程午後・C日程午後共通】 　算・国〔各45分／各100点〕 ＊算国のうち、高得点の教科を2倍し、300点満点で判定。	【A日程午後】 3教科選択型入試 　算・国　　〔各50分／各100点〕 　理・英から1科目選択〔50分／100点〕 ＊3教科の合計得点（300点満点）と2教科（算・国）合計得点（高得点教科を2倍して300点満点）を比較し高い得点で判定。 【B日程午前】 ①～⑤の組み合わせで受験可 ①算・国　②算・理　③算・英　④英・国　⑤国・理〔各50分／各100点〕 ただし、理数探究は算必須 ＊受験2教科のうち、高得点の教科を2倍し、300点満点で判定。 【B日程午後・C日程午前】 　算・国〔各50分／各100点〕 ＊算国のうち、高得点の教科を2倍し、300点満点で判定。
		判定方法	【A日程午前・午後】 英検の得点を読み替え～2級以上95点、準2級85点、3級65点、4級50点。 漢検2級・準2級10点、3級7点、4級5点、加点。 数検2級・準2級15点、3級10点、4級5点、加点。 【B日程午前・午後/C日程午前・午後共通】 英検2級以上・準2級25点、3級15点、4級5点、加点。 漢検2級・準2級10点、3級7点、4級5点、加点。 数検2級・準2級15点、3級10点、4級5点、加点。	【全日程共通】 英検の得点を読み替え～2級95点、準2級85点、3級65点、4級50点。 漢検準2級10点、3級7点、4級5点、加点。 数検準2級20点、3級15点、4級10点、加点。
	桃山学院	発表方法	web	郵送・web
兵庫県	甲南	募集人員 （コース改編）	【全入試合わせて】 フロントランナー（F）男子約45名 メインストリーム（M）男子約105名	【全入試合わせて】 フロントランナー（F）男子約45名 アドバンスト（A）　　男子約105名
		発表方法	web	掲示・web
	報徳学園	入試制度 （会場）	1次午後／学校・西宮北口会場・宝塚会場・尼崎会場 2次B入試／学校・西宮北口会場・宝塚会場	1次午後／学校・西宮北口会場・宝塚会場 2次B入試／学校・西宮北口会場・尼崎会場
	愛徳学園	試験科目 （配点・時間） （C日程）	基礎学力型入試 基礎学力（算・国から1科目選択）〔40分/100点〕	自己推薦型入試 基礎学力（算・国から1科目選択）〔40分/100点〕 課題作文〔50分/100点〕　面接

地域	中学校名	変更事項	今年度の変更内容	前年度の実施内容
兵庫県	小林聖心女子学院	試験科目 (配点・時間)	2教科型算・国〔各60分/各120点〕 ＊算国の合計点×1.25倍、300点満点 3教科型算・国〔各60分/各120点〕 　　　　英〔リスニング25分 インタビュー5分/60点〕 3教科型算・国〔各60分/各120点〕 　　　　英〔リスニング25分 インタビュー5分/60点〕 英語特別講座選抜　　〔インタビュー5分　　〕 下記①、②のうち、得点の高い方を採用 ①3教科の合計点、300点満点 ②算国の合計点×1.25倍、300点満点 ＊2教科型/3教科型どちらか選択	2教科型算・国〔各60分/各120点〕 ＊算国の合計点×1.25倍、300点満点 3教科型算・国〔各60分/各120点〕 　　　　英〔リスニング30分 インタビュー5分/60点〕 3教科型算・国〔各60分/各120点〕 　　　　英〔リスニング30分 インタビュー5分/60点〕 英語特別講座選抜　　〔インタビュー5分　　〕 下記①、②のうち、得点の高い方を採用 ①3教科の合計点、300点満点 ②算国の合計点×1.25倍、300点満点 ＊2教科型/3教科型どちらか選択
		受験料	23,000円	20,000円
	神戸国際	試験科目 (配点・時間) (B-Ⅱ選考)	探究型入試 自然科学問題・社会問題〔計50分/各50点〕	思考力入試 自然科学問題・社会問題〔計50分/各50点〕
	神戸女学院	出願方法	インターネット出願導入	―
		発表方法	web	郵送・web
	神戸山手女子	入試制度 (前期午前) (プラミング入試導入)	一般入試・自己アピール方式（プログラミング入試含む） 英語重視方式	一般入試・自己アピール方式・英語重視方式
		試験科目 (配点・時間) (ファイナル/科目選択制変更)	未来探究　／算〔50分/100点〕 G選抜探究／英〔50分/100点〕	未来探究　／算または英〔50分/100点〕 G選抜探究／英　　〔50分/100点〕
		試験科目 (英語)	G選抜探究／リスニングあり	―
		発表方法	中期・後期・ファイナル／手渡し 他／郵送	全入試／郵送
		加点措置	＊全日程志願の上、受験した場合、10点 加点する。 前期午前を受験した場合、10点加点す る。 前期午前と前期午後を受験した場合、 10点加点する。 複数回受験の場合、5点加点する。	＊全日程志願の上、受験した場合、10点 加点する。 前期午前と前期午後を受験した場合、 10点加点する。 複数回受験の場合、5点加点する。
	松蔭	入試制度	A方式・自己推薦GS入試／1月13日 英語・課題図書プレゼン入試／1月13日（午後入試） B方式／1月14日（午後入試）	A方式／1月14日 英語Ⅰ・課題図書プレゼン入試／1月14日（午後入試） B方式・英語Ⅱ／1月15日（午後入試）
		募集人員	【A方式・英語・課題図書プレゼン入試合わせて】 ディベロプメンタル・ストリーム（DS）　女子約100名 B方式／ディベロプメンタル・ストリーム（DS）女子約20名 【自己推薦GS入試・英語合わせて】 グローバル・ストリーム女子約30名	【A方式・英語Ⅰ・課題図書プレゼン入試合わせて】 ディベロプメンタル・ストリーム（DS）女子約100名 【英語Ⅱ・B方式合わせて】 ディベロプメンタル・ストリーム（DS）女子約20名 【英語Ⅰ・英語Ⅱ合わせて】 グローバル・ストリーム女子約30名
		試験科目 (配点・時間) (英語)	【英語/DS志望】 英〔50分／100点〕　筆記＋リスニング 【英語/GS志望】 英〔50分/100点〕　筆記＋リスニング＋エッセイライティング 英語面接	【英語Ⅰ・英語Ⅱ共通】 英〔50分／100点〕 ＊リスニング有　英語面接（GS志望者）

地域	中学校名	変更事項	今年度の変更内容	前年度の実施内容
兵庫県	松　蔭	判定方法	※加点措置（「自己推薦GS」「課題図書プレゼン入試」を除く） 英検：準2級以上50点、3級40点、4級20点、5級10点加点。 漢検：準2級以上50点、3級20点、4級10点、5級5点加点。 TOEFL Primary　Step1・Step：215点以上50点、212点以上40点、209点以上20点、206点以上10点加点。 TOEFL Junior　Standard：645点以上50点加点。 TOEIC(L&R)/(S&W)：625点～1145点50点、320～620点　40点加点。 ケンブリッジ英検：120点～139点　50点、100点～119点　40点加点。	※加点措置（「課題図書プレゼン入試」を除く） 英検：準2級以上50点、3級40点、4級20点、5級10点加点。 漢検：準2級以上50点、3級20点、4級10点、5級5点加点。 TOEFL Primary　Step1・Step：215点以上50点、212点以上40点、209点以上20点、206点以上10点加点。 TOEFL Junior　Standard：645点以上50点加点。
	親　和	入試制度	前期Ⅰ／1月13日 前期Ⅱ／1月13日（午後入試） 後期Ⅰ／1月14日 後期Ⅱ／1月14日（午後入試） 後期Ⅲ／1月17日 チャレンジ／1月20日	前期Ⅰ英語資格プレゼンテーション／1月14日 前期Ⅱ算数1教科入試国語1教科入試/1月14日（午後入試） 後期Ⅰ／1月15日 後期Ⅱ／1月15日（午後入試） 後期Ⅲ／1月17日 チャレンジ／1月21日
		募集人員 （コース改編）	【全入試合わせて】 スーパーサイエンスコース(SS)女子30名 スティーム探究（ST）女子80名 グローバル探究（GL）女子80名	【全入試合わせて】 総合進学コース女子約130名　Sコース女子約60名 （プレゼンテーション入試は総合進学のみ）
		試験科目 （配点・時間） （前期Ⅰ）	【スーパーサイエンス】 算・国・理〔各50分／各100点〕 【スティーム探究】 〔1〕教科型受験 ①算・国・理〔各50分／各100点〕＊10点加点 ②算・国〔各50分／各100点〕＊2教科受験は300点満点で判定 ③算・理〔各50分／各100点〕＊2教科受験は300点満点で判定 ＊①/②/③いずれかを選択 〔2〕総合型入試 ①作文（50分/600字以上）②プレゼンテーション　③面接 ④通知表評定　⑤諸活動実績（成績に応じ加点） ①②③④⑤を総合的に判定 ＊〔1〕/〔2〕いずれか選択 【グローバル探究】 〔1〕教科型入試 ①算・国・理〔各50分／各100点〕＊10点加点 ②算・国・社〔各50分／各100点〕＊10点加点 ③算・理〔各50分／各100点〕＊2教科受験は300点満点で判定 ＊①/②/③いずれかを選択 〔2〕総合型入試 ①作文　②プレゼンテーション　③面接　④通知表評定 ⑤諸活動実績（成績に応じ加点）　①②③④⑤を総合的に判定 〔3〕英語資格入試 ①面接（英語・日本語）〔5分/100点〕②英検・TOEFL等の英語資格 ③通知表評定　①②③を総合的に判定 ＊〔1〕/〔2〕/〔3〕いずれか選択	①4教科算・国〔各50分／各100点〕 理・社〔各40分／各　80点〕 (1)・(2)の得点合計の高い方で判定を行う。 (1)算国理3教科の得点合計（280点満点） (2)算国社3教科の得点合計（280点満点） ②3教科算・国〔各50分／各100点〕 理〔　40分／　80点〕 ③3教科算・国〔各50分／各100点〕 社〔　40分／　80点〕 ＊①/②/③いずれかを選択
		試験科目 （配点・時間）	【スーパーサイエンス】 算・国〔各50分／各100点〕 【スティーム探究】 算〔50分／100点〕 【グローバル探究】 国〔50分／100点〕	前期Ⅱ（適性検査型） 適性検査型言語的分野・数理的分野〔各50分／各100点〕

地域	中学校名	変更事項	今年度の変更内容	前年度の実施内容
兵庫県	親和	試験科目（配点・時間）（後期Ⅰ）	【スーパーサイエンス】 〔1〕探究入試 言語探究・自然探究・数理探究〔各50分/各100点〕 〔2〕教科型入試 算・国・理〔各50分/各100点〕 ＊〔1〕/〔2〕いずれか選択 【スティーム探究】 〔1〕探究入試 言語探究・自然探究・数理探究〔各50分/各100点〕 〔2〕教科型入試 ①算・国・理〔各50分/各100点〕＊10点加点 ②算・国〔各50分/各100点〕＊2教科受験は300点満点で判定 ③算・理〔各50分/各100点〕＊2教科受験は300点満点で判定 ＊①/②/③いずれか選択 ＊〔1〕/〔2〕いずれか選択 【グローバル探究】 〔1〕探究入試 言語探究・自然探究・数理探究〔各50分/各100点〕 〔2〕教科型入試 ①算・国・理〔各50分/各100点〕＊10点加点 ②算・国〔各50分/各100点〕＊2教科受験は300点満点で判定 ＊①/②いずれかを選択 〔3〕英語資格入試 ①面接（英語・日本語）〔5分/100点〕 ②英検・TOEFL等の英語資格 ③通知表評定 ①②③を総合的に判定 ＊〔1〕/〔2〕/〔3〕いずれか選択	算・国〔各50分/各100点〕
		加点措置	＊下記の①②③のうち複数回受験の場合、2回目の受験時に5点、3回目の受験時に7点加点する。 ①前期Ⅰ又は前期Ⅱ ②後期Ⅰ ③後期Ⅱ ＊後期Ⅱを専願受験の場合、10点加点する。	－
	園田学園	試験科目（配点・時間）（特色入試）	面接	基礎学力テスト〔50分/100点〕 作文〔40分/400～600字〕・面接
	姫路女学院	入試制度（入試回数）	A日程／1月13日 B日程／1月14日（午後入試） C日程／1月20日	A1日程／1月14日 A2日程／1月14日（午後入試） B日程／1月15日（午後入試） C日程／1月21日
		試験科目（配点・時間）（科目選択制変更）	【A日程】 2教科型算・国〔各50分/各100点〕 英語1教科型英〔50分/100点〕リスニング〔50点〕 面接（英語）〔50点〕 ＊2教科型/英語1教科型いずれか選択 【ネクスタート入試（自己推薦・学校推薦型）】 算・国から1科目選択〔50分50点〕実績50点 面接（40点） 【C日程】 2教科型算・国〔各50分/各100点〕 1教科型算・国・理から1科目選択〔50分/100点〕 作文（未来探究型）〔40分/100点〕 ＊2教科型/1教科型いずれか選択	【A1日程】 3教科型算・国〔各50分/各100点〕理〔50分/100点〕 2教科型算・国〔各50分/各100点〕 英語1教科型英〔50分/100点〕リスニング〔50点〕 面接（英語）〔50点〕 ＊2教科型/3教科型/英語1教科型いずれか選択 【ネクスタート入試（自己推薦型）】 実績〔50点〕作文〔40分/50点〕面接（40点） 【C日程】 国語1教科型国〔50分/100点〕 作文（問題解決提案型）〔40分/100点〕 2教科型算・国〔各50分/各100点〕 ＊2教科型/国語1教科型いずれか選択

地域	中学校名	変更事項	今年度の変更内容	前年度の実施内容
兵庫県	武庫川女子大学附属	募集人員 （コース改編）	【全入試合わせて】 SOAR(ソアー)探究　　　　女子200名 SOAR(ソアー)グローバルサイエンス女子40名 計240名 （プログラミングはSOAR（ソアー）探究のみ）	【全入試合わせて】 創造サイエンス（CS）女子 30名 創造グローバル（CG）女子210名 計240名
		試験科目 （配点・時間） （科目選択制変更）	【A方式】 2科目受験算・国〔各50分／各100点〕面接 3科目受験算・国〔各50分／各100点〕 理または英から1科目選択〔50分／100点〕 ＊2科目受験／3科目受験いずれか選択 【B方式／西宮北口会場含む】 ①算・国〔各50分／各100点〕 ②算・英（リスニング含む）〔各50分／各100点〕 ③国・英（リスニング含む）〔各50分／各100点〕 ＊①／②／③いずれか選択 【プログラミング／SOAR(ソアー)探究】 プログラミング実技試験〔50分〕 【C方式】 算〔50分／100点〕または英（リスニング含む）〔50分/100点〕から1科目選択 【D方式】 算・国〔各50分／各100点〕	【A方式】 CS算〔50分／200点〕国〔50分／100点〕理〔40分／80点〕 CG3科型算・国〔各50分／各100点〕 理または社から1科目選択〔40分／80点〕 4科型算・国〔各50分／各100点〕理・社〔各40分／各80点〕 ＊理もしくは社の得点の高い方を選び、科目得点とする。 ＊3科型／4科型いずれか選択 【B方式／CS】 ①算〔50分／200点〕国〔50分／100点〕 ②算〔50分／200点〕 英（リスニング含む）〔50分／100点〕 ＊①／②いずれか選択 【B方式／CG】 ①算・国〔各50分／各100点〕 ②算・英（リスニング含む）〔各50分／各100点〕 ③国・英（リスニング含む）〔各50分／各100点〕 ＊①／②／③いずれか選択 【西宮北口会場 B方式／CS・CG共通】 算・国〔各50分／各100点〕 【プログラミング】 プログラミング実技試験〔60分／60点〕 【C方式／CS】 算〔60分／100点〕または英（リスニング含む）〔50分／100点〕から1科目選択 【C方式／CG】 英（リスニング含む）〔50分／100点〕 【D方式／CS】 算〔50分／200点〕　国〔50分／100点〕 【D方式／CG】 算・国〔各50分／各100点〕
	芦屋学園	受験料	20,000円 ＊A日程午前と次の日程（A日程午後・B日程）を合わせて出願する場合は、20,000円	20,000円 （A日程出願時に他の日程も合わせて出願する場合、2回目以降の受験料は免除する。）
	神戸龍谷	入試制度 （名称変更） （午後入試増加）	A入試／1月13日 B入試／1月13日（午後入試） C入試／1月14日（午後入試） D入試／1月20日	A1入試／1月14日 B入試／1月14日（午後入試） A2入試／1月15日 C入試／1月21日
		試験科目 （配点・時間） （B入試／エキスパート） （科目選択制変更）	算・国または算・英2科目複合 〔60分／100点〕	算・国2科目複合〔60分／100点〕
		加点措置	＊英検4級以上保持者優遇制度(B入試をのぞく) 準2級以上30点、3級20点、4級10点加点。	＊英検4級以上保持者優遇制度(B入試をのぞく) 実用英語技能検定で4級以上取得した者には、10〜30点を加点。
		発表方法	全入試共通／web	A①入試・A②入試・C入試／掲示 B入試／web
		受験料	20,000円	20,000円 （A入試で出願した場合は、1回の受験料でA①,A②両日の受験ができます。）
	三田学園	募集人員 （男女比率廃止）	【前期AB合わせて】 男女約220名	【前期AB合わせて】 男女約220名（男子約6割・女子約4割）

地域	中学校名	変更事項	今年度の変更内容	前年度の実施内容
兵庫県	夙川	試験科目 （配点・時間） （科目選択制変更）	【第2回】 算 〔60分／150点〕 国・理・社から1科目選択〔60分／150点〕 【第3回】 算 〔60分／150点〕 国・理から1科目選択〔60分／150点〕	【第2回・第3回／共通】 算 〔60分／150点〕 国・理・社から1科目選択〔60分／150点〕
		加点措置	英検・漢検・数検等の資格取得者への加点措置有 2級以上7点、準2級5点、3級3点。	英検・漢検・数検等の資格取得者への加点措置有 準2級以上7点、3級5点、4級3点。
	蒼開	発表方法	web	郵送・手渡し
	滝川	募集人員 （共学化）	【前期午前・午後合わせて】 医進選抜 男女20名 ミライ探究一貫 男子70名 Science Global一貫男女20名 （ミライ探究一貫はミライ探究型合格者を含む） 【中期I】 医進選抜 男女 5名 ミライ探究一貫 男子10名 Science Global一貫男女 5名 【中期II・後期】 医進選抜 男女5名 ミライ探究一貫 男子5名 Science Global一貫男女5名	【前期午前・午後合わせて】 医進選抜 男子20名 ミライ探究一貫 男子70名 Science Global一貫男子20名 （ミライ探究一貫はミライ探究型合格者を含む） 【中期】 医進選抜 男子 5名 ミライ探究一貫 男子10名 Science Global一貫男子 5名 【中期II・後期】 医進選抜 男子5名 ミライ探究一貫 男子5名 Science Global一貫男子5名
		試験科目 （配点・時間） （ミライ探究型） （入試科目変更）	算・国〔各45分／各100点〕 課題型探究〔45分〕	基礎学力テスト（算・国）〔60分／200点〕 テーマ作文〔40分〕 面接
		加点措置	＊資格優遇制度（前期午前・ミライ探究型） 英検・数検・漢検・理科検定・日本語検定3級以上、TOEIC400点以上、TOEFL iBT40点以上など、中学卒業程度のレベルを持っている人には10〜15点加点の加点措置がある。	＊資格優遇制度（前期午前・ミライ探究型） 英検・数検・理科検定・日本語検定3級以上、TOEIC400点以上、TOEFL iBT40点以上など資格を持っている人には10〜15点加点の加点措置がある。
	滝川第二	加点制度 （C日程）	＊C日程を受験した場合、既にAI日程入試を受験していれば、10点、AII・B日程入試で受験していればそれぞれ5点加点する。	―
	仁川学院	加点制度	複数回受験すれば、2回目以降の入試において5点加算する。	―
京都府	洛星	募集人員	【前期】 男子約165名 （ただし、ノートルダム学院小学校カトリック校特別選抜制度による8名まで、カトリック信者特別選抜制度による2名までを含む） 【後期】 男子約35名	【前期】 男子約180名 （ただし、ノートルダム学院小学校カトリック校特別選抜制度による8名まで、カトリック信者特別選抜制度による2名までを含む） 【後期】 男子約45名

地域	中学校名	変更事項	今年度の変更内容	前年度の実施内容
京都府	京都光華	入試制度 （午後入試導入） （自己推薦入試減少）	A日程・ひかり特技Ⅰ・ひかり成長型入試Ⅰ／1月13日 B日程／1月14日（午後入試） C日程・ひかり特技Ⅱ・ひかり成長型入試Ⅱ／1月24日	A日程・ひかり特技Ⅰ・ひかり英語入試Ⅰ・ひかり成長型入試Ⅰ／1月14日 B日程／1月15日 C日程・ひかり特技Ⅱ・ひかり英語入試Ⅱ・ひかり成長型入試Ⅱ／1月25日
		募集人員 （コース制募集再開）	【全入試合わせて】 アドバンストプログラム・オリジナルプログラム女子計50名	【全入試合わせて】 女子50名（内部進学者含む）
		試験科目 （配点・時間） （英語入試導入）	【A日程】 算・国〔各40分／各100点〕 理・社・英から1科目選択〔40分／100点〕面接 ＊3科目のうち得点上位2科目で判定 【B日程】 算・国〔各40分／各100点〕　面接	【A日程】 算・国〔各40分／各100点〕 理・社から1科目選択〔40分／100点〕面接 ＊3科目のうち得点上位2科目で判定 【B日程】 算〔40分／100点〕　面接
		加点措置	英検・漢検の取得級に応じて入試の点数に加点する。 英検準2級以上、20点、3級、15点、4級10点、5級5点、 漢検準2級以上、15点、3級・4級10点、5級5点加点。	―
	京都女子	入試制度 （入試回数） （自己推薦入試廃止）	A入試　／1月13日 B①入試／1月14日 B②入試／1月15日	A入試・自己推薦入試Ⅰ・自己推薦入試Ⅱ／1月14日 B①入試／1月15日 B②入試／1月16日
		募集人員	A入試　／東雲女子約35名　藤華女子約70名 B①入試／東雲女子約15名　藤華女子約30名 B②入試／東雲女子約10名　藤華女子約20名	A入試／東雲女子約30名　藤華女子約50名 自己推薦入試Ⅰ／東雲女子約10名 自己推薦入試Ⅱ／藤華女子約30名 B①入試／東雲女子約10名　藤華女子約20名 B②入試／東雲女子約10名　藤華女子約20名
	京都聖母学院	試験科目 （配点・時間） （B①日程／科目選択制変更）	2科型算・国〔各50分／各100点〕 4科型算・国〔各50分／各100点〕理・社〔各40分／各100点〕 ＊2科型／4科型いずれかを選択	2科型算・国〔各50分／各100点〕 3科型算・国〔各50分／各100点〕理〔40分／100点〕 4科型算・国〔各50分／各100点〕理・社〔各40分／各100点〕 ＊2科型／3科型／4科型いずれかを選択
		発表方法	郵送・web	掲示・web
	同志社女子	試験科目 （配点・時間） （自己推薦入試）	算・国〔各45分〕・面接	作文・面接
	ノートルダム女学院	試験科目 （配点・時間） （科目選択制変更） （B①日程）	国〔50分/100点〕　必須 算〔50分/200点〕または 英〔筆記40分・面接5分/200点〕から1科目を選択	2科型　国〔50分/100点〕　必須 　　　　算〔50分/100点〕または 　　　　英〔筆記40分・面接5分〕から1科目を選択 3科型算・国〔各50分／各100点〕 理または社から1科目を選択〔50分/100点〕 ＊2科型／3科型いずれか選択
		加点措置	A1日程～ 英検準2級以上、20点、3級、15点、4級10点 数検準2級以上、15点、3級、10点、4級5点 漢検準2級以上、10点、3級、5点、4級5点加点 他日程～ 英検準2級以上、15点、3級、10点、4級5点 数検準2級以上、10点、3級、5点、4級5点 漢検準2級以上、5点、3級、5点、4級5点加点	英検・漢検・数検の取得級に応じて入試の点数に加点する。 準2級以上15点、3級10点、4級5点、加点。
	京都精華学園	発表方法	郵送・web	郵送
	京都橘	入試制度 （入試回数）	VP・A1日程/1月13日 A2日程/1月13日（午後入試） T入試・B1日程/1月14日 B2日程/1月14日（午後入試）	VP・A1日程/1月14日 A2日程/1月14日（午後入試） T入試/1月15日 B日程/1月15日（午後入試）
	立命館	入学手続	web	銀行振込

地域	中学校名	変更事項	今年度の変更内容	前年度の実施内容
奈良県	東大寺学園	試験科目 (配点・時間)	3教科型算・国〔各60分/各100点〕理〔50分/100点〕 ＊3教科の合計点を4/3倍して、400点満点に換算。 4教科型国〔各60分/各100点〕理・社〔各50分/各100点〕 ＊算・国・理の3教科の合計を4/3倍した点数と4教科の合計点のうち、高い方を総合点とする。 ＊3教科型／4教科型いずれかを選択	3教科型算〔60分/100点〕国・理〔各50分/各100点〕 ＊3教科の合計点を4/3倍して、400点満点に換算。 4教科型〔60分/100点〕国・理・社〔各50分/各100点〕 ＊算・国・理の3教科の合計を4/3倍した点数と4教科の合計点のうち、高い方を総合点とする。 ＊3教科型／4教科型いずれかを選択
		出願方法	インターネット出願導入	—
		入学手続き	web	銀行振込
	育 英 西	加点措置	＊複数回受験加点制度 A・B日程いずれかを1回以上受験した受験生は、C・D日程の得点に一律10点加点し合否判定をする。	—
	聖 心 学 園	入試制度 (D日程／会場)	本校会場	本校会場・奈良会場
	智 辯 学 園	募集人員	【全入試合わせて】 S特別選抜 男女30名 AB総合選抜男女60名	【全入試合わせて】 S特別選抜 男女40名 AB総合選抜男女80名
		試験科目 (適性検査型入試)	検査Ⅰ（国語・社会）〔45分/100点〕 検査Ⅱ（算数・理科）〔45分/100点〕	検査Ⅰ（国語）〔45分/100点〕 検査Ⅱ（算数）〔45分/100点〕
	智辯学園奈良カレッジ	入試制度 (入試回数) (思考力型算数入試廃止)	特色入試 ／1月13日 一般入試A／1月13日（午後入試） 表現力入試／1月14日 一般入試B／1月15日	特色入試 ／1月14日 思考力型算数／1月14日（午後入試） 表現力入試 ／1月15日 一般入試A ／1月16日 一般入試B ／1月18日
		試験科目 (配点・時間)	【一般入試A・B共通】 算・国〔各50分/各100点〕	【一般入試A】 算・国〔各60分/各150点〕 【一般入試B】 算・国〔各40分/各100点〕
		加点措置	＊一般入試Aを受験すると、3日目の一般入試Bの合計点に10点加点する。	—
	天 理	出願方法	インターネット出願導入	—
		発表方法	web	郵送・web
	奈 良 育 英	試験科目 (配点・時間) (SP入試)	基礎問題（算・国）〔30分/50点〕 作文〔30分/25点〕 プレゼンテーション〔約15分/50点〕・面接	基礎問題（算・国）・作文〔各30分/各50点〕 プレゼンテーション〔約10分/100点〕・面接
	奈良学園登美ヶ丘	判定方法 (A日程)	3教科型算・国〔各60分/各120点〕理〔40分/80点〕 ＊3教科の合計を400点満点に換算。 4教科型算・国〔各60分/各120点〕理・社〔各40分/各80点〕 ＊4教科（400点満点）と3教科（算国理）および（算国社）の換算点（400点満点）の3つから最も高い点数で判定。 ＊3教科型／4教科型いずれかを選択	3教科型算・国〔各60分/各120点〕理〔40分/80点〕 ＊3教科の合計を400点満点に換算。 4教科型算・国〔各60分/各120点〕理・社〔各40分/各80点〕 ＊4教科（400点満点）と3教科（算・国・理）のみの換算得点も算出し、点数の高い方を判定。 ＊3教科型／4教科型いずれかを選択
		加点措置	A日程受験者はB日程、C日程受験時に10点加点。 B日程受験者は、C日程受験時に10点加点。	A日程を受験した場合、B日程・C日程において合否判定の際、10点加点する。
	西 大 和 学 園	加点措置	＊英検取得級により、加点措置をする。 1級60点、準1級45点、2級30点	＊英検取得級により、加点措置をする。 1級100点、準1級75点、2級50点

地域	中学校名	変更事項	今年度の変更内容	前年度の実施内容
和歌山県	和歌山信愛	試験科目 （配点・時間） （A日程午後）	適性検査〔50分／100点〕 作文　　〔50分／100点〕	基礎テスト（算数）〔50分／100点〕 作文　　　　　　〔50分／100点〕
	近畿大学附属新宮	試験科目 （配点・時間） （科目選択制導入）	学科試験方式算・国〔各45分／各100点〕面接 総合型試験方式 総合問題（算・国基礎学力テスト）〔45分／100点〕 作文(300字〜400字／45分)　面接 ＊学科試験方式／総合型試験方式いずれ 　か選択	算・国〔各45分／各100点〕面接
	近畿大学附属和歌山	試験科目 （配点・時間） （判定方法） （午後）	適性問題（算・国・理・社）〔各25分／各50点〕 ＊算・国を1.5倍した得点に理の得点を加え 　た合計点と算・国・理・社の合計点を比較 　して、どちらか高いほうを総合点とする。	適性問題（国・社）〔計50分／各50点〕 適性問題（算・理）〔計50分／各50点〕
	初 芝 橋 本	入試制度	2024年度より募集停止	―
滋賀県	近 江 兄 弟 社	試験科目 （配点・時間）	【1次専願・推薦】 算・国〔各45分／各100点〕理・社〔計45分／各50点〕・面接 ＊自己推薦A型は、面接なし 【1次併願・2次・3次】 算・国〔各45分／各100点〕・面接	【全日程共通】 専願算・国〔各45分／各100点〕 　　　理・社〔計45分／各 50点〕・面接 併願算・国〔各45分／各100点〕・面接
		発表方法	web	郵送・掲示
	光 泉 カ ト リ ッ ク	試験科目 （配点・時間） （科目選択制導入） （英語枠入試廃止）	【A日程・B日程】 算国型　算・国　〔各40分／各100点〕　面接 算国英型算・国・英〔各40分／各100点〕　面接 ＊算国型／算国英型いずれか選択 【C日程】 算国型算・国〔各40分／各100点〕　面接	【全日程共通】 算・国・英〔各40分／各100点〕　面接 【B英語特別枠入試】 作文〔日本語・英語〕〔各40分／各30点〕 リスニング〔 10分／30点〕 面接・音読〔各10分／30点〕
		判定方法	＊英検資格取得者に対する入試得点優遇 　制度（算国英型受験対象） 準2級以上、英語の得点保証90点、3級 70点。	＊英検資格取得者に対する入試得点優遇 　制度 一般入試／2級以上、英語の得点90点、準2 　級、70点、保証。 英語特別枠／2級以上、リスニング・面接・ 　音読の得点、各27点、準2級以上、リス 　ニング・面接・音読の得点、各21点保証。
		発表方法	web	郵送・掲示
	立 命 館 守 山	入試制度 （午後回数） （適性検査型入試廃止）	A①日程一般・かがやき21／1月13日 A②日程／1月13日（午後入試） B日程　／1月14日（午後入試）	A①日程一般・かがやき21／1月14日 A②日程／1月14日（午後入試） B①日程／1月15日 B②日程／1月15日（午後入試）
他府県	函館ラ・サール	試験科目 （配点・時間） （科目選択制変更）	【第1次・第2次共通】 3科目型算・国〔各60分／各100点〕 　理または社から1科目選択〔40分／50点〕 ＊3教科の合計点を5分の6倍し、小数点以 　下第2位を四捨五入した点数。	【第1次・第2次共通】 3科目型算・国〔各60分／各100点〕理〔40分／50点〕 ＊3教科の合計点を5分の6倍し、小数点以 　下第2位を四捨五入した点数。

2 後期日程【二次募集等の入試日程】

試験日	中学校名	種別	名 称	出願期間	合格発表	試験科目	募 集 人 員
1月14日	明 星	男子	後期	12/16～1/8	1/15	3科・4科	S特進男子若干名 前期後期合わせて 特進男子約80名　英数男子約70名
	大阪薫英女学院	女子	B日程	12/11～1/13	1/15	1科・2科・3科	全入試合わせて国際・進学女子50名
	大阪女学院	女子	前期AB方式	1/5～1/8	1/14	3科・4科	全入試合わせて女子190名
	金 蘭 会	女子	B日程	12/1～12/27 1/4～1/13	1/14	2科 インタビューテスト	全入試合わせて女子約45名
	堺 リ ベ ラ ル	女子	1次B日程	11/27～1/11	1/15	2科 作文or英語	全入試合わせて女子60名
	城 南 学 園	女子	B日程	11/25～1/13	1/14	2科	全入試合わせて特進一貫女子50名 （内部進学者を含む）
	相 愛	女子	B日程	12/2 1/6～1/13	1/15	2科	全入試合わせて 特進女子25名　進学・音楽科進学女子50名
	帝塚山学院	女子	1次B入試	11/17～1/13	1/15	2科・3科・4科	関学ヴェルジェ（エトワール）（プルミエ）合わせて 女子約20名
	梅 花	女子	B日程	12/4～1/14	1/15	2科	全入試合わせて 進学チャレンジ・舞台芸術エレガンス 女子計60名
	プ ー ル 学 院	女子	1次C日程	12/15～1/14	1/15	2科	全入試合わせて 一貫特進女子20名　総合特進女子30名 キリスト教大学推薦（キリ教）女子30名
	アサンプション国際	共学	B日程	12/18～1/10	1/14	1科・2科	全入試合わせて イングリッシュ・アカデミック男女計70名 （内部進学者を含む）
	上 宮 学 園	共学	2次	12/4～1/13	1/15	2科・3科・4科	特進男女5名　G男女若干名
	追 手 門 学 院	共学	C日程	12/11～1/14	1/14	2科・3科	全入試合わせて 特選SS男女約25名　特進S男女約55名
	追手門学院大手前	共学	C日程	12/8～1/14	1/14	2科・3科	全入試合わせて S選抜男女約35名　特進男女約70名 （内部進学者を含む）
	大 阪 青 凌	共学	1次B日程	12/11～1/13	1/14	2科・3科	全入試合わせて男女30名
	大阪体育大学浪商	共学	B日程一般	12/4～1/14	1/14	2科・作文	全入試合わせて グローバル・スポーツ男女35名
	開 明	共学	1次後期A	12/2～1/10	1/15	4科	全入試合わせて スーパー理数男女120名　理数男女120名
	関西学院千里国際	共学	―	12/11～1/6	1/15	2科	男女40名
	金 蘭 千 里	共学	後期C	12/11～1/9	1/15	2科	全入試合わせて男女180名
	金 蘭 千 里	共学	後期T	12/11～1/9	1/15	適性検査	全入試合わせて男女180名
	金 光 大 阪	共学	1次B日程	12/12～1/13	1/15	2科	①AB合わせて英数男女30名
	金 光 八 尾	共学	前期B入試	12/9～1/13	1/15	2科・3科	全入試合わせて S特進男女約35名(内SR入試約5名)　特進男女約35名
	四 天 王 寺 東	共学	C日程	12/14～1/14	1/14	2科	全入試合わせて S特進特進男女計105名
	常翔啓光学園	共学	B日程	12/1～1/14	1/15	2科・3科	全入試合わせて 特進選抜男女約30名　未来探求男女約60名 （未来入試は未来探求のみ募集）
	清 風 南 海	共学	A入試	12/1～1/10	1/15	3科・4科	スーパー特進男女約70名　特進男女約110名

〈50〉

試験日	中学校名	種別	名　称	出願期間	合格発表	試験科目	募　集　人　員
1月14日	清　風　南　海	共学	SG入試	12/1～1/10	1/15	3科	スーパー特進男女約20名　特進男女約20名
	東海大学付属大阪仰星	共学	B日程	12/7～1/14	1/15	2科	全入試合わせて 英数特進男女35名　総合進学男女70名
	浪　　　速	共学	1次B入試	12/11～1/14	1/14	2科・3科	Ⅰ類Ⅱ類男女計約15名
	羽　衣　学　園	共学	2次A入試	12/10～1/11	1/14	2科	文理特進Ⅰ男女若干名　文理特進Ⅱ男女若干名
	初　芝　富　田　林	共学	後期A (適性検査型)	12/1～1/14	1/15	2科・理社複合	全入試合わせて S特進α男女30名　S特進β男女30名 特進男女40名
	初　芝　富　田　林	共学	後期A	12/1～1/14	1/15	2科	全入試合わせて S特進α男女30名　S特進β男女30名 特進男女40名
	初　芝　立　命　館	共学	後期A	12/1～1/11	1/15	2科・3科	全入試合わせて Aα男女約40名　R男女40名 Aβ男女約40名　US男女30名 （みらい入試21、若干名含む）
	箕　面　自　由　学　園	共学	B日程午前	12/16～1/11	1/14	2科	B日程午前午後C日程午後合わせて 理数探究グローバル男女計20名
	履　　正　　社	共学	前期2次	12/11～1/11 1/14	1/15	2科・3科	全入試合わせて 3ヵ年独立男女70名　学藝男女70名
	淳　心　学　院	男子	前期B日程	12/4～1/5	1/14	2科	ヴェリタス男子約15名　カリタス男子約20名
	報　徳　学　園	男子	2次A入試	12/11～1/14	1/15	2科・3科	②AB合わせて Ⅰ進男子約40名　Ⅱ進男子約10名
	小林聖心女子学院	女子	B日程	12/4～1/12	1/15	1科・2科	全入試合わせて A・AB方式選抜B方式選抜女子約30名
	賢　明　女　子　学　院	女子	B日程	12/11～1/13	1/14	2科	AB合わせて ソフィアJr.　女子約60名 ルミエールJr.　女子約75名
	甲　南　女　子	女子	A入試2次	12/11～1/11	1/15	2科	A①②合わせてスタンダード　女子約80名 A①②B合わせてSアドバンスト女子約65名
	神戸海星女子学院	女子	B日程	12/15～1/8	1/15	2科	全入試合わせて女子約110名
	神　戸　国　際	女子	B-Ⅰ選考	12/4～1/12	1/15	1科・2科・3科	全入試合わせて女子70名
	神　戸　山　手　女　子	女子	中期午前	12/11～1/14	1/15	1科・2科・3科 適性検査型	全入試合わせて グローバル選抜探究女子30名　未来探究女子60名
	親　　　　　和	女子	後期Ⅰ	12/11～1/10	1/15	2科・3科 探究入試 英語資格	全入試合わせて スーパーサイエンスコース(SS)女子30名 スティーム探究(ST)女子80名　グローバル探究(GL)女子80名
	園　田　学　園	女子	B日程	12/11～1/13	1/15	2科	全入試合わせて女子30名
	百　合　学　院	女子	B日程	12/6～1/13	1/14	2科	女子約10名
	近畿大学附属豊岡	共学	―	12/13～1/10	1/16	2科・3科	男女70名
	神戸学院大学附属	共学	2次	12/14～1/14	1/14	2科	全入試合わせて男女60名
	須　磨　学　園	共学	第2回	12/19～1/14	1/15	3科・4科	全入試合わせて A男女80名　B男女40名
	仁　川　学　院	共学	2次	12/4～1/14	1/15	2科 総合問題	カルティベーションアカデミア男女計15名
	雲　雀　丘　学　園	共学	B日程	12/15～1/8	1/15	3科	全入試合わせて一貫探究男女160名 （内部進学者を含む）
	東　　　　　山	男子	前期B日程	12/11～1/4	1/15	3科・4科	ユリーカ男子30名　エース男子54名
	京　都　女　子	女子	B①入試	12/20～1/8	1/15	2科	東雲女子約15名　藤華女子約30名

試験日	中学校名	種別	名 称	出願期間	合格発表	試験科目	募 集 人 員
1月14日	京都聖母学院	女子	B①日程	11/27〜1/13	1/15	2科・4科	全入試合わせて Ⅰ類Ⅱ類Ⅲ類GSC女子120名 （内部進学者を含む）
	同志社女子	女子	後期	12/11〜1/9	1/16	3科・4科	LA女子約20名 WR女子約5名
	ノートルダム女学院	女子	B①日程	12/1〜1/14	1/15	2科	全入試合わせて グローバル探究グローバル総合 女子計約90名
	大 谷	共学	B日程B2入試	12/4〜1/10	1/15	2科	全入試合わせて男女105名
	大 谷	共学	B日程BT入試	12/4〜1/10	1/15	適性検査型算国 or適性検査型算国理社 or適性検査型算国理社・面接	全入試合わせて男女105名
	京都先端科学大学附属	共学	B①入試	12/11〜1/11	1/15	2科	全入試合わせて男女70名
	京都先端科学大学附属	共学	BT入試	12/11〜1/11	1/15	適性検査型2科	全入試合わせて男女70名
	京 都 橘	共学	T入試	12/11〜1/11	1/15	適性検査型2科	全入試合わせて男女90名
	京 都 橘	共学	B①入試	12/11〜1/11	1/15	2科	全入試合わせて男女90名
	京 都 文 教	共学	B日程Ⅰ	12/8〜1/13	1/14	2科	全入試合わせて ACTα男女25名 ACTβ合わせて男女45名
	花 園	共学	B①入試	12/1〜1/10	1/15	2科	全入試合わせて スーパーグローバルZEN男女20名 ディスカバリー男女40名
	立 命 館	共学	後期	12/7〜1/5	1/16	3科・4科	全入試合わせて AL男女約60名 CL男女約60名
	龍谷大学付属平安	共学	B⓪入試	12/26〜1/8	1/15	作文	全入試合わせて男女90名
	聖 心 学 園	共学	C日程	12/4〜1/10	1/15	3科・4科	全入試合わせて 英数Ⅰ類男女40名 英数Ⅱ類男女40名
	智辯学園奈良カレッジ	共学	表現力	12/18〜1/11	1/15	自然科学 人文社会科学	全入試合わせて S選抜男女約40名 総合選抜男女約70名 （内部進学者含む）
	帝 塚 山	共学	2次A入試	12/5〜1/5	1/15	3科	全入試合わせて 男子英数S理系選抜 1クラス 男子英数2クラス 女子英数スーパー選抜2クラス 女子英数2クラス 女子特進2クラス 計300名（内部進学者を含む）
	奈 良 学 園	共学	B日程	12/4〜1/9	1/15	3科・4科	全入試合わせて 特進男女125名 医進男女35名
	和 歌 山 信 愛	女子	B日程	12/4〜1/11	1/14	2科・3科	全入試合わせて 医進女子25名 特進女子95名
	光泉カトリック	共学	B日程	12/1〜1/11	1/15	2科・3科	全入試合わせて男女120名
	比 叡 山	共学	B日程	12/1〜12/25	1/16	4科	男女若干名
1月14日 午後	大 谷	女子	1次C入試	11/10〜1/12	1/15	2科	全入試合わせて 医進女子60名 特進女子90名 凛花女子60名
	帝 塚 山 学 院	女子	2次	11/17〜1/14	1/16	2科	関学女子若干名 ヴェルジェ（エトワール）（プルミエ）女子若干名
	大 阪 国 際	共学	2次	12/8〜1/14	1/14	2科	全入試合わせて Ⅰ類男女60名 Ⅱ類男女30名
	大阪体育大学浪商	共学	B日程N方式	12/4〜1/14	1/14	1科目・作文	全入試合わせて グローバル・スポーツ男女35名
	大 阪 桐 蔭	共学	後期	12/1〜1/9	1/15	3科・4科	全入試合わせて 英数選抜男女90名 英数男女135名
	開 明	共学	1次後期B	12/2〜1/10	1/15	3科	全入試合わせて スーパー理数男女120名 理数男女120名
	関 西 大 倉	共学	B日程	12/8〜1/14	1/15	2科	全入試合わせて男女約140名

〈52〉

試験日	中学校名	種別	名称	出願期間	合格発表	試験科目	募集人員
1月14日午後	関西大学北陽	共学	2次B日程	12/11～1/9	1/17	2科	全入試合わせて男女105名
	賢明学院	共学	B日程	12/1～1/14	1/15	2科	全入試合わせて 関西学院理数総合男女計90名 (関西学院理数は最大60名、内部進学者を含む)
	香里ヌヴェール学院	共学	B日程	12/1～1/14	1/14	1科 英語インタビュー	全入試合わせて GSC男女35名 SAC男女35名 (内部進学者含む)
	四條畷学園	共学	2次試験A	12/1～1/14	1/14	2科	全入試合わせて 発展探究・発展文理合わせて男女140名 (自己アピール発展探究15名・特待チャレンジ15名含む) (内部進学者含む)
	常翔学園	共学	C日程	12/13～1/14	1/15	2科	全入試合わせて スーパーJ男女約25名 特進(Ⅰ類・Ⅱ類)男女約100名
	常翔啓光学園	共学	C日程	12/1～1/14	1/15	2科	全入試合わせて 特進選抜男女約30名 未来探求男女約60名 (未来入試は未来探求のみ募集)
	高槻	共学	B日程	12/5～1/5	1/16	3科	男子約60名 女子約30名
	帝塚山学院泉ヶ丘	共学	2次	12/1～1/14	1/15	2科	Ⅱ類選抜Ⅱ類Ⅰ類男女約10名
	初芝富田林	共学	後期B	12/1～1/14	1/15	2科	全入試合わせて S特進α男女30名 S特進β男女30名 特進男女40名
	初芝立命館	共学	後期B	12/1～1/11	1/15	2科	全入試合わせて Aα男女約40名 R男女40名 Aβ男女約40名 US男女30名 (みらい入試21、若干名含む)
	箕面自由学園	共学	B日程午後	12/16～1/14	1/14	2科	B日程午前午後C日程午後合わせて 理数探究グローバル男女計20名
	桃山学院	共学	B方式	12/1～1/14	1/15	2科	6年選抜男女15名 6年進学男女15名
	甲南	男子	Ⅱ期	12/18～1/6	1/15	2科	フロントランナー(F)男子約10名 メインストリーム(M)男子約15名
	愛徳学園	女子	B日程	12/11～1/13	1/14	2科	全入試合わせて女子約40名
	神戸国際	女子	B-Ⅱ選考	12/4～1/12	1/15	自然科学問題 社会問題	全入試合わせて女子70名
	神戸山手女子	女子	中期午後	12/11～1/14	1/15	1科・2科・3科	全入試合わせて グローバル選抜探究女子30名 未来探究女子60名
	松蔭	女子	B方式	12/9～1/14	1/15	1科	ディベロプメンタル・ストリーム女子約20名
	親和	女子	後期Ⅱ	12/11～1/10	1/15	2科	全入試合わせて スーパーサイエンスコース(SS)女子30名 スティーム探究(ST)女子80名 グローバル探究(GL)女子80名
	姫路女学院	女子	B日程	12/11～1/13	1/15	2科	全入試合わせて 女子約30名
	武庫川女子大学附属	女子	プログラミング入試	12/19～1/10	1/16	プログラミング実技	全入試合わせて SOAR(ソアー)探究女子200名 SOAR(ソアー)グローバル女子40名 計240名 (プログラミングはSOAR(ソアー)探究のみ)
	武庫川女子大学附属	女子	C方式	12/19～1/10	1/16	1科	全入試合わせて SOAR(ソアー)探究女子200名 SOAR(ソアー)グローバル女子40名 計240名
	神戸龍谷	共学	C入試	12/11～1/12 1/14	1/15	2科	全入試合わせて エキスパート男女20名 アドバンス男女60名
	三田学園	共学	前期B日程	12/16～1/8	1/15	2科	前期AB合わせて男女約220名
	須磨学園	共学	第3回	12/19～1/14	1/15	2科	全入試合わせて A男女80名 B男女40名
	滝川	共学	中期Ⅰ	12/4～1/14	1/15	2科	医進選抜男女5名 ミライ探究一貫男子10名 Science Global一貫男女5名
	滝川第二	共学	B日程	12/11～1/14	1/16	2科	プログレッシブ数理探究男女15名 I.U.E.知識実践男女10名 エキスパート未来創造男女10名
	京都光華	女子	B日程	12/11～1/12	1/15	2科	全入試合わせて アドバンストプログラム・オリジナルプログラム女子計50名 (内部進学者を含む)

試験日	中学校名	種別	名　称	出願期間	合格発表	試験科目	募　集　人　員
1月14日 午後	京都聖母学院	女子	B②日程	11/27～1/13	1/15	1科・2科	全入試合わせて Ⅰ類Ⅱ類GSC女子120名 （内部進学者を含む）
	ノートルダム女学院	女子	B②日程	12/1～1/14	1/15	2科	全入試合わせて グローバル探究グローバル総合　女子計約90名
	平安女学院	女子	日程B	12/17～1/13	1/15	2科・3科	全入試合わせて GS+（グローバル・ステップ・プラス）女子30名 RS+（立命館・ステップ・プラス）　女子30名
	京都先端科学大学附属	共学	B②入試	12/11～1/14	1/15	2科	全入試合わせて男女70名
	京都橘	共学	B②日程	12/11～1/14	1/15	2科	全入試合わせて男女90名
	花園	共学	B②入試	12/1～1/10	1/15	適性検査型2科	全入試合わせて スーパーグローバルZEN男女20名 ディスカバリー男女40名
	龍谷大学付属平安	共学	B②入試	12/18～1/8	1/15	2科	全入試合わせて男女90名
	育英西	女子	C日程	12/1～1/13	1/15	2科	全入試合わせて 特設女子30名　立命館女子30名 （自己推薦・適性検査型・帰国生入試含む）
	智辯学園	共学	スーパー理系	12/18～1/11	1/15	2科	全入試合わせて S特別選抜男女30名 AB総合選抜男女60名
	智辯学園	共学	適性検査型	12/18～1/11	1/15	適性検査Ⅰ 適性検査Ⅱ	全入試合わせて S特別選抜男女30名 AB総合選抜男女60名
	奈良育英	共学	中期	11/26～1/11	1/15	2科・3科	全入試合わせて男女60名
	奈良学園登美ヶ丘	共学	B日程	12/1～1/8	1/15	2科	全入試合わせてⅠ類男女40名　Ⅱ類男女120名 （内部進学者を含む）
	西大和学園	共学	4科・3科	12/4～1/4	1/15	3科・4科	4科・3科　英語重視型合わせて 男子約180名　女子約40名
	西大和学園	共学	英語重視型	12/4～1/4	1/15	2科・3科	4科・3科　英語重視型合わせて 男子約180名　女子約40名
	立命館守山	共学	B日程	12/5～12/25	1/16	2科	全入試合わせて AM男女約100名　　AD男女約60名
1月15日	清風	男子	後期チャレンジ選抜	12/13～1/14	1/16	3科・4科	理Ⅲ男子60名　理Ⅱ男子30名　理Ⅰ男子30名
	大阪薫英女学院	女子	C日程	12/11～1/14	1/16	1科・2科・3科	全入試 合わせて国際・進学女子50名
	大阪女学院	女子	後期	1/5～1/14	1/15	2科	全入試合わせて女子190名
	大谷	女子	2次	11/10～1/14	1/16	3科・4科	全入試合わせて 医進女子60名　特進女子90名　凛花女子60名
	プール学院	女子	2次	12/15～1/15	1/15	2科	全入試合わせて 一貫特進女子20名　総合特進女子30名 キリスト教大学推薦（キリ教）女子30名
	関西大学	共学	後期	12/11～1/9	1/16	2科	男女5～10名
	近畿大学附属	共学	後期	12/11～1/14	1/16	3科・4科	医薬男女約15名　英数アドバンスト男女約25名 英数プログレス男女20名
	昇陽	共学	B日程	12/11～1/12	1/15	2科	全入試合わせて男女40名
	清教学園	共学	後期	12/5～1/14	1/15	3科・4科	全入試合わせて S特進Ⅰ類Ⅱ類男女計140名
	同志社香里	共学	後期	12/1～1/8	1/16	4科	男子約25名　女子約25名
	羽衣学園	共学	2次B入試	12/10～1/14	1/15	2科	文理特進Ⅰ男女若干名　文理特進Ⅱ男女若干名
	報徳学園	男子	2次B入試	12/11～1/15	1/16	2科・3科	②AB合わせて Ⅰ進男子約40名　Ⅱ進男子約10名

試験日	中学校名	種別	名　称	出願期間	合格発表	試験科目	募　集　人　員
1月15日	神戸山手女子	女子	後期午前	12/11〜1/15	1/16	1科・2科・3科	全入試合わせて グローバル選抜探究女子30名　未来探究女子60名
	武庫川女子大学附属	女子	D方式	12/19〜1/10	1/16	2科	全入試合わせて SOAR（ソアー）探究女子200名 SOAR（ソアー）グローバル女子40名　計240名
	啓　明　学　院	共学	B方式	11/27〜1/3	1/16	2科	男女約30名（ほぼ同数）
	夙　　　　川	共学	第3回	12/19〜1/15	1/16	2科	全入試合わせて A男女40名　B男女40名
	東洋大学附属姫路	共学	後期	12/11〜1/15	1/15	2科	一貫SP男女約5名　一貫SA男女約10名
	京　都　女　子	女子	B②日程	12/20〜1/8	1/18	2科	東雲女子約10名　藤華女子約20名
	京都産業大学附属	共学	B日程	12/6〜1/11	1/17	2科	全入試合わせて男女約90名
	京都精華学園	共学	B日程	12/13〜1/11	1/16	3科	AB合わせて男女約50名
	京　都　文　教	共学	B日程Ⅱ	12/8〜1/14	1/15	2科	全入試合わせて ACTα男女25名　ACTβ合わせて男女45名
	花　　　　園	共学	C1入試	12/1〜1/10	1/16	適性検査型4科	全入試合わせて スーパーグローバルZEN男女20名 ディスカバリー男女40名
	洛南高等学校附属	共学	―	12/11〜12/18	1/17	3科・4科	男女約280名（内部進学者約90名含む）
	立　命　館　宇　治	共学	B日程	12/11〜1/5	1/16	3科	全入試合わせて ICコースIPコース合わせて男女180名
	龍谷大学付属平安	共学	C①入試	12/18〜1/15	1/16	2科	全入試合わせて男女90名
	東　大　寺　学　園	男子	―	12/5〜12/14	1/17	3科・4科	男子200名
	智辯学園奈良カレッジ	共学	一般B	12/18〜1/15	1/16	2科	全入試合わせて S選抜男女約40名　総合選抜男女約70名 （内部進学者含む）
	開　　　　智	共学	後期	12/20〜1/10	1/16	3科	S文理男女計約5名　特進男女計約10名
1月15日 午後	大　阪　桐　蔭	共学	S特別入試	12/1〜1/15	1/16	2科	全入試合わせて 英数選抜男女90名　英数男女135名
	香里ヌヴェール学院	共学	C日程	12/1〜1/15	1/15	1科 英語インタビュー	全入試合わせて GSC男女35名　SAC男女35名 （内部進学者含む）
	常　翔　学　園	共学	J日程	12/13〜1/15	1/16	2科	全入試合わせて スーパーJ男女約25名 特進（Ⅰ類・Ⅱ類）男女約100名
	常翔啓光学園	共学	D日程	12/1〜1/15	1/16	2科	特進選抜男女約30名　未来探究男女約60名 （未来入試は未来探求のみ募集）
	東海大学付属大阪仰星	共学	C日程	12/7〜1/15	1/18	2科	全入試合わせて 英数特進男女35名　総合進学男女70名
	浪　　　　速	共学	Ⅰ類選抜B型	12/11〜1/15	1/15	1科	Ⅰ類男女若干名
	淳　心　学　院	男子	後期	12/4〜1/15	1/15	2科	ヴェリタス男子約5名　カリタス男子約15名
	神戸山手女子	女子	後期午後	12/11〜1/15	1/16	1科・2科・3科	全入試合わせて グローバル選抜探究女子30名　未来探究女子60名
	蒼　　　　開	共学	B方式	12/11〜1/12	1/16	2科	青藍3ヵ年緑風6ヵ年合わせて男女10名
	滝　　　　川	共学	中期Ⅱ	12/4〜1/15	1/16	2科	医進選抜男女5名　ミライ探究一貫男子5名 Science Global一貫男女5名
	仁　川　学　院	共学	3次	12/4〜1/15	1/16	2科	カルティベーションアカデミア男女計15名

試験日	中学校名	種別	名　称	出願期間	合格発表	試験科目	募　集　人　員
1月15日午後	ノートルダム女学院	女子	C日程	12/1～1/15	1/16	2科	全入試合わせて グローバル探究 グローバル総合　女子計約90名
	平 安 女 学 院	女子	日程C	12/17～1/14	1/16	2科・3科	全入試合わせて GS+（グローバル・ステップ・プラス）女子30名 RS+（立命館・ステップ・プラス）　女子30名
	育 英 西	女子	D日程	12/1～1/15.	1/16	2科	全入試合わせて 特設女子約30名 立命館女子約30名 （自己推薦・適性検査型・帰国生入試含む）
	智 辯 学 園	共学	一般入試B	12/18～1/15	1/16	2科	全入試合わせて S特別選抜男女30名 AB総合選抜男女60名
	帝 塚 山	共学	2次B入試	12/5～1/15	1/17	2科	全入試合わせて 男子英数S理系選抜　1クラス　男子英数2クラス 女子英数スーパー選抜2クラス　女子英数2クラス 女子特進2クラス　計300名（内部進学者を含む）
	奈 良 学 園	共学	C日程	12/4～1/9	1/16	2科	全入試合わせて 特進男女125名 医進男女35名
	智辯学園和歌山	共学	後期	12/15～1/11	1/16	2科	S選抜男女10名　総合選抜男女20名
1月16日	清 風	男子	プレミアム最終選抜	12/13～1/15	1/16	3科	理Ⅲ男子30名
	清 風	男子	プレミアム最終選抜（国際選抜）	12/13～1/15	1/16	3科	国際男子5名
	樟 蔭	女子	C入試	12/1～1/16	1/17	2科	全入試合わせて 国際教養・総合進学・身体表現合わせて女子70名 （Challenge入試含む）
	大 阪 青 凌	共学	2次A日程	12/11～1/15	1/16	2科	全入試合わせて男女30名
	開 明	共学	2次	12/2～1/10 1/15～1/16	1/17	4科	全入試合わせて スーパー理数男女120名　理数男女120名
	関 西 大 倉	共学	C日程	12/8～1/16	1/17	2科	全入試合わせて男女約140名
	金 光 八 尾	共学	後期	12/9～1/15	1/17	2科	全入試合わせて S特進男女約35名（内SR入試約5名）　特進男女約35名
	清 風 南 海	共学	B入試	12/1～1/10	1/17	3科・4科	S特進男女約20名　特進男女約30名
	浪 速	共学	2次	12/11～1/16	1/16	2科	Ⅰ類Ⅱ類男女若干名
	桃 山 学 院	共学	C方式	12/1～1/16	1/16	2科	6年選抜男女5名　6年進学男女15名
	六 甲 学 院	男子	B日程	12/15～1/5	1/17	2科	男子約40名
	愛 徳 学 園	女子	C日程	12/11～1/15	1/16	基礎学力1科	全入試合わせて女子約40名
	甲 子 園 学 院	女子	B日程	1/4～1/15	1/16	2科	全入試合わせて女子60名
	神 戸 国 際	女子	C選考	12/4～1/12	1/16	2科	全入試合わせて女子70名
	関 西 学 院	共学	B日程	12/4～1/6	1/17	2科	男子約25名　女子約15名
	三 田 学 園	共学	後期	12/16～1/15	1/17	2科	男女約20名
	白 陵	共学	後期	12/21～1/4 1/14～1/15	1/17	2科	男女若干名
	東 山	男子	後期	12/11～1/4	1/17	3科・4科	ユリーカ男子12名　エース男子24名
	同 志 社 国 際	共学	―	12/21～1/9	1/17	3科	男女約25名
	同 志 社 国 際	共学	帰国B	11/13～11/21	1/17	3科	帰国AB合わせて男女約55名（編入含む）

試験日	中学校名	種別	名称	出願期間	合格発表	試験科目	募集人員
1月16日	奈良学園登美ヶ丘	共学	C日程	12/1～1/16	1/16	2科	全入試合わせてⅠ類男女40名　Ⅱ類男女120名 （内部進学者を含む）
1月16日 午後	大阪桐蔭	共学	L特別入試	12/1～1/16	1/17	2科	全入試合わせて 英数選抜男女90名　英数男女135名
	箕面自由学園	共学	C日程午後	12/16～1/16	1/16	2科	B日程午前午後C日程合わせて 理数探究グローバル男女計20名
	甲南	男子	Ⅲ期	12/18～1/15	1/17	2科	フロントランナー（F）男子約5名 メインストリーム（M）男子約5名
	聖心学園	共学	D日程	12/4～1/16	1/16	2科	全入試合わせて 英数Ⅰ類男女40名　英数Ⅱ類男女40名
1月17日	大阪薫英女学院	女子	D日程	12/11～1/16	1/18	1科・2科	全入試合わせて国際・進学女子50名
	金蘭会	女子	C日程	12/1～12/27 1/4～1/16	1/17	1科 インタビューテスト	全入試合わせて女子約45名
	梅花	女子	C日程	1/15～1/17	1/17	2科	全入試合わせて 進学チャレンジ・舞台芸術エレガンス 女子計約60名
	大阪信愛学院	共学	B日程	12/11～1/17	1/18	2科	AB合わせて S文理男女約25名　学際男女約25名 （内部進学者を含む）
	金光大阪	共学	2次	12/12～1/16	1/18	2科	英数男女10名
	賢明女子学院	女子	C日程	12/11～1/17	1/17	2科	ソフィアJr.　女子約5名 ルミエールJr.　女子約5名
	甲南女子	女子	B入試	12/11～1/16	1/17	2科	スタンダード女子約10名 A①②B合わせてSアドバンスト女子約65名
	親和	女子	後期Ⅲ	12/11～1/16	1/17	2科	全入試合わせて スーパーサイエンスコース（SS）女子30名 スティーム探究（ST）女子80名　グローバル探究（GL）女子80名
	百合学院	女子	C日程	12/6～1/16	1/17	2科	女子約10名
	芦屋学園	共学	B日程	12/11～12/22 1/7～1/16	1/17	2科	A午前特色A午後B合わせて男女40名
	大谷	共学	C日程C2入試	12/4～1/16	1/18	2科	全入試合わせて男女105名
1月17日 午後	大阪体育大学浪商	共学	C日程一般	12/4～1/17	1/17	2科・作文	全入試合わせて グローバル・スポーツ男女35名
	滝川第二	共学	C日程	12/11～1/17	1/19	2科	プログレッシブ数理探究男女5名 I.U.E.知識実践男女5名 エキスパート未来創造男女5名
	仁川学院	共学	ファイナル	12/4～1/17	1/18	2科	カルティベーションアカデミア男女計15名
1月18日	相愛	女子	C日程	12/2 1/6～1/17	1/19	2科	全入試合わせて 特進女子25名　進学・音楽科進学女子50名
	園田学園	女子	C日程	12/11～1/17	1/19	2科	全入試合わせて女子30名
	洛星	男子	後期	1/14～1/17	1/20	3科・4科	男子約35名
	和歌山信愛	女子	C日程	1/15～1/17	1/22	総合問題 作文	全入試合わせて 医進女子25名　特進女子95名
1月19日	堺リベラル	女子	2次	11/27～1/18	1/19	2科 作文or英語	全入試合わせて女子60名
	追手門学院	共学	D日程	12/11～1/19	1/19	2科・3科	全入試合わせて 特選SS男女約25名　特進S男女約55名
	大阪青凌	共学	2次B日程	12/11～1/18	1/19	2科	全入試合わせて男女30名
1月20日	城南学園	女子	C日程	11/25～1/19	1/20	2科	全入試合わせて特進一貫女子50名 （内部進学者を含む）

試験日	中学校名	種別	名　称	出願期間	合格発表	試験科目	募　集　人　員
1月20日	追手門学院大手前	共学	D日程	12/8〜1/20	1/20	2科・3科	全入試合わせて S選抜男女約35名　特進男女約70名 （内部進学者を含む）
	大阪体育大学浪商	共学	C日程N方式	12/4〜1/20	1/20	1科・作文	全入試合わせて グローバル・スポーツ男女35名
	四 條 畷 学 園	共学	2次試験B	12/1〜1/20	1/20	2科	全入試合わせて男女140名 （自己アピール発展探究15名・特待チャレンジ15名含む） （内部進学者を含む）
	甲 子 園 学 院	女子	C日程	1/4〜1/19	1/20	2科	全入試合わせて女子60名
	神 戸 国 際	女子	プレミア入試	1/16〜1/20	1/20	2科	全入試合わせて女子70名
	神戸山手女子	女子	ファイナル	12/11〜1/20	1/20	1科	全入試合わせて グローバル選抜探究女子30名　未来探究女子60名
	親　　　　和	女子	チャレンジ入試	1/16〜1/19	1/20	2科	全入試合わせて スーパーサイエンスコース（SS）女子30名 スティーム探究（ST）女子80名　グローバル探究（GL）女子80名
	姫 路 女 学 院	女子	C日程	12/11〜1/19	1/22	1科・作文 2科	全入試合わせて　女子約30名
	芦 屋 学 園	共学	C日程	12/11〜12/22 1/7〜1/19	1/20	2科	男女若干名
	神 戸 龍 谷	共学	D入試	1/15〜1/20	1/20	2科	全入試合わせて エキスパート男女20名　アドバンス男女60名
	滝　　　　川	男子	後期	12/4〜1/19	1/20	2科	医進選抜男女5名　ミライ探究一貫男子5名 Science Global一貫男女5名
	光泉カトリック	共学	C日程	1/16〜1/19	1/22	2科	全入試合わせて男女120名
	久留米大学附設	共学	—	12/1〜12/21	1/23	4科	男女160名
1月21日	履 正 社	共学	後期	12/11〜1/21	1/22	2科・3科	全入試合わせて 3ヵ年独立男女70名　学藝男女70名
	神戸学院大学附属	共学	3次	12/14〜1/21	1/21	2科	全入試合わせて男女60名
	奈 良 育 英	共学	後期	11/26〜1/20	1/21	2科	全入試合わせて男女60名
	近 江 兄 弟 社	共学	2次	12/1〜1/9	1/24	2科	全入試合わせて男女152名 （内部進学者を含む）
1月24日	金 蘭 会	女子	D日程	12/1〜12/27 1/4〜1/23	1/24	1科 インタビューテスト	全入試合わせて女子約45名
	京 都 光 華	女子	C日程	12/11〜1/23	1/24	2科	全入試合わせて アドバンストプログラム・オリジナルプログラム女子計50名 （内部進学者を含む）
	京 都 光 華	女子	ひかり入試Ⅱ期	12/11〜1/23	1/24	作文・面接 or面接	全入試合わせて アドバンストプログラム・オリジナルプログラム女子計50名 （内部進学者を含む）
	京 都 文 教	共学	C日程	1/17〜1/23	1/25	2科	全入試合わせて ACTα男女25名　ACTβ合わせて男女45名
1月25日	京都聖母学院	女子	C日程	1/15〜1/24	1/25	2科	全入試合わせて Ⅰ類Ⅱ類GSC女子120名 （内部進学者を含む）
1月27日	芦 屋 学 園	共学	D日程	12/11〜12/22 1/7〜1/26	1/27	2科	男女若干名
	近畿大学附属豊岡	共学	B日程	1/17〜1/23	1/30	2科・3科	男女若干名
	天　　　　理	共学	—	12/18〜1/12	1/30	4科	男女160名（内部進学者を含む）
	ラ・サール	男子	—	12/4〜12/23	1/30	4科	男子160名
2月1日	昇 陽	共学	C日程	1/18〜1/31	2/2	2科	全入試合わせて男女40名

試験日	中学校名	種別	名　称	出願期間	合格発表	試験科目	募　集　人　員
2月1日	開　　　成	男子	—	12/20〜1/22	2/3	4科	男子300名
2月2日	浪　　　速	共学	2月特別選抜	12/11〜2/2	2/2	AO型入試	Ⅰ類Ⅱ類男女若干名
2月3日	樟　　　蔭	女子	S入試	1/17〜2/2	2/4	2科	全入試合わせて 国際教養・総合進学・身体表現合わせて女子70名 （Challenge入試含む）
	近江兄弟社	共学	3次	1/24〜1/31	2/7	2科	全入試合わせて男女152名 （内部進学者を含む）
	函館ラ・サール	男子	第2次	1/16〜1/22	2/4	2科・3科・4科	全入試合わせて男子80名
2月3日 午後	香里ヌヴェール学院	共学	2月	1/25〜2/1	2/3	1科 英語インタビュー	全入試合わせて GSC男女35名　SAC男女35名 （内部進学者含む）
2月7日	堺リベラル	女子	2月	11/27〜2/6	2/7	2科 作文or英語	全入試合わせて女子60名
2月9日	同志社国際	共学	帰国A日程(2月)	1/5〜1/12	2/11	作文	帰国AB合わせて男女約55名（編入含む）
2月11日	大阪学芸高等学校附属	共学	2月	11/20〜2/9	2/12	2科	男女若干名
2月12日	大阪体育大学浪商	共学	D日程一般	12/4〜2/12	2/12	2科・作文	全入試合わせて グローバル・スポーツ男女35名
	大阪体育大学浪商	共学	D日程N方式	12/4〜2/12	2/12	1科・作文	全入試合わせて グローバル・スポーツ男女35名
2月16日	城　南　学　園	女子	D日程	11/25〜2/15	2/16	2科	全入試合わせて特進一貫女子50名 （内部進学者を含む）
2月17日	近畿大学附属新宮	共学	後期	1/22〜2/13	2/21	2科 総合問題・作文	男女若干名
2月22日	金　蘭　会	女子	E日程	12/1〜12/27 1/4〜2/21	2/22	1科 インタビューテスト	全入試合わせて女子約45名

3 教科選択制・判定方法一覧

*教科選択制の入試を実施し、得点換算として合否判定するものをまとめました。

地域	中学校名	入試区分	試験科目（配点時間）	判定方法
大阪府	大阪星光学院		Ⅰ型受験算・国〔各60分／各120点〕 理・社〔各40分／各80点〕 Ⅱ型受験算・国〔各60分／各120点〕 理〔40分／80点〕 *Ⅰ型受験／Ⅱ型受験いずれかを選択	*Ⅰ型以下①～③の最高点を受験者の成績とする。 ①4科目合計点 ②算国理の合計×1.25点 ③算国社の合計×1.25点 *Ⅱ型算国理の合計×1.25点
	清　風	前期 後期チャレンジ選抜	3教科型算・国〔各50分／各120点〕 理〔40分／80点〕 4教科型算・国〔各50分／各120点〕 理・社〔各40分／各80点〕 *3教科型／4教科型いずれかを選択	*3教科（算国理）の総得点を1.25倍し、400点満点として合否を判定。 *4教科型は、3科目の総得点を1.25倍したものと4教科の総得点を比較して、高い方の得点で合否を判定。
	明　星	前期 後期	3科型算・国〔各60分／各120点〕 理〔40分／80点〕 4科型算・国〔各60分／各120点〕 理・社〔各40分／各80点〕 *3科型／4科型いずれかを選択	*3科（算国理）×1.25倍＝400点満点 *4科の合計または、3科（算国理×1.25）の高得点を採用
		午後特進	算・国〔各60分／各120点〕	*240点満点の得点上位者から「S特進コース」、続いて「特進コース」の合格者を決定する。
	大阪女学院	前期A方式 前期B方式	3科目型算・国〔各50分／各120点〕 理〔40分／80点〕 4科目型算・国〔各50分／各120点〕 理・社〔各40分／各80点〕 *3科目型／4科目型いずれかを選択	*3教科の合計点×1.25倍　400点満点 *①～③の内の最高得点を受験生の得点とする。 ①4科目合計400点満点 ②算・国・理の合計×1.25　400点満点 ③算・国・社の合計×1.25　400点満点
	大　谷	1次A 医進・特進・凛花	3科型　算・国〔各60分／各120点〕理〔40分／80点〕 4科型　算・国〔各60分／各120点〕 理・社〔各40分／各80点〕 適性未来型算・国〔各60分／各120点〕 理・未来力〔各40分／各80点〕 *3科型／4科型／適性未来型いずれかを選択	3科型は、3教科の合計×1.25　4科型と併せて判定。 4科型は、4科合計または算国理×1.25、算国社×1.25のうち最高得点を採用して判定。
		2次	3科型算・国〔各60分／各120点〕　理〔40分／80点〕 4科型算・国〔各60分／各120点〕 理・社〔各40分／各80点〕 *3科型／4科型いずれかを選択	3科型は、3教科の合計×1.25　4科型と併せて判定。 4科型は、4科合計または算国理×1.25、算国社×1.25のうち最高得点を採用して判定。
	金蘭会	A日程・B日程一般	算・国〔各50分／各100点〕	*2教科の合計点または、算国いずれが高い得点で判定（1教科判定）

地域	中学校名	入試区分	試験科目（配点時間）	判定方法
大阪府	四天王寺	医志	3教科型算・国〔各60分／各120点〕 理〔40分／80点〕 4教科型算・国〔各60分／各120点〕 理・社〔各40分／各80点〕 ＊3教科型／4教科型いずれかを選択	＊算国理の合計点を1.25倍して得点を出す。（400点満点換算） ＊受験生の得点を次の①②の方法で計算する。 ①4教科の合計点を出す。（400点満点） ②算国理の合計点×1.25倍（400点満点換算） ＊①②のうち高得点を受験生の得点とする。
		英数S 英数	3教科型算・国〔各60分／各120点〕 理〔40分／80点〕 4教科型算・国〔各60分／各120点〕 理・社〔各40分／各80点〕 ＊3教科型／4教科型いずれかを選択	＊算国理の合計点を1.25倍して得点を出す。（400点満点換算） ＊受験生の得点を次の①②③の方法で計算する。 ①4教科の合計点を出す。（400点満点） ②算国理の合計点×1.25倍（400点満点換算） ③算国社の合計点×1.25倍（400点満点換算） ＊①②③のうち高得点を受験生の得点とする。
	樟蔭	A入試 国際教養	2教科型国必須〔50分／100点〕 算または英（リスニング含む）から1科目選択〔50分／100点〕 4教科型国〔50分／100点〕 理・社〔各30分／各50点〕 算または英（リスニング含む）から1科目選択〔50分／100点〕 ＊2教科型／4教科型いずれかを選択	＊2科目の合計点を1.5倍して300点満点で判定。 ①算または英と国の合計点を1.5倍して300点満点で判定 ②算または英と国と理・社のうち高得点のほうを2倍した合計点。 ①、②の高い方の得点を受験生の得点とし、合否を判定する。
		A入試 総合進学・身体表現	2教科型国必須〔50分／100点〕 算または英（リスニング含む）から1科目選択〔50分／100点〕	＊2科目の合計点を1.5倍して300点満点で判定。
		B入試 C入試 S入試	算・国〔各50分／各100点〕	＊2教科の合計点を1.5倍し、300点換算。
	帝塚山学院	1次A・1次B 関学	3教科R型算・国〔各50分／各100点〕 理〔30分／50点〕 3教科S型算・国〔各50分／各100点〕 社〔30分／50点〕 4教科型　算・国〔各50分／各100点〕 理・社〔各30分／各50点〕 ＊3教科R型／3教科S型／4教科型いずれかを選択	＊関学コースの判定は次の（a）～（c）、ヴェルジェコースの判定は次の（a）～（d）のうち、最も高い点数を算出し、受験生の得点とする。 （a）算・国・理・社の合計点。 （b）算・国・社の合計点を1.2倍する。 （c）算・国・理の合計点を1.2倍する。 （d）算・国の合計点を1.5倍する。
		1次A・1次B ヴェルジェ （エトワール） （プルミエ）	2教科　算・国〔各50分／各100点〕 3教科S型算・国〔各50分／各100点〕 社〔30分／50点〕 3教科R型算・国〔各50分／各100点〕 4教科型　算・国〔各50分／各100点〕 理・社〔各30分／各50点〕 ＊2教科型／3教科R型／3教科S型／4教科型いずれかを選択	

地域	中学校名	入試区分	試験科目（配点時間）	判定方法
大阪府	プール学院	1次C入試 総合特進	算・国〔各50分／各100点〕	＊英語検定4級以上を取得している者は、算・国どちらか高得点の科目を2倍した得点で判定。
	上宮学園	1次一般学力午前 2次	2科目型算・国〔各50分／各100点〕 3科目型算・国〔各50分／各100点〕 　　　　理　〔　30分／　50点〕 4科目型算・国〔各50分／各100点〕 　　　　理・社〔各30分／各50点〕 ＊2科目型／3科目型／4科目型いずれかを選択	＊2教科（算国）の総得点を1.5倍し、300点満点に換算する。 ＊3教科（算国理）の総得点を1.2倍し、300点満点に換算する。 ＊4教科の合計点と3教科（算国理）の総得点を1.2倍した得点と2教科（算国）の総得点を1.5倍した得点のうち一番高い方を受験生の得点とする。
	追手門学院	A日程特選SS C日程特選SS 3教科型	算・国・理型 〔算国各50分／各100点、理30分／50点〕 算・国・英検型 〔算国各50分／各100点・英検型／50点〕 算・国・英コミ型 〔算国各50分／各100点、英コミ型／50点〕 算・国・英併用型 〔算国各50分／各100点、英検・英コミ型／50点〕 ＊算・国・理型／算・国・英検型／算・国・英コミ型／算・国・英併用型いずれかを選択	①「国・算・理」または「国・算・英」の合計点 ②「国・算」の合計点を1.25倍した得点 ①・②のいずれか高い方で査定します。
		A日程特進S C日程特進S 3教科型		①「国・算・理」または「国・算・英」の合計点 ②「国・算」の合計点を1.25倍した得点 ③「国・英×2」の合計点を1.25倍した得点 ①〜③のいずれか高い方で査定します。
		D日程特選SS 3教科型	国・算・英検型 (国・算：各50分／各100点、英：英語検定型／50点) 国・算・英コミ型 (国・算各50分／各100点、英：英語コミュニケーション型／50点) 国・算・英併用型 (国・算各50分／各100点、英：英検型又は英コミ型／50点) ＊算・国・英検型／算・国・英コミ型／算・国・英併用型いずれかを選択	①「国・算・英」の合計点 ②「国・算」の合計点を1.25倍した得点 ①・②のいずれか高い方で査定します。
		D日程特進S 3教科型		①「国・算・英」の合計点 ②「国・算」の合計点を1.25倍した得点 ③「国・英×2」の合計点を1.25倍した得点 ①〜③のいずれか高い方で査定します。
		A日程・B日程 C日程・D日程 特選SS・特進S 2教科型	国・算型（国・算各50分／各100点）	2教科の合計点を1.25倍したものを合計得点とし査定します。
		A日程・C日程 D日程 共通	算・国・英併用型 〔算国各50分／各100点・英検型／50点〕 国・英併用型 〔国50分／100点、英検・英コミ型／100点〕	英語検定による読み替え得点率（準2級以上で100％、3級で90％、4級で70％、5級で60％）と英語の口頭試験の得点の高い方で査定。

地域	中学校名	入試区分	試験科目 (配点時間)	判定方法
大阪府	追手門学院大手前	A日程 WIL／スーパー選抜	算国型 算・国 〔各45分／各100点〕 算国理型算・国・理〔各45分／各100点〕 算国英型算・国・英〔各45分／各100点〕 ＊算国型／算国理型／算国英型いずれかを選択	＊算国×1.5倍（300点満点） ＊算国理の合計点と算国×1.5倍の高い方で判定（300点満点） ＊算国英の合計点と算国×1.5倍の高い方で判定（300点満点）
		B日程・C日程	算国型 算・国 〔各45分／各100点〕 算国理型算・国・理 〔各45分／各100点〕 算型・国型・理型算or国or理〔 45分／ 100点〕 ＊算国型／算国理型／算型・国型・理型いずれかを選択	＊算国×1.5倍（300点満点） ＊算国理の合計点と算国×1.5倍の高い方で判定（300点満点） ＊算国理のいずれか×3倍（300点満点）
		D日程	算国型 算・国 〔各45分／各100点〕 算国理型算・国・理〔各45分／各100点〕 ＊算国型／算国理型いずれかを選択	＊算国×1.5倍（300点満点） ＊算国理の合計点と算国×1.5倍の高い方で判定（300点満点）
	大阪国際	1次A	算・国 〔各50分／各100点〕 理・英から1科目選択〔 30分／ 50点〕	3教科の合計得点と、算・国の合計得点を1.25倍した得点の高い方を個人成績として判定（ともに250点満点）
	大阪青凌	1次A 1次B	ベーシック型算・国 〔各50分／各100点〕面接 算国理型 算・国・理〔各50分／各100点〕面接 算国型 算・国 〔各50分／各100点〕面接 ＊ベーシック型／算国理型／算国型いずれかを選択	＊3教科の合計、もしくは算＋国×1.5倍（300点満点）のいずれか高い方で判定。 ＊算＋国×1.5倍（300点満点）
		2次A 2次B	ベーシック型算・国〔各50分／各100点〕 面接 算国型 算・国〔各50分／各100点〕 面接 ＊ベーシック型／算国型いずれか選択	＊算＋国 ×1.5倍（300点満点）
	大阪桐蔭	前期 後期	3教科型算・国〔各60分／各120点〕 理 〔 40分／ 60点〕 4教科型算・国〔各60分／各120点〕 理・社〔各40分／各 60点〕 ＊3教科型／4教科型いずれかを選択	＊3教科の合計点を1.2倍し、360点満点に換算。 ①4教科の合計点 ②算国理の合計点を1.2倍した得点 上記①②のうち、高い方の得点で判定。
		S特別	算〔60分／120点〕 理〔40分／ 60点〕	＊算理の合計点を2倍した得点（360点満点）で判定。
		L特別	2教科型算・国 〔各60分／各120点〕 2教科型算 〔 60分／ 120点〕 英（インタビューテスト）〔 10分／ 60点〕 ＊2教科型いずれか選択	＊算国の合計点を1.5倍した得点（360点満点）で判定。 ＊算英の合計点を2倍した得点（360点満点）で判定。
	開明	1次前期 1次後期A 2次	算・国〔各60分／各100点満点〕 理・社〔各40分／各 50点満点〕	＊配点①算・国・理 各100点 配点②算・国・社 各100点 配点③算・国 各80点 理・社 各70点 配点①～③のうち最も高い合計点で判定。
		1次後期B	算・国 〔各60分／各100点満点〕 理・社から1科目選択〔 40分／ 50点満点〕	＊配点①算・国・理 各100点 配点②算・国・社 各100点 理科を選択した受験生は配点①、社会を選択した受験生は配点②で判定。

地域	中学校名	入試区分	試験科目（配点時間）	判定方法
大阪府	関西大倉	A①日程	2科型算・国〔各50分／各100点〕 3科型算・国〔各50分／各100点〕 　　　理〔40分／50点〕 4科型算・国〔各50分／各100点〕 　　　理・社〔各40分／各50点〕 ＊2科型／3科型／4科型いずれかを選択	①2科型は（算・国）×2（400点満点） ②3科型は（算・国）×1.5＋理×2（400点満点） ③4科型は（算・国）×1.5＋（理or社）×2（400点満点） 2科型は①、3科型は①・②、4科型は①・②・③のいずれか高い方の得点で判定。
	関西大学	前期	4教科・3教科型 ①算・国・理・社〔各45分／各100点〕 ②算・国・理〔各45分／各100点〕 英検加点型 　算・国〔各45分／各100点〕 ＊4教科・3教科型／英検加点型いずれか選択	4教科（算・国・理・社）の合計点（400点満点） 3教科（算・国・理）の合計点×4／3（400点換算） 3教科（算・国・社）の合計点×4／3（400点換算） 上記のうち、最高得点のものを受験生の得点とする。 合計点×4／3（400点換算）したものを受験生の得点とする。 ＊2教科（算・国）の合計点×1／2（100点換算）と英検加点（50点満点）の合計（150点満点）で合否判定を行う。 英検取得級：2級以上50点、準2級40点、3級20点
	関西大学第一		2科型算・国〔各50分／各100点〕 4科型算・国・理・社〔各50分／各100点〕 ＊2科型／4科型いずれかを選択	2教科（算・国各100点）の合計点×2（計400点）以下の、A・Bいずれか高い方の点数を得点とする。 A：2教科（算・国各100点）の合計点×2（計400点） B：4教科（算・国・理・社各100点）の合計点（計400点）
	関西大学北陽	1次	2科型算・国〔各50分／各100点〕 3科型算・国〔各50分／各100点〕 　　　理〔40分／50点〕 4科型算・国〔各50分／各100点〕 　　　理・社〔各40分／各50点〕 ＊2科型／3科型／4科型いずれかを選択	＊算国の合計点を1.5倍して300点満点に換算。 ＊3教科の合計点を1.2倍した得点と2教科の合計点を1.5倍した得点のうち高いほうの得点で判定。 ＊4教科の合計点と3教科の合計点を1.2倍した得点、2教科の合計点を1.5倍した得点のうち最も高い方で判定。
	近畿大学附属	英数アドバンスト 英数プログレス	算・国〔各60分／各120点〕 理・社〔各40分／各80点〕	＊理・社の得点の高い方を加算して、320点満点で判定。
	金蘭千里	前期A	算・国〔各60分／各120点〕 理・社〔各30分／各60点〕	下記3パターンのうち、最高得点となるパターンを合否判定の得点とする。 ①算国理社の合計 ②算国理の合計×1.2 ③算国社の合計×1.2

地域	中学校名	入試区分	試験科目（配点時間）	判定方法
大阪府	金 光 大 阪	1次A 1次B 2次	算・国〔各50分／各100点〕	①通常受験 　算国の学力考査＋面接の総合判定 ②英検等（JET・IELTS・TOEFLPrimary・TOEFLJunior）資格利用受験 　「算国の学力考査」と「国＋算の得点×0.5＋英語検定資格（30〜50点）」の両方を算出し、得点の高い方と面接の総合判定（英検3級以上50点・4級40点、5級30点加点） ＊①／②いずれか選択
	金 光 八 尾	前期A 前期B	2教科型算・国　　　〔各50分／各100点〕 3教科型算・国　　　〔各50分／各100点〕 　　理・社・英いずれか1科目選択 　　　　　　　　　　〔 30分／　50点〕 ＊2教科型／3教科型いずれかを選択	（Ⅰ）算・国の2科合計を1.25倍し、250点満点とする。 （Ⅱ）算・国の合計点に理or社or英の教科の得点を加え、250点満点とする。 （Ⅰ）と（Ⅱ）を比較し、高得点の方を入試得点とする。
		SR入試	算・国〔各50分／各100点〕 エントリーシート＋面接（保護者同伴） 　　　　〔約20分／計100点〕	＊算・国の合計点を0.75倍し、150点満点とする。
	四 天 王 寺 東	A日程	①2教科受験算・国　〔各50分／各100点〕 ②3教科受験算・国・理〔各50分／各100点〕 ③適性検査型国語的問題・算数的問題 　社会、理科融合的問題 　　　　　　　　　〔各50分／各100点〕 ＊①／②／③いずれかを選択	＊合計点を1.5倍して300点満点で判定。 ＊算国理の合計点と算国の合計点を1.5倍した点数のどちらか高い得点で判定。
	昇　　　　陽	A日程	2教科受験算・国　〔　　　各50分／各100点〕 3教科受験算・国　〔　　　各50分／各100点〕 　　　　英　　〔筆記　　20分／　50点〕 　　　　　　〔リスニング 15分／　30点〕 　　　　　　〔インタビュー 5分／　20点〕 ＊2教科受験／3教科受験いずれかを選択	＊2教科の合計を1.5倍して300点満点に換算。
	常 翔 学 園	A日程	算・国〔各50分／各120点〕必須 　　理〔 40分／　80点〕必須 　　社〔 40分／　80点〕選択	以下の3つの中で最も良いもの（400点満点）で判定。 ①4教科の合計 ②算国理の合計点×1.25 ③算国社の合計点×1.25
		B日程 C日程 J日程	算・国〔各50分／各120点〕	以下の3つの中で最も良いもの（300点満点）で判定。 ①2教科の合計点×1.25 ②国語の得点＋算数の得点×1.5 ③国語の得点×1.5＋算数の得点

地域	中学校名	入試区分	試験科目（配点時間）	判定方法
大阪府	清教学園	前期 後期	3教科型算・国〔各60分／各100点〕 理〔30分／50点〕 4教科型算・国〔各60分／各100点〕 理・社〔各30分／各50点〕 ＊3教科型／4教科型いずれかを選択	＊算国理250点の1.2倍の得点で判定 ＊受験者の得点を2通りの処理方法で算出する。 ①4科目の合計点を出す。 ②3科目（算国理）の合計点を1.2倍し、300点満点とする。 ①、②の高い方の得点を受験生の得点とし、合否を判定する。
	清風南海	SG入試	算・国〔各60分／各120点〕 理〔40分／80点〕	①〜③の方法で計算した受験生の得点を比較して、高得点の方を受験生の得点とする。 ①3教科の合計点を1.25倍（400点満点に換算） ②算・国の合計得点×400点÷240（400点満点に換算） ③算・理の合計得点×2（400点満点に換算） ＊英語検定等資格を有する者は、加点措置がある。
		A入試 B入試	4教科型 算・国〔各60分／各120点〕 理・社〔各40分／各80点〕 3教科型 算・国〔各60分／各120点〕 理〔40分／80点〕 ＊4教科型／3教科型いずれかを選択	①〜③の方法で計算した受験生の得点を比較して、高得点の方を受験生の得点とする。 ①4教科の合計点を出す。 ②算・国・理の合計点×1.25（400点満点換算） ③算・国・社の合計点×1.25（400点満点換算） ＊算・国・理の合計点×1.25（400点満点換算）
	高槻	A日程	3教科型算・国〔各60分／各120点〕 理〔40分／80点〕 4教科型算・国〔各60分／各120点〕 理・社〔各40分／各80点〕 ＊3教科型／4教科型いずれかを選択	＊3教科（算国理）の合計点×1.25 ①4教科の合計点 ②算・国・理の合計点×1.25 ③算・国・社の合計点×1.25 （上記①・②・③の点数のうち最も高い得点で判定）
	帝塚山学院泉ヶ丘	1次A	3教科型算・国〔各60分／各120点〕 理〔40分／80点〕 4教科型算・国〔各60分／各120点〕 理・社〔各40分／各80点〕 ＊3教科型／4教科型いずれかを選択	＊3教科（算国理）または（算国社）の合計点を1.25倍して400点満点に換算。 ＊4教科の合計点と3教科（算国理）を1.25倍した得点を比較し、いずれか高い方で判定。
	東海大学付属大阪仰星	A日程／総合進学	国〔50分／100点〕必須 算〔50分／100点〕 英（リスニング含む）より1科目選択 〔40分／80点〕	＊英の得点を1.25倍し、換算する。
	同志社香里	前期 後期	算・国〔各50分／各120点〕 理・社〔各40分／各80点〕	①4教科の合計点 ②算・国・理の合計点×1.25 ③算・国・社の合計点×1.25 上記①〜③のうち最も高い点数を受験生の得点とし、合否を判定する。

地域	中学校名	入試区分	試験科目（配点時間）	判定方法
大阪府	羽衣学園	1次A 文理特進Ⅰ	2科目型算・国〔各50分／各100点〕	＊算・国の合計点を1.5倍して300点満点に換算。
			3科目型算・国〔各50分／各100点〕 理・社・英から1科目選択 〔30分／50点〕	＊算国＋選択科目（理・社・英）の得点を2倍して300点満点に換算したものと、算・国の合計点を1.5倍して300点満点に換算したもののいずれか高い得点で判定。
			4科目型算・国〔各50分／各100点〕 理・社〔各30分／各50点〕 ＊2科目型／3科目型／4科目型いずれかを選択	＊4科目の合計点と、算・国＋選択科目（理・社・英）の得点を2倍して300点満点に換算したものと、算・国の合計点を1.5倍して300点満点に換算したのものうち最も高い得点で判定。
		1次A 文理特進Ⅱ	2科目型算・国〔各50分／各100点〕	＊算・国の合計点を1.5倍して300点満点に換算。
			3科目型算・国〔各50分／各100点〕 英〔30分／50点〕 ＊2科目型／3科目型いずれかを選択	＊算・国＋英の得点×2の合計300点満点と算・国の合計200点を1.5倍して300点満点に換算したのものいずれか高い得点で判定。
		1次A 自己表現入試	算・国〔各50分／各100点〕または英〔30分／50点〕から1科目選択	算または国または英（得点を2倍）から1科目選択し、100点満点で判定。
	初芝富田林	前期A	3教科型算・国〔各50分／各100点〕 理〔40分／50点〕 4教科型算・国〔各50分／各100点〕 理・社〔各40分／各50点〕 ＊3教科型／4教科型いずれかを選択	＊3教科の得点を1.2倍し、300点満点に換算する。 ＊3教科の得点を1.2倍した点数と、4教科の合計点のいずれか高い方で判定。
		前期B 後期A（一般） 後期B	算・国〔各50分／各100点〕	＊算国の点数を1.5倍して300点満点とする。

地域	中学校名	入試区分	試験科目（配点時間）	判定方法
大阪府	初芝立命館	みらい入試21	作文〔50分／800字〕	＊作文評価と面接結果による総合判定
		前期A／Aα・R・Aβ	3科型算・国〔各50分／各120点〕 理〔40分／80点〕 4科型算・国〔各50分／各120点〕 理・社〔各40分／各80点〕 ＊3科型／4科型いずれかを選択	次の①～③の通り400点満点に換算して最も高い点数で判定。 ①【4科型】算国理社の合計 ②【理科3科型】算国理×1.25 ③【算数重視理科型】算×1.5＋国理の合計点×1.1
		前期A／US	3科型算・国〔各50分／各120点〕 理または英から1科目選択〔40分／80点〕 4科型算・国〔各50分／各120点〕 理・社〔各40分／各80点〕 ＊3科型／4科型いずれかを選択	次の①～⑤の通り400点満点に換算して最も高い点数で判定。 ①【4科型】算国理社の合計 ②【理科3科型】算国理×1.25 ③【英3科型】算国英×1.25 ④【算数重視理科型】算×1.5＋国理の合計点×1.1 ⑤【算数重視英語型】算×1.5＋国英の合計点×1.1
		後期A／US	2科型算・国〔各50分／各100点〕 3科型算・国・英〔各50分／各100点〕 ＊2科型／3科型いずれかを選択	＊2教科の合計 ①2教科の合計 ②3教科×2／3　200点満点 ①、②のいずれか得点の高い方を選択
		前期B・後期B／US	2科型算・国〔各50分／各100点〕	＊2教科の合計点に通知票・資格などを加えて総合的に判定。
	箕面自由学園	A日程午前	3教科型入試 算・国・理〔各50分／各100点〕	＊3教科の合計得点（300点満点）と2教科（算・国）合計得点（高得点教科を2倍して300点満点）を比較し高い得点で判定する。
		A日程午後	3教科選択型入試 算・国〔各45分／各100点〕 理・英から1科目選択〔40分／100点〕	＊3教科の合計得点（300点満点）と2教科（算・国）合計得点（高得点教科を2倍して300点満点）を比較し高い得点で判定する。
		B日程午前	算・国〔各50分／各100点〕 または算・理〔各50分／各100点〕	＊2教科のうち、高得点の教科を2倍し、300点満点で判定。
		B日程午後 C日程午後	算・国〔各45分／各100点〕	＊算国のうち、高得点の教科を2倍し、300点満点で判定。
	桃山学院	A方式	3教科型算・国〔各50分／各150点〕 理〔40分／100点〕 4教科型算・国〔各50分／各150点〕 理・社〔各40分／各100点〕 ＊3教科型／4教科型いずれかを選択	＊3教科の総得点を1.25倍し、500点満点に換算する。 ＊受験者の得点を2通りの処理方法で算出する。 ①4教科の合計点を出す。 ②3教科の総得点を1.25倍し、500点満点に換算する。 ①、②の高い方の得点を受験生の得点とし、合否を判定する。

地域	中学校名	入試区分	試験科目（配点時間）	判定方法
大阪府	履正社	前期1次午前 前期2次 後期	2教科型算・国〔各50分／各100点〕 3教科型算・国〔各50分／各100点〕 　　　　　理　〔30分／50点〕 3教科型算・国〔各50分／各100点〕 　　　　　英　〔30分／50点〕 ＊2教科型／3教科型いずれかを選択	＊算・国の合計点の1.25倍を総得点とする。 ＊算国の合計点の1.25倍か3教科の合計点か、いずれか高い方を総得点とする。
		前期1次午後	2教科型算・国〔各50分／各100点〕	＊算・国の合計点の1.25倍を総得点とする。
兵庫県	小林聖心女子学院	A日程	2教科型算・国〔各60分／各120点〕 3教科型算・国〔各60分／各120点〕 　　　　　英　〔リスニング25分 　　　　　　　インタビュー5分／60点〕 3教科型算・国〔各60分／各120点〕 　　　　　英　〔リスニング25分 　　　　　　　インタビュー5分／60点〕 英語特別講座選抜 　　　　　〔インタビュー5分〕 　　　　　〔英語に10点の加点〕 ＊2教科型／3教科型どちらか選択	＊算国の合計点×1.25倍、300点満点 下記①、②のうち、得点の高い方を採用 ①3教科の合計点、300点満点 ②算国の合計点×1.25倍、300点満点
		B日程	2教科型算・国〔各60分／各120点〕 1教科型算　〔60分／120点〕 ＊1教科型／2教科型どちらか選択	＊算数の得点を2倍する。 ＊A・AB方式選抜で合格した受験者を除いてB方式で計算された合格得点の高い方から合格者を選抜する。
	賢明女子学院	A日程	3科型 算　〔50分／100点〕国〔60分／120点〕 理・社から1科目選択　〔40分／80点〕 4科型 算　〔50分／100点〕国〔60分／120点〕 理・社〔各40分／各80点〕 ＊3科型／4科型いずれかを選択	①第1選考…300点満点で選考 4科受験者－国＋算＋理／社高い方の得点の合計（300点満点） 3科受験者－国＋算＋理または社の得点の合計（300点満点） ②第2選考…380点満点で選考 第1選考で合格範囲に入らなかった4科受験者を対象に、4科の得点合計で、合格者を決定。
		B日程 C日程	算〔50分／100点〕　国〔60分／120点〕	2教科の合計得点で合格者を決定 C日程のソフィアJr.のコース選考はチャレンジ受験者も含む。
	甲南女子	A①入試	3教科型算・国〔各60分／各100点〕 　　　　　理　〔40分／50点〕 4教科型算・国〔各60分／各100点〕 　　　　　理・社〔各40分／各50点〕 ＊3教科型／4教科型いずれかを選択	＊3教科合計（250点満点）を300点満点に換算（5分の6倍） ＊4教科合計（300点満点）得点と、理もしくは社を除いた3教科合計（250点満点）を300点満点に換算（5分の6倍）した得点のうち、高い得点を合否判定得点とします。

地域	中学校名	入試区分	試験科目（配点時間）	判定方法
兵庫県	神戸海星女子学院	A日程	3教科型算・国〔各50分／各100点〕 理〔40分／80点〕 4教科型算・国〔各50分／各100点〕 理・社〔各40分／各80点〕 ＊3教科型／4教科型いずれかを選択	＊算国理の合計点を9／7倍して360点満点に換算。 （1）4教科の合計点360点満点 （2）算国理の合計点を9／7倍して360点満点に換算 （3）算国社の合計点を9／7倍して360点満点に換算 上記（1）（2）（3）の中で一番高い点数を受験生の得点とする。
	神 戸 国 際	A-Ⅰ選考 B-Ⅰ選考	一般入試3教科型（得意科目型） 算・国・理〔各50分／各100点〕 英語資格利用入試 ア）英語重視型 英（筆記・リスニング）〔50分／200点〕 算・国から1科目選択〔50分／100点〕 イ）英語民間テスト利用型 算・国から1科目選択〔50分／100点〕 英語資格〔200点〕 ＊一般入試3教科型／英語利用入試ア／英語利用入試イいずれかを選択	＊受験した3教科の得点を基に下記の4パターンに分けて換算し、受験生にとって最も高い換算点数を選考の対象とします。 ①算（100点）・国（100点）・理（100点）の300点満点 ②算（150点）・国（150点）の300点満点 ③国（150点）・理（150点）の300点満点 ④算（150点）・理（150点）の300点満点 ＊英語の得点を2倍＋算または国の得点、300点満点で判定 ＊各種英語試験の資格・スコアによって換算する。
	神戸山手女子	前期午前・午後 中期午前・午後 後期午前・午後 一般	①算・国・英〔各50分／各100点〕 ②算・国・英から2科目選択〔各50分／各100点〕 ③算または英〔50分／100点〕 ＊①／②／③いずれか選択	＊200点満点に換算 ＊200点満点に換算
		中期午前 適性検査型	「言語表現」・「数理探究」必須〔各40分〕 「自然環境」・「市民社会」いずれか1領域選択〔30分〕	＊200点満点に換算
	松 蔭	A方式	算・国〔各50分／各150点〕 理〔40分／100点〕	＊算国理3教科合計点と算国2教科の合計点を400点満点に換算した点のどちらか高い方で合否を判定。

地域	中学校名	入試区分	試験科目（配点時間）	判定方法
兵庫県	親　和	前期Ⅰ スティーム探究	〔1〕教科型受験 ①算・国・理〔各50分／各100点〕 ②算・国　〔各50分／各100点〕 ③算・理　〔各50分／各100点〕 ＊①／②／③いずれかを選択 〔2〕総合型入試 ①作文〔50分／600字以上〕　②プレゼンテーション ③面接　　　　　　　　④通知表評定 ⑤諸活動実績（成績に応じ加点） ＊〔1〕／〔2〕いずれか選択	＊10点加点 ＊2教科受験は300点満点で判定 ＊2教科受験は300点満点で判定 ①②③④⑤を総合的に判定
		前期Ⅰ グローバル探究	〔1〕教科型受験 ①算・国・理〔各50分／各100点〕 ②算・国　〔各50分／各100点〕 ③算・理　〔各50分／各100点〕 ＊①／②／③いずれかを選択 〔2〕総合型入試 ①作文〔50分／600字以上〕　②プレゼンテーション ③面接　　　　　　　　④通知表評定 ⑤諸活動実績（成績に応じ加点） 〔3〕英語資格入試 ①面接（英語・日本語）〔5分／100点〕 ②英検・TOEFL等の英語資格 ③通知表評定 ＊〔1〕／〔2〕／〔3〕いずれか選択	＊10点加点 ＊2教科受験は300点満点で判定 ＊2教科受験は300点満点で判定 ①②③④⑤を総合的に判定 ①②③を総合的に判定
		後期Ⅰ スティーム探究	〔1〕探究入試　言語探究・自然探究・数理探究〔各50分／各100点〕 〔2〕教科型受験 ①算・国・理〔各50分／各100点〕 ②算・国・社〔各50分／各100点〕 ③算・理　〔各50分／各100点〕 ＊①／②／③いずれかを選択 ＊〔1〕／〔2〕いずれか選択	 ＊10点加点 ＊10点加点 ＊2教科受験は300点満点で判定
		後期Ⅰ グローバル探究	〔1〕探究入試　言語探究・自然探究・数理探究〔各50分／各100点〕 〔2〕教科型受験 ①算・国・理〔各50分／各100点〕 ②算・国　〔各50分／各100点〕 ＊①／②いずれかを選択 〔3〕英語資格入試 ①面接（英語・日本語）〔5分／100点〕 ②英検・TOEFL等の英語資格 ③通知表評定 ＊〔1〕／〔2〕／〔3〕いずれか選択	 ＊10点加点 ＊2教科受験は300点満点で判定 ①②③を総合的に判定
	近畿大学附属豊岡	A日程 B日程	2教科型算・国〔各50分／各100点〕 3教科型算・国〔各50分／各100点〕 　　　　　英　〔　30分／　　50点〕 ＊2教科型／3教科型いずれか選択	＊2教科の合計点を1.25倍し、250点満点 　に換算する。 ①3教科の合計250点満点 ②算・国の合計点を1.25倍し、250点満点 　に換算する。 ①、②のどちらか高いほうの得点で判定す る。
	神戸学院大学附属	1次A	算・国・理〔各50分／各100点〕	算国理の合計300点満点もしくは、算国の 200点満点×1.5倍の300点換算の高い方 を持ち点として、上位者から合格点を出す。

地域	中学校名	入試区分	試験科目（配点時間）	判定方法
兵庫県	三田学園	前期A日程	3教科型算・国〔各60分／各120点〕　理〔40分／80点〕　4教科型算・国〔各60分／各120点〕　理・社〔各40分／各80点〕　＊3教科型／4教科型いずれかを選択	＊3教科の総得点を1.25倍し、400点満点に換算する。　＊4教科の合計点と3教科の総得点を1.25倍し、400点満点に換算した点数の良い方を受験生の得点とする。
	夙川	第1回	算・国〔各60分／各150点〕　理・社から1科目選択〔40分／100点〕	＊合否判定は、得点率で判定する。
		第2回	算必須〔60分／150点〕　国・理・社から1科目選択〔60分／150点〕	＊合否判定は、得点率で判定する。
		第3回	算必須〔60分／150点〕　国・理から1科目選択〔60分／150点〕	＊合否判定は、得点率で判定する。
	須磨学園	第1回　第2回	3教科型算・国〔各60分／各150点〕　理〔40分／100点〕　4教科型算・国〔各60分／各150点〕　理・社〔各40分／各100点〕　＊3教科型／4教科型いずれかを選択	＊合否判定は、得点率で判定する。
	仁川学院	1次　カルティベーション	①算・国・理〔各50分／各100点〕　②算・国〔各50分／各100点〕　＊①／②いずれかを選択	＊算国2教科の合計点と算国理3教科の合計点を算出し、得点率の高い方で合否判定をする。
		2次	算・国・総合問題〔各50分／各100点〕	＊アカデミアは、3教科の合計得点（300点満点）で判定。　＊カルティベーションは、3教科のうち、高得点2教科の合計点（200点満点）で判定。
	雲雀丘学園	A日程午前	3科型算・国〔各60分／各150点〕　理〔40分／100点〕　4科型算・国〔各60分／各150点〕　理・社〔各40分／各100点〕　＊3科型／4科型いずれかを選択	＊3科の合計点を1.25倍して500点満点で判定　＊算国理の3科を1.25倍した点数と4科の合計点のいずれか得点の高い方を受験生の得点とする。
京都府	東山	前期B　後期	3教科型算・国〔各50分／各120点〕　理〔40分／100点〕　4教科型算・国〔各50分／各120点〕　理・社〔各40分／各100点〕　＊3教科型／4教科型いずれかを選択	＊3教科（算国理）の合計得点340点満点を440点満点に換算した得点を入試得点とします。　①4教科の合計点　②3教科（算国理）の合計得点340点満点を440点満点に換算　①と②の方式によるそれぞれの合計得点を比較し、高い方を採用。
	洛星	前期	3教科型算・国〔各60分／各120点〕　理〔50分／100点〕　4教科型算・国〔各60分／各120点〕　理・社〔各50分／各100点〕　＊3教科型／4教科型いずれかを選択	＊3教科型は、合計点340点満点を440点満点に換算する。
		後期	3教科型算・国〔各70分／各120点〕　理〔40分／80点〕　4教科型算・国〔各70分／各120点〕　理・社〔各40分／各80点〕　＊3教科型／4教科型いずれかを選択	＊3教科型は、合計点320点満点を400点満点に換算する。

地域	中学校名	入試区分	試験科目（配点時間）	判定方法
京都府	京都光華	A日程	算・国　　　　　　　〔各40分／各100点〕 理・社・英から1科目選択〔 40分／ 100点〕	＊3教科のうち得点上位2科目で判定。
	京都女子	A入試	3教科型受験算・国〔各60分／各100点〕 　　　　　　理　〔 40分／ 100点〕 4教科型受験算・国〔各60分／各100点〕 　　　　　　理・社〔各40分／各100点〕 ＊3教科型／4教科型いずれかを選択	＊東雲・籐華共通算国理の計300点満点を 　3分の4倍した400点満点で判定 東雲　①算国理社各100点の計400点満点 　　　②算国理各100点の計300点満点を 　　　　3分の4倍した400点満点 　　　①、②のうち高い点を採用して判定 籐華　①算国理社各100点の計400点満点 　　　②算国理各100点の計300点満点を 　　　　3分の4倍した400点満点 　　　③算国社各100点の計300点満点を 　　　　3分の4倍した400点満点 　　　①、②、③のうち最も高い点を採用 　　　して判定
	同志社女子	LA	3教科型算・国・理　〔各45分／各100点〕 4教科型算・国・理・社〔各45分／各100点〕 ＊3教科型／4教科型いずれかを選択	＊3教科型は、3教科の合計点の4／3倍を 　総合点とする。 ＊3教科の合計点の4／3倍と4教科合計の 　高い方の得点を総合点とする。
		WR	3教科型算・国〔各45分／各150点〕 　　　　　理　〔 45分／ 100点〕 4教科型算・国〔各45分／各150点〕 　　　　　理・社〔各45分／各100点〕 ＊3教科型／4教科型いずれかを選択	＊3教科の合計点の5／4倍を総合点とす 　る。 ＊3教科の合計点の5／4倍と4教科合計の 　高い方の得点を総合点とする。
	平安女学院	日程A1	2科　算・国　　　　〔各50分／各100点〕 3科S算・国　　　　〔各50分／各100点〕 　　　理・社から1科選択〔 30分／ 50点〕 3科E算・国　　　　〔各50分／各100点〕 　　　英　　　　　　〔 30分／ 50点〕 ＊2科型／3科S／3科Eいずれかを選択	〈判定方法／全日程共通〉 2科：（国＋算）×1.5 3科：①・②のいずれか高得点で判定 ①国＋算＋理・社・英いずれか×2 ②（国＋算）×1.5
		日程A2 日程B 日程C	2科　算・国〔各40分／各100点〕 3科E算・国〔各50分／各100点〕 　　　英　〔 30分／ 50点〕 ＊2科型／3科Eいずれかを選択	
	大谷	A日程A3入試	算・国　　　〔各50分／各150点〕 理・社・英のうち最大2科目まで受験可能 　　　　　〔各35分／各100点〕	＊ただし、理・社・英は得点の高い方を1 　科目採用
	京都産業大学附属	A①日程	算・国　　　　　　〔各50分／各100点〕 理・社から1科目選択〔 40分／ 100点〕	＊3教科合計得点と2教科（国・算）合計得 　点×1.5のうち高い得点となる方を入試得 　点として合否判定する。ただし、3教科 　全てを受験するものとする。
	京都橘	A①日程	3教科型算・国・理　〔各50分／各100点〕 4教科型算・国・理・社〔各50分／各100点〕 ＊3教科型／4教科型いずれかを選択	＊3教科の合計点を400点に換算する。 下記①～③の最高点を受験者の成績として 判定する。 ①算・国・理・社の4教科計400点満点 ②算・国・理の3教科計400点換算 ③算・国・社の3教科計400点換算

地域	中学校名	入試区分	試験科目（配点時間）	判定方法
京都府	京都文教	A日程／一般	算・国　〔各40分／各100点〕 理・社・英から1科目選択〔 40分／ 100点〕	＊入試教科の合計点・面接・受験態度による総合判定。
		A日程／自己表現	作文　〔60分／800字〕 プレゼンテーション型情報収集・まとめ作業〔60分〕 発表〔5分〕 ＊作文型／プレゼンテーション型いずれか選択	＊作文・面接による総合判定。 ＊情報収集・まとめ作業・発表・面接による総合判定。
		B日程Ⅰ B日程Ⅱ C日程	算・国〔各40分／各100点〕	＊入試教科の合計点・面接・受験態度による総合判定。
	洛南高等学校附属		3教科型算　〔 70分／ 150点〕 　　　　国　〔 60分／ 150点〕 　　　　理　〔 45分／ 100点〕 4教科型算　〔 70分／ 150点〕 　　　　国　〔 60分／ 150点〕 　　　　理・社〔各45分／各 50点〕 ＊3教科型／4教科型いずれかを選択	＊4教科型は、理・社を各50点に換算して400点満点で判定。
	立命館	前期A／AL 前期B 後期	3教科型算・国〔各50分／各100点〕 　　　　理　〔 40分／ 50点〕 4教科型算・国〔各50分／各100点〕 　　　　理・社〔各40分／各 50点〕 ＊3科型／4科型いずれかを選択	①算国理社の合計（4教科選択者のみ） ②算国理の合計×1.2 ③国理の合計＋算×1.5 ①、②、③いずれか高い点数で判定する。
	立命館宇治	A日程／IC 一般	3科目型算・国〔各50分／各120点〕 　　　　理　〔 40分／ 80点〕 4科目型算・国〔各50分／各120点〕 　　　　理・社〔計80分／各 80点〕 ＊3科目型／4科目型いずれかを選択	＊3科目の合計点を1.25倍して合否判定する。 ＊4科目の合計点と算国理の合計点を1.25倍したもののうち、高い方を採用し、合否判定する。
		A日程／IC 内申型	算・国〔各50分／各120点〕 理・社〔計80分／各 80点〕	＊4科目の合計点と算国理の合計点を1.25倍したもののうち、高い方を採用し、合否判定する。
	龍谷大学付属平安	A①入試	2教科型算・国　〔各50分／各100点〕 3教科型算・国　〔各50分／各100点〕 　　　　理・社から1科目選択〔 40分／ 50点〕 ＊2教科型／3教科型いずれかを選択	＊2科のうち得点の高い方の教科を2倍して、300点満点に換算。 ＊2科の合計を1.5倍した点数（300点満点）と3科の合計を1.2倍した点数（300点満点）のいずれか高い方で判定。
		A②入試 B②入試 C①入試	算・国〔各50分／各100点〕	＊2科のうち得点の高い方の教科を2倍して、300点満点に換算。
奈良県	東大寺学園		3教科型算・国〔各60分／各100点〕 　　　　理　〔 50分／ 100点〕 4教科型算・国〔各60分／各100点〕 　　　　理・社〔各50分／各100点〕 ＊3教科型／4教科型いずれかを選択	＊3教科の合計点を4／3倍して、400点満点に換算。 ＊算・国・理の3教科の合計を4／3倍した点数と4教科の合計点のうち、高い方を総合点とする。

地域	中学校名	入試区分	試験科目（配点時間）	判定方法
奈良県	育英西	A日程	Ⅰ型算・国〔各50分／各100点〕 　　　理・社〔各30分／各 50点〕 Ⅱ型算・国〔各50分／各100点〕 　　　社　〔 30分／　 50点〕 Ⅲ型算・国〔各50分／各100点〕 　　　理　〔 30分／　 50点〕 Ⅳ型算・国〔各50分／各100点〕 ＊Ⅰ型／Ⅱ型／Ⅲ型／Ⅳ型いずれかを選択	Ⅰ型～Ⅳ型の中から、出願時に選択 Ⅰ型　国100点＋算100点＋社50点＋ 　　　理50点＝300点満点 Ⅱ型（国100点＋算100点＋社50点） 　　　×1.2＝300点満点 Ⅲ型（国100点＋算100点＋理50点） 　　　×1.2＝300点満点 Ⅳ型（国100点＋算100点） 　　　×1.5＝300点満点
		B日程	①算・国　　　　　　　〔各50分／各100点〕 ②表現Ⅰ（言語的表現）〔 50分／　 100点〕 　表現Ⅱ（数理的表現）〔 50分／　 100点〕 　＊①／②いずれかを選択	＊算国の合計点×1.5倍　300点満点 ＊表現ⅠⅡの合計点×1.5倍　300点満点
		C日程 D日程	算・国〔各50分／各100点〕	＊算国の得点を1.5倍して300点満点で判定
	聖心学園	A日程 C日程	3教科型　　　　算・国〔各50分／各100点〕 　　　　　　　　理　〔 40分／　 50点〕 4教科アラカルト型算・国〔各50分／各100点〕 　　　　　　　　理・社〔各40分／各 50点〕 ＊3教科型／4教科アラカルト型いずれかを選択	＊理社のうち得点が高い方の教科を受験生 　の得点とする。（250点満点）
	帝塚山	1次A	3科目型算・国〔各60分／各150点〕 　　　　理　〔 30分／　 75点〕 4科目型算・国〔各60分／各150点〕 　　　　理・社〔各30分／各 75点〕 ＊3科目型／4科目型いずれかを選択	＊3科目×1.2倍（450点満点） ①4教科合計点 ②算国理　×1.2倍 ③算国社　×1.2倍 ①～③のうち高得点で判定
		2次A	算・国　　　　　　　〔各60分／各150点〕 理・社から1科目選択〔 30分／　 75点〕	＊3科目の合計×1.2倍（450点満点）
	奈良育英	前期 中期	2教科型算・国〔各45分／各100点〕 3教科型算・国〔各45分／各100点〕 　　　　理　〔 30分／　 50点〕 3教科型算・国〔各45分／各100点〕 　　　　英　〔 15分／　 50点〕 ＊2教科型／3科型いずれかを選択	＊2教科型の合計を1.25倍して250点満点 　で判定。 ＊①3教科250点満点で判定 　②基準点に達しなかった受験生について 　　は、国算をそれぞれ1.25倍して250点 　　満点で判定
		後期	算・国〔各45分／各100点〕	＊2教科型の合計を1.25倍して250点満点 　で判定。

地域	中学校名	入試区分	試験科目（配点時間）	判定方法
奈良県	奈良学園	A日程・B日程 医進	3教科型算・国〔各60分／各150点〕 理〔40分／150点〕 4教科型算・国〔各60分／各150点〕 理〔40分／150点〕 社〔40分／100点〕 ＊3教科型／4教科型いずれかを選択	＊3教科の合計得点を550点満点に換算。 ＊3教科での得点と4教科の合計得点の高い方を合否の基準として判定。
		A日程・B日程 特進	3教科型算・国〔各60分／各150点〕 理〔40分／100点〕 4教科型算・国〔各60分／各150点〕 理・社〔40分／各100点〕 ＊3教科型／4教科型いずれかを選択	＊3教科の合計得点を500点満点に換算。 ＊3教科での得点と4教科の合計得点の高い方を合否の基準として判定。
	奈良学園登美ヶ丘	A日程	3教科型算・国〔各60分／各120点〕 理〔40分／80点〕 4教科型算・国〔各60分／各120点〕 理・社〔各40分／各80点〕 ＊3教科型／4教科型いずれかを選択	＊3教科の合計を400点満点に換算。 ＊4教科（400点満点）と3教科（算国理）および（算国社）の換算点（400点満点）の3つから最も高い点数で判定。
	西大和学園	4科・3科	3科受験算・国〔各60分／各150点〕 理〔40分／100点〕 4科受験算・国〔各60分／各150点〕 理・社〔各40分／各100点〕 ＊3科受験／4科受験いずれかを選択	＊3教科の合計点を5／4倍する。 ＊算・国・理の3教科の合計を5／4倍した点数と4教科の合計点のうち、高い方を受験生の得点とし、判定する。
和歌山県	和歌山信愛	A日程午前 B日程 特進	2科目受験算・国〔各60分／各100点〕 3科目受験算・国〔各60分／各100点〕 理〔40分／70点〕 ＊2科目受験／3科目受験いずれかを選択	＊国（100点）×1.35＋算（100点）×1.35（270点満点） ＊次の①②のうち高得点の方を用いて合否を判定。 ①a方式　国（100点）＋算（100点）＋理（70点）　270点満点 ②b方式　国（100点）×1.35＋算（100点）×1.35　（270点満点）
	近畿大学附属和歌山	午前入試	算・国〔各60分／各200点〕 理〔40分／100点〕	＊算・国の合計点を1.25倍した得点と算・国・理の3教科の合計点を比較してどちらか高い方を総合点とする。
		午後入試	適性問題（算・国・理・社）〔各25分／各50点〕	＊算・国を1.5倍した得点に理の得点を加えた合計点と算・国・理・社の合計点を比較して、どちらか高いほうを総合点とする。
滋賀県	立命館守山	A①日程 AD受験 一般	3教科型算・国〔各50分／各120点〕 理または英から1科目選択〔40分／80点〕 4教科型算・国〔各50分／各120点〕 理・社〔各40分／各80点〕 ＊3教科型／4教科型いずれか選択	＊3科（算国理または算国英）合計を1.25倍する。 ＊4科合計と3科（算国理）合計を1.25倍した得点のうちいずれか高い方で判定。
他府県	岡山	B方式	3教科型算・国〔各60分／各100点〕 理〔40分／50点〕 4教科型算・国〔各60分／各100点〕 理・社〔各40分／各50点〕 ＊3教科型／4教科型いずれかを選択	＊算・国の得点に理・社の得点の高い方を合否判定に採用。

地域	中学校名	入試区分	試験科目（配点時間）	判定方法
他府県	岡 山 白 陵		3教科型算・国〔各50分／各100点〕 理　〔 40分／　80点〕 4教科型算・国〔各50分／各100点〕 理・社〔各40分／各 80点〕 ＊3教科型／4教科型いずれか選択	＊3教科の280点満点を7分の9倍した得点（360点満点・小数点第一位四捨五入） ＊4教科型は以下の①〜③の得点のなかで最も高得点になるものを使用します。 ①4教科の点数を足した360点満点の得点 ②算国理の280点満点の得点を7分の9倍した得点（360点満点・小数点第一位四捨五入） ③算国社の280点満点の得点を7分の9倍した得点（360点満点・小数点第一位四捨五入）
	愛　　　光		3教科型算・国〔各60分／各120点〕 理　〔 40分／　80点〕 4教科型算・国〔各60分／各120点〕 理・社〔各40分／各 80点〕 ＊3教科型／4教科型いずれかを選択	＊3教科受験者は算・国・理の合計得点を4分の5（320分の400）倍し、小数第1位まで四捨五入したものを判定得点とする。 ＊4教科受験者は算・国・理・社の合計得点と、算・国・理の合計得点を4分の5（320分の400）倍し、小数第1位まで四捨五入したもののいずれか高いほうを判定得点とする。
	香 川 誠 陵		3教科型算・国〔各50分／各120点〕 理　〔 40分／　80点〕 4教科型算・国〔各50分／各120点〕 理・社〔各40分／各 80点〕 ＊3教科型／4教科型いずれかを選択	①国・算・理の合計×5／4 ②国・算の合計×5／3 ①、②のうち高い方の得点を合否判定で用いる（400点満点） ①国・算・理・社の合計 ②国・算・理の合計×5／4 ③国・算・社の合計×5／4 ④国・算の合計×5／3 ①〜④のうち最も高い得点を合否判定で用いる（400点満点）
	函館ラ・サール	第1次	3科目型算・国〔各60分／各100点〕 理・社から1科目選択 〔 40分／　50点〕 4科目型算・国〔各60分／各100点〕 理・社〔各40分／各 50点〕 ＊3科目型／4科目型いずれかを選択	＊3科目の合計点を5分の6倍し、小数点以下第2位を四捨五入した点数を判定得点とする。 ①4科目の合計点。 ②3科目（算国理または算国社）の合計点を5分の6倍し、小数点以下第2位を四捨五入した点数。 ①、②のうち判定得点の高い方を採用。
		第2次	2科目型算・国〔各60分／各100点〕 3科目型算・国〔各60分／各100点〕 理・社から1科目選択 〔 40分／　50点〕 4科目型算・国〔各60分／各100点〕 理・社〔各40分／各 50点〕 ＊2科目型／3科目型／4科目型いずれかを選択	＊2科目の合計点を2分の3倍し、小数点以下第2位を四捨五入した点数を判定得点とする。 ①3科目（算国理または算国社）の合計点を5分の6倍し、小数点以下第2位を四捨五入した点数。 ②算国の合計点を2分の3倍し、小数点以下第2位を四捨五入した点数。 ①、②のうち判定得点の高い方を採用。 ①4科目の合計点。 ②3科目（算国理または算国社）の合計点を5分の6倍し、小数点以下第2位を四捨五入した点数。 ③算国の合計点を2分の3倍し、小数点以下第2位を四捨五入した点数。 ①、②、③のうち判定得点の高い方を採用。

4 合格最低点・科目別平均点一覧

地域	学校名	入試区分		合格者最低点	種別	国語	算数	理科	社会	摘要
大阪府	大阪星光学院			239/400	受験者平均点	64.0/120	62.8/120	51.0/80	51.5/80	
					合格者平均点	71.0/120	76.5/120	57.3/80	56.5/80	
	清風	前期	全体		受験者平均点	74.8/120	68.0/120	58.8/80	45.4/80	
			理III	296/400	合格者平均点	94.2/120	91.4/120	70.2/80	56.5/80	
			理II	253/400	合格者平均点	79.7/120	76.9/120	63.6/80	47.7/80	
			理I	161/400	合格者平均点	63.6/120	54.5/120	51.3/80	38.9/80	
		前期プレミアム理III選抜	全体		受験者平均点	68.2/120	69.6/120			
			理II(プレミアム)	159/240	合格者平均点	84.9/120	91.8/120			
			理III	142/240	合格者平均点	72.0/120	77.9/120			
			理II	109/240	合格者平均点	64.0/120	62.6/120			*各日程共通
		後期チャレンジ選抜	全体		受験者平均点	72.3/120	69.9/120	52.0/80	47.9/80	*W受験者合格最低点
			理III	275/400	合格者平均点	84.7/120	93.6/120	64.6/80	56.4/80	各コース -10点
			理II	220/400	合格者平均点	74.0/120	69.4/120	52.2/80	48.0/80	
			理I	174/400	合格者平均点	64.8/120	49.9/120	42.2/80	41.7/80	
		プレミアム最終選抜	全体		受験者平均点	80.2/120	67.6/120	49.2/80	46.4/80	
			理III(プレミアム・国際)	217/320	合格者平均点	92.5/120	88.8/120	64.1/80	55.1/80	
			理III	195/320	合格者平均点	84.4/120	70.9/120	49.8/80	50.6/80	
	明星	前期	特進	273/400	受験者平均点	80.4/120	75.2/120	45.5/80	47.3/80	
			英数	217.5/400	合格者平均点	84.5/120	81.2/120	47.9/80	50.7/80	
		午後特進	S特進	167/240	受験者平均点	84.8/120	62.8/120			
			特進	131/240	合格者平均点	90.3/120	74.1/120			
		後期	S特進	330/400	受験者平均点	84.5/120	73.4/120	53.8/80	55.3/80	
			特進	273.75/400						
			英数	235/400	合格者平均点	88.5/120	82.1/120	57.3/80	59.0/80	
	大阪女学院	前期	A方式	148.75/400	受験者平均点	83.2/120	48.4/120	38.9/80	34.5/80	
					合格者平均点	84.4/120	50.0/120	39.7/80	35.5/80	
			B方式	161.25/400	受験者平均点	90.4/120	61.1/120	45.0/80	48.9/80	
					合格者平均点	90.4/120	61.1/120	45.0/80	48.9/80	
		後期		94/200	受験者平均点	71.5/100	56.8/100			
					合格者平均点	74.8/100	61.1/100			
	大谷	1次A(教科型)	医進	261.5/400	合格者平均点	94.8/120	91.0/120	46.4/80	58.2/80	
			特進	206/400	合格者平均点	88.6/120	62.9/120	38.6/80	47.7/80	
			凛花	133/400	合格者平均点	77.1/120	32.2/120	24.8/80	35.4/80	
		1次A(適性未来型)	医進	254/400	合格者平均点	95.7/120	86.8/120	47.2/80		未来力 60.5/80
			特進	171/400	合格者平均点	71.7/120	35.0/120	35.3/80		未来力 44.6/80
			凛花(特別専願)	100/320	合格者平均点	67.0/120	35.6/120			未来力 40.6/80
		1次B(教科型)	医進	122/240	合格者平均点	80.3/120	87.9/120			
			特進	84/240	合格者平均点	63.0/120	53.6/120			
			凛花	77/240	合格者平均点	60.2/120	43.1/120			
		1次B(適性未来型)	凛花	105/240	合格者平均点	54.3/120	未来力　83.1/120			
		1次C(教科型)	医進	148/240	合格者平均点	96.6/120	87.1/120			
			特進	105/240	合格者平均点	74.1/120	46.8/120			
			凛花	75/240	合格者平均点	61.8/120	23.4/120			
		2次(教科型)	医進	246.5/400	合格者平均点	99.9/120	92.3/120	50.5/80	57.5/80	
			特進	201/400	合格者平均点	89.7/120	63.1/120	37.9/80	52.5/80	
			凛花	177.5/400	合格者平均点	76.1/120	37.8/120	30.0/80	29.9/80	
	金蘭会	A日程	一般	74/200	合格者平均点	69.1/100	71.4/100			

地域	学校名	入試区分		合格者最低点	種別	国語	算数	理科	社会	摘要
大阪府	四天王寺	医志		293/400						
		英数S		289/400	受験者平均点	71.0/120	77.0/120	48.0/80	62.0/80	
		英数/併願		258/400	合格者平均点	79.0/120	87.0/120	51.0/80	65.0/80	*4コース全体
		英数/専願		239/400						
		文化・スポーツ		262/400						
	樟蔭	A入試	国際教養	182/300	合格者平均点	66.4/100	58.7/100	35.8/50	32.0/50	英語：71.2/100
			総合進学	119/300	合格者平均点	62.7/100	53.0/100			英語：71.2/100
			身体表現	110/300	合格者平均点	66.0/100	56.0/100			英語：71.2/100
		B入試	国際教養	183/300	合格者平均点	50.3/100	58.5/100			
			総合進学	107/300	合格者平均点	42.0/100	51.6/100			
			身体表現	108/300	合格者平均点	49.7/100	38.7/100			
	城南学園	1次		66/200	合格者平均点	53.0/100	47.0/100			
	相愛	A日程	特進/専願	125/200	合格者平均点	73.0/100	53.0/100			
			特進/併願	130/200						
			進学/専願	100/200	合格者平均点	53.0/100	33.0/100			
			進学/併願	105/200						
			音楽科進学/専願	100/200	合格者平均点	60.0/100	44.0/100			
			音楽科進学/併願	105/200						
	帝塚山学院	1次A	関学	219/300	合格者平均点	80.2/100	81.5/100	42.4/50	37.3/50	
			ヴェルジェ(エトワール)	235.5/300	合格者平均点	86.4/100	82.7/100	42.9/50	35.7/50	
			ヴェルジェ(プルミエ)	112.5/300	合格者平均点	63.4/100	55.6/100	34.1/50	26.2/50	
		E	関学	157/200	合格者平均点	83.1/100	81.5/100			
			ヴェルジェ(エトワール)	124/200	合格者平均点	75.5/100	67.0/100			
			ヴェルジェ(プルミエ)	65/200	合格者平均点	58.0/100	39.7/100			
		1次B	関学	262.4/300	合格者平均点	84.6/100	91.4/100	38.7/50	40.9/50	
			ヴェルジェ(エトワール)	208.5/300	合格者平均点	76.6/100	80.1/100	34.1/50	36.9/50	
			ヴェルジェ(プルミエ)	157.5/300	合格者平均点	58.1/100	54.6/100	26.5/50	30.2/50	
		2次	関学	166/200	合格者平均点	86.2/100	81.6/100			
			ヴェルジェ(エトワール)	102/200	合格者平均点	82.0/100	53.0/100			
			ヴェルジェ(プルミエ)	59/200	合格者平均点	60.1/100	24.7/100			
	梅花	A1日程	進学チャレンジ	—/200	合格者平均点	61.6/100	45.3/100			
			舞台芸術エレガンス	—/200	合格者平均点	62.5/100	50.0/100			
		E入試	進学チャレンジ	—/200	合格者平均点	英語63.4/100				
			舞台芸術エレガンス	—/200	合格者平均点	英語62.8/100				
	アサンプション国際	A午前	イングリッシュ	—/300	合格者平均点			英　128/150		
			アカデミック	—/300	合格者平均点	64.0/100	72.0/100			
		A午後	イングリッシュ	—/300	合格者平均点			英　—/150		
			アカデミック	—/150	合格者平均点	—/100	81.0/100	思考力　—/150		
		B日程	イングリッシュ	—/300	合格者平均点			英　120/150		
			アカデミック	—/300	合格者平均点	75.0/100	78.0/100	英　—/150		
	上宮学園	1次 一般学力午前	特進	131/300	合格者平均点	58.7/100	64.5/100	27.8/50	24.6/50	
			G	110/300	合格者平均点	52.8/100	52.1/100	18.4/50	18.6/50	
		1次 適性検査型	特進	111/200	合格者平均点	77.0/100	57.9/100			
			G	91/200	合格者平均点	66.8/100	46.1/100			
		1次 一般学力午後	特進	91/200	合格者平均点	60.4/100	67.0/100			
			G	78/200	合格者平均点	51.4/100	47.5/100			
		2次	特進	165/300	合格者平均点	66.7/100	67.0/100	31.3/50	31.0/50	
			G	128/300	合格者平均点	54.6/100	53.2/100	23.5/50	24.5/50	

地域	学校名	入試区分		合格者最低点	種別	国語	算数	理科	社会		摘要
大阪府	追手門学院	A日程	SS	170/250	受験者平均点	60.6/100	64.5/100	28.5/50			
					合格者平均点	68.6/100	75.1/100	31.8/50			
			S	125/250	受験者平均点	48.5/100	45.7/100	20.4/50			
					合格者平均点	53.0/100	52.6/100	24.8/50			
		B日程	SS	170/250	受験者平均点	64.6/100	52.0/100				
					合格者平均点	73.4/100	64.0/100				
			S	125/250	受験者平均点	58.8/100	42.2/100				
					合格者平均点	61.2/100	44.9/100				
		C日程	SS	187/250	受験者平均点	68.4/100	72.8/100	26.3/50			
					合格者平均点	78.1/100	83.9/100	32.3/50			
			S	130/250	受験者平均点	57.2/100	43.1/100	21.3/50			
					合格者平均点	63.7/100	62.9/100	17.4/50			
		D日程	SS	195/250	受験者平均点	—/100	—/100				
					合格者平均点	—/100	—/100				
			S	135/250	受験者平均点	—/100	—/100				
					合格者平均点	—/100	—/100				
	大阪学芸高等学校附属	1月入試 2月入試		—/200	合格者平均点	71.8/100	62.8/100				
	大阪国際	1次A	Ⅰ類	138/250	合格者平均点	67.0/100	60.6/100	26.0/50	英語	30.3/50	
			Ⅱ類	110/250	合格者平均点	55.4/100	41.9/100	25.5/50	英語	27.5/50	
		1次B	Ⅰ類	116/200	合格者平均点	65.1/100	68.6/100				
			Ⅱ類	101/200	合格者平均点	48.7/100	57.5/100				
		2次	Ⅰ類	134/200	合格者平均点	71.5/100	81.1/100				
			Ⅱ類	105/200	合格者平均点	62.8/100	59.8/100				
	大阪信愛学院	A日程午前	S文理/Ⅰ型	128/200	受験者平均点	55.4/100	71.5/100	英語	40.3/50		
			S文理/Ⅱ型	157/250	合格者平均点	60.2/100	76.8/100	英語	37.3/50		
			学際/Ⅰ型	76/200	受験者平均点	38.6/100	42.7/100	英語	36.4/50		
			学際/Ⅱ型	106/250	合格者平均点	44.2/100	51.8/100	英語	35.0/50		
	開明	1次前期	S理数/専	240/300	専/受験者平均点	64.6/100	63.2/100	34.9/50	30.9/50		
			S理数/併	240/300	専/合格者平均点	68.7/100	73.4/100	40.5/50	43.5/50		
			理数/専	205/300	併/受験者平均点	64.8/100	77.5/100	38.7/50	33.1/50		
			理数/併	220/300	併/合格者平均点	67.0/100	86.2/100	42.1/50	43.8/50		
		1次後期A	S理数/専	220/300	専/受験者平均点	57.0/100	58.7/100	32.3/50	25.5/50		
			S理数/併	220/300	専/合格者平均点	61.5/100	68.5/100	38.7/50	40.2/50		
			理数/専	185/300	併/受験者平均点	60.5/100	67.6/100	35.0/50	28.9/50		
			理数/併	200/300	併/合格者平均点	65.3/100	76.4/100	40.0/50	41.3/50		
		1次後期B	S理数/専	230/300	専/受験者平均点	62.5/100	61.3/100	35.0/50	36.7/50		
			S理数/併	230/300	専/合格者平均点	66.7/100	70.5/100	38.6/50	40.1/50		
			理数/専	195/300	併/受験者平均点	65.7/100	70.1/100	38.0/50	39.0/50		
			理数/併	210/300	併/合格者平均点	69.6/100	78.8/100	40.3/50	41.0/50		
		2次	S理数/専	225/300	専/受験者平均点	65.7/100	54.3/100	31.3/50	25.8/50		
			S理数/併	225/300	専/合格者平均点	70.5/100	62.7/100	36.3/50	38.3/50		
			理数/専	190/300	併/受験者平均点	70.3/100	68.3/100	35.7/50	30.9/50		
			理数/併	205/300	併/合格者平均点	73.7/100	75.8/100	40.0/50	40.8/50		

地域	学校名	入試区分			合格者最低点	種別	国語	算数	理科	社会	摘要
大阪府	関西大倉	A1日程		男子	211/400	受験者平均点	74.0/100	58.0/100	29.0/50	31.0/50	
						合格者平均点	75.0/100	60.0/100	31.0/50	36.0/50	
				女子		受験者平均点	79.0/100	51.0/100	28.0/50	26.0/50	
						合格者平均点	81.0/100	53.0/100	29.0/50	33.0/50	
		A2日程		男子	111/200	受験者平均点	70.0/100	58.0/100			
						合格者平均点	72.0/100	61.0/100			
				女子		受験者平均点	74.0/100	55.0/100			
						合格者平均点	76.0/100	59.0/100			
		B日程		男子	121/200	受験者平均点	69.0/100	57.0/100			
						合格者平均点	73.0/100	65.0/100			
				女子		受験者平均点	71.0/100	54.0/100			
						合格者平均点	72.0/100	58.0/100			
		C日程		男子	141/200	受験者平均点	71.0/100	62.0/100			
						合格者平均点	77.0/100	67.0/100			
				女子		受験者平均点	78.0/100	59.0/100			
						合格者平均点	82.0/100	65.0/100			
	関西大学	前期 4教科・3教科型		男子	268/400	受験者平均点	58.0/100	70.2/100	63.1/100	63.4/100	
				女子		受験者平均点	63.7/100	66.1/100	62.8/100	53.7/100	
		前期 英検加点型		男子	95/150	受験者平均点	53.5/100	81.0/100	英検 50.0/50		
				女子		受験者平均点	52.3/100	46.2/100	英検 43.3/50		
		後期		男子	145/200	受験者平均点	53.9/100	69.1/100			
				女子		受験者平均点	58.9/100	66.0/100			
	関西大学第一	2教科型			283/400	受験者平均点	71.0/100	68.0/100			
		4教科型				受験者平均点	70.0/100	68.0/100	64.0/100	72.0/100	
	関西大学北陽	1次			167/300	受験者平均点	57.6/100	43.7/100	21.6/50	19.6/50	
		2次A			106/200	受験者平均点	56.4/100	46.9/100			
		2次B			117/200	受験者平均点	52.4/100	53.4/100			
	近畿大学附属	前期	医薬		225/320	受験者平均点	82.8/120	69.2/120	56.2/80		
						合格者平均点	95.8/120	83.8/120	64.8/80		
			アドバンスト		192/320	受験者平均点	84.1/120	62.3/120	52.7/80	58.8/80	
						合格者平均点	88.7/120	71.6/120	58.4/80	59.0/80	
			プログレス		165/320	受験者平均点	71.3/120	48.8/120	46.5/80	49.5/80	
						合格者平均点	76.3/120	56.6/120	50.4/80	53.5/80	
		後期	医薬		241/320	受験者平均点	81.3/120	85.5/120	57.1/80		
						合格者平均点	91.0/120	100.0/120	68.0/80		
			アドバンスト		227/320	受験者平均点	81.8/120	74.6/120	52.8/80	56.3/80	
						合格者平均点	91.4/120	89.4/120	62.0/80	64.7/80	
			プログレス		174/320	受験者平均点	65.5/120	55.3/120	42.3/80	48.6/80	
						合格者平均点	79.3/120	73.0/120	53.1/80	53.3/80	
	金蘭千里	前期A		男子／女子	200/360	合格者平均点	70.0/120	83.1/120	39.5/60	36.8/60	
		前期E		男子／女子	200/360	合格者平均点	69.4/120	81.8/120	英語 91.1/120		
		中期B		男子／女子	151/240	合格者平均点	84.4/120	97.2/120			
		中期J		男子／女子	90/120	合格者平均点	99.8/120				
		中期M		男子／女子	100/120	合格者平均点		110.1/120			
		後期		男子／女子	136/240	合格者平均点	76.8/120	86.3/120			
	金光大阪	1次A			108/200	合格者平均点	140/200				＊2科目合計
		1次B			107/200	合格者平均点	138/200				
	金光八尾	前期A	S特進		150/250	合格者平均点	53.0/100	75.9/100	32.5/50	34.5/50	英語 40.1/50
			特進		90/250	合格者平均点	37.0/100	54.8/100	30.0/50	20.0/50	英語 26.6/50
	四條畷学園	1次	発展文理		223/300	受験者平均点	72.0/100	64.0/100			2科
			発展探究		150/300	受験者平均点	72.0/100	63.0/100	62.0/100	58.0/100	3科

〈81〉

地域	学校名	入試区分		合格者最低点	種別	国語	算数	理科	社会	摘要
大阪府	四天王寺東	A日程一般	S特進	ー/200	合格者平均点	50.0/100	61.0/100	53.0/100		
			特進	ー/200	合格者平均点	43.0/100	49.0/100	39.0/100		
		A日程適性	S特進	ー/300	合格者平均点	59.0/100	67.0/100	理社融合	73.0/100	
			特進	ー/300	合格者平均点	65.0/100	74.0/100	理社融合	82.0/100	
		B日程	S特進	ー/200	合格者平均点	63.0/100	67.0/100			
			特進	ー/200	合格者平均点	61.0/100	54.0/100			
		C日程	S特進	ー/200	合格者平均点	66.0/100	73.0/100			
			特進	ー/200	合格者平均点	55.0/100	41.0/100			
	常翔学園	A日程	スーパーJ	300/400		91.9/120	100.5/120	64.6/80	55.5/80	
			特進（I類）	245/400	合格者平均点	76.9/120	80.3/120	51.5/80	51.8/80	
			特進（II類）	191/400		63.6/120	62.4/120	44.4/80	45.2/80	
		B日程	スーパーJ	176/240		90.7/120	97.1/120			
			特進（I類）	153/240	受験者平均点	73.9/120	85.2/120			
			特進（II類）	126/240		61.7/120	71.3/120			
		C日程	スーパーJ	195/240		103.8/120	99.5/120			
			特進（I類）	171/240	合格者平均点	92.4/120	86.2/120			
			特進（II類）	153/240		83.4/120	72.6/120			
		J日程	スーパーJ	145/240		80.7/120	69.2/120			
			特進（I類）	125/240	合格者平均点	72.3/120	59.4/120			
			特進（II類）	110/240		65.1/120	49.6/120			
	常翔啓光学園	A日程	特進選抜/2科	65.5%	受験者平均点	55.3/100	56.0/100			
					合格者平均点	58.4/100	60.5/100			
			特進選抜/3科	37.2%	受験者平均点	52.4/100	56.0/100	26.8/50	30.0/50	
					合格者平均点	59.0/100	60.0/100	29.0/50	30.0/50	
			未来探求		受験者平均点	53.1/100	51.6/100			
					合格者平均点	50.9/100	50.2/100			
		B日程	特進選抜	56.0%	受験者平均点	60.8/100	52.2/100			
					合格者平均点	66.3/100	61.8/100			
			未来探求/算国		受験者平均点	53.1/100	35.8/100			
				54.5%	合格者平均点	56.8/100	42.2/100			
			未来探求/国英		受験者平均点	38.0/100	英　65.7/100			
					合格者平均点	38.0/100	英　65.7/100			
		C日程	特進選抜	65.5%	受験者平均点	68.6/100	61.1/100			
					合格者平均点	76.7/100	68.8/100			
			未来探求	34.5%	受験者平均点	54.0/100	38.0/100			
					合格者平均点	57.8/100	48.0/100			
		D日程	特進選抜	60.5%	受験者平均点	59.6/100	63.6/100			
					合格者平均点	71.2/100	77.2/100			
			未来探求	28.0%	受験者平均点	51.0/100	64.0/100			
					合格者平均点	46.3/100	50.0/100			
	清教学園	前期	S特進II類/専願	217/300	合格者平均点	77.3/100	89.3/100	30.5/50	34.2/50	
			S特進II類/併願	238/300						
			S特進I類/専願	179/300	合格者平均点	67.8/100	72.5/100	22.1/50	25.4/50	
			S特進I類/併願	203/300						
		後期	S特進II類/専願	238/300	合格者平均点	74.5/100	84.0/100	37.5/50	47.0/50	
			S特進II類/併願	257/300	合格者平均点	84.5/100	91.0/100	40.0/50	44.0/50	
			S特進I類/専願	216/300	合格者平均点	79.5/100	70.5/100	29.5/50	33.0/50	
			S特進I類/併願	219/300	合格者平均点	78.1/100	76.9/100	36.9/50	38.7/50	
	清風南海	A入試	S特進	295/400	受験者平均点	81.5/120	74.5/120	58.5/80	48.5/80	
			特進	266/400	合格者平均点	87.0/120	86.0/120	63.3/80	52.8/80	
		SG入試	S特進	320/400	受験者平均点	77.2/120	77.6/120	59.8/80		
			特進	280/400	合格者平均点	83.2/120	86.8/120	63.5/80		
		B入試	S特進	285/400	受験者平均点	71.5/120	71.8/120	50.6/80	51.5/80	
			特進	252.5/4000	合格者平均点	79.6/120	86.2/120	57.0/80	57.2/80	

地域	学校名	入試区分		合格者最低点	種別	国語	算数	理科	社会	摘要	
大阪府	高　　槻	A日程	男子	246/400	受験者平均点	76.4/120	47.1/120	58.1/80	55.9/80		
			女子	258/400	受験者平均点	85.2/120	54.5/120	59.7/80	56.9/80		
		英語	男子	241/400	受験者平均点	76.4/120	47.1/120	英語	114.7/160		
			女子		受験者平均点	85.2/120	54.5/120	英語	114.7/160		
		B日程	男子	208/320	受験者平均点	75.8/120	71.7/120	52.8/80			
			女子	213/320	受験者平均点	82.1/120	64.0/120	49.2/80			
	帝塚山学院泉ヶ丘	1次A	Ⅱ類選抜	—/400	合格者平均点	101.2/120	96.5/120	55.8/80	61.1/80		
			Ⅱ類	—/400	合格者平均点	93.0/120	76.1/120	45.4/80	51.0/80		
			Ⅰ類	—/400	合格者平均点	88.2/120	57.5/120	39.9/80	46.8/80		
		1次B	Ⅱ類選抜	—/240	合格者平均点	105.8/120	104.8/120				
			Ⅱ類	—/240	合格者平均点	99.8/120	85.6/120				
			Ⅰ類	—/240	合格者平均点	90.2/120	72.3/120				
		2次	Ⅱ類選抜	—/240	合格者平均点	106.3/120	97.4/120				
			Ⅱ類	—/240	合格者平均点	100.7/120	87.9/120				
			Ⅰ類	—/240	合格者平均点	93.4/120	80.7/120				
	東海大学付属大阪仰星	A日程	英数特進	141/280	受験者平均点	60.2/100	58.3/100	47.2/80	49.4/80	英語	49.6/80
					合格者平均点	62.4/100	59.3/100	47.1/80	55.5/80	英語	54.5/80
			総合進学	78/200	受験者平均点	51.4/100	51.7/100			英語	66.9/80
					合格者平均点	53.3/100	54.1/100			英語	66.9/80
		B日程	英数特進	106/200	受験者平均点	67.8/100	57.6/100				
					合格者平均点	74.1/100	62.5/100				
			総合進学	70/200	受験者平均点	62.1/100	50.1/100				
					合格者平均点	64.3/100	50.1/100				
	同 志 社 香 里	前期	男子	265/400	受験者平均点	71.6/120	63.5/120	61.9/80	53.1/80		
					合格者平均点	82.8/120	77.0/120	67.1/80	58.1/80		
			女子	254/400	受験者平均点	76.9/120	57.7/120	61.4/80	52.6/80		
					合格者平均点	86.6/120	67.9/120	65.6/80	57.0/80		
		後期	男子	281/400	受験者平均点	68.3/120	64.5/120	60.1/80	55.1/80		
					合格者平均点	78.2/120	89.6/120	66.8/80	63.1/80		
			女子	268/400	受験者平均点	71.8/120	59.7/120	60.7/80	54.5/80		
					合格者平均点	80.2/120	80.6/120	67.9/80	60.8/80		
	浪　　速	1次A	Ⅰ類	184/250	受験者平均点	71.6/100	61.5/100	34.6/50	29.9/50		
			Ⅱ類	111/200	受験者平均点	60.1/100	50.2/100				
		Ⅰ類選抜A		125/200	受験者平均点	65.9/100	50.0/100				
		1次B	Ⅰ類	183/250	受験者平均点	60.5/100	63.8/100	37.9/50	31.9/50		
			Ⅱ類	—/200	受験者平均点	—/100	—/100				
	羽 衣 学 園	1次A	文理特進Ⅰ/2科	125/300							
			文理特進Ⅰ/3科	130/300	受験者平均点	48.0/100	40.0/100	29.0/50	22.0/50	英語	33.0/50
			文理特進Ⅰ/4科	133/300							
			文理特進Ⅱ/2科	89/300	受験者平均点	38.0/100	25.0/100			英語	24.0/50
			文理特進Ⅱ/3科	95/300							
		1次B	文理特進Ⅰ	85/200	受験者平均点	45.0/100	53.0/100				
			文理特進Ⅱ	68/200	受験者平均点	35.0/100	36.0/100				

地域	学校名	入試区分		合格者最低点	種別	国語	算数	理科	社会	摘要	
大阪府	初芝富田林	前期A	全体		受験者平均点	61.1/100	53.6/100	26.7/50	32.6/50		
			S特進探究α	—/300	受験者平均点	78.9/100	70.3/100	35.3/50	39.3/50		
			S特進探究β	—/300	受験者平均点	71.3/100	60.2/100	22.5/50	34.2/50		
			特進探究α	—/300	受験者平均点	56.5/100	54.1/100	26.9/50	32.2/50		
			特進探究β	—/300	受験者平均点	54.5/100	42.2/100	21.0/50	25.4/50		
		前期B	全体		受験者平均点	55.1/100	51.1/100				
			S特進探究α	—/300	受験者平均点	72.7/100	70.0/100				
			S特進探究β	—/300	受験者平均点	68.1/100	56.8/100				
			特進探究α	—/300	受験者平均点	56.1/100	53.1/100				
			特進探究β	—/300	受験者平均点	49.3/100	43.9/100				
		後期A (適性)	全体		受験者平均点	75.5/100	46.9/100	理社融合	74.1/100		
			S特進探究α	—/300	受験者平均点	80.9/100	59.4/100	理社融合	80.7/100		
			S特進探究β	—/300	受験者平均点	76.0/100	46.6/100	理社融合	75.5/100		
			特進探究α	—/300	受験者平均点	71.6/100	37.4/100	理社融合	69.8/100		
			特進探究β	—/300	受験者平均点	60.6/100	20.2/100	理社融合	53.3/100		
		後期A	全体		受験者平均点	57.8/100	48.2/100				
			S特進探究α	—/300	受験者平均点	78.2/100	78.2/100				
			S特進探究β	—/300	受験者平均点	69.7/100	56.4/100				
			特進探究α	—/300	受験者平均点	59.5/100	48.2/100				
			特進探究β	—/300	受験者平均点	51.3/100	36.2/100				
		後期B	全体		受験者平均点	55.2/100	62.9/100				
			S特進探究α	—/300	受験者平均点	70.2/100	87.4/100				
			S特進探究β	—/300	受験者平均点	60.0/100	74.6/100				
			特進探究α	—/300	受験者平均点	53.0/100	60.3/100				
			特進探究β	—/300	受験者平均点	48.6/100	57.5/100				
	桃山学院	A方式	6年選抜	330/500	受験者平均点	95.3/150	80.4/150	53.1/100	54.9/100		
					合格者平均点	111.2/150	115.9/150	64.6/100	71.8/100		
			6年進学	238/500	受験者平均点	77.4/150	47.4/150	40.7/100	41.9/100		
					合格者平均点	91.3/150	73.4/150	52.0/100	52.9/100		
		B方式	6年選抜	176/300	受験者平均点	91.0/150	74.3/150				
					合格者平均点	103.9/150	98.9/150				
			6年進学	126/300	受験者平均点	76.1/150	46.3/150				
					合格者平均点	87.1/150	62.4/150				
		C方式	6年選抜	202/300	受験者平均点	95.9/150	75.3/150				
					合格者平均点	104.0/150	115.7/150				
			6年進学	190/300	受験者平均点	73.9/150	50.6/150				
					合格者平均点	93.3/150	78.8/150				
	履正社	前期1次午前	3ヵ年独立	—/250	合格者平均点	71.7/100	75.3/100	38.1/50		英語	38.2/50
			学藝	—/250	合格者平均点	62.8/100	64.5/100	33.3/50		英語	29.0/50
		前期1次午後	3ヵ年独立	—/250	合格者平均点	77.1/100	79.2/100				
			学藝	—/250	合格者平均点	63.8/100	61.8/100				
		前期2次	3ヵ年独立	—/250	合格者平均点	68.5/100	70.0/100	36.3/50		英語	38.0/50
			学藝	—/250	合格者平均点	55.7/100	57.4/100	30.9/50		英語	29.6/50
		後期	3ヵ年独立	—/250	合格者平均点	74.4/100	75.2/100	40.9/50		英語	—/50
			学藝	—/250	合格者平均点	66.8/100	68.0/100	33.3/50		英語	—/50

地域	学校名	入試区分		合格者最低点	種別	国語	算数	理科	社会	摘要
兵庫県	甲　南	I期午前	a方式 / F	206/300	受験者平均点	56.3/100	60.6/100	58.3/100		
					合格者平均点	66.0/100	80.0/100	73.9/100		
			a方式 / A	161/300	受験者平均点	56.3/100	60.6/100	58.3/100		
					合格者平均点	58.1/100	66.5/100	58.7/100		
		I期午後	F	232/300	受験者平均点	73.4/100	70.7/100	64.8/100		
					合格者平均点	84.9/100	87.5/100	75.6/100		
			A	210/300	受験者平均点	73.4/100	70.7/100	64.8/100		
					合格者平均点	76.8/100	74.5/100	66.5/100		
		II期	F	146/200	受験者平均点	65.3/100	60.5/100			
					合格者平均点	76.1/100	81.0/100			
			A	119/200	受験者平均点	65.3/100	60.5/100			
					合格者平均点	68.5/100	62.5/100			
		III期	F	162/200	受験者平均点	54.1/100	59.9/100			
					合格者平均点	73.3/100	90.8/100			
			A	123/200	受験者平均点	54.1/100	59.9/100			
					合格者平均点	63.1/100	73.5/100			
	甲　陽　学　院			274/500	受験者平均点	117.4/200	100.8/200	64.2/100		
					合格者平均点	125.5/200	115.0/200	67.9/100		
	淳　心　学　院	前期A	カリタス ヴェリタス	183/300 222/300	受験者平均点	57.9/100	52.5/100	62.5/100		
		前期B	カリタス ヴェリタス	189/300 219/300	受験者平均点	83.9/150	90.2/150			
		後期	カリタス ヴェリタス	176/300 237/300	受験者平均点	89.6/150	88.9/150			
	灘			316/500	受験者平均点	116.5/200	116.9/200	64.0/100		
					合格者平均点	126.0/200	145.1/200	72.6/100		
	報　徳　学　園	1次	II進	187/250	受験者平均点	76.6/100	68.0/100	29.7/50		
					合格者平均点	85.3/100	84.3/100	36.3/50		
			I進	98/250	受験者平均点	59.4/100	45.5/100	26.0/50		
					合格者平均点	62.7/100	50.1/100	27.6/50		
		1次午後	II進	126/200	受験者平均点	59.8/100	67.2/100			
					合格者平均点	68.2/100	82.3/100			
		2次A	II進	178/250	受験者平均点	59.5/100	58.6/100	26.8/50		
					合格者平均点	74.6/100	85.1/100	35.7/50		
			I進	80/200	受験者平均点	44.9/100	40.8/100			
					合格者平均点	52.1/100	52.3/100			
		2次B	II進	183/250	受験者平均点	66.9/100	70.1/100	22.4/50		
					合格者平均点	77.0/100	93.0/100	36.3/50		
			I進	78/200	受験者平均点	54.8/100	42.5/100			
					合格者平均点	64.4/100	49.5/100			
	六　甲　学　院	A日程		213/400	受験者平均点	88.4/150	70.2/150	62.8/100		
					合格者平均点	96.5/150	87.1/150	69.6/100		
		B日程		154/300	受験者平均点	80.5/150	81.8/150			
					合格者平均点	90.8/150	105.7/150			
	小林聖心女子学院	A・AB方式選抜		133/300	合格者平均点	71.1/120	79.8/120	英語	49.6/60	
		B方式選抜		92/240	合格者平均点	80.4/120	94.6/120			
	賢明女子学院	A日程	ソフィア Jr.	196/300	合格者平均点	92.6/120	66.8/100	57.6/80	52.5/80	
			ルミエール Jr.	130/300	合格者平均点	72.0/120	47.2/100	42.2/80	39.1/80	
		B日程	ソフィア Jr.	144/220	合格者平均点	94.0/120	67.9/100			
			ルミエール Jr.	93/300	合格者平均点	79.5/120	44.3/100			
		C日程	ソフィア Jr.	—/200	合格者平均点	—/120	—/100			
			ルミエール Jr.	90/200	合格者平均点	61.3/120	52.5/100			

地域	学校名	入試区分		合格者最低点	種別	国語	算数	理科	社会	摘要
兵庫県	甲南女子	A入試1次	Sアド	210.6/300	受験者平均点	66.4/100	64.9/100	32.1/50	33.7/50	
					合格者平均点	75.6/100	77.0/100	36.1/50	36.8/50	
			スタンダード	159/300	合格者平均点	64.9/100	63.6/100	31.3/50	30.4/50	
		A入試2次	Sアド	117/200	受験者平均点	58.8/100	62.2/100			
					合格者平均点	63.6/100	75.4/100			
			スタンダード	102/200	合格者平均点	57.9/100	58.8/100			
		B入試	Sアド	163/200	受験者平均点	70.7/100	63.1/100			
					合格者平均点	81.1/100	90.5/100			
			スタンダード	110/200	合格者平均点	72.8/100	62.8/100			
	神戸海星女子学院	A日程		208.3/360	受験者平均点	65.9/100	64.1/100	59.8/80	55.3/80	
					合格者平均点	67.7/100	69.3/100	61.7/80	57.7/80	
		B日程		130/200	受験者平均点	66.9/100	68.1/100			
					合格者平均点	77.6/100	81.0/100			
	神戸国際	A-Ⅰ選考		—/300	合格者平均点	40.1/100	43.0/100	43.9/100	英語 —/100	
		A-Ⅱ選考		—/100	合格者平均点	69.0/100				
		B-Ⅰ選考		—/300	合格者平均点	63.6/100	71.6/100	63.7/100	英語 63.6/100	
	神戸山手女子	前期午前	G選抜探究	120/200	合格者平均点	65.5/100	64.2/100	英語 65.8/100		
			未来探究	104/200	合格者平均点					
		前期午後	G選抜探究	120/200	合格者平均点	57.7/100	50.2/100	英語 61.4/100		
			未来探究	104/200	合格者平均点					
		中期午前	G選抜探究	120/200	合格者平均点	50.6/100	62.9/100	英語 59.5/100		
			未来探究	104/200	合格者平均点					
		中期午後	G選抜探究	120/200	合格者平均点	70.1/100	62.6/100	英語 53.3/100		
			未来探究	104/200	合格者平均点					
		後期午前	G選抜探究	120/200	合格者平均点	75.3/100	71.7/100	英語 —/100		
			未来探究	104/200	合格者平均点					
		後期午後	G選抜探究	120/200	合格者平均点	65.0/100	55.5/100	英語 72.0/100		
			未来探究	104/200	合格者平均点					
	松蔭	A方式		144/400	受験者平均点	95.8/150	74.7/150	67.0/100		
		英語Ⅰ/DS		60/100	受験者平均点	英語 66.0/100				
		英語Ⅰ/GS		50/100						
		英語Ⅱ/DS		60/100	受験者平均点	英語 65.7/100				
		英語Ⅱ/GS		50/100						
		B方式		算：48/100 国：45/100	受験者平均点	67.3/100	77.3/100			
	親和	前期Ⅰ	S	151/280	合格者平均点	75.4/100	51.1/100	51.3/80	63.0/80	言語的・数理的分野
			総合進学	114/280	合格者平均点	69.3/100	30.7/100	41.2/80	48.0/80	
		前期Ⅱ	S	109/200	合格者平均点	67.9/100	73.9/100			
			総合進学	98/200	合格者平均点	61.7/100	62.8/100			
		算数1教科	S	57/100	合格者平均点		72.8/100			
			総合進学	47/100	合格者平均点		55.9/100			
		国語1教科	S	61/100	合格者平均点	68.0/100				
			総合進学	42/100	合格者平均点	52.3/100				
		後期Ⅰ	S	96/200	合格者平均点	64.4/100	52.9/100			
			総合進学	80/200	合格者平均点	53.7/100	36.0/100			
		後期Ⅱ	S	119/200	合格者平均点	66.9/100	78.0/100			
			総合進学	96/200	合格者平均点	56.0/100	58.2/100			
		後期Ⅲ	S	125/200	合格者平均点	64.8/100	82.8/100			
			総合進学	91/200	合格者平均点	56.7/100	62.0/100			
	園田学園	A日程		81/200	合格者平均点	53.0/100	33.5/100	英語 78.7/100		

地域	学校名	入試区分		合格者最低点	種別	国語	算数	理科	社会	摘要
兵庫県	武庫川女子大学附属	A	CS	235/380	受験者平均点	52.6/100	106.6/200	44.8/80		
			CG	119/280	受験者平均点	47.3/100	40.4/100	37.3/80	38.2/80	
		B	CS	199/300	受験者平均点	64.1/100	108.6/200	英語 95.5/100		
			CG	100/200	受験者平均点	59.4/100	44.4/100	英語 74.3/100		
		C	CS	69/100	受験者平均点	算数 59.8/100				
			CG	算:64/100	受験者平均点	算数 49.9/100				
				英:87/100	受験者平均点	英語 67.5/100				
		D	CS	223/300	受験者平均点	62.1/100	135.9/200			
			CG	107/200	受験者平均点	58.4/100	55.6/100			
	百合学院	A日程		59/200	合格者平均点	57.9/100	49.7/100			
	芦屋学園	A日程午前	男子	—/200	合格者平均点	58.7/100	49.0/100			
			女子	—/200	合格者平均点	59.3/100	41.5/100			
	関西学院	A日程	男子	348/500	受験者平均点	143.0/200	134.0/200	61.0/100		
			女子	362/500	受験者平均点	156.0/200	133.0/200	64.0/100		
		B日程	男子	312/410	受験者平均点	141.0/200	127.0/200			
			女子	318/410	受験者平均点	156.0/200	132.0/200			
	神戸龍谷	A1日程	エキスパート	126/250	受験者平均点	59.5/100	61.9/100	23.2/50		
			アドバンス	105/250	受験者平均点	50.3/100	56.7/100	17.1/50		
		B日程	エキスパート	—/100	受験者平均点	複合 63.7/100				
			アドバンス	—/100	受験者平均点	49.3/100	48.0/100	英語 64.7/100		
		A2日程	エキスパート	128/200	受験者平均点	63.3/100	75.3/100			
			アドバンス	98/200	受験者平均点	50.4/100	50.0/100			
		C日程	エキスパート	105/200	受験者平均点	52.3/100	48.0/100			
			アドバンス	70/200	受験者平均点	47.3/100	46.7/100			
	三田学園	前期A日程	男子	231/400	受験者平均点	68.1/120	66.3/120	54.9/80	55.7/80	
					合格者平均点	74.0/120	84.9/120	60.5/80	60.8/80	
			女子	231/400	受験者平均点	75.9/120	63.2/120	55.0/80	57.2/80	
					合格者平均点	82.0/120	80.4/120	59.8/80	60.8/80	
		前期B日程	男子	103/200	受験者平均点	61.1/100	33.6/100			
					合格者平均点	70.1/100	52.2/100			
			女子	103/200	受験者平均点	68.9/100	33.2/100			
					合格者平均点	75.2/100	46.9/100			
		後期		131/200	受験者平均点	54.9/100	49.6/100			
					合格者平均点	66.4/100	82.5/100			
	夙川	第1回	A	290/400	受験者平均点	95.6/150	102.3/150	68.1/100	67.6/100	
			B	317/400						
		第2回	A	210/300	受験者平均点	100.2/150	93.7/150	98.3/150	98.4/150	
			B	232/300						
		第3回	A	217/300	受験者平均点	90.9/150	96.8/150	104.2/150	101.6/150	
			B	237/300						
	須磨学園	第1回	A/3科	254/400	受験者平均点	90.2/150	97.2/150	61.2/100	60.2/100	
			A/4科	318/500	合格者平均点	94.6/150	105.4/150	67.2/100	63.0/100	
			B/3科	286/400						
			B/4科	358/500	合格者平均点	104.7/150	119.5/150	78.2/100	85.0/100	
		第2回	A/3科	259/400	受験者平均点	91.6/150	95.8/150	60.4/100	62.2/100	
			A/4科	324/500	合格者平均点	96.2/150	101.9/150	65.1/100	63.8/100	
			B/3科	279/400						
			B/4科	349/500	合格者平均点	105.3/150	117.1/150	73.0/100	68.8/100	
		第3回	A	199/300	受験者平均点	89.7/150	96.5/150	93.6/150		
					合格者平均点	96.3/150	106.0/150	99.8/150		
			B	220/300	合格者平均点	104.8/150	121.6/150	109.9/150		
	蒼開	A方式	緑風6ヵ年	135/400	合格者平均点	96.9/150	72.4/150	58.0/100		
			青藍3ヵ年	165/400						

地域	学校名	入試区分	合格者最低点	種別	国語	算数	理科	社会	摘要
兵庫県	滝川	前期午前	医進選抜 197/300 ミライ探究一貫 149/300 SG一貫 195/300	合格者平均点	51.3/100	74.4/100	67.5/100	英語 84.7/100	
		前期午後	医進選抜 185/300 ミライ探究一貫 142/300 SG一貫 176/300	合格者平均点	71.3/100	50.4/100	66.7/100		
		中期Ⅰ	医進選抜 119/200 ミライ探究一貫 102/200 SG一貫 111/200	合格者平均点	68.8/100	54.0/100			
		中期Ⅱ	医進選抜 120/200 ミライ探究一貫 82/200 SG一貫 110/200	合格者平均点	67.1/100	49.0/100	70.6/100		
		後期	医進選抜 121/200 ミライ探究一貫 79/200 SG一貫 126/200	合格者平均点	63.3/100	54.9/100			
	滝川第二	AⅠ日程	プログレッシブ数理探究 211/400 I.U.E.知識実践 199/400 エキスパート未来創造 168/400	受験者平均点 合格者平均点 受験者平均点 合格者平均点 受験者平均点 合格者平均点	77.1/150 86.9/150 67.8/150 81.0/150 64.5/150 69.8/150	70.8/150 93.1/150 57.9/150 76.0/150 51.3/150 53.0/150	61.5/100 67.4/100 60.0/100 71.0/100 51.1/100 55.1/100		
		AⅡ日程	プログレッシブ数理探究 105/200 I.U.E.知識実践 97/200 エキスパート未来創造 77/200	受験者平均点 合格者平均点 受験者平均点 合格者平均点 受験者平均点 合格者平均点	51.4/100 57.2/100 43.7/100 49.3/100 34.2/100 43.0/100	59.5/100 69.4/100 43.0/100 55.0/100 34.2/100 43.4/100			
		B日程	プログレッシブ数理探究 175/300 I.U.E.知識実践 173/300 エキスパート未来創造 147/300	受験者平均点 合格者平均点 受験者平均点 合格者平均点 受験者平均点 合格者平均点	107.7/150 119.0/150 104.8/150 118.9/150 88.6/150 103.3/150	64.3/150 73.5/150 57.1/150 65.9/150 49.1/150 60.0/150			
		C日程	プログレッシブ数理探究 101/200 I.U.E.知識実践 80/200 エキスパート未来創造 71/200	受験者平均点 合格者平均点 受験者平均点 合格者平均点 受験者平均点 合格者平均点	65.2/100 75.4/100 60.0/100 65.6/100 32.0/100 51.3/100	38.4/100 38.6/100 31.0/100 39.0/100 15.2/100 29.4/100			
	東洋大学附属姫路	前期	SP 223/300 SA 175/300	受験者平均点 合格者平均点	76.5/120 89.4/120 76.9/120	66.0/100 79.7/100 66.7/100	51.5/80 60.2/80 52.3/80		
		中期	SP 126/220 SA 96/220	受験者平均点 合格者平均点	61.4/120 75.2/120 56.5/120	52.2/100 71.0/100 51.9/100			
		後期	SP 156/220 SA 91/220	受験者平均点 合格者平均点	57.2/120 64.5/120 62.0/120	48.6/100 88.0/100 46.6/100			
	仁川学院	1次	カルティベーション 39% アカデミア 196/300	受験者平均点 合格者平均点	53.7/100 57.6/100	46.4/100 53.0/100	42.2/100 45.1/100		
		2次	カルティベーション 80/300 アカデミア 182/300	受験者平均点 合格者平均点	46.5/100 49.5/100	51.0/100 55.5/100		総合 50.4/100 総合 53.7/100	
		3次	カルティベーション 83/200 アカデミア 129/200	受験者平均点 合格者平均点	44.3/100 56.8/100	51.3/100 66.0/100			
		ファイナル	カルティベーション 77/200 アカデミア 145/200	受験者平均点 合格者平均点	38.8/100 64.3/100	49.1/100 69.0/100			

地域	学校名	入試区分		合格者最低点	種別	国語	算数	理科	社会	摘要
兵庫県	白　陵	前期		181/320	受験者平均点	65.2/120	55.6/100	60.3/100		
		後期		117/220	受験者平均点	50.6/100	34.3/100	面接　19.6/20		
	雲雀丘学園	A日程午前	一貫探究	369/500	合格者平均点	104.4/150	121.7/150	72.8/100	69.9/100	
		A日程午後	一貫探究	158/200	合格者平均点	75.2/100	90.9/100			
		B日程	理科入試	262/400	合格者平均点	105.4/150	102.2/150	75.1/100		
			英語入試	262/400	合格者平均点	103.0/150	87.8/150	英語　80.3/100		
京都府	東　山	前期A	全体		受験者平均点	78.8/120	62.9/120			
			ユリーカ	149/240	合格者平均点	89.6/120	76.4/120			
			エース	115/240	合格者平均点	75.9/120	59.0/120			
		前期B	全体		受験者平均点	82.7/120	71.6/120	70.8/100	69.9/100	
			ユリーカ/3科	322/440	合格者平均点	92.5/120	86.0/120	82.8/100		
			ユリーカ/4科		合格者平均点	92.7/120	82.1/120	83.0/100	80.6/100	
			エース/3科	248/440	合格者平均点	80.9/120	70.3/120	70.0/100		
			エース/4科		合格者平均点	81.1/120	68.7/120	69.9/100	67.5/100	
		後期	全体		受験者平均点	73.1/120	80.6/120	52.9/100	67.3/100	
			ユリーカ/3科	314/440	合格者平均点	86.7/120	107.7/120	74.3/100		
			ユリーカ/4科		合格者平均点	88.3/120	99.6/120	68.7/100	77.3/100	
			エース/3科	202/440	合格者平均点	70.8/120	80.4/120	52.1/100		
			エース/4科		合格者平均点	71.8/120	77.6/120	50.2/100	65.7/100	
	洛　星	前期		257/440	受験者平均点	67.5/120	66.2/120	59.7/100	76.3/100	
		後期		263/400	受験者平均点	69.6/120	76.6/120	50.8/80	52.9/80	
	京都女子	A入試	東雲	271/400	受験者平均点	67.7/100	63.8/100	50.0/100	58.7/100	
			藤華	196/400						
		B1入試	東雲	147/200	受験者平均点	68.8/100	59.9/100			
			藤華	115/200						
		B2入試	東雲	146/200	受験者平均点	59.2/100	61.0/100			
			藤華	114/200						
	京都聖母学院	A1日程	Ⅲ類	70%						＊合格基準100点満点で換算
			Ⅱ類	60%	受験者平均点	58.5/100	53.7/100			2科
			Ⅰ類	40%	受験者平均点	57.0/100	60.2/100	59.0/100	73.4/100	4科
			GSC	50%						
		A2日程	Ⅲ類	70%						
			Ⅱ類	60%	受験者平均点	62.0/100	59.5/100			2科
			Ⅰ類	40%	受験者平均点			英語　60.7/100		1科
			GSC	50%						
		B1日程	Ⅲ類	70%						
			Ⅱ類	60%	受験者平均点	58.3/100	52.0/100			2科
			Ⅰ類	40%	受験者平均点	58.4/100	52.6/100	59.4/100		3科
			GSC	50%	受験者平均点	60.6/100	54.5/100	60.9/100	75.6/100	4科
		B2日程	Ⅲ類	70%						
			Ⅱ類	60%	受験者平均点	65.1/100	65.7/100			2科
			Ⅰ類	40%						
			GSC	50%						
	同志社女子	前期	LA	242/400	受験者平均点	62.0/100	60.7/100	59.1/100	63.3/100	
					合格者平均点	66.3/100	68.9/100	64.5/100	67.8/100	
			WR	375.5/500	受験者平均点	96.2/150	101.5/150	63.5/100	65.6/100	
					合格者平均点	114.6/150	127.6/150	77.6/100	75.7/100	
		後期	LA	287/400	受験者平均点	74.7/100	65.5/100	61.1/100	65.5/100	
					合格者平均点	80.0/100	82.0/100	68.8/100	72.7/100	
			WR	417/500	受験者平均点	115.8/150	113.5/150	65.8/100	67.9/100	
					合格者平均点	130.4/150	141.7/150	79.1/100	77.8/100	

地域	学校名	入試区分		合格者最低点	種別	国語	算数	理科	社会	摘要	
京都府	平安女学院	日程A1	ＧＳ＋	135/300	受験者平均点	54.9/100	59.4/100	34.0/50	31.7/50	英語	45.0/50
					合格者平均点	48.8/100	58.1/100	35.0/50	38.0/50	英語	46.0/50
			ＲＳ＋	215/300	合格者平均点	69.0/100	77.5/100	32.0/50	41.0/50	英語	44.0/50
		日程A2	ＧＳ＋	134/300	受験者平均点	63.0/100	72.0/100			英語	42.9/50
					合格者平均点	55.5/100	59.2/100			英語	38.5/50
			ＲＳ＋	210/300	合格者平均点	67.1/100	78.1/100			英語	44.6/50
		日程B	ＧＳ＋	135/300	受験者平均点	55.2/100	64.5/100			英語	34.2/50
					合格者平均点	52.1/100	60.3/100			英語	35.0/50
			ＲＳ＋	212/300	合格者平均点	64.8/100	83.2/100			英語	33.3/50
		日程C	ＧＳ＋	137/300	受験者平均点	57.1/100	57.1/100			英語	35.8/50
					合格者平均点	52.5/100	55.8/100			英語	33.8/50
			ＲＳ＋	214/300	合格者平均点	69.4/100	73.0/100			英語	39.0/50
	大谷	A3	マスター Jr./両願	270/400	受験者平均点	80.6/150	90.3/150	48.9/100	62.7/100	英語	47.6/100
			マスター Jr./単願	290/400							
			コア Jr./両願	190/400							
			コア Jr./単願	210/400							
		A2	マスター Jr./両願	220/300	受験者平均点	108.3/150	93.6/150				
			マスター Jr./単願	235/300							
			コア Jr./両願	160/300							
			コア Jr./単願	175/300							
		B2	マスター Jr./両願	213/300	受験者平均点	93.7/150	97.4/150				
			マスター Jr./単願	228/300							
			コア Jr./両願	153/300							
			コア Jr./単願	168/300							
		BT	マスター Jr./両願	55%	受験者平均点	77.6/100	53.6/100	理社	61.3/100		
			マスター Jr./単願	60%							
			コア Jr./両願	45%							
			コア Jr./単願	50%							
		C2	マスター Jr./両願	216/300	受験者平均点	80.4/150	98.3/150				
			マスター Jr./単願	231/300							
			コア Jr./両願	156/300							
			コア Jr./単願	171/300							
	京都産業大学附属	A1 日程		166/300	受験者平均点	62.8/100	66.3/100	54.8/100	52.2/100		
					合格者平均点	67.8/100	74.3/100	58.8/100	58.4/100		
		A2 日程		132/200	受験者平均点	69.3/100	65.6/100				
					合格者平均点	76.0/100	73.5/100				
		B 日程		125/200	受験者平均点	52.5/100	64.9/100				
					合格者平均点	61.7/100	81.7/100				
	京都精華学園	A 日程	専願	107/200	受験者平均点	113.6/200				＊国＋算計	
		B 日程			合格者平均点	116.2/200					
			一般	185/300	受験者平均点	192.8/300				＊算＋国＋選択教科計	
					合格者平均点	196.7/300					
	京都橘	A1 日程		208/400	受験者平均点	57.7/100	54.2/100	52.9/100	57.0/100		
		A2 日程		107/200	受験者平均点	56.1/100	61.6/100				
		Ｔ入試		89/200	受験者平均点	46.3/100	44.5/100				
		B 日程		111/200	受験者平均点	61.0/100	47.2/100				
	同志社	男子 女子		103/160	受験者平均点	51.4/80	54.4/80				
	同志社国際	Ｇ選考		205/300	受験者平均点	68.9/100	55.0/100	3科目	59.4/100	＊理社英から1科目選択	
					合格者平均点	75.2/100	76.8/100	3科目	70.2/100		

地域	学校名	入試区分		合格者最低点	種別	国語	算数	理科	社会	摘要
京都府	花 園	A1/2科	SGZ	140/200	受験者平均点	59.3/100	51.7/100			
			D	115/200	受験者平均点	59.5/100	56.2/100			
		A2/3科	SGZ	210/300	受験者平均点	−/100	−/100	英語 −/100		
			D	150/300	受験者平均点	−/100	−/100	英語 −/100		
		A3	SGZ	145/200	受験者平均点	65.0/100	64.1/100			
			D	115/200	受験者平均点	53.9/100	53.5/100			
		B1	SGZ	145/200	受験者平均点	57.2/100	65.8/100			
			D	115/200	受験者平均点	53.0/100	63.1/100			
		B2	SGZ	140/200	受験者平均点	総合力Ⅰ	57.1/100	総合力Ⅱ	65.7/100	
			D	105/200	受験者平均点	総合力Ⅰ	57.9/100	総合力Ⅱ	59.6/100	
		C1	SGZ	215/300	受験者平均点	総合力Ⅰ	53.9/100	総合力Ⅱ	65.4/100	総合力Ⅲ 64.3/100
			D	160/300	受験者平均点	総合力Ⅰ	56.0/100	総合力Ⅱ	55.2/100	総合力Ⅲ 62.3/100
	洛南高等学校附属	専願	男子	209/400						
			女子	223/400	合格者平均点	89.2/150	98.0/150	66.4/100		3科型
		併願	男女	254/400	合格者平均点	95.8/150	89.5/150	63.0/50	70.6/50	4科型
	立 命 館	前期B	AL	175/300	受験者平均点	54.1/100	48.3/100	25.6/50	33.2/50	
					合格者平均点	68.1/100	58.7/100	29.9/50	36.2/50	
			CL	170/300	受験者平均点	51.8/100	43.5/100	22.7/50	31.1/50	
					合格者平均点	61.5/100	54.3/100	27.4/50	36.2/50	
		後期	AL	191/300	受験者平均点	48.9/100	49.7/100	32.3/50	33.4/50	
					合格者平均点	65.6/100	65.9/100	37.5/50	39.4/50	
			CL	176/300	受験者平均点	43.7/100	41.7/100	29.4/50	30.1/50	
					合格者平均点	53.3/100	58.9/100	36.5/50	35.8/50	
	立 命 館 宇 治	A日程/一般		241/400	受験者平均点	59.0/120	66.4/120	42.7/80	43.2/80	
		B日程		227/320	受験者平均点	75.2/120	80.1/120	50.5/80	46.3/80	
	龍谷大学付属平安	A1		117/300	受験者平均点	58.1/100	45.0/100	26.4/50	30.4/50	
					合格者平均点	60.4/100	47.7/100	26.8/50	30.4/50	
		A2		128/300	受験者平均点	61.5/100	44.8/100			
					合格者平均点	64.7/100	17.5/100			
		B2		145/300	受験者平均点	68.3/100	58.0/100			
					合格者平均点	69.9/100	60.2/100			
		C1		126/300	受験者平均点	60.0/100	47.6/100			
					合格者平均点	62.0/100	50.0/100			
奈良県	東大寺学園	4科		237/400	受験者平均点	58.1/100	43.3/100	56.6/100	65.8/100	
					合格者平均点	64.0/100	57.4/100	64.2/100	71.9/100	
		3科		237.3/400	受験者平均点	59.9/100	59.1/100	60.2/100		
					合格者平均点	63.9/100	71.0/100	66.6/100		
	育 英 西	A日程	特設/専願	119/300	受験者平均点	59.0/100	63.9/100	28.7/50	26.7/50	
			特設/併願	150/300						
			立命館/専願	207/300						
			立命館/併願	222/300						
		B日程	特設/専願	123/300	受験者平均点	60.4/100	63.4/100			
			特設/併願	159/300						
			立命館/専願	210/300						
			立命館/併願	225/300						

地域	学校名	入試区分		合格者最低点	種別	国語	算数	理科	社会	摘要
奈良県	聖 心 学 園	A日程	英数Ⅰ／専	150/250	合格者平均点	63.7/100	61.4/100	39.8/50	30.0/50	
			英数Ⅱ／専	116/250	合格者平均点	48.4/100	53.7/100	35.9/50	28.3/50	
			英数Ⅰ／併	173/250	合格者平均点	63.5/100	77.0/100	44.0/50	—/50	
			英数Ⅱ／併	134/250	合格者平均点	58.5/100	52.8/100	35.0/50	33.0/50	
		B日程	英数Ⅰ／専	156.3/250	合格者平均点	62.0/100	73.9/100			
			英数Ⅱ／専	107.5/250	合格者平均点	43.7/100	61.4/100			
			英数Ⅰ／併	171.3/250	合格者平均点	64.8/100	84.5/100			
			英数Ⅱ／併	131.3/250	合格者平均点	53.2/100	68.0/100			
		C日程	英数Ⅰ／専	150/250	合格者平均点	52.4/100	71.6/100	26.0/50	31.5/50	
			英数Ⅱ／専	94/250	合格者平均点	45.7/100	48.1/100	21.0/50	26.0/50	
			英数Ⅰ／併	166/250	合格者平均点	69.9/100	80.4/100	33.7/50	34.9/50	
			英数Ⅱ／併	122/250	合格者平均点	47.3/100	62.5/100	29.7/50	28.8/50	
		D日程	英数Ⅰ／専	158.8/250	合格者平均点	63.0/100	64.0/100			
			英数Ⅱ／専	102.5/250	合格者平均点	52.0/100	48.0/100			
			英数Ⅰ／併	160/250	合格者平均点	65.0/100	63.0/100			
			英数Ⅱ／併	111.3/250	合格者平均点	51.2/100	47.6/100			
	智 辯 学 園	一般A	S特別選抜／専	200/400	受験者平均点	75.8/150	56.2/150	65.1/100		
			S特別選抜／併	221/400						
			AB総合選抜／専	121/400						
			AB総合選抜／併	146/400						
		適性検査型入試	S特別選抜	105/200	受験者平均点	検査Ⅰ 59.4/100		検査Ⅱ 33.2/100		
			AB総合選抜	70/200						
		一般B	S特別選抜	110/200	受験者平均点	55.2/100	44.8/100			
			AB総合選抜	75/200						
	智辯学園奈良カレッジ	特色	S選抜／専	90/100	受験者平均点	課題型作文 84.8/100				
			総合選抜／専	60/100						
		思考力型算数	S選抜／専	60.7/150	受験者平均点	思考力算数 60.1/150				
			S選抜／併	65.3/150						
			総合選抜／専	38.7/150						
			総合選抜／併	44/150						
		表現力	S選抜／専	62/300	受験者平均点	人文社会 66.3/150		自然 59.3/150		
			S選抜／併	68/300						
			総合選抜／専	43.7/300						
			総合選抜／併	51.3/300						
		一般A	S選抜／専	55.3/300	受験者平均点	55.4/150	55.5/150			
			S選抜／併	61/300						
			総合選抜／専	38.3/300						
			総合選抜／併	48.7/300						
		一般B	S選抜／専	62/200	受験者平均点	62.2/100	57.6/100			
			S選抜／併	67.5/200						
			総合選抜／専	41.5/200						
			総合選抜／併	51/200						

地域	学校名	入試区分		合格者最低点	種別	国語	算数	理科	社会	摘要
奈良県	帝塚山	1次A	男子英数S理選抜/専	310/450	受験者平均点	86.9/150	101.5/150	46.4/75	52.2/75	
			男子英数S理選抜/併	335/450	合格者平均点	101.4/150	118.4/150	53.8/75	53.1/75	
			男子英数/専	259/450	受験者平均点	82.5/150	94.4/150	43.2/75	51.1/75	
			男子英数/併	288/450	合格者平均点	86.3/150	100.3/150	44.4/75	52.6/75	
			女子英数S選抜/専	310/450	受験者平均点	91.7/150	92.8/150	44.1/75	50.4/75	
			女子英数S選抜/併	335/450	合格者平均点	104.6/150	119.7/150	53.9/75	57.2/75	
			女子英数/専	277/450	受験者平均点	86.1/150	81.1/150	39.2/75	47.9/75	
			女子英数/併	300/450	合格者平均点	94.0/150	94.7/150	44.3/75	52.8/75	
			女子特進/専	232/450	合格者平均点	79.8/150	71.5/150	35.4/75	43.4/75	
			女子特進/併	260/450	合格者平均点	84.9/150	79.8/150	38.4/75	48.0/75	
		1次B	男子英数S理選抜	200/300	受験者平均点	100.6/150	91.5/150			
					合格者平均点	109.2/150	108.0/150			
			男子英数	171/300	受験者平均点	92.8/150	76.3/150			
					合格者平均点	96.7/150	85.4/150			
			女子英数S選抜	200/300	受験者平均点	106.2/150	79.0/150			
					合格者平均点	114.7/150	102.7/150			
			女子英数	177/300	受験者平均点	101.8/150	66.6/150			
					合格者平均点	108.9/150	77.0/150			
			女子特進	154/300	受験者平均点	95.5/150	57.5/150			
					合格者平均点	101.4/150	62.4/150			
		2次A	男子英数S理選抜/専	323/450	受験者平均点	105.1/150	103.7/150	52.4/75	57.7/75	
			男子英数S理選抜/併	340/450	合格者平均点	115.2/150	121.3/150	59.7/75	62.8/75	
			男子英数/専	287/450	受験者平均点	96.8/150	89.6/150	46.4/75	53.6/75	
			男子英数/併	298/450	合格者平均点	102.5/150	101.1/150	50.9/75	57.1/75	
			女子英数S選抜/専	323/450	受験者平均点	110.3/150	96.7/150	49.6/75	55.0/75	
			女子英数S選抜/併	340/450	合格者平均点	120.9/150	118.3/150	58.4/75	60.8/75	
			女子英数/専	292/450	受験者平均点	104.0/150	84.2/150	44.6/75	51.5/75	
			女子英数/併	304/450	合格者平均点	110.1/150	95.7/150	51.5/75	55.8/75	
			女子特進/専	260/450	受験者平均点	98.5/150	73.5/150	39.8/75	47.0/75	
			女子特進/併	274/450	合格者平均点	103.7/150	81.0/150	43.9/75	50.0/75	
		2次B	男子英数S理選抜	258/300	受験者平均点	113.4/150	114.1/150			
					合格者平均点	124.9/150	134.4/150			
			男子英数	223/300	受験者平均点	108.6/150	105.7/150			
					合格者平均点	114.1/150	114.8/150			
			女子英数S選抜	258/300	受験者平均点	119.9/150	98.0/150			
					合格者平均点	131.1/150	124.2/150			
			女子英数	238/300	受験者平均点	116.9/150	90.9/150			
					合格者平均点	126.3/150	104.9/150			
			女子特進	210/300	受験者平均点	111.7/150	83.1/150			
					合格者平均点	117.0/150	88.3/150			
	奈良育英	前期		90/250	受験者平均点	57.4/100	45.9/100	29.0/50		英語 37.3/50

地域	学校名	入試区分		合格者最低点	種別	国語	算数	理科	社会	摘要
奈良県	奈良学園	A日程	特進/男子	311/500	受験者平均点	100.9/150	76.6/150	56.4/100	68.5/100	
					合格者平均点	108.8/150	96.8/150	59.7/100	76.4/100	
			特進/女子		受験者平均点	113.1/150	74.6/150	54.5/100	71.7/100	
					合格者平均点	112.7/150	91.1/150	60.1/100	77.5/100	
			医進	408.83/550	受験者平均点	106.8/150	90.9/150	88.2/150	73.8/100	
					合格者平均点	121.8/150	117.0/150	104.2/150	81.3/100	
		B日程	特進/男子	333/500	受験者平均点	73.4/150	82.6/150	66.3/100	68.1/100	
					合格者平均点	88.1/150	117.8/150	75.6/100	79.8/100	
			特進/女子		受験者平均点	93.3/150	92.4/150	68.2/100	72.5/100	
					合格者平均点	97.1/150	114.7/150	72.2/100	77.9/100	
			医進	432.05/550	受験者平均点	87.7/150	113.8/150	109.2/150	75.5/100	
					合格者平均点	102.3/150	138.5/150	123.7/150	83.3/100	
		C日程	特進/男子	162/300	受験者平均点	82.0/150	77.2/150			
					合格者平均点	92.5/150	100.7/150			
			特進/女子		受験者平均点	92.4/150	79.8/150			
					合格者平均点	100.9/150	92.6/150			
			医進	225/300	受験者平均点	92.7/150	97.8/150			
					合格者平均点	112.1/150	131.2/150			
	奈良学園登美ヶ丘	A日程	専願	195/400	受験者平均点	73.2/120	63.4/120	35.9/80	48.0/80	
			併願	220/400	合格者平均点	78.2/120	67.6/120	38.6/80	50.3/80	
					合格者平均点	79.8/120	74.8/120	40.0/80	54.3/80	
		B日程		113/240	受験者平均点	71.0/120	55.4/120			
					合格者平均点	76.0/120	61.3/120			
		C日程		118/240	受験者平均点	65.7/120	56.1/120			
					合格者平均点	71.3/120	64.2/120			
	西大和学園	男子		323/500	受験者平均点	87.8/150	89.6/150	63.8/100	64.3/100	
		女子		333/500		98.0/150	84.5/150	60.4/100	63.7/100	
和歌山県	和歌山信愛	A日程午前	医進	197/270	受験者平均点	62.0/100	73.3/100	43.3/70		
					合格者平均点	71.3/100	81.7/100	48.3/70		
			特進	111/270	受験者平均点	52.1/100	56.5/100	35.4/70		
					合格者平均点	53.9/100	60.1/100	37.5/70		
		B日程	医進	206/270	受験者平均点	76.6/100	80.2/100	42.2/70		
					合格者平均点	80.9/100	86.4/100	46.0/70		
			特進	170/270	受験者平均点	64.4/100	54.1/100	28.1/70		
					合格者平均点	76.8/100	71.3/100	31.9/70		
	開智	前期	スーパー文理	296/400	受験者平均点	111.8/150	101.8/150	60.8/100		
					合格者平均点	124.8/150	123.6/150	72.6/100		
			特進	195/400	受験者平均点	100.3/150	65.4/150	43.2/100		
					合格者平均点	107.6/150	93.3/150	56.3/100		
		後期	スーパー文理	303/400	受験者平均点	108.5/150	102.8/150	58.6/100		
					合格者平均点	122.0/150	126.8/150	73.7/100		
			特進	250/400	受験者平均点	86.6/150	75.3/150	46.9/100		
					合格者平均点	110.9/150	107.0/150	60.2/100		
	近畿大学附属和歌山	午前入試	S数理	331.25/500	合格者平均点	149.6/200	146.1/200	67.8/100		
			数理	215/500	合格者平均点	122.4/200	104.4/200	45.8/100		
		午後入試	S数理	137/200	合格者平均点	国社 70.3/100		算理 80.4/100		
			数理	88/200	合格者平均点	国社 55.8/100		算理 58.7/100		
	智辯学園和歌山	前期	S選抜	229/300	受験者平均点	69.9/100	62.4/100	78.3/100		
			総合選抜	180/300						
		後期	S選抜	134/200	受験者平均点	63.6/100	49.9/100			
			総合選抜	102/200						
滋賀県	近江兄弟社	1次	専願	150/300	受験者平均点	75.1/100	62.3/100	36.7/50	31.3/50	
		2次	専願	160/300	受験者平均点	—/100	—/100			
			併願	120/300	受験者平均点	78.2/100	69.5/100			
	比叡山	A日程	専願一隅	110/250	受験者平均点	51.9/100	47.0/100			
		B日程	併願	200/350	受験者平均点	60.1/100	61.2/100	26.9/50	30.6/50	

地域	学校名	入試区分		合格者最低点	種別	国語	算数	理科	社会	摘要
滋賀県	立命館守山	A1日程	AM AD	224/400 249/400	受験者平均点	64.1/120	67.3/120	40.0/80	44.0/80	英語 50.1/80
		A2日程	AM AD	120/200 131/200	受験者平均点	65.4/100	48.8/100			
		B1日程	AM AD	148/200 154/200	受験者平均点	適性検査Ⅰ	62.6/100	適性検査Ⅱ	61.1/100	
		B2日程	AM AD	146/200 159/200	受験者平均点	71.6/100	65.0/100			
他府県	岡山白陵	専願		155/300	受験者平均点	44.3/100	52.3/100	30.2/80	33.5/80	
		非専願		170/300	受験者平均点	56.7/100	69.3/100	43.5/80	51.3/80	
	愛光	松山会場 東京会場		228/400	受験者平均点	70.7/120	69.7/120	47.9/80	46.0/80	
		大阪会場 福岡会場		270/400	受験者平均点	79.4/120	95.4/120	57.8/80	54.6/80	
	香川誠陵	県外入試		250/400	受験者平均点	86.3/120	85.5/120	34.6/80	52.6/80	
					合格者平均点	87.5/120	87.0/120	35.3/80	53.5/80	
	開成			237/310	受験者平均点	49.0/85	61.7/85	56.9/70	53.9/70	
					合格者平均点	55.6/85	76.4/85	61.5/70	57.9/70	
	久留米大学附設			266/500	受験者平均点	67.3/150	64.3/150	55.2/100	46.7/100	
					合格者平均点	79.2/150	90.4/150	66.6/100	57.2/100	
	函館ラ・サール	第1次		169.2/300	受験者平均点	64.2/100	53.7/100	27.9/50	36.3/50	
					合格者平均点	71.4/100	66.5/100	32.3/50	40.3/50	
		第2次		190.5/300	受験者平均点	52.2/100	75.7/100	24.1/50	29.3/50	
					合格者平均点	59.5/100	85.9/100	29.3/50	32.6/50	

5 合格最低点の推移【前期日程】

★印は過去最高を示す。

地域	中学校名		2019年度	2020年度	2021年度	2022年度	2023年度	5か年平均
大阪府	大阪星光学院		62.8%	65.5%	★71.3%	64.0%	59.8%	64.7%
	清　風	理Ⅰ	40.3%	★47.8%	42.5%	41.3%	40.3%	42.4%
	明　星	英数	★55.6%	55.0%	54.4%	52.8%	54.4%	54.4%
	大阪薫英女学院		43.0%	40.0%	40.0%	45.0%	★46.0%	42.8%
	大阪女学院	専願	32.5%	★37.5%	35.9%	36.6%	37.2%	35.9%
	大　谷	医進	61.1%	★66.4%	65.4%	60.0%	65.4%	63.7%
		特進	39.0%	42.5%	39.0%	★51.9%	51.5%	44.8%
		凛花	23.5%	29.5%	32.0%	★40.3%	33.3%	31.7%
	四天王寺	医志	67.8%	★74.8%	70.3%	69.3%	73.3%	71.1%
		英数S	57.0%	66.5%	66.0%	66.3%	★72.3%	65.6%
		英数	47.5%	57.5%	55.0%	55.3%	★59.8%	55.0%
		文化・ス	65.3%	★67.3%	65.5%	67.0%	65.5%	66.1%
	樟蔭	総合進学	38.0%	25.0%	28.0%	39.0%	★39.7%	33.9%
	帝塚山学院	ヴェルジェ(ヴェルエ)	37.7%	★46.8%	41.5%	34.0%	37.5%	39.5%
	プール学院		(特進 GC) 35.5%	(総合特進) 39.0%	★(総合特進) 46.0%	(総合特進) 38.5%	(総合特進) 42.5%	40.3%
	上宮学園	G	★40.7%	37.0%	39.0%	40.0%	36.7%	38.7%
	大阪桐蔭	英数	50.3%	42.2%	45.3%	★52.2%	40.8%	46.2%
	開明	理数	60.0%	61.7%	61.7%	60.0%	★68.3%	62.3%
	関西大倉		39.4%	44.1%	47.5%	51.0%	★65.9%	49.6%
	関西大学		50.3%	59.8%	58.0%	60.0%	★67.0%	59.0%
	関西大学第一		71.5%	★71.8%	67.3%	★71.8%	70.8%	70.6%
	関西大学北陽		53.3%	48.3%	53.3%	51.7%	★55.7%	52.5%
	近畿大学附属	プログレス	★62.8%	60.0%	54.4%	53.4%	51.6%	56.4%
	金蘭千里	男子	★58.3%	★58.3%	55.8%	57.2%	55.6%	57.0%
		女子	★60.7%	58.3%	55.8%	57.2%	55.6%	57.5%
	香里ヌヴェール学院	SA	★48.5%	—	—	38.5%	36.5%	41.2%
	金光八尾	特進	★38.0%	★38.0%	36.0%	35.6%	36.0%	36.7%
	清教学園	S特進Ⅰ	47.3%	58.0%	54.7%	55.3%	★59.7%	55.0%
	清風南海	特進	66.9%	69.3%	★70.9%	62.8%	66.5%	67.3%
	高槻	男子	60.3%	61.3%	60.3%	★70.9%	61.5%	62.9%
		女子	67.8%	66.8%	70.3%	★72.5%	64.5%	68.4%
	東海大学付属大阪仰星	総合進学	32.0%	38.5%	★40.5%	36.5%	39.0%	37.3%
	同志社香里	男子	70.3%	63.0%	★72.5%	65.9%	66.3%	67.6%
		女子	69.7%	63.3%	★71.8%	65.3%	63.5%	66.7%
	初芝富田林		(Ⅰ類) 46.7%	(特進探究) 46.7%	(特進探究) 36.7%	★(特進探究/グローバル) 49.0%	(特進探究α) —	44.8%
	桃山学院	進学	50.8%	50.6%	54.0%	★54.6%	47.6%	51.5%
兵庫県	甲南	A	53.3%	53.3%	★61.7%	60.3%	53.7%	56.5%
	甲陽学院		56.0%	57.6%	57.0%	★60.2%	54.8%	57.1%
	淳心学院	カリタス	★68.0%	62.3%	67.3%	61.3%	61.0%	64.0%
	灘		58.0%	64.0%	★68.2%	59.4%	63.2%	62.6%
	六甲学院		51.5%	★53.3%	47.0%	49.8%	★53.3%	51.0%
	甲南女子	ST	49.3%	50.2%	49.0%	★54.0%	53.0%	51.1%
	神戸海星女子学院		★60.7%	56.7%	58.2%	56.4%	57.9%	58.0%
	神戸女学院		53.0%	54.1%	★62.2%	56.5%	56.7%	56.5%

地域	中学校名		2019年度	2020年度	2021年度	2022年度	2023年度	5か年平均
兵庫県	松　蔭		★37.5%	37.0%	35.5%	37.3%	36.0%	36.7%
	親　和	総合進学	43.2%	39.6%	40.0%	45.7%	★50.4%	43.8%
	武庫川女子大学附属	CG	42.9%	43.6%	37.1%	★45.0%	42.5%	42.2%
	関西学院	男子	66.4%	71.0%	★71.6%	70.8%	69.6%	69.9%
		女子	68.0%	74.2%	★77.0%	73.8%	72.4%	73.1%
	啓明学院	男子	★66.8%	59.6%	56.4%	62.8%	60.8%	61.3%
		女子	★72.8%	64.8%	62.4%	67.2%	65.6%	66.6%
	三田学園	男子	53.5%	★58.5%	50.5%	52.5%	57.8%	54.6%
		女子	53.8%	★60.5%	50.3%	52.8%	57.8%	55.0%
	須磨学園	A	65.0%	60.5%	★72.5%	64.8%	63.5%	65.3%
	滝　川	医進選抜	★83.1%	82.4%	78.3%	65.0%	65.7%	74.9%
		ミライ探究一貫	★82.0%	75.1%	72.8%	47.3%	49.7%	65.4%
		Science Global一貫	62.4%	46.9%	47.6%	60.0%	★65.0%	56.4%
	東洋大学附属姫路		42.7%	57.0%	54.0%	★(一貫SA) 58.7%	(一貫SA) 58.3%	54.1%
	仁川学院	カルティベーション	34.0%	★41.0%	39.0%	39.0%	39.0%	38.4%
	白　陵		★60.6%	56.3%	59.4%	60.0%	56.6%	58.6%
	雲雀丘学園	一貫選抜	62.3%	57.4%	66.4%	71.2%	★73.8%	66.2%
京都府	東　山	エース	56.7%	52.5%	50.4%	★58.3%	47.9%	53.2%
	洛　星		58.5%	★63.2%	61.8%	60.6%	58.4%	60.5%
	京都女子	藤華	46.0%	44.0%	42.5%	40.0%	★49.0%	44.3%
	京都聖母学院	Ⅰ類	★42.3%	41.3%	40.0%	40.0%	40.0%	40.7%
	同志社女子	LA	★72.3%	68.3%	64.3%	63.3%	60.5%	65.7%
		WR	★83.6%	80.0%	75.6%	75.1%	75.1%	77.9%
	ノートルダム女学院		(プレップ総合) 48.0%	(プレップ総合) 50.0%	★(グローバル総合) 52.5%	(グローバル総合) 45.0%	(グローバル総合) 40.0%	47.1%
	平安女学院	GS+	43.3%	★49.0%	43.0%	★49.0%	45.0%	45.9%
	大　谷	コア Jr	48.8%	48.8%	★50.0%	★50.0%	47.5%	49.0%
	京都産業大学附属		55.0%	★57.2%	43.8%	51.7%	55.3%	52.6%
	京　都　橘		48.3%	45.3%	48.8%	51.0%	★52.0%	49.1%
	同志社	男子	68.1%	70.8%	★75.0%	66.3%	64.4%	68.9%
		女子	66.3%	★70.0%	65.6%	66.3%	64.4%	66.5%
	同志社国際	一般G	74.0%	★74.7%	63.0%	63.3%	68.3%	68.7%
	洛南高校附属(専願)	男子	50.3%	★59.0%	★59.0%	53.0%	52.3%	54.7%
		女子	60.0%	67.0%	★69.0%	59.5%	55.8%	62.3%
	立　命　館		★(総合) 66.3%	(CL) 52.0%	(CL) 65.3%	(CL) 58.0%	(CL) 56.7%	59.7%
	龍谷大学付属平安		43.0%	★44.0%	40.0%	40.3%	39.0%	41.3%
奈良県	東大寺学園		★63.5%	62.5%	62.3%	56.0%	59.3%	60.7%
	育　英　西	特設併願	★55.7%	55.0%	53.3%	52.0%	50.0%	53.2%
	帝塚山(併願)	男子英数	71.1%	72.0%	68.0%	63.6%	★74.4%	69.8%
		女子英数	★72.2%	71.8%	69.3%	66.7%	66.7%	69.3%
		女子特進	62.2%	★63.1%	62.2%	56.9%	57.8%	60.4%
	奈　良　育　英		★(総合) 36.0%	★36.0%	★36.0%	★36.0%	★36.0%	36.0%
	奈　良　学　園	特進	63.4%	56.0%	★64.8%	61.4%	62.2%	61.6%
	西大和学園	男子	68.4%	65.0%	69.0%	★71.2%	64.6%	67.6%
		女子	★79.6%	73.0%	72.6%	72.8%	66.6%	72.9%
和歌山県	和歌山信愛		★(学際) 43.0%	(特進) 34.8%	(特進) 32.6%	(特進) 37.4%	(特進) 41.1%	37.8%
	開　智	特進	49.5%	47.0%	★51.3%	49.3%	48.8%	49.2%
	近畿大学附属和歌山	数理	★58.6%	48.5%	36.4%	43.8%	43.0%	46.1%
	智辯学園和歌山	総合選抜	59.0%	57.5%	56.7%	53.3%	★60.0%	57.3%

6 併設大学（短大）への進学状況

表の見方

① 卒業生数は、2023年3月末時点での生徒数を示しています。
② 大学・短期大学名に続く（アルファベット）は、以下の進学条件を示しています。
   A／卒業できれば、希望者全員が進学できる。
   B／在学中、一定の成績をとった者全員に資格が与えられる。
   C／大学・短期大学の受け入れ人数に制限があり、その人数枠内で進学できる。
   D／一般の入学試験は受けるが、他校の受験生より有利に選考される。
   E／推薦入試、または附属高校のみの統一試験の結果による。
   F／附属校としての特典はなく、他校の受験生と同条件である。
   G／校長推薦があれば、進学できる。
   H／その他
③ 人数の横（％）は、併設大学・短期大学への進学率を示しています。
④ 進学状況の人数は、原則として進学者数を示しますが、合格者数の場合もあります。
⑤ 募集欄の★は中学校のみ募集を行う学校、○は高校でも募集を行う学校を示します。

地域	学 校 名	募集	卒業生	進 学 先（条 件）人 数（進学率）	
大阪府	大阪薫英女学院	○	197	大阪人間科学大学（BE）6人（3.0%）	
	大 阪 女 学 院	○	244	大阪女学院大（H）5人（2.0%）	大阪女学院短大（H）1人（0.4%）
	大 谷	○	225	大阪大谷大（B）3人（1.3%）	
	金 蘭 会	○	116	千里金蘭大（BG）13人（11.2%）	
	堺 リ ベ ラ ル	○	65	堺女子短大（A）10人（15.4%）	
	四 天 王 寺	○	406	四天王寺大（G）6人（1.5%）	四天王寺短大（G）0人（―）
	樟 蔭	○	222	大阪樟蔭女子大（B）69人（31.1%）	
	城 南 学 園	○	115	大阪総合保育大（B）9人（7.8%）	大阪城南女子短大（B）37人（32.2%）
	相 愛	○	97	相愛大（A）18人（18.6%）	

地域	学 校 名	募集	卒業生	進 学 先（条 件） 人　　数（進学率）	
大阪府	帝 塚 山 学 院	○	220	帝塚山学院大（G） 9人（4.1%）	
	梅　　　　　花	○	307	梅花女子大（BC） 100人（32.6%）	
	追 手 門 学 院	○	280	追手門学院大（BC） 20人（7.1%）	
	追手門学院大手前	○	211	追手門学院大（CE） 62人（29.4%）	
	大 阪 信 愛 学 院	○	117	大阪信愛学院大（B） 14人（12.0%）	
	大 阪 青 凌	○	335	大阪体育大（C） 0人（－）	
	大阪体育大学浪商	○	236	大阪体育大（B） 55人（23.3%）	
	大 阪 桐 蔭	○	618	大阪産業大（C） 7人（1.1%）	
	関 西 創 価	○	343	創価大（C） 180人（52.5%）	創価女子短大（C） 3人（0.9%）
	関 西 大 学	○	138	関西大（BC） 101人（73.2%）	
	関 西 大 学 第 一	○	386	関西大（BCE） 359人（93.0%）	
	関 西 大 学 北 陽	○	372	関西大（BC） 266人（71.5%）	
	関西学院千里国際	○	100	関西学院大（B） 51人（51.0%）	
	近 畿 大 学 附 属	○	1,003	近畿大（B） 775人（77.3%）	近畿短大（B） 0人（－）
	金 光 大 阪	○	277	関西福祉大（BG） 8人（2.9%）	
	金 光 八 尾	○	222	関西福祉大（B） 0人（－）	
	四 條 畷 学 園	○	301	四條畷学園大（E） 9人（3.0%）	四條畷学園短大（B） 46人（15.3%）

地域	学　校　名	募集	卒業生	進　学　先（条　件） 人　　数（進学率）	
大阪府	四 天 王 寺 東	○	189	四天王寺大（B） 38人（20.1%）	四天王寺短大（B） 2人（1.1%）
	常 翔 学 園	○	596	大阪工業大（BC） 63人（10.6%）	
				摂南大（BC） 89人（14.9%）	
				広島国際大（BC） 7人（1.2%）	
	常 翔 啓 光 学 園	○	343	大阪工業大（C） 38人（11.1%）	
				摂南大（C） 53人（15.5%）	
				広島国際大（C） 1人（0.3%）	
	帝塚山学院泉ヶ丘	○	273	帝塚山学院大（BD） 1人（0.4%）	
	東海大学付属仰星	○	329	東海大（BCE） 33人（10.0%）	ハワイ東海短大（BCE） 1人（0.3%）
	同 志 社 香 里	○	295	同志社大（B） 276人（93.6%）	同志社女子大（B） 7人（2.4%）
	羽 衣 学 園	○	363	羽衣国際大（D） 18人（5.0%）	
	桃 山 学 院	○	721	桃山学院大（BDE） 9人（1.2%）	桃山学院教育大（BDE） 2人（0.3%）
兵庫県	甲　　　　南	○	191	甲南大（B） 83人（43.5%）	
	小林聖心女子学院	★	83	聖心女子大（B） 11人（13.3%）	
	甲 子 園 学 院	○	非公表	甲子園大 非公表	甲子園短大 非公表
	甲 南 女 子	★	177	甲南女子大（B） 17人（9.6%）	
	神戸海星女子学院	★	131	神戸海星女子学院大（F） 2人（1.5%）	

地域	学 校 名	募集	卒業生	進 学 先 (条 件) 人　　数 (進学率)	
兵庫県	神 戸 女 学 院	★	137	神戸女学院大（A） 非公表	
	神 戸 山 手 女 子	○	91	関西国際大（A） 9人（9.9%）	
	松　　　　　蔭	○	101	神戸松蔭女子学院大（E） 23人（22.8%）	
	親 和 女 子	○	168	神戸親和女子大（B） 4人（2.4%）	
	園 田 学 園	○	177	園田学園女子大（B） 40人（22.6%）	園田学園女子短大（B） 30人（16.9%）
	武庫川女子大附属	○	258	武庫川女子大（B） 199人（77.1%）	武庫川女子短大（B） 9人（3.5%）
	芦 屋 学 園	○	291	芦屋大（A） 33人（11.3%）	
	関 西 学 院	○	383	関西学院大（B） 361人（94.3%）	
	近畿大学附属豊岡	○	152	近畿大（BC） 100人（65.8%）	近畿短大（BC） 0人（　一　）
	啓 明 学 院	○	251	関西学院大（B） 230人（91.6%）	
	神戸学院大学附属	○	238	神戸学院大（C） 74人（31.1%）	
	東洋大学附属姫路	○	320	東洋大（BC） 1人（0.3%）	
京都府	京 都 光 華	○	134	京都光華女子大（B） 37人（27.6%）	京都光華女子短大（B） 2人（1.5%）
	京 都 女 子	○	324	京都女子大（BC） 129人（39.8%）	
	同 志 社 女 子	○	254	同志社大（BC） 212人（83.5%）	同志社女子大（BC） 18人（7.1%）
	ノートルダム女学院	○	101	京都ノートルダム女子大（A） 22人（21.8%）	
	平 安 女 学 院	○	163	平安女学院大（B） 33人（20.2%）	

地域	学 校 名	募集	卒業生	進 学 先（条 件）人 数（進学率）	
京都府	大　　　　　谷	○	565	大谷大（AB） 14人（2.5%）	
	京都産業大学附属	○	451	京都産業大（BC） 304人（67.4%）	
	京 都 精 華 学 園	○	324	京都精華大（C） 42人（13.0%）	
	京都先端科学大学附属	○	432	京都先端科学大（CG） 44人（10.2%）	
	京　都　　橘	○	345	京都橘大（BC） 76人（22.0%）	
	京　都　文　教	○	281	京都文教大（A） 47人（16.7%）	京都文教短大（A） 6人（2.1%）
	同　　志　　社	○	355	同志社大（B） 301人（84.8%）	同志社女子大（B） 10人（2.8%）
	同　志　社　国　際	○	283	同志社大（C） 231人（81.6%）	同志社女子大（C） 9人（3.2%）
	花　　　　　園	○	317	花園大（BCF） 4人（1.3%）	
	立　　命　　館	○	362	立命館大（BC） 279人（77.1%）	立命館アジア太平洋大（BC） 2人（0.6%）
	立　命　館　宇　治	○	372	立命館大（C） 308人（82.8%）	立命館アジア太平洋大（C） 9人（2.4%）
	龍谷大学付属平安	○	442	龍谷大（BC） 281人（63.6%）	龍谷短大（BC） 6人（1.4%）
奈良県	帝　塚　　山	○	362	帝塚山大（A） 2人（0.6%）	
	天　　　　　理	○	410	天理大（CE） 107人（26.1%）	
	西　大　和　学　園	○	355	大和大（A） 6人（1.7%）	

地域	学 校 名	募集	卒業生	進 学 先 （条 件） 人　　数 （進学率）	
和歌山県	和 歌 山 信 愛	○	201	和歌山信愛大（A） 12人（6.0%）	和歌山信愛女子短大（A） 5人（2.5%）
	近畿大学附属新宮	○	123	近畿大（BC） 56人（45.5%）	近畿短大（BC） 0人（—）
	近畿大学附属和歌山	○	342	近畿大（BC） 115人（33.6%）	近畿短大（BC） 0人（—）
滋賀県	立 命 館 守 山	○	344	立命館大（BC） 295人（85.8%）	立命館アジア太平洋大（BC） 1人（0.3%）
その他	久 留 米 大 学 附 設	○	190	久留米大（F） 2人（1.1%）	

学校名の前の◎は国立高校、★は私立高校、無印は公立高校を示す。

東京大学

順位	学校名	都道府県	合格者数
①	★ 開 成	東 京	148
②	◎ 筑波大学附属駒場	東 京	87
③	★ 灘	兵 庫	86
④	★ 麻 布	東 京	79
⑤	★ 聖 光 学 院	神奈川	78
⑥	★ 渋谷教育学園幕張	千 葉	74
⑦	★ 西 大 和 学 園	奈 良	73
⑧	★ 桜 蔭	東 京	72
	★ 駒 場 東 邦	東 京	
⑩	日 比 谷	東 京	51
⑪	★ 栄 光 学 園	神奈川	46
⑫	横 浜 翠 嵐	神奈川	44
⑬	★ 海 城	東 京	43
	★ 浅 野	神奈川	
⑮	★ 渋谷教育学園渋谷	東 京	40
⑯	★ 早 稲 田	東 京	39
⑰	★ 東 海	愛 知	38
⑱	★ 久留米大学付設	福 岡	37
	★ ラ・サール	鹿児島	
⑳	県 立 浦 和	埼 玉	36
	★ 甲 陽 学 院	兵 庫	
㉒	★ 豊島岡女子学園	東 京	30
㉓	◎ 筑波大学附属	東 京	29
㉔	★ 女 子 学 院	東 京	27
㉕	岡 崎	愛 知	26
㉖	県 立 千 葉	千 葉	25
	富 山 中 部	富 山	
	旭 丘	愛 知	
	熊 本	熊 本	
㉚	金 沢 泉 丘	石 川	23

京都大学

順位	学校名	都道府県	合格者数
①	北 野	大 阪	81
②	★ 洛 南	京 都	76
③	★ 東 大 寺 学 園	奈 良	64
④	堀 川	京 都	59
⑤	★ 大 阪 星 光 学 院	大 阪	56
⑥	天 王 寺	大 阪	47
	★ 甲 陽 学 院	兵 庫	
⑧	膳 所	滋 賀	46
⑨	★ 灘	兵 庫	45
⑩	西 京	京 都	42
⑪	旭 丘	愛 知	39
	★ 洛 星	京 都	
	★ 西 大 和 学 園	奈 良	
⑭	岡 崎	愛 知	34
	明 和	愛 知	
⑯	★ 清 風 南 海	大 阪	29
	神 戸	兵 庫	
⑱	金 沢 泉 丘	石 川	27
	洛 北	京 都	
	★ 高 槻	大 阪	
	長 田	兵 庫	
㉒	茨 木	大 阪	26
㉓	★ 東 海	愛 知	25
	★ 大 阪 桐 蔭	大 阪	
	姫 路 西	兵 庫	
㉖	★ 六 甲 学 院	兵 庫	23
㉗	一 宮	愛 知	22
	嵯 峨 野	京 都	
	三 国 丘	大 阪	
㉚	★ 須 磨 学 園	兵 庫	21
	奈 良	奈 良	
	修 猷 館	福 岡	

大阪大学

順位	学校名	都道府県	合格者数
①	茨 木	大 阪	78
②	膳 所	滋 賀	55
③	北 野	大 阪	53
④	豊 中	大 阪	47
⑤	天 王 寺	大 阪	46
⑥	長 田	兵 庫	41
	市 立 西 宮	兵 庫	
⑧	大 手 前	大 阪	40
⑨	三 国 丘	大 阪	39
⑩	◎ 大阪教育大学附属池田	大 阪	34
⑪	★ 洛 南	京 都	33
⑫	奈 良	奈 良	32
⑬	高 津	大 阪	31
⑭	金 沢 泉 丘	石 川	30
	★ 清 風 南 海	大 阪	
⑯	藤 島	福 井	29
⑰	四 條 畷	大 阪	28
	神 戸	兵 庫	
⑲	堀 川	京 都	26
	加 古 川 東	兵 庫	
	宝 塚 北	兵 庫	
㉒	★ 高 槻	大 阪	25
	★ 西 大 和 学 園	奈 良	
㉔	嵯 峨 野	京 都	23
㉕	尼 崎 稲 園	兵 庫	22
㉖	浜 松 北	静 岡	21
	四 日 市	三 重	
	千 里	大 阪	
	★ 須 磨 学 園	兵 庫	
	畝 傍	奈 良	

神戸大学

順位	学校名	都道府県	合格者数
①	兵　　　庫	兵　庫	47
②	神　　　戸	兵　庫	41
②	長　　　田	兵　庫	41
②	市 立 西 宮	兵　庫	41
②	奈　　　良	奈　良	41
⑥	茨　　　木	大　阪	39
⑥	加 古 川 東	兵　庫	39
⑧	天 王 寺	大　阪	37
⑨	高　　　津	大　阪	35
⑩	★須 磨 学 園	兵　庫	34
⑪	豊　　　中	大　阪	33
⑫	大 手 前	大　阪	31
⑫	三 国 丘	大　阪	31
⑭	膳　　　所	滋　賀	29
⑭	北　　　野	大　阪	29
⑭	★西 大 和 学 園	奈　良	29
⑰	金 沢 泉 丘	石　川	28
⑱	西　　　京	京　都	27
⑱	四 條 畷	大　阪	27
⑳	姫 路 西	兵　庫	25
㉑	★開　　　明	大　阪	23
㉒	堀　　　川	京　都	22
㉒	★高　　　槻	大　阪	22
㉔	桃　　　山	京　都	21
㉔	★大 阪 桐 蔭	大　阪	21
㉔	★桃 山 学 院	大　阪	21
㉔	西　　　宮	東 兵 庫	21
㉘	嵯 峨 野	京　都	19
㉘	尼 崎 稲 園	兵　庫	19
㉘	星　　　陵	兵　庫	19
㉘	★六 甲 学 院	兵　庫	19

大阪公立大学

順位	学校名	都道府県	合格者数
①	奈　　　良	奈　良	66
②	三 国 丘	大　阪	59
③	大 手 前	大　阪	58
④	四 條 畷	大　阪	52
⑤	★桃 山 学 院	大　阪	48
⑥	天 王 寺	大　阪	44
⑦	高　　　津	大　阪	43
⑧	★清 風 南 海	大　阪	42
⑨	岸 和 田	大　阪	34
⑩	畝　　　傍	奈　良	33
⑩	★清 教 学 園	大　阪	33
⑫	北　　　野	大　阪	32
⑬	★近畿大学附属	大　阪	31
⑬	★帝 塚 山	奈　良	31
⑮	★開　　　明	大　阪	30
⑮	豊　　　中	大　阪	30
⑮	市 立 西 宮	兵　庫	30
⑱	★清　　　風	大　阪	29
⑲	泉　　　陽	大　阪	28
⑲	★関 西 大 倉	大　阪	28
⑲	★高　　　槻	大　阪	28
⑲	★洛　　　南	京　都	28
㉓	★大 阪 桐 蔭	大　阪	27
㉓	生　　　野	大　阪	27
㉓	茨　　　木	大　阪	27
㉖	膳　　　所	滋　賀	26
㉖	加 古 川 東	兵　庫	26
㉖	桐　　　蔭	和歌山	26
㉙	春 日 丘	大　阪	25
㉙	郡　　　山	奈　良	25

関西大学

順位	学校名	都道府県	合格者数
①	岸 和 田	大　阪	254
①	★清 教 学 園	大　阪	254
③	豊　　　中	大　阪	245
④	泉　　　陽	大　阪	237
⑤	四 條 畷	大　阪	234
⑥	畝　　　傍	奈　良	212
⑦	★桃 山 学 院	大　阪	206
⑧	三 国 丘	大　阪	203
⑨	郡　　　山	奈　良	196
⑩	寝 屋 川	大　阪	191
⑩	八　　　尾	大　阪	191
⑫	生　　　野	大　阪	188
⑬	西 宮 東	兵　庫	185
⑭	池　　　田	大　阪	182
⑮	大 手 前	大　阪	175
⑯	市 立 西 宮	兵　庫	173
⑰	尼 崎 稲 園	兵　庫	171
⑱	御　　　影	兵　庫	168
⑲	三　　　島	大　阪	160
⑲	★関 西 大 倉	大　阪	160
㉑	高　　　津	大　阪	159
㉒	春 日 丘	大　阪	157
㉓	箕　　　面	大　阪	153
㉔	奈　　　良	奈　良	144
㉕	茨　　　木	大　阪	139
㉖	和　　　泉	大　阪	130
㉗	鳳	大　阪	128
㉗	兵　　　庫	兵　庫	128
㉙	東	大　阪	127
㉚	住　　　吉	大　阪	124

〈105〉

関西学院大学

順位	学校名	都道府県	合格者数
①	尼 崎 稲 園	兵　庫	282
②	★須 磨 学 園	兵　庫	278
③	市 立 西 宮	兵　庫	258
④	西 宮 東	兵　庫	233
⑤	兵　　庫	兵　庫	228
⑥	豊　　中	大　阪	215
⑦	加 古 川 東	兵　庫	193
⑧	神　　戸	兵　庫	185
⑨	★三 田 学 園	兵　庫	184
⑩	明 石 北	兵　庫	183
⑪	北 摂 三 田	兵　庫	180
⑫	長　　田	兵　庫	178
⑬	池　　田	大　阪	172
⑬	三 国 丘	大　阪	172
⑮	姫 路 東	兵　庫	163
⑯	泉　　陽	大　阪	159
⑯	御　　影	兵　庫	159
⑱	★桃 山 学 園	大　阪	157
⑲	宝 塚 北	兵　庫	155
⑳	高　　津	大　阪	154
㉑	葺　　合	兵　庫	152
㉒	北 須 磨	兵　庫	147
㉓	小　　野	兵　庫	143
㉔	茨　　木	大　阪	138
㉕	★関 西 大 倉	大　阪	134
㉖	姫 路 西	兵　庫	126
㉗	★帝 塚 山 学 院	大　阪	123
㉘	星　　陵	兵　庫	111
㉙	千　　里	大　阪	110
㉙	三 田 祥 雲 館	兵　庫	110

同志社大学

順位	学校名	都道府県	合格者数
①	膳　　所	滋　賀	254
②	茨　　木	大　阪	237
③	大 手 前	大　阪	194
④	★須 磨 学 園	兵　庫	172
⑤	市 立 西 宮	兵　庫	171
⑥	北　　野	大　阪	166
⑦	豊　　中	大　阪	161
⑦	奈　　良	奈　良	161
⑨	三 国 丘	大　阪	157
⑩	★洛　　南	京　都	148
⑪	四 條 畷	大　阪	142
⑫	岡　　崎	愛　知	138
⑬	嵯 峨 野	京　都	137
⑭	西　　京	京　都	136
⑮	畝　　傍	奈　良	134
⑯	高　　津	大　阪	133
⑰	天 王 寺	大　阪	131
⑱	守　　山	滋　賀	130
⑲	堀　　川	京　都	126
⑳	神　　戸	兵　庫	123
㉑	旭　　丘	愛　知	122
㉒	向　　陽	愛　知	120
㉓	★大 阪 桐 蔭	大　阪	116
㉔	★桃 山 学 院	大　阪	115
㉕	刈　　谷	愛　知	113
㉖	岐　　阜	岐　阜	112
㉖	明　　和	愛　知	112
㉘	千　　里	大　阪	111
㉙	★三 田 学 園	兵　庫	106
㉚	浜 松 北	静　岡	105

立命館大学

順位	学校名	都道府県	合格者数
①	膳　　所	滋　賀	408
②	茨　　木	大　阪	394
③	守　　山	滋　賀	323
④	嵯 峨 野	京　都	314
⑤	三　　島	大　阪	301
⑥	豊　　中	大　阪	282
⑦	★関 西 大 倉	大　阪	254
⑧	桃　　山	京　都	252
⑧	大 手 前	大　阪	252
⑩	石　　山	滋　賀	235
⑪	四 條 畷	大　阪	233
⑫	春 日 丘	大　阪	229
⑬	西　　京	京　都	228
⑭	彦 根 東	滋　賀	211
⑮	山　　城	京　都	199
⑯	草 津 東	滋　賀	197
⑰	★洛　　南	京　都	195
⑱	浜 松 北	静　岡	192
⑲	★高　　槻	大　阪	188
⑳	★須 磨 学 園	兵　庫	182
㉑	藤　　島	福　井	181
㉒	千　　種	愛　知	178
㉓	奈　　良	奈　良	176
㉔	東 大 津	滋　賀	170
㉕	千　　里	大　阪	169
㉖	向　　陽	愛　知	168
㉗	岐　　阜	岐　阜	167
㉘	★桃 山 学 院	大　阪	155
㉘	菊　　里	愛　知	155
㉘	市 立 西 宮	兵　庫	155

京都産業大学

順位	学校名	都道府県	合格者数
①	山 城	京 都	157
②	草 津 東	滋 賀	121
③	八 日 市	滋 賀	117
④	大 谷	京 都	114
⑤	★京 都 成 章	京 都	110
⑥	★大 阪 青 凌	大 阪	103
⑦	★履 正 社	大 阪	99
⑧	★追手門学院	大 阪	91
⑨	玉 川	滋 賀	97
⑩	東 大 津	滋 賀	96
⑪	紫 野	京 都	85
⑫	桃 山	京 都	81
⑬	星 陵	石 川	75
⑭	★箕面自由学園	大 阪	68
⑮	★光泉カトリック	滋 賀	65

近 畿 大 学

順位	学校名	都道府県	合格者数
①	★桃 山 学 院	大 阪	396
②	★大 阪 学 芸	大 阪	341
③	★関 西 大 倉	大 阪	286
④	泉 陽	大 阪	282
⑤	郡 山	奈 良	260
	★常 翔 学 園	大 阪	
⑦	八 尾	大 阪	259
⑧	★須 磨 学 園	兵 庫	242
⑨	★大 阪 青 凌	大 阪	231
⑩	★履 正 社	大 阪	223
⑪	★開 智	和歌山	219
⑫	生 野	大 阪	216
⑬	西 宮 東	兵 庫	215
⑭	和 泉	大 阪	213
⑮	★大 阪 桐 蔭	大 阪	210

甲 南 大 学

順位	学校名	都道府県	合格者数
①	御 影	兵 庫	154
②	北 須 磨	兵 庫	123
③	姫 路	兵 庫	120
④	明 石 北	兵 庫	109
⑤	東 播 磨	兵 庫	106
⑥	姫 路 飾 西	兵 庫	104
	姫 路 東	兵 庫	
⑧	明 石 城 西	兵 庫	102
	夢 野 台	兵 庫	
⑩	加 古 川 西	兵 庫	94
⑪	龍 野	兵 庫	82
⑫	星 陵	兵 庫	78
⑬	須 磨 東	兵 庫	72
⑭	北 摂 三 田	兵 庫	71
⑮	神 戸 鈴 蘭 台	兵 庫	70

龍 谷 大 学

順位	学校名	都道府県	合格者数
①	東 大 津	滋 賀	270
②	石 山	滋 賀	259
③	草 津 東	滋 賀	250
④	八 日 市	滋 賀	212
⑤	★京 都 成 章	京 都	206
⑥	★大 谷	京 都	205
⑦	守 山	滋 賀	197
⑧	米 原	滋 賀	179
⑨	三 島	大 阪	170
⑩	桃 山	京 都	163
⑪	郡 山	奈 良	155
⑫	一 条	奈 良	150
⑬	寝 屋 川	大 阪	140
⑭	高 槻 北	大 阪	137
	★大 阪 青 凌	大 阪	

2024年度受験用 関西版

中学入試要項
合格へのパスポート

2023年10月20日発行

企画・編集	株式会社 エデュケーショナルネットワーク 〒530-0043 大阪市北区天満1-5-2 トリシマオフィスワンビル3F TEL.06-6136-9770　FAX.06-6136-1150
発　　行	株式会社 栄　光 〒102-0071 東京都千代田区富士見2-11-11 栄光ビル TEL.03-5275-9563　FAX.03-5275-2109
印刷・製本	大信印刷株式会社